JA PÉREZ
TEOLOGÍA SISTEMÁTICA *para* LATINOAMÉRICA

Prólogo por Dr. Jaime Mirón

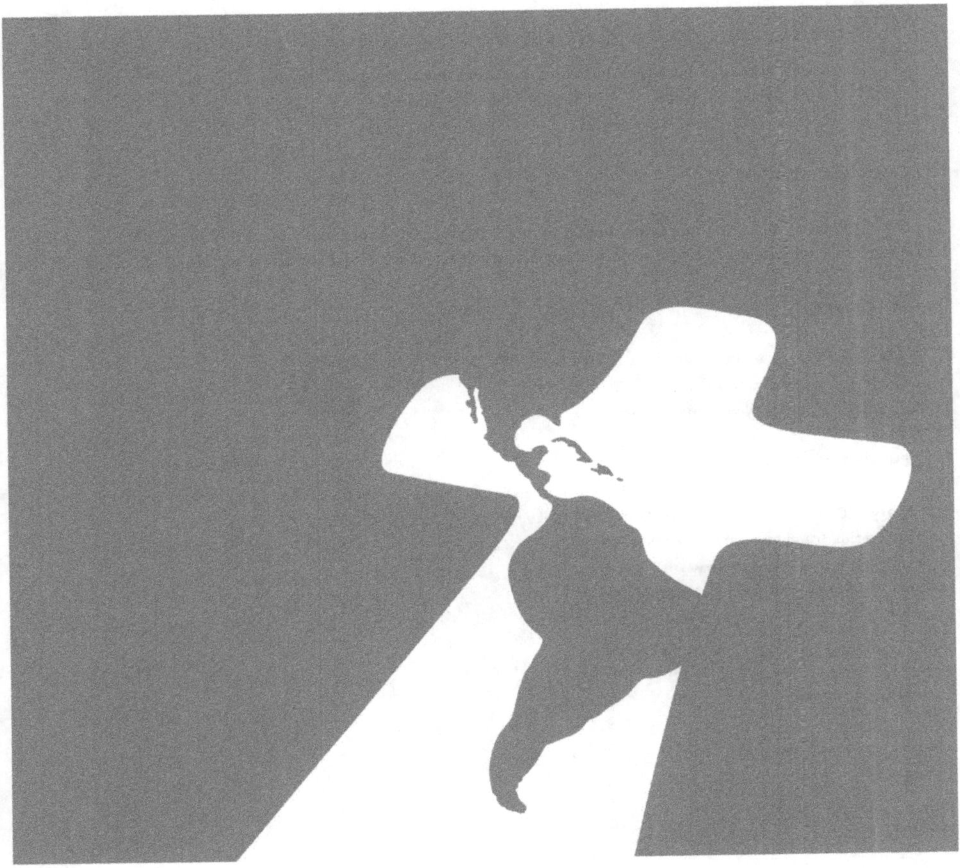

Teología Sistemática para Latinoamérica

Todos los derechos reservados en toda imagen y letra.
Copyright © 2021 por JA Pérez.

Nota de derechos

Todos los derechos reservados. Ninguna parte de este libro puede ser reproducida o transmitida en forma alguna ya sea por medios electrónicos, mecánicos, fotocopiados, grabados o en ninguna otra forma sin el expreso consentimiento escrito de la publicadora.

Nota sobre riesgos

La información contenida en este libro es distribuida "como está" y sin garantías. Ni el autor ni *Tisbita Publishing House* se hacen responsables en cuanto a daños causados por interpretaciones individuales privadas del contenido aquí expuesto.

Marcas registradas

Teología Sistemática para Latinoamérica es un título propiedad de JA Pérez, publicado y distribuido por *Tisbita Publishing House*. Todas las otras marcas mencionadas son propiedad de sus respectivos dueños.

Tisbita Publishing House

Puede encontrarnos en la red en: www.tisbita.com
Reportar errores de imprenta a errata@tisbita.com
Contactar al autor en: www.japerez.com

ISBN: 978-1-947193-34-5

Library of Congress | United States Copyright Office
Registration (case number) 1-10892898611
Pérez, JA 1961- author Literary Work
Teología Sistemática para Latinoamérica

Printed in the U.S.A.

Teología Sistemática para Latinoamérica

Uso de traducciones bíblicas

Citas bíblicas marcadas con las letras **RVR1960** provienen de la Reina Valera Revisada de 1960. Reina-Valera 1960 ® © Sociedades Bíblicas en América Latina, 1960. Renovado © Sociedades Bíblicas Unidas, 1988. Utilizado con permiso.
Las letras **NTV** indican La Santa Biblia, Nueva Traducción Viviente, © Tyndale House Foundation, 2010. Todos los derechos reservados.
RVR1995 indican la Reina-Valera 1995. Copyright © 1995 por United Bible Societies.
RVA indican la Reina-Valera Antigua. Dominio Público. **RVC** indican la Reina Valera Contemporánea. Copyright © 2009, 2011 por Sociedades Bíblicas Unidas.
RVA-2015 indican la Versión Reina Valera Actualizada, Copyright © 2015 por Editorial Mundo Hispano.
NVI indican la Santa Biblia, NUEVA VERSIÓN INTERNACIONAL® NVI® © 1999, 2015 por Biblica, Inc.® Usado con permiso de Biblica, Inc.® Reservados todos los derechos en todo el mundo.
LBLA indican la La Biblia de las Américas. Copyright © 1986, 1995, 1997 por The Lockman Foundation.
NBLA indican la Nueva Biblia de las Américas™ NBLA™ Copyright © 2005 por The Lockman Foundation.
TLA indican la Traducción en lenguaje actual. Copyright © 2000 por United Bible Societies.
RVR1977 indican la Reina Valera Revisada® RVR® Copyright © 2017 por HarperCollins Christian Publishing® Usado con permiso.
DHH indican la versión Dios habla hoy ®, © Sociedades Bíblicas Unidas, 1966, 1970, 1979, 1983, 1996.
BLP indica La Palabra, (versión española) © 2010 Texto y Edición, Sociedad Bíblica de España.
KJV indican la King James Version. Dominio Público.
Donde no se indique la versión, especialmente si se cita un versículo dentro de párrafo, todos los textos bíblicos han sido extraídos de la versión Reina-Valera 1960 ® © Sociedades Bíblicas en América Latina, 1960. Renovado © Sociedades Bíblicas Unidas, 1988. Utilizado con permiso.

Usos gramaticales

En este libro, el uso de mayúsculas en algunas palabras o pronombres tiene el propósito de acentuar respeto, o universificar conceptos.

Siempre para referirme a Dios en tercera persona uso Él (con acento y en mayúscula la primera letra). Para referirme a algo que pertenece a Dios uso Su (con mayúscula en la primera letra), sin embargo, al citar textos bíblicos, respeto cuando aparece con minúscula para no alterar la manera que lo usa cada versión.

De igual manera, respeto al citar la Reina Valera 1960 o la Reina Valera Antigua el uso de antiguas reglas ortográficas, como por ejemplo el acento en la é de éstos o éstas o el uso del punto y coma para terminar una oración y luego comenzar la otra línea con mayúscula.

Uso nosotros en lugar de vosotros porque escribo primordialmente para Latinoamérica, sin embargo cuando es parte de la traducción bíblica que estoy usando, por supuesto lo dejo intacto para no alterar las citas.

Dedicado a todos aquellos que incansablemente comparten la buena noticia en nuestra América Latina. Quienes aman la verdad y no se rinden.

Al fiel pastor de aquella pequeña congregación sin luz o agua potable en las montañas y al maestro bíblico que lucha con las corrientes de error en su querida ciudad.

Esta humilde obra es para ustedes, amados obreros.

Agradezco a mi Dios, por todo.

A mi esposa, quien pacientemente me escucha pensar en voz alta y debatir conmigo mismo textos difíciles a deshoras de la noche, quien me acompaña en cada paso y en cada letra.

A mi madre por sus largas horas leyendo y ayudándome en las correcciones al manuscrito, y a nuestros dos hermosos gatos que fielmente me acompañan mientras escribo.

También agradezco a mis maestros y mentores que desde antes con su ejemplo me enseñaron a amar la teología y a todos los escritores que menciono en las notas. Sin los cientos de fuentes y consultas, este trabajo no hubiera sido posible.

CONTENIDO

Prólogo 13

¿Por qué este trabajo? 15

Bibliología: La doctrina de la Palabra de Dios 21

1 La doctrina de la Palabra de Dios 25

2 El canon bíblico 27

3 Autenticidad 32

4 Autoridad inherente y completación 34

5 Inspiración divina 39

6 Inerrancia bíblica 41

7 Infalibilidad bíblica 44

8 Claridad de la Escritura 46

9 La necesidad de la Escritura 50

10 La suficiencia de la Escritura 52

Paterología: La doctrina de Dios Padre 55

¿Qué es paterología? 59

Parte 1 Dios es

1 Introducción a la paterología 63

2 La existencia de Dios 66

3 La revelación de Dios 72

Parte 2 Atributos

4 Introducción a los atributos de Dios 81

5 Atributos incomunicables 83

6 Atributos comunicables 92

Parte 3 La Providencia

7 La doctrina de la providencia   109

Cristología: La doctrina de Cristo   121

Introducción a la Cristología   125

Parte 1 La Deidad de Cristo

1 La deidad de Cristo en el Antiguo Testamento   129
2 La deidad de Cristo en el Nuevo Testamento   133
3 La importancia de la deidad de Cristo   141

Parte 2 La persona de Cristo

4 Nacimiento virginal   147
5 Jesús soportó debilidades y limitaciones humanas   150
6 Jesús Sin Pecado   156
7 Lo que la doctrina de la Deidad de Cristo produce en el creyente   158

Pneumatología: La doctrina del Espíritu Santo   165

Parte 1 La persona del Espíritu Santo

Introducción   171
1 El Espíritu Santo es una persona   173
2 El Espíritu Santo es Dios   177
3 Relación entre Dios Hijo y Dios Espíritu   181

Parte 2 La obra del Espíritu Santo

4 Desde el comienzo   187
5 Su obra en el Antiguo Testamento   190
6 El Espíritu Santo en la persona de Cristo   195
7 La promesa cumplida   199
8 Su obra en la regeneración   209

9 Su obra en la vida del creyente   206

10 Su obra en la vida de la iglesia   219

Parte 3 La obra del Espíritu Santo en el Bautismo, la Llenura, los Dones del Espíritu y Oficios de Ministerio

11 El bautismo en el Espíritu Santo   225

12 La llenura del Espíritu Santo   229

13 Los dones del Espíritu Santo   232

14 Oficios de ministerio   260

Antropología: La doctrina del Hombre   273

Introducción   277

Parte 1 Sobre el origen del hombre

1 La teoría de la evolución   281

2 La revelación divina   289

Parte 2 La Parte Material del Hombre

3 El cuerpo humano   289

4 Más que cuerpo   291

5 El futuro del cuerpo   294

Parte 3 La parte inmaterial del hombre

6 Origen de la parte espiritual del hombre   301

7 Herencia y perpetuación del hombre espiritual   306

8 Elementos que forman la parte espiritual   310

Hamartiología: La doctrina del Pecado   323

Introducción   327

1 La realidad del pecado   329

2 El dilema del pecado   331

3 La caída: El punto de partida   336
4 El origen del pecado   338
5 La teología del pecado   342
6 La condenación eterna   352
7 Consecuencias del pecado en el cristiano   354
8 La Disciplina   357

Soteriología: La doctrina de la Redención   361

Introducción a la soteriología   365
1 El asunto de la salvación   367
2 El orden de la salvación   369
3 La doctrina de la elección   373
4 La invitación a salvación   380
5 La conversión (arrepentimiento y fe)   385
6 La regeneración   392
7 La unión con Cristo   396
8 La justificación   402
9 La adopción   407
10 La santificación   412
11 La perseverancia de los santos   418
12 La muerte   424
13 La glorificación   435

Eclesiología: La doctrina de la iglesia   439

Introducción   443
1 Definición de iglesia   445
2 Lo que no es la iglesia   447
3 La iglesia que Jesucristo fundó   451
4 Metáforas bíblicas de la iglesia   454
5 La iglesia visible e invisible   459

6 La iglesia local y universal   462
7 Distintivos de la iglesia   469
8 La correcta predicación de la Palabra de Dios   472
9 La correcta administración de los sacramentos   475
10 La disciplina eclesiástica   488
11 El gobierno de la iglesia   493

Origen: La doctrina de la creación   499

Introducción a la doctrina de la creación   503
1 En el principio   505
2 Principios   507
3 Teología de la creación   509
4 Diferentes escuelas   521
5 Ideas no cristianas acerca de Dios y la creación   532
6 Relación de Dios con la creación   538
7 El clímax de la creación   541

Angelología: La doctrina de los ángeles   547

Introducción a la angelología   549
1 Universo angélico   551
2 Entendiendo a los ángeles   555
3 Ángeles y hombres   557
4 Ángeles y su personalidad   560
5 ¿Cuándo fueron creados los ángeles?   563
6 Existencia y características de los ángeles   566
7 La morada de los ángeles   569
8 ¿Cuántos ángeles hay?   573
9 El poder de los ángeles   577
10 Categorías y jerarquías   580
11 El Ángel del Señor   590

Escatología: La doctrina del futuro   601

Introducción a la escatología   605
1 Las cosas explicadas   607
2 Las cosas que han de suceder pronto   613
3 La segunda venida de Cristo   630
4 Entre la segunda venida y el juicio   651
5 La línea del tiempo   660
6 Respondiendo a inquietudes comunes   669
7 El juicio final   680
8 Cielo nuevo y tierra nueva   688

Notas   695
Tomos separados para cursos   762
Cursos de teología   765
Sobre el autor   766
Otros libros   769

PRÓLOGO

Los alemanes cuentan con la teología sistemática de Wolfhart Pannenberg; los ingleses con Alister McGrath; los franceses con Juan Calvino; los españoles con Francisco Lacueva y Samuel Vila; los americanos con Lewis Sperry Chafer, Wayne Grudem, Charles Hodge, Louis Berkhof, Stanley M. Horton y John MacArthur, entre otros. Gracias a Dios, varios han sido traducidos al español.

Pero no ha existido una obra de teología sistemática escrita por un latino para latinos… hasta ahora.

Teología Sistemática para Latinoamérica comprende once ramas, que cubren en forma sistemática las diferentes fases de la teología escrita en español para latinos.

Lo que más me agrada de esta obra es que no sólo cubre todas las doctrinas de la teología sino también es fácil de leer y entender. Digo más, me parece que hay mucho material que el pastor puede usar en la preparación de sus mensajes o para maestros de la escuela dominical o líderes de clases bíblicas.

El fundamento de toda teología es la Palabra de Dios. Es la primera parte que leo en cualquier teología sistemática. Cito una parte de *Teología Sistemática para Latinoamérica*: «La Escritura es inerrante. No contiene errores. Esta inerrancia significa que en los manuscritos originales no se equivoca, ni dice nada fuera de la verdad o sin exactitud. La Palabra de Dios no contiene errores. En otras palabras, la Biblia es siempre verdadera y confiable en todo el texto. Errar es de humanos. Dios no comete errores. *'Toda palabra de Dios demuestra ser verdadera. Él es un escudo para todos los que buscan su protección. Proverbios 30:5 NTV'*».

Es reconfortante saber que en los cimientos de *Teología Sistemática para Latinoamérica* está la creencia de la absoluta autoridad de la Palabra de Dios.

JA Pérez tiene un ministerio aprobado de años en el mundo de habla hispana. Además, goza de un matrimonio sólido y sus tres hijos colaboran en el ministerio. Ha sido mi privilegio ministrar con él en varios países donde he podido observar su visión, pasión por las almas y amor a Dios.

Estoy más que seguro que disfrutará de esta magnífica obra.

Dr. Jaime Mirón

Editor General de la Biblia Nueva Traducción Viviente y vicepresidente de la Asociación Luis Palau.

Junio de 2021

¿POR QUÉ ESTE TRABAJO?

La motivación para escribir los varios tomos en esta serie se puede decir que ha surgido después de largos períodos de frustración.

Creo que en nuestras facultades e institutos Bíblicos en Latinoamérica hemos trabajado mucho tiempo con material prestado. Digo prestado porque no fue escrito para nosotros.

Tenemos por un lado grandes obras teológicas escritas por autores anglosajones, escoceses, franceses, suizos y alemanes publicadas siglos atrás para una audiencia europea. Estas, traducidas por españoles (también europeos) para españoles, con connotación y estilo que no aplica a la América Latina del siglo XXI.

Por otro lado, nativos de la lengua española, también han escrito grandes obras como lo son Francisco Lacueva[1], Samuel Vila[2], y otros, que han sido (y siguen siendo) útiles durante años en la formación de ministros evangélicos. A estos (y a los anteriores) estamos grandemente agradecidos y edificamos sobre sus hombros. En ningún momento intento menospreciar y ciertamente no presumo tener mejor teología que ellos, estos fueron grandes maestros y expertos en la lengua castellana, sin embargo, para este siglo y para una América con un lenguaje cambiante y muy lejos del sentido original de muchas de las palabras usadas en esa hermosa literatura teológica española del siglo pasado —es necesario actualicemos.

Por eso esta humilde obra.

La teología es y será la misma que hemos tenido por más de 2000 años, no cambia, está establecida sobre fundamento sólido. Sin embargo, en un amplio y diverso continente la lengua cambia, y los significados de muchas palabras también³.

Esta serie de Teología Sistemática es escrita para América Latina. Para ser usada primordialmente como texto esencial en la *Facultad de Teología Latinoamericana™* y distribuida en nuestro amado continente para que una nueva generación de predicadores puedan influir a sus mundos con sólida doctrina como ministros aprobados que usan bien la palabra de verdad (2 Timoteo 2:15).

La metodología

Intentaré usar lo más que pueda, textos bíblicos que vienen de traducciones contemporáneas con el lenguaje actual de Latinoamérica. Sin embargo, necesito equivalencia formal[4] para textos bases, por lo que estaré usando la amada Reina Valera 1960[5], gran parte del tiempo, claro que con las referencias necesarias a otras traducciones, de manera que el estudiante latinoamericano pueda comprender el texto fácilmente.

¿Qué es teología sistemática?

Teología sistemática, es una disciplina de la teología cristiana. La labor de la teología sistemática es presentar de manera ordenada y coherente la verdad de Dios y su relación con el hombre y el mundo[6].

Es una presentación de la fe y doctrinas cristianas, que está ordenada en un «sistema» metódico para facilitar el entendimiento de estas.

La palabra «teología» es compuesta y viene del griego. Theos, significa «Dios», y logos significa «palabra» o «mensaje».

«Sistemática» obviamente viene de «sistema». Algo desarrollado bajo un sistema. Teología sistemática es, entonces, la división de la teología en sistemas que explican sus diversas áreas [7].

Varios teólogos han dado definiciones similares.

A. H. Strong dice: «La teología es la ciencia de Dios y Su relación con el universo»[8]. Por otro lado, Charles Hodge dice: «La teología es la exhibición de los hechos de la escritura en su orden y relación apropiados, con los principios o verdades generales involucrados en los mismos hechos, y que impregnan y armonizan el todo»[9]. Y William G. T. Shedd dice: «La teología es una ciencia que se interesa tanto en lo infinito como en lo finito, tanto en Dios como en el universo. Por lo tanto, el material que esta abarca es más vasto que el de cualquier otra ciencia. Es también la más necesaria de todas las ciencias»[10].

La importancia de que la teología sea sistematizada es obvia. Esta nos facilita el estudio y la comprensión. Wayne Grudem señala que la alternativa sería «teología desorganizada»[11].

¿Por qué el estudio de la teología sistemática?

Primero, porque la teología —cuando se estudia correctamente y con motivos sanos— glorifica a Dios.

Dios es glorificado cuando buscamos conocerle (Filipenses 1:9—11). Entonces, para usted y para mí, el objetivo de estudiar teología es conocer mejor a Dios y aprender más y más en cuanto a cómo obedecerle. *«Y en esto sabemos que nosotros le conocemos, si guardamos sus mandamientos» (1 Juan 2:3)*. Entonces, si nuestro estudio produce obediencia, esto glorifica a Dios.

> *Pues todas las cosas provienen de él y existen por su poder y son para su gloria. ¡A él sea toda la gloria por siempre! Amén. Romanos 11:36 NTV*

Segundo, para estar equipados y representar a Cristo correctamente.

También estudiamos teología para poder ser testigos fieles de Dios al mundo.

Especialmente cuando vivimos en un tiempo en que toda verdad es cuestionada. La iglesia del Señor, necesita estar preparada para responder, cuando alguien nos pregunta acerca de la esperanza que tenemos como creyentes —*«siempre preparados para dar una explicación» (1 Pedro 3:15 NTV)*. Debemos saber que es a través de nosotros (la iglesia) que esa esperanza es dada a conocer a todos —especialmente a los de afuera.

Pablo nos dice:

> *El propósito de Dios con todo esto fue utilizar a la iglesia para mostrar la amplia variedad de su sabiduría a todos los gobernantes y autoridades invisibles que están en los lugares celestiales. Efesios 3:10 NTV*

La amada Reina Valera 1960 dice: «*para que la multiforme sabiduría de Dios sea ahora dada a conocer por medio de la iglesia a los principados y potestades en los lugares celestiales*».

Tercero, para nuestro crecimiento espiritual.

Como seguidores de Cristo, es importante que estudiemos teología para que podamos crecer en conocimiento y fe. No es suficiente saber acerca de Dios, necesitamos conocerle personalmente y tener una relación genuina con Él.

> *El temor del Señor es la base del verdadero conocimiento, pero los necios desprecian la sabiduría y la disciplina. Proverbios 1:7 NTV*

La verdad inspira adoración. La teología provoca reverencia y gloria.

Es preciso que nos preguntemos si nuestra adoración es superficial, basada meramente en emociones, o si está fundamentada en la Palabra de Dios.

Si no tenemos la teología correcta se pierde el ánimo para la verdadera adoración.

El gozo verdadero no viene de buscar más emoción, mejor sonido musical, etc... El gozo verdadero viene cuando estamos saturados por la Palabra de Dios.

Lo que necesitamos para adorar a Dios más efectivamente es una gran visión de Él, y esto se obtiene por medio de Su estudio.

Cuarto y último, porque la doctrina es importante.

Debemos estudiar teología porque es importante. Ser un discípulo de Cristo va más allá de tomar la decisión de seguirle.

Debemos convertirnos en estudiantes de Dios.

Mira lo que dice Jesús:

> *Jesús le dijo a la gente que creyó en él: —Ustedes son verdaderamente mis discípulos si se mantienen fieles a mis enseñanzas… Juan 8:31* NTV

No podemos simplemente inventar nuestro propio credo. Si lo hiciéramos, estaríamos haciéndonos en nuestras mentes un «dios» (con minúscula) a nuestra imagen.

Es posible que esta sea la razón por la cual Pablo advierte a Timoteo:

> *Llegará el tiempo en que la gente no escuchará más la sólida y sana enseñanza. Seguirán sus propios deseos y buscarán maestros que les digan lo que sus oídos se mueren por oír. Rechazarán la verdad e irán tras los mitos. 2 Timoteo 4:3-4* NTV

La Biblia no nos concede un especial derecho para escoger qué doctrinas bíblicas queremos creer.

La importancia de la doctrina reside no sólo en que aprendamos a seguir las enseñanzas de Jesús. También es importante para entender las cosas que la Biblia no enseña.

En conclusión, ¿por qué estudiamos teología sistemática?

La estudiamos 1. porque glorifica a Dios; 2. para aprender a representar a Cristo correctamente; 3. para nuestro crecimiento espiritual; y 4. porque la doctrina es importante.

BIBLIOLOGÍA: LA DOCTRINA DE LA PALABRA DE DIOS

Toda la Escritura es inspirada por Dios y es útil para enseñarnos lo que es verdad y para hacernos ver lo que está mal en nuestra vida. Nos corrige cuando estamos equivocados y nos enseña a hacer lo correcto.
2 Tim 3:16 NTV

1

LA DOCTRINA DE LA PALABRA DE DIOS

Santifícalos en tu verdad; tu palabra es verdad. Juan 17:17 RVR1960

Para conocer mejor a Dios, es necesario que estudiemos Su Palabra. En los textos sagrados aprendemos sobre los atributos y el carácter de Dios, también de Su voluntad para con nosotros.

Comencemos por la revelación de Dios por medio de Su Hijo —el Verbo.

Dios se reveló a Sí mismo en Su Hijo Jesús, quien es el Verbo (la Palabra) hecho carne, y en Su Palabra escrita.

> *Entonces la Palabra se hizo hombre y vino a vivir entre nosotros. Juan 1:14* NTV

En el griego «se hizo hombre» se traduce «se hizo carne».

La Reina Valera 1960 traduce «la Palabra» como «el Verbo» con mayúscula pues es una persona.

> *Y aquel Verbo fue hecho carne, y habitó entre nosotros (y vimos su gloria, gloria como del unigénito del Padre), lleno de gracia y de verdad. Juan 1:14* RVR1960

Quiere decir que la Palabra de Dios se hizo carne. Habitó entre nosotros. Y ahora tenemos esa Palabra escrita con nosotros.

En otras palabras, el Señor está con nosotros por medio de Su Palabra.

Esta —comprendida por el Antiguo y el Nuevo Testamento— es la completa revelación de Dios.

Dios nos entrega Su buena voluntad para nosotros a través de Su Palabra. Hemos sido creados por Él, y por tanto, necesitamos leerla para entender esa voluntad.

Comencemos por el canon bíblico.

¿Qué libros conforman la Biblia, y por qué es esta más importante que toda otra literatura?

2

EL CANON BÍBLICO

En el momento que afirmamos la autoridad de las Escrituras, surgen preguntas en cuanto a cuáles escritos específicamente representan la revelación de Dios.

Es por esto que necesitamos hablar del canon.

La palabra «canon» proviene del griego, de una palabra que significa «caña de medir o regla».

Canon del Antiguo Testamento

Los eruditos han dividido tradicionalmente el Antiguo Testamento en tres partes.

Para los judíos sería:

La Torá (הָרוֹת), «Instrucción» o «Ley»[12]

Los Nevi'im (םיאיבנ), «Profetas»[13]

Los Ketuvim (םיבותכ), «Escritos»[14]

El acróstico de estas tres palabras en hebreo forman la palabra Tanaj (הנת), también conocido como Mikrá. Esta es la Biblia judía.

Para nuestros efectos, estas tres divisiones son: «la ley, los profetas y los escritos».

Estos libros fueron escritos en lugares y momentos diferentes de la historia. Con el tiempo los estudiosos judíos fueron reconociendo que el conjunto de todos estos libros formaban el consejo de Dios para Su pueblo[15].

Según las más antiguas fuentes judías y la referencia que el Nuevo Testamento hace del Antiguo, sabemos que el canon del Antiguo ya estaba completamente establecido en los días de Jesús. Jesús no debatió sobre esto con los judíos de Su tiempo. Simplemente lo afirmó.

En Lucas 24:44 se refiere a la Escritura como *«la ley de Moisés, los profetas y los salmos (o los escritos)»*, lo cual era la división hebrea tradicional.

En otras palabras, Jesús respetó el canon establecido por los judíos en cuanto al Antiguo Testamento.

Aún más, Jesús habló claramente sobre pasajes del Antiguo Testamento que hablaban de Él y se cumplieron en Él[16].

Los judíos tenían otros libros que no estaban dentro del canon. Eran como una especie de comentarios sobre otros libros bíblicos. Ellos nunca se refirieron a estos como Escritura.

Varios de esos libros eran apócrifos, y sabemos que los primeros cristianos no trataron estos libros como parte de la Escritura. Más bien los veían como literatura inspiracional o devocional[17].

Cabe señalar, y no debemos confundir los apócrifos con el *Talmud*, que también significa *Instrucción*.

Este está formado por una colección de libros que guardan discusiones rabínicas sobre leyes judías, tradiciones, costumbres, narraciones y dichos, parábolas, historias y leyendas[18].

El Canon del Nuevo Testamento

Hebreos 1:1 dice: *«Hace mucho tiempo, Dios habló muchas veces y de diversas maneras a nuestros antepasados por medio de los profetas»*.

Existe una regla clara que se aplica al Antiguo y al Nuevo Testamento y es la siguiente:

En la Escritura antigua, Dios actúa y después nos proporciona la explicación de esas acciones por medio de la Palabra escrita.

La primera venida de Cristo nos muestra esto.

Dios actuó enviando a Su Hijo, y luego nos dá una interpretación escrita de esa acción[19].

Usted puede encontrar, cómo documentales (promovidos por cadenas seculares) y aún escritos de autores liberales modernos, dan la falsa impresión de que le tomó a la iglesia siglos para reconocer la autoridad de los libros del Nuevo Testamento —algo que no puede estar más lejos de la realidad.

Algunos erróneamente usan la fecha del Concilio de Cartago que tomó lugar en el año 397 d.C. como la fecha en que se tomó la decisión en cuanto a cuáles libros estarían dentro del canon y cuáles no.

Estas corrientes son fáciles de desmentir.

Los 27 libros del Nuevo Testamento estaban en circulación siglos antes de esta crítica, y los cristianos primitivos los trataron como escritura inspirada por Dios desde el principio.

Cuando dicen que los creyentes tenían una variedad de diferentes creencias y colecciones de evangelios y textos alternativos, simplemente están mintiendo. Podemos decir que los únicos escritos usados por la cristianidad histórica a través de las edades, datan del primer siglo y son los libros que tenemos en el Nuevo Testamento[20].

Es cierto que algunos eruditos debatieron la autoridad de ciertos libros — principalmente algunas de las cartas como Hebreos, Santiago, Judas y el Apocalipsis, debido a ligeras diferencias con las cartas Paulinas—, pero si las comparamos con los libros no bíblicos, los cuales fueron rechazados sin mucha controversia, vemos que estos fueron ampliamente aceptados en toda las iglesias cristianas desde el principio.

Cuando alguien pregunta: ¿Cómo saben que los libros en la Biblia son los documentos originales más antiguos?, podemos entregar dos respuestas elementales.

Primero, los creyentes primitivos defendieron la autoridad de los libros del Nuevo Testamento.

Segundo, al leer estos textos alternativos es fácil detectar que son copias mal hechas de verdaderos textos, pero distorsionando radicalmente el mensaje.

Por ejemplo.

Algunos documentales en cadenas seculares han presentado el evangelio de Tomás, para (según ellos) revelar enseñanzas secretas de Jesús que nadie más conoce.

Es obvio que es un intento para desacreditar los verdaderos evangelios históricos y así atacar la genuina fe.

Como estudiosos serios de la Biblia, cristianos, podemos afirmar que la Escritura «se autentica a sí misma».

La Biblia afirma y es testamento de su propia veracidad.

En otras palabras, «la Palabra de Dios, siempre se ha podido defender por Sí sola».

Tenemos como estudiantes de teología, la libertad de demostrar la precisión de la revelación bíblica y respaldarla con fuentes históricas. Sin embargo, al final, sabemos que es la Palabra de Dios porque el Espíritu Santo que la inspiró da testimonio a nuestro espíritu que es auténtica y verdadera.

Jesús, hablando de Sí mismo dijo:

> *Una vez reunido su propio rebaño, camina delante de las ovejas,*
> *y ellas lo siguen porque conocen su voz. Juan 10:4* NTV

Para responder entonces a la pregunta clave en cuanto a los primeros cristianos… ¿cómo sabían estos, cuáles escritos provenían de Dios? y… ¿cómo saber cuáles no?

Notemos que los cristianos primitivos, no se vieron a sí mismos «decidiendo» cuáles libros deberían estar en la Biblia.

Estos creyentes hablan de haber «recibido» estos libros de cada generación anterior, como especie de herencia, la cual recibieron con gran agradecimiento y respeto.

Ellos respetaron la autoridad de los libros, porque sabían que provenían de Dios. No porque alguna iglesia o autoridad religiosa les pusiera un cuño de autenticidad.

Aun así, los primeros cristianos no aceptaron estos libros como inspirados a ciegas. Ellos tenían cuatro reglas para demostrar que la aceptación de estos libros era legítima, las cuales veremos en el próximo capítulo.

3

AUTENTICIDAD

Reglas usadas para verificar autenticidad

1. Apostolicidad

El libro tenía que haber sido escrito por un apóstol o alguien que anduvo con un apóstol (como en el caso de Lucas y Juan Marcos). Es decir que «sólo aquellos que conocieron a Jesús o que fueron compañeros cercanos de (o sirvieron a) Sus apóstoles pudieron haber escrito de una manera creíble y relevante acerca de Jesús».

2. Antigüedad

Se tenía que comprobar que este libro venía desde el tiempo de los apóstoles. Esta regla es la que eliminó a muchos de los últimos «supuestos evangelios» y escritos gnósticos.

3. Conformidad ortodoxa

Se tenía que verificar que un libro era consistente y de acuerdo con la verdad que ya se había recibido. Comprobado por la transmisión oral o por la referencia a estos libros, que otros libros que ya estaban en las congregaciones primitivas hacían de ellos. Se entiende por qué un libro como el llamado «evangelio de Tomás» no pasó esta prueba.

4. Universalidad

Esto quiere decir, que el libro debía haber sido usado continuamente por las iglesias en todo el mundo conocido.

Cuando hablamos de uso en las iglesias, algunos se refieren a ello como «uso litúrgico» y esto quiere decir que el libro era leído públicamente cuando las comunidades cristianas tempranas se reunían para la adoración y el partimiento del pan.

AUTORIDAD INHERENTE Y COMPLETACIÓN

Ahora, tenemos dos verdades que es necesario que todos entendamos.

Primero.

Contrario a lo que enseña el catolicismo, la iglesia no creó la Biblia por su autoridad.

Por el contrario, la Biblia posee su «autoridad inherente» como la Palabra de Dios.

Esta Palabra es la que le dio vida a la Iglesia desde los primeros tiempos. Entonces, podemos decir que la iglesia (en todas partes) simplemente reconoció lo que Dios ya había inspirado.

Segundo.

El canon del Nuevo Testamento se cerró con la muerte de Cristo y los apóstoles, al igual que el canon del Antiguo Testamento se cerró al final de la era profética.

La revelación ya está completa

El Antiguo Testamento, nos deja saber en pasajes como Malaquías 4 y Deuteronomio 18, que todavía había más profecía por venir. Sin embargo, el

Nuevo Testamento no nos da ninguna expectativa de que vendría más revelación.

El apóstol Pablo nos enseña que la iglesia está edificada sobre el fundamento de los apóstoles (de la era del Nuevo Testamento) y profetas (de la era del Antiguo Testamento).

> *Juntos constituimos su casa, la cual está edificada sobre el fundamento de los apóstoles y los profetas. Y la piedra principal es Cristo Jesús mismo.* Efesios 2:20 NTV

Esto debe ser suficiente.

Como seguidores de Jesús, podemos confiar en los textos que hemos recibido.

La Palabra de Dios está completa y no se le puede añadir más.

> *Y si alguien quita cualquiera de las palabras de este libro de profecía, Dios le quitará su parte del árbol de la vida y de la ciudad santa que se describen en este libro.* Apocalipsis 22:19 NTV

Es interesante que la frase «árbol de la vida», la Reina Valera 1960 la traduce «*libro de la vida*».

De cualquier manera. Es claro que sólo alguien destinado a la perdición eterna se atrevería a añadir o quitar de los textos sagrados.

Amados estudiantes de la Palabra, «no existen nuevas revelaciones, sean escritas o por medio de pseudoprofetas».

En nuestras iglesias evangélicas de hoy, tenemos claro el hecho de que la Palabra está completa. Sin embargo en muchas congregaciones se recibe la «profecía personal» como revelación añadida.

En otras palabras, recibimos La Biblia y «algo más» como revelación.

Es común oír decir de la boca de creyentes: «Dios me dió una revelación» o «Dios me confirmó esto o aquello, por medio de tal profeta».

Algunos van más allá, al punto de hacer predicciones sobre el futuro.

No hay provisión para esto dentro de la doctrina cristiana.

La profecía dentro de la iglesia cristiana fue establecida sólo para tres cosas: «edificación, exhortación y consolación».

> *Pero el que profetiza habla a los hombres para edificación, exhortación y consolación. 1 Corintios 14:3* RVR1960

En ningún momento vemos la profecía dentro de la congregación como un medio para añadir revelación.

La revelación de Dios para nosotros ya está completa.

La Nueva Traducción Viviente dice: *«En cambio, el que profetiza fortalece a otros, los anima y los consuela».*

Ahí está. Fortalece (o edifica). Anima (o exhorta). Consuela.

¿No le parece a usted curioso que el hombre tiene la tendencia a buscar lo místico, lo sobrenatural, la revelación fuera de lo que está escrito, y sin embargo Dios no está interesado en revelarlo?

> *Es privilegio de Dios ocultar un asunto... Proverbios 25:2* NTV

> *El Señor nuestro Dios tiene secretos que nadie conoce. Deuteronomio 29:29* NTV

La Reina Valera 1960 dice: *«Las cosas secretas pertenecen a Jehová nuestro Dios».*

Amado, las cosas secretas pertenecen a Dios.

El resto de ese último texto dice: *«...mas las reveladas son para nosotros y para nuestros hijos...».*

Sí. Las cosas ya reveladas nos pertenecen a nosotros, y estas cosas reveladas ya están en la Palabra de Dios. La revelación está completa.

El canon está cerrado.

ATRIBUTOS DE LA ESCRITURA

Esto es lo que hace que la Escritura sea única.

La misma Biblia muestra claras afirmaciones acerca de Sí misma.

Jesús mismo respetó afirmaciones ya escritas en el Antiguo Testamento.

Estudiaremos seis atributos esenciales de la Escritura.

Según toquemos cada atributo, intentaré reflexionar y comentar en estos.

5

INSPIRACIÓN DIVINA

La Escritura está divinamente inspirada.

> *Toda la Escritura es inspirada por Dios y es útil para enseñarnos lo que es verdad y para hacernos ver lo que está mal en nuestra vida. Nos corrige cuando estamos equivocados y nos enseña a hacer lo correcto. 2 Timoteo 3:16* NTV

> *Sobre todo, tienen que entender que ninguna profecía de la Escritura jamás surgió de la comprensión personal de los profetas ni por iniciativa humana. Al contrario, fue el Espíritu Santo quien impulsó a los profetas y ellos hablaron de parte de Dios. 2 Pedro 1:20-21* NTV

La escritura es Dios hablando directamente a nosotros. Está totalmente inspirada por Dios.

No quiere decir que Dios no tomó en cuenta la personalidad o estilo de cada escritor. La Biblia no es un dictado donde los autores cayeron en un trance y escribieron inconscientemente.

Tanto Lucas como el apóstol Pablo tuvieron sus propias personalidades y estilos al escribir[21].

Sin embargo, Dios providencial y sobrenaturalmente trabajó con cada autor para asegurar que lo que escribían era Palabra inspirada por Él.

Los eruditos y teólogos llaman a este proceso «concursus», que proviene de la palabra latín «concurrere», y esto significa:

«funcionar juntos».

¿Por qué es tan importante esta doctrina?

Si la Biblia fuera de origen humano, entonces siempre podría mejorarse o del todo rechazarse —podría haber evolucionado según han pasado los tiempos.

Pero, si la Biblia no es de origen humano, esta es atemporal. Esto quiere decir que está por encima de nuestras opiniones, ideas o creencias individuales.

Por eso es que no la obedecemos sólo cuando nos gusta, cuando es culturalmente aceptable o cuando la podemos ajustar conforme a nuestras preconcebidas ideas o conveniencias.

Esto es un problema y un error que vemos hoy en día, especialmente en iglesias de «uso amigable» como se diría en inglés «user friendly churches». Estas son iglesias que se han adaptado y ajustado a la cultura actual. Esto lo hacen con la intención de atraer a nuevos visitantes, pero el peligro es inmenso.

Sí. Debemos ser relevantes y hablar a los no creyentes en un lenguaje que ellos puedan entender, pero nunca adaptarnos a la cultura actual. La Palabra de Dios es mayor que la cultura.

Le animo a estudiar la Biblia profundamente y no sólo textos separados en nuestro momento de necesidad. No sólo seleccionemos porciones o historias que nos gustan o nos afirman.

Estudiemos el texto completo. Todo es importante y toda la Escritura es inspirada por Dios.

6

INERRANCIA BÍBLICA

La Escritura es inerrante. No contiene errores.

Esta inerrancia significa que en los manuscritos originales no se equivoca, ni dice nada fuera de la verdad o sin exactitud. La Palabra de Dios no contiene errores.

En otras palabras, la Biblia es siempre verdadera y confiable en todo el texto.

Errar es de humanos. Dios no comete errores.

> *Toda palabra de Dios demuestra ser verdadera. Él es un escudo para todos los que buscan su protección. Proverbios 30:5* NTV

Hebreos 6:18 dice: «*es imposible que Dios mienta*». Leamos el texto completo.

> *Así que Dios ha hecho ambas cosas: la promesa y el juramento. Estas dos cosas no pueden cambiar, porque es imposible que Dios mienta. Por lo tanto, los que hemos acudido a él en busca de refugio podemos estar bien confiados aferrándonos a la esperanza que está delante de nosotros. Hebreos 6:18* NTV

Entonces, aunque hombres imperfectos participaron en la tarea de escribir, Dios los inspiró, ordenó sus ideas de manera que no cometieran errores. A eso se refirió Jesús cuando dijo que la Escritura no puede ser quebrantada (Juan 10:35).

Es por eso que la doctrina es de tanta importancia.

La historia de la iglesia nos enseña que los creyentes creyeron en la inerrancia de los textos. Los cristianos siempre afirmaron que la Escritura es absolutamente verdadera.

Hoy en día es importante usar la palabra «inerrante», porque hay escuelas y círculos donde se dice que la Biblia transmite verdad espiritual, pero todavía contiene errores humanos. Y esto sucede dentro de instituciones tradicionalmente reconocidas como «cristianas».

Por ejemplo, existen teólogos liberales que enseñan los eventos del Edén como una leyenda de mitos que contiene verdades espirituales.

Tal es el caso, por ejemplo de Shawna Dolansky[22] quien cuestiona en la Sociedad de Arqueología Bíblica la veracidad histórica de la creación «en un mundo de libros Google y Youtube». De una forma burlona esta mujer dice que «hoy, uno puede suscribirse a cuentas del Big Bang, Diseño Inteligente» y ataca en el mismo párrafo la inerrancia de la Escritura.

Y así, es el cuestionamiento continuo, no de parte de ateos[23] o gnosticistas[24], pero aún de parte de muchos que se denominan estudiosos de la teología, como muchos dentro de la «alta crítica[25]» en continuos intentos para desacreditar el origen e inerrancia de los textos Bíblicos.

A veces, ministros evangélicos diluyen la veracidad de eventos bíblicos. Esto lo hacen para ser más aceptables en los ojos de los que no creen —a veces buscando aceptación de parte de una audiencia secular.

Esto es profundamente problemático.

Si la Escritura no es verdadera completamente y contiene errores en algunas cosas, entonces ¿cómo podríamos confiar en los textos sagrados en otras porciones?

Al hacer esto, entonces estamos abriéndonos a la posibilidad de que los incrédulos digan: «Esa enseñanza no me conviene, no voy a aceptar esa parte, pero sí aquella que me gusta».

Entonces, ¿quién está calificado para decidir lo que se acepta y lo que se rechaza?

La Biblia no se divide en leyendas e historias verdaderas. No.

La Biblia se presenta como la verdad absoluta. Así tomó Jesús las antiguas Escrituras. Así, tomó Pablo todo el texto en referencias del Tanaj.

Entonces, como estudiosos de teología, es necesario que entendamos la doctrina de la inerrancia bíblica.

Cuando encuentres en la Biblia, cosas difíciles de explicar o difíciles de entender, procura pedir discernimiento. Consulta con aquellos creyentes que tienen más experiencia estudiando los textos sagrados.

7

INFALIBILIDAD BÍBLICA

La Escritura es infalible. Y este tercer atributo está relacionado directamente con la inerrancia.

La inerrancia dice que toda la Biblia es verdadera. La Biblia nunca nos engaña.

La interpretación no es negociable.

Hace años estando yo disertando en una universidad en California, un estudiante intentó retarme interrumpiendo en medio de la conferencia para decir que en esa época del año, el Mar Rojo tenía sólo dos pulgadas de agua y por eso el pueblo de Israel pudo pasar caminando.

Mi respuesta fue fácil. Le dije: «Entonces el milagro fue más grande, pues Dios ahogó a un ejército de Egipcios con carruajes y caballos en dos pulgadas de agua».

> *Entonces, cuando el sol comenzaba a salir, Moisés extendió su mano sobre el mar y las aguas volvieron con fuerza a su estado normal. Los egipcios trataron de escapar, pero el Señor los arrastró al mar. Enseguida las aguas volvieron a su lugar y cubrieron todos los carros y a sus conductores: el ejército completo del faraón. No sobrevivió ni uno de los egipcios que entró al mar para perseguir a los israelitas. Éxodo 14:27,28* NTV

Amado lector. Al afirmar que la Biblia es infalible, estamos diciendo que todo el texto es infalible.

El Antiguo Testamento habla de Jonás y cómo permaneció tres días en la barriga de un gran pez. Después vemos que el mismo Jesús creía totalmente en este evento de Jonás como un hecho histórico. Lo veía como una señal de Su muerte y resurrección.

> *Así como Jonás estuvo en el vientre del gran pez durante tres días y tres noches, el Hijo del Hombre estará en el corazón de la tierra durante tres días y tres noches. Mateo 12:40* NTV

Algunos maestros liberales afirman que la Biblia es infalible pero niegan en secreto su inerrancia.

Para ellos es confiable «en asuntos de fe y práctica», pero no creen que todo lo que registra literalmente haya sucedido.

Estos tienden a espiritualizar el texto. Usarlo como lecciones, quizá poéticamente pero no literal.

Por eso decimos que la inerrancia e infalibilidad van de la mano.

Otra vez, le animo. Tomemos todo el texto. Es verdadero, confiable y exacto.

8

CLARIDAD DE LA ESCRITURA

La Escritura es clara. A esto también lo conocemos como la perspicuidad de la Escritura.

La claridad (o perspicuidad) de la Escritura significa que esta es entendible a la mente común.

No sólo los teólogos, ministros, o personas preparadas la pueden entender.

Todo cristiano puede leer la Biblia y entenderla por sí solo con la ayuda del Espíritu Santo.

David dice:

> *Las enseñanzas del Señor son perfectas, reavivan el alma. Los decretos del Señor son confiables, hacen sabio al sencillo. Salmo 19:7* NTV

Es cierto que hay porciones de la Biblia que son difíciles de entender.

> *Y recuerden que la paciencia de nuestro Señor da tiempo para que la gente sea salva. Esto es lo que nuestro amado hermano Pablo también les escribió con la sabiduría que Dios le dio, al tratar estos temas en todas sus cartas. Algunos de sus comentarios son difíciles de entender… 2 Pedro 3:15,16* NTV

Razones por qué algunas porciones de la Biblia son difíciles de entender

1. Una razón por la cual algunas porciones de la Biblia son difíciles de entender es porque tenemos un conocimiento limitado. Sin embargo, a medida que

estudiamos más y más los textos sagrados, y por este hecho, conocemos más a Dios, el Espíritu Santo nos va dando sabiduría en lo que estudiamos. A esto, el apóstol Pablo llama: «espíritu de sabiduría».

> ...para que el Dios de nuestro Señor Jesucristo, el Padre de gloria, os dé espíritu de sabiduría y de revelación en el conocimiento de él... Efesios 1:17 RVR1960

2. Por causa de la caída, nuestra inteligencia espiritual fue dañada. Debemos notar que «espíritu de sabiduría» e «inteligencia espiritual» son cosas diferentes. El mismo apóstol Pablo las separa.

> Por lo cual también nosotros, desde el día que lo oímos, no cesamos de orar por vosotros, y de pedir que seáis llenos del conocimiento de su voluntad en toda sabiduría e inteligencia espiritual... Colosenses 1:9 RVR1960

A la inteligencia espiritual[26] algunos estudiosos la sitúan en un orden oligárquico, donde esta se ocupa del sentido de trascendencia[27] siendo exclusivamente humana[28].

En el lenguaje de Pablo, sin embargo, sabemos que se refiere a una habilidad que sólo el ser que ha sido transformado (nacido de nuevo) y sellado con el Espíritu Santo puede tener.

> ...pero los que no son espirituales no pueden recibir esas verdades de parte del Espíritu de Dios. Todo les suena ridículo y no pueden entenderlo, porque solo los que son espirituales pueden entender lo que el Espíritu quiere decir. 1 Corintios 2:14 NTV

La palabra «espirituales» en la NTV posee una referencia que dice: «O los que no tienen el Espíritu; o los que sólo tienen vida física».

La versión Reina Valera 1960 dice que el «*hombre natural*» es decir, aquél que no ha nacido de nuevo, no puede entender las cosas espirituales «porque se han de discernir espiritualmente».

> Pero el hombre natural no percibe las cosas que son del Espíritu de Dios, porque para él son locura, y no las puede entender, porque se han de discernir espiritualmente. 1 Corintios 2:14 RVR1960

En otras palabras, una persona que no ha sido transformada y no tiene al Espíritu Santo dentro, simplemente no puede entender el texto bíblico.

Podrá comprender la historia o referencias superficiales del texto como cuando se lee cualquier otra literatura, mas no puede entender el espíritu del texto.

Entonces en conclusión, necesitamos ser hijos de Dios, salvos por Su gracia para comenzar a entender los textos sagrados, pero esto no para ahí.

A medida que nuestro entendimiento es renovado, más y más podremos entender el texto bíblico.

> *No os conforméis a este siglo, sino transformaos por medio de la renovación de vuestro entendimiento, para que comprobéis cuál sea la buena voluntad de Dios, agradable y perfecta. Romanos 12:2* RVR1960

La inteligencia espiritual es también incrementada por medio de la oración.

Regresemos de nuevo al texto en Colosenses:

> *Por lo cual también nosotros, desde el día que lo oímos, no cesamos de orar por vosotros, y de pedir que seáis llenos del conocimiento de su voluntad en toda sabiduría e inteligencia espiritual... Colosenses 1:9* RVR1960

3. La tercera razón por la que algunas porciones de la Biblia son difíciles de entender es el desconocimiento de la cultura y lenguaje de la época en que los textos fueron escritos.

Es por eso que el estudiante de teología debe estar dispuesto a indagar dentro de los comentarios de teólogos que vivieron en la época primitiva de la iglesia.

También debe amar la historia y leer lo que historiadores contemporáneos al texto escribieron, como por ejemplo el historiador Josefo[29].

La Biblia no es un rompecabezas de cosas misteriosas que sólo algunos iluminados pueden entender.

Fue escrita para que todos tengamos acceso.

La mayoría de las cartas Paulinas fueron escritas a congregaciones que incluían creyentes educados y otros sin educación.

Esto es contrario al régimen establecido por la religión organizada, donde sólo miembros del clero tenían acceso a los textos[30].

El argumento de las diferencias

Algunos argumentan que si la Biblia es clara, entonces ¿por qué diferentes denominaciones interpretan el significado de los pasajes de forma diferente?

Aunque la palabra es clara, los que estudiamos la Biblia somos personas imperfectas.

Es muy difícil que todos estemos de acuerdo en cada enseñanza, puesto que leemos con diferentes lentes e influencias.

Sin embargo, la mayor parte de los estudiosos están de acuerdo en las enseñanzas esenciales, mientras que difieren en lo no esencial, como por ejemplo en la interpretación de pasajes donde existen símbolos, especialmente en el material apocalíptico.

9

LA NECESIDAD DE LA ESCRITURA

La Escritura es necesaria.

La Biblia es necesaria para conocer la revelación de Dios, el evangelio, para poder navegar nuestra vida espiritual y para conocer la voluntad de Dios, agradable y perfecta (Romanos 12:2).

Podemos conocer el carácter de Dios y sus leyes morales sin la Escritura. A esto llamamos la «revelación general (Romanos 1)» y en la propia conciencia (Romanos 2).

Sin embargo vemos como el ser humano ha rechazado a Dios aún teniendo acceso a estas evidencias naturales.

Es por eso que Pablo deja muy claro que podemos ser salvos únicamente por medio de Jesucristo, y esto por medio de la Palabra de Dios (Romanos 10).

> *v. 3 Porque ignorando la justicia de Dios, y procurando establecer la suya propia, no se han sujetado a la justicia de Dios…*

> *v. 13 porque todo aquel que invocare el nombre del Señor, será salvo.*

> *v. 14 ¿Cómo, pues, invocarán a aquel en el cual no han creído? ¿Y cómo creerán en aquel de quien no han oído? ¿Y cómo oirán sin haber quien les predique?*

v. 17 Así que la fe es por el oír, y el oír, por la palabra de Dios.

Entonces, necesitamos leer la Palabra para entender el camino de salvación, y a la vez oír la Palabra porque la fe que salva viene por el oír.

10

LA SUFICIENCIA DE LA ESCRITURA

Para completar este grupo de verdades en cuanto a la palabra de Dios, es necesario que dejemos establecido que la Palabra de Dios es suficiente.

La suficiencia de la Escritura significa que esta es todo el consejo de Dios.

Todo lo que Dios quería que Su pueblo supiera en cada momento de la historia de la redención del ser humano.

Todo lo que necesitamos para la salvación y vida cristiana.

> *Toda la Escritura es inspirada por Dios y es útil para enseñarnos lo que es verdad y para hacernos ver lo que está mal en nuestra vida. Nos corrige cuando estamos equivocados y nos enseña a hacer lo correcto. Dios la usa para preparar y capacitar a su pueblo para que haga toda buena obra. 2 Timoteo 3:16—17* NTV

Esto quiere decir que todo lo que necesitamos para crecer en Dios, está en la Biblia.

No necesitamos profecías personales, o una señal especial en el cielo para saber qué hacer.

Ciertamente Dios es soberano y pudiera hacer lo que Él quiera, pero Él no nos insta a que esperemos tales cosas.

Cuando estudiamos la Biblia y por ello conocemos Su carácter más y más, tendremos dirección y sabiduría para tomar decisiones aún difíciles.

Entonces, en toda cuestión de la vida práctica, podemos acudir con confianza a los textos sagrados. Ahí encontraremos respuesta.

La Palabra de Dios es suficiente para todas las cosas que pertenecen a la vida y a la piedad.

> *Como todas las cosas que pertenecen a la vida y a la piedad nos han sido dadas por su divino poder, mediante el conocimiento de aquel que nos llamó por su gloria y excelencia...* 2 Pedro 1:3 RVR1960

¡Gracias Señor por Tu Palabra!

PATEROLOGÍA:
LA DOCTRINA DE DIOS PADRE

Pero tú eres nuestro Padre, aunque Abraham no nos conozca ni nos reconozca Israel; tú, Señor, eres nuestro Padre; ¡tu nombre ha sido siempre «nuestro Redentor»!
Is 63:16 NVI

¿QUÉ ES PATEROLOGÍA?

La paterología —en la teología cristiana— es el estudio de Dios Padre.

Paterología es una palabra compuesta que viene de dos palabras griegas: πατήρ (*patḗr, padre*) y λογος (*logos, enseñanza*).

Ya que como cristianos, creemos en la existencia y operación de un Dios trino, el estudio de paterología estará estrechamente relacionado con la «cristología» que es el estudio de la doctrina de Cristo, y «pneumatología» que es el estudio de la doctrina del Espíritu Santo, respectivamente.

Entonces, estos tres tomos dentro de esta serie de *Teología Sistemática para Latinoamérica*, nos darán una comprensión más redondeada en cuanto a la naturaleza y carácter de Dios.

PARTE 1 **DIOS ES**

1
INTRODUCCIÓN A LA PATEROLOGÍA

La paterología estudia específicamente los textos sagrados que se refieren directamente a Dios Padre.

Desde el Antiguo Testamento, Dios es conocido y visto como Padre de todas las criaturas que Él creó.

Esto no solamente incluye a los que tenían una relación con Él —ciertamente desde tiempos antiguos muchos le llamaron Padre por relación, al igual que hoy, quienes somos creyentes, le llamamos Dios Padre— también incluye al resto de la creación.

Dios es Padre de toda la creación, aún de las criaturas que están en tinieblas.

> *Un día vinieron a presentarse delante de Jehová los hijos de Dios, entre los cuales vino también Satanás. Job 1:6* RVR1960

Él creó todo y es Padre de todos en el mundo visible e invisible.

Dios es Padre de los espíritus.

> *Por otra parte, tuvimos a nuestros padres terrenales que nos disciplinaban, y los venerábamos. ¿Por qué no obedeceremos mucho mejor al Padre de los espíritus, y viviremos? Hebreos 12:9* RVR1960

Para Israel, Dios es conocido como Padre. Así lo dice Isaías.

> *Pero tú eres nuestro Padre, aunque Abraham no nos conozca ni*

> *nos reconozca Israel; tú, Señor, eres nuestro Padre; ¡tu nombre ha sido siempre «nuestro Redentor»! Isaías 63:16* NVI

En el judaísmo, a Dios se le atribuye el papel paternal de protector. Se le titula el Padre de los huérfanos y defensor de las viudas.

> *Padre de los huérfanos, defensor de las viudas, este es Dios y su morada es santa. Salmos 68:5* NTV

En el Nuevo Testamento, vemos tres formas griegas en que se usa el nombre de Dios.

Theos (θεός la palabra griega para Dios), Kyrios (que quiere decir, Señor en griego) y Patếr (Πατήρ que significa, Padre en griego).

Luego existe la forma aramea «Abba» (אבא), que significa «Padre».

Esta se usa en Marcos 14:36, en Romanos 8:15 y Gálatas 4:6.

> *Y decía: Abba, Padre, todas las cosas son posibles para ti; aparta de mí esta copa; mas no lo que yo quiero, sino lo que tú… Marcos 14:36* RVR1960

> *Pues no habéis recibido el espíritu de esclavitud para estar otra vez en temor, sino que habéis recibido el espíritu de adopción, por el cual clamamos: ¡Abba, Padre! Romanos 8:15* RVR1960
> *Y por cuanto sois hijos, Dios envió a vuestros corazones el Espíritu de su Hijo, el cual clama: ¡Abba, Padre! Gálatas 4:6* RVR1960

La doctrina de Dios Padre fue sostenida por los más antiguos teólogos en la historia de la iglesia.

A finales del siglo primero, Clemente de Roma[1] se refería al Padre con respecto a la creación, afirmando: «miremos con firmeza al Padre y Creador del universo»[2].

La relación Padre-Hijo entre Dios Padre y Jesucristo es esencial para el entendimiento del carácter de Dios en la obra de redención.

> *Pero cuando vino el cumplimiento del tiempo, Dios envió a su Hijo, nacido de mujer y nacido bajo la ley… Gálatas 4:4* RVR1960

El Credo de Nicea[3], que data de 325 y 381, declara que el Hijo (Jesucristo) es «eternamente engendrado del Padre», lo que indicaría que la relación divina Padre-Hijo no comenzó con el nacimiento de Jesús.

Relación que se extiende a nosotros, los que hemos sido redimidos por medio del sacrificio perfecto de Su Hijo Jesús.

> *...para que redimiese a los que estaban bajo la ley, a fin de que recibiésemos la adopción de hijos. Gálatas 4:5* RVR1960

2

LA EXISTENCIA DE DIOS

¿Cómo sabes que Dios existe?

La palabra teología es una palabra compuesta que viene del griego theos, (Dios) y logos, (tratado)[4]. Entonces el estudio de la teología se puede describir sencillamente como «el estudio de Dios». Sin embargo, estudiar, o tratar de definir o entender a Dios no es una labor sencilla.

> *Como son más altos los cielos que la tierra, así son mis caminos más altos que vuestros caminos, y mis pensamientos más que vuestros pensamientos. Isaías 55:8-9* RVR1960

Tratar de explicar Su soberanía, o entender por qué hace lo que Él hace, pudiera ser inclusive una falta de respeto.

> *¡Miren ahora, yo mismo soy Dios! ¡No hay otro dios aparte de mí! Yo soy el que mata y el que da vida, soy el que hiere y el que sana. ¡Nadie puede ser librado de mi mano poderosa! Deuteronomio 32:39* NTV

> *Nuestro Dios está en los cielos y hace lo que le place. Salmos 115:3* NTV

Entonces, tengo la convicción, que podremos estudiar sobre Dios, aquello que Él permite que sepamos de Él. Aun así, es bastante.

Estudiaremos sobre Su carácter, atributos y más y lo haremos con reverencia.

Comencemos por una vista general de estos textos.

¿Puedes tú resolver los misterios de Dios? ¿Puedes descubrir todo acerca del Todopoderoso? Eso es solo el comienzo de todo lo que él hace, apenas un susurro de su poder. ¿Quién podrá, entonces, comprender el trueno de su poder? Entonces busqué el bien, pero en su lugar me vino el mal. Esperaba la luz, pero cayó la oscuridad. Job 11:7,26:14,30:26 NTV

¿Con quién podemos comparar a Dios? ¿Qué imagen se puede encontrar que se le parezca? Is 40:18 NTV

Al leer los textos anteriores, podemos tener una idea de lo grande que es Dios, y nuestra finita habilidad al tratar de comprenderlo.

Comencemos con cuidado a analizar, lo que Él mismo dice por medio de Su Palabra sobre Su existencia.

¿Cómo puedo saber que Dios existe?

Una de las preguntas más grandes que ha tenido que enfrentar el ser humano.

Dios está presente. Lo sabemos porque Él se ha revelado a nosotros.

1. Se ha revelado a través de Su creación y providencia. Esto es revelación general.

2. Se ha revelado en los textos escritos. Esto es revelación proposicional.

3. Se ha revelado en Su Hijo Jesucristo. Esto es revelación personal.

4. Se ha revelado por medio del perfecto sacrificio de Jesucristo en la cruz. Esto es revelación salvífica[5].

Y esta es la vida eterna: que te conozcan a ti, el único Dios verdadero, y a Jesucristo, a quien has enviado. Juan 17:3 RVR1960

Su existencia manifestada por medio de la creación

Dios se muestra a nosotros por medio de Su creación.

...porque lo que de Dios se conoce les es manifiesto, pues Dios se lo manifestó. Romanos 1:19 RVR1960

En otras palabras, Dios ha manifestado Su existencia. Él ha hecho esto por medio de Su Creación.

Antes que recibiéramos la completa revelación de Él, por medio de Su Palabra, ya teníamos los seres humanos, evidencias de Su existencia.

Aún los pueblos a quienes no ha llegado la Biblia, o civilizaciones pasadas que fueron antes de que el Evangelio fuese escrito, han reconocido que existe un Creador.

Esta es una revelación natural de la existencia de Dios.

Veamos el versículo 20:

> *Porque las cosas invisibles de él, su eterno poder y deidad, se hacen claramente visibles desde la creación del mundo, siendo entendidas por medio de las cosas hechas, de modo que no tienen excusa. Romanos 1:20* RVR1960

Note que estas cosas no son ocultas, ni escondidas, sino claramente visibles.

Y el texto dice: «de modo que no tienen excusa». Lo que quiere decir que aún el no haber conocido la Biblia, o haber sido expuestos al mensaje de salvación, no nos excusa.

La creación clama en voz alta que hay un Creador.

Al observar la salida de sol, los primeros rayos de luz de la mañana, la lluvia, y todas las constelaciones que se pueden observar en la noche, vemos la mano del Creador detrás de todo.

Mire como el libro de Job habla de la creación:

> *¿Quién encerró con puertas el mar, Cuando se derramaba saliéndose de su seno Cuando puse yo nubes por vestidura suya, Y por su faja oscuridad, Y establecí sobre él mi decreto, Le puse puertas y cerrojo, Y dije: Hasta aquí llegarás, y no pasarás adelante, Y ahí parará el orgullo de tus olas? Job 38:8—11* RVR1960

> *¿Has entrado tú en los tesoros de la nieve, O has visto los tesoros del granizo... ¿Por qué camino se reparte la luz, Y se esparce el viento solano sobre la tierra? ¿Quién repartió conducto al turbión, Y camino a los relámpagos*

> *y truenos, Haciendo llover sobre la tierra deshabitada, Sobre el desierto, donde no hay hombre, Para saciar la tierra desierta e inculta, Y para hacer brotar la tierra hierba? ¿Tiene la lluvia padre? ¿O quién engendró las gotas del rocío? ¿De qué vientre salió el hielo? Y la escarcha del cielo, ¿quién la engendró? Las aguas se endurecen a manera de piedra, Y se congela la faz del abismo. ¿Podrás tú atar los lazos de las Pléyades, O desatarás las ligaduras de Orión? ¿Sacarás tú a su tiempo las constelaciones de los cielos, O guiarás a la Osa Mayor con sus hijos? ¿Supiste tú las ordenanzas de los cielos? ¿Dispondrás tú de su potestad en la tierra? ¿Alzarás tú a las nubes tu voz, Para que te cubra muchedumbre de aguas? ¿Enviarás tú los relámpagos, para que ellos vayan? ¿Y te dirán ellos: Henos aquí? ¿Quién puso la sabiduría en el corazón? ¿O quién dio al espíritu inteligencia? ¿Quién puso por cuenta los cielos con sabiduría? Y los odres de los cielos, ¿quién los hace inclinar, Cuando el polvo se ha convertido en dureza, Y los terrones se han pegado unos con otros?* Job 38:22,24—38 RVR1960

Sin embargo, aún con las evidencias naturales de la existencia de Dios en la creación, el ser humano tiene la tendencia a adorar las cosas creadas en lugar del Creador.

Leamos el texto que sigue en Romanos 1:

> *Pues habiendo conocido a Dios, no le glorificaron como a Dios, ni le dieron gracias, sino que se envanecieron en sus razonamientos, y su necio corazón fue entenebrecido. Profesando ser sabios, se hicieron necios, y cambiaron la gloria del Dios incorruptible en semejanza de imagen de hombre corruptible, de aves, de cuadrúpedos y de reptiles. Por lo cual también Dios los entregó a la inmundicia, en las concupiscencias de sus corazones, de modo que deshonraron entre sí sus propios cuerpos, ya que cambiaron la verdad de Dios por la mentira, honrando y dando culto a las criaturas antes que al Creador, el cual es bendito por los siglos. Amén.* Romanos 1:21—25 RVR1960

Note la frase: «honrando y dando culto a las criaturas antes que al Creador».

Es decir, aún con todas las evidencias visibles, el carácter idólatra del ser humano (no renovado) le hace pasar por alto el hecho de que para que exista tan excelente creación, debe haber un aún más excelente Creador. El «hombre animal» (1 Corintios 2:14 RVA), no puede comprender que las cosas no se hicieron solas.

Su existencia manifestada por medio de la conciencia

No sólo está la creación como evidencia de la existencia de Dios. También está la conciencia.

Por el hecho de que hemos sido creados a imagen y semejanza de Dios, podemos decir que algo de Su carácter moral es evidente en nosotros (Génesis 1:26,27).

Nuestras conciencias no nos pueden guiar perfectamente, porque han sido dañadas por la caída. Sin embargo, por el hecho de que nos preocupamos por cosas morales, por hacer justicia y defender la verdad, podemos decir que la presencia de nuestro Creador es manifestada en nosotros.

La creación y la conciencia deberían ser suficientes evidencias de que Dios existe. Sin embargo, por causa de nuestra naturaleza caída, y nuestra mala relación con la verdad, se hace necesario que creemos sistemas razonables y argumentos para defender la existencia de Dios.

Estos son intentos de demostrar que es racional creer que Dios existe.

Si no fuese por nuestro estado caído, que produce en nosotros incredulidad, no sería necesario establecer razonamientos o sistemas para defender la verdad.

Se podría argumentar que Dios sabe defenderse a Sí mismo. Ya ha demostrado por medio de la creación y la conciencia que sí existe y no tiene necesidad que nosotros intervengamos en Su defensa.

Sin embargo, es Dios mismo que se ha revelado por medio de Su Palabra. Fue Él quien inspiró a los profetas y apóstoles a escribir. Entonces esto debe afirmarnos que es Su voluntad que seamos parte del diálogo y como teólogos, podamos por medio de la fe y la razón comunicar de Su existencia a quienes todavía no creen.

Este sería un argumento paralelo al que existe acerca del evangelismo. Algunos han dicho: «Dios no nos necesita para hacer comunicar Su verdad». Sin embargo Él nos ha incluido en Su plan de «reconciliar consigo al mundo».

> *...que Dios estaba en Cristo reconciliando consigo al mundo, no tomándoles en cuenta a los hombres sus pecados, y nos encargó a nosotros la palabra de la reconciliación 2 Corintios 5:19* RVR1960

Note la frase: «nos encargó a nosotros la palabra de la reconciliación».

> *¿Cómo, pues, invocarán a aquel en el cual no han creído? ¿Y cómo creerán en aquel de quien no han oído? ¿Y cómo oirán sin haber quien les predique? Romanos 10:14* RVR1960

Entonces, las doctrinas que muestren Su existencia, es menester que existan y que se expongan ordenadamente. O en forma sistemática.

Aun asi. El razonamiento de estas «doctrinas» por sí solo, no es suficiente para comunicar a otros la fe salvadora que sólo se puede encontrar en Cristo. También es necesaria la revelación.

3

LA REVELACIÓN DE DIOS

Revelación general y especial

Todo lo que podamos conocer de Dios está basado en Su revelación.

La mera lógica, y el razonamiento no serán suficientes. Aún la salvación es una revelación.

Usted podrá explicar y tratar de convencer a otros de la existencia y el poder con que Dios puede salvar. Pero sin la obra del Espíritu Santo —quien llama efectivamente por Su gracia— no será posible convencer.

Es el Espíritu de verdad quien trae la convicción efectiva para que alguien responda al llamado.

> *Pero yo os digo la verdad: Os conviene que yo me vaya; porque si no me fuera, el Consolador no vendría a vosotros; mas si me fuere, os lo enviaré. Y cuando él venga, convencerá al mundo de pecado, de justicia y de juicio. Juan 16:7—8* RVR1960

Entonces, podemos decir que Dios se revela al ser humano y lo hace de dos maneras. A estas llamamos revelación general y revelación especial.

Revelación general

En la revelación general, el conocimiento de Dios y Su voluntad se hace evidente a todos simplemente por el hecho de estar vivos dentro de Su creación.

En otras palabras. Sólo por el hecho de estar vivos dentro del mundo que Dios creó, ya hace que estemos expuestos a Su revelación general.

> *Los cielos proclaman la gloria de Dios y el firmamento despliega la destreza de sus manos. Día tras día no cesan de hablar; noche tras noche lo dan a conocer. Salmos 19:1,2* NTV

> *Ellos conocen la verdad acerca de Dios, porque él se la ha hecho evidente. Pues, desde la creación del mundo, todos han visto los cielos y la tierra. Por medio de todo lo que Dios hizo, ellos pueden ver a simple vista las cualidades invisibles de Dios: su poder eterno y su naturaleza divina. Así que no tienen ninguna excusa para no conocer a Dios. Romanos 1:19,20* NTV

> *Aun los gentiles, quienes no cuentan con la ley escrita de Dios, muestran que conocen esa ley cuando, por instinto, la obedecen aunque nunca la hayan oído. Ellos demuestran que tienen la ley de Dios escrita en el corazón, porque su propia conciencia y sus propios pensamientos o los acusan o bien les indican que están haciendo lo correcto. Romanos 2:14,15* NTV

Al leer estos textos anteriores detenidamente, nos damos cuenta que con sólo observar las cosas creadas, el firmamento, los cielos y la tierra, podemos ver a simple vista las cualidades invisibles de Dios. Es decir: Simple y sencillamente, Dios se revela a nosotros por medio de lo que vemos en la creación.

Entonces, alguien que diga que Dios no existe después de haber visto Su creación, simplemente no tiene excusa, como lo indica el texto.

Revelación especial

La revelación especial es la manera en que Dios se ha dado a conocer mediante hechos y palabras —en especial Su Palabra escrita, y la Palabra Viviente que es Jesucristo, o el Verbo hecho carne.

> *En el principio era el Verbo, y el Verbo era con Dios, y el Verbo era Dios. Y aquel Verbo fue hecho carne, y habitó entre nosotros (y vimos su gloria, gloria como del unigénito del Padre), lleno de gracia y de verdad. Juan 1:1,14* RVR1960

Combinando la revelación general con la revelación especial

Estos textos, que forman parte de Su revelación especial, nos confirman que ya Dios se había revelado a los seres humanos —por medio de lo que se puede ver en la creación— aun antes que estos fueran expuestos a la revelación bíblica (o especial).

Veamos este evento de Pablo con los de Atenas. Gente que no había sido expuesta a la Palabra escrita.

> *Entonces Pablo, puesto en pie en medio del Areópago, dijo: Varones atenienses, en todo observo que sois muy religiosos; porque pasando y mirando vuestros santuarios, hallé también un altar en el cual estaba esta inscripción: AL DIOS NO CONOCIDO. Al que vosotros adoráis, pues, sin conocerle, es a quien yo os anuncio.*
>
> *El Dios que hizo el mundo y todas las cosas que en él hay, siendo Señor del cielo y de la tierra, no habita en templos hechos por manos humanas, ni es honrado por manos de hombres, como si necesitase de algo; pues él es quien da a todos vida y aliento y todas las cosas.*
>
> *Y de una sangre ha hecho todo el linaje de los hombres, para que habiten sobre toda la faz de la tierra; y les ha prefijado el orden de los tiempos, y los límites de su habitación; para que busquen a Dios, si en alguna manera, palpando, puedan hallarle, aunque ciertamente no está lejos de cada uno de nosotros.*
>
> *Porque en él vivimos, y nos movemos, y somos; como algunos de vuestros propios poetas también han dicho: Porque linaje suyo somos. Siendo, pues, linaje de Dios, no debemos pensar que la Divinidad sea semejante a oro, o plata, o piedra, escultura de arte y de imaginación de hombres. Pero Dios, habiendo pasado por alto los tiempos de esta ignorancia, ahora manda a todos los hombres en todo lugar, que se arrepientan; por cuanto ha establecido un día en el cual juzgará al mundo con justicia, por aquel varón a quien designó, dando fe a todos con haberle levantado de los muertos. Hechos 17:22—31* RVR1960

Es evidente que los atenienses, aún sin saber el nombre de quien estaban adorando, sabían que hay un Dios, aunque para ellos era desconocido.

El trabajo de Pablo fue poner contexto a lo que ellos ya creían. Sabían que hay un Dios, y sabían que no lo conocían —como decía la inscripción: «AL DIOS NO CONOCIDO». Pablo los dirigió —también usando la revelación general cuando les dijo: «El Dios que hizo el mundo y todas las cosas que en él hay, siendo Señor del cielo y de la tierra», o «en él vivimos, y nos movemos, y somos...»— pues al decir estas cosas les estaba probando la existencia de Dios por medio de las cosas creadas, sean el cielo y la tierra o aun nosotros mismos.

Nos es claro que Pablo dirigió el tema hablando del arrepentimiento y aun de la resurrección, como buen testigo de Jesucristo.

Ese es el trabajo nuestro como ministros del Señor. Aprovechando cada oportunidad para testificar sobre Jesús y presentar a todos el camino de salvación. En esto, hacemos todos «obra de evangelista (2 Timoteo 4:5)».

Recuerdo, hace ya casi 30 años —durante nuestros años de misiones en México— mi esposa y yo tuvimos la oportunidad de ministrar a varios grupos indígenas. Con intérpretes, mi mensaje era traducido a varios dialectos, como el mixteco, zapoteco, triqui entre otros[6].

Siempre tuve interés en saber cómo estos traducían el nombre de «Dios» cuando yo lo mencionaba desde la plataforma. Porque aún, antes de que la predicación del evangelio llegara a ellos, ya estos tenían un nombre para Dios, aunque todavía no le conocían, como el caso de los griegos en Atenas.

Ellos ya sabían que alguien había creado todas las cosas.

Algunas tribus, ya más al norte de América, como los Sioux[7] le llaman «Wakan Tanka[8]» que se traduciría como «Gran Espíritu» cuando se refieren al que creó todas las cosas.

Es importante señalar que aun cuando estos pueblos reconocían la existencia de un Dios, o un Ser Supremo, esto no significa que automáticamente tuvieran un concepto teológico correcto sobre el carácter y atributos de Dios. Por ejemplo, para los Sioux, a pesar de ellos reconocer la existencia de un Ser Supremo, no existe en su espiritualidad el concepto de monoteísmo[9], de la manera que los textos sagrados lo explican.

Es ahí donde entra la importancia de la revelación especial, o Palabra escrita, la cual corregirá teológicamente el concepto de Un Solo Dios[10].

Sin embargo, esto no resta al hecho de que civilizaciones hayan reconocido la existencia de Dios por medio de la revelación general. Sólo con observar las cosas creadas, viene la afirmación de que alguien las ha creado.

Otros textos, de los cuales algunos ya mencioné antes, y que muestran claramente la combinación entre la revelación general y la revelación especial se encuentran en Romanos 1:20—32.

El versículo 20 nos introduce claramente al hecho de que hay un Creador que se da a conocer por medio de las cosas creadas, y aquí, por el texto es confirmado en Palabra revelada. Es decir, recibimos esta verdad al ver las cosas creadas y al leer el texto.

> *Porque las cosas invisibles de él, su eterno poder y deidad, se hacen claramente visibles desde la creación del mundo, siendo entendidas por medio de las cosas hechas, de modo que no tienen excusa. Romanos 1:20* RVR1960

Los versículos que siguen nos muestran como el ser humano decide despreciar esta revelación de la existencia de Dios y corromperse.

Lea con calma todos los versículos:

> *Porque las cosas invisibles de él, su eterno poder y deidad, se hacen claramente visibles desde la creación del mundo, siendo entendidas por medio de las cosas hechas, de modo que no tienen excusa.*
>
> *Pues habiendo conocido a Dios, no le glorificaron como a Dios, ni le dieron gracias, sino que se envanecieron en sus razonamientos, y su necio corazón fue entenebrecido.*
>
> *Profesando ser sabios, se hicieron necios, y cambiaron la gloria del Dios incorruptible en semejanza de imagen de hombre corruptible, de aves, de cuadrúpedos y de reptiles.*
>
> *Por lo cual también Dios los entregó a la inmundicia, en las concupiscencias de sus corazones, de modo que deshonraron entre sí sus propios cuerpos, ya que cambiaron la verdad de Dios por la mentira, honrando y dando culto a*

las criaturas antes que al Creador, el cual es bendito por los siglos. Amén.

Por esto Dios los entregó a pasiones vergonzosas; pues aun sus mujeres cambiaron el uso natural por el que es contra naturaleza, y de igual modo también los hombres, dejando el uso natural de la mujer, se encendieron en su lascivia unos con otros, cometiendo hechos vergonzosos hombres con hombres, y recibiendo en sí mismos la retribución debida a su extravío.

Y como ellos no aprobaron tener en cuenta a Dios, Dios los entregó a una mente reprobada, para hacer cosas que no convienen; estando atestados de toda injusticia, fornicación, perversidad, avaricia, maldad; llenos de envidia, homicidios, contiendas, engaños y malignidades; murmuradores, detractores, aborrecedores de Dios, injuriosos, soberbios, altivos, inventores de males, desobedientes a los padres, necios, desleales, sin afecto natural, implacables, sin misericordia; quienes habiendo entendido el juicio de Dios, que los que practican tales cosas son dignos de muerte, no sólo las hacen, sino que también se complacen con los que las practican. Romanos 1:20—32 RVR1960

Entonces, combinando los textos que hemos leído en Hechos sobre Pablo y los atenienses y en Romanos capítulo uno, podemos tener un cuadro completo en cuanto a la revelación de la existencia de Dios; Dios como Creador; la teología de Un Solo Dios; Su eternidad; Su poder; Su actividad y Su carácter.

¿Qué revelación hay en estos textos?

- Dios es nuestro creador (Salmos 19; Hechos 17:25)
- Dios es uno (Hechos 17.26; Romanos 1:20)
- Dios es eterno (Romanos 1:20; Hechos 17:25)
- Dios es invisible (Romanos 1:20)
- Dios es distinto del universo (Hechos 17:24; 26-27)
- Dios sostiene todas las cosas (Hechos 17:24; 26-27)
- Dios es moral (Romanos 1:32)

Todas estas cosas nos han sido reveladas naturalmente y son evidentes a nosotros sólo por estar aquí.

PARTE 2 **ATRIBUTOS**

INTRODUCCIÓN A LOS ATRIBUTOS DE DIOS

¿Con quién podemos comparar a Dios? Isaías 40:18a NTV

Todos los hombres de la tierra no son nada comparados con él. Él hace lo que quiere entre los ángeles del cielo y entre la gente de la tierra. Nadie puede detenerlo ni decirle: «¿Por qué haces estas cosas?». Daniel 4:35 NTV

No podemos entender cómo Dios es por medio de la información que recibimos de parte de instituciones académicas seculares. Tampoco podemos guiarnos por percepciones humanas puesto que estas han sido dañadas por el pecado y pueden estar distorsionadas.

Mucho menos por la manera en que es representado en los medios, películas y aun arte, por famosos que hayan sido los pintores.

Para conocer cómo realmente es Dios debemos ir a los textos sagrados.

¿Cómo describe la escritura a Dios?

¿Amoroso, Bondadoso, Justo, Soberano? Así es, y más. Todas estas palabras que la Biblia usa para describir a Dios, es a lo que llamamos atributos.

Cuando teólogos y estudiosos hablan de los atributos de Dios, se están refiriendo a aquellas cualidades esenciales de la naturaleza de Dios —quién es y cómo es.

Muchos teólogos en el pasado han clasificado estos atributos en dos tipos.

1. Atributos incomunicables. Estos son aquellos atributos que sólo Dios posee. No son transferibles, y tampoco es posible que un ser humano los posea. El único Ser que posee estos atributos es Dios. Ejemplos de estos son omnipotencia y omnisciencia.

2. Atributos comunicables. Aquellos atributos que compartimos. Estos —aunque en su plenitud están en Dios— también se pueden encontrar en seres humanos. Ejemplos de estos son amor, justicia, paciencia, etc...

Es importante notar que estos atributos se exhiben en nosotros los seres humanos de una manera imperfecta. Aquellos que hemos creído, podemos crecer en ellos, sin embargo, sólo Dios puede exhibirlos en su plenitud.

5

ATRIBUTOS INCOMUNICABLES

1. Autoexistencia e independencia de Dios

Dios existe. Su existencia y el carácter de Dios son determinados sólo por Él. Su existencia no depende de nadie fuera de Él. Dios existe (tiene vida) en Sí mismo, por Él mismo e independientemente de todo.

> *El Padre tiene vida en sí mismo y le ha entregado a su Hijo ese mismo poder de dar vida. Juan 5:26* NTV

> *Pues todas las cosas provienen de él y existen por su poder y son para su gloria. ¡A él sea toda la gloria por siempre! Amén. Romanos 11:36* NTV

Él posee todo y no necesita nada fuera de Sí mismo.

Dios no nos creó porque tenía necesidad de compañía y necesitaba que lo completáramos.

No estamos aquí porque Dios nos necesita. Dios no necesita a nadie para poder existir.

Él es completamente autoexistente, autosuficiente y autónomo.

> *Y respondió Dios a Moisés: YO SOY EL QUE SOY. Y dijo: Así dirás a los hijos de Israel: YO SOY me envió a vosotros. Éxodo 3:14* RVR1960

Nosotros los seres humanos tenemos necesidad unos de otros para poder existir. Fuimos creados para vivir en comunidad.

Si te enfermas, necesitas que alguien te cuide. Para permanecer psicológicamente sano, necesitas del amor, comprensión y aceptación de parte de tus seres queridos y por lo menos de familiares inmediatos.

Para existir, tus necesidades básicas deben ser cubiertas. Necesitas, agua, alimentos y refugio (o protección) para mantenerte vivo.

> «Tú eres digno, oh Señor nuestro Dios, de recibir gloria y honor y poder. Pues tú creaste todas las cosas, y existen porque tú las creaste según tu voluntad». Dios, no necesita ninguna de estas cosas para existir. Él existe por sí mismo. Apocalipsis 4:11 NTV

Dios es.

Dios no necesita nada.

> Pero no necesito los toros de tus establos ni las cabras de tus corrales. Pues todos los animales del bosque son míos, y soy dueño del ganado de mil colinas. Conozco a cada pájaro de las montañas, y todos los animales del campo me pertenecen. Si tuviera hambre, no te lo diría a ti, porque mío es el mundo entero y todo lo que hay en él. ¿Acaso me alimento de carne de toro? ¿Acaso bebo sangre de cabra? Salmos 50:9—13 NTV

> ...y las manos humanas no pueden servirlo, porque él no tiene ninguna necesidad. Él es quien da vida y aliento a todo y satisface cada necesidad. Hechos 17:25 NTV

2. La inmutabilidad de Dios

Dios es inmutable.

Dios no cambia. Su naturaleza, carácter y propósitos, son los mismos de siempre.

Cuando lleguemos al tomo de Cristología, estudiaremos sobre la deidad de Cristo. Es decir, Jesucristo es Dios. Sabiendo esto, el texto de Hebreos es claro en cuanto a la inmutabilidad de Cristo —que es Dios.

> Jesucristo es el mismo ayer, y hoy, y por los siglos. Hebreos 13:8 RVR1960

Santiago nos deja también ver muy claro este atributo de Dios.

> *Toda buena dádiva y todo don perfecto desciende de lo alto, del Padre de las luces, en el cual no hay mudanza, ni sombra de variación. Santiago 1:17* RVR1960

Todo lo que gira alrededor de Dios, la creación, Sus criaturas se encuentran en constantes cambios.

Nosotros los humanos tenemos la necesidad de cambiar nuestros planes continuamente. No poseemos la previsión o el conocimiento necesario para anticipar los retos que experimentaremos más adelante. A veces no tenemos la capacidad para llevar a cabo todo lo que planificamos, y debemos hacer ajustes.

Heráclito de Éfeso[11] dijo: «Todo cambia nada es». Arthur Schopenhauer[12] dijo: «El cambio es la única cosa inmutable».

Ciertamente todo está en constante cambio en lo que se refiere a cosas creadas.

Sin embargo, con Dios, las cosas no son así.

Él conoce todo y es todopoderoso.

Podemos tener plena confianza en Dios y en Su Palabra.

Algunos en defensa del libre albedrío abogan que Dios no puede conocer nuestra decisión futura de manera que nuestras decisiones sean completamente libres.

Creer así, sería negar la soberanía, omnisciencia y omnipotencia de Dios.

Dios, está en control de todas las cosas y todo se mueve conforme al antojo de Su voluntad.

> *Nuestro Dios está en los cielos y hace lo que le place. Salmos 115:3* NTV

Él no tiene que adaptarse a circunstancias y como dije anteriormente, no necesita un plan de contingencia. Dios no cambia.

> *Yo soy el Señor y no cambio. Por eso ustedes, descendientes de*

> *Jacob, aún no han sido destruidos. Malaquías 3:6* NTV

Por eso es que tenemos la seguridad de que cuando Dios promete algo, lo cumple. Él no cambia de parecer.

> *Dios no es un hombre, por lo tanto, no miente. Él no es humano, por lo tanto, no cambia de parecer. ¿Acaso alguna vez habló sin actuar? ¿Alguna vez prometió sin cumplir? Números 23:19* NTV

> *Y aquel que es la Gloria de Israel, no mentirá ni cambiará de parecer porque no es humano para que cambie de parecer. 1 Samuel 15:29* NTV

Dios es perfectamente confiable, porque es perfectamente inmutable.

3. Dios es infinito

La Palabra de Dios claramente nos enseña que Dios es infinito, perfecto y no puede ser limitado o contenido por nada ni nadie.

Su infinitud es expresada de varias formas, como en Su poder (el cual es ilimitado) así como en el espacio, y el tiempo. O como dirían científicos más modernos «espacio / tiempo».

Dios es infinito en el espacio / tiempo —es decir, omnipresente. Esto significa que está en todo lugar, al mismo tiempo.

Lo llena todo. El Padre en Jesucristo es: «Aquel que todo lo llena en todo» (Efesios 1:23).

> *El que descendió, es el mismo que también subió por encima de todos los cielos para llenarlo todo. Efesios 4:10* RVR1960

El Señor trasciende las limitaciones espaciales, no es limitado por tiempo y espacio. No está limitado a tamaño y está presente en todo el espacio.

Mire lo que dice en los Salmos.

> *¿A dónde me iré de tu Espíritu? ¿Y a dónde huiré de tu presencia? Si subiere a los cielos, allí estás tú; Y si en el Seol hiciere mi estrado, he aquí, allí tú estás. Si tomare las alas del alba Y habitare en el extremo del mar, Aun allí*

me guiará tu mano, Y me asirá tu diestra. Salmos 139:7—10 RVR1960

Vemos como Jonás intentó huir de Dios y del llamado que Él le había hecho. ¿Y, qué sucedió?

Al principio del libro Dios le habla a Jonás y le dice:

Levántate y ve a Nínive, aquella gran ciudad, y pregona contra ella; porque ha subido su maldad delante de mí. Jonás 1:2 RVR1960

Y Jonás, intentó huir de la presencia de Dios.

Y Jonás se levantó para huir de la presencia de Jehová a Tarsis, y descendió a Jope, y halló una nave que partía para Tarsis; y pagando su pasaje, entró en ella para irse con ellos a Tarsis, lejos de la presencia de Jehová. Jonás 1:3 RVR1960

Como leemos en los versículos que siguen, nos damos cuenta que Jonás no pudo ir muy lejos sin que Dios lo alcanzara.

¿Qué hizo Dios?

Pero Jehová hizo levantar un gran viento en el mar, y hubo en el mar una tempestad tan grande que se pensó que se partiría la nave. Jonás 1:4 RVR1960

No podemos huir de la presencia de Dios, porque Él está en todo lugar. Tampoco podemos huir de Su llamado. Pablo dice: «¡ay de mí si no anunciare el evangelio!» (1 Corintios 9:16).

Si Dios te ha llamado a servirle, cumplirás ese llamado de una manera u otra.

En el caso de Jonás veámos el resto de la historia.

Y tomaron a Jonás, y lo echaron al mar; y el mar se aquietó de su furor. Pero Jehová tenía preparado un gran pez que tragase a Jonás; y estuvo Jonás en el vientre del pez tres días y tres noches. Entonces oró Jonás a Jehová su Dios desde el vientre del pez Jonás... Y mandó Jehová al pez, y vomitó a Jonás en tierra. Jonás 1:16,17;2:1,10 RVR1960

¿Usted cree que Jonás obedecería a Dios después de esta experiencia? Por supuesto. Cuando Dios te llama, cumplirás con el llamado de una u otra forma. Irás a Nínive, aunque llegues oliendo a vómito de pez.

> *Vino palabra de Jehová por segunda vez a Jonás, diciendo: Levántate y ve a Nínive, aquella gran ciudad, y proclama en ella el mensaje que yo te diré. Y se levantó Jonás, y fue a Nínive conforme a la palabra de Jehová. Y era Nínive ciudad grande en extremo, de tres días de camino. Jonás 2:1—3* RVR1960

Entonces, como estudiantes de teología, nos preparamos para servirle en respuesta al llamado que Él puso en nosotros. Le servimos en amor, y encontramos gozo en servirle, pues responder al llamado de Dios, nos llena. Estando dentro de Su voluntad, tenemos paz. Y si huyéramos de ese llamado seríamos los seres más infelices y miserables.

Entonces, sabemos, por los textos leídos que Dios está en todo lugar, en todo tiempo. Él llena todo.

Dios no está contenido en los límites finitos de este mundo físico, porque Dios es Espíritu (Juan 4:24).

Aunque, siendo todopoderoso, puede tomar a Su antojo cuerpo, en forma de ángel, como cuando se le apareció a Jacob.

> *Así se quedó Jacob solo; y luchó con él un varón hasta que rayaba el alba. Y cuando el varón vio que no podía con él, tocó en el sitio del encaje de su muslo, y se descoyuntó el muslo de Jacob mientras con él luchaba. Y dijo: Déjame, porque raya el alba. Y Jacob le respondió: No te dejaré, si no me bendices. Y el varón le dijo: ¿Cuál es tu nombre? Y él respondió: Jacob. Y el varón le dijo: No se dirá más tu nombre Jacob, sino Israel; porque has luchado con Dios y con los hombres, y has vencido. Entonces Jacob le preguntó, y dijo: Declárame ahora tu nombre. Y el varón respondió: ¿Por qué me preguntas por mi nombre? Y lo bendijo allí. Y llamó Jacob el nombre de aquel lugar, Peniel, porque dijo: Vi a Dios cara a cara, y fue librada mi alma. Génesis 32:24—30* RVR1960

El texto aquí no le llama explícitamente «ángel» sino «varón». Este lenguaje lo vemos usado en referencia a ángel en otras porciones del texto bíblico. Los ángeles tienen aspecto masculino (muy diferente a las pinturas y artes donde son representados en forma femenina). En este evento, Jacob, no luchó con un mero ángel. Él dice claramente: «Vi a Dios cara a cara», lo que nos indica que Dios tomó forma de ángel y luchó con Jacob.

En Jesús, Dios Padre, tomó forma de hombre. Jesús dijo claramente: «El que me ha visto a mí, ha visto al Padre» (Juan 14:9).

Juan 1 nos dice que «el Verbo era Dios» y que ese Verbo «fue hecho carne, y habitó entre nosotros» (Juan 1:1,14).

Y sabemos que en Cristo habita corporalmente «toda la plenitud de la Deidad» (Colosenses 2:9). Es decir, Jesucristo es todo Dios.

Entonces Dios no está limitado a su invisibilidad. Él se ha manifestado en estas formas mencionadas. Sin embargo Dios Padre es Espíritu, y no está limitado a lo finito. Es infinito.

Es importante que destaquemos un punto y dejemos clara una diferencia.

Dios es omnipresente, es decir que está presente en todas las cosas. Sin embargo, es distinto de todas las cosas. Es importante que hagamos la diferencia.

El panteísmo[13] afirma que Dios es las cosas. En otras palabras, Dios sin el mundo —de acuerdo al panteísmo— sería cero.

Esto es un error. La Biblia nos dice que Dios sin el mundo, sigue siendo Dios. Él existe desde antes de toda cosa creada. Él es distinto de todo lo creado.

Los humanos, tenemos la tendencia de referirnos a la presencia de Dios en un término físico. Pero no es así con Dios.

Cuando decimos que hemos «entrado en Su presencia» no nos referimos a espacio, sino porque tenemos entrada por medio de Cristo.

No puedes limitar la «presencia de Dios» a un lugar físico, porque Él está en todo lugar.

Algunos han preguntado. ¿Si Dios está en todo lugar, significa esto que también está en el infierno?

Entendemos que en el infierno está la total ausencia de Dios. Pudiera parecer una contradicción, pero no lo es.

En el infierno la ausencia de Dios es evidente, pero también es evidente la presencia de Su ira.

En relación a nosotros, entender este atributo de Dios nos trae gran seguridad.

Puedes estar seguro que Dios escucha tus oraciones, porque Él está en todo lugar.

Entonces, no tenemos que subir a la montaña en una peregrinación o retiro para buscar a Dios. Ya estamos en Su presencia donde quiera que estemos. Aunque apartarnos para estar en solitud y silencio con Él es una buena disciplina y Jesús la practicaba todo el tiempo.

> *Antes que nacieran los montes y formaras la tierra y el mundo, desde la eternidad hasta la eternidad, tú eres Dios. Salmos 90:2* RVA-2015

> *Dios el Señor dice: «Yo soy el Alfa y la Omega, [el principio y el fin,] el que es, el que era, y el que ha de venir. Soy el Todopoderoso». Apocalipsis 1:8* RVC

4- La omnisciencia de Dios

Su perfecto conocimiento

Omnisciente significa «todo lo sabe».

> *Porque todo aquel que hace lo malo, aborrece la luz y no viene a la luz, para que sus obras no sean reprendidas. Juan 3:20* RVR1960

> *Y no hay cosa creada que no sea manifiesta en su presencia; antes bien todas las cosas están desnudas y abiertas a los ojos de aquel a quien tenemos que dar cuenta. Hebreos 4:13* RVR1960

Dios sabe todas las cosas, pasado, presente y futuro.

> *¡Qué aflicción les espera, Corazín y Betsaida! Pues, si en las perversas ciudades de Tiro y de Sidón se hubieran hecho los milagros que hice entre ustedes, hace tiempo sus habitantes se habrían arrepentido de*

> *sus pecados vistiéndose con ropa de tela áspera y echándose ceniza sobre la cabeza en señal de remordimiento. Mateo 11:21* NTV

Esto no sólo significa saber de todo, sino saber todo, y todo de todos.

> *En cuanto a ustedes, cada cabello de su cabeza está contado. Mateo 10:30* NTV

Dios sabe todo. No tiene necesidad de estudiar. Él conoce nuestros pensamientos antes de que los pensemos. Nuestras acciones antes de que las planeemos, Su elección operó desde antes de la fundación del mundo —aún para el ministerio, desde el vientre de nuestra madre.

> *...según nos escogió en él antes de la fundación del mundo, para que fuésemos santos y sin mancha delante de él... Efesios 1:4* RVR1960

> *Pero cuando agradó a Dios, que me apartó desde el vientre de mi madre, y me llamó por su gracia... Gálatas 1:15 RVR1960*

Y conoce el número de tus días.

> *Enséñanos de tal modo a contar nuestros días, Que traigamos al corazón sabiduría. Salmos 90:12* RVR1960

Esto significa que nada le toma por sorpresa.

Ya que sabemos que Dios sabe todo. Podemos estar tranquilos y confiados.

> *Así que, no os afanéis por el día de mañana, porque el día de mañana traerá su afán. Basta a cada día su propio mal. Mateo 6:34* RVR1960

Cuando oramos, ya Dios sabe de qué tenemos necesidad. Nuestras oraciones no proveen información nueva a Dios. Sin embargo, al orar, nos humillamos delante de Él, reconociendo que sólo Él puede ayudarnos. Esto agrada a Dios y Él responde a nuestras oraciones, aunque Él ya sabe el final antes del principio.

> *No os hagáis, pues, semejantes a ellos; porque vuestro Padre sabe de qué cosas tenéis necesidad, antes que vosotros le pidáis. Mateo 6:8* RVR1960

6

ATRIBUTOS COMUNICABLES

1- La verdad de Dios

La verdad es una cualidad del carácter que Dios posee.

> *Todo el que acepta su testimonio puede confirmar que Dios es veraz. Juan 3:33* NTV

Nosotros los seres humanos podemos ser veraces, pero no perfectamente. Nuestra habilidad de ser veraces fue dañada debido al pecado.

> *De ninguna manera; antes bien sea Dios veraz, y todo hombre mentiroso; como está escrito: Para que seas justificado en tus palabras, Y venzas cuando fueres juzgado. Romanos 3:4* RVR1960

Dios es totalmente verdadero. Sus palabras se elevan al máximo estándar de la verdad.

Todo lo que Dios nos dice es correcto.

> *Toda palabra de Dios demuestra ser verdadera. Él es un escudo para todos los que buscan su protección. Proverbios 30:5* NTV

Dios es totalmente confiable.

La operación de Satanás trabajará para tratar de desmentir las verdades de Dios.

Así ha operado desde el huerto, y ahora después de haber sido derrotado en la cruz, ese espíritu de mentira se sigue propagando por medio de quienes le sirven —consciente o inconscientemente —el espíritu que ahora opera en los hijos de desobediencia (Efesios 2:2).

A veces esas mentiras del diablo, vienen por parte de religiosos. Especialmente, religiosos legalistas, fariseos modernos.

Jesús llamó a los religiosos mentirosos de Su día «hijos del diablo», y llamó a este «padre de mentira».

> *Vosotros sois de vuestro padre el diablo, y los deseos de vuestro padre queréis hacer. El ha sido homicida desde el principio, y no ha permanecido en la verdad, porque no hay verdad en él. Cuando habla mentira, de suyo habla; porque es mentiroso, y padre de mentira. Juan 8:44* RVR1960

Pero Dios nunca te mentirá. Dice Su palabra que «es imposible que Dios mienta».

> *...para que por dos cosas inmutables, en las cuales es imposible que Dios mienta, tengamos un fortísimo consuelo los que hemos acudido para asirnos de la esperanza puesta delante de nosotros. Hebreos 6:18* RVR1960

Los seres humanos te harán promesas todo el tiempo, y luego las romperán, pero Dios nunca rompe una promesa. Él promete que nunca te dejará, nunca te abandonará. Él promete que nada te arrebatará de Su mano. Puedes tener la seguridad que así será.

Él dice que «si confesares con tu boca que Jesús es el Señor, y creyeres en tu corazón que Dios le levantó de los muertos, serás salvo» (Romanos 10:9). Puedes tener seguridad que si has «confesado con tu boca que Jesús es el Señor y has creído en tu corazón que Él le levantó de los muertos» tu salvación está garantizada y es segura, porque Dios no miente.

> *Dios no es hombre, para que mienta, Ni hijo de hombre para que se arrepienta. El dijo, ¿y no hará? Habló, ¿y no lo ejecutará? Números 23:19* RVR1960

Cuando Jesús dijo: «voy, pues, a preparar lugar para vosotros (Juan 14:2,3)», podemos estar confiados de que eso está haciendo en este momento —preparando lugar para nosotros.

Puedes tener paz, y una esperanza viva de un futuro con Él en la eternidad, y esto porque Él lo prometió.

2- La sabiduría de Dios

Dios es sabio.

Nosotros, los seres humanos, somos capaces de tener cierta sabiduría. Tenemos la capacidad para hacer un uso adecuado del conocimiento. Podemos crecer en sabiduría mientras más caminamos con Él y entendemos Su palabra. En otras palabras, nuestra sabiduría, siempre será dependiente de Su sabiduría. Podemos poseer sabiduría, pero nuestra sabiduría nunca será perfecta.

Dios posee perfecta sabiduría. Él siempre toma las decisiones correctas y ejecuta toda acción en perfecta y total sabiduría.

Dios conoce en Su sabiduría, cuál es el mejor camino para todas las cosas.

> *Dios es tan sabio y tan poderoso. ¿Quién lo ha desafiado alguna vez con éxito? Job 9:4* NTV

> *Pero la verdadera sabiduría y el poder se encuentran en Dios; el consejo y el entendimiento le pertenecen. Job 12:13* NTV

Su sabiduría está demostrada abiertamente en Su creación.

> *El Señor hizo la tierra con su poder, y la preserva con su sabiduría. Con su propia inteligencia desplegó los cielos. Cuando habla en los truenos, los cielos rugen con lluvia. Él hace que las nubes se levanten sobre la tierra. Envía el relámpago junto con la lluvia, y suelta el viento de sus depósitos. Jeremías 10:12,13* NTV

Dios muestra Su sabiduría y poder en la revelación de las buenas noticias. De hecho, Pablo traza un contraste entre la sabiduría de Dios y la sabiduría del mundo. También vemos como la «sabiduría de los sabios» y el «entendimiento de los entendidos» son desechados cuando se comparan con la sabiduría de Dios.

Leamos detenidamente el texto.

> *Porque la palabra de la cruz es locura a los que se pierden; pero a los que se salvan, esto es, a nosotros, es poder de Dios. Pues está escrito: Destruiré la sabiduría de los sabios, Y desecharé el entendimiento de los entendidos. ¿Dónde está el sabio? ¿Dónde está el escriba? ¿Dónde está el disputador de este siglo? ¿No ha enloquecido Dios la sabiduría del mundo?*
>
> *Pues ya que en la sabiduría de Dios, el mundo no conoció a Dios mediante la sabiduría, agradó a Dios salvar a los creyentes por la locura de la predicación.*
>
> *Porque los judíos piden señales, y los griegos buscan sabiduría; pero nosotros predicamos a Cristo crucificado, para los judíos ciertamente tropezadero, y para los gentiles locura; mas para los llamados, así judíos como griegos, Cristo poder de Dios, y sabiduría de Dios.* 1 Corintios 1:18—24 RVR1960

3- La santidad de Dios

Dios es santo.

Nosotros somos santificados por Su gracia. Es decir, la santidad no es natural en nosotros pues el pecado nos separó de Dios. Sin embargo podemos caminar en santidad porque estamos en Él y Él es santo. Aun así, santificación en nosotros, aunque en posición ha sido dada, seguirá en la práctica siendo un proceso.

No es así con Dios. Dios ya es y siempre ha sido completamente Santo. Santidad es un atributo.

El profeta Isaías tuvo una clara visión de la santidad de Dios. Veamos.

> *En el año que murió el rey Uzías vi yo al Señor sentado sobre un trono alto y sublime, y sus faldas llenaban el templo. Por encima de él había serafines; cada uno tenía seis alas; con dos cubrían sus rostros, con dos cubrían sus pies, y con dos volaban. Y el uno al otro daba voces, diciendo: Santo, santo, santo, Jehová de los ejércitos; toda la tierra está llena de su gloria.* Isaías 6:1—3 RVR1960

En Su santidad vemos Su «alteridad». Dios en Su majestad. Los serafines tienen gran reverencia al punto de cubrir sus rostros en Su presencia.

Su santidad es también Su «pureza». Dios es éticamente distinto de nosotros, separado del pecado.

Esto es tan evidente en la visión de Isaías, que al ser impactado por la santidad de Dios, el profeta clama: «¡Ay de mí! que soy muerto; porque siendo hombre inmundo de labios, y habitando en medio de pueblo que tiene labios inmundos, han visto mis ojos al Rey, Jehová de los ejércitos» (v.5).

Así sucederá con nosotros cuando somos confrontados con Su presencia. Nuestras imperfecciones, son expuestas delante de Él.

Dios es completamente puro, limpio e inocente. No ha sido manchado por el pecado.

El reto. Como Dios es Santo, nosotros también deberíamos ser santos.

> ...sino, como aquel que os llamó es santo, sed también vosotros santos en toda vuestra manera de vivir; porque escrito está: Sed santos, porque yo soy santo. 1 Pedro 1:15,16 RVR1960

¿Qué significa esto?

Los que no entienden la gracia de Dios, predican que se debe alcanzar esa santidad por medio de prácticas ascéticas[14].

Bajo la ley, los fariseos veían la santidad como algo que uno no hace. Algo de lo que te abstienes.

En el nuevo pacto, la santidad no es un producto de nuestro esfuerzo humano siguiendo preceptos de abstención entregados en la ley mosaica.

No depende de lo que hacemos o no hacemos sino a quién pertenecemos.

El escritor de Hebreos ya llama «santificados» a aquellos que han sido perfeccionados por medio del sacrificio de Cristo.

> ...porque con una sola ofrenda hizo perfectos para siempre a los santificados. Hebreos 10:14 RVR1960

La traducción LBLA dice: «a los que son santificados».

Sin embargo, la traducción NVI dice: «a los que está santificando», en presente continuo.

La palabra griega es: «ἁγιαζομένους», transliterado: «hagiázō»[15].

El término griego es «acusativo, presente, pasivo, masculino y plural».

Y se puede traducir: A los «[que] hago santos, trato como santos, aparto como santos».

La traducción NTV dice:

> *Pues mediante esa única ofrenda, él perfeccionó para siempre a los que está haciendo santos. Hebreos 10:14* NTV

La frase «está haciendo santos», es posiblemente la más acercada al griego original. Esta indica que la santificación es un proceso. Estamos siendo santificados.

Viendo todo el texto en el conjunto de las diferentes traducciones, nos queda claro que la santificación, «nunca fue un esfuerzo nuestro». Es una obra que comienza y perfecciona Dios en nosotros.

Dios la comienza en nosotros por Su gracia y la perfecciona en nosotros por medio de Su gracia.

> *...el que comenzó en vosotros la buena obra, la perfeccionará hasta el día de Jesucristo... Filipenses 1:6* RVR1960

Cuando Moisés se enfrenta a la santidad de Dios, lo que hizo que ese terreno fuera sagrado fue la presencia de Dios, no el esfuerzo de Moisés. Veamos el texto.

> *Cuando el Señor vio que Moisés se acercaba para observar mejor, Dios lo llamó desde el medio de la zarza: —¡Moisés! ¡Moisés! —Aquí estoy —respondió él. —No te acerques más —le advirtió el Señor—. Quítate las sandalias, porque estás pisando tierra santa. Éxodo 3:4,5* NTV

Moisés se acercó para ver mejor, pero fue Dios quien «lo llamó desde en medio de la zarza». Dios es el que llama (Romanos 9:11).

Frente a la revelación de Dios, se tuvo que cubrir el rostro —al igual que los serafines en la visión de Isaías.

> *Yo soy el Dios de tu padre, el Dios de Abraham, el Dios de Isaac y el Dios de Jacob. Cuando Moisés oyó esto, se cubrió el rostro porque tenía miedo de mirar a Dios. Éxodo 3:6* NTV

Entonces la santidad depende de la presencia frente a quién estamos. La santidad no depende de lo que hacemos o no hacemos, sino a quién pertenecemos.

Si «santos» significa «apartados», entonces, no es sólo estar apartados de algo, sino dedicados a alguien (Dios).

No es «lo que somos» sino «de quién somos».

Lo que hagamos en cuanto a comportamiento, será entonces el resultado de la obra de santificación que por gracia Dios ya está haciendo en nosotros.

La santidad que mostramos entonces, como seguidores de Cristo, opera porque el Espíritu Santo vive en nosotros.

De otra manera, sería un esfuerzo carnal, religioso, superficial.

Sería como tener «apariencia de piedad, negando la eficacia de ella» (2 Timoteo 3:5).

> *Quién como tú, oh Jehová, entre los dioses? ¿Quién como tú, magnífico en santidad, Terrible en maravillosas hazañas, hacedor de prodigios? Éxodo 15:11* RVR1960

4- Justicia y rectitud de Dios

Dios es justo y recto.

Nosotros los seres humanos podemos exhibir cierta justicia y rectitud, pero nunca sería perfecta.

Dios siempre hace lo que es perfectamente correcto, sin embargo, nosotros no nos comportamos perfectamente. Podemos obrar correctamente, obedecer las leyes, y al hacerlo, imitamos la perfecta justicia de Dios, pero sólo Dios es completamente justo y recto.

En nuestra cultura, pensamos de la justicia como algo «público», y vemos la rectitud como «privado». En otras palabras, puedes ser justo con otras personas (incluyendo justicia civil o jurídica). Podemos protestar contra las injusticias —por ejemplo. Y cuando hablamos de rectitud, pensamos en nuestro comportamiento, especialmente cuando nadie nos está mirando.

Por ejemplo. Fui al banco a retirar veinte pesos y la cajera por error me dió treinta. Como soy una persona recta, en lugar de callarme y guardar los diez pesos extras, llamé la atención de la cajera diciéndole: —¡Me ha entregado diez pesos de más! He aquí los diez pesos.

Hice lo recto. Actué con rectitud.

Entonces, en nuestra cultura, vemos justicia y rectitud como dos conceptos separados, pero con Dios no es así.

Tanto justicia como rectitud se derivan de la misma raíz griega.

Dios es siempre justo y recto. Él siempre hace lo correcto y justo.

A la misma vez, por causa de la justicia y rectitud de Dios, nosotros tenemos garantía de que cuando Él ha dicho que nuestro pecado ha sido quitado (Hebreos 9:26) y Su justicia nos ha sido imputada (Romanos 3:25; 4:6; 5:17,18), Él está diciendo verdad. En otras palabras, justicia y rectitud basadas en la verdad.

Por eso es que la Palabra de Dios nos enseña a no ser vengativos. Cuando alguien comete una injusticia contra nosotros —sus hijos—, debemos confiar en Él, porque Él es Justo.

> *No os venguéis vosotros mismos, amados míos, sino dejad lugar a la ira de Dios; porque escrito está: Mía es la venganza, yo pagaré, dice el Señor. Romanos 12:19* RVR1960

Claro que la justicia de Dios es pareja, y aplica también a nosotros quienes de acuerdo a la ley merecíamos condenación eterna.

Debíamos haber pagado con muerte, porque «la paga del pecado es muerte» (Romanos 6:23). Sin embargo, nuestro Padre celestial en Su misericordia, envió a Su Hijo Jesucristo a morir por nosotros. Jesús recibió el castigo que nosotros merecíamos.

> ...*a quien Dios puso como propiciación por medio de la fe en su sangre, para manifestar su justicia, a causa de haber pasado por alto, en su paciencia, los pecados pasados... Romanos 3:25* RVR1960

Ahora, por la gracia de Dios, y por medio del perfecto sacrificio de Cristo en la cruz, nosotros, los que creemos en Él, hemos sido hechos «justicia de Dios».

Este es el gran intercambio.

> *Al que no conoció pecado, por nosotros lo hizo pecado, para que nosotros fuésemos hechos justicia de Dios en él. 2 Corintios 5:21* RVR1960

5- La bondad, el amor y la misericordia de Dios

Dios es bondadoso

La palabra *Chesed* significa bondad o benevolencia. A veces esta palabra es traducida como bendición.

Nosotros los humanos podemos ser buenos entre nosotros mismos, pero la norma de «bueno», es subjetiva. La verdadera bondad de Dios es entendida a la luz de la revelación de Dios en Su Palabra. Podemos imitar la bondad de Dios, pero nunca seremos perfectamente buenos.

Dios es perfectamente bueno. Toda bondad proviene de Él.

> *Toda buena dádiva y todo don perfecto desciende de lo alto, del Padre de las luces, en el cual no hay mudanza, ni sombra de variación. Santiago 1:17* RVR1960

Su bondad es manifestada de varias formas.

Ha sido paciente con todos los que se rebelan contra Él.

> El Señor pasó por delante de Moisés proclamando: «¡Yahveh! ¡El Señor! ¡El Dios de compasión y misericordia! Soy lento para enojarme y estoy lleno de amor inagotable y fidelidad. *Éxodo 34:6* NTV

Dios es amor

Dios nos ama. Su bondad está basada en Su amor.

> ...pero el que no ama no conoce a Dios, porque Dios es amor. *1 Juan 4:8* NTV

Cuando hablamos del amor de Dios, como seres expuestos a las limitaciones terrenales, tenemos dificultades para pensar bíblicamente.

Cuando le dices a alguien que Dios le ama, por lo regular lo acepta y lo recibe con alegría. Sin embargo, cuando dices que Dios es Juez, muchos se enojan.

Aceptamos a un Dios de amor, pero tenemos la tendencia a rechazar a un Dios de juicio, y esto es porque no entendemos el carácter de Dios.

Separamos el amor de Dios de las otras verdades porque no entendemos el carácter de Dios.

Dios es amor, pero Su amor y justicia van juntos.

Cuando los textos hablan sobre el amor de Dios, se refieren a Él en varias formas.

Jonathan Edwards[16] dijo que «la esencia de la realidad de Dios está en el amor intratrinitario del Padre, Hijo y Espíritu Santo».

D.A. Carson, en su libro: «The Difficult Doctrine of the Love of God»[17] que se traduciría: «La difícil doctrina del amor de Dios», usa la misma frase como el primero, (con poca variación) al definir estos tipos del amor de Dios. Estos son todos:

1. El amor único intratrinitario entre Padre, Hijo y Espíritu.

2. El amor con que Dios providencialmente ama todo lo que ha hecho. Toda la creación es buena (Génesis 1); alimenta aun a los gorriones (Mateo 6).

3. El amor para salvar un mundo caído (en Juan 3:16, Dios mostró su amor al enviar a Cristo).

4. El amor específico de Dios hacia Sus escogidos (Deuteronomio 7, Efesios 1, 1 Juan 4:10).

Entonces al hablar del amor de Dios, podríamos cometer el error de simplificarlo y aun separarlo de Su justicia, u otros atributos.

Dios ama en armonía con Su justicia, también en armonía con Su santidad, y aun en armonía con Su ira.

Y de Su ira hablaré en el próximo atributo.

Pero antes de entrar en ese, dejemos establecido que Dios es bondadoso. Él es bueno, todo el tiempo. Y es Su amor lo que motivó a Dios a entregar a Su único Hijo en sacrificio por los pecadores.

> *Pues Dios amó tanto al mundo que dio a su único Hijo, para que todo el que crea en él no se pierda, sino que tenga vida eterna. Juan 3:16* NTV

El Dr. Miguel Núñez enumera otras características del amor de Dios[18].

- El amor de Dios no es influenciado: Cuando me porto mal y le desobedezco, Él no me ama menos, porque en ese caso yo pudiera manipular el amor de Dios. Él quizá no me bendice igual, pero me está amando igual (Deuteronomio 7:7,8).

- El amor de Dios es eterno: El grado de amor que Dios me tiene hoy, después de ser Su hijo, es el mismo que Él me tuvo desde antes de crearme porque yo existía en Su mente y Su amor no ha cambiado desde la eternidad (Jeremías 31:3).

- El amor de Dios es atrayente: Por nuestra pecaminosidad, el amor de Dios no nos resulta a primera vista atractivo, pero nos atrae y lleva a vivir para Él cuando somos creyentes (Jeremías 31:3).

- El amor de Dios es dador y sacrificial: Dios amó tanto al mundo que dio a Su Hijo por nosotros cuando éramos Sus enemigos (Juan 3:16,

Romanos 5:8).

- El amor de Dios es soberano: Como enseña Romanos 9:13, «A Jacob amé, pero a Esaú aborrecí».

La prueba de que somos Sus discípulos

Como seguidores de Cristo, también debemos saber que es el amor entre nosotros lo que verdaderamente testifica de Dios a los que no le conocen.

> *El amor que tengan unos por otros será la prueba ante el mundo de que son mis discípulos. Juan 13:35* NTV

Dios es misericordioso

En el idioma hebreo, la palabra misericordia es *Racham*, que significa *tener compasión*. Esa palabra es usada en este pasaje:

> *El Señor pasó por delante de Moisés proclamando: «¡Yahveh! ¡El Señor! ¡El Dios de compasión y misericordia! Soy lento para enojarme y estoy lleno de amor inagotable y fidelidad. Éxodo 34:6* NTV

En griego, la palabra usada para compasión es *Eleemon*.

¿Qué es misericordia?

Imagínate que estás delante del Juez. El jurado te ha encontrado culpable y ha llegado la hora de dictar tu sentencia. Entonces el Juez, aún sabiendo que eres culpable, decide tener misericordia contigo y no te aplica el peso de la ley. Más bien te deja ir libre.

Misericordia no es basada en lo que nos merecemos. Por el contrario, nos brinda bien aun cuando no lo merecemos.

Dios nos ha salvado porque es misericordioso. No nos da lo que nos merecemos.

> *Pero Dios, que es rico en misericordia, por su gran amor con que nos amó, aun estando nosotros muertos en pecados, nos dio vida juntamente con Cristo (por gracia sois salvos)... Efesios 2:4,5* RVR1960

En Su gracia, Dios muestra misericordia para con nosotros. Él promete ayudarnos y que recibiremos misericordia cuando acudimos confiadamente al trono de la gracia.

Así que acerquémonos con toda confianza al trono de la gracia de nuestro Dios. Allí recibiremos su misericordia y encontraremos la gracia que nos ayudará cuando más la necesitemos. Hebreos 4:16 NTV

Las misericordias de Dios para con nosotros se renuevan cada día.

Por la misericordia de Jehová no hemos sido consumidos, porque nunca decayeron sus misericordias. Nuevas son cada mañana; grande es tu fidelidad. Lamentaciones 3:22-23 RVR1960

6- La ira de Dios

Dios no tiene una ira emocional o impulsiva como nosotros los humanos. Su ira es Su rechazo absoluto contra el pecado. Se trata de la ejecución justa de Su justicia.

Porque la ira de Dios se revela desde el cielo contra toda impiedad e injusticia de los hombres que detienen con injusticia la verdad... Romanos 1:18 RVR1960

Aquél que se opone a que la verdad de Dios sea predicada, está bajo ira.

Cuando estudiamos la vida de Jesús, vemos la diferencia entre cómo trataba a los pecadores y a los religiosos.

Jesús se sentaba y comía con los pecadores. Les amaba y les mostraba misericordia y redención.

Sin embargo con los fariseos (los religiosos de Su tiempo) el trato era diferente.

¿Por qué? Porque estos se oponían a la verdad.

Les decía también: Bien invalidáis el mandamiento de Dios para guardar vuestra tradición. Marcos 7:9 RVR1960

Para un religioso, sus reglas son más importantes que la Palabra de Dios.

Por eso es que el religioso legalista, con todos sus preceptos, se opone a la predicación de la gracia de Dios. Para ellos, las reglas vienen antes que la misericordia.

Estos detienen con injusticia la verdad.

De igual manera, la ira de Dios está sobre el pecador, por causa del pecado. Dios ama al pecador y ha mostrado ese amor enviando a Su hijo a morir en la cruz por él. Si el pecador recibe el amor de Dios y cree en Jesucristo, tiene vida eterna, pero si ese pecador rechaza la bondad de Dios, entonces esa ira que ya estaba sobre él continuará ahí.

> *El que cree en el Hijo tiene vida eterna; pero el que rehúsa creer en el Hijo no verá la vida, sino que la ira de Dios está sobre él. Juan 3:36* RVR1960

Cuando tú no creías en Dios, tenías Su ira sobre ti como consecuencia de tu pecado, porque Dios es Justo.

Recuerda, Dios es amor, pero Él no puede ser burlado.

> *No os engañéis; Dios no puede ser burlado... Gálatas 6:7* RVR1960

La buena noticia es que cuando creemos, recibimos perdón. La ira es removida de nosotros.

Jesucristo recibió esa ira en lugar nuestro para que nosotros recibiéramos la justicia de Dios a cambio. Podemos pensar que el intercambio no es justo.

Jesús, quien no tenía pecado, se hizo pecado por nosotros, y nosotros, que sí merecíamos castigo, fuimos justificados. ¡Cuán grande es el amor de Dios!

Repetiré aquí el texto que ya había mencionado antes.

> *Al que no conoció pecado, por nosotros lo hizo pecado, para que nosotros fuésemos hechos justicia de Dios en él. 2 Corintios 5:21* RVR1960

Esto no es solamente buena noticia. Estas son las bases del evangelio.

> *...por cuanto todos pecaron, y están destituidos de la gloria de Dios, siendo justificados gratuitamente por su gracia, mediante la redención*

que es en Cristo Jesús, a quien Dios puso como propiciación por medio de la fe en su sangre, para manifestar su justicia, a causa de haber pasado por alto, en su paciencia, los pecados pasados, con la mira de manifestar en este tiempo su justicia, a fin de que él sea el justo, y el que justifica al que es de la fe de Jesús. Romanos 3:23—26 RVR1960

PARTE 3 **LA PROVIDENCIA**

7

LA DOCTRINA DE LA PROVIDENCIA

¿Qué es la doctrina de la providencia?

El catecismo de Heidelberg dice lo siguiente sobre la providencia:

> *«Es el poder de Dios omnipotente que está presente en todo lugar, por el cual sostiene y gobierna el cielo, la tierra y todas Sus criaturas de tal manera, que todo lo que la tierra produce, lluvia y sequía; fertilidad y esterilidad; comida y bebida; salud y enfermedad; riquezas y pobrezas, y todas las cosas no acontecen por azar, sino por Su consejo y paternal voluntad»*[19].

La providencia es la creencia de que Dios, en Su bondad y poder, preserva, acompaña, sostiene, dirige y gobierna a todas las criaturas, todas las acciones y todas las cosas, conforme al consejo de Su propia voluntad. Él gobierna toda la creación y criaturas para alabanza de Su gloria.

Dios muestra en ello Su sabiduría, poder, justicia, bondad y misericordia.

No solamente gobierna. Dios sostiene y cuida toda Su creación, y en especial a Su pueblo.

Veamos esta verdad expresada con claridad en el Salmo 104.

> *Que todo lo que soy, alabe al Señor. ¡Oh Señor mi Dios, eres grandioso! Te has vestido de honor y majestad.*
> *Te has envuelto en un manto de luz.*
> *Despliegas la cortina de estrellas de los cielos; colocas*

las vigas de tu hogar en las nubes de lluvia.
Haces de las nubes tu carro de guerra; cabalgas sobre las alas del viento.
Los vientos son tus mensajeros, las llamas de fuego, tus sirvientes.
Colocaste el mundo sobre sus cimientos, así jamás se removerá.
Vestiste a la tierra con torrentes de agua, agua que cubrió aun a las montañas.
A tu orden, el agua huyó; al sonido de tu trueno, salió corriendo.
Las montañas se elevaron y los valles se hundieron
hasta el nivel que tú decretaste.
Después, fijaste un límite para los mares, para
que nunca más cubrieran la tierra.
Tú haces que los manantiales viertan agua en los barrancos, para que
los arroyos broten con fuerza y desciendan desde las montañas.
Proveen agua a todos los animales, y los burros salvajes sacian su sed.
Las aves hacen sus nidos junto a los arroyos y
cantan entre las ramas de los árboles.
Desde tu hogar celestial, envías lluvia sobre las montañas
y colmas la tierra con el fruto de tus obras.
Haces crecer el pasto para los animales y las plantas para el uso de la gente.
Les permites producir alimento con el fruto de la tierra: vino para que se
alegren, aceite de oliva para aliviarles la piel, y pan para que se fortalezcan.
Los árboles del Señor están bien cuidados, los cedros del Líbano que
plantó. Allí hacen sus nidos las aves, y en los cipreses las cigüeñas
hacen su hogar. En lo alto de las montañas viven las cabras
salvajes, y las rocas forman un refugio para los damanes.
Creaste la luna para que marcara las estaciones, y el sol sabe cuándo ponerse.
Envías la oscuridad, y se hace de noche, la hora en
que merodean los animales del bosque.
Los leones jóvenes rugen por su presa, acechan en
busca del alimento que Dios les provee.
Al amanecer, se escabullen y se meten en sus guaridas para descansar.
Entonces la gente sale a trabajar y realiza sus labores hasta el anochecer.
Oh Señor, ¡cuánta variedad de cosas has creado!
Las hiciste todas con tu sabiduría; la tierra está repleta de tus criaturas.
Allí está el océano, ancho e inmenso, rebosando de toda
clase de vida, especies tanto grandes como pequeñas.
Miren los barcos que pasan navegando, y al Leviatán,

> al cual hiciste para que juegue en el mar. Todos dependen
> de ti para recibir el alimento según su necesidad.
> Cuando tú lo provees, ellos lo recogen.
> Abres tu mano para alimentarlos, y quedan sumamente satisfechos.
> Pero si te alejas de ellos, se llenan de pánico.
> Cuando les quitas el aliento, mueren y vuelven otra vez al polvo.
> Cuando les das tu aliento, se genera la vida y renuevas la faz de la tierra.
> ¡Que la gloria del Señor continúe para siempre!
> ¡El Señor se deleita en todo lo que ha creado!
> La tierra tiembla ante su mirada; las montañas humean cuando él las toca.
> Cantaré al Señor mientras viva. ¡Alabaré a mi Dios hasta mi último suspiro!
> Que todos mis pensamientos le agraden, porque me alegro en el Señor.
> Que todos los pecadores desaparezcan de la faz de la tierra; que
> dejen de existir para siempre los perversos. Que todo lo que soy
> alabe al Señor. ¡Alabado sea el Señor! Salmos 104:1—35 NTV

La providencia nos permite ver a Dios involucrado activamente en Su creación. Esto lo hace de tres maneras: 1. preservación, 2. concurrencia y 3. gobierno.

Veamos estas tres en más detalles.

1. Preservación: Dios sostiene todas las cosas.

> El Hijo irradia la gloria de Dios y expresa el carácter mismo de
> Dios, y sostiene todo con el gran poder de su palabra. Después de
> habernos limpiado de nuestros pecados, se sentó en el lugar de honor,
> a la derecha del majestuoso Dios en el cielo. Hebreos 1:3 NTV

> Él ya existía antes de todas las cosas y mantiene
> unida toda la creación. Colosenses 1:17 NTV

> Solo tú eres el Señor. Tú hiciste el firmamento, los cielos y todas las
> estrellas; hiciste la tierra, los mares y todo lo que hay en ellos. Tú los
> preservas a todos, y los ángeles del cielo te adoran. Nehemías 9:6 NTV

> Si Dios retirara su espíritu y quitara su aliento, todos los seres vivientes
> dejarían de existir y la humanidad volvería al polvo. Job 34:14,15 NTV

Su Palabra nos enseña que Dios «preserva» todo lo que ha creado.

Los átomos y moléculas de cada materia son preservados en su forma original.

También las composiciones químicas de todo lo que existe son preservadas. Por ejemplo: El agua se compone de un átomo de oxígeno y dos átomos de hidrógeno (H2O). Esto no cambia.

Dios preserva todo lo que ha creado.

En Colosenses 1:17 dice el texto que «todas las cosas en él subsisten». En Hebreos 1:3 dice que Cristo «sustenta todas las cosas con la palabra de su poder».

Pablo dice: «Porque en él vivimos, y nos movemos, y somos; como algunos de vuestros propios poetas también han dicho: Porque linaje suyo somos» (Hechos 17:28).

La doctrina de la creación nos dice que «sin Cristo, nada existiría».

La doctrina de la preservación nos dice que «sin Cristo, nada continuaría existiendo».

Dios preserva nuestras vidas —como criaturas que somos— y por eso estamos agradecidos.

Si esto no fuese así, dejaríamos de existir.

> *Si él pusiese sobre el hombre su corazón, y recogiese así su espíritu y su aliento, toda carne perecería juntamente, y el hombre volvería al polvo. Job 34:14* RVR1960

2. Concurrencia: Dios obra a través de todas las cosas.

> *Pero no se inquieten ni se enojen con ustedes mismos por haberme vendido. Fue Dios quien me envió a este lugar antes que ustedes, a fin de preservarles la vida. Génesis 45:5* NTV

> *Es más, dado que estamos unidos a Cristo, hemos recibido una herencia*

*de parte de Dios, porque él nos eligió de antemano y hace que todas
las cosas resulten de acuerdo con su plan. Efesios 1:11* NTV

*Él ordena que caiga la nieve en la tierra y le dice a la lluvia que sea torrencial.
Hace que todos dejen de trabajar para que contemplen su poder.
Los animales salvajes buscan refugio y se quedan dentro de sus guaridas.
El viento tormentoso sale de su cámara, y los vientos impetuosos traen el frío.
El aliento de Dios envía el hielo y congela grandes extensiones de agua.
Él carga las nubes de humedad y después salen relámpagos brillantes.
Las nubes se agitan bajo su mando y hacen por toda la tierra lo que él ordena.
Él hace que estas cosas sucedan para castigar a las personas o
para mostrarles su amor inagotable. Job 37:6—13* NTV

*Podemos hacer nuestros planes, pero el Señor determina nuestros
pasos. El rey se complace en las palabras de labios justos; ama a
quienes hablan con la verdad. Proverbios 16:9, 33* NTV

*Tú has determinado la duración de nuestra vida. Tú sabes cuántos meses
viviremos, y no se nos concederá ni un minuto más. Job 14:5* NTV

*Pues Dios trabaja en ustedes y les da el deseo y el poder para
que hagan lo que a él le agrada. Filipenses 2:13* NTV

Dentro de la providencia, la concurrencia nos muestra cómo Dios trabaja. Vemos las acciones divinas entrelazadas a las acciones humanas.

El significado elemental de «concurrencia» pudiera ser: «Dios coopera en cada acción de toda cosa creada».

Pudiera decirse que todo acontecimiento es ocasionado por Dios, sin embargo, esto dejaría totalmente fuera toda voluntad humana. Entonces, cuando hablamos de cooperación, podemos decir que el ser humano, hace decisiones y ejecuta acciones, pero nunca son estas fuera del plan de la providencia divina.

Detrás de cada acontecimiento, existe divinamente una causa invisible. Como el «Maestro de marionetas», como lo explico en mi libro con ese título[20], quien detrás de escenas, dirige todo lo que sucede en el escenario.

Sin embargo, nosotros —las criaturas— produciremos acciones de forma consistente con las propiedades que nos fueron dadas cuando fuimos creados.

Tomaremos decisiones. Desarrollaremos planes y estrategias. Diseñaremos de nuestro propio ingenio e inteligencia y aún recibiremos el crédito por nuestras acciones. Estas acciones producirán frutos.

¿Está Dios en control? Claro. Por supuesto.

Sin embargo, Él dejará que tomemos acciones conforme a las propiedades que Él puso en nosotros. Él es quien da los dones, la inteligencia y capacidad para pensar. En esto, ejercitamos libertad. Sin embargo, nada se moverá fuera de Su dominio.

Los textos sagrados establecen claramente este concepto.

> *Podemos hacer nuestros planes, pero el Señor determina nuestros pasos. Proverbios 16:9* NTV

En otras palabras. Como seres humanos tenemos la libertad de hacer planes, pero al final, es Dios quien determina nuestros pasos.

Tenemos libertad para pensar, pero pensaremos conforme a las propiedades que Dios ha puesto en nosotros. Me gusta cómo la Reina Valera 1960 traduce ese texto.

> *El corazón del hombre piensa su camino, mas Jehová endereza sus pasos. Proverbios 16:9* RVR1960

Podemos pensar, porque somos seres con inteligencia. Pero toda inspiración es posible por las propiedades que Dios ya puso en nosotros. Entonces, claramente, Dios está detrás de todo.

Las cuerdas están en Sus manos, y aún cuando todos aplaudan la actuación de las hermosas marionetas; detrás de la cortina y por encima del escenario, el Maestro está en control.

En el libro Maestro de Marionetas escribí esta frase:

> *No importa cuán bueno seas en lo que hagas, o cuán grande don tengas o cuantas personas te aplaudan cuando terminas tu espectáculo. Ellos ven delante de sus ojos la marioneta, pero si miran hacia arriba, pronto se darán cuenta que tú eres sólo un instrumento... una marioneta sostenida por cuerdas.*

Veamos la dinámica de esta relación en el siguiente texto:

> *...y diciendo: Varones, ¿por qué hacéis esto? Nosotros también somos hombres semejantes a vosotros, que os anunciamos que de estas vanidades os convirtáis al Dios vivo, que hizo el cielo y la tierra, el mar, y todo lo que en ellos hay. En las edades pasadas él ha dejado a todas las gentes andar en sus propios caminos; si bien no se dejó a sí mismo sin testimonio, haciendo bien, dándonos lluvias del cielo y tiempos fructíferos, llenando de sustento y de alegría nuestros corazones. Hechos 14:15—17* RVR1960

El texto dice: «En las edades pasadas él ha dejado a todas las gentes andar en sus propios caminos». En otras palabras, «las gentes» han andado en «sus propios caminos», pero es Él quien lo ha permitido.

También vemos en el texto un fruto que es «dándonos lluvias del cielo y tiempos fructíferos, llenando de sustento y de alegría nuestros corazones».

Dios está detrás de todas las cosas, es Él quien ha procurado este fruto, dejando «a todas las gentes andar en sus propios caminos». En otras palabras, «las gentes», los seres humanos, tuvieron una libertad para «andar en sus propios caminos», sin embargo es Dios quien ha permitido el fruto, «haciendo bien» y «dándonos lluvias».

Al final, el fruto viene de parte de Dios.

Dios está detrás de todo, incluyendo todo lo que no vemos. Esto, debería darnos gran seguridad y descanso. Podemos estar confiados de que Dios tiene cada detalle de nuestras vidas bajo Su control. Esto es también causa para regocijarnos y alabar a Dios por Su grandeza.

3. Gobierno: Dios gobierna todas las cosas.

Todos los hombres de la tierra no son nada comparados con él.

Él hace lo que quiere entre los ángeles del cielo y entre la gente de la tierra.

> *Nadie puede detenerlo ni decirle: «¿Por qué haces estas cosas?». Daniel 4:35* NTV

> *Y sabemos que Dios hace que todas las cosas cooperen para el bien de quienes lo aman y son llamados según el propósito que él tiene para ellos. Romanos 8:28* NTV

> *El Señor ha hecho de los cielos su trono, desde allí gobierna todo. Salmo 103:19* NTV

También, dentro de la providencia, vemos que Dios gobierna toda la creación. Dios dirige todas las cosas conforme a Su propósito.

Es decir, nada es gobernado por la casualidad.

Dios dirige toda la historia desde la eternidad hasta la eternidad.

> *El Señor ha hecho de los cielos su trono, desde allí gobierna todo. Salmos 103:19* NTV

La frase «gobierna todo» es traducida en la Reina Valera 1960 como «domina sobre todos».

Veamos esta declaración de la boca de Nabucodonosor.

> *Cuando se cumplió el tiempo, yo, Nabucodonosor, levanté los ojos al cielo. Recuperé la razón, alabé y adoré al Altísimo y di honra a aquel que vive para siempre. Su dominio es perpetuo, y eterno es su reino. Todos los hombres de la tierra no son nada comparados con él. Él hace lo que quiere entre los ángeles del cielo y entre la gente de la tierra. Nadie puede detenerlo ni decirle: «¿Por qué haces estas cosas?». Daniel 4:34,35* NTV

Como puede ver, Dios está en control y decide el rumbo de la humanidad y todo lo creado. «Nadie puede detenerlo ni decirle: "¿Por qué haces estas cosas?"».

Podemos reposar en esta verdad. No importa lo que suceda en esta vida, retos, luchas, tribulaciones; sabemos que todo obra para bien.

> *Y sabemos que a los que aman a Dios, todas las cosas les ayudan a bien, esto es, a los que conforme a su propósito son llamados.* Romanos 8:38 RVR1960

Veamos lo que Pablo dice a los Efesios.

> *...en quien tenemos redención por su sangre, el perdón de pecados según las riquezas de su gracia, que hizo sobreabundar para con nosotros en toda sabiduría e inteligencia, dándonos a conocer el misterio de su voluntad, según su beneplácito, el cual se había propuesto en sí mismo, de reunir todas las cosas en Cristo, en la dispensación del cumplimiento de los tiempos, así las que están en los cielos, como las que están en la tierra.*
> *En él asimismo tuvimos herencia, habiendo sido predestinados conforme al propósito del que hace todas las cosas según el designio de su voluntad, a fin de que seamos para alabanza de su gloria, nosotros los que primeramente esperábamos en Cristo.* Efesios 1:7—12 RVR1960

En los textos anteriores, podemos ver tres diferentes aspectos en cuanto al gobierno de Dios.

1. Dios gobierna no solamente sobre Su pueblo. Su gobierno se extiende a toda cosa creada, sobre buenos y malos. El texto dice: «hace todas las cosas según el designio de Su voluntad» (Efesios 1:11).

2. La bondad de Dios es mostrada por medio de Su gobierno. Vemos que «todas las cosas les ayudan a bien» (Romanos 8:28). Es decir, Dios usa Su poder para bien.

A la larga, vemos un plan detrás de las pruebas que enfrentamos y es que la voluntad de Dios es que seamos «hechos conformes a la imagen de su Hijo» (Romanos 8:29).

Entonces, podemos decir que Dios tiene interés por el bienestar de aquellos que son Suyos.

Viendo de nuevo el texto en Romanos 8:28 entendemos que el gobierno de Dios vela por el bien de Sus hijos.

3. La total soberanía de Dios. Dios es soberano en todo lo que gobierna.

Es Dios quien determina Su propio plan.

El Señor ha hecho de los cielos su trono; desde allí gobierna todo. Salmos 103:19 NTV

Mire lo que dice Daniel:

Todos los hombres de la tierra no son nada comparados con él. Él hace lo que quiere entre los ángeles del cielo y entre la gente de la tierra. Nadie puede detenerlo ni decirle: "¿Por qué haces estas cosas?". Daniel 4:35 NTV

La importancia de esta doctrina

¿Por qué es importante conocer sobre la providencia y soberanía de Dios?

¿Cómo nos afecta esto?

1. Me da confianza

Cuando creo en la providencia de Dios, esto significa que puedo confiar en Dios en todo.

Él ha resuelto nuestro problema más grande, «el pecado».

Como creyentes sabemos que el mismo Dios que creó todas las cosas, es quien gobierna el universo. Él es un Padre compasivo, que nos ama. Quien por medio de Cristo nos ha perdonado, nos ha hecho aceptos, adoptados como hijos, y un día nos recibirá en Su gloriosa presencia.

Podemos confiar en Él de manera que no tengamos dudas de que Él nos proveerá todo lo necesario para nuestro bienestar tanto espiritual como emocional, y hará que aun nuestros sufrimientos tengan propósito.

Nuestro Dios todopoderoso, hace todo este bien a favor nuestro porque nos ama.

2. Puedo crecer en paciencia

La doctrina de la providencia, también significa que podemos ser pacientes en medio de las pruebas. Al saber que todo obra para bien, entonces podemos esperar sabiendo que el final siempre será el mejor.

3. Puedo caminar en gratitud

Podemos estar agradecidos, cualquiera que sea la circunstancia por la que estemos atravesando. Aunque no entendamos los motivos o detalles de cada circunstancia, podemos estar confiados de que Dios sabe y está obrando en nuestras vidas.

Podemos practicar lo que dice Pablo a los Tesalonicenses:

> *Sean agradecidos en toda circunstancia, pues esta es la voluntad de Dios para ustedes, los que pertenecen a Cristo Jesús.* 1 Tesalonicenses 5:18 NTV

4. Puedo tener esperanza

En cuanto a lo que tiene que ver con el futuro, la doctrina de la providencia me dice que se puede tener esperanza. Nunca seré separado de Su amor.

> *¿Quién nos separará del amor de Cristo? ¿Tribulación, o angustia, o persecución, o hambre, o desnudez, o peligro, o espada?* Romanos 8:35 RVR1960

Se puede tener esperanza de que el futuro está en Sus manos. Esperanza de vida eterna.

> *...para que justificados por su gracia, viniésemos a ser herederos conforme a la esperanza de la vida eterna.* Tito 3:7 RVR1960

Conclusión

Al conocer bien lo que la Biblia dice sobre la existencia, la revelación, los atributos de Dios, y la providencia, podemos conocerle mejor.

Tenemos evidencias bíblicas y naturales de que Dios existe. Su revelación ha sido entregada a nosotros con exactitud, y al estudiar Sus atributos, hemos aprendido sobre la naturaleza divina.

Al haber estudiado los atributos comunicables podemos crecer y aprender a ser más como Él es. Creciendo en la bondad, el amor, la santidad, la justicia, y en la compasión para con otros, podemos ser instrumentos en Sus manos. Dios es glorificado cuando Su carácter es mostrado por medio de nosotros.

Tenemos confianza de que nuestro Dios está en control y gobierna todo lo creado. Por eso, podemos reposar y estar tranquilos, pues todo obra para bien.

> *¡Qué grande es la riqueza, la sabiduría y el conocimiento de Dios! ¡Es realmente imposible para nosotros entender sus decisiones y sus caminos! Pues, ¿quién puede conocer los pensamientos del Señor? ¿Quién sabe lo suficiente para aconsejarlo? ¿Y quién le ha entregado tanto para que él tenga que devolvérselo? Pues todas las cosas provienen de él y existen por su poder y son para su gloria. ¡A él sea toda la gloria por siempre! Amén. Romanos 11:33—36* NTV

CRISTOLOGÍA: LA DOCTRINA DE CRISTO

...por cuanto agradó al Padre que en él habitase toda plenitud, y por medio de él reconciliar consigo todas las cosas, así las que están en la tierra como las que están en los cielos, haciendo la paz mediante la sangre de su cruz.
Col 1:19-20 RVR1960

INTRODUCCIÓN A LA CRISTOLOGÍA

El estudio de Cristo se pudiera dividir en dos partes principales: 1. El estudio de la persona de Cristo y 2. El estudio de la obra de Cristo.

En este libro estudiaremos sobre la persona de Cristo. Luego en el libro de Soteriología: La doctrina de la Redención estudiaremos sobre la obra de Cristo.

Lo he dividido de esta manera porque antes de estudiar «la obra de Cristo» es necesario que estudiemos los daños y consecuencias causados por el pecado que será en el libro de Hamartiología: La doctrina del Pecado, entonces como respuesta a los daños del pecado, estudiaremos Soteriología: La doctrina de la Redención, donde veremos la solución al problema del pecado, la cual es Cristo y Su completa obra de redención. Esto quiere decir que cuando lleguemos ahí, lo que ya hemos aprendido en este libro será complementario.

Entender la persona de Cristo nos ayudará a entender Su obra. Entonces la Cristología estará ligada a la solución del problema que vemos en Hamartiología y la solución a ese problema de la manera que lo vemos en Soteriología.

Para comenzar, consideraremos quién es Jesucristo, Su deidad y la importancia de esto para el resto de la doctrina. Luego estudiaremos la humanidad de Cristo.

Luego en Soteriología estudiaremos lo que Jesús ha hecho por nosotros a través de Su vida, muerte, resurrección, ascensión, intercesión a la diestra del Padre y regreso triunfal.

Es importante establecer que las bases de nuestra esperanza, no se encuentran en un credo religioso (aunque los credos pueden ayudar a expresar y ordenar nuestra creencia y resumirla), tampoco se encuentran en una idea humana, una experiencia, una denominación o una filosofía.

Las bases de nuestra esperanza se encuentran en una persona: Jesucristo.

Conocerlo personalmente como nuestro Señor y Salvador, no sólo es el principio de la vida cristiana, es toda la vida cristiana.

Como seguidores de Jesús, lo conocemos a Él personalmente, lo que significa que la Cristología es profundamente práctica.

PARTE 1 **LA DEIDAD DE CRISTO**

Al estudiar profundamente la persona de Cristo, siempre debemos tener en mente las verdades bíblicas en cuanto a la Deidad de Cristo.

Desde la encarnación, Jesucristo ha sido completamente Dios y completamente Hombre en una persona.

Jesucristo es una persona, con dos naturalezas.

La Escritura nos enseña con claridad que «Jesucristo es completamente Dios y completamente Hombre en una persona»[1].

¿Cómo respalda esto la Biblia?

Desde que comenzamos a estudiar los textos tanto en el Antiguo como en el Nuevo Testamento, las evidencias de la Deidad de Cristo son reales. La autoridad de las Escrituras afirma que Jesucristo es Dios.

Comencemos por el Antiguo Testamento.

1

LA DEIDAD DE CRISTO
EN EL ANTIGUO TESTAMENTO

Jesús afirma que el Antiguo Testamento trata acerca de Él. En Lucas 24, Jesús dice a Sus discípulos de camino a Emaús que el Antiguo Testamento trata acerca de Él.

También, en el Antiguo Testamento vemos profecías relacionadas con Su venida y reino triunfal.

Leyendo los textos aprendemos cómo Él ha trabajado para la salvación de su pueblo desde el comienzo.

> *Y les dijo: Estas son las palabras que os hablé, estando aún con vosotros: que era necesario que se cumpliese todo lo que está escrito de mí en la ley de Moisés, en los profetas y en los salmos. Lucas 24:44* RVR1960

En ese texto Jesús dice que toda la Escritura antigua, —y menciona las tres divisiones que componen el Tanaj (רַנַּת), la Torá (הָרוּת) que es la ley de Moises; los Nevi'im (מְיאִיבְנ) que son los profetas y los Ketuvim (מִיבוּתְכ) que son todos los otros escritos—, todos hablan de Él.

¿Donde lo vemos?

1- El Hijo del Hombre

En la visión de Daniel del Hijo del Hombre (Daniel 7), encontramos una descripción gloriosa del trono celestial y en el centro de la escena está el Señor, el «Anciano de días», que está sentado en su trono.

En versículos más adelante, Daniel describe otra visión, pero esta vez ve otra figura, el Hijo del Hombre.

Veamos ambos textos.

> *Estuve mirando hasta que fueron puestos tronos, y se sentó un Anciano de días, cuyo vestido era blanco como la nieve, y el pelo de su cabeza como lana limpia; su trono llama de fuego, y las ruedas del mismo, fuego ardiente. Un río de fuego procedía y salía de delante de él; millares de millares le servían, y millones de millones asistían delante de él; el Juez se sentó, y los libros fueron abiertos. Daniel 7:9-10* RVR1960

> *Miraba yo en la visión de la noche, y he aquí con las nubes del cielo venía uno como un hijo de hombre, que vino hasta el Anciano de días, y le hicieron acercarse delante de él. Y le fue dado dominio, gloria y reino, para que todos los pueblos, naciones y lenguas le sirvieran; su dominio es dominio eterno, que nunca pasará, y su reino uno que no será destruido. Daniel 7:13-14* RVR1960

En este texto, el Hijo del Hombre recibe adoración de todas las naciones y gobierna un reino eterno.

¿Quién es el Hijo del Hombre que menciona el texto?

Jesús se atribuyó claramente el título.

> *Cuando el Hijo del Hombre venga en su gloria, y todos los santos ángeles con él, entonces se sentará en su trono de gloria, y serán reunidas delante de él todas las naciones; y apartará los unos de los otros, como aparta el pastor las ovejas de los cabritos. Mateo 25:31-32* RVR1960

2- Hijo de David

¿Qué quiere decir la escritura cuando dice que un Hijo de David vendrá y reinará en el trono de David para siempre?

Veamos la promesa.

> *El edificará casa a mi nombre, y yo afirmaré para siempre*

> *el trono de su reino.* 2 Samuel 7:13 RVR1960

Este Hijo tan esperado comienza a describirse claramente en términos divinos.

> *Yo publicaré el decreto; Jehová me ha dicho: Mi hijo eres*
> *tú; Yo te engendré hoy.* Salmos 2:7 RVR1960

¿Pudiera ese texto estarse refiriendo a cualquier hijo? ¿Cómo sabemos que directamente está el salmista apuntando a Cristo?

El libro de Hebreos nos enseña que este pasaje está hablando de Jesús. El rey, es llamado «Dios».

> *Porque ¿a cuál de los ángeles dijo Dios jamás: Mi Hijo*
> *eres tú, Yo te he engendrado hoy, y otra vez: Yo seré a él*
> *Padre, Y él me será a mí hijo?* Hebreos 1:5 RVR1960

En el versículo que sigue claramente dice que este hijo puede recibir adoración.

> *Y otra vez, cuando introduce al Primogénito en el mundo, dice:*
> *Adórenle todos los ángeles de Dios.* Hebreos 1:6 RVR1960

El Salmo 45:6—7 es mucho más explícito:

> *Tu trono, oh Dios, es eterno y para siempre; Cetro de justicia*
> *es el cetro de tu reino. Has amado la justicia y aborrecido la*
> *maldad; Por tanto, te ungió Dios, el Dios tuyo, Con óleo de*
> *alegría más que a tus compañeros.* Salmos 45:6—7 RVR1960

Otra vez, vemos como Hebreos confirma de quien está hablando el texto.

> *Mas del Hijo dice: Tu trono, oh Dios, por el siglo del siglo; Cetro*
> *de equidad es el cetro de tu reino.* Hebreos 1:8 RVR1960

El libro de Isaías nos confirma esto aún más.

> *Porque un niño nos es nacido, hijo nos es dado, y el principado sobre*
> *su hombro; y se llamará su nombre Admirable, Consejero, Dios Fuerte,*
> *Padre Eterno, Príncipe de Paz. Lo dilatado de su imperio y la paz no*
> *tendrán límite, sobre el trono de David y sobre su reino, disponiéndolo*
> *y confirmándolo en juicio y en justicia desde ahora y para siempre.*

El celo de Jehová de los ejércitos hará esto. Isaías 9:6—7 RVR1960

¿Quién es este rey, que es hijo de David, que también es Dios Fuerte?

¿A quién se le puede atribuir el nombre de Padre Eterno?

Verdaderamente el texto está hablando de Jesucristo.

Pablo lo confirma en Romanos.

> *...que él había prometido antes por sus profetas en las santas Escrituras, acerca de su Hijo, nuestro Señor Jesucristo, que era del linaje de David según la carne, que fue declarado Hijo de Dios con poder, según el Espíritu de santidad, por la resurrección de entre los muertos Romanos 1:2—4* RVR1960

2

LA DEIDAD DE CRISTO EN EL NUEVO TESTAMENTO

La Deidad de Cristo es mostrada en el Nuevo Testamento con claras evidencias.

Estudiemos aquí seis formas en que el Nuevo Testamento enseña que Jesús es completamente Dios.

1. Jesucristo es llamado Dios y Señor

En el principio era el Verbo, y el Verbo era con Dios, y el Verbo era Dios. Juan 1:1 RVR1960

Cristo, el cual es Dios sobre todas las cosas, bendito por los siglos... Romanos 9:5 RVR1960

...nuestro gran Dios y Salvador Jesucristo. Tito 2:13 RVR1960

He aquí, una virgen concebirá y dará a luz un hijo, Y llamarás su nombre Emanuel, que traducido es: Dios con nosotros. Mateo 1:23 RVR1960

...que os ha nacido hoy, en la ciudad de David, un Salvador, que es CRISTO el Señor. Lucas 2:11 RVR1960

Tenemos además en la traducción griega del Antiguo Testamento (La Septuaginta), muchos otros ejemplos donde las palabras usadas para Dios (Theos) y Señor (Kyrios)[2] se aplican directamente a Jesús.

Un buen ejemplo de esto es Filipenses 2:11, donde Pablo dice que toda lengua confesará «que Jesucristo es el Señor, para gloria de Dios Padre».

De hecho, esto es una cita directa del Antiguo Testamento: «Por mí mismo hice juramento, de mi boca salió palabra en justicia, y no será revocada: Que a mí se doblará toda rodilla, y jurará toda lengua» (Isaías 45:23).

Para los lectores de Pablo que conocían el lenguaje del Antiguo Testamento, Filipenses 2 no podría ser más claro: ¡Jesucristo es el Señor![3].

2. Jesucristo afirmó ser Dios

Jesús les dijo: De cierto, de cierto os digo: Antes que Abraham fuese, yo soy. Juan 8:58 RVR1960

Yo y el Padre uno somos. Juan 10:30 RVR1960

Es muy valioso tener las afirmaciones de Jesús mismo. Cuando Jesús dice de Sí mismo: «YO SOY EL QUE SOY» está usando la misma forma en que Dios se identificó a Moises.

Claro que para los religiosos de aquel tiempo esto era una blasfemia, y de hecho, estos recogieron piedras para matar a Jesús. Jesús estaba profesando ser el equivalente a Dios mismo, y para que no quede duda, más tarde, en Juan 10:30, dice: «Yo y el Padre uno somos».

Por supuesto, los líderes judíos otra vez querían apedrearlo.

El versículo 33 dice: «Por buena obra no te apedreamos, sino por la blasfemia; porque tú, siendo hombre, te haces Dios».

Hoy en día, puedes hablar de Jesús como una figura histórica, y es posible que no te metas en problemas, pero afirma que Él es Dios, y de seguro verás la oposición.

3. Jesucristo se presenta como la razón de la fe y confianza del creyente

> *No se turbe vuestro corazón; creéis en Dios, creed también en mí.* Juan 14:1 *RVR1960*

¿Puede usted ver en ese texto la equivalencia?

Como creyentes, ponemos toda nuestra confianza en Cristo, porque sabemos que al poner nuestra confianza en Cristo, la estamos poniendo en Dios.

En 1 Tesalonicenses 1:3, Pablo habla de la «constancia en la esperanza en nuestro Señor Jesucristo».

La vida eterna es conocer a Jesucristo.

> *Y esta es la vida eterna: que te conozcan a ti, el único Dios verdadero, y a Jesucristo, a quien has enviado.* Juan 17:3 *RVR1960*

De la misma manera que en el Antiguo Testamento los textos nos instan a confiar en Dios, en el Nuevo Testamento al instarnos a confiar en Jesucristo, nos confirma que Él es totalmente divino.

Él es nuestra confianza y nuestra esperanza.

Veamos esto en el texto.

> *...y por todos murió, para que los que viven, ya no vivan para sí, sino para aquel que murió y resucitó por ellos.* 2 Corintios 5:15 *RVR1960*

> *...en quien tenemos seguridad y acceso con confianza por medio de la fe en él...* Efesios 3:12 *RVR1960*

> *...a quienes Dios quiso dar a conocer las riquezas de la gloria de este misterio entre los gentiles; que es Cristo en vosotros, la esperanza de gloria...* Colosenses 1:27 *RVR1960*

> *Pablo, apóstol de Jesucristo por mandato de Dios nuestro Salvador, y del Señor Jesucristo nuestra esperanza...* 1 Timoteo 1:1 *RVR1960*

Así es. Jesús es nuestra confianza y nuestra esperanza. Él es Dios.

4. Jesucristo se presenta como la razón de la adoración del creyente

> *Y al ver la estrella, se regocijaron con muy grande gozo. Y al entrar en la casa, vieron al niño con su madre María, y postrándose, lo adoraron; y abriendo sus tesoros, le ofrecieron presentes: oro, incienso y mirra. Mateo 2:10,11* RVR1960

Esto es un reto para la religión judía monoteísta. Para ellos adorar a alguien fuera de Dios no es aceptado, mucho menos posible.

En el momento que Jesús recibe adoración, esto confirma que es Dios. Sólo Dios puede recibir adoración.

En Jesús ha sido entregado «todo juicio», y Él puede ser honrado.

> *...para que todos honren al Hijo como honran al Padre. El que no honra al Hijo, no honra al Padre que le envió. Juan 5:23* RVR1960

En Isaías 48:11, Dios dice: «Mi honra no la daré a otro». Sin embargo, Jesús es adorado desde Su nacimiento, durante Su ministerio terrenal y por los siglos de los siglos. Esto es aceptable y posible porque Jesucristo es Dios.

> *Por lo cual Dios también le exaltó hasta lo sumo, y le dio un nombre que es sobre todo nombre, para que en el nombre de Jesús se doble toda rodilla de los que están en los cielos, y en la tierra, y debajo de la tierra; y toda lengua confiese que Jesucristo es el Señor, para gloria de Dios Padre. Filipenses 2:9—11* RVR1960

> *Y otra vez, cuando introduce al Primogénito en el mundo, dice: Adórenle todos los ángeles de Dios. Hebreos 1:6* RVR1960

> *...que decían a gran voz: El Cordero que fue inmolado es digno de tomar el poder, las riquezas, la sabiduría, la fortaleza, la honra, la gloria y la alabanza. Apocalipsis 5:12* RVR1960

5. Jesucristo es descrito como Dios y realizando las mismas obras de Dios

Jesús es el Creador

En el principio era el Verbo, y el Verbo era con Dios, y el Verbo era Dios. Este era en el principio con Dios. Todas las cosas por él fueron hechas, y sin él nada de lo que ha sido hecho, fue hecho. Y aquel Verbo fue hecho carne, y habitó entre nosotros (y vimos su gloria, gloria como del unigénito del Padre), lleno de gracia y de verdad. Juan dio testimonio de él, y clamó diciendo: Este es de quien yo decía: El que viene después de mí, es antes de mí; porque era primero que yo. Porque de su plenitud tomamos todos, y gracia sobre gracia. Pues la ley por medio de Moisés fue dada, pero la gracia y la verdad vinieron por medio de Jesucristo. A Dios nadie le vio jamás; el unigénito Hijo, que está en el seno del Padre, él le ha dado a conocer. Juan 1:1—3, 14—18 RVR1960

Dios, habiendo hablado muchas veces y de muchas maneras en otro tiempo a los padres por los profetas, en estos postreros días nos ha hablado por el Hijo, a quien constituyó heredero de todo, y por quien asimismo hizo el universo; el cual, siendo el resplandor de su gloria, y la imagen misma de su sustancia, y quien sustenta todas las cosas con la palabra de su poder, habiendo efectuado la purificación de nuestros pecados por medio de sí mismo, se sentó a la diestra de la Majestad en las alturas, hecho tanto superior a los ángeles, cuanto heredó más excelente nombre que ellos. Hebreos 1:1—4 RVR1960

Él es la imagen del Dios invisible, el primogénito de toda creación. Porque en él fueron creadas todas las cosas, las que hay en los cielos y las que hay en la tierra, visibles e invisibles; sean tronos, sean dominios, sean principados, sean potestades; todo fue creado por medio de él y para él. Y él es antes de todas las cosas, y todas las cosas en él subsisten; y él es la cabeza del cuerpo que es la iglesia, él que es el principio, el primogénito de entre los muertos, para que en todo tenga la preeminencia; por cuanto agradó al Padre que en él habitase toda plenitud, y por medio de él reconciliar consigo todas las cosas, así las que están en la tierra como las que están en los cielos, haciendo la paz mediante la sangre de su cruz. Colosenses 1:15—20 RVR1960

6. Jesucristo es preexistente como el Hijo eterno de Dios antes de Su encarnación

Esto es muy importante porque el texto nos dice que Dios Hijo siempre ha existido. No es que Jesús, un ser humano, por medio de crecimiento o algún tipo de realización se convirtió en Dios. Es al revés. Dios Hijo ya existía, entonces tomó Su naturaleza humana sin dejar su naturaleza divina.

Veamos el texto.

Por medio de Jesucristo todas las cosas son.

> *...para nosotros, sin embargo, sólo hay un Dios, el Padre, del cual proceden todas las cosas, y nosotros somos para él; y un Señor, Jesucristo, por medio del cual son todas las cosas, y nosotros por medio de él. 1 Corintios 8:6* RVR1960

Cuando Israel estaba en el desierto, ya Cristo estaba.

> *...y todos bebieron la misma bebida espiritual; porque bebían de la roca espiritual que los seguía, y la roca era Cristo. 1 Corintios 10:4* RVR1960

Jesucristo se hizo pobre al tomar cuerpo humano.

> *Porque ya conocéis la gracia de nuestro Señor Jesucristo, que por amor a vosotros se hizo pobre, siendo rico, para que vosotros con su pobreza fueseis enriquecidos. 2 Corintios 8:9* RVR1960

El Padre lo envió porque ya existía.

> *Pero cuando vino el cumplimiento del tiempo, Dios envió a su Hijo, nacido de mujer y nacido bajo la ley... Gálatas 4:4* RVR1960

> *Porque lo que era imposible para la ley, por cuanto era débil por la carne, Dios, enviando a su Hijo en semejanza de carne de pecado y a causa del pecado, condenó al pecado en la carne... Romanos 8:3* RVR1960

Todo fue creado por medio de Él. Es decir que Él es antes que toda la creación.

> *El es la imagen del Dios invisible, el primogénito de toda creación. Porque en él fueron creadas todas las cosas, las que hay en los cielos y las que hay en la tierra, visibles e invisibles; sean tronos, sean dominios, sean principados, sean potestades; todo fue creado por medio de él y para él. Y él es antes de todas las cosas, y todas las cosas en él subsisten; y él es la cabeza del cuerpo que es la iglesia, él que es el principio, el primogénito de entre los muertos, para que en todo tenga la preeminencia; por cuanto agradó al Padre que en él habitase toda plenitud, y por medio de él reconciliar consigo todas las cosas, así las que están en la tierra como las que están en los cielos, haciendo la paz mediante la sangre de su cruz. Colosenses 1:15—20* RVR1960

Y Su propia declaración cuando dijo: «Antes que Abraham fuese, yo soy». (Juan 8:58)

No sólo Jesús es desde antes de todas las cosas, también en Su encarnación vemos todo lo que tuvo que hacer para tomar forma de hombre.

> *...el cual, siendo en forma de Dios, no estimó el ser igual a Dios como cosa a que aferrarse, sino que se despojó a sí mismo, tomando forma de siervo, hecho semejante a los hombres... Filipenses 2:6,7* RVR1960

Pablo (en el pasaje anterior) no está intentando demostrar la preexistencia de Cristo, pues eso ya es un hecho. Pablo, más bien parte desde la base de que la preexistencia (que ya está probado) trajo consigo otras cosas, como sacrificio «se despojó a sí mismo», lo cual es un acto de amor hecho por nosotros.

Como resumen, podemos afirmar con autoridad Bíblica que Jesús es Dios.

- Jesucristo comparte los honores dados a Dios (recibe adoración)
- Jesucristo comparte los atributos de Dios (Santo, Justo, Todopoderoso)
- Jesucristo comparte los nombres de Dios (Señor, Dios, Alfa y Omega)
- Jesucristo comparte las obras que Dios hace (perdona el pecado, resucita a los muertos, crea el mundo)
- Jesucristo comparte el asiento del trono de Dios

El Credo de Calcedonia

Ha sido un reto, durante los siglos para meros humanos poder comprender el hecho de que Jesús haya sido divino y humano a la vez, o para decirlo de otra manera, que se haya hecho humano sin dejar de ser divino. A esto llamamos doble naturaleza.

Antes de examinar la humanidad completa de Jesús, quisiera compartir con el lector esta declaración que ha sido muy importante en la historia de la iglesia para que creyentes como nosotros podamos entender esta doctrina acerca de Su naturaleza divina y humana. Me refiero al Credo de Calcedonia del año 451.

Los seguidores de Jesús, estuvieron de acuerdo con esta declaración porque reconocieron que la persona de Cristo es una doctrina crítica.

Si no entendemos bien esta doctrina acerca de Jesús, tendremos dificultad en entender el resto de la doctrina cristiana.

Esta declaración es clara y ha resistido la prueba del tiempo.

> *Nosotros, entonces, siguiendo a los santos Padres, todos de común consentimiento, enseñamos a los hombres a confesar a Uno y el mismo Hijo, nuestro Señor Jesucristo, el mismo perfecto en deidad y también perfecto en humanidad; verdadero Dios y verdadero hombre, de cuerpo y alma racional; coesencial {consustancial} con el Padre de acuerdo a la Deidad, y coesencial con nosotros de acuerdo a la Humanidad; en todas las cosas como nosotros, pero sin pecado; engendrado del Padre antes de todas las edades, de acuerdo a la Deidad; y en estos postreros días, para nosotros, y por nuestra salvación, nacido de la virgen María, de acuerdo a la Humanidad; uno y el mismo Cristo, Hijo, Señor, Unigénito, para ser reconocido en dos naturalezas, inconfundibles, intransferibles, indivisibles, inseparables; por ningún medio la distinción de naturalezas desaparece por la unión, más bien es preservada la propiedad de las dos naturalezas, concurrentes en una Persona y una Hipóstasis, no partida ni dividida en dos personas, sino uno y el mismo Hijo, y Unigénito, Dios, la Palabra, el Señor Jesucristo; como los profetas desde el principio lo han declarado con respecto a Él, y como el Señor Jesucristo mismo nos lo ha enseñado, y el Credo de los Santos Padres que nos ha sido dado*[4].

3

LA IMPORTANCIA DE LA DEIDAD DE CRISTO

¿Por qué es importante comprender la doctrina de la deidad de Cristo?

Aquí presento tres razones.

1. La deidad de Cristo es importante para la revelación

Cuando Dios decidió llevar a cabo el plan de redención, no simplemente nos envió a un profeta, ángel o representante. Él se hizo carne y se entregó a Sí mismo.

Esto nos da mucha certeza y seguridad.

No tenemos que preguntarnos cómo es Dios. ¿Tenemos un Dios de amor? ¿Es misericordioso o compasivo?

No tenemos dudas, porque hemos visto el carácter de Dios demostrado en Jesucristo. Veamos esto en el texto.

> *Dios, habiendo hablado muchas veces y de muchas maneras en otro tiempo a los padres por los profetas, en estos postreros días nos ha hablado por el Hijo, a quien constituyó heredero de todo, y por quien asimismo hizo el universo; el cual, siendo el resplandor de su gloria, y la imagen misma de su sustancia, y quien sustenta todas las cosas con la palabra de su poder, habiendo efectuado la purificación de nuestros pecados por medio de sí mismo, se sentó a la diestra de la Majestad en las alturas, hecho tanto superior a los ángeles,*

> *cuanto heredó más excelente nombre que ellos. Hebreos 1:1—4* RVR1960

¿Cómo es Dios?

Jesús es «el resplandor de su gloria, y la imagen misma de su sustancia».

> *A Dios nadie le vio jamás; el unigénito Hijo, que está en el seno del Padre, él le ha dado a conocer. Juan 1:18* RVR1960

¿Cómo te imaginas a Dios?

Michael Reeves dice: «A pesar de todos nuestros sueños, nuestras oscuras y asustadizas imaginaciones de Dios, no hay Dios en el cielo que sea diferente a Jesús... 'El que me ha visto a mí, ha visto al Padre', (Juan 14:9). Dios no puede ser de otra manera».[5]

Si quieres conocer a Dios, mira a Jesucristo. Él es Dios encarnado.

2. La deidad de Cristo es importante para la salvación

La Biblia nos enseña que ningún hombre puede alcanzar salvación por medio de esfuerzos humanos. Ningún ser humano puede interceder a nuestro favor para que podamos ser salvos.

La salvación viene de Dios.

> *La salvación es de Jehová... Jonás 2:9* RVR1960

Dios mismo ha conquistado esa salvación a favor nuestro, y lo hace por medio de Su Hijo.

Pablo enseña que Dios compró la iglesia «por su propia sangre».

> *Por tanto, mirad por vosotros, y por todo el rebaño en que el Espíritu Santo os ha puesto por obispos, para apacentar la iglesia del Señor, la cual él ganó por su propia sangre. Hechos 20:28* RVR1960

La sangre de un mero humano no puede tener el poder para expiar el pecado del mundo. Sólo la sangre de Cristo. Y tiene poder porque Jesucristo es Dios. En otras palabras, fue Dios dándose a Sí mismo en sacrificio lo que hace posible que seamos reconciliados.

> *...por cuanto agradó al Padre que en él habitase toda plenitud, y por medio de él reconciliar consigo todas las cosas, así las que están en la tierra como las que están en los cielos, haciendo la paz mediante la sangre de su cruz. Colosenses 1:19-20* RVR1960

El hecho de que es un sacrificio perfecto, un cordero sin mancha (sin pecado) es lo que hace toda la diferencia. Sólo el mismo Dios (hecho Hombre) podría ser mediador.

> *Porque hay un solo Dios, y un solo mediador entre Dios y los hombres, Jesucristo hombre... 1 Timoteo 2:5* RVR1960

Es Jesucristo (que es justo) quien puede llevarnos a Dios.

> *...el justo por los injustos, para llevarnos a Dios. 1 Pedro 3:18* RVR1960

Luego Su resurrección comprueba Su divinidad, como lo podemos ver en Hebreos.

> *...no constituido conforme a la ley del mandamiento acerca de la descendencia, sino según el poder de una vida indestructible. Hebreos 7:16* RVR1960

Esto quiere decir que seres humanos que hemos sido manchados por el pecado, tenemos esperanza, porque Dios (hecho Hombre) que no tiene pecado decidió hacerse pecado por nosotros y a cambio imputarnos Su justicia.

> *Al que no conoció pecado, por nosotros lo hizo pecado, para que nosotros fuésemos hechos justicia de Dios en él. 2 Corintios 5:21* RVR1960

3. La deidad de Cristo es importante para la vida cristiana

La salvación no solamente nos garantiza vida eterna y nos libra del infierno. También nos empodera para vivir victoriosamente en esta vida.

Pablo dice: «Jesucristo está en vosotros» (2 Corintios 13:5).

El hecho de que Cristo mora en nosotros por su Espíritu, nos empodera para vivir una vida agradable a Dios. Él nos dice esto en Romanos 8:10: «Pero si

Cristo está en vosotros, el cuerpo en verdad está muerto a causa del pecado, mas el espíritu vive a causa de la justicia».

El mismo Dios del universo es quien está de nuestro lado y no importa las luchas o tentaciones que enfrentemos en esta tierra, en Cristo somos más que vencedores.

> *Antes, en todas estas cosas somos más que vencedores por medio de aquel que nos amó. Romanos 8:37* RVR1960

PARTE 2 LA PERSONA DE CRISTO

La humanidad de Cristo

> *Y aquel Verbo fue hecho carne, y habitó entre nosotros (y vimos su gloria, gloria como del unigénito del Padre), lleno de gracia y de verdad.* Juan 1:14 RVR1960

Ya hemos estudiado la Deidad de Cristo. Jesucristo es completamente Dios y completamente Hombre (en su encarnación). Es decir, se hizo hombre sin dejar de ser Dios.

Ahora estudiaremos la humanidad de Cristo.

La veremos en tres categorías. 1) nacimiento virginal, 2) debilidades y limitaciones, y 3) humanidad sin pecado.

4

NACIMIENTO VIRGINAL

Al hablar de la humanidad de Cristo, debemos comenzar por el nacimiento virginal de Cristo.

Con certeza, la Escritura nos demuestra que Jesús nació de María, y esto fue por obra del Espíritu Santo.

Veamos el texto.

> *Por tanto, el Señor mismo os dará señal: He aquí que la virgen concebirá, y dará a luz un hijo, y llamará su nombre Emanuel. Isaías 7:14* RVR1960

> *El nacimiento de Jesucristo fue así: Estando desposada María su madre con José, antes que se juntasen, se halló que había concebido del Espíritu Santo. Mateo 1:18* RVR1960

> *Respondiendo el ángel, le dijo: El Espíritu Santo vendrá sobre ti, y el poder del Altísimo te cubrirá con su sombra; por lo cual también el Santo Ser que nacerá, será llamado Hijo de Dios. Lucas 1:35* RVR1960

La importancia doctrinal del nacimiento virginal de Jesús

El texto ha establecido claramente que Jesús nació de una virgen como estaba profetizado. Si Él hubiera nacido como resultado de la relación natural entre un hombre y una mujer, entonces hubiera sido completamente humano.

El hecho de que Jesús no tuvo un padre terrenal, indica que viene completamente de Dios (de donde viene Su naturaleza divina), y al ser engendrado en un vientre humano (en María), indica que también tiene una naturaleza humana.

Es decir, Jesucristo es todo Dios y todo hombre a la misma vez.

El Padre nos dio al Hijo por medio de ese nacimiento virginal.

> *Porque de tal manera amó Dios al mundo, que ha dado a su Hijo unigénito, para que todo aquel que en él cree, no se pierda, mas tenga vida eterna. Juan 3:16* RVR1960

> *Pero cuando vino el cumplimiento del tiempo, Dios envió a su Hijo, nacido de mujer y nacido bajo la ley... Gálatas 4:4* RVR1960

Jesús vivió toda la experiencia humana. Sin embargo, por causa del milagro del nacimiento virginal tenemos la certeza de que Él no era solamente hombre, sino el único Dios Hombre.

Algo más que vemos en el nacimiento virginal, es que Jesús al tomar esa naturaleza terrenal, pasa a ser el nuevo Adán.

Nosotros los humanos hemos heredado la naturaleza pecaminosa de nuestro primer padre terrenal, Adán. Sin embargo, Jesús no tuvo un padre terrenal, es decir, no ha sido tocado por el pecado de Adán.

Jesús es así, el nuevo representante de todos los humanos que hemos sido unidos a Él por medio de la fe.

Note que el primer Adán, «es figura del que había de venir» (Romanos 5:14).

Veamos el contraste.

En el primer Adán, todos morimos, en el segundo Adán, todos somos vivificados.

> *Porque así como en Adán todos mueren, también en Cristo todos serán vivificados. 1 Corintios 15:22* RVR1960

El primer Adán es alma viviente (naturaleza humana), el postrer Adán es espíritu vivificante (naturaleza divina).

> *Así también está escrito: Fue hecho el primer hombre Adán alma viviente; el postrer Adán, espíritu vivificante. 1 Corintios 15:45* RVR1960

El nacimiento virginal de Jesús es importante porque nos indica que no es totalmente humano, no ha sido tocado por el pecado en el cual hemos nacido todos los seres terrenales.

Esto es confirmado en el anuncio del ángel.

> *Respondiendo el ángel, le dijo: El Espíritu Santo vendrá sobre ti, y el poder del Altísimo te cubrirá con su sombra; por lo cual también el Santo Ser que nacerá, será llamado Hijo de Dios. Lucas 1:35* RVR1960

Jesús es Santo Ser. Nació Santo. Divinidad está en Él. Sin embargo, pudo vivir y ministrar como humano.

5

JESÚS SOPORTÓ DEBILIDADES Y LIMITACIONES HUMANAS

El Señor tenía cuerpo completamente humano

En muchos pasajes en la Biblia podemos encontrar que Jesús tenía cuerpo humano de la misma manera que nosotros.

Nació como nacen todos los seres humanos.

> *Y dio a luz a su hijo primogénito, y lo envolvió en pañales, y lo acostó en un pesebre, porque no había lugar para ellos en el mesón.* Lucas 2:7 RVR1960

Tuvo una infancia igual que otros niños.

> *Y el niño crecía y se fortalecía, y se llenaba de sabiduría; y la gracia de Dios era sobre él.* Lucas 2:40 RVR1960

Jesús se cansó tanto como nosotros.

> *Y estaba allí el pozo de Jacob. Entonces Jesús, cansado del camino, se sentó así junto al pozo. Era como la hora sexta.* Juan 4:6 RVR1960

Tuvo sed y hambre.

> *Después de esto, sabiendo Jesús que ya todo estaba consumado, dijo, para que la Escritura se cumpliese: Tengo sed.* Juan 19:28 RVR1960

> *Y después de haber ayunado cuarenta días y cuarenta*

> *noches, tuvo hambre. Mateo 4:2* RVR1960

En ocasiones estuvo físicamente débil. Vemos que durante su tentación en el desierto ayunó durante cuarenta días y necesitó de ayuda sobrenatural para poder lograrlo. Dice la Palabra que «vinieron ángeles y le servían» (Mateo 4:11).

Cuando Él iba camino a ser crucificado, se debilitó de tal manera que le era difícil soportar el peso del madero. Los soldados romanos obligaron a Simón de Cirene a llevar la cruz.

> *Y llevándole, tomaron a cierto Simón de Cirene, que venía del campo, y le pusieron encima la cruz para que la llevase tras Jesús. Lucas 23:26* RVR1960

Podemos ver las limitaciones de Jesús en cuanto a Su cuerpo humano cuando murió en la cruz.

> *Entonces Jesús, clamando a gran voz, dijo: Padre, en tus manos encomiendo mi espíritu. Y habiendo dicho esto, expiró. Lucas 23:46* RVR1960

El Hijo del Hombre dejó de tener vida en Él, de la misma manera que lo experimentamos nosotros los humanos cuando fallecemos.

Pero Jesús resucitó de los muertos.

Aunque ya resucitado, todavía tenía un cuerpo físico y humano. Él le muestra esto a Sus discípulos en más de una ocasión.

> *Mirad mis manos y mis pies, que yo mismo soy; palpad, y ved; porque un espíritu no tiene carne ni huesos, como veis que yo tengo. Lucas 24:39* RVR1960

Les muestra que tiene carne y huesos, y puede comer, es decir que no es un espíritu sin cuerpo.

> *Entonces le dieron parte de un pez asado, y un panal de miel. Lucas 24:42* RVR1960

> *Jesús le dijo: No me toques, porque aún no he subido a mi Padre; mas ve a mis hermanos, y diles: Subo a mi Padre y a vuestro Padre, a mi Dios y a vuestro Dios. Juan 20:17* RVR1960

> *Y cuando les hubo dicho esto, les mostró las manos y el costado. Y los discípulos se regocijaron viendo al Señor.* Juan 20:20 RVR1960

> *Luego dijo a Tomás: Pon aquí tu dedo, y mira mis manos; y acerca tu mano, y métela en mi costado; y no seas incrédulo, sino creyente.* Juan 20:27 RVR1960

> *Mirad mis manos y mis pies, que yo mismo soy; palpad, y ved; porque un espíritu no tiene carne ni huesos, como veis que yo tengo.* Lucas 24:39 RVR1960

> *Al descender a tierra, vieron brasas puestas, y un pez encima de ellas, y pan. Vino, pues, Jesús, y tomó el pan y les dio, y asimismo del pescado.* Juan 21:9,13 RVR1960

Con ese cuerpo resucitado, Jesús ascendió.

> *Salí del Padre, y he venido al mundo; otra vez dejo el mundo, y voy al Padre.* Juan 16:28 RVR1960

Es interesante observar que aunque tenía un cuerpo glorificado, no dejaba de ser cuerpo, lo que nos indica que en el cielo tendremos cuerpo y forma. No seremos espíritus volando en las nubes como lo vemos en las películas.

El apóstol Pablo dice que «hay cuerpos celestiales, y cuerpos terrenales» (1 Corintios 15:40). Esto lo estaré tocando más adelante en el libro de Escatología: La doctrina del futuro.

Al Jesús ascender al cielo estaba demostrando la continuidad entre su existencia en un cuerpo terrenal y un cuerpo celestial.

El texto en el libro de Hechos, nos confirma cómo sucedió esta transición.

> *Y habiendo dicho estas cosas, viéndolo ellos, fue alzado, y le recibió una nube que le ocultó de sus ojos.* Hechos 1:9 RVR1960

Jesús tenía una mente humana

No sólo tenía Jesús una mente humana. También creció en Su intelecto.

> *Y Jesús crecía en sabiduría y en estatura, y en gracia para con Dios y los hombres.* Lucas 2:52 RVR1960

El Señor, como humano, estudió y aprendió. Fue educado en la obediencia de Sus padres al igual que otros niños.

> *Y aunque era Hijo, por lo que padeció aprendió la obediencia... Hebreos 5:8* RVR1960

Cuando el texto habla de obediencia, no creo que se refiera directamente a la obediencia que Jesús le tuvo a José y María (aunque es claro que fue bien criado con toda obediencia y buenos modales). Creo que obediencia aquí comprende más. Jesús como humano padeció cuando por obediencia al Padre fue ofrecido como sacrificio perfecto por los pecados del mundo.

> *...y estando en la condición de hombre, se humilló a sí mismo, haciéndose obediente hasta la muerte, y muerte de cruz. Filipenses 2:8* RVR1960

Aunque Jesucristo es completamente Dios, en Su experiencia humana, tuvo limitaciones, inclusive no sabía el día de Su regreso.

> *Pero de aquel día y de la hora nadie sabe, ni aun los ángeles que están en el cielo, ni el Hijo, sino el Padre. Marcos 13:32* RVR1960

Jesús tenía un alma y emociones humanas

Antes de su crucifixión, Jesús dijo: «Ahora está turbada mi alma» (Juan 12:27), lo cual nos deja ver la angustia y el sufrimiento por el cual tuvo que pasar.

Juan escribe un poco más tarde: «Habiendo dicho Jesús esto, se conmovió en espíritu» (Juan 13:21).

La palabra que se traduce en Juan 12:27 como «turbada» viene de la palabra griega «tarassō» que significa «golpear el espíritu de uno con miedo y pavor» o «volverse ansioso o angustiado».[6]

Cuando Jesús se enfrentaba al momento de la crucifixión, al darse cuenta del sufrimiento que le esperaba dijo: «Mi alma está muy triste, hasta la muerte» (Mateo 26:38).

Vemos en Jesús una liga de emociones humanas durante Su ministerio terrenal.

Jesús «se maravilló» de la fe del centurión.

> *Al oírlo Jesús, se maravilló, y dijo a los que le seguían: De cierto os digo, que ni aun en Israel he hallado tanta fe. Mateo 8:10* RVR1960

Lloró por la muerte de Lázaro.

> *Jesús lloró. Juan 11:35* RVR1960

Oró con un corazón lleno de emoción.

> *Y Cristo, en los días de su carne, ofreciendo ruegos y súplicas con gran clamor y lágrimas al que le podía librar de la muerte, fue oído a causa de su temor reverente. Hebreos 5:7* RVR1960

Todos los padecimientos por los que Jesús tuvo que pasar, produjeron en Él fuertes emociones. Aprendió obediencia por ello, y al final, es esa obediencia lo que lo lleva a la cruz, y alcanza eterna salvación para nosotros. Verdaderamente el precio fue muy alto. ¡Gracias Señor! Palabras no son suficientes para agradecer todo lo que has hecho por nosotros.

> *Y aunque era Hijo, por lo que padeció aprendió la obediencia; y habiendo sido perfeccionado, vino a ser autor de eterna salvación para todos los que le obedecen… Hebreos 5:8,9* RVR1960

Podemos también ver que Jesús vivió una vida libre de pecado. Esto lo vemos claramente ante las intensas tentaciones y padecimientos que enfrentó —no sólo en la tentación del desierto, sino a lo largo de toda Su vida y ministerio terrenal.

> *Porque no tenemos un sumo sacerdote que no pueda compadecerse de nuestras debilidades, sino uno que fue tentado en todo según nuestra semejanza, pero sin pecado. Hebreos 4:15* RVR1960

Note que el texto dice: «tentado en todo según nuestra semejanza», es decir, igual que nosotros. Esto debe traernos esperanza y fortaleza cuando somos tentados.

También el hecho de que fue tentado nos muestra que Jesús poseía una genuina naturaleza humana que podía ser tentada.

El Padre no puede ser tentado. Santiago nos dice: «Dios no puede ser tentado por el mal» (Santiago 1:13).

Otras personas trataron a Jesús como un ser humano

Cuando Jesús terminó de contar esas historias e ilustraciones, salió de esa región. Regresó a Nazaret, su pueblo. Cuando enseñó allí en la sinagoga, todos quedaron asombrados, y decían: «¿De dónde saca esa sabiduría y el poder para hacer milagros?». Y se burlaban: «No es más que el hijo del carpintero, y conocemos a María, su madre, y a sus hermanos: Santiago, José, Simón y Judas. Todas sus hermanas viven aquí mismo entre nosotros. ¿Dónde aprendió todas esas cosas?». Se sentían profundamente ofendidos y se negaron a creer en él. Entonces Jesús les dijo: «Un profeta recibe honra en todas partes menos en su propio pueblo y entre su propia familia». Por lo tanto, hizo solamente unos pocos milagros allí debido a la incredulidad de ellos. Mateo 13:53—58 NTV

Note la frase: «No es más que el hijo del carpintero, y conocemos a María, su madre, y a sus hermanos». En otras palabras, «el hijo del carpintero» es a quien ellos veían delante de sus ojos. Un ser humano ordinario como cualquier otro. Al decir: «¿De dónde saca esa sabiduría y el poder para hacer milagros?», es evidente que no veían a Jesús Dios, sino solamente a Jesús Hombre, puesto que un mero ser humano no puede hacer estas maravillas.

6

JESÚS SIN PECADO

A pesar de ser completamente humano no tenía pecado

> *Pues Dios hizo que Cristo, quien nunca pecó, fuera la ofrenda por nuestro pecado, para que nosotros pudiéramos estar en una relación correcta con Dios por medio de Cristo.* 2 Corintios 5:21 NTV

> *Al que no conoció pecado, por nosotros lo hizo pecado, para que nosotros fuésemos hechos justicia de Dios en él.* 2 Corintios 5:21 RVR1960

Esto es algo que hace a Jesús diferente y también único. Aunque era completamente hombre y padeció todo tipo de tentación, jamás pecó.

Jesús puede entender nuestras tentaciones, pruebas, debilidades, aflicciones y padecimientos, porque compartió con nosotros nuestra humanidad, también puede darnos esperanza, certeza y victoria sobre el pecado, porque Él conquistó el pecado.

> *Por tanto, teniendo un gran sumo sacerdote que traspasó los cielos, Jesús el Hijo de Dios, retengamos nuestra profesión. Porque no tenemos un sumo sacerdote que no pueda compadecerse de nuestras debilidades, sino uno que fue tentado en todo según nuestra semejanza, pero sin pecado. Acerquémonos, pues, confiadamente al trono de la gracia, para alcanzar misericordia y hallar gracia para el oportuno socorro.* Hebreos 4:14—16 RVR1960

Él es el Cordero sin mancha y sin contaminación.

> ...sino con la sangre preciosa de Cristo, como de un cordero sin mancha y sin contaminación... 1 Pedro 1:19 *RVR1960*

Jesús es completamente Santo y Justo.

> *Mas vosotros negasteis al Santo y al Justo, y pedisteis que se os diese un homicida... Hechos 3:14* RVR1960

> *...mientras extiendes tu mano para que se hagan sanidades y señales y prodigios mediante el nombre de tu santo Hijo Jesús. Hechos 4:30* RVR1960

> *¿A cuál de los profetas no persiguieron vuestros padres? Y mataron a los que anunciaron de antemano la venida del Justo, de quien vosotros ahora habéis sido entregadores y matadores... Hechos 7:52* RVR1960

> *Por eso dice también en otro salmo: No permitirás que tu Santo vea corrupción... Hechos 13:35* RVR1960

7

LO QUE LA DOCTRINA DE LA DEIDAD DE CRISTO PRODUCE EN EL CREYENTE

¿Cómo nos ayuda como ministros de Cristo, conocer esta doctrina?

¿Qué produce en nosotros?

Ante todo, conocer la doctrina de la Deidad de Cristo, produce en nosotros adoración. Adoramos a Jesucristo como Dios Hombre.

Atanasio[7] dijo:

> «En resumen, tales y tantos son los logros del Salvador que se derivan de Su Encarnación, que tratar de enumerarlos es como mirar el mar abierto y tratar de contar las olas. Uno no puede ver todas las olas con los ojos, porque cuando uno trata de hacerlo, las que están siguiendo desconciertan los sentidos».[8]

La humanidad completa de Jesús nos permite:

Adorar a Jesucristo, el segundo Adán

El primer Adán representa la desobediencia. Jesús por el contrario representa la obediencia. Por el primer Adán entró el pecado y por el pecado la muerte. El postrer Adán vivió sin pecado y vino a darnos vida.

> *Así que, como por la transgresión de uno vino la condenación a todos los hombres, de la misma manera por la justicia de uno vino a todos los hombres la justificación de vida. Porque así como por la desobediencia de un hombre los muchos fueron constituidos pecadores, así también por la obediencia*

de uno, los muchos serán constituidos justos. **Romanos 5:18,19** RVR1960

Así también está escrito: Fue hecho el primer hombre Adán alma viviente; el postrer Adán, espíritu vivificante. **1 Corintios 15:45** RVR1960

Adorar a Jesucristo, nuestro sacrificio sustitutorio

Jesús tuvo que ser hombre para poder morir en nuestro lugar, y haber pagado el castigo que nosotros merecíamos. Él se hizo hombre y tomó nuestro lugar, es decir, nos sustituyó. Es nuestro sacrificio sustitutorio.

Así que, por cuanto los hijos participaron de carne y sangre, él también participó de lo mismo, para destruir por medio de la muerte al que tenía el imperio de la muerte, esto es, al diablo, y librar a todos los que por el temor de la muerte estaban durante toda la vida sujetos a servidumbre. Porque ciertamente no socorrió a los ángeles, sino que socorrió a la descendencia de Abraham. Por lo cual debía ser en todo semejante a sus hermanos, para venir a ser misericordioso y fiel sumo sacerdote en lo que a Dios se refiere, para expiar los pecados del pueblo. **Hebreos 2:14—17** RVR1960

Adorar a Jesucristo, el único mediador entre Dios y los hombres

Necesitábamos un intercesor entre Dios y nosotros. Alguien que nos conectara de regreso con Dios.

Como seres humanos pecadores, teníamos la necesidad de un mediador que nos representara ante el Padre. Sólo Jesús poseía todas las calificaciones para ser esa persona.

Porque hay un solo Dios, y un solo mediador entre Dios y los hombres, Jesucristo hombre... **1 Timoteo 2:5** RVR1960

Adorar a Jesucristo, nuestro ejemplo perfecto

Tengamos el «mismo sentir» que hubo en Jesús.

Haya, pues, en vosotros este sentir que hubo también en Cristo Jesús, el cual, siendo en forma de Dios, no estimó el ser igual a Dios como cosa a que aferrarse, sino que se despojó a sí mismo, tomando forma de siervo, hecho

> *semejante a los hombres; y estando en la condición de hombre, se humilló a sí mismo, haciéndose obediente hasta la muerte, y muerte de cruz. Por lo cual Dios también le exaltó hasta lo sumo, y le dio un nombre que es sobre todo nombre, para que en el nombre de Jesús se doble toda rodilla de los que están en los cielos, y en la tierra, y debajo de la tierra; y toda lengua confiese que Jesucristo es el Señor, para gloria de Dios Padre. Filipenses 2:5—11* RVR1960

Él nos dejó el ejemplo a seguir. Sed imitadores.

> *Pues para esto fuisteis llamados; porque también Cristo padeció por nosotros, dejándonos ejemplo, para que sigáis sus pisadas… 1 Pedro 2:21* RVR1960

> *Sed, pues, imitadores de Dios como hijos amados. Efesios 5:1* RVR1960

Es en Jesús en quien debemos poner nuestros ojos.

> *…puestos los ojos en Jesús, el autor y consumador de la fe, el cual por el gozo puesto delante de él sufrió la cruz, menospreciando el oprobio, y se sentó a la diestra del trono de Dios. Hebreos 12:2* RVR1960

Es cierto que como líderes, le somos de ejemplo a otros. De hecho, otros nos imitan y esto es una gran responsabilidad. Sin embargo, si alguien sigue nuestro ejemplo es porque nosotros seguimos el ejemplo de Cristo. Debemos como ministros siempre dirigir a todos hacia Él. Él es el Hombre perfecto.

Aún Pablo lo deja muy claro. Él dice: «Sed imitadores de mí, así como yo de Cristo» (1 Corintios 11:1).

Note como Pablo —quien es un buen ejemplo de ministro, alguien que fue perseguido y predicó con integridad y conducta intachable— nos guía a Cristo.

Habrá buenos ministros, con buena conducta y buen testimonio, pero al final, nuestros ojos deben estar puestos en Jesús.

Al Jesús hacerse hombre también pasó a ser nuestro ejemplo. Él es nuestro modelo en la vida. Un discípulo es un seguidor de Cristo. Nuestro objetivo debe ser, asemejarnos a Cristo todos nuestros días de esta vida, y servirle a Él, y a nuestros semejantes, con amor y compasión.

Adorar a Jesucristo, nuestro sumo sacerdote compasivo

Como ya dije anteriormente, Jesús puede entender nuestras tentaciones, pruebas, debilidades, aflicciones y padecimientos, porque compartió con nosotros nuestra humanidad.

> *Pues en cuanto él mismo padeció siendo tentado, es poderoso para socorrer a los que son tentados.* Hebreos 2:18 RVR1960

> *Porque no tenemos un sumo sacerdote que no pueda compadecerse de nuestras debilidades, sino uno que fue tentado en todo según nuestra semejanza, pero sin pecado. Acerquémonos, pues, confiadamente al trono de la gracia, para alcanzar misericordia y hallar gracia para el oportuno socorro.* Hebreos 4:15—16 RVR1960

Adorar a Jesucristo, el Primogénito de entre los muertos

Si Jesús no se hubiera hecho hombre, no hubiera podido ser «el primogénito de entre los muertos» (Col. 1:18). No tendríamos referencia en cuanto a cómo serían nuestros futuros cuerpos.

Todavía —en el presente— tenemos un cuerpo terrenal como el de el primer Adán, pero tendremos uno como el de Cristo (el postrer Adán).

> *Y así como hemos traído la imagen del terrenal, traeremos también la imagen del celestial.* 1 Corintios 15:49 RVR1960

Adorar a Jesucristo, el Dios Hombre para siempre

> *Mirad mis manos y mis pies, que yo mismo soy; palpad, y ved; porque un espíritu no tiene carne ni huesos, como veis que yo tengo.* Lucas 24:39 RVR1960

> *...los cuales también les dijeron: Varones galileos, ¿por qué estáis mirando al cielo? Este mismo Jesús, que ha sido tomado de vosotros al cielo, así vendrá como le habéis visto ir al cielo.* Hechos 1:11 RVR1960

Muchos piensan que Jesús participó de sangre y carne temporalmente. Que al ser levantado abandonó todo lo que corresponde a esta morada terrenal que es el cuerpo. Nada pudiera estar más lejos de la verdad. No fue una transacción temporal. Su naturaleza divina se entrelazó permanentemente con Su naturaleza humana.

Jesús es eternamente el Hijo de Dios Padre, y a la vez, el Hombre que nació de María, que a la vez es el Cristo, el Mesías y el amado Salvador de todos nosotros.

Su doble naturaleza es para siempre. Claro que después de la resurrección con un cuerpo glorificado o como diría Pablo «cuerpo celestial».

Así seremos nosotros también en la Nueva Jerusalén. En el cielo, no seremos espíritus flotando, semitransparentes, sin cuerpo. No.

Cuando dejemos este cuerpo de humillación, entraremos en nuestra morada celestial que es nuestro cuerpo perfecto. Conoceremos como fuimos conocidos, y Jesús, nuestro Señor por la eternidad será identificable, con forma y reconocible. Para siempre Dios Hombre.

Hablaré más de esto en Escatología, pero aquí le comparto unos textos para reflexionar en ello.

> *Y hay cuerpos celestiales, y cuerpos terrenales; pero una es la gloria de los celestiales, y otra la de los terrenales. 1 Corintios 15:40* RVR1960

> *Porque sabemos que si nuestra morada terrestre, este tabernáculo, se deshiciere, tenemos de Dios un edificio, una casa no hecha de manos, eterna, en los cielos. 2 Corintios 5:1* RVR1960

> *Porque asimismo los que estamos en este tabernáculo gemimos con angustia; porque no quisiéramos ser desnudados, sino revestidos, para que lo mortal sea absorbido por la vida. 2 Corintios 5:4* RVR1960

> *Porque si fuimos plantados juntamente con él en la semejanza de su muerte, así también lo seremos en la de su resurrección… Romanos 6:5* RVR1960

> *…y en medio de los siete candeleros, a uno semejante al Hijo del Hombre, vestido de una ropa que llegaba hasta los pies, y ceñido por el pecho con un cinto de oro. Su cabeza y sus cabellos eran blancos como blanca lana, como nieve; sus ojos como llama de fuego; y sus pies semejantes al bronce bruñido,*

refulgente como en un horno; y su voz como estruendo de muchas aguas. Tenía en su diestra siete estrellas; de su boca salía una espada aguda de dos filos; y su rostro era como el sol cuando resplandece en su fuerza.
Cuando le vi, caí como muerto a sus pies. Y él puso su diestra sobre mí, diciéndome: No temas; yo soy el primero y el último... Apocalipsis 1:13—17 RVR1960

PNEUMATOLOGÍA: LA DOCTRINA DEL ESPÍRITU SANTO

Mas el Consolador, el Espíritu Santo, a quien el Padre enviará en mi nombre, él os enseñará todas las cosas, y os recordará todo lo que yo os he dicho.
Jn 14:26 RVR1960

PARTE 1
LA PERSONA DEL ESPÍRITU SANTO

INTRODUCCIÓN

¿Por qué es importante estudiar la persona del Espíritu Santo?

Los que seguimos a Cristo y creemos que la Biblia es la Palabra de Dios somos monoteístas. Los que clasifican al cristianismo como una religión, lo cuentan entre las religiones monoteístas. Esto significa que adoramos a un solo Dios.

Existen otras religiones monoteístas como el judaismo y el islam[1], también conocidas como religiones abrahámicas[2], aunque con teologías muy diferentes[3].

Si el concepto de monoteísmo reposa en la doctrina de «un solo Dios», entonces parecería una contradicción cuando hablamos de la Trinidad. Dios Padre, Dios Hijo y Dios Espíritu Santo.

De hecho, por años, teólogos en estos otros campos han argumentado contra el cristianismo, diciendo que no es realmente monoteísta.

Sin embargo, la doctrina de la Trinidad, no dice que haya tres Dioses, por el contrario, la Palabra de Dios es clara en que existe un solo Dios, en tres personas, pero sin dejar de ser uno.

Esto es importante y lo tenemos presente durante esta serie, tocándolo en varias correspondientes instancias, sin embargo ahora hablaremos de la persona del Espíritu Santo, de la misma manera que antes hablamos del Padre en Paterología y del Hijo en Cristología.

Hay sectas que enseñan que el Espíritu Santo es una fuerza y no una persona. De igual manera que enseñan que Jesús es «un» hijo de Dios, y no «el» Hijo de Dios, que viene de Dios y es Dios. En otras palabras, pasan por alto todo lo que aprendimos sobre la Deidad de Cristo en el tomo de Cristología.

El Espíritu Santo no es una fuerza. Es una persona. Es la tercera persona de la Trinidad. Está en perfecta unidad con el Padre y el Hijo, siendo uno, no solamente en unidad, pero también en importancia.

Estudiemos la persona del Espíritu Santo.

1

EL ESPÍRITU SANTO ES UNA PERSONA

¿Qué significa esto?

No estamos diciendo que el Espíritu Santo es un humano con cuerpo. En realidad la única persona de la Deidad que se hizo carne, es Jesucristo.

El Espíritu Santo no se hizo carne, sin embargo debemos afirmar que Él tiene subsistencia personal. Es un ser viviente, inteligente, con voluntad, y con entendimiento.

El Espíritu Santo es uno con el Padre y uno con el Hijo, sin embargo, existe una distinción entre los tres.

Una distinción entre el Espíritu Santo y el Padre, es que el Espíritu intercede por nosotros en oración (Romanos 8:27). Esto indica una distinción. Al Padre es a quien se le pide. Es quien recibe la intercesión.

> *Mas el que escudriña los corazones sabe cuál es la intención del Espíritu, porque conforme a la voluntad de Dios intercede por los santos. Romanos 8:27* RVR1960

Esto lo hace diferente a la falsa doctrina del «modalismo»[4].

Esta doctrina, afirma que Dios no es realmente tres personas distintivas. Dice que Dios es una sola persona que se manifiesta en tres modos.

Esta errónea doctrina dice que Dios se manifestó en el Antiguo Testamento como el Padre, en los Evangelios como Hijo, y después del Pentecostés, se manifestó como el Espíritu.

Al igual que otras doctrinas falsas, el modalismo trata de hacer que el misterio de la Trinidad sea completamente comprensible. En otras palabras, trata de dar una explicación humana o lógica a algo que es totalmente sobrenatural.

Es el error que podemos cometer cuando intentamos explicar las cosas de Dios que están por encima de nuestros pensamientos.

Recuerda, Él dice:

> *Como son más altos los cielos que la tierra, así son mis caminos más altos que vuestros caminos, y mis pensamientos más que vuestros pensamientos. Isaías 55:9* RVR1960

Este argumento se deshace fácilmente, por el hecho de las muchas veces que vemos a miembros de la Trinidad interactuando entre Sí. A veces vemos a Jesús orando al Padre o el Espíritu descender sobre el Hijo.

El error de llamar al Espíritu Santo una influencia, energía o esencia, existe desde muy temprano en la historia de la iglesia.

Los hombres han cuestionado el lugar del Espíritu Santo en la Trinidad por siglos.

Por eso, es importante que estudiemos la doctrina del Espíritu Santo como persona —con una identidad definida y separada.

Entonces, veamos tres verdades bíblicas que nos aseguran que el Espíritu Santo es una persona, al igual que Dios Padre y Dios Hijo.

Veamos estas tres verdades.

1. Pronombres personales

El uso de pronombres personales al referirnos al Espíritu Santo y las declaraciones que Él hace de Sí mismo en primera persona, nos indican que es una persona.

> *Y mientras Pedro pensaba en la visión, le dijo el Espíritu: He aquí, tres hombres te buscan. Levántate, pues, y desciende y no dudes de ir con ellos, porque yo los he enviado.* Hechos 10:19,20 RVR1960

Podemos ver a Jesús y a los apóstoles referirse al Espíritu Santo, con el pronombre personal: el.

Y mientras Pedro pensaba en la visión, le dijo «el» Espíritu…

Si no es una persona, y es solamente una fuerza, no usaría el pronombre.

Y es individual, porque no dice «un» espíritu, sino «el» Espíritu. Ver también que los traductores lo traducen con mayúscula.

2. Propiedades personales

También sabemos que el Espíritu Santo es una persona porque vemos las propiedades personales que se le atribuyen, como lo son, comprensión, sabiduría, voluntad y poder.

> *Pero todas estas cosas las hace uno y el mismo Espíritu, repartiendo a cada uno en particular como él quiere.* 1 Corintios 12:11 RVR1960

En el texto anterior vemos que el Espíritu Santo tiene Su voluntad propia al repartir (dones) como Él quiere.

En el capítulo 14 de Juan, Jesús le llama *el Consolador*.

> *Mas el Consolador, el Espíritu Santo, a quien el Padre enviará en mi nombre, él os enseñará todas las cosas, y os recordará todo lo que yo os he dicho.* Juan 14:26 RVR1960

> *Pero yo os digo la verdad: Os conviene que yo me vaya; porque si no me fuera, el Consolador no vendría a vosotros;*

mas si me fuere, os lo enviaré. Juan 16:7 RVR1960

Es bueno destacar que en Juan 14:26 dice: «a quien el Padre enviará» y en Juan 16:7 dice: «os lo enviaré». En otras palabras, es enviado tanto por Jesús, como por el Padre, confirmando otra vez la Deidad de Jesús y la unidad dentro de la Trinidad.

Otra cosa. Jesús no dice: «os enviaré consuelo» sino al «Consolador» quien es una persona.

Vemos además muchas características personales en el Espíritu Santo. Él está involucrado en actividades personales.

El Espíritu Santo, nos enseña, nos consuela, nos aconseja, y nos ayuda continuamente. Puede entristecerse, a Él se le puede mentir y se puede blasfemar contra Él. Una fuerza o energía no puede poseer estas características, porque estas son parte de la personalidad.

Vemos en estas cosas, la definida personalidad e identidad distintiva del Espíritu Santo.

Decir que el Espíritu Santo es una fuerza o energía es una mala exégesis.

Esto es importante, porque no podríamos tener una relación personal con una fuerza o energía, pero sí con una persona.

No podemos ser guiados por una energía o fuerza, pero sí por una persona. Es decir, que podemos tener una relación con el Espíritu Santo.

Entraré más en detalles cuando estudiemos la obra del Espíritu, más adelante.

2

EL ESPÍRITU SANTO ES DIOS

Los textos bíblicos demuestran que el Espíritu Santo es Dios.

1. La Biblia lo identifica como Dios

> *Pero cierto hombre llamado Ananías, con Safira su mujer, vendió una heredad, y sustrajo del precio, sabiéndolo también su mujer; y trayendo sólo una parte, la puso a los pies de los apóstoles. Y dijo Pedro: Ananías, ¿por qué llenó Satanás tu corazón para que mintieses al Espíritu Santo, y sustrajeses del precio de la heredad? Reteniéndola, ¿no se te quedaba a ti? y vendida, ¿no estaba en tu poder? ¿Por qué pusiste esto en tu corazón? No has mentido a los hombres, sino a Dios. Hechos 5:1—4* RVR1960

Cuando Ananías mintió al Espíritu Santo, en realidad estaba mintiendo a Dios.

> *v.3 ¿por qué llenó Satanás tu corazón para que mintieses al Espíritu Santo…?*

> *v.4 No has mentido a los hombres, sino a Dios.*

Es evidente que mentirle al Espíritu significa mentirle a Dios. Esto es porque el Espíritu Santo es Dios.

2. Atributos divinos

Para poder afirmar que el Espíritu Santo es Dios completamente, es necesario que tengamos evidencias de que Él posee atributos divinos.

La evidencias existen por toda la Escritura. Veamos algunos textos.

El Espíritu Santo es eterno

¿cuánto más la sangre de Cristo, el cual mediante el Espíritu eterno se ofreció a sí mismo sin mancha a Dios, limpiará vuestras conciencias de obras muertas para que sirváis al Dios vivo? Hebreos 9:14 RVR1960

El Espíritu Santo es omnipresente

¿A dónde me iré de tu Espíritu? ¿Y a dónde huiré de tu presencia? Si subiere a los cielos, allí estás tú; Y si en el Seol hiciere mi estrado, he aquí, allí tú estás. Si tomare las alas del alba Y habitare en el extremo del mar, Aun allí me guiará tu mano, Y me asirá tu diestra. Salmos 139:7—10 RVR1960

El Espíritu Santo es omnisciente

Pero Dios nos las reveló a nosotros por el Espíritu; porque el Espíritu todo lo escudriña, aun lo profundo de Dios. Porque ¿quién de los hombres sabe las cosas del hombre, sino el espíritu del hombre que está en él? Así tampoco nadie conoció las cosas de Dios, sino el Espíritu de Dios. 1 Corintios 2:10,11 RVR1960

Dios Espíritu Santo es personal, se especializa en relacionarse.

Posee recursos divinos, conocimiento divino y presencia divina. Podemos conocerle de cerca y tener una relación personal con Él, pues es el Espíritu de Dios mismo que ha sido enviado a nosotros para guiarnos, enseñarnos, consolarnos.

3. Igual al Padre y al Hijo en importancia y distintivo en Su obra

En los pasajes que nos dan evidencia de la Trinidad en el Nuevo Testamento, vemos al Espíritu Santo como igual al Padre y al Hijo, y a la vez se distingue del Padre y del Hijo. Veamos.

La palabra «Trinidad» no aparece en la Biblia, y algunos usan esta excusa para atacar la doctrina, de la misma manera que la palabra «Biblia» no está en los textos, o la palabra «rapto». Es un término que la Iglesia comenzó a usar más tarde para facilitar el estudio de la doctrina.

De cierto, es una palabra útil para el estudio. Esta palabra reúne en sí, todo lo que los textos dicen sobre la dinámica dentro de la Deidad.

Podemos decir que esta doctrina hace un resumen de todos los conceptos bíblicos que ya están establecidos.

Para resumir esta doctrina en pocas palabras, podemos decir que:

1. Existe un solo Dios
2. El Padre, el Hijo y el Espíritu son personas distintas
3. El Padre, el Hijo y el Espíritu son cada uno de ellos completamente Dios

Entonces, para responder los argumentos de otras religiones monoteístas (judaísmo, islam), la teología cristiana demuestra que hay un solo Dios, que existe en tres personas.

¿Se pudiera explicar esto razonablemente?

Sí y no.

Sí. Se pudiera explicar porque sabiendo el poder ilimitado de Dios, sabemos que para Él nada es imposible. El Dios que creó las leyes físicas, está por encima de ellas. Para la mente espiritual esta doctrina es razonable. Nada es contradictorio.

Note que dije para la mente espiritual.

> *Pero el hombre natural no percibe las cosas que son del Espíritu de Dios, porque para él son locura, y no las puede entender, porque se han de discernir espiritualmente. 1 Corintios 2:14* RVR1960

No. Porque el «hombre natural» que no percibe las cosas que son del Espíritu de Dios, no podrá explicar esta doctrina simplemente por el uso de la razón.

Claro que es un misterio que sólo con la llave de la fe se puede discernir y aceptar.

La naturaleza, no nos da analogías. Tampoco en la naturaleza espiritual del hombre, quien está hecho a imagen de Dios[5].

Veámos algunos de los pasajes trinitarios claves en el Nuevo Testamento:

> *Y Jesús, después que fue bautizado, subió luego del agua; y he aquí los cielos le fueron abiertos, y vio al Espíritu de Dios que descendía como paloma, y venía sobre él. Y hubo una voz desde los cielos, que decía: Este es mi hijo amado, en quien tengo complacencia. Mateo 3:16,17* RVR1960

En el texto anterior, vemos los distintos papeles que juegan las tres personas de la Deidad.

El Padre habla desde el cielo, el Hijo es bautizado, y el Espíritu desciende del cielo sobre el Hijo como paloma.

En otros textos vemos que el Padre a veces trata con el hombre a través del Hijo, por medio del Espíritu.

> *...porque por medio de él los unos y los otros tenemos entrada por un mismo Espíritu al Padre. Efesios 2:18* RVR1960

> *Por tanto, id, y haced discípulos a todas las naciones, bautizándolos en el nombre del Padre, y del Hijo, y del Espíritu Santo... Mateo 28:19* RVR1960

Note que «nombre» aparece en singular.

Jesús no ordena a los discípulos bautizar en tres «nombres». Sólo en un nombre. Dice que se haga, en el nombre del Padre, y del Hijo y del Espíritu Santo —que es una persona.

El Espíritu Santo, es completamente Dios. No es un tercio de Dios. Es completamente Dios.

El Espíritu Santo también existe eternamente junto con el Padre y el Hijo.

3

RELACIÓN ENTRE DIOS HIJO Y DIOS ESPÍRITU

Jesús sabiendo que al próximo día sería crucificado, ¿qué tema de importancia escogería para enseñar a Sus discípulos en esa última noche?

En Juan, capítulos 14 al 16, vemos cómo Jesús les enseña «quién es el Espíritu Santo».

Es importantísimo que entendamos el versículo 7 del capítulo 16.

> *Pero yo os digo la verdad: Os conviene que yo me vaya; porque si no me fuera, el Consolador no vendría a vosotros; mas si me fuere, os lo enviaré. Juan 16:7* RVR1960

¿Por qué es tan importante que Él se vaya?

Jesús lo había dicho en el capítulo anterior.

> *Pero cuando venga el Consolador, a quien yo os enviaré del Padre, el Espíritu de verdad, el cual procede del Padre, él dará testimonio acerca de mí. Y vosotros daréis testimonio también, porque habéis estado conmigo desde el principio. Juan 15:26,27* RVR1960

Hay dos verdades muy importantes en ese texto. Los discípulos tenían la tarea de «dar testimonio» de Jesús, y ese testimonio acerca de Jesús es entregado por medio del Espíritu Santo. En otras palabras, el Espíritu Santo les dará lo que van a decir.

> *Pero cuando os entreguen, no os preocupéis de cómo o qué hablaréis; porque a esa hora se os dará lo que habréis de hablar. Mateo 10:19* LBLA

Importante la última frase en Juan 15:27... «porque habéis estado conmigo desde el principio».

Cuando estudiamos las reglas del canon en esta serie vimos que una de las reglas era la apostolicidad.

Apostolicidad significa que para que un libro fuera aceptado para estar dentro de la Biblia, el libro «tenía que ser escrito por un apóstol o estar asociado con uno. Esto significa que, si hemos de aceptar los cuatro Evangelios como canónicos, algún apóstol o acompañante de apóstol debió ser el autor»[6].

Que tremendo que el Señor mismo había establecido esto entre los encargos dados a Sus discípulos. Por eso vemos esta rigurosa regla aplicada cuando iban a elegir quien tomaría el lugar de Judas.

> *Es necesario, pues, que de estos hombres que han estado juntos con nosotros todo el tiempo que el Señor Jesús entraba y salía entre nosotros, comenzando desde el bautismo de Juan hasta el día en que de entre nosotros fue recibido arriba, uno sea hecho testigo con nosotros, de su resurrección. Hechos 1:21,22* RVR1960

Esto desacredita a todos los que se auto-titulan «apóstoles» hoy en día. Ninguno ha estado con el Señor.

Regresando al testimonio del Espíritu Santo, vemos que es Él quien ha de dar a los Apóstoles del Señor lo que testificarían acerca de Él.

Como resultado de esto, tenemos ahora la palabra más segura. Los textos sagrados.

Basilio de Cesarea[7], que fue uno de los padres de la iglesia primitiva, refiriéndose a la relación entre Jesús y el Espíritu Santo dijo: «compañero inseparable de Cristo... todo el trabajo de Cristo se desarrollaba en la presencia del Espíritu Santo».

El Espíritu y el Hijo en perfecta comunión desde la eternidad pasada

Jesús fue concebido en la virgen María, por el Espíritu Santo.

> *Respondiendo el ángel, le dijo: El Espíritu Santo vendrá sobre ti, y el poder del Altísimo te cubrirá con su sombra; por lo cual también el Santo Ser que nacerá, será llamado Hijo de Dios. Lucas 1:35* RVR1960

El Espíritu estaba guiando, fortaleciendo y dando a conocer a Jesús, durante el bautismo, las tentaciones, los milagros y las enseñanzas.

> *Jesús, lleno del Espíritu Santo, volvió del Jordán, y fue llevado por el Espíritu al desierto... Lucas 4:1* RVR1960

> *Pero si yo por el Espíritu de Dios echo fuera los demonios, ciertamente ha llegado a vosotros el reino de Dios. Mateo 12:28* RVR1960

El Espíritu estaba presente en la muerte, resurrección y ascensión de Cristo.

> *¿cuánto más la sangre de Cristo, el cual mediante el Espíritu eterno se ofreció a sí mismo sin mancha a Dios, limpiará vuestras conciencias de obras muertas para que sirváis al Dios vivo? Hebreos 9:14* RVR1960

> *Porque somos sepultados juntamente con él para muerte por el bautismo, a fin de que como Cristo resucitó de los muertos por la gloria del Padre, así también nosotros andemos en vida nueva. Romanos 6:4* RVR1960

De la misma manera que el Espíritu Santo ha sido el compañero constante de Jesús durante Su ministerio terrenal, también es el testigo perfecto para dar a conocer a Cristo.

En resumen. Jesús nos revela algo de la eternidad pasada en la relación Padre, Hijo y Espíritu Santo.

> *Padre, aquellos que me has dado, quiero que donde yo estoy, también ellos estén conmigo, para que vean mi gloria que me has dado; porque me has amado desde antes de la fundación del mundo. Juan 17:24* RVR1960

De la misma manera que el amor del Padre se ha mostrado en el Hijo, así Jesús intercede que sea mostrado en nosotros, Sus seguidores.

Y ese amor se muestra verdaderamente en nosotros, pues hemos sido adaptados y es el Espíritu (con mayúscula) quien nos da testimonio de ello.

> *Pues no habéis recibido el espíritu de esclavitud para estar otra vez en temor, sino que habéis recibido el espíritu de adopción, por el cual clamamos: ¡Abba, Padre! El Espíritu mismo da testimonio a nuestro espíritu, de que somos hijos de Dios. Romanos 8:15,16* RVR1960

En la NTV los traductores en lugar de usar la frase «da testimonio», lo traducen «para confirmar» que somos hijos de Dios.

> *Y ustedes no han recibido un espíritu que los esclavice al miedo. En cambio, recibieron el Espíritu de Dios cuando él los adoptó como sus propios hijos. Ahora lo llamamos «Abba, Padre». Pues su Espíritu se une a nuestro espíritu para confirmar que somos hijos de Dios. Romanos 8:15,16* NTV

En otras palabras, es el Espíritu Santo quien nos confirma que somos hijos de Dios. Es Él quien confirma nuestra salvación eterna. ¡Gloria a Dios!

Ya hemos estudiado sobre la persona del Espíritu Santo. Es mi oración que podamos conocerle mejor a medida que comenzamos a estudiar la obra del Espíritu Santo.

PARTE 2
LA OBRA DEL ESPÍRITU SANTO

4

DESDE EL COMIENZO

El Espíritu Santo a pesar de ser Dios, desarrolla un papel muy individual en el magno trabajo de la Deidad en todo lo que tiene que ver con todo lo creado.

Desde el principio de la creación vemos al Espíritu Santo ocupado en la obra de creación. Aunque la palabra dice claramente que por Cristo fueron hechas todas las cosas, la obra de Dios Espíritu está ahí desde el principio.

> *Y la tierra estaba desordenada y vacía, y las tinieblas estaban sobre la faz del abismo, y el Espíritu de Dios se movía sobre la faz de las aguas. Génesis 1:2* RVR1960

La NTV dice:

> *La tierra no tenía forma y estaba vacía, y la oscuridad cubría las aguas profundas; y el Espíritu de Dios se movía en el aire sobre la superficie de las aguas. Génesis 1:2* NTV

La palabra «movía» viene de la palabra hebrea que se pronunciaría «rakjáf» que significa «empollar»[8]. Esta palabra también se puede traducir «incubar»[9]. Como la gallina que está incubando o echada sobre sus huevos mientras dentro de estos se están formando los polluelos.

Esto nos da una idea de la labor del Espíritu Santo en la creación. Y, como dije antes, el texto nos dice que por Jesús fueron hechas todas las cosas.

> *En el principio era el Verbo, y el Verbo era con Dios, y el Verbo era Dios.*

> *Este era en el principio con Dios. Todas las cosas por él fueron hechas, y sin él nada de lo que ha sido hecho, fue hecho. Juan 1:1—3* RVR1960

Ahí vemos a la Trinidad trabajando en la obra de la creación. Dios Padre (Gen 1:1), Dios Hijo (Juan 1:1—3) y Dios Espíritu (Gen 1:2).

El teólogo reformado Anthony Hoekema[10] hablando del Espíritu Santo, dice que Este: «completa el plan del Padre, por medio de la aplicación de la Palabra y los beneficios del Hijo, obrando sobre y en la creación».

Vemos este trabajo entrelazado dentro de la dinámica de la Trinidad y aunque vemos diferencia en cuanto a los papeles que juega cada persona del Dios Trino, el Padre, el Hijo y el Espíritu no laboran independientemente.

Contrario a esto, están ejecutando el plan de Dios —que es uno sólo.

Veamos esto en los siguientes textos.

> *Pero cuando venga el Consolador, a quien yo os enviaré del Padre, el Espíritu de verdad, el cual procede del Padre, él dará testimonio acerca de mí. Juan 15:26* RVR1960

Es un Dios en tres personas, y cada actividad representa un trabajo unificado.

Algo importante que debemos señalar es que la obra del Espíritu es centrada en Jesús.

> *En cuanto a nuestra salvación y santificación, el papel principal del Espíritu Santo es hacernos uno con Cristo.*

El Espíritu Santo nos une a Cristo, y nos hace partícipes de todos los beneficios de esa unión —regeneración, adopción, contentamiento.

Creo que es por esta unión que es llamado: Espíritu de Cristo.

> *Mas vosotros no vivís según la carne, sino según el Espíritu, si es que el Espíritu de Dios mora en vosotros. Y si alguno no tiene el Espíritu de Cristo, no es de él. Romanos 8:9* RVR1960

> *...escudriñando qué persona y qué tiempo indicaba el Espíritu de Cristo*

> *que estaba en ellos, el cual anunciaba de antemano los sufrimientos de Cristo, y las glorias que vendrían tras ellos. 1 Pedro 1:11* RVR1960

Espíritu del Hijo de Dios.

> *Y por cuanto sois hijos, Dios envió a vuestros corazones el Espíritu de su Hijo, el cual clama: ¡Abba, Padre! Gálatas 4:6* RVR1960

Evidentemente, tener al Espíritu Santo es tener a Cristo.

> *Mas vosotros no vivís según la carne, sino según el Espíritu, si es que el Espíritu de Dios mora en vosotros. Y si alguno no tiene el Espíritu de Cristo, no es de él. Pero si Cristo está en vosotros, el cuerpo en verdad está muerto a causa del pecado, mas el espíritu vive a causa de la justicia. Y si el Espíritu de aquel que levantó de los muertos a Jesús mora en vosotros, el que levantó de los muertos a Cristo Jesús vivificará también vuestros cuerpos mortales por su Espíritu que mora en vosotros. Romanos 8:9-11* RVR1960

Entonces, debemos entender que todo lo que concierne al Espíritu Santo debe ser visto en un contexto Trinitario y Cristológico. Si no es así, entonces en lugar de honrar al Espíritu, lo estaremos deshonrando.

En otras palabras, cualquier otro contexto no sería bíblico.

5

SU OBRA EN EL ANTIGUO TESTAMENTO

Hablamos de la labor del Espíritu Santo en la creación.

Quisiera que veamos la obra del Espíritu Santo en todo el Antiguo Testamento. Citaré de nuevo el texto ya mencionado, pero observaremos otros detalles que no mencioné antes.

> *En el principio creó Dios los cielos y la tierra. Y la tierra estaba desordenada y vacía, y las tinieblas estaban sobre la faz del abismo, y el Espíritu de Dios se movía sobre la faz de las aguas. Y dijo Dios: Sea la luz; y fue la luz. Génesis 1:1-3* RVR1960

Observemos lo siguiente:

En el relato de la creación, cuando Dios dice: «Sea la luz», esto se hace realidad por el poder de Su Espíritu. En otras palabras, Dios crea por Su Palabra —Jesús (Juan 1:1)— a través de Su Espíritu.

Todo fue hecho por la Palabra (Jesús)...

> *Porque en él fueron creadas todas las cosas, las que hay en los cielos y las que hay en la tierra, visibles e invisibles; sean tronos, sean dominios, sean principados, sean potestades; todo fue creado por medio de él y para él. Colosenses 1:16* RVR1960

Sin embargo quien hizo la obra de incubar (como dije antes) fue el Espíritu Santo. Él fue el agente activo en el trabajo de creación. «En el principio... el

Espíritu de Dios se movía (incubaba o empollaba) sobre la faz de las aguas» (Génesis 1:2).

Entonces vemos que el Espíritu lleva a cabo la voluntad de Dios Padre trayendo orden del caos que proviene de lo que sucedió entre los versículos 1 y 2. Posiblemente un juicio (más sobre eso en Comienzos y en Escatología).

Es decir. En el versículo 1 de Génesis capítulo 1 vemos que Dios crea el universo «de lo que no se veía». El libro de Hebreos dice lo siguiente:

> *Por la fe entendemos haber sido constituido el universo por la palabra de Dios, de modo que lo que se ve fue hecho de lo que no se veía.* Hebreos 11:3 RVR1960

Luego vemos caos (como dije antes, pudo haber sido resultado de un juicio), y entonces vemos al Espíritu Santo trayendo orden al caos.

Al leer en este orden —Dios es un Dios de orden— vemos con claridad el papel que juega el Espíritu en la creación.

Ferguson dice: «Su labor consistió en extender la presencia de Dios a la creación... de tal manera lo que se ha planificado en la mente de Dios, quede ordenado»[11].

Podríamos decir entonces que el Espíritu Santo es el ejecutor de aquello que salió de la mente de Dios Padre.

Así vemos al Espíritu Santo durante todo el Antiguo Testamento.

Su presencia en el Éxodo

> *El Señor iba delante de ellos, de día en una columna de nube para guiarlos por el camino, y de noche en una columna de fuego para alumbrarlos, a fin de que anduvieran de día y de noche. No quitó de delante del pueblo la columna de nube durante el día, ni la columna de fuego durante la noche.* Éxodo 13:21-22 LBLA

La columna de nube durante el día y de fuego por la noche era el Espíritu Santo. Compare la referencia que tenemos en el libro de Isaías.

Mas ellos se rebelaron y contristaron su santo Espíritu; por lo cual Él se convirtió en su enemigo y peleó contra ellos. Entonces su pueblo se acordó de los días antiguos, de Moisés. ¿Dónde está el que los sacó del mar con los pastores de su rebaño? ¿Dónde está el que puso su santo Espíritu en medio de ellos, el que hizo que su glorioso brazo fuera a la diestra de Moisés, el que dividió las aguas delante de ellos para hacerse un nombre eterno, el que los condujo por los abismos? Como un caballo en el desierto, no tropezaron; como a ganado que desciende al valle, el Espíritu del Señor les dio descanso. Así guiaste a tu pueblo, para hacerte un nombre glorioso. Isaías 63:10—14 LBLA

La traducción NTV traduce «Santo» con mayúscula en los versículos 10 y 11 (lo cual me parece más preciso) y luego dice «el Espíritu del Señor» en el versículo 14 (al igual que la LBLA).

La Reina Valera 1960 en el versículo 14 lo traduce: «El Espíritu de Jehová».

De cualquier manera, vemos que fue el Espíritu Santo quien los guiaba al salir de Egipto y en el desierto.

Es el Espíritu Santo quien inspiró a los profetas

El Espíritu del Señor habla por medio de mí; sus palabras están en mi lengua. 2 Samuel 23:2 NTV

Sin embargo, vemos que la labor del Espíritu en el Antiguo Testamento estaba envuelta en cierto misterio, y funcionaba de una manera selectiva.

Dios soberanamente enviaba Su Espíritu sobre un profeta en el momento en que iba a profetizar, luego se levantaba. El Espíritu Santo no hacía habitación dentro de los creyentes. La relación era «externa».

Sin embargo, los profetas anhelaban una relación más cercana.

Pero Moisés respondió: —¿Estás celoso por mí? Ya quisiera que todos los del pueblo del Señor fueran profetas y que el Señor pusiera su Espíritu sobre todos. Números 11:29 NTV

Moisés deseaba que un día todo el pueblo de Dios pudiera tener el Espíritu sobre ellos.

Note la palabra «sobre». Porque esa era toda la relación que en el Antiguo Pacto un creyente pudiera llegar a tener.

En el Nuevo Pacto el Espíritu no solamente viene «sobre» el creyente, también viene a habitar «en» (o dentro de) el creyente.

> *Y yo rogaré al Padre, y os dará otro Consolador, para que esté con vosotros para siempre: el Espíritu de verdad, al cual el mundo no puede recibir, porque no le ve, ni le conoce; pero vosotros le conocéis, porque mora con vosotros, y estará en vosotros. Juan 14:16—18* RVR1960

Note que Jesús dice que el Consolador estaría «con vosotros» para siempre, en otras palabras, no se va jamás a retirar.

En ese momento, antes que viniera el Consolador, a los discípulos les dijo: «mora con vosotros». Sin embargo al venir el Consolador (cuando Jesús fuese quitado), vendría a vivir «en vosotros». Es decir «dentro de nosotros».

En el Antiguo Testamento el Espíritu Santo no moraba «dentro» de los creyentes. De hecho, el lenguaje de «morada» es una referencia a algo que sucedería en el nuevo pacto, y vemos símbolo de esto en el lugar santísimo en el tabernáculo, donde moraba la presencia de Dios, pero nunca dentro de los creyentes.

En el Nuevo Pacto, donde vivimos «la imagen misma de las cosas» (Hebreos 10:1), el creyente tiene al Espíritu Santo morando dentro, pues ahora nosotros somos tabernáculo y habitación de Dios.

En el Antiguo Testamento, la obra del Espíritu estaba reservada a profetas, sacerdotes y reyes.

¿Existe profecía antigua que hablara del Espíritu viniendo a morar en los creyentes?

Sí, claro, veamos.

> *Esparciré sobre vosotros agua limpia, y seréis limpiados de todas vuestras*

inmundicias; y de todos vuestros ídolos os limpiaré. Os daré corazón nuevo, y pondré espíritu nuevo dentro de vosotros; y quitaré de vuestra carne el corazón de piedra, y os daré un corazón de carne. Y pondré dentro de vosotros mi Espíritu, y haré que andéis en mis estatutos, y guardéis mis preceptos, y los pongáis por obra... Ezequiel 36:25—27 RVR1960

Y después de esto derramaré mi Espíritu sobre toda carne, y profetizarán vuestros hijos y vuestras hijas; vuestros ancianos soñarán sueños, y vuestros jóvenes verán visiones. Y también sobre los siervos y sobre las siervas derramaré mi Espíritu en aquellos días. Y daré prodigios en el cielo y en la tierra, sangre, y fuego, y columnas de humo. El sol se convertirá en tinieblas, y la luna en sangre, antes que venga el día grande y espantoso de Jehová. Y todo aquel que invocare el nombre de Jehová será salvo; porque en el monte de Sion y en Jerusalén habrá salvación, como ha dicho Jehová, y entre el remanente al cual él habrá llamado. Joel 2:28—32 RVR1960

Pero este es el pacto que haré con la casa de Israel después de aquellos días, dice Jehová: Daré mi ley en su mente, y la escribiré en su corazón; y yo seré a ellos por Dios, y ellos me serán por pueblo. Y no enseñará más ninguno a su prójimo, ni ninguno a su hermano, diciendo: Conoce a Jehová; porque todos me conocerán, desde el más pequeño de ellos hasta el más grande, dice Jehová; porque perdonaré la maldad de ellos, y no me acordaré más de su pecado. Jeremías 31:33,34 RVR1960

¿Cuándo vendría el cumplimiento de estas promesas?

Estas promesas se cumplieron en la persona de Jesucristo.

6

EL ESPÍRITU SANTO EN LA PERSONA DE CRISTO

Al pasar del Antiguo al Nuevo Testamento, podemos entender todo lo relacionado al Espíritu Santo con más claridad. Es necesario que para ampliar nuestro conocimiento sobre ello, estudiemos la persona y la obra del Espíritu Santo específicamente en Cristo.

Veamos esto en tres etapas de la vida de Cristo.

1. En el anuncio de Su nacimiento

Este es el anuncio del ángel a María.

> *El ángel le contestó: —El Espíritu Santo vendrá sobre ti, y el poder del Altísimo te cubrirá con su sombra. Por lo tanto, el bebé que nacerá será santo y será llamado Hijo de Dios. Lucas 1:35* NTV

Es interesante que la palabra que aquí se traduce «cubrirá», es la misma palabra que la Biblia Septuaginta griega[12] usa para referirse a la nube de la gloria de Dios sobre el Tabernáculo.

De la misma manera que el Tabernáculo era el lugar donde moraba la gloria de Dios en el Antiguo Testamento, ahora ese tabernáculo es Cristo morando con Su pueblo. Jesús es la gloria prometida en el Antiguo Testamento.

2. En el bautismo

En el bautismo, podemos ver también la obra del Espíritu Santo en la persona de Cristo.

> *Y Jesús, después que fue bautizado, subió luego del agua; y he aquí los cielos le fueron abiertos, y vio al Espíritu de Dios que descendía como paloma, y venía sobre él. Y hubo una voz de los cielos, que decía: Este es mi Hijo amado, en quien tengo complacencia. Mateo 3:16,17* RVR1960

En ese evento vemos al «Espíritu de Dios que descendía como paloma». Otra vez vemos una interacción entre Dios Padre quien habla a través del Espíritu revelando a Jesús como el «Hijo» de Dios.

De ahí, vemos que Jesús, lleno del Espíritu, es llevado al desierto a ser tentado durante cuarenta días y cuarenta noches.

> *Entonces Jesús fue llevado por el Espíritu al desierto, para ser tentado por el diablo. Mateo 4:1* RVR1960

Jesús victoriosamente ordena al diablo fuera, y este huye (Mateo 4:10).

Todo esto lo hizo Jesús en el poder del Espíritu.

3. La resurrección y ascensión de Jesús

Otra vez podemos ver la obra del Espíritu Santo en Cristo, en Su resurrección y ascensión.

> *… que fue declarado Hijo de Dios con poder, según el Espíritu de santidad, por la resurrección de entre los muertos… Romanos 1:4* RVR1960

En el texto anterior, Pablo dice que es por la resurrección que Jesús es declarado Hijo de Dios, y que esto es «según» (o por medio de) el «Espíritu» de santidad. Note que «Espíritu» es escrito con mayúscula.

Este es uno de esos textos donde una traducción más moderna puede ayudarnos a entenderlo mejor. Veamos el texto en la *Nueva Traducción Viviente*.

> *…y quedó demostrado que era el Hijo de Dios cuando fue*

resucitado de los muertos mediante el poder del Espíritu Santo. Él es Jesucristo nuestro Señor. Romanos 1:4 NTV

Note que la NTV en lugar de traducir «Espíritu de santidad», lo traduce «Espíritu Santo». Me gusta que aquí el texto usa la palabra «demostrado» en lugar de «declarado». En otras palabras, podemos decir que: «Por medio del Espíritu Santo en la resurrección quedó demostrado que Jesús es Hijo de Dios».

La NTV incluye la frase: «Él es Jesucristo nuestro Señor» en ese texto, lo cual no aparece en la *Reina Valera 1960*. No creo que sea porque aparece en los manuscritos más antiguos (más recientemente encontrados), porque la *Reina Valera 1909* lo incluye, aunque con un poquito de variación, pues dice «de Jesucristo Señor nuestro» —aunque vemos un paréntesis que viene desde el versículo 3. Esto da sentido a por qué la *Reina Valera 1960* hace esa declaración en el versículo 3 y dice «acerca de su Hijo, nuestro Señor Jesucristo».

Siendo que la idea es completada entre los dos versículos (el 3 y 4), al final, nada falta en el texto en ninguna de las tres traducciones mencionadas. Veo que es una cuestión de orden.

Recordemos que la *Reina Valera 1960* usa el método de «equivalencia formal»[13], es decir que traduce palabra por palabra, y la *Nueva Traducción Viviente* usa un «equilibrio entre equivalencia dinámica y formal» pues fue traducida para ser leída en voz alta primeramente.

La equivalencia dinámica evita la adherencia estricta al texto original a favor de un texto más natural en el idioma destinatario[14].

De todas formas, la operación del Espíritu Santo es evidente en la demostración de Jesucristo como Hijo de Dios. Esto es importante.

Jesús demostró a través de Su vida y ministerio, que en Él operaba el Espíritu y esto sin medida.

Porque el que Dios envió, las palabras de Dios habla; pues Dios no da el Espíritu por medida. Juan 3:34 RVR1960

También es por el Espíritu Santo que nosotros los creyentes

somos transformados.

> *Por tanto, nosotros todos, mirando a cara descubierta como en un espejo la gloria del Señor, somos transformados de gloria en gloria en la misma imagen, como por el Espíritu del Señor. 2 Corintios 3:18* RVR1960

Para resumir este punto, dejemos afirmado que en todo lo que Jesús hizo en Su ministerio terrenal, el Espíritu Santo jugó un papel esencial. Tanto Su concepción, como la unción para ministrar y hacer milagros, como Su resurrección y ascensión, fueron hechas por el poder del Espíritu Santo.

7

LA PROMESA CUMPLIDA

Al Jesús despedirse, no nos dejó desamparados. Él nos preparó para que recibiésemos la promesa del Espíritu.

> *He aquí, yo enviaré la promesa de mi Padre sobre vosotros; pero quedaos vosotros en la ciudad de Jerusalén, hasta que seáis investidos de poder desde lo alto.* Lucas 24:49 RVR1960

¿Cuándo se cumple esta promesa?

Esta promesa se convierte en una realidad en el día de Pentecostés.

Veámoslo por puntos.

El don del Espíritu Santo

> *Cuando llegó el día de Pentecostés, estaban todos unánimes juntos. Y de repente vino del cielo un estruendo como de un viento recio que soplaba, el cual llenó toda la casa donde estaban sentados; y se les aparecieron lenguas repartidas, como de fuego, asentándose sobre cada uno de ellos. Y fueron todos llenos del Espíritu Santo, y comenzaron a hablar en otras lenguas, según el Espíritu les daba que hablasen.* Hechos 2:1—4 RVR1960

Ese es un texto clave, pues señala históricamente el momento cuando el Espíritu Santo es dado a la iglesia.

Pedro nos muestra que lo que ha sucedido, no sólo es el cumplimiento de la promesa de Jesús, también es el cumplimiento de la profecía antigua.

> ...lo que ustedes ven es lo que el profeta Joel predijo hace mucho tiempo: "En los últimos días —dice Dios—, derramaré mi Espíritu sobre toda la gente. Hechos 2;16,17 NTV

Lo anunció Jesús y lo había anunciado Joel. En general, la promesa del Espíritu Santo, viene del Padre.

> *Así que, exaltado por la diestra de Dios, y habiendo recibido del Padre la promesa del Espíritu Santo, ha derramado esto que vosotros veis y oís. Hechos 2:33* RVR1960

Otra cosa que vemos en este evento, es la inversión de lo que sucedió en Babel.

Leamos el relato.

> *Y dijo Jehová: He aquí el pueblo es uno, y todos éstos tienen un solo lenguaje; y han comenzado la obra, y nada les hará desistir ahora de lo que han pensado hacer. Ahora, pues, descendamos, y confundamos allí su lengua, para que ninguno entienda el habla de su compañero. Así los esparció Jehová desde allí sobre la faz de toda la tierra, y dejaron de edificar la ciudad. Por esto fue llamado el nombre de ella Babel, porque allí confundió Jehová el lenguaje de toda la tierra, y desde allí los esparció sobre la faz de toda la tierra. Génesis 11:6—9* RVR1960

Antes de Babel los humanos hablaban una sola lengua: «Tenía entonces toda la tierra una sola lengua...» (Génesis 11:1). Después de ese evento los humanos hablaban diferentes lenguajes. Como se habían «unido» para tratar de ser semejantes a Dios, quedaron todos confundidos. Dios les rompió la maligna unidad.

Ahora, al Espíritu Santo ser dado, la maldición es reversada.

> *Cuando llegó el día de Pentecostés, estaban todos unánimes juntos. Y de repente vino del cielo un estruendo como de un viento recio que soplaba, el cual llenó toda la casa donde estaban sentados; y se les aparecieron lenguas repartidas, como de fuego, asentándose sobre cada uno de ellos. Hechos 2:1—3* RVR1960

El Espíritu Santo es unificador. De hecho, Pablo habla de la «unidad del Espíritu» (Efesios 4:3).

Mire todas las naciones que fueron unidas al punto que unos entendían a los otros.

> *¿Cómo, pues, les oímos nosotros hablar cada uno en nuestra lengua en la que hemos nacido? Partos, medos, elamitas, y los que habitamos en Mesopotamia, en Judea, en Capadocia, en el Ponto y en Asia, en Frigia y Panfilia, en Egipto y en las regiones de África más allá de Cirene, y romanos aquí residentes, tanto judíos como prosélitos, cretenses y árabes, les oímos hablar en nuestras lenguas las maravillas de Dios. Y estaban todos atónitos y perplejos, diciéndose unos a otros: ¿Qué quiere decir esto? Hechos 2:8—12* RVR1960

Los daños causados por la desobediencia (en Génesis 11) los vemos revertidos cuando judíos y gentiles son llenos del Espíritu Santo.

Sólo el Espíritu puede hacer que suceda este tipo de unidad.

Todos los creyentes, no importa la raza, el color de la piel, o nacionalidad, somos iguales en Cristo. De hecho, todos tenemos igualmente el mismo acceso al conocimiento de Dios.

Por eso, un creyente, lleno del Espíritu Santo, puede entender las Escrituras. Así había sido profetizado que sucedería.

> *Y no enseñará más ninguno a su prójimo, ni ninguno a su hermano, diciendo: Conoce a Jehová; porque todos me conocerán, desde el más pequeño de ellos hasta el más grande, dice Jehová... Jeremías 31:34* RVR1960

El día de Pentecostés, selló lo que Jesús había hablado sobre la relación y abundante gozo del cual todo creyente puede ser partícipe.

Mire lo que había dicho Jesús.

> *En el último y gran día de la fiesta, Jesús se puso en pie y alzó la voz, diciendo: Si alguno tiene sed, venga a mí y beba. El que cree en mí, como dice la Escritura, de su interior correrán ríos de agua viva. Esto dijo del Espíritu que habían de recibir los que creyesen en él; pues aún no había venido el Espíritu Santo, porque Jesús no había sido aún glorificado. Juan 7:37—39* RVR1960

Podemos decir con certeza que la venida del Espíritu Santo es evidencia clara de la glorificación de Cristo. Verdaderamente a partir de este evento en el día de Pentecostés, vemos la gloriosa obra del Espíritu Santo en el cristiano y en la historia de la iglesia. Hablaremos más sobre Su obra en la iglesia en el próximo capítulo. Antes de ir ahí, hablemos sobre la regeneración.

8

SU OBRA EN LA REGENERACIÓN

De la misma manera que el papel del Espíritu ha sido Su obra activa en la Creación, vemos que Su labor se extiende a la vida espiritual de los seres humanos. Él participa activamente en la regeneración de todo aquél que viene a Cristo.

Observemos lo que Jesús dice a Nicodemo.

> *Lo que es nacido de la carne, carne es; y lo que es nacido del Espíritu, espíritu es. No te maravilles de que te dije: Os es necesario nacer de nuevo.* **Juan 3:6,7** RVR1960

Nacer de nuevo significa «nacer del Espíritu». Es el Espíritu Santo quien nos da vida espiritual cuando venimos a Jesús.

Sólo* el Espíritu da vida eterna; los esfuerzos humanos no logran nada. «Las palabras que yo les he hablado son espíritu y son vida...» (Juan 6:63 NTV).

Ahí está expresada esa verdad: «Sólo el Espíritu da vida eterna».

*En la versión de Español que tradujo la NTV la palabra «sólo» no llevó acento. En la versión de Español que usamos durante esta serie, usamos el acento.

La obra de convertir un corazón de piedra en un espíritu vivo sólo puede ser realizada por el Espíritu Santo. Así lo profetizó Ezequiel.

> *Os daré corazón nuevo, y pondré espíritu nuevo dentro de*

> *vosotros; y quitaré de vuestra carne el corazón de piedra, y os daré un corazón de carne.* Ezequiel 36:26 RVR1960

Esta obra de regeneración tiene varios aspectos.

> 1. Produce una iluminación intelectual. Juan dice: «Pero vosotros tenéis la unción del Santo, y conocéis todas las cosas» (1 Juan 2:20).

No significa que el cristiano automáticamente se convierta en un «intelectual» de la manera que la palabra es usada en nuestra cultura y en las universidades. Sin embargo, la regeneración, permite al creyente entender cosas que antes no podía explicar.

El apóstol Pablo habla de inteligencia espiritual. Ya he tocado el tema en otra porción de esta serie, pero ver el texto. En esta se puede crecer y abundar.

> *Por lo cual también nosotros, desde el día que lo oímos, no cesamos de orar por vosotros, y de pedir que seáis llenos del conocimiento de su voluntad en toda sabiduría e inteligencia espiritual...* Colosenses 1:9 RVR1960

> 2. El trabajo de regeneración implica la liberación de la voluntad humana.

Nuestra voluntad, estaba atada por el pecado y éramos incapaces de seguir a Jesús.

> *Y él os dio vida a vosotros, cuando estabais muertos en vuestros delitos y pecados...* Efesios 2:1 RVR1960

Claro que esto sucede por gracia (Efesios 2:8), y es Dios quien tiene la iniciativa de llamarnos y salvarnos efectivamente por Su voluntad y decreto de elección. Sin embargo, somos libertados del pecado y nuestra voluntad ahora disfruta libertad.

Libertad aún para desobedecer, aunque Pablo nos advierte que no lo hagamos, pues traerá malos dividendos.

> *Porque vosotros, hermanos, a libertad fuisteis llamados; solamente que no uséis la libertad como ocasión para la carne...* Gálatas 5:13 RVR1960

3. La obra de regeneración por el Espíritu produce limpieza y renovación.

De la manera que también lo profetiza Ezequiel cuando dice:

> *Esparciré sobre vosotros agua limpia, y seréis limpiados de todas vuestras inmundicias; y de todos vuestros ídolos os limpiaré. Ezequiel 36:25* RVR1960

Vemos que la obra de renovación que ha sucedido en nosotros confirma esto.

> *Y esto erais algunos; mas ya habéis sido lavados, ya habéis sido santificados, ya habéis sido justificados en el nombre del Señor Jesús, y por el Espíritu de nuestro Dios. 1 Corintios 6:11* RVR1960

Esta obra de regeneración por el Espíritu es tan completa que Pablo dice:

> *De modo que si alguno está en Cristo, nueva criatura es; las cosas viejas pasaron; he aquí todas son hechas nuevas. 2 Corintios 5:17* RVR1960

Es solamente por medio de la obra sobrenatural que Dios hace en nosotros a través de Su Espíritu que nosotros los creyentes podemos experimentar transformación.

Su obra en nosotros no fue un trabajo de ajustes y correcciones a nuestra moralidad —aunque nuestros valores morales han cambiado como resultado de Su obra de regeneración en nosotros. Sin embargo, todo esto ha sido por Su Espíritu.

Estábamos completamente muertos, y Él nos dió vida.

> *Y él os dio vida a vosotros, cuando estabais muertos en vuestros delitos y pecados... Efesios 2:1* RVR1960

9

SU OBRA EN LA VIDA DEL CREYENTE

Es el Espíritu Santo quien trae convicción a la vida del creyente. Le une a Cristo y trabaja activamente en la santificación. También intercede por nosotros y nos mantiene en seguridad.

Estudiemos todo esto por pasos.

1. Convicción

Es el Espíritu Santo quien convence al mundo de pecado, de justicia y de juicio.

> *Pero yo os digo la verdad: Os conviene que yo me vaya; porque si no me fuera, el Consolador no vendría a vosotros; mas si me fuere, os lo enviaré. Y cuando él venga, convencerá al mundo de pecado, de justicia y de juicio. De pecado, por cuanto no creen en mí; de justicia, por cuanto voy al Padre, y no me veréis más; y de juicio, por cuanto el príncipe de este mundo ha sido ya juzgado. Juan 16:7—11* RVR1960

Entendamos lo que significa «convencer de pecado» y lo que no es.

- No es exactamente que una persona sienta culpabilidad o vergüenza por haber pecado. Esos sentimientos son experimentados por la mayoría de las personas al transgredir de todas formas. Sin embargo, esta no es convicción de pecado.

- La convicción de pecado tampoco es una sensación de inquietud o la expectativa de castigo divino. Los pecadores también experimentan estos sentimientos. Sin embargo, la verdadera convicción de pecado es algo diferente.

- Tampoco es el mero conocimiento de lo correcto o incorrecto. La mayor parte de las personas que leen la Biblia, saben en teoría que «la paga del pecado es muerte» (Romanos 6:23).

Si todo lo que experimentamos es teóricamente lo que sabemos que vendrá como consecuencia del pecado, o la incomodidad en la conciencia porque sabemos que hemos fallado, todavía no hemos conocido lo que realmente es «convicción de pecado».

Queda obviamente la pregunta: ¿Cuál es la verdadera convicción de acuerdo a la Biblia?

«Convencer» viene de la palabra griega «elénchō» (ἐλέγχω), que significa: Refutar, amonestar, corregir o «por convicción sacar a la luz»[15].

Esto nos indica cómo el Espíritu Santo actúa para traer convicción de pecado.

En nosotros los creyentes y para perfeccionar la obra de santificación, el Espíritu Santo refuta cualquier argumento que humanamente nos inventamos para justificar una mala acción. También nos amonesta. Nos llama la atención, y nos corrige. Produce en nosotros convicción y saca a la luz lo que no es agradable al Padre.

Todo esto lo hace el Espíritu en nosotros en el contexto del amor. No para destruirnos, sino para acercarnos al Padre. No para condenarnos, pues no hay ninguna condenación para los que estamos en Cristo Jesús.

> *Por lo tanto, ya no hay condenación para los que pertenecen a Cristo Jesús... Romanos 8:1* NTV

La obra del Espíritu Santo actúa en los creyentes en nuestra santificación, pero comienza desde mucho antes. Aún antes de creer, ya el Espíritu estaba trabajando en nosotros.

Cuando estábamos en rebeldía y alejados de Dios, ya el Espíritu nos estaba llamando.

Lo vemos en Hechos a partir del Pentecostés.

Inmediatamente después de la predicación de Pedro leemos lo siguiente.

> *Al oír esto, se compungieron de corazón, y dijeron a Pedro y a los otros apóstoles: Varones hermanos, ¿qué haremos? Hechos 2:37* RVR1960

Note la frase: «se compungieron de corazón». El Espíritu Santo ya estaba trabajando en ellos.

Pedro entonces, guiado por el Espíritu hace el llamado a salvación.

> *Pedro les dijo: Arrepentíos, y bautícese cada uno de vosotros en el nombre de Jesucristo para perdón de los pecados; y recibiréis el don del Espíritu Santo. Hechos 2:38* RVR1960

Amado lector... ¡Esto es evangelismo 101!

No es el evangelista por medio de su elocuencia o habilidad de presentar un convincente mensaje que los pecadores vienen a Jesús. Es por la obra del Espíritu Santo en los corazones de los oyentes quien hace el trabajo de «convencer de pecado».

Claro que como vasos de honra debemos prepararnos para ser usados por el Espíritu Santo. Debemos ser amables y presentar el mensaje con humildad.

> *Porque el siervo del Señor no debe ser contencioso, sino amable para con todos, apto para enseñar, sufrido... 2 Timoteo 2:24* RVR1960

Sin embargo, es el Espíritu Santo quien otorga el arrepentimiento. Es Él quien convence de pecado al oyente.

El Espíritu Santo a la vez trabaja con la Palabra escrita.

Cuando la Palabra es expuesta y los oyentes la escuchan, Él trabaja en sus corazones. Por eso es importante que la Palabra sea predicada. La fe necesaria para creer viene por el oír.

> *Así que la fe es por el oír, y el oír, por la palabra de Dios.* Romanos 10:17 RVR1960

Entonces vemos al Espíritu trabajando con la Palabra para llevarnos al Padre.

Es por medio de la Palabra escrita cuando es oída, y Jesús (la Palabra viva) cuando creemos en Él, que venimos al Padre, y todo esto sucede porque el Espíritu trae convicción cuando oímos la Buena Noticia.

¡Gloria a Dios!

2. Unión con Cristo

Podemos decir que este es el segundo beneficio que es producido en nosotros por la obra del Consolador.

> *Y yo rogaré al Padre, y os dará otro Consolador, para que esté con vosotros para siempre: el Espíritu de verdad, al cual el mundo no puede recibir, porque no le ve, ni le conoce; pero vosotros le conocéis, porque mora con vosotros, y estará en vosotros. En aquel día vosotros conoceréis que yo estoy en mi Padre, y vosotros en mí, y yo en vosotros.* Juan 14:16,17,20 RVR1960

También es el trabajo del Espíritu llevarnos a la unión con Cristo.

En el tercer libro de la Institución, Juan Calvino comienza enseñando que el Espíritu Santo nos comunica todos los bienes que Cristo consiguió para su pueblo:

> «*Hay que notar que mientras Cristo está lejos de nosotros y nosotros permanecemos apartados de Él, todo cuanto padeció e hizo por la redención del humano linaje no nos sirve de nada, ni nos aprovecha lo más mínimo. Por tanto, para que pueda comunicarnos los bienes que recibió del Padre, es preciso que Él se haga nuestro y habite en nosotros. Por esta razón es llamado —nuestra Cabeza— y «primogénito entre muchos hermanos»; y de nosotros se afirma que somos —injertados en Él" (Romanos 8:29; 11:17; Gálatas.3:27); porque, según he dicho, ninguna de cuantas cosas posee nos pertenecen ni tenemos que ver con ellas, mientras no somos hechos una sola cosa con Él*»[16].

Calvino demuestra bíblicamente que la unión con Cristo es esencial para todos los aspectos de la vida cristiana, y que el Espíritu es esencial para esta unión. Sin el Espíritu Santo no hay unión con Cristo, Él produce la fe, Él habita en nosotros.

Para Calvino, la unión con Cristo nos conduce a la Justificación, y a la Santificación. Él dice:

> «*podemos decir que Jesucristo nos es presentado por la benignidad del Padre, que nosotros lo poseemos por la fe, y que participando de Él recibimos una doble gracia. La primera, que reconciliados con Dios por la inocencia de Cristo, en lugar de tener en los cielos un Juez que nos condene, tenemos un Padre clementísimo. La segunda, que somos santificados por Su Espíritu, para que nos ejercitemos en la inocencia y en la pureza de vida*»[17].

Cuando Jesús estaba con Sus discípulos, Él moró entre nosotros, pero ahora habita en nosotros por el Espíritu.

El Espíritu revela a Cristo en nosotros y nos une a Él. También en esto somos todos unidos en Su cuerpo.

> *...porque somos miembros de su cuerpo, de su carne y de sus huesos. Efesios 5:30* RVR1960

Por el Espíritu hemos sido bautizados, en Su cuerpo.

> *Porque por un solo Espíritu fuimos todos bautizados en un cuerpo, sean judíos o griegos, sean esclavos o libres; y a todos se nos dio a beber de un mismo Espíritu. 1 Corintios 12:13* RVR1960

«Bautizados» en Su cuerpo significa «haber sido sumergidos en» Su cuerpo. Hemos sido insertados «en Él».

La frase «en Cristo» o «en Él» aparece en los escritos de Pablo muchas veces.

Podemos encontrar literalmente cientos de referencias en cuanto a la unión del creyente con Cristo en el Nuevo Testamento.

Aquí citaré unos ejemplos.

Somos creados en Cristo

Porque somos hechura suya, creados en Cristo Jesús para buenas obras, las cuales Dios preparó de antemano para que anduviésemos en ellas. Efesios 2:10 RVR1960

Crucificados con Él

Con Cristo estoy juntamente crucificado, y ya no vivo yo, mas vive Cristo en mí; y lo que ahora vivo en la carne, lo vivo en la fe del Hijo de Dios, el cual me amó y se entregó a sí mismo por mí. Gálatas 2:20 RVR1960

Sepultados con Él

...sepultados con él en el bautismo, en el cual fuisteis también resucitados con él, mediante la fe en el poder de Dios que le levantó de los muertos. Colosenses 2:12 RVR1960

Bautizados en Su muerte

¿O no sabéis que todos los que hemos sido bautizados en Cristo Jesús, hemos sido bautizados en su muerte? Romanos 6:3 RVR1960

Unidos en Su resurrección

Porque si fuimos plantados juntamente con él en la semejanza de su muerte, así también lo seremos en la de su resurrección... Romanos 6:5 RVR1960

Sentados con Él en los lugares celestiales

...y juntamente con él nos resucitó, y asimismo nos hizo sentar en los lugares celestiales con Cristo Jesús... Efesios 2:6 RVR1960

Cristo es formado en nosotros

Hijitos míos, por quienes vuelvo a sufrir dolores de parto, hasta que Cristo sea formado en vosotros... Gálatas 4:19 RVR1960

Mora en nuestros corazones

...para que habite Cristo por la fe en vuestros corazones, a fin de que, arraigados y cimentados en amor... Efesios 3:17 RVR1960

Somos el cuerpo de Cristo

¿No sabéis que vuestros cuerpos son miembros de Cristo? ¿Quitaré, pues, los miembros de Cristo y los haré miembros de una ramera? De ningún modo. 1 Corintios 6:15 RVR1960

Vosotros, pues, sois el cuerpo de Cristo, y miembros cada uno en particular. 1 Corintios 12:27 RVR1960

Cristo está en nosotros

Examinaos a vosotros mismos si estáis en la fe; probaos a vosotros mismos. ¿O no os conocéis a vosotros mismos, que Jesucristo está en vosotros, a menos que estéis reprobados? 2 Corintios 13:5 RVR1960

Nosotros estamos en Él

Mas por él estáis vosotros en Cristo Jesús, el cual nos ha sido hecho por Dios sabiduría, justificación, santificación y redención... 1 Corintios 1:30 RVR1960

La iglesia es una con Cristo

Por esto dejará el hombre a su padre y a su madre, y se unirá a su mujer, y los dos serán una sola carne. Grande es este misterio; mas yo digo esto respecto de Cristo y de la iglesia. Efesios 5:31,32 RVR1960

Somos hallados en Él

Y ciertamente, aun estimo todas las cosas como pérdida por la excelencia del conocimiento de Cristo Jesús, mi Señor, por amor del cual lo he perdido todo, y lo tengo por basura, para ganar a Cristo, y ser hallado en él, no teniendo mi propia justicia, que es por la ley, sino la que es por la fe de Cristo, la justicia que es de Dios por la fe... Filipenses 3:8,9 RVR1960

En Cristo somos justificados

Justificados, pues, por la fe, tenemos paz para con Dios por medio de nuestro Señor Jesucristo... Romanos 5:1 RVR1960

En Cristo somos glorificados

Y a los que predestinó, a éstos también llamó; y a los que llamó, a éstos también justificó; y a los que justificó, a éstos también glorificó. Romanos 8:30 RVR1960

En Cristo somos santificados

...a la iglesia de Dios que está en Corinto, a los santificados en Cristo Jesús, llamados a ser santos con todos los que en cualquier lugar invocan el nombre de nuestro Señor Jesucristo, Señor de ellos y nuestro... 1 Corintios 1:2 RVR1960

En Cristo somos llamados

Fiel es Dios, por el cual fuisteis llamados a la comunión con su Hijo Jesucristo nuestro Señor. 1 Corintios 1:9 RVR1960

En Cristo somos hechos vivos

...aun estando nosotros muertos en pecados, nos dio vida juntamente con Cristo (por gracia sois salvos)... Efesios 2:5 RVR1960

En Cristo somos creados de nuevo

De modo que si alguno está en Cristo, nueva criatura es; las cosas viejas pasaron; he aquí todas son hechas nuevas. 2 Corintios 5:17 RVR1960

En Cristo somos adoptados

...pues todos sois hijos de Dios por la fe en Cristo Jesús... Gálatas 3:26 RVR1960

En Cristo somos escogidos

...según nos escogió en él antes de la fundación del mundo, para que fuésemos santos y sin mancha delante de él, en amor habiéndonos predestinado para ser adoptados hijos suyos por medio de Jesucristo, según el puro afecto de su voluntad... Efesios 1:4,5 RVR1960

¿Por qué la necesidad de ser unidos con Cristo?

Porque el pecado nos había separado. Nuestras iniquidades habían hecho división entre nosotros y Dios.

> ...pero vuestras iniquidades han hecho división entre vosotros y vuestro Dios, y vuestros pecados han hecho ocultar de vosotros su rostro para no oír. Isaías 59:2 RVR1960

Ahora, por medio del sacrificio perfecto de Cristo en la cruz, podemos ser reconciliados (o unidos de regreso) con el Padre, y esto ocurre por medio de la fe, aunque aun esa fe nos fue dada.

> Porque por gracia sois salvos por medio de la fe; y esto no de vosotros, pues es don de Dios... Efesios 2:8 RVR1960

Entonces, Dios es el que llama, y Él es quien nos da la fe que necesitamos para ser salvos.

En ese proceso de llamado entra en juego el trabajo efectivo del Espíritu Santo, quien nos convence de pecado y por ende respondemos al llamado de salvación.

3. Santificación

El objetivo de la obra del Espíritu Santo es transformarnos a la semejanza de Cristo.

Él trabaja en la obra de regeneración. Nos une con Cristo por medio de la fe.

A este proceso es a lo que la Palabra de Dios llama «santificación».

¿Cómo se explicaría la santificación?

La santificación comienza a partir del momento en que somos salvos.

En el momento en que creímos en Jesús y lo confesamos como Señor y Salvador de nuestras vidas, inmediatamente nuestros pecados fueron perdonados. Fuimos redimidos. Pasamos de muerte a vida. Este trabajo está completo. En espíritu fuimos perfeccionados con una sola ofrenda —el sacrificio de Cristo como cordero perfecto.

Veamos el texto.

> ...porque con una sola ofrenda hizo perfectos para siempre a los santificados. Hebreos 10:14 RVR1960

Si lees el texto con cuidado, vemos que 1) ya fuimos perfeccionados y 2) ahora estamos siendo santificados.

La Reina Valera 1960 dice «a los santificados» y en la superficie parecería que el verbo está en pasado, pero en realidad, en los originales, esa palabra se encuentra en presente continuo.

Veámoslo en la *Nueva Traducción Viviente*.

> *Pues mediante esa única ofrenda, él perfeccionó para siempre a los que está haciendo santos. Hebreos 10:14* NTV

Fíjese que dice «a los que está haciendo santos», claramente denotando que la santificación es un proceso.

Cuando vienes a Cristo, tu entendimiento comienza a ser renovado, y conforme avanzas en tu relación con Cristo más te vas asemejando a Él en tus decisiones y acciones.

Aquellas cosas que antes hacías —cosas que llevan a muerte— ahora que por el Espíritu sabes que no te convienen, las vas dejando atrás.

Entonces pudiéramos decir que la santificación ocurre en dos tiempos.

Primero, cuando eres declarado santo «en posición».

> *Algunos de ustedes antes eran así; pero fueron limpiados; fueron hechos santos; fueron hechos justos ante Dios al invocar el nombre del Señor Jesucristo y por el Espíritu de nuestro Dios. 1 Corintios 6:11* RVR1960

> *Como todas las cosas que pertenecen a la vida y a la piedad nos han sido dadas por su divino poder… 2 Pedro 1:3* RVR1960

Y segundo «en condición» en el proceso de ir creciendo hasta llegar a la «estatura de la plenitud de Cristo» (Efesios 4:13).

La Nueva Traducción Viviente usa la palabra «medida». Es decir que este proceso de santificación tiene una meta que se mide. Es cuantificable. La meta es llegar hasta «la plena y completa medida de Cristo».

Veamos el texto completo.

> *Ese proceso continuará hasta que todos alcancemos tal unidad en nuestra fe y conocimiento del Hijo de Dios que seamos maduros en el Señor, es decir, hasta que lleguemos a la plena y completa medida de Cristo. Efesios 4:13* NTV

Me gusta también que la NTV usa la palabra proceso.

En segunda de Corintios, Pablo nos dice «a medida que somos transformados a su gloriosa imagen».

> *El Señor, quien es el Espíritu, nos hace más y más parecidos a él a medida que somos transformados a su gloriosa imagen. 2 Corintios 3:18* NTV

El Espíritu Santo morando en nosotros, nos empodera para que podamos crecer en obediencia.

En otras palabras, no podemos sentarnos y recibir crecimiento sin esfuerzos.

> *…vosotros también, poniendo toda diligencia por esto mismo, añadid a vuestra fe virtud; a la virtud, conocimiento… 2 Pedro 1:5* RVR1960

Esto no termina ahí. Veámos los textos que siguen.

> *…al conocimiento, dominio propio; al dominio propio, paciencia; a la paciencia, piedad; a la piedad, afecto fraternal; y al afecto fraternal, amor. Porque si estas cosas están en vosotros, y abundan, no os dejarán estar ociosos ni sin fruto en cuanto al conocimiento de nuestro Señor Jesucristo. 2 Pedro 1:6—8* RVR1960

Amados. Tenemos mucho para crecer. Podemos avanzar y cada día más asemejarnos a Cristo. Él es el Hombre perfecto.

El poder del Espíritu Santo trabajando en nuestra santificación resulta en abundantes frutos según crecemos.

> *Mas el fruto del Espíritu es amor, gozo, paz, paciencia, benignidad, bondad, fe, mansedumbre, templanza; contra tales cosas no hay ley. Gálatas 5:22,23* RVR1960

4. Intercesión

> *Por tanto, os hago saber que nadie que hable por el Espíritu de Dios llama anatema a Jesús; y nadie puede llamar a Jesús Señor, sino por el Espíritu Santo.* 1 Corintios 12:3 *RVR1960*

En el texto anterior vemos dos cosas muy importantes.

Primero que podemos tener la confianza que cuando oramos el Espíritu intercede a favor nuestro. Y luego que llamar a Jesús Señor es producido por el Espíritu Santo.

En otras palabras. Una persona que no tiene el Espíritu Santo no puede llamar a Jesús «Señor» suyo, de la misma manera que no puede llamar a Dios «Padre». El Espíritu obra en nosotros para revelarnos a Jesús como Señor (como lo vimos en 1 Corintios 12:3) y a Dios como Padre (como lo comprueba Pablo en Gálatas).

> *Y por cuanto sois hijos, Dios envió a vuestros corazones el Espíritu de su Hijo, el cual clama: ¡Abba, Padre!* Gálatas 4:6 *RVR1960*

Pablo de hecho, enseña a los creyentes la importancia de orar en el Espíritu.

> *...orando en todo tiempo con toda oración y súplica en el Espíritu, y velando en ello con toda perseverancia y súplica por todos los santos...* Efesios 6:18 *RVR1960*

Nos ayuda y es nuestro intercesor.

> *Y de igual manera el Espíritu nos ayuda en nuestra debilidad; pues qué hemos de pedir como conviene, no lo sabemos, pero el Espíritu mismo intercede por nosotros con gemidos indecibles.* Romanos 8:26 *RVR1960*

Pablo no esconde que el creyente tiene debilidades y por esto resalta la importancia de que la oración conforme a nuestras fuerzas carece de poder y coherencia. En nuestra debilidad, esa oración se puede convertir en un gemido. Y este gemido es precisamente una señal de que el Espíritu Santo nos ayuda en nuestra debilidad. Es la presencia y el ministerio del Espíritu Santo en nuestra oración.

Algunos teólogos pentecostales dicen que el texto aquí (Romanos 8:26) se refiere al «hablar en lenguas». No veo evidencia directa de esta afirmación. Más bien creo que el texto representa una condición general del creyente que en desesperación y debilidad clama a Dios y el Espíritu —que mora dentro de cada creyente (aun de los que no hablan en lenguas)— intercede a favor, en medio de esa debilidad.

Hay momentos en la vida del creyente donde las palabras no serán suficientes, momentos de dolor o de confusión. En esos momentos, sabemos a dónde acudir, y el Espíritu Santo con gran compasión y bondad, intercederá por nosotros conforme a la voluntad del Padre. ¡Gloria a Dios!

5. Seguridad

Para concluir, sabemos que el Espíritu Santo confirma a nuestro espíritu que pertenecemos a Dios.

> *El Espíritu mismo da testimonio a nuestro espíritu, de que somos hijos de Dios.* Romanos 8:16 RVR1960

La «eterna seguridad» o la «seguridad de la salvación» sería imposible tenerla sin el testimonio del Espíritu Santo.

El Espíritu llega a lo más profundo de nuestro ser y nos da esa seguridad experiencial no sólo en nuestro razonamiento, también en el alma, donde habitan las emociones.

El Espíritu Santo nos dice que somos de Él.

> *Mas vosotros no vivís según la carne, sino según el Espíritu, si es que el Espíritu de Dios mora en vosotros. Y si alguno no tiene el Espíritu de Cristo, no es de él.* Romanos 8:9 RVR1960

Esta seguridad nos permite abundar en gozo, y ser libres de la duda, la condenación y el miedo. Tenemos seguridad de que somos
hijos de Dios.

10

SU OBRA EN LA VIDA DE LA IGLESIA

Hemos estudiado la obra del Espíritu Santo en la vida del creyente como individuo. Ahora estudiaremos Su obra en la vida de la iglesia —el cuerpo de Cristo.

El trabajo del Espíritu es no sólo edificar a los creyentes individualmente, también trabaja en la edificación de la iglesia en general.

El Espíritu en la inspiración de las Escrituras

Comencemos por el papel del Espíritu en la inspiración de los textos sagrados.

Vayamos a Juan 14.

> *Le dijo Judas (no el Iscariote): Señor, ¿cómo es que te manifestarás a nosotros, y no al mundo? Respondió Jesús y le dijo: El que me ama, mi palabra guardará; y mi Padre le amará, y vendremos a él, y haremos morada con él. El que no me ama, no guarda mis palabras; y la palabra que habéis oído no es mía, sino del Padre que me envió. Os he dicho estas cosas estando con vosotros. Mas el Consolador, el Espíritu Santo, a quien el Padre enviará en mi nombre, él os enseñará todas las cosas, y os recordará todo lo que yo os he dicho. Juan 14:22—26* RVR1960

Respondiendo a la pregunta de Judas (no el Iscariote) en cuanto a cómo el Señor se manifestaría a ellos (en un futuro), Jesús responde: «El que me ama, mi palabra guardará; y mi Padre le amará, y vendremos a él, y haremos morada con él».

Al referirse a la Deidad en plural «vendremos» y «haremos», es claro que Jesús se refiere al envolvimiento de la Trinidad en esta tarea. Entonces dice cómo será esta manifestación: «Mas el Consolador, el Espíritu Santo, a quien el Padre enviará en mi nombre, él os enseñará todas las cosas, y os recordará todo lo que yo os he dicho». En otras palabras, el Espíritu Santo es el encargado de «enseñar» y «recordar».

Esto establece las bases para que los autores bíblicos pudieran escribir la voluntad de Dios a las siguientes generaciones. El Espíritu Santo tuvo la tarea de inspirar a los apóstoles en su misión de dejarnos el legado de los textos sagrados.

> ...porque nunca la profecía fue traída por voluntad humana, sino que los santos hombres de Dios hablaron siendo inspirados por el Espíritu Santo. 2 Pedro 1:21 RVR1960

¿Cómo se habrían de administrar estas palabras inspiradas por el Espíritu a las iglesias?

Esta es la responsabilidad de los ministros.

Es el Espíritu Santo quien empodera a los líderes en congregación local, como ancianos, pastores y maestros para guiar y enseñar a los santos lo que Él inspiró a los autores bíblicos escribir.

Veamos esa comisión.

> Por tanto, mirad por vosotros, y por todo el rebaño en que el Espíritu Santo os ha puesto por obispos, para apacentar la iglesia del Señor, la cual él ganó por su propia sangre. Hechos 20:28 RVR1960

Note que dice que «el Espíritu Santo os ha puesto». Es el Espíritu Santo quien pone a aquellos que cuidarán al rebaño, y los equipará para que las palabras de Jesús continúen siendo enseñadas a la iglesia.

El Espíritu Santo edifica y fortalece a las iglesias

> Entonces las iglesias tenían paz por toda Judea, Galilea y Samaria; y eran edificadas, andando en el temor del Señor, y se acrecentaban

> *fortalecidas por el Espíritu Santo. Hechos 9:31* RVR1960

El trabajo de edificar a la iglesia del Señor es posible por el papel activo que el Espíritu Santo juega en ello. Es también el Consolador quien fortalece a los creyentes para permanecer fieles en medio de las pruebas, lo cual es un testamento de Su labor activa en el cuerpo de Cristo.

Por último, quiero resaltar que es el Espíritu Santo quien envía a los ministros que Él ha apartado para hacer la obra misionera. Veamos.

> *Había entonces en la iglesia que estaba en Antioquía, profetas y maestros: Bernabé, Simón el que se llamaba Niger, Lucio de Cirene, Manaén el que se había criado junto con Herodes el tetrarca, y Saulo. Ministrando éstos al Señor, y ayunando, dijo el Espíritu Santo: Apartadme a Bernabé y a Saulo para la obra a que los he llamado. Entonces, habiendo ayunado y orado, les impusieron las manos y los despidieron. Hechos 13:1—3* RVR1960

Note en ese texto que es el Espíritu Santo quien «apartó» y «llamó». Entonces podemos con certeza decir que fue el Espíritu Santo quien apartó y llamó a Bernabé y a Pablo, para el trabajo misionero que tenían por delante.

Es interesante que Pablo dice a los Gálatas que Dios lo «apartó» desde el vientre y lo «llamó» por Su gracia, demostrando que es tanto Dios Padre como Dios Espíritu (que es uno) quien está detrás del llamado a servirle en el ministerio.

> *Pero cuando agradó a Dios, que me apartó desde el vientre de mi madre, y me llamó por su gracia... Gálatas 1:15* RVR1960

Para gloria del Padre, el Espíritu está activo en el ministerio y la misión a que Dios te ha enviado. Esto debe traer seguridad y fortaleza.

¡Gracias Señor!

PARTE 3
LA OBRA DEL ESPÍRITU SANTO EN EL BAUTISMO, LA LLENURA, LOS DONES DEL ESPÍRITU Y OFICIOS DE MINISTERIO

11

EL BAUTISMO EN EL ESPÍRITU SANTO

Comencemos con los textos que prometen el bautismo en el Espíritu Santo.

El bautismo con (o en) el Espíritu Santo es mencionado en siete pasajes del Nuevo Testamento.

Veamos primero en Lucas en la declaración de Juan el Bautista.

> ...respondió Juan, diciendo a todos: Yo a la verdad os bautizo en agua; pero viene uno más poderoso que yo, de quien no soy digno de desatar la correa de su calzado; él os bautizará en Espíritu Santo y fuego. Lucas 3:16 RVR1960

Luego en Hechos en la aproximación del día de Pentecostés.

> Porque Juan ciertamente bautizó con agua, mas vosotros seréis bautizados con el Espíritu Santo dentro de no muchos días. Hechos 1:5 RVR1960

Esta promesa se cumplió efectivamente en el día de Pentecostés estando los discípulos del Señor reunidos en Jerusalén.

Existen malas interpretaciones en cuanto a lo que el bautismo del Espíritu Santo en realidad es —algunas bastante extremas y fuera del contexto bíblico.

Por eso es necesario que estudiemos este tema con mucho cuidado.

Hablemos de la interpretación pentecostal.

Los creyentes pentecostales interpretan el texto de esta manera:

1. Afirman que el bautismo con o en el Espíritu Santo es una experiencia que sucede después de la conversión. En otras palabras, «una segunda experiencia».

2. También afirman que la evidencia del bautismo con o en el Espíritu Santo es el «hablar en lengua». El razonamiento es que los discípulos del Señor en el día de Pentecostés «hablaron en lenguas». Veamos el texto.

Cuando llegó el día de Pentecostés, estaban todos unánimes juntos. Y de repente vino del cielo un estruendo como de un viento recio que soplaba, el cual llenó toda la casa donde estaban sentados; y se les aparecieron lenguas repartidas, como de fuego, asentándose sobre cada uno de ellos. Hechos 2:1—3 RVR1960

Al afirmar esto, están a la vez diciendo que creyentes que no hablan en lenguas, no han sido bautizados con el Espíritu Santo.

Algunos grupos más radicales dentro de movimientos pentecostales van más allá, llegando a decir que un creyente que no habla en lenguas sencillamente «no tiene el Espíritu Santo».

Esto es un error.

Un error que pudiera tener muchas cosas positivas, sin embargo no deja de ser un error.

Lo positivo de esta interpretación puede ser que los creyentes busquen y persistan en tener esta «segunda experiencia», lo que motivará a la santidad y la perseverancia en una vida de intimidad con Dios. También, y como resultado de esto, la motivación al evangelismo por medio de la obediencia es más intensa y pudiera decir dinámica dentro de círculos pentecostales. La historia del evangelismo en Latinoamérica lo puede confirmar.

Sin embargo, esto no quiere decir que esa teología del bautismo con o en el Espíritu Santo sea correcta.

Los grandes evangelistas y predicadores de la historia, como George Whitefield[18], Charles H. Spurgeon[19], y muchos otros, no creían que el hablar en lenguas era evidencia del bautismo con o en el Espíritu Santo.

Es un error, porque no podemos hacer doctrina de un relato histórico o de una experiencia que pudo haber sucedido pocas veces durante un período limitado.

Lo que sucedió el día de Pentecostés y la manera en cómo sucedió es un acontecimiento histórico único. No es repetible al igual que la crucifixión, la resurrección o la ascensión.

Lo que significa que aún cuando experimentar un evento similar al del Pentecostés en nuestra vida, sería una gran bendición, no podemos forzar que se repita en nosotros como si fuera una regla.

Sería como querer que la experiencia de Moisés cuando Dios abrió el Mar Rojo se repita en nosotros. Entonces, Dios tendría que abrir el Mar Rojo para cada creyente.

En 1 Corintios 12:30 vemos claramente que no se espera que todos los creyentes hablen en lenguas. Además, el texto dice claramente que hablar en lenguas es un «don» y no una evidencia de que alguien tenga el Espíritu Santo. Leamos el texto.

> *¿Tienen todos dones de sanidad? ¿hablan todos lenguas? ¿interpretan todos?*
> *1 Corintios 12:30* RVR1960

Yo me considero continuacionista[20]. Personalmente creo en la operación del don de lenguas y los otros dones espirituales en la congregación. Sin embargo, no creo que el don de lenguas sea la evidencia de que alguien ha sido bautizado con el Espíritu Santo y mucho menos en la afirmación de que alguien que no habla en lenguas no tenga al Espíritu Santo.

El Espíritu Santo mora en todo verdadero creyente. Recibimos el Espíritu Santo en el momento en que creemos en Jesucristo, y nuestra salvación es sellada por el Espíritu Santo.

Es más. Sin el Espíritu Santo, no es posible que alguien pueda creer en Cristo y confesarlo como su salvador personal.

Es el Espíritu Santo quien nos convence de pecado y nos trae a Cristo.

Veamos estos textos.

> *Y el que nos confirma con vosotros en Cristo, y el que nos ungió, es Dios, el cual también nos ha sellado, y nos ha dado las arras del Espíritu en nuestros corazones. Mas yo invoco a Dios por testigo sobre mi alma, que por ser indulgente con vosotros no he pasado todavía a Corinto. 2 Corintios 1:21—23* RVR1960

> *En él también vosotros, habiendo oído la palabra de verdad, el evangelio de vuestra salvación, y habiendo creído en él, fuisteis sellados con el Espíritu Santo de la promesa… Efesios 1:13* RVR1960

Note la claridad y el orden en este último texto.

1. Habiendo oído la palabra de verdad

2. Habiendo creído en Él

3. Fuisteis sellados con el Espíritu Santo de la promesa

Si tú has oído la palabra de verdad y has creído en Cristo. Si le has confesado como Señor y Salvador de tu vida y ahora eres un creyente, entonces has sido sellado con el Espíritu Santo. El Espíritu Santo de Dios mora en ti. Y esto es «todo» el Espíritu Santo, porque «Dios no da el Espíritu por medida» (Juan 3:34).

En el libro de Hechos vemos un número de conversiones y varias no mencionan el hablar en lenguas.

Y sí. Vemos el don de lenguas, al igual que otros dones en operación abundantemente, pero no como evidencia de que alguien ha sido o no sellado con el Espíritu.

La señal de «tener el Espíritu Santo» para el creyente es «haber creído», no es hablar en lenguas.

12

LA LLENURA DEL ESPÍRITU SANTO

Cuando hablamos de la llenura, no la tratamos como una experiencia que con la evidencia de «hablar en lenguas» determinaría si un creyente tiene o no el Espíritu Santo.

Ya hemos establecido que para que una persona sea salva, tiene que haber sido por el Espíritu Santo, «nadie puede llamar a Jesús Señor, sino por el Espíritu Santo» (1 Corintios 12:3).

Sin embargo, vemos en el texto sagrado que el Espíritu Santo en varias ocasiones «llenó» con poder a los creyentes para que estos pudieran ser testigos eficaces.

> *Y fueron todos llenos del Espíritu Santo, y comenzaron a hablar en otras lenguas, según el Espíritu les daba que hablasen.* Hechos 2:4 RVR1960

Este acontecimiento que hemos leído en Hechos 2 no es único. Es algo que ocurre en varias ocasiones en la historia de los primeros seguidores de Cristo. Veamos lo que sucede en Hechos 4.

> *Cuando hubieron orado, el lugar en que estaban congregados tembló; y todos fueron llenos del Espíritu Santo, y hablaban con denuedo la palabra de Dios.* Hechos 4:31 RVR1960

Note que hablar en lenguas al ser llenos del Espíritu Santo no era la regla. En Hechos 2 vemos que al ser llenos «comenzaron a hablar en otras lenguas», sin embargo en Hechos 4 no lo vemos. Más bien dice el texto que «todos fueron llenos del Espíritu Santo, y hablaban con denuedo la palabra de Dios». Entonces, «denuedo para hablar la Palabra de Dios» puede también ser un resultado de la llenura.

Vemos que en la Iglesia primitiva estar «llenos del Espíritu Santo» era un requisito para el servicio.

> *Buscad, pues, hermanos, de entre vosotros a siete varones de buen testimonio, llenos del Espíritu Santo y de sabiduría, a quienes encarguemos de este trabajo.* Hechos 6:3 RVR1960

Vemos que Esteban, que era uno de los siete, estaba «lleno de gracia y de poder», y como resultado de esa llenura, «hacía grandes prodigios y señales entre el pueblo» (Hechos 6:8).

De hecho, los discípulos del Señor durante esa era primitiva de la iglesia compartían esa característica.

> *Y los discípulos estaban llenos de gozo y del Espíritu Santo.* Hechos 13:52 RVR1960

> *Pero Esteban, lleno del Espíritu Santo, puestos los ojos en el cielo, vio la gloria de Dios, y a Jesús que estaba a la diestra de Dios...* Hechos 7:55 RVR1960

Pablo fue lleno del Espíritu Santo por la imposición de manos.

> *Fue entonces Ananías y entró en la casa, y poniendo sobre él las manos, dijo: Hermano Saulo, el Señor Jesús, que se te apareció en el camino por donde venías, me ha enviado para que recibas la vista y seas lleno del Espíritu Santo.* Hechos 9:17 RVR1960

Ministró, lleno del Espíritu Santo.

> *Entonces Saulo, que también es Pablo, lleno del Espíritu Santo, fijando en él los ojos...* Hechos 13:9 RVR1960

Pablo también, insta a todo creyente a ser lleno del Espíritu Santo.

> *No os embriaguéis con vino, en lo cual hay disolución; antes bien sed llenos del Espíritu...* Efesios 5:18 RVR1960

Entonces, tenemos la teología y el consejo bíblico para que como ministros del evangelio busquemos ser llenos —y vivir vidas llenas— del Espíritu Santo.

Para ser buenos testigos de Cristo, es necesario que tengamos esa llenura.

El Señor no nos envió a cumplir Su comisión de «ir y hacer discípulos en todas las naciones» sin darnos el poder para poder ejecutar ese mandato.

Tanto el «poder» como el ser «testigos» están entrelazados.

> *...pero recibiréis poder, cuando haya venido sobre vosotros el Espíritu Santo, y me seréis testigos en Jerusalén, en toda Judea, en Samaria, y hasta lo último de la tierra. Hechos 1:8* RVR1960

Entonces, seamos llenos del Espíritu para que podamos ser buenos testigos.

13

LOS DONES DEL ESPÍRITU SANTO

Otra vez entramos en una parte del tema donde existen diferencias de interpretación, y algunos extremos controversiales. Es necesario que estudiemos con cuidado los textos sagrados.

Pablo nos enseña que hay dones de ministerio (dados al cuerpo de Cristo), y dones del Espíritu que operan dentro de la vida de la congregación local.

El apóstol nos dice claramente que los dones son del Espíritu y los ministerios son del Señor. De hecho, lo divide en tres: 1) dones, 2) ministerios y 3) operaciones. Veamos el texto.

> *Ahora bien, hay diversidad de dones, pero el Espíritu es el mismo. Y hay diversidad de ministerios, pero el Señor es el mismo. Y hay diversidad de operaciones, pero Dios, que hace todas las cosas en todos, es el mismo. 1 Corintios 12:4—6* RVR1960

Hablemos de los dones y los ministerios. Para qué son dados y cómo operan.

Comencemos por la teología.

Existen dos escuelas principales en la interpretación de dones y ministerios. Continuísmo y cesacionismo.

El continuismo es la creencia de que todos los dones espirituales, incluidas las sanidades, las lenguas y los milagros, todavía están en funcionamiento hoy, tal como lo estaban en los días de la iglesia primitiva. Un continuacionista cree que los dones espirituales han "continuado" sin cesar desde el Día de Pentecostés y que la iglesia de hoy tiene acceso a todos los dones espirituales mencionados en la Biblia[21].

El cesacionismo cree que los «dones espirituales» como lenguas, sanidades, etc... han cesado. Que el fin de la era apostólica provocó el cese de los milagros asociados con esa era. La mayoría de los cesacionistas creen que, si bien Dios puede y todavía realiza milagros hoy, el Espíritu Santo ya no usa a individuos para realizar señales milagrosas[22].

Y claro que en cada uno de estos dos campos hay variaciones. Algunos más extremistas y otros más moderados.

Como ya mencioné antes, yo soy continuacionista, creo que los dones del Espíritu están en completa función en la iglesia hoy en día. Sin embargo difiero con otros continuacionistas en cuanto al orden con que los dones del Espíritu se manifiestan en la iglesia. Y en cuanto a los dones de ministerio, tengo diferencias con otros continuacionistas, especialmente carismáticos modernos o neo-pentecostales por la forma en que interpretan la función de los oficios de apóstoles y profetas en la era post-fundacional. Esto lo explicaré con más detalles más adelante.

Entonces, para un estudio ordenado, separemos los dones del Espíritu de los dones de ministerio.

Dones del Espíritu

Primero quiero decir que es bendición estudiar este tema. El apóstol Pablo nos insta a hacerlo.

> *No quiero, hermanos, que ignoréis acerca de los dones espirituales. 1 Corintios 12:1* RVR1960

Entremos en la función de los dones.

Pablo dice «hay diversidad de dones, pero el Espíritu es el mismo» (1 Corintios 12:4). Lo cual nos enseña claramente la variedad de dones y cómo estos están repartidos entre los creyentes.

No todos los creyentes poseen el mismo don, pues el Espíritu Santo reparte como Él quiere —recuerda que Dios es soberano.

> *Pero todas estas cosas las hace uno y el mismo Espíritu, repartiendo a cada uno en particular como él quiere.* 1 Corintios 12:11 RVR1960

Ahora, en la lista de los dones del Espíritu aparecen varios. Los pentecostales en su mayoría los enseñan como nueve dones. De hecho, ellos les llaman «los nueve dones del Espíritu». Yo creo que hay mucho más de nueve dones, y que por supuesto todos son dados por el Espíritu Santo, sin embargo, no todos los dones tienen «expresiones sobrenaturales», y es por esto que ellos enseñan estos nueves de la lista de 1 Corintios 12, porque ciertamente en esta lista, estos nueve dones operan sobrenaturalmente.

Entonces, hablaré de estos nueve dones que tienen expresiones sobrenaturales primero y luego hablaré de otros, que aunque quizá no sean tan llamativos a los ojos de muchos creyentes, no dejan de tener la misma importancia que estos en esta lista.

Veamos.

> *Porque a este es dada por el Espíritu palabra de sabiduría; a otro, palabra de ciencia según el mismo Espíritu; a otro, fe por el mismo Espíritu; y a otro, dones de sanidades por el mismo Espíritu. A otro, el hacer milagros; a otro, profecía; a otro, discernimiento de espíritus; a otro, diversos géneros de lenguas; y a otro, interpretación de lenguas.* 1 Corintios 12:8—10 RVR1960

Al estudiar estos dones sobrenaturales, muchos los dividen en tres grupos.

Dones de revelación

- Palabra de sabiduría
- Palabra de ciencia
- Discernimiento de espíritus

Dones de poder

- Fe
- Dones de sanidades
- El hacer milagros

Dones de inspiración

- Profecía
- Diversos géneros de lenguas
- Interpretación de lenguas

Explicaré brevemente cada uno.

Palabra de sabiduría

Horton[23] dice: «La palabra de Sabiduría es la revelación sobrenatural por el Espíritu Santo, de propósitos divinos; la declaración sobrenatural de la mente y voluntad de Dios».

Esto no se refiere a la sabiduría natural que el creyente va acumulando a través del tiempo por medio del estudio y conocimiento de los textos sagrados. La sabiduría para tomar decisiones, para aconsejar, para resolver conflictos, etc...

Por ser un don del Espíritu, esta es una operación que el Espíritu Santo hace a través de un creyente independientemente del estudio, intelecto o experiencia natural. Es la mente de Dios siendo revelada en cuanto a un asunto, cosa o evento, y esto sucede en un instante y sobrenaturalmente.

Se puede también definir como «instrucciones que Dios da a los hombres, que vienen de Su conocimiento del futuro». Por medio de este don, Dios puede guiar a un creyente a tomar una decisión o un rumbo sobrenaturalmente.

Un ejemplo pudiera ser el evento de Pedro cuando el Señor lo impulsó a llevar el evangelio a casa de Cornelio.

> *Y mientras Pedro pensaba en la visión, le dijo el Espíritu: He aquí, tres hombres te buscan. Levántate, pues, y desciende y no dudes de ir con ellos, porque yo los he enviado. Hechos 10:19,20* RVR1960

Note que el texto dice «le dijo el Espíritu».

Algo que es importante señalar es que los dones espirituales no son para la mera demostración del don en sí. Los dones tienen un propósito.

¿Cuál era el propósito de esta manifestación que experimentó Pedro?

Pedro anunció las buenas nuevas a todos los que estaban reunidos en casa de Cornelio. Le predicó el «perdón de pecados»(v.43) por medio de Jesús. ¿Y cuál fue el resultado?

> *Mientras aún hablaba Pedro estas palabras, el Espíritu Santo cayó sobre todos los que oían el discurso. Y los fieles de la circuncisión que habían venido con Pedro se quedaron atónitos de que también sobre los gentiles se derramase el don del Espíritu Santo. Porque los oían que hablaban en lenguas, y que magnificaban a Dios. Hechos 10:44—46* RVR1960

Estos gentiles creyeron en Jesús, y también fueron llenos del Espíritu Santo. Note que dice el texto que «hablaban en otras lenguas». Es decir, que la misma experiencia que los apóstoles habían tenido el día de Pentecostés, ahora la estaban teniendo los gentiles.

Debemos distinguir entre la «palabra de sabiduría» y la «palabra de ciencia». Son parecidas, sin embargo operan en dos esferas separadas.

La «palabra de ciencia» es una revelación de sucesos pasados o presentes, fuera de nuestro conocimiento natural, en cambio la «palabra de sabiduría» revela los propósitos de Dios en cuanto a cosas, personas, instrucciones en cuanto al futuro, etc...

Palabra de ciencia

Harold Horton[24] dice: «La Palabra de Ciencia como está revelada en las Escrituras, es la revelación de una manera espiritual y sobrenatural de ciertas cosas de la mente de Dios».

Algunas versiones lo traducen «palabra de conocimiento». Se llama «palabra de ciencia» o «palabra de conocimiento» porque Dios no nos revela todo Su conocimiento, solamente en porciones pequeñas para usar en alguna necesidad o situación temporaria.

Es un fragmento del conocimiento divino. No es el conocimiento que viene por estudiar o por medio de la inteligencia natural. Es conocimiento que solamente tiene Dios, y por la operación del Espíritu Santo y en el momento que agrada a Dios revelarlo, lo hará para cumplir un propósito específico.

Puede ser que este don estuviera en operación cuando Pedro (un pescador sin educación profunda) tuvo la revelación de que Jesús es el Cristo, el Hijo de Dios.

> *Respondiendo Simón Pedro, dijo: Tú eres el Cristo, el Hijo del Dios viviente.* Mateo 16:16 RVR1960

Podemos ver instancias donde el Espíritu revela conocimiento en útiles situaciones.

Para avisar al Rey de los planes del enemigo

> *Y el varón de Dios envió a decir al rey de Israel: Mira que no pases por tal lugar, porque los sirios van allí. Entonces el rey de Israel envió a aquel lugar que el varón de Dios había dicho; y así lo hizo una y otra vez con el fin de cuidarse. Y el corazón del rey de Siria se turbó por esto; y llamando a sus siervos, les dijo: ¿No me declararéis vosotros quién de los nuestros es del rey de Israel? Entonces uno de los siervos dijo: No, rey señor mío, sino que el profeta Eliseo está en Israel, el cual declara al rey de Israel las palabras que tú hablas en tu cámara más secreta.* 2 Reyes 6:9—12 RVR1960

Para convencer a un pecador de su necesidad de salvación

> *...porque cinco maridos has tenido, y el que ahora tienes no es tu marido; esto has dicho con verdad.* Juan 4:18 RVR1960

Para completar el propósito de Dios en la elección de un apóstol

Y el Señor le dijo: Levántate, y ve a la calle que se llama Derecha, y busca en casa de Judas a uno llamado Saulo, de Tarso; porque he aquí, él ora... Hechos 9:11 RVR1960

Para revelar secretos escondidos

Y dijo Pedro: Ananías, ¿por qué llenó Satanás tu corazón para que mintieses al Espíritu Santo, y sustrajeses del precio de la heredad? Hechos 5:3 RVR1960

Para conocer los pensamientos de los hombres

Pero Jesús mismo no se fiaba de ellos, porque conocía a todos... Juan 2:24 RVR1960

Discernimiento de espíritus

El «discernimiento de espíritus» discierne o trae a la luz o desenmascara el espíritu que realmente está operando en cierta situación.

No creo que se limite solamente a espíritus inmundos como vemos en el ministerio terrenal de Jesús antes de ir a la cruz y destruir de una vez y por todas «en su muerte, a quien tenía el imperio de la muerte, esto es, al diablo» (Hebreos 2:14).

Es importante saber lo que sucedió en la cruz, y como Jesús venció a las potestades (Colosenses 2:15), para no andar ministrando como se hacía cuando todavía estaba vigente el Antiguo Pacto. Algunos creyentes por desconocimiento suelen andar buscando demonios en todo, porque no saben todo lo que Cristo logró en Su sacrificio perfecto.

Creo que este don también nos permite ver las verdaderas intenciones o el verdadero espíritu que está detrás de las maquinaciones de personas que vienen a engañarnos o hacernos daño.

Aunque el diablo ha sido destruido, existen hijos del diablo operando y haciendo el trabajo de las tinieblas en nuestro tiempo.

Veamos este don operando en el ministerio de Pablo.

> *Entonces Saulo, que también es Pablo, lleno del Espíritu Santo, fijando en él los ojos, dijo: ¡Oh, lleno de todo engaño y de toda maldad, hijo del diablo, enemigo de toda justicia! ¿No cesarás de trastornar los caminos rectos del Señor?* Hechos 13:9,10 RVR1960

Otra vez lo vemos en operación en este evento.

> *Aconteció que mientras íbamos a la oración, nos salió al encuentro una muchacha que tenía espíritu de adivinación, la cual daba gran ganancia a sus amos, adivinando.* Hechos 16:16 RVR1960

Fe

Siendo un don sobrenatural, el don de fe, no es igual a la fe común que naturalmente un ser humano puede tener.

De hecho, todos tenemos una medida de fe.

> *...conforme a la medida de fe que...* Romanos 12:3,6 RVR1960

Sin embargo, el don de fe, es una manifestación de fe sobrenatural que opera en el creyente en un momento donde se requiere.

Esto no quiere decir que una persona (con el don de fe) tenga super fe, o sobreabundante fe en todo momento. Es sólo cuando el Espíritu en Su soberanía activa esa fe en una circunstancia temporal.

Por ejemplo, Elías, tuvo fe para enfrentar y destruir a los profetas de Baal (1 Reyes 18:20—40), sin embargo poco después se deprimió, deseando morirse (1 Reyes 19:4).

El don de fe tampoco es la fe para salvación. El Señor nos dio por gracia la fe necesaria para ser salvos.

> *Porque por gracia sois salvos por medio de la fe; y esto no de vosotros, pues es don de Dios...* Efesios 2:8 RVR1960

Note que dice «no de vosotros». La salvación es toda por gracia y disponible a todo aquél que cree.

El «don de fe» consiste en una fe en lo que parece imposible. Es dotado por Dios, en forma sobrenatural por la operación del Espíritu Santo.

Con Pablo en la isla de Malta vemos algo que no tiene explicación natural.

> *Estando ya a salvo, supimos que la isla se llamaba Malta. Y los naturales nos trataron con no poca humanidad; porque encendiendo un fuego, nos recibieron a todos, a causa de la lluvia que caía, y del frío. Entonces, habiendo recogido Pablo algunas ramas secas, las echó al fuego; y una víbora, huyendo del calor, se le prendió en la mano. Cuando los naturales vieron la víbora colgando de su mano, se decían unos a otros: Ciertamente este hombre es homicida, a quien, escapado del mar, la justicia no deja vivir. Pero él, sacudiendo la víbora en el fuego, ningún daño padeció. Ellos estaban esperando que él se hinchase, o cayese muerto de repente; mas habiendo esperado mucho, y viendo que ningún mal le venía, cambiaron de parecer y dijeron que era un dios.* Hechos 28:1—6 RVR1960

Después de todo lo que habían padecido en el mar, el naufragio, y haber llegado al punto de haber perdido toda esperanza de vida, es evidente que al llegar a la isla de Malta, Pablo y todos los náufragos estaban agotados, física y mentalmente. Para luego ser mordido Pablo por una serpiente, es como decir «el colmo». Es muy difícil que fe natural habría actuado en ese milagro. Pablo se mantuvo vivo porque la fe sobrenatural que es dada sólo por el Espíritu en momentos especiales fue manifestada. Tal es así, que los locales pensaban que Pablo era un dios.

Quiero compartirles otro evento en el cual yo creo que el don de fe estaba en manifestación.

> *Pedro y Juan subían juntos al templo a la hora novena, la de la oración. Y era traído un hombre cojo de nacimiento, a quien ponían cada día a la puerta del templo que se llama la Hermosa, para que pidiese limosna de los que entraban en el templo. Este, cuando vio a Pedro y a Juan que iban a entrar en el templo, les rogaba que le diesen limosna. Pedro, con*

> *Juan, fijando en él los ojos, le dijo: Míranos. Entonces él les estuvo atento, esperando recibir de ellos algo. Mas Pedro dijo: No tengo plata ni oro, pero lo que tengo te doy; en el nombre de Jesucristo de Nazaret, levántate y anda. Y tomándole por la mano derecha le levantó; y al momento se le afirmaron los pies y tobillos; y saltando, se puso en pie y anduvo; y entró con ellos en el templo, andando, y saltando, y alabando a Dios. Y todo el pueblo le vio andar y alabar a Dios. Y le reconocían que era el que se sentaba a pedir limosna a la puerta del templo, la Hermosa; y se llenaron de asombro y espanto por lo que le había sucedido. Hechos 3:1—16* RVR1960

Creo que el momento clave en la manifestación del don de fe en ese pasaje es cuando Pedro toma por la mano derecha y le dice «en el nombre de Jesucristo de Nazaret, levántate y anda».

Este don se manifiesta cuando un milagro está a punto de ocurrir, y nuestras acciones al respecto son de tanta valentía, tanto denuedo, que sabemos que verdaderamente no somos nosotros, sino que es el Espíritu Santo en nosotros y por medio de nosotros haciendo el milagro.

He visto varios milagros en nuestros años de ministerio, especialmente en los años de misiones cuando viajábamos mi esposa y yo con una carpa de ciudad en ciudad. Recuerdo una vez que una señora fue traída en una silla de ruedas. Yo estaba predicando, y ella en la silla de ruedas estaba al lado de una de las torres de la carpa (esa carpa tenía 10 torres). Recuerdo que de pronto sentí la valentía y urgencia de decirle que se pusiera en pie y abandonara la silla de ruedas. Por unos segundos todos en mi equipo me miraron asustados —pensaban que me había vuelto loco— pero la señora se puso de pie y dejó la silla de ruedas.

El milagro había sucedido, y por el resto de esa cruzada, todos los días que siguieron, ella vino caminando por sus propios pies desde su casa para testimonio del poder de Dios. Como resultado, otros en la ciudad que la conocían, vinieron a la carpa admirados y muchos se entregaron a Cristo.

Yo se que naturalmente nunca hubiera tenido el valor o el atrevimiento para hacer algo así. Estoy convencido que era el don de fe operando. Fue todo obra del Espíritu, y la gloria es solamente de Jesús.

Dones de sanidades

Los «dones de sanidades» son provistos por Dios, en momentos determinados y según Su voluntad.

No creo que un creyente particular sea poseedor de este don que pueda estar activo en él todo el tiempo. Si fuera así, todos fueran sanados cuando este creyente orara por ellos, y sabemos que no sucede así.

Durante nuestros eventos evangelísticos (especialmente en las misiones), he visto a muchas personas ser sanadas sobrenaturalmente, pero también he visto a muchos venir y recibir la oración con fe y regresar a sus hogares enfermos.

Lo que me convence de dos cosas.

> 1- Los dones de sanidades no radican (no moran) en un individuo

> 2- Estos dones son activados cuando el Espíritu quiere y como Él quiere

También vemos que aparece en plural. Dice «dones de sanidades».

Dones de sanidades operaron intensamente en el ministerio terrenal de Jesús.

> ...cómo Dios ungió con el Espíritu Santo y con poder a Jesús de Nazaret, y cómo éste anduvo haciendo bienes y sanando a todos los oprimidos por el diablo, porque Dios estaba con él. Hechos 10:38 RVR1960

Así vemos a Jesús sanando enfermos durante los evangelios históricos, y cuando está en cuestión si es Su voluntad sanar, vemos que Jesús jamás negó sanidad a alguien.

> Y he aquí vino un leproso y se postró ante él, diciendo: Señor, si quieres, puedes limpiarme. Jesús extendió la mano y le tocó, diciendo: Quiero; sé limpio. Y al instante su lepra desapareció. Mateo 8:2,3 RVR1960

Muchos dentro de grupos pentecostales y carismáticos usan textos como este para afirmar que siempre es la voluntad de Dios sanar. Sin embargo, vemos a

Pablo —el perito arquitecto que ordenó la doctrina del nuevo pacto para la iglesia gentil— padecer de enfermedades en más de una ocasión.

> *Pues vosotros sabéis que a causa de una enfermedad del cuerpo os anuncié el evangelio al principio...* Gálatas 4:13 RVR1960

> *¿Dónde, pues, está esa satisfacción que experimentabais? Porque os doy testimonio de que si hubieseis podido, os hubierais sacado vuestros propios ojos para dármelos.* Gálatas 4:15 RVR1960

Algunos han especulado si Pablo padecía de ceguedad por causa de haber enfrentado el resplandor de la gloria de Cristo en su encuentro con Él cuando iba camino a Damasco. Ahí vemos que Pablo quedó ciego por varios días.

> *Entonces Saulo se levantó de tierra, y abriendo los ojos, no veía a nadie; así que, llevándole por la mano, le metieron en Damasco, donde estuvo tres días sin ver, y no comió ni bebió.* Hechos 9:8,9 RVR1960

Claro que un milagro de sanidad ocurrió cuando el Señor envió a Ananías a orar por él.

> *Y el Señor le dijo: Levántate, y ve a la calle que se llama Derecha, y busca en casa de Judas a uno llamado Saulo, de Tarso; porque he aquí, él ora, y ha visto en visión a un varón llamado Ananías, que entra y le pone las manos encima para que recobre la vista. Fue entonces Ananías y entró en la casa, y poniendo sobre él las manos, dijo: Hermano Saulo, el Señor Jesús, que se te apareció en el camino por donde venías, me ha enviado para que recibas la vista y seas lleno del Espíritu Santo. Y al momento le cayeron de los ojos como escamas, y recibió al instante la vista; y levantándose, fue bautizado.* Hechos 9:11,12,17,18 RVR1960

Esto es por supuesto especulación, pero lo que sí es cierto es que Pablo tuvo subsecuentemente problemas con su vista. A los Gálatas les dice: «Mirad con cuán grandes letras os escribo» (Gálatas 6:11).

Pablo en lugar de orar por Timoteo y reprender la enfermedad (como harían muchos predicadores hoy) más bien le recomendó que dejara de tomar agua y tomara vino —en muchos lugares en esa época el agua no era muy potable.

> *Ya no bebas agua, sino usa de un poco de vino por causa de tu estómago y de tus frecuentes enfermedades. 1 Timoteo 5:23* RVR1960

Note que dice que Timoteo padecía de «frecuentes enfermedades».

El profeta Eliseo, después que Dios lo usó para traer sanidad a otros en múltiples ocasiones, —aún llegar a resucitar a un niño— murió enfermo.

> *Estaba Eliseo enfermo de la enfermedad de que murió. 2 Reyes 13:14* RVR1960

Entonces, debemos reconocer que Dios usa vasos imperfectos, de barro, para Su gloria.

> *Pero tenemos este tesoro en vasos de barro, para que la excelencia del poder sea de Dios, y no de nosotros… 2 Corintios 4:7* RVR1960

Él es el dador de los dones, los activa cuando Él quiere, y lo hace conforme al propósito de Su voluntad, y para gloria y honra de Su Santo Nombre.

En la historia de la iglesia primitiva, vemos dones de sanidades en operación en muchas ocasiones.

Pedro pidió denuedo para hablar Su palabra y que Dios extendiera Su mano para que «sanidades» se hicieran en el nombre de Jesús.

> *Y ahora, Señor, mira sus amenazas, y concede a tus siervos que con todo denuedo hablen tu palabra, mientras extiendes tu mano para que se hagan sanidades y señales y prodigios mediante el nombre de tu santo Hijo Jesús. Hechos 4:29,30* RVR1960

Santiago habla de que los ancianos de la iglesia, si hay enfermos, los unjan con aceite y oren por ellos.

> *¿Está alguno enfermo entre vosotros? Llame a los ancianos de la iglesia, y oren por él, ungiéndole con aceite en el nombre del Señor. Santiago 5:14* RVR1960

Santiago también dice: «Una oración ofrecida con fe, sanará al enfermo, y el Señor hará que se recupere; y si ha cometido pecados, será perdonado» (Santiago 5:15 NTV).

La práctica de ungir con aceite no es un requisito para la sanidad. Esta práctica viene del judaísmo, y aunque vemos a Santiago practicarla (siendo que él viene de la circuncisión), no vemos a Pablo practicarla entre los gentiles. Más sobre eso en otros recursos[25].

El hacer milagros

¿Puede Dios hacer milagros hoy en día?

Claro que sí.

> *Jesucristo es el mismo ayer, y hoy, y por los siglos. Hebreos 13:8* RVR1960
>
> *Toda buena dádiva y todo don perfecto desciende de lo alto, del Padre de las luces, en el cual no hay mudanza, ni sombra de variación. Santiago 1:17* RVR1960
>
> *Porque yo Jehová no cambio… Malaquías 3:6* RVR1960

Ahí está. Dios no cambia, en Él no hay mudanza ni sombra de variación.

Comencemos por milagros en la vida y ministerio terrenal de Jesús.

Leamos sobre uno de los milagros más populares que aún en el mundo secular se menciona con frecuencia.

Jesús convierte el agua en vino

> *Al tercer día se hicieron unas bodas en Caná de Galilea; y estaba allí la madre de Jesús. Y fueron también invitados a las bodas Jesús y sus discípulos. Y faltando el vino, la madre de Jesús le dijo: No tienen vino.*
> *Jesús le dijo: ¿Qué tienes conmigo, mujer? Aún no ha venido mi hora. Su madre dijo a los que servían: Haced todo lo que os dijere.*
> *Y estaban allí seis tinajas de piedra para agua, conforme al rito de la purificación de los judíos, en cada una de las cuales cabían dos o tres cántaros.*
> *Jesús les dijo: Llenad estas tinajas de agua. Y las llenaron hasta arriba. Entonces les dijo: Sacad ahora, y llevadlo al maestresala. Y se lo llevaron. Cuando el maestresala probó el agua hecha vino, sin saber él de dónde era,*

> *aunque lo sabían los sirvientes que habían sacado el agua, llamó al esposo, y le dijo: Todo hombre sirve primero el buen vino, y cuando ya han bebido mucho, entonces el inferior; mas tú has reservado el buen vino hasta ahora.*
>
> *Este principio de señales hizo Jesús en Caná de Galilea, y manifestó su gloria; y sus discípulos creyeron en él. Después de esto descendieron a Capernaum, él, su madre, sus hermanos y sus discípulos; y estuvieron allí no muchos días. Juan 2:1—12* RVR1960

¿Cuál es la definición de milagro?

La Real Academia Española dice:

> *Hecho no explicable por las leyes naturales y que se atribuye a intervención sobrenatural de origen divino.*[26]

Podemos decir que convertir agua en vino viola las leyes físicas y naturales ¿no cree?

Para entender los «milagros» es necesario distinguir entre la constante providencia soberana de Dios y Sus actos extraordinarios. Creer en milagros, debe armonizarse con el contexto de que la creación constantemente depende de la actividad sustentadora de Dios y está sujeta a Su voluntad soberana. La creación y existencia continua de todas las cosas es por sí un milagro.

> *Porque en él fueron creadas todas las cosas, las que hay en los cielos y las que hay en la tierra, visibles e invisibles; sean tronos, sean dominios, sean principados, sean potestades; todo fue creado por medio de él y para él. Y él es antes de todas las cosas, y todas las cosas en él subsisten… Colosenses 1:16,17* RVR1960

Sin embargo, cuando hablamos del don para hacer milagros, podemos decir que este es un don específico que opera en la Iglesia en momentos o situaciones donde solo una intervención sobrenatural de parte de Dios traerá respuesta.

Milagros en la historia de la iglesia primitiva

Veamos algunos milagros ocurridos en el libro de los Hechos. Es importante decir que a veces la línea entre un milagro o la operación de otro don es muy fina. Por ejemplo, en algunos eventos, vemos dones de sanidades, y milagros operando al mismo tiempo. De hecho, sanidades son milagros. Sin embargo a veces vemos intervenciones divinas que no tienen nada que ver con sanidades.

1. Curación de un cojo (Hechos 3:6,7)

Pedro y Juan, subían al templo a orar como a la hora novena, y a la puerta del templo llamada la hermosa, traían a diario, a un cojo de nacimiento, este cojo cuando los vio, les pedía que le dieran limosna.

> *Mas Pedro dijo: No tengo plata ni oro, pero lo que tengo te doy; en el nombre de Jesucristo de Nazaret, levántate y anda. Y tomándole por la mano derecha le levantó; y al momento se le afirmaron los pies y tobillos… Hechos 3:6,7* RVR1960

2. Un ángel del Señor, libera a Pedro (Hechos 5:18—21)

Pedro y Juan estando en el pórtico de Salomón fueron apresados, pero un ángel del Señor les abrió las puertas de noche, los sacó y les dijo, que fueran al templo a predicar.

> *…y echaron mano a los apóstoles y los pusieron en la cárcel pública. Mas un ángel del Señor, abriendo de noche las puertas de la cárcel y sacándolos, dijo: Id, y puestos en pie en el templo, anunciad al pueblo todas las palabras de esta vida. Habiendo oído esto, entraron de mañana en el templo, y enseñaban. Hechos 5:18—21* RVR1960

3. Felipe, es arrebatado (Hechos 8:39,40)

Después de predicar al etíope, Felipe, es arrebatado por el Espíritu del Señor, y trasladado a un lugar llamado Azoto donde continuó predicando.

> *Cuando subieron del agua, el Espíritu del Señor arrebató a Felipe; y el eunuco no le vio más, y siguió gozoso su camino. Pero Felipe se encontró en Azoto; y pasando, anunciaba el evangelio en todas las ciudades, hasta que llegó a Cesarea. Hechos 8:39,40* RVR1960

4. Curación de Eneas (Hechos 9:32—35)

Pedro, visitando a los que habitaban en Lida, halló a Eneas, que tenía ocho años en cama, porque era paralítico.

> *Aconteció que Pedro, visitando a todos, vino también a los santos que habitaban en Lida. Y halló allí a uno que se llamaba Eneas, que hacía ocho años que estaba en cama, pues era paralítico. Y le dijo Pedro: Eneas, Jesucristo te sana; levántate, y haz tu cama. Y en seguida se levantó. Y le vieron todos los que habitaban en Lida y en Sarón, los cuales se convirtieron al Señor. Hechos 9:32—35* RVR1960

5. Resurrección de Tabita (Hechos 9:36—41)

Esta era una mujer que hacía muchas obras, y daba limosnas, pero enfermó y murió.

> *Había entonces en Jope una discípula llamada Tabita, que traducido quiere decir, Dorcas. Esta abundaba en buenas obras y en limosnas que hacía. Y aconteció que en aquellos días enfermó y murió. Después de lavada, la pusieron en una sala. Y como Lida estaba cerca de Jope, los discípulos, oyendo que Pedro estaba allí, le enviaron dos hombres, a rogarle: No tardes en venir a nosotros. Levantándose entonces Pedro, fue con ellos; y cuando llegó, le llevaron a la sala, donde le rodearon todas las viudas, llorando y mostrando las túnicas y los vestidos que Dorcas hacía cuando estaba con ellas. Entonces, sacando a todos, Pedro se puso de rodillas y oró; y volviéndose al cuerpo, dijo: Tabita, levántate. Y ella abrió los ojos, y al ver a Pedro, se incorporó. Y él, dándole la mano, la levantó; entonces, llamando a los santos y a las viudas, la presentó viva. Hechos 9:36—41* RVR1960

6. Pedro liberado de la cárcel por un ángel (Hechos 12:6—8)

El rey Herodes echó mano a algunos cristianos, entre ellos Jacobo, al cual mató a espada, luego Pedro fue aprendido, y le encarcelaron.

> *Y cuando Herodes le iba a sacar, aquella misma noche estaba Pedro durmiendo entre dos soldados, sujeto con dos cadenas, y los guardas delante de la puerta custodiaban la cárcel. Y he aquí que se presentó un ángel del Señor, y una luz resplandeció en la cárcel; y tocando a Pedro en el costado, le despertó, diciendo: Levántate pronto. Y las cadenas se le cayeron de las*

manos. Le dijo el ángel: Cíñete, y átate las sandalias. Y lo hizo así. Y le dijo: Envuélvete en tu manto, y sígueme. Hechos 12:6—8 RVR1960

7. Herodes muere herido por un ángel (Hechos 12:23)

Un día, Herodes salió vestido de ropas reales y se sentó en el tribunal, y el pueblo clamaba a gran voz diciendo que había llegado un dios. Debido a esto, un ángel del Señor le hirió, con una enfermedad de la que murió.

Al momento un ángel del Señor le hirió, por cuanto no dio la gloria a Dios; y expiró comido de gusanos. Hechos 12:23 RVR1960

8. Ceguera de Elimas (Hechos 13:9—11)

Mientras Bernabé y Pablo iniciaban su obra misionera en Chipre, al llegar a Salamín, predicaban en las sinagogas, y justamente en Páfos, hallaron a un falso profeta judío llamado Elimas, el cual andaba con un procónsul llamado Sergio Paulo, este hombre deseaba oír la palabra de Dios, pero Elimas se oponía. Esto fue lo que Dios hizo por medio de Pablo.

Entonces Saulo, que también es Pablo, lleno del Espíritu Santo, fijando en él los ojos, dijo: ¡Oh, lleno de todo engaño y de toda maldad, hijo del diablo, enemigo de toda justicia! ¿No cesarás de trastornar los caminos rectos del Señor? Ahora, pues, he aquí la mano del Señor está contra ti, y serás ciego, y no verás el sol por algún tiempo. E inmediatamente cayeron sobre él oscuridad y tinieblas; y andando alrededor, buscaba quien le condujese de la mano. Hechos 13:9—11 RVR1960

9. Sanación de un cojo en Listra (Hechos 14:8—10)

Este milagro de sanidad Dios lo hizo por medio de Pablo en Listra.

Y cierto hombre de Listra estaba sentado, imposibilitado de los pies, cojo de nacimiento, que jamás había andado. Este oyó hablar a Pablo, el cual, fijando en él sus ojos, y viendo que tenía fe para ser sanado, dijo a gran voz: Levántate derecho sobre tus pies. Y él saltó, y anduvo. Hechos 14:8—10 RVR1960

10. Un terremoto en la cárcel. Puertas y cadenas se abren (Hechos 16:25—32)

Vemos como Dios en este milagro saca a Pablo y a Silas de la cárcel y como resultado el carcelero fue salvo y ellos pudieron predicar el evangelio a todos los que estaban en su casa.

> *Pero a medianoche, orando Pablo y Silas, cantaban himnos a Dios; y los presos los oían. Entonces sobrevino de repente un gran terremoto, de tal manera que los cimientos de la cárcel se sacudían; y al instante se abrieron todas las puertas, y las cadenas de todos se soltaron. Despertando el carcelero, y viendo abiertas las puertas de la cárcel, sacó la espada y se iba a matar, pensando que los presos habían huido. Mas Pablo clamó a gran voz, diciendo: No te hagas ningún mal, pues todos estamos aquí. El entonces, pidiendo luz, se precipitó adentro, y temblando, se postró a los pies de Pablo y de Silas; y sacándolos, les dijo: Señores, ¿qué debo hacer para ser salvo? Ellos dijeron: Cree en el Señor Jesucristo, y serás salvo, tú y tu casa. Y le hablaron la palabra del Señor a él y a todos los que estaban en su casa. Hechos 16:25—32* RVR1960

11. La resurrección de Eutico (Hechos 20:7—12)

Me gusta que Pablo entregaba largas predicaciones. La iglesia primitiva no tenía las restricciones de tiempo que los predicadores experimentamos hoy en una sociedad de consumo. Veamos el milagro.

> *El primer día de la semana, reunidos los discípulos para partir el pan, Pablo les enseñaba, habiendo de salir al día siguiente; y alargó el discurso hasta la medianoche. Y había muchas lámparas en el aposento alto donde estaban reunidos; y un joven llamado Eutico, que estaba sentado en la ventana, rendido de un sueño profundo, por cuanto Pablo disertaba largamente, vencido del sueño cayó del tercer piso abajo, y fue levantado muerto. Entonces descendió Pablo y se echó sobre él, y abrazándole, dijo: No os alarméis, pues está vivo. Después de haber subido, y partido el pan y comido, habló largamente hasta el alba; y así salió. Y llevaron al joven vivo, y fueron grandemente consolados. Hechos 20:7—12* RVR1960

Es importante ver que en cada milagro, siempre vemos un resultado posterior, sea que la Palabra fue predicada, alguién fue salvo, los creyentes fueron consolados, etc... Les invito a regresar y con calma leer estos eventos que he mencionado antes en su contexto para que podamos notar este patrón. Todo milagro tiene un propósito, y Dios es siempre glorificado en todo, pues es Él quien hace los milagros.

Profecía

Al estudiar el «don de profecía», debemos distinguirlo del ministerio del profeta, o la profecía del Antiguo Testamento.

De hecho, la profecía en el Nuevo Testamento no tiene el propósito de revelar eventos del futuro, o guiar a los creyentes. Permítame explicar.

1. Toda la profecía bíblica en cuanto a eventos del futuro ya está escrita y el canon está cerrado.

2. Los creyentes, en el Nuevo Pacto no somos guiados por profetas. Todo creyente seguidor de Cristo ha sido sellado con el Espíritu Santo. Tenemos la guianza interna de Su Espíritu y la Palabra escrita.

Entonces, ¿para qué es la profecía en el Nuevo Pacto?

El texto claramente lo indica. La profecía en el Nuevo Pacto tiene tres propósitos. 1) edificación, 2) exhortación y 3) consolación.

> *Pero el que profetiza habla a los hombres para edificación, exhortación y consolación. 1 Corintios 14:3* RVR1960

En ningún momento es dedicada a guiar, o a hablar la mente de Dios o revelar la voluntad de Dios. Todas esas cosas ya están en la Palabra. La Biblia es suficiente guía de conducta, y todo lo que Dios quiere decir en cuanto al futuro ya está en Su Palabra.

¿Y qué de los profetas modernos que van de iglesia en iglesia dando profecías personales, profetizando a la gente qué ministerio tienen o con quién se deben casar?

Son falsos.

> *Y muchos falsos profetas se levantarán, y engañarán*

> a muchos... *Mateo 24:11* RVR1960

> *Pero hubo también falsos profetas entre el pueblo, como habrá entre vosotros falsos maestros, que introducirán encubiertamente herejías destructoras, y aun negarán al Señor que los rescató, atrayendo sobre sí mismos destrucción repentina.* 2 *Pedro 2:1* RVR1960

> *Amados, no creáis a todo espíritu, sino probad los espíritus si son de Dios; porque muchos falsos profetas han salido por el mundo.* 1 *Juan 4:1* RVR1960

Entonces, ¿existe el don de profecía dentro de la iglesia local?

Sí. Pero dentro de los parámetros bíblicos. Como dije antes, para edificación, exhortación y consolación.

Diversos géneros de lenguas

El hablar en lenguas era común en la iglesia primitiva. Yo creo que también está en operación hoy.

> *Mientras aún hablaba Pedro estas palabras, el Espíritu Santo cayó sobre todos los que oían el discurso. Y los fieles de la circuncisión que habían venido con Pedro se quedaron atónitos de que también sobre los gentiles se derramase el don del Espíritu Santo. Porque los oían que hablaban en lenguas, y que magnificaban a Dios.* Hechos 10:44—46 RVR1960

Pablo dice mucho sobre el «hablar en lenguas», y luego establece un orden. El dice lo siguiente:

1. Dones de lenguas son dados para primordialmente hablar con Dios, «el que habla en lenguas no habla a los hombres, sino a Dios» (1 Corintios 14:2).

2. Hablar en lenguas trae edificación personal a quien tiene el don. «El que habla en lengua extraña, a sí mismo se edifica» (1 Corintios 14:4).

3. Cuando se habla en lenguas públicamente la iglesia local puede ser edificada, pero debe haber interpretación (que es otro don) «...mayor es el que profetiza que el que habla en lenguas, a no ser que las interprete

para que la iglesia reciba edificación» (1 Corintios 14:5); «el que habla en lengua extraña, pida en oración poder interpretarla» (1 Corintios 14:13).

4. Pablo prefiere que se use en privado (orar en lenguas) que públicamente, pero si hay interpretación, lo anima, pues esto edifica a la iglesia.

Por lo cual, el que habla en lengua extraña, pida en oración poder interpretarla. Porque si yo oro en lengua desconocida, mi espíritu ora, pero mi entendimiento queda sin fruto. ¿Qué, pues? Oraré con el espíritu, pero oraré también con el entendimiento; cantaré con el espíritu, pero cantaré también con el entendimiento. Doy gracias a Dios que hablo en lenguas más que todos vosotros; pero en la iglesia prefiero hablar cinco palabras con mi entendimiento, para enseñar también a otros, que diez mil palabras en lengua desconocida. 1 Corintios 14:13,15,18,19 RVR1960

De hecho, Pablo dice que él mismo hablaba en lenguas (v.18).

5. Debe existir un orden para que la manifestación de «dones de lenguas» sea de edificación, de otra manera, en lugar de edificar traerá confusión. «Si, pues, toda la iglesia se reúne en un solo lugar, y todos hablan en lenguas, y entran indoctos o incrédulos, ¿no dirán que estáis locos? (1 Corintios 14:23)». Veamos esto con más detalles.

Orden

En la iglesia en Corinto existía mucho desorden en cuanto a la administración de los dones. Pablo tiene que corregir el problema.

Veamos lo que dice Pablo.

¿Qué hay, pues, hermanos? Cuando os reunís, cada uno de vosotros tiene salmo, tiene doctrina, tiene lengua, tiene revelación, tiene interpretación. Hágase todo para edificación. Si habla alguno en lengua extraña, sea esto por dos, o a lo más tres, y por turno; y uno interprete. Y si no hay intérprete, calle en la iglesia, y hable para sí mismo y para Dios...pues Dios no es Dios de confusión, sino de paz. 1 Corintios 14:26—28,33 RVR1960

Para concluir, Pablo anima a que se practique en la congregación, pero que se haga con orden.

> *Así que, hermanos, procurad profetizar, y no impidáis el hablar lenguas; pero hágase todo decentemente y con orden.* 1 Corintios 14:39,40 RVR1960

Géneros

Lenguas humanas y angélicas

Cuando el texto dice «géneros de lenguas» entendemos que se trata de más de un tipo de lengua.

Pablo habla de dos géneros, uno es humano, otro es angélico.

> *Si yo hablase lenguas humanas y angélicas, y no tengo amor, vengo a ser como metal que resuena, o címbalo que retiñe.* 1 Corintios 13:1 RVR1960

Lenguas humanas son lenguas que existen en otros lugares del mundo. Son lenguas conocidas. En el día de Pentecostés unos oían a otros hablar en sus lenguas, lo que nos dice que eran lenguas que existían en sus respectivos países.

> *...cretenses y árabes, les oímos hablar en nuestras lenguas las maravillas de Dios...* Hechos 2:11 RVR1960

Lenguas angélicas son lenguas naturales. No vienen de la torre de Babel, y no son lenguas o dialectos que se hablen en esta tierra. Es interesante saber que los ángeles tienen sus lenguas y que son más de una porque ese versículo en 1 Corintios 13:1 las menciona en plural.

Más de ahí, estaría entrando en conjeturas y especulaciones. Ciertamente hay misterio en esto, y Dios ha revelado lo que Él quiere revelar.

Interpretación de lenguas

Podemos decir que «géneros de lenguas» e «interpretación de lenguas», son los más relacionados de todos los dones. Estos están entrelazados y se necesitan el uno al otro.

Para que haya orden en la iglesia local, es necesario que «interpretación de lenguas» esté en operación. Vemos este texto que ya mencioné antes, pero ahora fijándonos en la operación de la interpretación.

> *Si habla alguno en lengua extraña, sea esto por dos, o a lo más tres, y por turno; y uno interprete. Y si no hay intérprete, calle en la iglesia, y hable para sí mismo y para Dios. 1 Corintios 14:27,28* RVR1960

Entonces, cuando estos dos dones operan juntos la iglesia es edificada.

En mis viajes misioneros, he visto desorden y confusión en las iglesias que he visitado. He estado en lugares donde todos hablan en lenguas en voz alta y a la vez. Realmente es una confusión.

He estado predicando y he sido interrumpido por alguien hablando en lenguas en voz alta. Ellos dicen —es que no puedo contener la unción.

Eso no es de Dios —y les he dicho— porque si yo estoy enseñando o predicando la Palabra de Dios (y Dios está hablando por medio de Su Palabra), ¿cómo es que Dios se va a interrumpir a Sí mismo y hablar por medio de dos personas a la vez? No tiene sentido.

También he llegado a lugares donde oigo a todos hablando la misma lengua —como si estuvieran repitiendo o se lo habían aprendido de memoria—, verdaderamente esto no es genuino.

Existe mucha imitación, muchas emociones, y muchas cosas que no tienen respaldo bíblico, y debemos tener cuidado de esas cosas, sin embargo, también existe lo auténtico, legítimo y divino, y la iglesia del Señor es edificada, los creyentes son edificados, exhortados y consolados. ¡Gloria a Dios!

Otros Dones

Como mencioné antes, los dones del Espíritu son mucho más de nueve. Aunque teólogos pentecostales catalogan estos nueve por el hecho de sus expresiones sobrenaturales, también los dones que no son tan sobrenaturales son dados por el Espíritu Santo.

En Romanos 12 tenemos mención de varios dones. Algunos de estos aparecen también en 1 Corintios pero otros no.

Veamos.

> *De manera que, teniendo diferentes dones, según la gracia que nos es dada, si el de profecía, úsese conforme a la medida de la fe; o si de servicio, en servir; o el que enseña, en la enseñanza; el que exhorta, en la exhortación; el que reparte, con liberalidad; el que preside, con solicitud; el que hace misericordia, con alegría. Romanos 12:6—8* RVR1960

Esta es la lista de Romanos.

- el de profecía
- de servicio
- el que enseña
- el que exhorta
- el que reparte
- el que preside
- el que hace misericordia

Ya el don de profecía lo hemos tocado anteriormente, y el de enseñanza lo tocaré en el capítulo siguiente. Entonces hablemos de los otros dones que aparecen en este texto en Romanos.

De servicio

Todos en el cuerpo de Cristo hemos sido llamados a servir, sin embargo hay creyentes que tienen un don especial cuando se trata de servicio. En las congregaciones nos reunimos y todos nos gozamos, cuando confraternizamos, nos sentamos a la mesa, comemos juntos, toda la congregación disfruta y es edificada en ese compañerismo, sin embargo, usted puede notar que hay unos hermanitos y hermanitas que no se sientan a la mesa —ellos están todo el tiempo sirviendo.

Sin este tipo de personas el ministerio no sería posible. Pablo, en 1 Corintios 12:28 los menciona como «los que ayudan».

He tenido personas así sirviendo conmigo en el ministerio por años, sin ellos no hubiéramos podido llegar hasta aquí. De hecho, puedo decir que la mayor parte de las personas que son parte de nuestro equipo operan en este don. ¡Estamos agradecidos!

El que exhorta

El que exhorta es uno que habla en público. No necesariamente maestro (aunque el maestro puede exhortar), pero es mas bien aquel que anima, motiva, predica. El evangelista es de por sí un exhortador, pues aparte de tener la habilidad de ganar almas (fuera de la iglesia), cuando habla en la congregación puede ser muy efectivo en la exhortación. Hablaré más de esto cuando toque el ministerio del evangelista.

El que reparte

Este es un don muy importante. En la iglesia primitiva, los que repartían tenían que cumplir ciertos requisitos, entre ellos debían ser personas llenas del Espíritu Santo.

> *En aquellos días, como creciera el número de los discípulos, hubo murmuración de los griegos contra los hebreos, de que las viudas de aquéllos eran desatendidas en la distribución diaria. Entonces los doce convocaron a la multitud de los discípulos, y dijeron: No es justo que nosotros dejemos la palabra de Dios, para servir a las mesas. Buscad, pues, hermanos, de entre vosotros a siete varones de buen testimonio, llenos del Espíritu Santo y de sabiduría, a quienes encarguemos de este trabajo. Hechos 6:1-3* RVR1960

Vemos que las ofrendas que se recogían en la iglesia primitiva eran usadas para ayudar a las viudas, los huérfanos y los pobres (Romanos 15:26; Gálatas 2:10; 1 Timoteo 5:16; Santiago 1:27). Entonces, el don para hacer esto es muy importante. Pablo también se refiere a estos como «los que administran» (1 Corintios 12:28).

Pablo le dice a los Corintios:

> *...y no sólo esto, sino que también fue designado por las iglesias como*

compañero de nuestra peregrinación para llevar este donativo, que es administrado por nosotros para gloria del Señor mismo, y para demostrar vuestra buena voluntad; evitando que nadie nos censure en cuanto a esta ofrenda abundante que administramos, procurando hacer las cosas honradamente, no sólo delante del Señor sino también delante de los hombres. 2 Corintios 8:19—21 RVR1960

Note como Pablo dice «este donativo, que es administrado por nosotros».

Los que reparten o administran deben ser personas de buen testimonio, llenos del Espíritu Santo, gente de integridad, intachables. Pablo dice: «...evitando que nadie nos censure en cuanto a esta ofrenda abundante que administramos, procurando hacer las cosas honradamente», y esto es por lo delicado que es todo lo que tenga que ver con dinero.

El que preside

Evidentemente se está refiriendo al líder.

A esto he dedicado un extenso trabajo. Escribí el libro «12 Fundamentos de Liderazgo»[27] y una serie de manuales de entrenamiento, donde dedico tiempo a enseñar todo lo que envuelve ser un buen líder. También tenemos varios cursos que en la *Escuela de Liderazgo Internacional*[28] dedicamos a este tema.

Las iglesias en la era primitiva tenían un gobierno de ancianos. Estos presidían en los asuntos de cada congregación local, las cuales eran autónomas.

Hoy en día tenemos líderes que presiden (por ejemplo) sobre una junta misionera, o un comité para atender a cierta necesidad específica en la comunidad. Todo el que tome este tipo de responsabilidad, es necesario tenga el don de presidir. El que preside debe ser una persona de íntegro carácter, y su habilidad debe ser obvia.

El que hace misericordia

Todos en el cuerpo de Cristo somos llamados a hacer misericordia. La Palabra nos enseña a ser misericordiosos con el prójimo.

Sin embargo, hay personas que tienen una sensibilidad especial para lidiar con aquellos que fallan, con personas que pasan por circunstancias en las que necesitan la atención y compasión especial de alguien para poder sanar, ser restauradas y salir adelante.

En una sociedad donde hay mucho dolor, injusticia y a veces tristeza, alguien con la capacidad de hacer misericordia puede ser un instrumento poderoso en las manos de Dios.

14

OFICIOS DE MINISTERIO

Los dones de ministerio son un poco diferentes a los dones del Espíritu (aunque todos son dados dones) porque estos son oficios. Estos cargan una medida de comisión y responsabilidad mayor.

Podemos ver dos listas en diferente orden que repiten a cinco de estos oficios. Muchos le han llamado el ministerio de cinco dobleces.

Veamos los textos.

> *Y él mismo constituyó a unos, apóstoles; a otros, profetas; a otros, evangelistas; a otros, pastores y maestros... Efesios 4:11* RVR1960

> *Y a unos puso Dios en la iglesia, primeramente apóstoles, luego profetas, lo tercero maestros, luego los que hacen milagros, después los que sanan, los que ayudan, los que administran, los que tienen don de lenguas. 1 Corintios 12:28* RVR1960

En la lista en 1 Corintios 12:28 vemos un orden 1) apóstoles, 2) profetas, 3) maestros 4) los que hacen milagros...

En Efesios 4:11 vemos el mismo orden en los primeros dos oficios 1) apóstoles, 2) profetas, 3) evangelistas, 4) pastores y 5) maestros.

Es necesario que estudiemos el desarrollo y aplicación de estos oficios durante la historia de la iglesia.

Cuáles están en operación hoy y cómo.

Hoy en día hay personas que se hacen llamar apóstoles y profetas, y es necesario que aclaremos con mucho cuidado los oficios con el contexto bíblico e histórico.

Por lo regular, casi todos los que hoy en día dicen ser apóstoles, o profetas usan este texto en Efesios 4:11, aislandolo del resto del contexto bíblico y leyéndolo aplicativamente al tiempo presente.

El razonamiento que ellos usan para obligar a que la función de apóstoles y profetas en este texto sea aplicable al presente está en los dos versos que siguen:

> ...*a fin de perfeccionar a los santos para la obra del ministerio, para la edificación del cuerpo de Cristo, hasta que todos lleguemos a la unidad de la fe y del conocimiento del Hijo de Dios, a un varón perfecto, a la medida de la estatura de la plenitud de Cristo Efesios 4:12,13* RVR1960

Lo razonan de esta manera.

Dicen: «Los ministerios en esa lista son para perfeccionar a los santos, y los santos todavía no están perfeccionados, entonces mientras los santos no estén perfeccionados se necesitan apóstoles y profetas», o «todavía no hemos llegado a la unidad, entonces hasta que lleguemos a la unidad necesitaremos apóstoles y profetas».

Ese razonamiento es inválido por obvias razones.

Dios menciona los ministerios que han operado en el transcurso y durante la edad de la iglesia

Efesios 4:11 nos dice cuales ministerios Dios ha usado en el proceso 1) de fundación y 2) de perfeccionamiento (o desarrollo) de los santos.

Es decir, Dios menciona los ministerios que han operado en el transcurso y durante la edad de la iglesia por etapas.

Han existido un número de ministerios durante las diferentes etapas de la edad de la iglesia, unos ministerios tenían la tarea de establecer el fundamento; ya establecido ese fundamento, otros tipos de ministerios tuvieron la labor de dar continuidad.

Pablo dijo: «yo como perito arquitecto puse el fundamento, y otro edifica encima» (1 Corintios 3:10).

En ningún momento establece que ambas funciones estén operando al mismo tiempo

Dos de los ministerios mencionados en esta lista tuvieron el trabajo de establecer el fundamento y esto es confirmado por Efesios 2:20 que dice «edificados sobre el fundamento de los apóstoles y profetas».

El resto de los ministerios en esta lista, es decir «evangelistas, pastores y maestros», no son mencionados en Efesios 2:20, pues no son ministerios de fundación.

Apóstoles y profetas pusieron la fundación

Dos apostolados

Durante Su ministerio terrenal, el Señor llamó a 12 apóstoles.

> *Y cuando era de día, llamó a sus discípulos, y escogió a doce de ellos, a los cuales también llamó apóstoles... Lucas 6:13* RVR1960

Luego cuando Judas se ahorcó, Matías tomó su lugar.

> *Y les echaron suertes, y la suerte cayó sobre Matías; y fue contado con los once apóstoles. Hechos 1:26* RVR1960

> *A estos apóstoles, Jesús entregó la comisión de establecer el fundamento de la iglesia.*

Note que «iglesia» no es sinónimo de religión. La iglesia es el cuerpo de Cristo, un organismo viviente (no organización). Este organismo está formado por todos los creyentes seguidores de Jesús. En el libro: «Jesús sin religión», en el capítulo titulado «Iglesia no es religión» señalo las diferencias entre iglesia y religión[29].

Como dije, a estos doce apóstoles Jesús les dio una comisión muy específica que era especial para, y limitada a, estos doce hombres. Establecer el fundamento de Su iglesia.

Esto dice Pablo:

> ...*edificados sobre el fundamento de los apóstoles y profetas, siendo la principal piedra del ángulo Jesucristo mismo... Efesios 2:20* RVR1960

Estos apóstoles formaban un grupo muy especial y muy limitado... solamente doce. Al morir estos, ya todo el fundamento de la iglesia habría quedado establecido.

A este grupo de doce apóstoles, la Biblia llama:

1- Apóstoles del cordero

> *Y el muro de la ciudad tenía doce cimientos, y sobre ellos los doce nombres de los doce apóstoles del Cordero... Apocalipsis 21:14* RVR1960

Note que el número está limitado a doce nombres.

2- Apóstoles de nuestro Señor Jesucristo

> *Pero vosotros, amados, tened memoria de las palabras que antes fueron dichas por los apóstoles de nuestro Señor Jesucristo... Judas 1:17* RVR1960

Las calificaciones para ser parte de este grupo de 12 apóstoles eran las siguientes:

1- Tenían que haber estado juntos con el grupo original de apóstoles todo el tiempo desde el bautismo de Juan hasta que el Señor fue levantado. En otras palabras, tenían que haber sido discípulos originales.

> *Es necesario, pues, que de estos hombres que han estado juntos con nosotros todo el tiempo que el Señor Jesús entraba y salía entre nosotros, comenzando desde el bautismo de Juan hasta el día en que de entre nosotros fue recibido arriba... Hechos 1:21,22* RVR1960

2- Tenían que haber sido testigos de Su resurrección.

...uno sea hecho testigo con nosotros, de su resurrección... Hechos 1:22b RVR1960

A este grupo de doce, Pedro llamó «ministerio y apostolado».

...para que tome la parte de este ministerio y apostolado, de que cayó Judas por transgresión, para irse a su propio lugar. Hechos 1:25 RVR1960

Es decir, que ni aun Pablo calificaba para ser miembro de los doce.

A ese grupo, a ese «apostolado», es a lo que Pablo más adelante llamó: «el apostolado de la circuncisión» (Gálatas 2:8), que ni aun Pablo calificaba para ser miembro.

Claro que el Señor tenía preparado para Pablo otro apostolado diferente, con diferente enfoque y diferente comisión. El apostolado para la incircuncisión.

Antes por el contrario, como vieron que me había sido encomendado el evangelio de la incircuncisión, como a Pedro el de la circuncisión (pues el que actuó en Pedro para el apostolado de la circuncisión, actuó también en mí para con los gentiles)... Gálatas 2:7,8 RVR1960

Note que este apostolado comprendía a una sola persona. Pablo dice: «me había sido dado», que quiere decir, una sola persona en singular.

Entonces, ¿cuántos apostolados fueron establecidos por el Señor?

Dos apostolados

1- El apostolado para la circuncisión (quiere decir: para los judíos), limitado a 12 apóstoles.

2- El apostolado para la incircuncisión (quiere decir: para los gentiles, o el resto del mundo), limitado a una sola persona, Pablo.

Note la referencia en singular que el mismo Pablo usa en estos textos.

...y reconociendo la gracia que me había sido dada... Gálatas 2:9 RVR1960

...el evangelio que predico entre los gentiles. Gálatas 2:2 RVR1960

...el evangelio anunciado por mí... Gálatas 1:11 RVR1960

A Pablo le fue encomendado poner «el fundamento» entre los gentiles, de la misma manera que a los doce entre los judíos.

Es decir: Doce apóstoles para una nación y un apóstol para todas las otras naciones.

Pablo estableció el fundamento en la iglesia gentil

Conforme a la gracia de Dios que me ha sido dada, yo como perito arquitecto puse el fundamento 1 Cor 3:10 RVR1960

¿Hubo más apóstoles poniendo fundamento después de Pablo?

No. Pablo es el último.

...y al último de todos, como a un abortivo, me apareció a mí. Porque yo soy el más pequeño de los apóstoles, que no soy digno de ser llamado apóstol, porque perseguí a la iglesia de Dios. Pero por la gracia de Dios soy lo que soy; y su gracia no ha sido en vano para conmigo, antes he trabajado más que todos ellos; pero no yo, sino la gracia de Dios conmigo. 1 Cor 15:8—10 RVR1960

Pablo nunca dijo: «pusimos el fundamento», por el contrario, él dijo: «puse el fundamento», en singular, es decir, una sola persona.

Ya no hay nadie poniendo fundamento. El fundamento está completo, está escrito, y es la Palabra que hemos recibido.

Para nosotros los gentiles, Pablo es el apostolado, y él lo recibió directamente de Jesucristo.

...y por quien recibimos la gracia y el apostolado, para la obediencia a la fe en todas las naciones por amor de su nombre Rom 1:5 RVR1960

Pablo le llama: «mi apostolado».

Si para otros no soy apóstol, para vosotros ciertamente lo soy; porque el sello de mi apostolado sois vosotros en el Señor. 1 Cor 9:2 RVR1960

Nadie está hoy poniendo fundamento

El oficio de apóstol, en lo que concierne a la comisión de establecer el fundamento de la iglesia, evidentemente fue limitado a este grupo mencionado antes, comprendido en dos apostolados, uno para la circuncisión y otro para la incircuncisión. La Biblia ya está completa, no se le puede añadir nada, la doctrina cristiana está toda escrita. El canon está cerrado.

Pongamos un ejemplo.

Cuando usted va a edificar una casa, ¿cuántas veces pone el fundamento?

Una sola vez, ¿cierto?

Luego vienen otros edificadores y edifican encima de ese fundamento, pero el fundamento ya está puesto. No hay necesidad de ponerlo otra vez.

Pablo dice: «yo como perito arquitecto puse el fundamento...» (1 Cor 3:10).

Luego dice (en ese mismo texto) «...y otro edifica encima...». Note la palabra «otro». Es decir, que en este edificio que es la iglesia, unos tuvieron una labor y otros otra labor.

Unos pusieron el fundamento, otros sobreedifican (1Cor 3:10). Ya no hay nadie poniendo fundamento. Ese trabajo fue completado.

Carácter y estatura apostólica

¿Existen ministros con tal estatura que pudieran ser considerados como apóstoles por cuestiones de gobierno y orden?

Verdaderamente, existen hoy en día ministros que han exhibido gran capacidad de gobierno, administración y liderazgo en el cuerpo de Cristo.

Algunos han plantado una buena cantidad de iglesias, otros han sobresalido en el trabajo de evangelismo global.

Como «enviados», se pudiera decir que exhiben una estatura apostólica. Sin embargo, una característica común en estos hombres de Dios es que rechazan los títulos y la atención, y Dios se glorifica en esto. Vea la historia de los grandes misioneros, reformadores, y predicadores —nunca atrajeron la atención a sí mismos.

En la historia del cristianismo encontramos la magnitud con que siervos de Dios moldearon el pensamiento y aportaron al crecimiento de la Iglesia.

Juan Wesley, Jorge Whitefield, Juan Hus, Carlos Spurgeon y muchos otros. Pero ninguno de estos hombres se autodenominó apóstol. Por el contrario, exaltaban la grandeza de Cristo y laboraron en humildad, nunca trayendo atención a ellos.

Rechazaban títulos, nunca se autoproclamaron jerarcas, no se pusieron por encima del pueblo de Dios, sino que sirvieron a los santos con temor, reverencia y respeto.

Profetas y el don de profecía

¿Y que de los textos donde Pablo menciona profetas?

> *Asimismo, los profetas hablen dos o tres, y los demás juzguen.* 1 Corintios 14:29 RVR1960

> *Y los espíritus de los profetas están sujetos a los profetas...* 1 Corintios 14:32 RVR1960

Otra vez, estudiando todo el contexto, vemos que Pablo está estableciendo orden. En este caso entre los que profetizan.

Ya le dije antes que yo creo en la operación de los dones dentro de la iglesia local. Sin embargo debe haber un orden.

También le demostré el objetivo de la operación del don de profecía en la iglesia.

> *Pero el que profetiza habla a los hombres para edificación, exhortación y consolación.* 1 Corintios 14:3 RVR1960

Como mencioné antes, el don de profecía en el Nuevo Testamento es para 1) edificación, 2) exhortación y 3) consolación.

Al referirse al profeta en la iglesia local, Pablo se está refiriendo a aquél que Dios usa con el don de profecía, y la operación de ese don es para llevar a cabo estas tres cosas que he mencionado antes.

Entonces, hay una gran diferencia entre el «oficio del profeta» y «el don de profecía».

El oficio del profeta

El oficio del profeta (Efesios 4:11) es un don de ministerio, usado por Dios para establecer el fundamento de la iglesia —y ya ese fundamento está puesto. El fundamento de un edificio se pone una sola vez.

> *...para que tengáis memoria de las palabras que antes han sido dichas por los santos profetas, y del mandamiento del Señor y Salvador dado por vuestros apóstoles... 2 Pedro 3:2* RVR1960

> *...edificados sobre el fundamento de los apóstoles y profetas, siendo la principal piedra del ángulo Jesucristo mismo... Efesios 2:20* RVR1960

Ya el fundamento ha sido puesto. El canon está cerrado. Nadie puede poner fundamento hoy en día.

> *Yo testifico a todo aquel que oye las palabras de la profecía de este libro: Si alguno añadiere a estas cosas, Dios traerá sobre él las plagas que están escritas en este libro. Apocalipsis 22:18* RVR1960

> *Y si alguno quitare de las palabras del libro de esta profecía, Dios quitará su parte del libro de la vida, y de la santa ciudad y de las cosas que están escritas en este libro. Apocalipsis 22:19* RVR1960

El que profetiza en la iglesia local

Aquél a quien Dios usa con profecía en la iglesia local, lo hace dentro de parámetros limitados. Para «edificación, exhortación y consolación», nunca para guiar a alguien o para hacer predicciones sobre el futuro.

Hay confusión en esto hoy en día porque muchos aman usar el título de «profeta» delante de su nombre.

Y hay mucha manipulación, porque si alguien dice que tiene mejor acceso para oir la voz de Dios que el resto de los creyentes, este tomará el lugar de mediador —alguien que habla por Dios. Así es como se forman las sectas y los cultos falsos donde un hombre se sienta y se hace pasar por mensajero de Dios.

Estas cosas suceden porque hay mucha ignorancia entre los creyentes en cuanto a los dones del Espíritu y los ministerios.

Por eso Pablo dice:

> *No quiero, hermanos, que ignoréis acerca de los dones espirituales.* 1 Corintios 12:1 RVR1960

Por eso es tan importante que usted y yo como ministros del evangelio, nos preparemos bien y crezcamos en el conocimiento de la Palabra de Dios.

> *Procura con diligencia presentarte a Dios aprobado, como obrero que no tiene de qué avergonzarse, que usa bien la palabra de verdad.* 2 Timoteo 2:15 RVR1960

Evangelistas, Pastores y Maestros

¿Cuál es el trabajo de estos tres ministerios?

Estos están encargados de «perfeccionar a los santos para la obra del ministerio...», edificando sobre el fundamento que ya fue puesto por los apóstoles y profetas.

> *Es decir, que esta lista de ministerios nos da una visión global, o redondeada de toda la comisión de estos ministerios.*

A unos les fue encomendado poner el fundamento y a otros edificar encima, o lo que quiere decir «continuidad».

Apóstoles y profetas pusieron el fundamento; y evangelistas, pastores y maestros son los que perfeccionarán a los santos, traerán crecimiento, etc...

Ellos dirán: «Pero los ministerios de apóstol y profeta están en la misma lista que evangelistas, pastores y maestros».

Sí. Exactamente. Pero evangelistas, pastores y maestros no están en la lista de ministerios de fundación. Estos son ministerios de continuidad.

Los apóstoles y profetas hicieron un buen trabajo.

Evangelistas, pastores y maestros, ancianos, diáconos, administradores, los que ayudan, y todos los otros ministerios que Pablo menciona en otros lugares tienen la labor de «sobreedificar».

Hasta que todos lleguemos a la unidad de la fe

Otro de los razonamientos que los «apóstoles y profetas modernos» usan para defender la relevancia actual de ese oficio es que todavía no hemos llegado «a la unidad de la fe» y mientras esto no suceda, ellos son necesarios.

Le hago una pregunta: ¿Cuánta unidad han logrado los apóstoles modernos?

Por el contrario. Pura disensión, conflicto, divisiones y confusión es lo que traen. De esto hablo con más detalles en el libro: «Manipulación: Apóstoles Modernos, la Cobertura y el Diezmo de Diezmos»[30].

Evangelistas, pastores y maestros están equipados para llevar a cabo la labor de edificar sobre el fundamento que ya está puesto.

Los evangelistas tienen el don de ministerio necesario para alcanzar a los perdidos. Los pastores, tienen el don necesario para cuidar al rebaño, y los maestros, tienen el don de la enseñanza que es la que trae el crecimiento espiritual.

Tuve hace muchos años un maestro que decía que «pastores y maestros» son dos dones de ministerio que vienen juntos. Es decir, todo pastor debe estar equipado para enseñar.

Muy interesante esa afirmación, aunque también existen evangelistas que pueden enseñar, y hay maestros que no pastorean y están dedicados solamente a la enseñanza.

Los ministerios de continuidad tienen una tarea importante en el día presente en cuanto a lograr más unidad y crecimiento entre los santos.

> ...sed de un mismo sentir, y vivid en paz; y el Dios de paz y de amor estará con vosotros. 2 Cor 13:11 RVR1960

> ...un cuerpo, y un Espíritu, como fuisteis también llamados en una misma esperanza de vuestra vocación; un Señor, una fe, un bautismo, un Dios y Padre de todos, el cual es sobre todos, y por todos, y en todos. Ef 4:4-6 RVR1960

En el contexto del amor

En cuanto a la operación de los oficios de apóstoles y profetas, quiero estar seguro de que usted entienda el espíritu con que he escrito esto.

Mi interés es que en espíritu de humildad meditemos sobre lo expuesto, lo pongamos en oración y permitamos que el Señor nos confirme el espíritu del texto.

Conozco predicadores que usan el título de apóstol o profeta. Mi intención no es avergonzarlos ni atacarlos. Yo sé que hay muchos hermanos que son sinceros en lo que creen y de alguna manera han sentido la necesidad de usar el título, sus intenciones pueden ser nobles aunque la teología no sea sólida. Sin embargo, la manera desmedida en que neófitos y manipuladores usan el título para controlar y someter a otros es algo preocupante.

Por lo que reto a quienes yo sé que son de corazón genuino a que nos humillemos juntos, y abandonemos los títulos por amor a la labor más grande, que es representar correctamente a Jesucristo, Apóstol y sumo sacerdote de nuestra profesión.

> *Por tanto, hermanos santos, participantes del llamamiento celestial, considerad al apóstol y sumo sacerdote de nuestra profesión, Cristo Jesús... Hebreos 3:1 RVR1960*

ANTROPOLOGÍA: LA DOCTRINA DEL HOMBRE

El primer hombre es de la tierra, terrenal; el segundo hombre, que es el Señor, es del cielo. Cual el terrenal, tales también los terrenales; y cual el celestial, tales también los celestiales. Y así como hemos traído la imagen del terrenal, traeremos también la imagen del celestial.

1 Cor 15:47—49 RVR1960

INTRODUCCIÓN

¿Qué es antropología?

La palabra «antropología» es una palabra compuesta. «Antropo» viene del griego ἄνθρωπος «anthropos» que significa «hombre», y ya sabemos que «logía» viene de λόγος «logos» que significa «conocimiento»[1] o «estudio de».

En teología, se refiere a las doctrinas relativas al origen, naturaleza y condición espiritual del hombre[2].

Podemos decir que la antropología se estudia desde dos perspectivas diferentes.

    1. La antropología general, está basada en filosofía humana. Esta no tiene una relación directa con la revelación bíblica.

    2. La antropología cristiana o antropología espiritual. Esta está basada en la Biblia y la experiencia del hombre en relación a los textos sagrados.

La primera se estudia en escuelas y universidades seculares.

La segunda es estudiada por aquellos que aman la verdad y están interesados en saber lo que se refiere al ser humano desde la perspectiva de Aquél que lo creó.

Debo señalar la distinción vital entre estas dos disciplinas antropológicas. Esta diferencia podemos decir que tiene que ver con la parte inmaterial del hombre.

La antropología secular lidia más con la esfera intelectual y psicológica del ser humano. Mientras que la antropología bíblica trata con los asuntos morales, espirituales y eternos.

Siendo que la antropología se puede considerar como historia natural de raza humana, se podrá estudiar en dos aspectos.

    1. El desarrollo natural del hombre (lo que es)

    2. El desarrollo cultural del hombre (lo que hace)

La antropología bíblica entonces, se puede decir que es una ciencia que trata con el estado original del hombre y con su condición caída[3].

Comprende la creación del hombre, su caída, condición actual, y redención.

Pudiéramos ver esto en tres tiempos. Lo que fue el hombre, lo que es ahora y lo que pudiera ser.

PARTE 1
SOBRE EL ORIGEN DEL HOMBRE

Es posible que toda la estructura de la antropología dependa de la respuesta que demos al problema del origen del hombre.

El hecho de que el hombre es un ser creado, determina su responsabilidad al igual que su destino.

Existen dos sistemas de pensamiento que ofrecen respuesta para la pregunta sobre el origen del hombre.

1. La teoría de la evolución

Como la palabra «teoría» lo dice por sí misma, no es una evidencia. Esta está basada en una especulación, una conjetura. Claro que esta es la mejor explicación que la mente finita puede ofrecer. La mente no regenerada, no iluminada espiritualmente, no tiene como explicar la existencia del ser humano.

2. La revelación divina

La revelación divina cubre todo lo que tiene que ver con el Creador, Su persona y Su poder para desarrollar Sus designios sobre el hombre que ha creado.

Veamos ambas.

1

LA TEORÍA DE LA EVOLUCIÓN

Verdaderamente requeriría mucha imaginación para aceptar la idea de que el ser humano es el resultado de un proceso de evolución iniciado accidentalmente.

Podemos decir que esta teoría es un fruto de la desesperación mental y el esfuerzo de los enemigos de Dios de distanciar toda existencia de la única fuente lógica y comprobable.

La evolución, de por sí, es presentada de dos formas, y estas difieren una de la otra.

Existe la escuela que es meramente naturalista. Esta dice que la existencia proviene de una selección natural de las especies y la supervivencia del más apto.

La otra escuela sería la teísta.

Esta trata de dar algún crédito a Dios como causa original, de lo que después viene a ser un proceso evolutivo. En otras palabras, Dios inició el proceso, pero de ahí en adelante todo se desarrolló por sí mismo. La escuela teísta presenta a una humanidad desconectada de Dios, la cual subsiste por sí misma.

De acuerdo a esta escuela, la evolución es el método que Dios usó. Esta teoría deshonra a Dios y a Su Palabra, aparte de que no se puede demostrar ni aún por medio de la razón.

No toma en cuenta lo que el mismo Dios dice en Su Palabra sobre cómo el ser humano vino a existir.

Esta escuela, además de ser un insulto a Dios y a Su Palabra, no puede presentar evidencias para respaldar sus descabelladas afirmaciones ni aún por medio de la ciencia.

Sea una u otra forma, ambas no son sostenibles. En general la teoría de la evolución, como quiera que se presente, no posee las evidencias ni científicas ni razonables.

Otra cosa es que si esta teoría fuera verdad, entonces el hombre estaría libre de toda responsabilidad moral.

De la misma manera que es cierto que Dios creó al hombre, también es muy cierto que en el hombre, hay una inherente responsabilidad moral.

Dios ha insertado una responsabilidad en el ser humano, la cual es además razonable.

> *...porque escrito está: Sed santos, porque yo soy santo. 1 Pedro 1:16* RVR1960

> *Sed, pues, vosotros perfectos, como vuestro Padre que está en los cielos es perfecto. Mateo 5:48* RVR1960

El ser humano responde a esta actitud moral, porque Dios puso esa capacidad dentro de Sus criaturas.

No podría ser de otra manera. El ser creado responde a su Creador, y esto es para que Dios sea glorificado.

Toda conducta moral reposa en ese hecho. No existe otra manera en que eso se pueda explicar.

Cuando las acciones del ser creado son buenas, es porque se conforman al carácter de quien lo creó. Si Dios no hubiese insertado esta cualidad en el ser humano, no sería posible que este hiciera distinción entre lo bueno y lo malo.

Por otro lado, si el hombre fuera un mero producto de accidentes naturales, solamente se debería a fuerzas naturales sin responsabilidad moral.

Si eliminamos a Dios de la ecuación —de la forma en que lo elimina la teoría de la evolución— entonces los hombres no tendrían compás moral para aún hacer el más mínimo acto de bondad.

2

LA REVELACIÓN DIVINA

Sabemos que el hombre fue creado a la imagen y «semejanza de Dios».

Quien único puede realizar tal obra es Dios, sin embargo, Él no nos impone teorías sin prueba y razón para que nosotros las creamos.

Él nos enseña que hay suficiente razón y evidencias que explican todas las cosas creadas.

Nos dice que Él es el Creador.

> *En el principio creó Dios... Génesis 1:1* RVR1960

Es menester que leamos detenidamente los dos primeros capítulos del Génesis.

Es una hermosa manera en la que la clara declaración de Dios, nos indica la manera en que el ser humano vino a existencia.

Dios declara Su relación con las criaturas.

La diégesis de la creación del hombre es entregada en dos relatos. El primero es general y el segundo introduce detalles lo cual hace que los textos conserven un majestuoso ritmo y simetría.

Vemos en el primer relato, que tanto el hombre como la mujer fueron creados por Dios.

> *Entonces dijo Dios: Hagamos al hombre a nuestra imagen, conforme a nuestra semejanza; y señoree en los peces del mar, en las aves de los cielos, en las bestias, en toda la tierra, y en todo animal que se arrastra sobre la tierra. Y creó Dios al hombre a su imagen, a imagen de Dios lo creó; varón y hembra los creó. Génesis 1:26,27* RVR1960

Luego, en el segundo relato nos habla en detalles sobre el orden.

Primero hizo al hombre, y luego de este sacó a la mujer.

> *Entonces Jehová Dios formó al hombre del polvo de la tierra, y sopló en su nariz aliento de vida, y fue el hombre un ser viviente. Entonces Jehová Dios hizo caer sueño profundo sobre Adán, y mientras éste dormía, tomó una de sus costillas, y cerró la carne en su lugar. Y de la costilla que Jehová Dios tomó del hombre, hizo una mujer, y la trajo al hombre. Dijo entonces Adán: Esto es ahora hueso de mis huesos y carne de mi carne; ésta será llamada Varona, porque del varón fue tomada. Por tanto, dejará el hombre a su padre y a su madre, y se unirá a su mujer, y serán una sola carne. Y estaban ambos desnudos, Adán y su mujer, y no se avergonzaban. Génesis 2:7; 21—25* RVR1960

Pablo nos habla también de este orden.

> *Porque el varón no procede de la mujer, sino la mujer del varón, y tampoco el varón fue creado por causa de la mujer, sino la mujer por causa del varón. 1 Corintios 11:8,9* RVR1960

También vemos que la creación de los animales está muy relacionada a la del hombre. Estos son clasificados en tres.

1. Animales de la tierra

2. Animales que se arrastran

3. Animales de las aguas

Para que no quede duda. En el primer relato la Palabra menciona tres veces en un solo versículo la palabra «creó». Está afirmado y reafirmado, que el hombre fue creado por Dios.

> *Y creó Dios al hombre a su imagen, a imagen de Dios lo creó; varón y hembra los creó. Génesis 1:27* RVR1960

Su intención había sido declarada en el versículo anterior.

> *Entonces dijo Dios: Hagamos al hombre a nuestra imagen, conforme a nuestra semejanza; y señoree en los peces del mar, en las aves de los cielos, en las bestias, en toda la tierra, y en todo animal que se arrastra sobre la tierra. Génesis 1:26* RVR1960

En la primera narración sobre la Creación del hombre, esta es relatada con sencillez —aunque es un tema difícil.

En el texto vemos que aunque el hombre respira y comparte el terreno creado con los animales, este tiene algo muy especial, —fue creado a imagen y semejanza de Dios (Elohim).

En el segundo relato, en el cual vemos más detalles, el texto declara que el hombre y la mujer —por el hecho de venir de la misma tierra— son muy semejantes en su aspecto físico.

PARTE 2
LA PARTE MATERIAL DEL HOMBRE

3

EL CUERPO HUMANO

El cuerpo humano está compuesto de minerales que vienen de la tierra.

Puede ser que el nombre dado al hombre —Adhamah— es por el hecho de que este proviene de la tierra[4].

Con respecto al tiempo

Existen dos escuelas en cuanto a la edad de la tierra.

Una escuela enseña que la tierra tiene 6,000 años en existencia.

La otra escuela enseña que la creación es mucho más antigua. Enseño más sobre esto en el tomo de *Origen: La doctrina de la creación* que es parte de esta serie de Teología Sistemática.

Independientemente de a cuál escuela usted se apegue, lo cierto es que Dios creó todo en forma inmediata y directa.

No tenemos duda. Sabemos que Dios es el Creador de todo lo que existe.

La parte material

El hecho de que el hombre está compuesto de una naturaleza material y otra inmaterial, nos deja saber la manera en que fue creado (Génesis 2:7). La parte material fue completamente formada de la tierra.

Una vez formado, solo le faltaba algo que Dios le daría: El soplo de vida.

Este soplo de Dios es el espíritu que tiene el hombre. Esto lo hizo diferente a todas las otras especies que hay en la creación.

El aliento era una vida sin fin, que no estaba sujeta a la muerte.

Sin embargo, vemos más adelante que por causa del pecado, el hombre tiene que morir.

El pecado afecta directamente la vida del hombre, sin embargo, tenemos esperanza de vida eterna en Cristo Jesús.

> *Porque la paga del pecado es muerte, mas la dádiva de Dios es vida eterna en Cristo Jesús Señor nuestro. Romanos 6:23* RVR1960

Tres soplos de vida

Vemos el concepto de soplo de vida en tres formas en la Biblia.

1. Cuando Dios sopló espíritu en el hombre y lo hizo un alma viviente

2. Cuando Jesús ya resucitado sopló el Espíritu Santo a Sus discípulos (Juan 20:22)

3. La inspiración de la Biblia (2 Timoteo 3:16)

Dios dio cuerpo a todos los animales en la creación, sin embargo el cuerpo del hombre es refinado y más delicado —algo que manifiesta el detallado diseño de Dios.

4

MÁS QUE CUERPO

Sobre la relación entre espíritu y cuerpo

> *El primer hombre es de la tierra, terrenal; el segundo hombre, que es el Señor, es del cielo. Cual el terrenal, tales también los terrenales; y cual el celestial, tales también los celestiales. Y así como hemos traído la imagen del terrenal, traeremos también la imagen del celestial.* 1 Corintios 15:47-49 RVR1960

> *Pero tenemos este tesoro en vasos de barro, para que la excelencia del poder sea de Dios, y no de nosotros...* 2 Corintios 4:7 RVR1960

Sobre la relación entre espíritu y alma

El ser humano está tan adaptado a su cuerpo, que no puede él mismo distinguir entre este y su alma.

> *Conozco a un hombre en Cristo, que hace catorce años (si en el cuerpo, no lo sé; si fuera del cuerpo, no lo sé; Dios lo sabe) fue arrebatado hasta el tercer cielo.* 2 Corintios 12:2 RVR1960

La parte material y la inmaterial del hombre en ocasiones funcionan en tensión.

> *Porque el deseo de la carne es contra el Espíritu, y el del Espíritu es contra la carne; y éstos se oponen entre sí, para que no hagáis lo que quisiereis.* Gálatas 5:17 RVR1960

A veces la parte material y espiritual del ser humano se encuentran en tensión la una con la otra. Estas partes están intrínsecamente unidas y sólo la muerte puede separarlas.

Partes separables

Los textos sagrados enseñan que el hombre —aunque es una unidad— está compuesto de dos partes separables.

Cuando el hombre muere, en la muerte, estas dos partes se separan por un tiempo, pero se unirán de nuevo en la resurrección.

Santiago nos dice que el cuerpo sin espíritu está muerto —lo que nos dice lo que sucede cuando se separan.

Veamos lo que dice Pablo.

> *Así que vivimos confiados siempre, y sabiendo que entre tanto que estamos en el cuerpo, estamos ausentes del Señor (porque por fe andamos, no por vista); pero confiamos, y más quisiéramos estar ausentes del cuerpo, y presentes al Señor.* 2 Corintios 5:6-8 RVR1960

El apóstol compara también el cuerpo con el «hombre exterior» y al alma y al espíritu con el «interior».

> *Por tanto, no desmayamos; antes aunque este nuestro hombre exterior se va desgastando, el interior no obstante se renueva de día en día.* 2 Corintios 4:16 RVR1960

Mire lo que Pedro dice sobre estar en el cuerpo y abandonar el cuerpo.

> *Pues tengo por justo, en tanto que estoy en este cuerpo, el despertaros con amonestación; sabiendo que en breve debo abandonar el cuerpo, como nuestro Señor Jesucristo me ha declarado. También yo procuraré con diligencia que después de mi partida vosotros podáis en todo momento tener memoria de estas cosas.* 2 Pedro 1:13—15 RVR1960

Y las palabras de Jesús.

> *Y no temáis a los que matan el cuerpo, mas el alma no pueden*

> *matar; temed más bien a aquel que puede destruir el alma*
> *y el cuerpo en el infierno. Mateo 10:28* RVR1960

Tomando el conjunto de estos textos, podemos entonces entender que el ser humano es un espíritu que tiene un alma y habita en un cuerpo que es nuestro templo.

El ego

Al leer los textos mencionados anteriormente sobre la relación entre espíritu, alma y cuerpo, nos damos cuenta que el ego (yo) está unificado entre tanto está en el cuerpo.

En la creación el cuerpo estaba libre de enfermedades, corrupción e imperfecciones. Por causa de la caída, el cuerpo humano sufrió. Nadie puede estimar con exactitud hasta qué punto fue dañado, pero es evidente que el cuerpo es moribundo y condenado a muerte.

Adán fue creado para ser inmortal, claro que esto cambió en la caída.

Por causa de la transgresión, llegó a ser una criatura mortal. Por medio del representante de toda la raza humana, la muerte pasó a todos.

> *Por tanto, como el pecado entró en el mundo por un hombre, y*
> *por el pecado la muerte, así la muerte pasó a todos los hombres,*
> *por cuanto todos pecaron. Romanos 5:12* RVR1960

5

EL FUTURO DEL CUERPO

De la misma manera que el cuerpo es separado de la parte inmaterial del ser humano en su muerte, también sabemos que estas partes (material —inmaterial) serán reunidas en la resurrección —y esto es para buenos y malos.

> *Porque como el Padre tiene vida en sí mismo, así también ha dado al Hijo el tener vida en sí mismo; y también le dio autoridad de hacer juicio, por cuanto es el Hijo del Hombre. No os maravilléis de esto; porque vendrá hora cuando todos los que están en los sepulcros oirán su voz; y los que hicieron lo bueno, saldrán a resurrección de vida; mas los que hicieron lo malo, a resurrección de condenación. Juan 5:26—29* RVR1960

Algunos han usado el texto de Daniel 12:2,3 para decir que la resurrección es restringida. Ellos usan la frase «muchos de los que duermen» para decir que la resurrección se limita a «muchos» y no a «todos».

Veamos el texto y explicaré lo que no está diciendo.

> *Y muchos de los que duermen en el polvo de la tierra serán despertados, unos para vida eterna, y otros para vergüenza y confusión perpetua. Los entendidos resplandecerán como el resplandor del firmamento; y los que enseñan la justicia a la multitud, como las estrellas a perpetua eternidad. Daniel 12:2,3* RVR1960

Primero, el texto dice que la resurrección será general, lo mismo que Jesús dijo cuando incluyó en esta a buenos y malos. Daniel dice «unos para vida eterna, y otros para vergüenza y confusión perpetua».

En cuanto a «muchos», el contexto nos indica que Daniel está hablando específicamente a Israel. También pudiéramos decir que no todos los que han de resucitar «duermen en el polvo de la tierra». La Palabra nos enseña que también el mar entregará a sus muertos (Apocalipsis 20:13).

La resurrección es para todos.

> *Y vi a los muertos, grandes y pequeños, de pie ante Dios; y los libros fueron abiertos, y otro libro fue abierto, el cual es el libro de la vida; y fueron juzgados los muertos por las cosas que estaban escritas en los libros, según sus obras. Apocalipsis 20:12* RVR1960

El apóstol Pablo nos da una descripción completa sobre la resurrección del cuerpo.

> *...a fin de conocerle, y el poder de su resurrección, y la participación de sus padecimientos, llegando a ser semejante a él en su muerte, si en alguna manera llegase a la resurrección de entre los muertos. el cual transformará el cuerpo de la humillación nuestra, para que sea semejante al cuerpo de la gloria suya, por el poder con el cual puede también sujetar a sí mismo todas las cosas. Filipenses 3:10,11,21* RVR1960

Sabemos por esto que la personalidad completa del individuo como unidad (espíritu, alma y cuerpo), será redimida.

De hecho, el cuerpo será transformado a un cuerpo espiritual, sin defectos, sin corrupción.

> *Así también es la resurrección de los muertos. Se siembra en corrupción, resucitará en incorrupción. Se siembra en deshonra, resucitará en gloria; se siembra en debilidad, resucitará en poder. Se siembra cuerpo animal, resucitará cuerpo espiritual. Hay cuerpo animal, y hay cuerpo espiritual. 1 Corintios 15:42—44* RVR1960

Note como Pablo hace la diferencia entre cuerpo animal y cuerpo espiritual.

Esto es redención total.

He escuchado a algunos decir que la muerte es algo normal.

No es así. No hay nada de normal en la muerte. Es un castigo que vino a causa del pecado.

> *Por tanto, como el pecado entró en el mundo por un hombre, y por el pecado la muerte, así la muerte pasó a todos los hombres, por cuanto todos pecaron. Romanos 5:12* RVR1960

Adán estaba libre de muerte en el momento en que fue creado. Al pecar, entró la muerte.

Tres muertes

Vemos tres muertes expresadas en los textos sagrados: La muerte física, la muerte espiritual y la muerte segunda.

Muerte física

Universalmente todos los descendientes de Adán verán muerte física. Todos morimos.

Muerte espiritual

Espiritualmente, Adán murió al pecar contra Dios.

El primer hombre, pasó a tener una naturaleza caída, y a la vez, la transmitió a todos sus descendientes.

Muerte Segunda

Entendemos como muerte segunda al resultado inevitable de la muerte espiritual. Esta es la separación de Dios, final y eterna.

El siguiente versículo en el Apocalipsis nos confirma el tiempo de esta.

> *Y la muerte y el Hades fueron lanzados al lago de fuego. Esta es la muerte segunda. Apocalipsis 20:14* RVR1960

Usos de la palabra cuerpo en diferentes contextos

Cuerpo del pecado

...sabiendo esto, que nuestro viejo hombre fue crucificado juntamente con él, para que el cuerpo del pecado sea destruido, a fin de que no sirvamos más al pecado. Romanos 6:6 RVR1960

Cuerpo de muerte

¡Miserable de mí! ¿quién me librará de este cuerpo de muerte? Romanos 7:24 RVR1960

Cuerpo de la humillación

...el cual transformará el cuerpo de la humillación nuestra, para que sea semejante al cuerpo de la gloria suya, por el poder con el cual puede también sujetar a sí mismo todas las cosas. Filipenses 3:21 RVR1960

Podemos decir respecto al cuerpo humano, que es un producto del polvo de la tierra, que necesita de esos minerales que se derivan de la tierra para vivir mientras está en el cuerpo, y luego vuelve a esa tierra.

El cuerpo muere por causa del pecado, pero tiene la esperanza de resurrección y tendrá un futuro eterno al igual que el alma y el espíritu.

PARTE 3
LA PARTE INMATERIAL DEL HOMBRE

6

ORIGEN DE LA PARTE ESPIRITUAL DEL HOMBRE

La revelación más importante con respecto al hombre se encuentra en los textos que afirman que este fue creado a imagen y semejanza de Dios.

Esta imagen se manifiesta en la parte inmaterial.

En cuanto a esta parte inmaterial el texto nos revela que este vino a ser alma viviente cuando Dios sopló en el vaso de barro.

> *Entonces Jehová Dios formó al hombre del polvo de la tierra, y sopló en su nariz aliento de vida, y fue el hombre un ser viviente. Génesis 2:7* RVR1960

Dios creó al hombre a Su imagen. Es importante notar el texto en plural «a nuestra imagen» lo cual afirma la dinámica de un Dios trino —Padre, Hijo y Espíritu Santo envuelto en la creación.

> *Entonces dijo Dios: Hagamos al hombre a nuestra imagen, conforme a nuestra semejanza; y señoree en los peces del mar, en las aves de los cielos, en las bestias, en toda la tierra, y en todo animal que se arrastra sobre la tierra. Y creó Dios al hombre a su imagen, a imagen de Dios lo creó; varón y hembra los creó. Génesis 1:26-27* RVR1960

Pudiéramos hacer una diferencia entre la creación del cuerpo y la parte inmaterial del hombre.

El cuerpo fue creado (hecho) de la tierra. Es decir, que Dios usó materia que

Él ya había creado antes para formar al hombre. Luego para darle vida a esa creación, no usó materia previamente creada, sino que directamente Dios sopló vida (espíritu) dentro del cuerpo que había creado. En otras palabras, le transmitió espíritu (aliento de vida).

Entonces, podemos decir que el alma y el espíritu se originaron en Dios (Elohim).

Es importante hacer esa distinción, lo cual nos muestra a la creación del ser humano como el trabajo más completo que Dios ha puesto sobre la tierra.

¿Qué significa la frase «imagen y semejanza de Dios»?

Algunos teólogos creen que la palabra «recto» que usa Salomón en Eclesiastés para referirse al ser creado, no se refiere a rectitud moral, como algunas versiones lo traducen, sino a «erguido», o que se para en una posición derecha, lo cual puede ser una característica de Dios.

> *He aquí, solamente esto he hallado: que Dios hizo al hombre recto, pero ellos buscaron muchas perversiones.* Eclesiastés 7:29 RVR1960

La *Versión King James* dice: «God hath made man upright», que se traduciría «Dios hizo al hombre erguido». La palabra «recto» viene del hebreo «yashár» que también se pudiera traducir «cómodo». Es decir que se puede parar en una posición cómoda. «Erguido» también habla de elegancia, algo que lo diferencia de los animales.

He estudiado esto y entiendo por qué algunos teólogos lo ven así. Sin embargo, la mayor parte de las traducciones en Español lo traducen «recto» como de rectitud moral.

La *Nueva Traducción Viviente* usa la palabra «virtuoso».

> *Sin embargo, sí encontré lo siguiente: Dios creó al ser humano para que sea virtuoso, pero cada uno decidió seguir su propio camino descendente».* Eclesiastés 7:29 NTV

Es importante señalar que el hombre fue dotado de autoridad y esta es una característica de Dios.

> *Entonces dijo Dios: Hagamos al hombre a nuestra imagen, conforme a nuestra semejanza; y señoree en los peces del mar, en las aves de los cielos, en las bestias, en toda la tierra, y en todo animal que se arrastra sobre la tierra.* Génesis 1:26 RVR1960

La traducción La Palabra dice «para que domine». Lo cual significa también «autoridad».

Dijo entonces Dios:

> *— Hagamos al ser humano a nuestra imagen y semejanza para que domine sobre los peces del mar y sobre las aves del cielo; sobre los animales domésticos, sobre los animales salvajes y sobre todos los reptiles que se arrastran por el suelo.* Génesis 1:26 BLP

El hombre, antes de la caída, estaba dotado de tres aspectos que sólo podemos encontrar en Cristo.

Estos, ciertamente se recuperan por medio de la gracia salvadora y son 1) Justicia, 2) Santidad y 3) Verdad.

> *...y vestíos del nuevo hombre, creado según Dios en la justicia y santidad de la verdad.* Efesios 4:24 RVR1960

Note la palabra «vestíos». Como de un ropaje que habíamos perdido en la caída, pero que ahora nos podemos volver a poner. Es la nueva vestidura espiritual del creyente.

> *...y revestido del nuevo, el cual conforme a la imagen del que lo creó se va renovando hasta el conocimiento pleno...* Colosenses 3:10 RVR1960

La redención, no es para regresar al hombre al estado del Adán antes de la caída. Más bien es para que llegue a tener un cuerpo glorificado como el segundo Adán —Jesucristo.

> *Porque a los que antes conoció, también los predestinó para que fuesen hechos conformes a la imagen de su Hijo, para que él sea el primogénito entre muchos hermanos.* Romanos 8:29 RVR1960

> *...el cual transformará el cuerpo de la humillación nuestra, para que sea semejante al cuerpo de la gloria suya, por el poder con el cual puede también sujetar a sí mismo todas las cosas. Filipenses 3:21* RVR1960

> *Amados, ahora somos hijos de Dios, y aún no se ha manifestado lo que hemos de ser; pero sabemos que cuando él se manifieste, seremos semejantes a él, porque le veremos tal como él es. 1 Juan 3:2* RVR1960

Note las frases «conformes a la imagen de su Hijo», «semejante al cuerpo de la gloria suya», «seremos semejantes a él».

«Imagen y Semejanza», representan no sólo a cómo fuimos creados, sino también a cómo seremos por la eternidad, gracias al perfecto trabajo de redención completado por Cristo en Su muerte.

En cuanto al aspecto físico, debemos reconocer que la imagen de Dios, fue transmitida a toda la raza humana, y esto significa que el hombre tiene la imagen de Dios —aún en su estado caído (Génesis 5:1—3).

La Biblia no dice que el hombre haya perdido la imagen de Dios (en su aspecto físico).

De hecho, la Biblia nos enseña que el hombre retiene la imagen de Dios. Por eso es que vemos la degradación del cuerpo a causa de la caída.

Estos pasajes nos pueden ayudar a entender más este concepto. Vemos el anhelo de Dios a que esa imagen y semejanza sea evidente en nosotros.

> *Sed, pues, vosotros perfectos, como vuestro Padre que está en los cielos es perfecto. Mateo 5:48* RVR1960

> *...sino, como aquel que os llamó es santo, sed también vosotros santos en toda vuestra manera de vivir; porque escrito está: Sed santos, porque yo soy santo. 1 Pedro 1:15,16* RVR1960

Esto nos enseña dos excelentes verdades.

1. Que el hombre tiene la imagen de Dios —aún en su estado caído

2. Que sólo la gracia de Dios puede rescatar al hombre de los efectos del pecado.

Tenemos que tomar en cuenta nuestra relación con Jesucristo.

Él es el hijo de Dios, Él es creador, pero también declara la escritura que Él es Señor y Primogénito de todo lo creado.

Porque a los que antes conoció, también los predestinó para que fuesen hechos conformes a la imagen de su Hijo, para que él sea el primogénito entre muchos hermanos. Romanos 8:29 RVR1960

El es la imagen del Dios invisible, el primogénito de toda creación. Colosenses 1:15 RVR1960

Entonces, encontramos en esto un paralelo entre Él y el hombre.

Veamos el paralelismo y contraste.

1. El hombre fue hecho a imagen de Dios
2. En la nueva creación adquirimos la imagen del Hijo de Dios

Por medio de la gracia, al nacer de nuevo, tenemos la imagen de Cristo.

Porque a los que antes conoció, también los predestinó para que fuesen hechos conformes a la imagen de su Hijo, para que él sea el primogénito entre muchos hermanos. Romanos 8:29 RVR1960

Amados, ahora somos hijos de Dios, y aún no se ha manifestado lo que hemos de ser; pero sabemos que cuando él se manifieste, seremos semejantes a él, porque le veremos tal como él es. 1 Juan 3:2 RVR1960

7

HERENCIA Y PERPETUACIÓN DEL HOMBRE ESPIRITUAL

Dios en la creación da la orden de «fructificad y multiplicaos».

> *Y los bendijo Dios, y les dijo: Fructificad y multiplicaos; llenad la tierra, y sojuzgadla, y señoread en los peces del mar, en las aves de los cielos, y en todas las bestias que se mueven sobre la tierra. Génesis 1:28* RVR1960

En esto vemos que tanto a Adán y Eva como a sus descendientes, Dios les otorga el poder de procrear.

¿Pudiera verse esto como poder creativo?

Sí y no.

Sí, porque el ser humano se puede multiplicar y cuando se engendra un nuevo ser humano, este tiene también una naturaleza inmaterial (espíritu y alma).

No, porque el ser humano no tiene la habilidad de soplar aliento, o hacer algo de la nada o aún usando materia creada como el barro.

Sin embargo, el varón y hembra tienen la capacidad de procrear nuevos seres que tienen espíritu y alma. En esto vemos la imagen y semejanza de Dios siendo traspasada de generación en generación.

Sabemos que cuando una mujer sale embarazada, esa vida dentro del vientre ya tiene espíritu y alma, pero ¿cómo sucede esto?

Se han presentado varias teorías y doctrinas para explicar el origen del espíritu humano.

1- La teoría de la preexistencia

Esta teoría enseña que cualquiera que haya sido el origen del espíritu humano, este está sujeto a la reencarnación o transmigración de un cuerpo a otro. Esto incluye los cuerpos de formas inferiores de vida. Esta teoría le debe su origen a filosofías como el Hinduismo[5] y la Teosofía[6].

2- Teoría de la creación de nuevos espíritus

Esta teoría enseña que Dios crea directa e inmediatamente un alma y un espíritu para cada cuerpo en el momento en que se engendra un ser humano y que lo único que engendran los padres humanos es el cuerpo.

3- Teoría del generacionismo

Este sistema de fe afirma que tanto la parte material como la inmaterial se propagan mediante la generación humana.

¿Cuál es la posición bíblica?

La Palabra de Dios enseña que los padres engendran hijos, y no sólo cuerpos humanos. Las características mentales y temperamentales se heredan en la misma forma que la semejanza física.

> *Y por decirlo así, en Abraham pagó el diezmo también Leví, que recibe los diezmos; porque aún estaba en los lomos de su padre cuando Melquisedec le salió al encuentro.* Hebreos 7:9,10 RVR1960

En otras palabras, sabemos que solamente Dios es capaz de dar vida, y sí, Él da espíritu a aquella criatura que está siendo engendrada en el vientre de la madre, sin embargo, el alma de esa criatura trae rasgos de personalidad, carácter, espiritualidad que ya están presentes en los padres.

La teoría de creación de nuevos espíritus se pudiera aceptar por el hecho de que Dios realiza un acto creador cuando regenera a los hombres, y que todavía Él ha de crear nuevos cielos y nueva tierra. En otras palabras, Dios no ha terminado de crear.

> *Mas a todos los que le recibieron, a los que creen en su nombre, les dio potestad de ser hechos hijos de Dios; los cuales no son engendrados de sangre, ni de voluntad de carne, ni de voluntad de varón, sino de Dios.* Juan 1:12,13 RVR1960

Entonces no sería difícil creer que Dios crea un nuevo espíritu y alma cada vez que una criatura es engendrada en el vientre.

Lo que es difícil de aceptar con respecto a esta escuela es que: ¿cómo se pasaría la naturaleza pecaminosa de Adán a nuevas personas, si Dios crea cada alma y cada espíritu en el momento en que la criatura es engendrada?

Por otro lado, si decimos que la relación humana depende de la procreación del cuerpo solamente, entonces, ¿cómo es posible que esa nueva criatura en el vientre trae rasgos espirituales de sus padres?

Entonces, puedo llegar a la conclusión, de que ese espíritu con alma que entrará en la nueva criatura que es engendrada en el vientre, ya estaba en la mente y diseño de Dios antes que aún nacieran los padres de la criatura.

Los padres de la criatura ya traían en «sus lomos» la parte inmaterial que pasarán a sus hijos en el momento en que son procreados.

Eso me confirma que todos estábamos en la mente y diseño de Dios desde antes.

> *...a los que antes conoció...* Romanos 8:29 RVR1960

> *...los cuales no son engendrados de sangre, ni de voluntad de carne, ni de voluntad de varón, sino de Dios.* Juan 1:13 RVR1960

En este caso, preexistencia, no en la forma de reencarnación (como lo enseña el Hinduismo) donde espíritus rotarían por diferentes cuerpos (lo cual es antibíblico), pero preexistencia en la forma de que Dios nos conocía a todos desde antes, en otras palabras, ya existíamos, por lo menos en diseño, en la mente de Dios antes de estar en el vientre de nuestra madre... Esa sería la manera más exacta para describir lo que sucede en la procreación.

Dios te conocía desde antes. Tu personalidad, espíritu, carácter, definición, estaban en la mente de Dios desde antes. Ya existías en Él.

Él es Padre de los espíritus.

> *Por otra parte, tuvimos a nuestros padres terrenales que nos disciplinaban, y los venerábamos. ¿Por qué no obedeceremos mucho mejor al Padre de los espíritus, y viviremos? Hebreos 12:9* RVR1960

Y sí, estábamos en Él desde antes.

> *...según nos escogió en él antes de la fundación del mundo, para que fuésemos santos y sin mancha delante de él... Efesios 1:4* RVR1960

Y sí, tenemos conexión espiritual con quienes nos engendraron —nuestros padres terrenales.

El conjunto de todo esto encierra la verdad sobre todo lo que tiene que ver con nuestro espíritu humano.

8

ELEMENTOS QUE FORMAN LA PARTE ESPIRITUAL

El ser humano no es sólo cuerpo. Es el soplo de vida, su parte inmaterial lo que lo convierte en un ser viviente.

Es por medio de ese espíritu con alma que el ser viviente puede tener una relación consciente con todo lo que le rodea, sea otros seres vivientes, el mundo animal, o los objetos y cosas a su alrededor compuestos de materia.

Si no fuera por esa parte inmaterial, el cuerpo, no sólo estaría muerto, sino también estaría sujeto a inmediata decadencia.

Sin embargo, por el hecho de que somos espíritu, nuestro cuerpo se preserva, y su estructura se renueva. La vida continúa.

El hombre interior

La Biblia usa varios términos para referirse al espíritu humano. Alma, mente, espíritu o corazón.

El apóstol Pablo llama a esta parte inmaterial «hombre interior». De hecho, establece un contraste entre esta y la parte material.

> *Porque según el hombre interior, me deleito en la ley de Dios; pero veo otra ley en mis miembros, que se rebela contra la ley de mi mente, y que me lleva cautivo a la ley del pecado que está en mis miembros. Romanos 7:22,23* RVR1960

Sin embargo, tanto la parte inmaterial como la material del ser humano, no pueden funcionar por separado.

Existe el uso de sinónimos para referirse a espíritu, alma y cuerpo, inclusive, diferentes modos de expresión.

Elementos

Vamos a estudiar individualmente los elementos que en conjunto constituyen la parte espiritual del ser humano.

> *Y el mismo Dios de paz os santifique por completo; y todo vuestro ser, espíritu, alma y cuerpo, sea guardado irreprensible para la venida de nuestro Señor Jesucristo.* 1 Tesalonicenses 5:23 RVR1960

Espíritu y alma —que forman nuestra parte inmaterial— habitan en un cuerpo.

Al cuerpo, Pablo también le llama templo (1 Corintios 6:19). Sin embargo por ahora concentrémonos en la parte inmaterial (espíritu y alma).

Alma y espíritu

La teología bíblica enseña que los humanos tienen una parte material y una inmaterial.

Una escuela enseña que estamos compuestos de dos partes, (cuerpo y alma), y la otra escuela enseña que somos trinos (cuerpo, alma, y espíritu). Esta última basándose en pasajes como el que ya he mencionado, que es 1 Tesalonicenses 5:23.

Otro pasaje usado se encuentra en Hebreos 4:12.

> *Porque la palabra de Dios es viva y eficaz, y más cortante que toda espada de dos filos; y penetra hasta partir el alma y el espíritu, las coyunturas y los tuétanos, y discierne los pensamientos y las intenciones del corazón.* Hebreos 4:12 RVR1960

Aquellos que piensan que los humanos se componen de dos partes —sin embargo—, forman la mayor parte de la tradición cristiana. Este punto de vista señala que, aunque la Biblia habla de «alma» y «espíritu», las Escrituras a menudo usan estas palabras de manera intercambiable.

Veamos ejemplos.

> *Y no temáis a los que matan el cuerpo, mas el alma no pueden matar; temed más bien a aquel que puede destruir el alma y el cuerpo en el infierno. Mateo 10:28* RVR1960

> *Hay asimismo diferencia entre la casada y la doncella. La doncella tiene cuidado de las cosas del Señor, para ser santa así en cuerpo como en espíritu; pero la casada tiene cuidado de las cosas del mundo, de cómo agradar a su marido. 1 Corintios 7:34* RVR1960

Debo decir que hoy en día (en la modernidad) existe un tercer punto de vista cada vez más común entre algunos teólogos —por supuesto, liberales.

Este punto de vista se llama fisicalismo no-reduccionista[7] y enseña que sólo somos materia pero que los comportamientos de la mente —ellos prefieren no usar la palabra «alma»— no pueden reducirse a descripciones de estados neurológicos. Más bien dicen, hay factores externos que afectan los estados cerebrales y por lo tanto, la mente.

Como podrá imaginar, esta postura resulta muy complicada y ha generado mucho debate filosófico. Pero algo es claro. Según sus proponentes, estamos hechos sólo de materia[8]. Ellos creen que esta enseñanza se alinea mejor con la neurociencia contemporánea.

Yo diría que también se alinea con algunas de las proposiciones del ateísmo, por lo que puedo afirmar que no es una opción bíblica.

La Palabra de Dios enseña que no todo en nosotros puede reducirse a lo material. Somos seres físicos, hechos de materia, pero no sólo somos seres físicos, tenemos espíritu.

Términos bíblicos para el alma

El Antiguo Testamento usa varias palabras para traducir «alma» o «espíritu».

El término hebreo «nephesh», que suele traducirse como «alma», pudiera significar literalmente «garganta» o «cuello».

John Cooper[9], profesor de teología filosófica, explica que esta palabra a menudo significa la persona completa y no sólo la parte inmaterial. Cooper defiende lo que él llama «dualismo holístico». Este es el punto de vista de que una persona es un alma que es distinta de su cuerpo físico. Aunque distinta de su cuerpo físico, un alma está funcionalmente unificada con su cuerpo en esta vida y existe y funciona sin cuerpo entre la muerte y la resurrección futura[10].

> *Y se tendió sobre el niño tres veces, y clamó a Jehová y dijo: Jehová Dios mío, te ruego que hagas volver el alma de este niño a él. Y Jehová oyó la voz de Elías, y el alma del niño volvió a él, y revivió.* 1 Reyes 17:21,22 RVR1960

De manera similar, el término hebreo «rûaj»[11] se asocia con aire en movimiento o respiración.

> *Si él pusiese sobre el hombre su corazón, Y recogiese así su espíritu y su aliento.* Job 34:14 RVR1960

También ese término se usa para referirse a la «fuerza vital» de las criaturas, tanto de los humanos como de las bestias.

El teólogo J. P. Moreland[12] explica que «rûaj» se usa con referencia al centro de la conciencia[13].

Volición

> *Limpiad las saetas, embrazad los escudos; ha despertado Jehová el espíritu de los reyes de Media; porque contra Babilonia es su pensamiento para destruirla; porque venganza es de Jehová, y venganza de su templo.* Jeremías 51:11 RVR1960

Cognición

> *Y los extraviados de espíritu aprenderán inteligencia, y los murmuradores aprenderán doctrina.* Isaías 29:24 RVR1960

Emoción

> *Y vino Acab a su casa triste y enojado, por la palabra que Nabot de Jezreel*

le había respondido, diciendo: No te daré la heredad de mis padres. Y se acostó en su cama, y volvió su rostro, y no comió. 1 Reyes 21:4 RVR1960

Disposición espiritual

El ánimo del hombre soportará su enfermedad; Mas ¿quién soportará al ánimo angustiado? Proverbios 18:14 RVR1960

En el Nuevo Testamento, la palabra griega «psychē»[14] a menudo se traduce como «alma».

Cuando abrió el quinto sello, vi bajo el altar las almas de los que habían sido muertos por causa de la palabra de Dios y por el testimonio que tenían. Apocalipsis 6:9 RVR1960

Los autores del Nuevo Testamento al igual que del Antiguo, a veces usan esta palabra para hablar de la «fuerza vital» que marca la diferencia entre un simple cadáver y un ser humano vivo.

Puede también dar a entender la existencia de alguien después de que su cuerpo haya fallecido (Mateo 10:28).

El alma, en términos bíblicos, es la esencia de la persona y lo que le permite existir en el estado que algunos llaman «intermedio» —entre muerte y resurrección final.

Las facultades del alma

La teología bíblica también enseña que el alma tiene facultades.

Tomás de Aquino[15] desarrolló el concepto de las «facultades del alma»[16]. Este sería más tarde aceptado por teólogos de varias tradiciones, incluyendo los reformadores.

¿Cuáles son estas facultades?

Aunque existen diferentes listas de facultades, aquí mencionaré las más comunes[17].

- Las facultades sensoriales, como la vista, el olor, el tacto, el gusto, y la audición (Romanos 1:19-20)

- La voluntad, es decir, la capacidad de elegir
(Deuteronomio 30:15—20)

- Las facultades emocionales como, por ejemplo, la capacidad de experimentar miedo o amor
(1 Samuel 18:1; Salmos 94:19)

- Y la razón (Romanos 1:21,22; 2 Pedro 2:12)

A veces los teólogos también hablan de la memoria y la conciencia como facultades del alma. Sin embargo, lo fascinante de todas estas facultades es cómo están relacionadas a nuestros cuerpos. El daño al cerebro, por ejemplo, puede afectar la conciencia y nuestras habilidades emocionales o sensoriales. Un accidente cerebrovascular o un accidente grave puede impactar nuestra toma de decisiones, nuestros procesos sensoriales, y nuestra capacidad de relacionarnos emocionalmente con otras personas[18].

El espíritu

Como he mencionado antes, las palabras «espíritu» y «alma» son usadas a veces de manera intercambiable.

Cuando el hombre recibió el soplo (aliento) de vida, el «rûaj» vino a ser un ser viviente o animado (con alma).

En el momento de la muerte el espíritu se entrega en las manos del Señor. Esto lo vemos en la misma muerte de Jesús en la cruz.

> *Entonces Jesús, clamando a gran voz, dijo: Padre, en tus manos encomiendo mi espíritu. Y habiendo dicho esto, expiró. Lucas 23:46* RVR1960

El corazón

Este término a veces es usado en referencia a la vida humana y al ejercicio de sus energías. El corazón físico, es el distribuidor de la sangre por lo que se considera el centro de la vida de la carne, sin embargo la Biblia usa esta palabra para referirse a conciencia y emociones humanas.

De hecho, culturalmente, quizá usted ha oído la frase «esa persona tiene un buen corazón» queriendo decir que dicha persona es de buenos sentimientos. Sería como decir «es de buen espíritu», o de «espíritu noble».

La Palabra de Dios relaciona el término «corazón» con la conciencia propia del ser humano.

> *Engruesa el corazón de este pueblo, y agrava sus oídos, y ciega sus ojos, para que no vea con sus ojos, ni oiga con sus oídos, ni su corazón entienda, ni se convierta, y haya para él sanidad. Isaías 6:10* RVR1960

> *Antes bien, como está escrito: Cosas que ojo no vio, ni oído oyó, Ni han subido en corazón de hombre, Son las que Dios ha preparado para los que le aman. 1 Corintios 2:9* RVR1960

> *Y vio Jehová que la maldad de los hombres era mucha en la tierra, y que todo designio de los pensamientos del corazón de ellos era de continuo solamente el mal. Génesis 6:5* RVR1960

Estos textos nos ayudan a deducir que el término corazón representa el ejercicio específico de las realidades de la vida humana.

La carne

La palabra «carne» está sujeta a un empleo triforme en el Nuevo Testamento.

1. Parte material del hombre

> *Pero siendo profeta, y sabiendo que con juramento Dios le había jurado que de su descendencia, en cuanto a la carne, levantaría al Cristo para que se sentase en su trono, viéndolo antes, habló de la resurrección de Cristo, que su alma no fue dejada en el Hades, ni su carne vio corrupción. Hechos 2:30,31* RVR1960

> *No toda carne es la misma carne, sino que una carne es la de los hombres, otra carne la de las bestias, otra la de los peces, y otra la de las aves. 1 Corintios 15:39* RVR1960

2. Las relaciones y clasificaciones humanas

> Voz que decía: Da voces. Y yo respondí: ¿Qué tengo que decir a voces? Que toda carne es hierba, y toda su gloria como flor del campo. La hierba se seca, y la flor se marchita, porque el viento de Jehová sopló en ella; ciertamente como hierba es el pueblo. Sécase la hierba, marchítase la flor; mas la palabra del Dios nuestro permanece para siempre. Isaías 40:6—8 RVR1960

3. Como la naturaleza caída (Romanos 7:18)

> Y yo sé que en mí, esto es, en mi carne, no mora el bien; porque el querer el bien está en mí, pero no el hacerlo. Romanos 7:18 RVR1960

El intelecto

El intelecto denota la mente en relación con su capacidad de entender. Esto es un tema de la psicología. Sin embargo, cuando se toma en cuenta la obra del Espíritu Santo en la mente humana, el asunto entra al campo teológico.

Jesús prometió una iluminación sobrenatural para los no regenerados.

> Pero yo os digo la verdad: Os conviene que yo me vaya; porque si no me fuera, el Consolador no vendría a vosotros; mas si me fuere, os lo enviaré. Y cuando él venga, convencerá al mundo de pecado, de justicia y de juicio. De pecado, por cuanto no creen en mí; de justicia, por cuanto voy al Padre, y no me veréis más; y de juicio, por cuanto el príncipe de este mundo ha sido ya juzgado. Aún tengo muchas cosas que deciros, pero ahora no las podéis sobrellevar. Pero cuando venga el Espíritu de verdad, él os guiará a toda la verdad; porque no hablará por su propia cuenta, sino que hablará todo lo que oyere, y os hará saber las cosas que habrán de venir. El me glorificará; porque tomará de lo mío, y os lo hará saber. Todo lo que tiene el Padre es mío; por eso dije que tomará de lo mío, y os lo hará saber. Juan 16:7—15 RVR1960

Sensibilidad

Esta función se clasifica propiamente como una parte importante de la psicología, sin embargo hay mucho que es emocional tanto en Dios como en el hombre, lo cual es teológico.

En este aspecto, el hombre reflexiona sobre lo que es verdadero en Dios o se lo imagina.

Tanto la sensibilidad como el intelecto, pueden ser influenciados por el poder del Espíritu Santo, el cual puede obrar y ampliar la capacidad experimental.

> *...y la esperanza no avergüenza; porque el amor de Dios ha sido derramado en nuestros corazones por el Espíritu Santo que nos fue dado. Romanos 5:5* RVR1960

Las escrituras declaran que la compasión divina puede hallar expresión por medio del creyente, y que dicha compasión no surge por motivo de la capacidad de este sino por el Espíritu que mora en él.

> *Mas el fruto del Espíritu es amor, gozo, paz, paciencia, benignidad, bondad, fe... Gálatas 5:22* RVR1960

Voluntad

Hablar de la voluntad del ser humano no sólo es un tema de antropología, también pertenece a la Soteriología.

El hombre fue creado a imagen de Dios y refleja los atributos comunicables divinos.

La voluntad del hombre está directamente relacionada con el teísmo. La voluntad actúa generalmente movida o influida por el intelecto y las emociones por lo cual podemos decir que no es otra cosa que la experiencia de actuar sin necesidad consciente.

El intelecto y las emociones reciben influencias de un poder superior —sea bueno o malo.

> *...en los cuales anduvisteis en otro tiempo, siguiendo la corriente de este mundo, conforme al príncipe de la potestad del aire, el espíritu que ahora opera en los hijos de desobediencia... Efesios 2:2* RVR1960

Y del regenerado.

> ...porque Dios es el que en vosotros produce así el querer como
> el hacer, por su buena voluntad. Filipenses 2:13 RVR1960

Estos dos versículos nos enseñan que no hay voluntad humana que sea libre en el sentido absoluto de las palabras.

En Juan 5:40 y 6:44 Cristo se dirige a los que están bajo la influencia satánica, como lo están los no regenerados y cómo Dios conmociona al hombre interno para traerlo a Jesús. Todo esto lo experimenta el intelecto, la sensibilidad y voluntad.

> ...y no queréis venir a mí para que tengáis vida. 5:40 RVR1960

Por eso es que el ser humano estando bajo la influencia del pecado, no tiene la habilidad de buscar a Dios por sí solo (Romanos 3). Es Dios quien inicia y completa el trabajo de regeneración en el ser humano.

> Ninguno puede venir a mí, si el Padre que me envió no le trajere;
> y yo le resucitaré en el día postrero. Juan 6:44 RVR1960

Él nos llama por Su gracia y nos atrae efectivamente a Él mismo. Inclusive, nos da la fe que necesitamos para creer en Él.

> Porque por gracia sois salvos por medio de la fe; y esto no de
> vosotros, pues es don de Dios... Efesios 2:8 RVR1960

En esto obra el decreto de elección. Por eso la salvación es segura.

> Todo lo que el Padre me da, vendrá a mí; y al que a mí
> viene, no le echo fuera. Juan 6:37 RVR1960

Entonces, para aquellos que están sujetos a la voluntad de Dios, siempre hay un cúmulo creciente de conocimiento de la verdad a su disposición.

> El que quiera hacer la voluntad de Dios, conocerá si la doctrina es
> de Dios, o si yo hablo por mi propia cuenta. Juan 7:17 RVR1960

La conciencia

Esta es la facultad que revela más completamente lo que es la imagen de Dios en el hombre.

La estimación sobre lo que realmente es la conciencia varía ampliamente.

Existen dos extremos.

1. Algunos sostienen que no es una parte integral del hombre, sino la voz de Dios.

2. Por otro lado está la noción de que la conciencia no es más que una inclinación de la mente, que le ha quedado por la disciplina de la niñez.

La escritura no apoya ninguno de estos dos extremos.

La conciencia no está sujeta a la voluntad, sino que más bien se sienta a juzgar la voluntad y todos los demás aspectos de la vida del hombre.

La mente puede originar pensamientos, la memoria puede retenerlos, el espíritu puede discernir el valor de ellos; y el alma responde a dichos pensamientos; pero la conciencia juzga esos pensamientos con respecto a su valor moral.

El testimonio de la Biblia con respecto a la conciencia es que ella puede ser natural (en los no regenerados), y sobrenatural (en los regenerados).

> *Todas las cosas son puras para los puros, mas para los corrompidos e incrédulos nada les es puro; pues hasta su mente y su conciencia están corrompidas. Tito 1:15* RVR1960

> *...acerquémonos con corazón sincero, en plena certidumbre de fe, purificados los corazones de mala conciencia, y lavados los cuerpos con agua pura. Hebreos 10:22* RVR1960

> *Pero ellos, al oír esto, acusados por su conciencia, salían uno a uno, comenzando desde los más viejos hasta los postreros; y quedó solo Jesús, y la mujer que estaba en medio. Juan 8:9* RVR1960

> *...por la hipocresía de mentirosos que, teniendo cauterizada la conciencia... 1 Timoteo 4:2* RVR1960

Por otra parte, la conciencia sobrenatural que es la del creyente en Cristo, es mucho más compleja pues el creyente es influido por el Espíritu Santo que mora en él.

Hemos visto cómo Dios creó al ser humano. Lo hizo a Su imagen y semejanza. Le dio dominio y poder sobre toda la creación. Entonces por la desobediencia del hombre —aquel que Dios había creado para vivir eternamente— comenzó a morir.

En el tomo *Hamartiología: La doctrina del pecado* veremos más, todas las consecuencias de la desobediencia. Todo el mal que por el pecado se introdujo a la raza humana.

Pero esta historia no termina ahí.

Hay esperanza.

Después de estudiar la doctrina del pecado, estudiaremos *Soteriología: La doctrina de la redención* y exaltaremos a Cristo, agradecidos por su perfecta obra de regenerar y reconciliar consigo al hombre.

HAMARTIOLOGÍA:
LA DOCTRINA DEL PECADO

Por tanto, como el pecado entró en el mundo por un hombre, y por el pecado la muerte, así la muerte pasó a todos los hombres, por cuanto todos pecaron.
Ro 5:12 RVR1960

INTRODUCCIÓN

¿Qué es hamartiología?

La Hamartiología (o estudio del pecado) es parte fundamental de la doctrina bíblica.

Esta está fuertemente vinculada a otras doctrinas básicas del cristianismo.

Debemos tener un claro concepto de lo que es el pecado, su origen y consecuencias. Además debemos entender lo que Cristo ha hecho a nuestro favor para salvarnos de este.

Estudiaremos en este volumen, una variedad de términos, usados tanto en el Antiguo como en el Nuevo Testamento.

También estudiaremos los tipos específicos de pecado que existen, las distintas fuentes del mismo, y las horribles consecuencias que ha causado tanto en la vida personal como en la historia de la humanidad, mirándolo colectivamente.

No podemos tocar este tema sin hablar sobre la solución que Dios ha provisto para lidiar con el pecado y sus daños temporales y eternos. Se trata de la gracia de Dios, la obra redentora de Cristo por medio de Su sangre derramada para remisión de este.

También notar la obra del Espíritu Santo en el trabajo de parte de Cristo para librarnos del pecado. Jesús dijo:

> *Y cuando él venga, convencerá al mundo de pecado, de justicia y de juicio. De pecado, por cuanto no creen en mí; de justicia, por cuanto voy al Padre, y no me veréis más; y de juicio, por cuanto el príncipe de este mundo ha sido ya juzgado. Juan 16:8—11* RVR1960

Indaguemos, escudriñemos, y preparémonos como ministros de Cristo, para comunicar correctamente la esperanza que en Él puede tener la humanidad. Seamos heraldos de la verdad de que sólo Cristo es la solución para que los que oigan sean librados del pecado, de culpa y pasen a justicia, la cual Él ha conseguido en Su sacrificio perfecto y otorga gratuitamente a todos los que confían en Él como único Señor y Salvador.

¡Comencemos!

1

LA REALIDAD DEL PECADO

Los efectos del pecado son obvios en la sociedad y esto ha sido así desde la caída.

Sólo toma ver las noticias en la televisión, en el internet, o en los periódicos, y esto será suficiente para saber que algo está intrínsecamente mal con este mundo. Los noticieros por lo regular no nos entregan noticias, sino más bien «malas noticias».

Muchos dicen que el problema radica en los disparejos económicos, la falta de igualdad, injusticia social. Que la violencia es resultado de la negligencia que hemos tenido con las clases menos privilegiadas, etc... Y sí, todos esos problemas existen y son muy reales en nuestra sociedad, pero... ¿Cuál es la raíz de las injusticias? ¿Qué está detrás de los tantos homicidios que vemos en las noticias? ¿Qué motiva las guerras?

Y en otro nivel. ¿Qué motiva a la mentira, la infidelidad, el vicio, el egoísmo, la ira?

La mente secular tratará siempre de apuntar a factores externos, lo visible, lo simple de discernir.

Sin embargo existe algo más siniestro, más oscuro, y que reside en el mismo corazón del ser humano.

Jesus dijo:

Porque del corazón salen los malos pensamientos, los homicidios, los adulterios, las fornicaciones, los hurtos, los falsos testimonios, las blasfemias. Mateo 15:19 RVR1960

Amigo lector, estudiante, no es necesario buscar muy lejos. El problema está dentro. Está en el corazón del hombre, y se llama «pecado».

Los filósofos y pensadores durante las edades han tratado de explicar las causas que motivan al ser humano a buscar el mal, más siempre se les pasó entender que había una causa voluntaria en el hombre y su libre elección,[1] siendo dicha causa por cierto la postura bíblica.

Cuando leemos a Ireneo de Lion[2] vemos en su doctrina que incluso el pecado está dentro de los planes de Dios para la historia de la humanidad, no como el origen del mismo, sino como quien provee para aquellos que —aunque pecan contra Dios— pueden encontrar en Él un plan de salvación, y por ende, libertad del pecado.

2

EL DILEMA DEL PECADO

Si observa con cuidado, notará que nuestro mundo vive con una incómoda contradicción.

Aun secularmente, los seres humanos tenemos la tendencia de proyectarnos como agentes morales, queremos mostrar que tenemos altos niveles morales pero estos tienden a ser altamente subjetivos.

En nuestra sociedad, definimos algo como incorrecto, si directamente daña a alguien. Entonces algo es inmoral, si hay daños a otros y cuando no, tiende a ser pasado por alto.

Nuestra cultura postcristiana ha reemplazado el estándar divino perfecto por los estándares cambiantes. Si una persona se siente herida, acusará a la otra de haber violado su derecho y pedirá remuneración por la ofensa.

En otras palabras, los daños son intrahumanos. Si hay una ofensa, se buscará remuneración o castigo. Los humanos buscan el perdón de otros humanos y el que agrede busca ser perdonado por el agredido, pero jamás se incluye a Dios en la ecuación.

Pretendemos que nuestras faltas son contra o entre humanos, cuando en realidad pecamos contra Dios, y es de Él de quien necesitamos perdón.

Este Salmo de David, nos deja muy claro contra quién son las ofensas, algo que el salmista sabía muy bien.

Contra ti, contra ti solo he pecado, Y he hecho lo malo delante de tus ojos; Para que seas reconocido justo en tu palabra, Y tenido por puro en tu juicio. Salmos 51:4 RVR1960

Concepto del Pecado

El concepto del pecado se deriva de varios términos que hallamos en la Biblia, tanto en el Antiguo Testamento como en el Nuevo Testamento.

De todos estos, el más conocido es el término griego hamartanó[3] que significa desviarse de un curso recto.

Se ha usado la ilustración del arquero que falla al blanco, pero me temo que el problema del pecado es mucho más profundo. No se trata de sólo fallar a dar en el blanco, se trata de hacerlo a propósito.

De acuerdo a la Biblia, es pecado cuando el hombre voluntariamente se aparta de Dios para vivir su vida en desobediencia de Él. Es por ello que el pecado lleva en sí castigo.

El pecado juega un papel central en la narración bíblica

Al principio, todo lo creado era bueno (Génesis 1—2) y luego de bueno pasa a decadencia. El hombre es expulsado del Edén (Génesis 3), luego ocurre un asesinato (Génesis 4), la sociedad se corrompe (Génesis 5—6), lo que trae la inundación (Génesis 6—9), y a la torre de Babel (Génesis 11).

Vemos un patrón. Una degradación. Y la respuesta está en lo que sucedió en Génesis 3.

Fíjese si el problema del pecado es tan dominante en los textos, que en el hebreo del Antiguo Testamento, toma varias palabras para poder capturar lo que significa.

Antiguo Testamento

La palabra que más se usa para el pecado en hebreo [אטח ht '] y que ya mencioné en el capítulo anterior en otra forma, la podemos encontrar unas 600 veces. Esta puede significar perder algo, fallar o no pegarle al blanco.

La segunda palabra más común para el pecado sería [עָוֹן 'awôn], que se puede traducir como «iniquidad». Esta aparece en traducciones más antiguas como «maldad» pero en traducciones más modernas como «perversión». Su etimología viene de «quebrar» o «retorcer». En esta última palabra podemos ver que el pecado distorsiona y pervierte.

Los textos usan un tercer término para el pecado [עֶשַׁע psh'] que se puede traducir como «transgresión», «sublevación» o «rebelión». Quizá el mejor equivalente aquí sea «crimen». El pecado es criminal por el hecho de que rompe la ley suprema —la ley de Dios.

También la Palabra de Dios presenta al pecado como «injusticia», o como «impiedad». Algo que se necesita remediar —una deuda que debe pagarse.

El pecado interrumpe que disfrutemos de la presencia de Dios.

> ...pero vuestras iniquidades han hecho división entre vosotros y vuestro Dios, y vuestros pecados han hecho ocultar de vosotros su rostro para no oír. Isaías 59:2 RVR1960

Entonces, cuando nos elevamos con soberbia por encima de Dios, es porque el pecado está presente. Y como mencioné antes, la base de todo esto yace en Génesis 3 — la primera tentación, «seréis como Dios».

> ...sino que sabe Dios que el día que comáis de él, serán abiertos vuestros ojos, y seréis como Dios, sabiendo el bien y el mal. Génesis 3:5 RVR1960

Nuevo Testamento

Cuando estudiamos el Nuevo Testamento, encontramos que además de la palabra hamartia[4] —de donde toma el nombre esta disciplina que estudia la doctrina del pecado—hallamos otros términos[5] como «kakos» que significa «mal físico» o «enfermedad» que es usado en el siguiente texto.

> El respondió y les dijo: La generación mala y adúltera demanda señal; pero señal no le será dada, sino la señal del profeta Jonás. Mateo 12:39 RVR1960

O la palabra «asebes» que significa «impío», usada en este versículo de primera de Pedro.

> *Y: Si el justo con dificultad se salva, ¿En dónde aparecerá el impío y el pecador? 1 Pedro 4:18* RVR1960

La palabra «enochos» se usa como «culpable» y «merecedor de muerte».

> *Oísteis que fue dicho a los antiguos: No matarás; y cualquiera que matare será culpable de juicio. Mateo 5:21* RVR1960

«Adikia» como «mala conducta», la palabra «anomos» como «sin ley» o «inicuo», la palabra «parabates» como «transgresor de la ley».

La palabra «agnoein» como la «adoración a dios falso por ignorancia» y la encontramos en Romanos 2.

> *¿O menosprecias las riquezas de su benignidad, paciencia y longanimidad, ignorando que su benignidad te guía al arrepentimiento? Romanos 2:4* RVR1960

Otras palabras usadas son «planao» que significa «extravío», «paraptoma» que significa «ofensa», y la palabra «hypocrisis» que hace referencia a la «hipocresía» lo cual es también considerado pecado que se ha de condenar y la vemos usada por Pablo en Gálatas 2.

> *Pero cuando Pedro vino a Antioquía, le resistí cara a cara, porque era de condenar. Pues antes que viniesen algunos de parte de Jacobo, comía con los gentiles; pero después que vinieron, se retraía y se apartaba, porque tenía miedo de los de la circuncisión. Y en su simulación participaban también los otros judíos, de tal manera que aun Bernabé fue también arrastrado por la hipocresía de ellos. Gálatas 2:11—14* RVR1960

Debemos hacer una distinción entre «pecado» (singular) y «pecados» (plural).

El pecado encierra género y es la actitud continua del hombre (desde el pecado de Adán) y pecados, puede referirse a cuando transgredimos ante la ley de Dios.

Para resumir en cuanto al concepto de pecado, podemos usar las palabras y orden que nos da Ryrie[6] para pecado: «errar el blanco, maldad, rebelión, iniquidad, extravío, perversidad, andar errante, impiedad, crimen, andar fuera de la ley, transgresión, ofensa o ignorancia».

Entonces podemos decir que quien único puede solucionar el problema del pecado es Jesucristo.

Juan el Bautista entendió esto claramente al ver por primera vez a Jesús. Sus palabras fueron: «He aquí el Cordero de Dios, que quita el pecado del mundo» (Juan 1:29).

Por esta razón, el Salvador fue llamado «Jesús».

> *Y dará a luz un hijo, y llamarás su nombre JESÚS, porque él salvará a su pueblo de sus pecados... Mateo 1:21* RVR1960

La solución al dilema del pecado es Jesús.

Le adelantaré dos textos, pero este tema lo estudiaremos más en detalles en el volumen *Soteriología: La doctrina de la redención*.

> *El siguiente día vio Juan a Jesús que venía a él, y dijo: He aquí el Cordero de Dios, que quita el pecado del mundo. Juan 1:29* RVR1960

> *...pero Cristo, habiendo ofrecido una vez para siempre un solo sacrificio por los pecados, se ha sentado a la diestra de Dios Hebreos 10:12 RVR1960*

3

LA CAÍDA: EL PUNTO DE PARTIDA

Al principio leemos que Dios ha creado un mundo en el cual todo era bueno.

Dios le entregó al hombre y su mujer potestad sobre todo lo creado.

> *Pero la serpiente era astuta, más que todos los animales del campo que Jehová Dios había hecho; la cual dijo a la mujer: ¿Conque Dios os ha dicho: No comáis de todo árbol del huerto? Y la mujer respondió a la serpiente: Del fruto de los árboles del huerto podemos comer, pero del fruto del árbol que está en medio del huerto dijo Dios: No comeréis de él, ni le tocaréis, para que no muráis. Entonces la serpiente dijo a la mujer: No moriréis; sino que sabe Dios que el día que comáis de él, serán abiertos vuestros ojos, y seréis como Dios, sabiendo el bien y el mal. Y vio la mujer que el árbol era bueno para comer, y que era agradable a los ojos, y árbol codiciable para alcanzar la sabiduría; y tomó de su fruto, y comió; y dio también a su marido, el cual comió así como ella. Entonces fueron abiertos los ojos de ambos, y conocieron que estaban desnudos; entonces cosieron hojas de higuera, y se hicieron delantales. Génesis 3:1-7* RVR1960

En ese pasaje leemos la tragedia de cómo el pecado entró en la condición humana. El texto, nos da una explicación de la universalidad de nuestra condición pecaminosa.

También nos prepara para ver que el Dios de la creación es a la vez, el Dios de la redención.

La desobediencia del ser humano, al comer el fruto del árbol del conocimiento del bien y el mal, nos muestra tres cosas acerca del pecado —en sentido general.

1. Primero, el pecado busca redefinir la base del conocimiento

La serpiente les dice «no moriréis» (Génesis 3:4), desafiando lo que Dios les había dicho a Adán y Eva, —que morirían si comían del árbol (Génesis 2:17).

Vemos que Eva no tomó en serio a Dios y Su advertencia.

El pecado intenta siempre convencernos de que lo que dice Dios no es digno de confianza. Pecar comienza cuando creemos esta mentira.

2. El pecado busca redefinir la base de nuestro compás moral

Dios establece que «no comer del fruto» era lo normal (Génesis 2:17). Sin embargo, la serpiente propone que lo normal sería comer del fruto, y que si Adán y Eva seguían su consejo, serían «como Dios» (Génesis 3:5).

Vemos que Eva confió en su propio juicio sobre lo que era correcto. No creyó en la definición de «lo correcto» que Dios le había dado.

El pecado buscó redefinir la base de la identidad.

La identidad de Adán y Eva está basada en que eran criaturas de Dios, dependientes y bajo la autoridad del Creador. Sin embargo, cedieron a la tentación de «ser como Dios» (Gn. 3:5), intentando así estar al nivel de Dios.

En este evento del Génesis, vemos cómo predomina el orgullo, y cómo este reside en el mismo corazón del pecado.

El pecado consiste en abandonar a Dios para encontrar en ti mismo lo que debías encontrar en Él.

Entonces podemos decir que el evento de Génesis capítulo 3 nos enseña que aunque Dios creó a una humanidad buena, el ser humano eligió desobedecer.

La consecuencia de esta desobediencia es que Dios entonces, maldice a la humanidad y la creación con sentencia de muerte.

El llanto, sufrimiento, enfermedad, y dolores de parto, son algunos de los resultados de esa caída.

EL ORIGEN DEL PECADO

Para entender todo sobre el origen del pecado, es necesario que lo analicemos desde dos puntos de vista, el primero, sobre su origen en el universo, y el segundo, sobre su origen en la humanidad.

¿De dónde viene el pecado?

Antes de ver cómo entró el pecado en la raza humana, debemos entender que antes del evento en el huerto del Edén, ya el pecado existía.

De hecho, ya había sucedido una rebelión en los cielos.

> *¡Cómo caíste del cielo, oh Lucero, hijo de la mañana! Cortado fuiste por tierra, tú que debilitabas a las naciones. Tú que decías en tu corazón: Subiré al cielo; en lo alto, junto a las estrellas de Dios, levantaré mi trono, y en el monte del testimonio me sentaré, a los lados del norte; sobre las alturas de las nubes subiré, y seré semejante al Altísimo. Isaías 14:12—14* RVR1960

> *Hijo de hombre, levanta endechas sobre el rey de Tiro, y dile: Así ha dicho Jehová el Señor: Tú eras el sello de la perfección, lleno de sabiduría, y acabado de hermosura. En Edén, en el huerto de Dios estuviste; de toda piedra preciosa era tu vestidura; de cornerina, topacio, jaspe, crisólito, berilo y ónice; de zafiro, carbunclo, esmeralda y oro; los primores de tus tamboriles y flautas estuvieron preparados para ti en el día de tu creación. Tú, querubín grande, protector, yo te puse en el santo monte de Dios, allí estuviste; en medio de las piedras de fuego te paseabas. Perfecto eras en todos tus caminos desde el día que fuiste creado, hasta que se halló en ti maldad. A causa de la multitud de*

> *tus contrataciones fuiste lleno de iniquidad, y pecaste; por lo que yo te eché del monte de Dios, y te arrojé de entre las piedras del fuego, oh querubín protector. Se enalteció tu corazón a causa de tu hermosura, corrompiste tu sabiduría a causa de tu esplendor; yo te arrojaré por tierra; delante de los reyes te pondré para que miren en ti. Con la multitud de tus maldades y con la iniquidad de tus contrataciones profanaste tu santuario; yo, pues, saqué fuego de en medio de ti, el cual te consumió, y te puse en ceniza sobre la tierra a los ojos de todos los que te miran. Ezequiel 28:12-18* RVR1960

Entonces, no fue el hombre quien introdujo el pecado sino Satanás. Este peca desde el principio.

> *El que practica el pecado es del diablo; porque el diablo peca desde el principio. Para esto apareció el Hijo de Dios, para deshacer las obras del diablo. 1 Juan 3:8* RVR1960

En el jardín del Edén (Génesis 3), Satanás engaña al hombre al conseguir que este peque, a través de Eva, cuando le ofrece comer del fruto del árbol prohibido, diciéndole que adquiriría la sabiduría, y que no moriría, siendo igual a Dios.

El hombre fue seducido por lo que obtendría y no valoró su desobediencia a Dios, y entonces vemos las consecuencias.

He aquí por donde entra el pecado a la raza humana.

> *Por tanto, como el pecado entró en el mundo por un hombre, y por el pecado la muerte, así la muerte pasó a todos los hombres, por cuanto todos pecaron. Romanos 5:12* RVR1960

Lo que nos queda muy claro es que la fuente y la causa del pecado no es Dios. Que el origen es Satanás y que el hombre, en su caída lo perpetúa en el mundo y lo hereda la raza humana.

Existe el debate entonces de muchos que preguntan. ¿Tiene entonces el diablo poder creativo?

No. El diablo no tiene poder creativo.

Algunos a esto han dicho: ¿Si el diablo no creó el pecado (pues no tiene poder creativo), entonces, fue Dios quien creó el pecado?

A lo que tendría que responder que el pecado en sí es una «perversión».

Es la ausencia de algo bueno.

Todo lo que Dios creó es bueno. Sin embargo, Dios entregó a las criaturas la libertad de escoger entre el bien y la ausencia de este.

La ausencia de la obediencia es desobediencia. Si no hubiera existido la opción para desobedecer y pervertir algo bueno, entonces no hubiéramos tenido completa libertad. En la libertad existe el riesgo de la desobediencia.

El pecado es una perversión.

Entonces para establecer esta verdad sobre el origen del pecado podemos concluir que no fue en este mundo, no fue en el Edén, sino en la esfera angelical[7] por la rebelión de Satanás de su propia posición, quien luego reclutó a otros ángeles para su batalla contra Dios y contra el hombre.

> *Y a los ángeles que no guardaron su dignidad, sino que abandonaron su propia morada, los ha guardado bajo oscuridad, en prisiones eternas, para el juicio del gran día... Judas 1:6* RVR1960

> *Porque si Dios no perdonó a los ángeles que pecaron, sino que arrojándolos al infierno los entregó a prisiones de oscuridad, para ser reservados al juicio... 2 Pedro 2:4* RVR1960

El pecado original

«El pecado original»[8] es un término teológico en hamartiología que se utiliza para explicar que todos los seres humanos han heredado la naturaleza caída de Adán, quien cometió el primer pecado al cometer la transgresión contra Dios y perder la relación privilegiada que tenía con Él (Génesis 3).

Ya expliqué anteriormente de dónde viene el pecado.

Le dije que el pecado no se origina en Dios. Cuando estudiamos la teología del pecado, nos damos cuenta que este al igual que el mal, son ajenos a Dios.

> *Muy limpio eres de ojos para ver el mal, ni puedes ver el agravio; ¿por qué ves a los menospreciadores, y callas cuando destruye el impío al más justo que él... Habacuc 1:13* RVR1960

En Dios no hay tinieblas.

> *Este es el mensaje que hemos oído de él, y os anunciamos: Dios es luz, y no hay ningunas tinieblas en él. 1 Juan 1:5* RVR1960

Dios no tienta a nadie.

> *Cuando alguno es tentado, no diga que es tentado de parte de Dios; porque Dios no puede ser tentado por el mal, ni él tienta a nadie... Santiago 1:13* RVR1960

Dios es justo y recto.

> *Él es nuestra Roca, y su obra es perfecta; todos sus caminos son de justicia. Es el Dios de la verdad, justo y recto; en él no hay ninguna maldad. Deuteronomio 32:4* RVC

5

LA TEOLOGÍA DEL PECADO

Entraremos en el estudio de siete verdades que nos ayudarán a entender la doctrina del pecado.

1. Culpa heredada: Somos constituidos culpables por el pecado de Adán

Pablo nos enseña que al Adán pecar, la culpa de su pecado es atribuida a todos sus descendientes.

> *Por tanto, como el pecado entró en el mundo por un hombre, y por el pecado la muerte, así la muerte pasó a todos los hombres, por cuanto todos pecaron. Romanos 5:12* RVR1960

Aunque todavía no existíamos, ya estábamos representados por Adán como ancestro. De esa manera heredamos por naturaleza el pecado que Adán ha introducido a la raza humana.

Los siguientes dos versículos extienden la explicación de este concepto.

> *Así que, como por la transgresión de uno vino la condenación a todos los hombres, de la misma manera por la justicia de uno vino a todos los hombres la justificación de vida. Porque así como por la desobediencia de un hombre los muchos fueron constituidos pecadores, así también por la obediencia de uno, los muchos serán constituidos justos. Romanos 5:18-19* RVR1960

Pablo nos está diciendo que Adán, —nuestro representante— por su acción no heredó el pecado. Como dice el texto «por la desobediencia de un hombre los muchos fueron constituidos pecadores».

La completa raza humana estaba siendo representada en Adán. Él era nuestro representante y al pecar, Dios nos consideró culpables «en Adán».

Algunos han protestado a esta idea, diciendo que no es justo que hayamos sido todos representados por Adán. Dicen: ¿Por qué habría Adán de decidir por mí?

Si usamos esta ecuación, entonces también tendríamos que decir que es injusto que seamos representados por Cristo, ¿cierto?

Pero, sí queremos ser representados por Cristo, por lo tanto debemos aceptar que en el día de la transgresión, fuimos representados por Adán.

Debemos siempre tomar en cuenta la justicia de Dios. Dios es justo, y así como permitió que Adán nos pasara el pecado —pues Dios le dio a Adán (la raza humana) la libertad de elegir— ha hecho provisión para por medio de Cristo —el segundo Adán— imputarnos Su justicia.

Este es exactamente el mensaje que Pablo nos trata de transmitir en todo el pasaje. Leamoslo completo para entender el contexto.

> *Por tanto, como el pecado entró en el mundo por un hombre, y por el pecado la muerte, así la muerte pasó a todos los hombres, por cuanto todos pecaron. Pues antes de la ley, había pecado en el mundo; pero donde no hay ley, no se inculpa de pecado. No obstante, reinó la muerte desde Adán hasta Moisés, aun en los que no pecaron a la manera de la transgresión de Adán, el cual es figura del que había de venir. Pero el don no fue como la transgresión; porque si por la transgresión de aquel uno murieron los muchos, abundaron mucho más para los muchos la gracia y el don de Dios por la gracia de un hombre, Jesucristo. Y con el don no sucede como en el caso de aquel uno que pecó; porque ciertamente el juicio vino a causa de un solo pecado para condenación, pero el don vino a causa de muchas transgresiones para justificación. Pues si por la transgresión de uno solo reinó la muerte, mucho más reinarán en vida por uno solo, Jesucristo, los que reciben la abundancia de la gracia y del don de la justicia. Así que, como por la transgresión de uno vino la condenación a todos los hombres, de la misma manera por la justicia de uno vino a todos los hombres la justificación de vida. Porque*

> *así como por la desobediencia de un hombre los muchos fueron constituidos pecadores, así también por la obediencia de uno, los muchos serán constituidos justos. Pero la ley se introdujo para que el pecado abundase; mas cuando el pecado abundó, sobreabundó la gracia; para que así como el pecado reinó para muerte, así también la gracia reine por la justicia para vida eterna mediante Jesucristo, Señor nuestro. Romanos 5:12—21* RVR1960

El tema central de todo el pasaje se pudiera resumir en que, Dios trata con nosotros ya sea como representados por Adán —y por tanto, culpables— o representados por Cristo y por esto, cubiertos por Su justicia.

Siempre debemos poner atención al versículo 19: «Porque así como por la desobediencia de un hombre los muchos fueron constituidos pecadores, así también por la obediencia de uno, los muchos serán constituidos justos».

Esto es a lo que muchos estudiosos llaman «teología federal» del latín «foedus» que puede significar «pacto» o «tratado».

Recuerde que Dios trata con el hombre por medio de pactos. En cada trato, tenemos representantes. Fuimos representados por (el primer) Adán en la caída, y somos representados por Cristo (el segundo Adán) en la restauración.

2. Corrupción heredada: Recibimos una naturaleza pecaminosa de Adán

Además de la culpa jurídica que recibimos por causa del pecado de Adán, también hemos heredado una naturaleza pecaminosa debido a esto.

Esto quiere decir que nacemos corrompidos, y por ese hecho, todos nosotros cometemos pecados. De esta manera se confirma la sentencia de culpabilidad que hemos heredado de Adán.

> *He aquí, en maldad he sido formado, Y en pecado me concibió mi madre. Salmos 51:5* RVR1960

Tan angustiado estaba David por causa de su propio pecado que, al mirar hacia atrás en su vida, se da cuenta de que era pecaminoso desde el principio.

> *Se apartaron los impíos desde la matriz; Se descarriaron hablando mentira desde que nacieron. Salmos 58:3* RVR1960

Traemos dentro la tendencia a pecar. Nos ha sido heredada. Sin embargo, esto no significa que los seres humanos sean lo más malo que puedan ser.

Las leyes civiles nos ponen limitaciones al pecar. Las buenas enseñanzas que heredamos de nuestros padres, tradiciones de familia, junto a la convicción de la conciencia —todas estas cosas— vienen de la «común gracia» que Dios otorga a todas las personas. Esta «común gracia» pone límites a nuestras tendencias pecaminosas —aunque estas tendencias ya las traemos dentro.

Entonces, no pecamos a cada momento que tenemos la oportunidad, sin embargo sí pecamos bastante.

3. Depravación total: carecemos de la habilidad de hacer lo bueno

El ser humano, por causa de la naturaleza pecaminosa heredada de Adán, no posee virtud propia. No tiene la capacidad de obedecer por sí mismo. Estamos moralmente corrompidos.

> *Como está escrito: No hay justo, ni aun uno; No hay quien entienda, No hay quien busque a Dios. Todos se desviaron, a una se hicieron inútiles; No hay quien haga lo bueno, no hay ni siquiera uno. Romanos 3:10—12* RVR1960

Otra vez, esto no quiere decir que somos tan malos como podemos. Todavía tenemos la imagen y semejanza de Dios en nosotros.

Todavía tenemos Su imagen y semejanza, y somos capaces de hacer actos nobles, buenos y amables.

Sin embargo, debido a que somos enemigos de Dios, incluso estas buenas obras no le agradan, porque no las hacemos para honrarlo.

Esta doctrina es lo que conocemos como «depravación total»[9] formulada y defendida por Agustín[10] y es parte del sistema de cinco doctrinas esenciales ordenadas por Juan Calvino[11], o lo que conocemos por Calvinismo[12].

Robert Reymond dice lo siguiente de esta doctrina:

> «*El hombre en su estado crudo y natural, ya que proviene del útero, es moral y espiritualmente corrupto en disposición y carácter. Cada parte de su ser —su*

mente, su voluntad, sus emociones, sus afectos, su conciencia, su cuerpo— se ha visto afectada por el pecado (esto es lo que significa la doctrina de la depravación total). Su entendimiento está entenebrecido, su mente está en enemistad con Dios, su voluntad de actuar es esclava de su entendimiento oscurecido y su mente rebelde, su corazón es corrupto, sus emociones son pervertidas, sus afectos naturalmente gravitan hacia lo que es malo e impío, su conciencia es indigna de confianza, y su cuerpo está sujeto a la mortalidad»[13].

Vemos esta doctrina a lo largo de la Biblia.

Y vio Jehová que... todo designio de los pensamientos del corazón de ellos era de continuo solamente el mal. Génesis 6:5 RVR1960

Jehová miró desde los cielos sobre los hijos de los hombres, para ver si había algún entendido, que buscara a Dios. Todos se desviaron, a una se han corrompido; No hay quien haga lo bueno, no hay ni siquiera uno. Salmos 14:2,3 RVR1960

Si bien todos nosotros somos como suciedad, y todas nuestras justicias como trapo de inmundicia; y caímos todos nosotros como la hoja, y nuestras maldades nos llevaron como viento. Isaías 64:6 RVR1960

Y él os dio vida a vosotros, cuando estabais muertos en vuestros delitos y pecados, en los cuales anduvisteis en otro tiempo, siguiendo la corriente de este mundo, conforme al príncipe de la potestad del aire, el espíritu que ahora opera en los hijos de desobediencia, entre los cuales también todos nosotros vivimos en otro tiempo en los deseos de nuestra carne, haciendo la voluntad de la carne y de los pensamientos, y éramos por naturaleza hijos de ira, lo mismo que los demás. Efesios 2:1—3 RVR1960

4. Incapacidad total: somos incapaces de hacer bien espiritual en nuestras acciones

Somos incapaces de buscar a Dios por nosotros mismos.

Robert Reymond señala:

«Debido a que el hombre está total o ampliamente corrupto, es incapaz de cambiar su carácter o de actuar de una manera distinta a su corrupción.

> *No puede discernir, amar o elegir las cosas que agradan a Dios. Como dice Jeremías: '¿Mudará el etíope su piel, y el leopardo sus manchas? Así también, ¿podréis vosotros hacer bien, estando habituados a hacer mal?'»*[14]

> *¿Mudará el etíope su piel, y el leopardo sus manchas? Así también, ¿podréis vosotros hacer bien, estando habituados a hacer mal? Jeremías 13:23* RVR1960

Veamos otros textos al respecto.

> *Por cuanto los designios de la carne son enemistad contra Dios; porque no se sujetan a la ley de Dios, ni tampoco pueden; y los que viven según la carne no pueden agradar a Dios. Romanos 8:7,8* RVR1960

> *Pero el hombre natural no percibe las cosas que son del Espíritu de Dios, porque para él son locura, y no las puede entender, porque se han de discernir espiritualmente. 1 Corintios 2:14* RVR1960

> *En los cuales el dios de este siglo cegó el entendimiento de los incrédulos, para que no les resplandezca la luz del evangelio de la gloria de Cristo, el cual es la imagen de Dios. 2 Corintios 4:4* RVR1960

5. Todos somos pecadores ante Dios

Los textos sagrados nos enseñan la pecaminosidad universal de la humanidad y nadie está exento.

Mire lo que dice David:

> *Porque no se justificará delante de ti ningún ser humano. Salmos 143:2* RVR1960

Salomón dice que «no hay hombre que no peque» (1 Reyes 8:46),
y Pablo dice que: «Por cuanto todos pecaron, y están destituidos de la gloria de Dios...» (Romanos 3:23).

Existe una corriente hoy en día entre modernos predicadores de gracia que dicen: «No somos pecadores, pues Cristo nos redimió. Somos santos».

De hecho, abogan en contra de llamar pecador a un redimido.

En la superficie suena lógico.

Es cierto que el pecado fue quitado por medio del sacrificio completo de Cristo en la cruz.

Juan dijo: «He aquí el Cordero de Dios, que quita el pecado del mundo» (Juan 1:29).

Sí, Cristo se presentó «para quitar de en medio el pecado» (Hebreos 9:26).

El sacrificio de Cristo en la cruz fue suficiente para pagar por la demanda del pecado. Es decir que Dios —a los que estámos en Cristo— no nos ve como pecadores. Él nos ve justos.

Nuestro espíritu ha sido perfeccionado. Hebreos dice: «...a los espíritus de los justos hechos perfectos...» (Hebreos 12:23). Dios nos perfeccionó con una sola ofrenda para siempre (Hebreos 10:14).

Eso no está en cuestión.

Sin embargo, «en nuestra carne» todavía está la presencia del pecado.

Mire lo que dice Pablo.

> *Porque sabemos que la ley es espiritual; mas yo soy carnal, vendido al pecado. Porque lo que hago, no lo entiendo; pues no hago lo que quiero, sino lo que aborrezco, eso hago. Romanos 7:14,15* RVR1960

¿Por qué es Pablo impulsado a hacer lo que no quiere hacer?

Pablo dice que el pecado mora en él.

> *De manera que ya no soy yo quien hace aquello, sino el pecado que mora en mí. Romanos 7:17* RVR1960

Usted preguntará: ¿Cómo es esto posible? ¿No ha dicho usted que el pecado ha sido quitado?

Sí, ha sido quitado de nuestro espíritu que es en realidad nuestro verdadero ser, pero no de nuestra carne. Pablo nos dice exactamente dónde reside el pecado y es en la carne.

> *Y yo sé que en mí, esto es, en mi carne, no mora el bien; porque el querer el bien está en mí, pero no el hacerlo. Porque no hago el bien que quiero, sino el mal que no quiero, eso hago. Y si hago lo que no quiero, ya no lo hago yo, sino el pecado que mora en mí. Romanos 7:18—20* RVR1960

Ahí está. Pablo es específico. El pecado todavía mora en nuestra carne.

La diferencia es que ese pecado ya no nos puede condenar, pues Cristo ya pagó por eso en Su muerte «la paga del pecado es muerte» (Romanos 6:23).

Sin embargo, en la carne, y mientras estemos en este «cuerpo de la humillación» (Filipenses 3:21) siempre estará la presencia del pecado, hasta el día en que seremos transformados.

En cuanto a si somos o no pecadores, mire lo que dice Pablo.

> *Palabra fiel y digna de ser recibida por todos: que Cristo Jesús vino al mundo para salvar a los pecadores, de los cuales yo soy el primero. 1 Timoteo 1:15* RVR1960

6. Somos legalmente culpables ante Dios por causa de un solo pecado

De la manera en que ya lo hemos estudiado, el pecado es una oposición personal a Dios.

No es la grandeza de la ley lo que hace que el pecado merezca castigo, sino la grandeza de Dios que entregó esa ley.

Todos pecamos y pecamos múltiples veces, lo cual es ofensa contra Dios y por lo cual somos responsables. Sin embargo, el juicio y la condenación vienen por un solo pecado —el pecado de nuestro representante Adán.

> *Y con el don no sucede como en el caso de aquel uno que pecó; porque ciertamente el juicio vino a causa de un solo pecado para condenación, pero el don vino a causa de muchas transgresiones para justificación. Romanos 5:16* RVR1960

Ahora, vea que dice que «el don vino a causa de muchas transgresiones para justificación», lo que significa que aunque Adán pecó y es ese «un pecado» el que vino a condenarnos, nosotros somos responsables por las «muchas transgresiones» y de estas somos perdonados cuando somos justificados.

7. Por causa del pecado, merecemos la ira de Dios

Éramos hijos de ira porque aunque no éramos hijos de desobediencia, andábamos entre ellos y hacíamos lo mismo que ellos.

> *...entre los cuales también todos nosotros vivimos en otro tiempo en los deseos de nuestra carne, haciendo la voluntad de la carne y de los pensamientos, y éramos por naturaleza hijos de ira, lo mismo que los demás. Efesios 2:3* RVR1960

Esto quiere decir que por conducta, merecemos el mismo castigo que los que están afuera.

Así es. La diferencia entre nosotros los creyentes y los que todavía están en el mundo es que Cristo nos extendió misericordia —tuvo con nosotros favor que no merecíamos.

La realidad es que merecemos el mismo castigo que todos. ¡Qué bueno es Dios que no nos da lo que nos merecemos!

Todo lo que ha tomado para escapar del juicio santo es que creímos en Él.

> *El que cree en el Hijo tiene vida eterna; pero el que rehúsa creer en el Hijo no verá la vida, sino que la ira de Dios está sobre él. Juan 3:36* RVR1960

Pero aún en esto no podemos gloriarnos, porque aún la fe que necesitábamos para creer en Cristo nos fue dada.

> *Porque por gracia sois salvos por medio de la fe; y esto no de vosotros, pues es don de Dios... Efesios 2:8* RVR1960

El texto anterior compartido (Juan 3:36) nos dice en su segunda parte «pero el que rehúsa creer en el Hijo no verá la vida, sino que la ira de Dios está sobre él». Es decir, que Dios salva a quienes hemos creído, pero a la vez condena a quienes desprecian ese regalo.

¿Por qué?

Porque al rechazar a Dios por medio del pecado, es sólo justo que recibamos el castigo que este conlleva.

Dios no solamente rechaza el pecado, también derrama Su ira sobre quienes lo han rechazado y despreciado a Él —lo cual es justo.

¿Por qué Dios castigará el pecado?

John Murray explica que Dios no traicionará Su propio carácter.

> *«Ser complaciente con lo que es la contradicción de su propia santidad sería negarse a él mismo. Entonces ese es el correlato de su santidad. Y esto solo dice que la justicia de Dios exige que el pecado reciba su retribución. La pregunta no es en absoluto: ¿Cómo puede Dios, siendo lo que es, enviar a los hombres al infierno? La pregunta es: ¿Cómo puede Dios, siendo lo que es, salvarlos del infierno?»*[15].

6

LA CONDENACIÓN ETERNA

Conforme a lo dicho en el capítulo anterior, entendemos que Dios castiga el pecado, y esto lo hace porque Él es justo.

Hablaremos ahora de la condenación eterna, lo cual es fruto del pecado.

La consecuencia tan terrible del pecado es que un día todo hombre y mujer tendrá que comparecer delante de Dios en el día del juicio.

Claro que ya Dios ha provisto la opción de que todo aquél que cree en Jesucristo sea librado de este juicio (Juan 3:36) y de la condenación eterna.

En cuanto al juicio, sabemos que Dios es el Juez justo, y que por causa de Su justicia aplicará el veredicto correcto a cada persona[16].

La Biblia nos dice claramente que «...el alma que pecare, esa morirá».

> *El alma que pecare, esa morirá; el hijo no llevará el pecado del padre, ni el padre llevará el pecado del hijo; la justicia del justo será sobre él, y la impiedad del impío será sobre él. Ezequiel 18:20* RVR1960

¿Se deleita Dios en condenarnos?

No. Cuando hablamos de la condenación —aunque está establecida en la Biblia— tenemos que pensar que Dios, además de Juez es justo.

También es un Padre amoroso y nos busca a cada uno para que seamos salvos de esa condenación.

> *El Señor no retarda su promesa, según algunos la tienen por tardanza,*
> *sino que es paciente para con nosotros, no queriendo que ninguno perezca,*
> *sino que todos procedan al arrepentimiento. 2 Pedro 3:9* RVR1960

Una vez que venimos a Él, esa condenación es quitada completamente.

> *Por lo tanto, ya no hay condenación para los que*
> *pertenecen a Cristo Jesús... Romanos 8:1* NTV

La *Reina Valera 1960* añade algo a ese texto, y pudiéramos pensar que esa no condenación está condicionada.

> *Ahora, pues, ninguna condenación hay para los que están*
> *en Cristo Jesús, los que no andan conforme a la carne,*
> *sino conforme al Espíritu. Romanos 8:1* RVR1960

Aunque se pudiera explicar fácilmente, pues «andar conforme a la carne» conforme a Pablo en este contexto se refiere a «tratar de justificarnos conforme a la ley» (ver Romanos 8:3,4; Gálatas 3:3; Filipenses 3:3—5) si embargo, no sería necesario esta explicación, porque la segunda parte de Romanos 8:1 no aparece en los manuscritos más antiguos. De hecho, traducciones hechas después del descubrimiento de dichos manuscritos (incluyendo los del Mar Muerto[17]) no incluyen esa segunda parte del versículo.

Sólo se lee como lo mencioné anteriormente usando la Nueva Traducción Viviente. «Por lo tanto, ya no hay condenación para los que pertenecen a Cristo Jesús» (Romanos 8:1 NTV).

Así es, no hay ninguna condenación para los que estamos en Cristo Jesús. Y los que no están, ya han sido condenados.

> *El que en él cree, no es condenado; pero el que no cree,*
> *ya ha sido condenado, porque no ha creído en el nombre*
> *del unigénito Hijo de Dios. Juan 3:18* RVR1960

Es decir, que para evitar la condenación, Dios estableció que Su gracia pudiera llegar a alcanzar a todos los que confían en Él y ponen su fe en la obra redentora del Hijo de Dios.

7

CONSECUENCIAS DEL PECADO EN EL CRISTIANO

¿Produce el pecado consecuencias en la vida del creyente?

Sí. Pero veamos cómo.

Cuando una persona viene a Cristo, todas las cosas son hechas nuevas.

> *De modo que si alguno está en Cristo, nueva criatura es; las cosas viejas pasaron; he aquí todas son hechas nuevas. 2 Corintios 5:17* RVR1960

El pecado ha sido perdonado y Dios no se acuerda más. Es decir, que por un misterio de Su soberanía, el Dios que todo lo sabe, decide olvidar los pecados pasados.

> *Porque seré propicio a sus injusticias, Y nunca más me acordaré de sus pecados y de sus iniquidades... Hebreos 8:12* RVR1960

> *...añade: Y nunca más me acordaré de sus pecados y transgresiones. Hebreos 10:17* RVR1960

¿Y qué de los pecados que cometemos después que venimos a Cristo?

De igual manera, la gracia que fue suficiente para salvarnos, es suficiente para mantenernos salvos.

> *Porque si siendo enemigos, fuimos reconciliados con Dios por la muerte de su Hijo, mucho más, estando reconciliados,*

> *seremos salvos por su vida. Romanos 5:10* RVR1960

En otras palabras. No calificábamos para ser salvos y Su gracia fue suficiente para salvarnos, de la misma manera que no calificamos para mantenernos salvos y Su gracia nos mantiene salvos. Gracia para salvarnos y gracia para preservarnos salvos.

Nuestros pecados, todos, los que cometimos antes de venir a Cristo y los que cometemos ahora que somos salvos —todos— están cubiertos por la misma sangre de Cristo.

Su sacrificio fue hecho una sola vez y para siempre.

> *...porque con una sola ofrenda hizo perfectos para siempre a los santificados. Hebreos 10:14* RVR1960

¿Entonces, cuáles son las consecuencias? ¿Somos castigados cuando fallamos?

No puedo decir que somos castigados como es castigado el pecador no redimido, porque para los que estamos en Cristo, ya Él fue castigado en lugar nuestro.

> *...el castigo de nuestra paz fue sobre él... Isaías 53:5* RVR1960

No podemos ser castigados, porque Cristo ya fue castigado en lugar nuestro, pero sí podemos ser corregidos, porque el Padre que ama corrige.

¿Entonces habrán o no consecuencias por el pecado?

Sí habrá consecuencias, porque aunque el Señor ha sido ya castigado en lugar nuestro, de todas formas, el pecado produce consecuencias naturales.

Por ejemplo. Si tiene usted una relación sexual fuera del matrimonio, ese adulterio puede ser perdonado, pero la vergüenza traerá daños.

Además, la mujer puede quedar embarazada y como resultado dar a luz a una criatura fuera del matrimonio.

O, puede usted tener una relación sexual con alguien sin estar casados y contraer una enfermedad venérea.

O, tomar alcohol y emborracharse con frecuencia. Dios perdonará las borracheras, pero su hígado puede quedar dañado por el alcohol. Además de los problemas emocionales y financieros que producen las adicciones.

Pudiera hacer aquí una larga lista de consecuencias naturales que vendrán por causa del pecado.

El pecado daña, produce aflicciones y tristezas, destruye relaciones, aflige el alma y maltrata el entendimiento.

La buena noticia es que existe el perdón y la restauración. Nuestro Dios ha hecho provisión que podemos encontrar en Su Palabra, en la intercesión de Cristo por nosotros, y en el Espíritu Santo que mora en nuestro interior[18].

8

LA DISCIPLINA

Cuando el cristiano peca no pierde su salvación.

Nuestra salvación está segura en Cristo.

Usted preguntará: ¿Y qué del que permanece en pecado o se deleita en pecar continuamente?

Evidentemente esas no son actitudes de alguien que ha nacido de nuevo.

El creyente falla, pero a la vez sufre y se contrista por esa desobediencia. El verdadero creyente no se deleita en pecar. Podrá haber una debilidad, o el engaño de una tentación, pero el creyente en Cristo sufrirá congoja por dicha desobediencia y en eso sabemos que el Espíritu está dentro de nosotros.

Además, el Padre que ama nos corrige y disciplina.

Leamos detenidamente este texto en Hebreos y después haré algunos comentarios sobre la disciplina.

> *Porque el Señor al que ama, disciplina, Y azota a todo el que recibe por hijo. Si soportáis la disciplina, Dios os trata como a hijos; porque ¿qué hijo es aquel a quien el padre no disciplina? Pero si se os deja sin disciplina, de la cual todos han sido participantes, entonces sois bastardos, y no hijos. Por otra parte, tuvimos a nuestros padres terrenales que nos disciplinaban, y los venerábamos. ¿Por qué no obedeceremos mucho mejor al Padre de los espíritus, y viviremos? Y aquéllos, ciertamente por pocos días nos disciplinaban*

como a ellos les parecía, pero éste para lo que nos es provechoso, para que participemos de su santidad. Es verdad que ninguna disciplina al presente parece ser causa de gozo, sino de tristeza; pero después da fruto apacible de justicia a los que en ella han sido ejercitados. Hebreos 12:6—11 RVR1960

Primero debo decir que Dios no nos disciplina para golpearnos, avergonzarnos, o maltratarnos. Esas son ideas de hombres impulsadas por la religión legalista.

El propósito de la disciplina es enseñarnos, corregir nuestros errores y mostrarnos un camino más excelente.

Beneficios de la disciplina

1. La disciplina es una demostración del amor de Dios

Porque el Señor al que ama, disciplina... Hebreos 12:6 RVR1960

2. La disciplina es evidencia de que somos hijos

¿qué hijo es aquel a quien el padre no disciplina? Pero si se os deja sin disciplina, de la cual todos han sido participantes, entonces sois bastardos, y no hijos. Hebreos 12:7,8 RVR1960

3. La disciplina es para protegerme

El Señor quiere asegurar nuestra larga vida en Él, y para esto quitará de en medio aquellas cosas que puedan acortar ese plan.

¿Por qué no obedeceremos mucho mejor al Padre de los espíritus, y viviremos? Hebreos 12:9 RVR1960

4. La disciplina es porque Dios quiere que participemos de Su santidad

Y aquéllos, ciertamente por pocos días nos disciplinaban como a ellos les parecía, pero éste para lo que nos es provechoso, para que participemos de su santidad. Hebreos 12:10 RVR1960

5. La disciplina produce una tristeza a corto plazo pero gozo a largo plazo

Quita de nosotros la gratificación instantánea que caracteriza al pecado.

> *Es verdad que ninguna disciplina al presente parece ser causa de gozo, sino de tristeza; pero después da fruto apacible de justicia a los que en ella han sido ejercitados.* Hebreos 12:11 RVR1960

> *Porque la tristeza que es según Dios produce arrepentimiento para salvación, de que no hay que arrepentirse; pero la tristeza del mundo produce muerte.* 2 Corintios 7:10 RVR1960

Note en este último versículo que esa tristeza produce arrepentimiento. Esa es la meta final de la disciplina, hacernos regresar al gozo saludable que viene de una conciencia limpia.

> *...acerquémonos con corazón sincero, en plena certidumbre de fe, purificados los corazones de mala conciencia...* Hebreos 10:22 RVR1960

Hemos visto en este tomo todo lo relacionado con el pecado. Las malas noticias de todo lo malo que este trae. Las consecuencias de la desobediencia y el dolor causado a la humanidad. También brevemente he mencionado la esperanza de libertad del pecado que solo se puede encontrar en Cristo y a esto último dedicaremos el siguiente tomo completo el cual se titula: *Soteriología: La doctrina de la redención.*

Seguimos adelante.

SOTERIOLOGÍA: LA DOCTRINA DE LA REDENCIÓN

El Señor no retarda su promesa, según algunos la tienen por tardanza, sino que es paciente para con nosotros, no queriendo que ninguno perezca, sino que todos procedan al arrepentimiento.
2 Pe 3:9 RVR1960

INTRODUCCIÓN A LA SOTERIOLOGÍA

La soteriología es la rama de la teología que estudia la salvación. El término proviene del griego σωτηρία (sōtēria), «salvación» y λογος (logos), «estudio de»[1].

En el sentido generalizado de la palabra, el término soteriología denota creencias y doctrinas sobre la salvación en cualquier religión específica, así como el estudio del tema. La idea de salvar o librarse de alguna situación desesperada implica lógicamente que la humanidad, en su totalidad o en parte, se encuentra en tal situación[2]. Específicamente en relación al cristianismo, la Real Academia Española dice de la soteriología: «En la religión cristiana, doctrina referente a la salvación»[3].

Y el diccionario Merriam-Webster dice: «Teología que trata de la salvación, especialmente según la efectuó Jesucristo»[4].

Para nosotros, seguidores de Jesús, podemos decir que la soteriología significa «el estudio de la salvación» o «estudio de la redención».

En el cristianismo la doctrina de la salvación se centra en la persona y obra de Jesucristo y cómo se hace posible la salvación espiritual en Él, creyendo que Su sacrificio sustituye el castigo por el pecado (la paga del pecado es muerte Romanos 6:23), lo cual implica una transformación en el que poniendo su confianza en Jesús ha pasado de muerte a vida.

Los cristianos todos, tenemos ya una soteriología —aunque no usemos el término. En teoría estamos todos de acuerdo en la verdad de que somos «salvados sólo por fe, sólo por medio de Cristo», y los que venimos de la tradición reformada también diríamos «sólo por medio de la Escritura, sólo por gracia, y sólo para la gloria de Dios» es decir «las cinco solas de la reforma» o los «pilares esenciales para la vida y práctica cristiana»[5]. He dicho en teoría, porque en la práctica la historia puede ser muy diferente debido a conceptos errados que se enseñan en cuanto a la salvación. Por ejemplo, algunos dicen creer que la salvación es sólo por gracia, sin embargo la preservación de esa salvación pasa a ser por medio de esfuerzos humanos, la imposición de reglas que varían de acuerdo a la denominación o secta.

La verdadera doctrina en cuanto a la salvación, enseña que sólo por gracia, por medio de la fe en Jesús (Efesios 2:8), y por tanto en Su obra completada en la cruz, somos librados del justo castigo que merecemos (Romanos 3:25,26).

Esto mencionado es esencial, sin embargo, la Biblia habla mucho más sobre cómo Dios salva a los pecadores. Por eso la soteriología. En esta estudiaremos las respuesta a preguntas como:

- ¿Elige Dios a personas para que ellas crean el evangelio y sean salvas?
- ¿Murió Jesús por todas las personas o sólo por los electos? ¿Vino Jesús a hacer posible la salvación de todas las personas sin asegurar la de nadie, o vino para salvar realmente a sus ovejas?
- ¿Podemos perder nuestra salvación?
- ¿La fe es algo que Dios nos regala o depende de nuestro esfuerzo?
- ¿Cómo llegan las personas realmente a creer el evangelio?

En esta jornada, estudiaremos el orden de la salvación, la elección, el llamado, la conversión, la regeneración, la justificación, la santificación, la perseverancia y mucho más.

Es mi objetivo y oración que por medio de este tomo, nuestro conocimiento en cuanto a la fe que ahora está en nosotros crezca, que seamos establecidos firmemente en el fundamento sólido que es Su santa Palabra, edificados e inmovibles, equipados para responder a todos sobre esta esperanza de la cual somos partícipes de manera que podamos cumplir con la comisión que nos ha sido confiada y hacerlo con gracia y destreza.

1
EL ASUNTO DE LA SALVACIÓN

> *«Debemos entender que la obra entera por la cual los hombres son salvados de su estado natural de pecado y de ruina, y son transportados al reino de Dios y hechos herederos de la felicidad eterna, es de Dios, y únicamente de Él. 'La salvación es de Jehová' (Jonás 2:9)»* —Charles Spurgeon[6]

En el contexto postmodernista actual, la palabra «salvación» (la cual es absoluta), de por sí va contracultura. Estamos en tiempos donde se dice que toda verdad es relativa.

¿Cuál es el problema? Bueno, para que se necesite salvación se supone que tenemos que ser salvados de algo. ¿Salvados de qué? ¿Salvados para qué? ¿Salvados por quién?

En nuestro vocabulario actual las palabras «pecado» y «santidad» son raras.

Estando dentro de una cultura terapéutica, «el pecado» ya no se define por qué somos «pecadores», o qué hacemos, sino más bien por los errores e injusticias que se han cometido contra nosotros, sea por nuestros padres, la sociedad, el medio ambiente. Es decir, el problema —de acuerdo a la psicología popular moderna— no está dentro de nosotros, sino afuera. No hemos hecho nada malo, somos víctimas.

Esto va en contra de lo que la Biblia enseña sobre la condición del ser humano. Jesús nos dijo que el problema está adentro —en el corazón.

Porque de dentro, del corazón de los hombres, salen los malos pensamientos, los adulterios, las fornicaciones, los homicidios, los hurtos, las avaricias, las maldades, el engaño, la lascivia, la envidia, la maledicencia, la soberbia, la insensatez. Marcos 7:21,22 RVR1960

El problema está en el corazón y esto lo vemos desde ese primer pecado en el huerto, el deseo del ser humano, de no vivir para Dios, sino ser Dios.

En el Edén, nuestros primeros padres quisieron ser como Dios, y nosotros desde entonces lo intentamos todo el tiempo. No queremos vernos como criaturas dependientes. Queremos ser autores de nuestra propia existencia, guías de nuestros propios sueños y destinos.

Tan lejos de Dios hemos llegado a estar que escaseamos de la habilidad de captar las profundidades de nuestra propia depravación, de nuestro pecado, y no es hasta que entendemos el mal que reside en nosotros (en el corazón) que podemos entender correctamente que necesitamos ser salvados no sólo de nosotros mismos, sino de la ira de un Dios Santo que no puede relacionarse con nosotros mientras esté presente en nuestras vidas ese mal que la Biblia llama «pecado».

Ya que no hay bien dentro de nosotros, la respuesta para la salvación tampoco puede estar dentro de nosotros. Es por eso que el evangelio está por encima y fuera de nosotros.

Esto es a lo que el reformador Martín Lutero llamó una «justitia alienum», una rectitud alienígena; una justicia que pertenece propiamente a otra persona. Es una justicia que está fuera de nosotros[7].

No podemos tomar este asunto del pecado a la ligera. Spurgeon dijo: «Demasiados piensan a la ligera del pecado, y por lo tanto, piensan a la ligera del Salvador[8].

El problema del pecado es una cuestión grave. El asunto de la salvación por lo tanto es de vital importancia. No podemos tomarlo a la ligera. Es necesario estudiarlo, escudriñarlo y entenderlo. Luego veremos que es glorioso.

Es mi oración que seamos estudiosos de los que piensan profundamente acerca de la salvación, porque entendemos lo que la Biblia dice acerca de nosotros «que somos pecadores y necesitamos ser salvados».

2

EL ORDEN DE LA SALVACIÓN

¿Cómo sucede la salvación? ¿Qué pasa realmente cuando alguien es salvo?

En Hamartiología: La doctrina del pecado, estudiamos cómo entró el pecado a este mundo, cómo fuimos todos contaminados desde el Edén por causa de nuestro representante Adán y los daños que el pecado ha causado a la raza humana —no sólo el pecado de Adán, sino también los pecados que continuamos nosotros cometiendo y de los cuales somos responsables.

Todos hemos pecado y merecemos el castigo eterno de Dios.

> *Pues todos hemos pecado; nadie puede alcanzar la meta gloriosa establecida por Dios. Romanos 3:23* NTV

La *Reina Valera 1960* dice: «...por cuanto todos pecaron, y están destituidos de la gloria de Dios».

Así, vendidos al pecado —como dice Pablo en Romanos 7:14— la única esperanza de ser libres de este será por medio de un sacrificio perfecto que incluya derramamiento de sangre y muerte.

> *...sin derramamiento de sangre no se hace remisión. Hebreos 9:22* RVR1960

> *Porque la paga del pecado es muerte... Romanos 6:23* RVR1960

Gracias a Dios por Jesucristo que al morir obedientemente en la cruz, logró la redención de su pueblo.

Al decir «redención» me refiero a que Cristo pagó el precio completo para comprarnos (rescatarnos) del pecado. Pagó por lo que se había perdido para recuperarlo —y como dice mi esposa— lo pagó con intereses.

La palabra exacta es «redimir». Es como cuando alguien ha perdido o empeñado algo y ahora tiene que pagar un precio para recuperarlo. Cristo, por medio de su completa obra en la cruz, nos redimió —ganó nuestra salvación.

¿Cómo aplica esa salvación a nuestras vidas individual y personalmente?

En los capítulos que siguen aprenderemos que «la salvación es del Señor». Dios no sólo logró algo en la cruz; Él también aplica los beneficios de la cruz a personas individuales.

Quiere decir que cuando la Biblia habla de la salvación, no habla de un «acto simple e indivisible», por el contrario, habla de la salvación que comprende una «serie de actos y procesos».

La Escritura habla de la salvación en pasado, presente y futuro.

Los creyentes en Cristo han sido salvos (Efesios 2:8), están siendo salvos (1 Corintios 1:18), y serán completamente salvos algún día de las consecuencias del pecado (Romanos 5:9).

Veamos los textos en esos tres tiempos.

La salvación en tiempo pasado. Nos salvó.

> *Dios los salvó por su gracia cuando creyeron. Efesios 2:8* NTV

La salvación en tiempo presente continuo «a los que se salvan».

> *Porque la palabra de la cruz es locura a los que se pierden; pero a los que se salvan, esto es, a nosotros, es poder de Dios. 1 Corintios 1:18* RVR1960

La salvación en tiempo futuro «seremos salvos de la ira».

> *Pues mucho más, estando ya justificados en su sangre, por él seremos salvos de la ira. Romanos 5:9* RVR1960

Por el hecho de que la aplicación de la redención no es una acción única, sino más bien una serie de actos y procesos, no nos debería sorprender que esta siga un orden determinado.

No podemos encontrar un versículo en la Biblia que nos deletree este proceso de «orden de la salvación».

Sin embargo, si hacemos una comparación cuidadosa de varios pasajes del Nuevo Testamento encontraremos un marco de referencia para este orden.

De hecho esta práctica se sincroniza a lo que en realidad es la teología sistemática. Estudiamos toda la Biblia para ver lo que en conjunto (o en contexto) nos dice de un tema.

Un proceso de orden pudiera hacerse por ejemplo, con respecto a predestinación.

Veamos.

> *Porque a los que antes conoció, también los predestinó para que fuesen hechos conformes a la imagen de su Hijo, para que él sea el primogénito entre muchos hermanos. Y a los que predestinó, a éstos también llamó; y a los que llamó, a éstos también justificó; y a los que justificó, a éstos también glorificó.* Romanos 8:29,30 RVR1960

En estos dos versículos vemos que la predestinación precede al llamado, que el llamado precede a la justificación, que la justificación a su vez precede a la glorificación.

Tiene sentido y ritmo. Tiene un orden. Dios no glorifica a un pecador que no había sido justificado, y no justifica a un pecador sin antes llamarlo. Esto es un orden lógico de cómo se aplica la salvación a las personas.

Entonces, la salvación la estudiaremos en este siguiente orden.

- La elección (Dios escoge las personas que serán salvas)
- El llamado del evangelio (el mensaje del evangelio es proclamado y escuchado)

- La conversión (pasar de muerte a vida)
- La regeneración (nacer de nuevo)
- La justificación (posición legal correcta; la justicia de Cristo es imputada)
- La adopción (membrecía a la familia de Dios)
- La santificación (crecimiento y conformidad con Cristo)
- La perseverancia (la permanencia en Cristo)
- La muerte (presente con el Señor)
- La glorificación (un cuerpo resucitado)

Elección y responsabilidad humana

Es importante señalar que algunos de los aspectos de la salvación dependen completamente de Dios (como la elección) y otros, (como la conversión), requieren de la respuesta humana.

Dios nos ofrece el don de salvación, a lo que nosotros debemos responder, entonces podemos decir que el arrepentimiento y la fe son dones a los que debemos responder.

> *...por si quizá Dios les conceda que se arrepientan para conocer la verdad... 2 Timoteo 2:25* RVR1960

Entonces para ser fieles a este orden, comencemos por la doctrina de la elección.

3

LA DOCTRINA DE LA ELECCIÓN

> *No me elegisteis vosotros a mí, sino que yo os elegí a vosotros... Juan 15:16* RVR1960

La doctrina de la elección también se conoce como la doctrina de la predestinación.

Hablemos de la elección / predestinación.

La palabra «elección» es la que se traduce de las palabras griegas ἐκλεκτός (eklektos) que se puede traducir «escogido»[9], eklegó que se puede traducir «seleccionar»[10], o eklogé que se puede traducir como «una selección (divina)»[11].

Como ya he mencionado antes, sabemos que la salvación comienza con Dios.

Podemos definir la elección como:

> *La iniciativa libre y amorosa de Dios de escoger (desde la eternidad pasada) a algunos para salvación no a causa de méritos humanos, sino de acuerdo a Su soberana voluntad.*

Es decir que, Dios escogió salvar a un número específico y definido de personas. Él garantiza esa salvación por medio del perfecto sacrificio de Jesús en la cruz y esto es para gloria de Su santo nombre.

Si dependiera de nosotros los humanos, todos permaneceríamos para siempre en nuestros delitos y pecados. El ser humano no tiene por sí solo el interés o la habilidad de buscar a Dios o hacer lo bueno.

> *Como está escrito: No hay justo, ni aun uno; No hay quien entienda, No hay quien busque a Dios. Todos se desviaron, a una se hicieron inútiles; No hay quien haga lo bueno, no hay ni siquiera uno. Romanos 3:10—12* RVR1960

Sólo un poderoso acto sobrenatural de parte de Dios puede rescatar a los pecadores y sacarlos de su condición, pero si han de ser rescatados, Dios deberá tomar la iniciativa, y esto es precisamente lo que Él hace.

Dios, soberanamente saca a un hombre del reino de las tinieblas y lo coloca en el reino de Cristo.

> *...el cual nos ha librado de la potestad de las tinieblas, y trasladado al reino de su amado Hijo... Colosenses 1:13* RVR1960

La doctrina de la elección o predestinación, aparece claramente expuesta en las Escrituras. Jesús habló de elección, también los apóstoles durante la era de la iglesia primitiva, y luego en las epístolas —especialmente en las cartas paulinas, pero también de boca de Pedro y Juan.

Veamos los textos.

> *...pero vosotros no creéis, porque no sois de mis ovejas, como os he dicho. Juan 10:26* RVR1960

Note en el texto anterior la frase «no creéis, porque no sois de mis ovejas». Y en el siguiente pasaje cómo Jesús hace referencia a aquellos que le han sido dados por el Padre.

> *He manifestado tu nombre a los hombres que del mundo me diste; tuyos eran, y me los diste, y han guardado tu palabra. Yo ruego por ellos; no ruego por el mundo, sino por los que me diste; porque tuyos son, Y ya no estoy en el mundo; mas éstos están en el mundo, y yo voy a ti. Padre santo, a los que me has dado, guárdalos en tu nombre, para que sean uno, así como nosotros. Cuando estaba con ellos en el mundo, yo los guardaba en tu nombre; a los que me diste, yo los guardé, y ninguno de ellos se perdió, sino el hijo de perdición, para que la Escritura se cumpliese. Juan 17:6,9,11,12* RVR1960

Note las frases:

> *v.6 a los hombres que del mundo me diste*
>
> *v.9 no ruego por el mundo, sino por los que me diste*
>
> *v.11 a los que me has dado*
>
> *v.12 a los que me diste*

Lucas (el médico amado) escribe en Hechos acerca de Pablo y Bernabé predicando a los gentiles en Antioquía. Él dice:

> *Los gentiles, oyendo esto, se regocijaban y glorificaban la palabra del Señor, y creyeron todos los que estaban ordenados para vida eterna.* Hechos 13:48 RVR1960

Evidentemente vemos que esos escogidos (que estaban ordenados para vida eterna) «creyeron» en el Evangelio, que es ultimadamente la evidencia de que estaban escogidos.

Veamos elección en la teología de Pablo:

> *...según nos escogió en él antes de la fundación del mundo, para que fuésemos santos y sin mancha delante de él, en amor habiéndonos predestinado para ser adoptados hijos suyos por medio de Jesucristo, según el puro afecto de su voluntad...* Efesios 1:4,5 RVR1960

> *Porque conocemos, hermanos amados de Dios, vuestra elección; pues nuestro evangelio no llegó a vosotros en palabras solamente, sino también en poder, en el Espíritu Santo y en plena certidumbre, como bien sabéis cuáles fuimos entre vosotros por amor de vosotros.* 1 Tesalonicenses 1:4-5 RVR1960

Es claro que es Dios quien inicia el proceso de salvación en el creyente. Mucho antes de que el individuo escuche y responda al mensaje de salvación. Note en el siguiente versículo también a los Tesalonicenses cómo lo escribe Pablo.

> *Pero nosotros debemos dar siempre gracias a Dios respecto a vosotros, hermanos amados por el Señor, de que Dios os haya escogido desde el principio para salvación, mediante la santificación por el Espíritu y la fe en la verdad...* 2 Tesalonicenses 2:13 RVR1960

Elección soberana e independiente de nosotros

Cuando leemos todos los textos referente a elección / predestinación, llegamos a la conclusión que «la elección de Dios de salvar a ciertos individuos descansa únicamente en Su voluntad soberana». Esta elección es incondicional. No podemos hacer nada para merecerla. La elección de Dios de salvar a pecadores particulares no reposa en alguna respuesta u obediencia prevista de parte del que está siendo salvo.

De hecho ni aún la fe o el arrepentimiento pueden influir en el decreto de Dios en cuanto a la elección, por el contrario, Dios da fe y arrepentimiento a cada individuo que escoge y esto situaría el proceso en el orden correcto.

Podemos decir que cualquier acto de obediencia, sea la fe o el arrepentimiento son el resultado, y no la causa de la elección de Dios.

La fe y la obediencia entonces, no son iniciadoras, pero respuestas al Dios que decidió predestinarnos y llamarnos.

No podrás encontrar en las Escrituras que nuestra fe fue la razón por la que Dios nos escogió. Si ese fuera el caso, entonces seríamos nosotros los que estaríamos en control y no Dios.

La salvación es completamente por gracia. Por eso, la elección de Dios es la gran causa de la salvación.

Amamos porque Dios nos amó primero... elegimos a Dios porque él nos escogió primero.

> *Nosotros le amamos a él, porque él nos amó primero.* **1 Juan 4:19** *RVR1960*

Y otra vez:

> *No me elegisteis vosotros a mí, sino que yo os elegí a vosotros...* **Juan 15:16** *RVR1960*

La elección en el Antiguo Testamento

> *No por ser vosotros más que todos los pueblos os ha querido Jehová y os ha*

> *escogido, pues vosotros erais el más insignificante de todos los pueblos; sino por cuanto Jehová os amó, y quiso guardar el juramento que juró a vuestros padres, os ha sacado Jehová con mano poderosa, y os ha rescatado de servidumbre, de la mano de Faraón rey de Egipto. Deuteronomio 7:7,8* RVR1960

Comenzando por la elección de un pueblo entero. Si salvación significa ser liberados de algo (en sentido general), que más que un pueblo entero liberado de la esclavitud. ¿Y, no vemos en esto la similitud en cuanto a cómo somos nosotros liberados de la esclavitud del pecado?

De cierto Pablo lo asegura así.

> *Porque cuando erais esclavos del pecado, erais libres acerca de la justicia. Romanos 6:20* RVR1960

En cuanto a esa libertad de su pueblo de manos del Faraón, Dios claramente expone la razón por la cual los escogió soberanamente para ser su pueblo elegido: «No por ser vosotros más que todos los pueblos os ha querido Jehová y os ha escogido, pues vosotros erais el más insignificante de todos los pueblos; sino por cuanto Jehová os amó…».

Claramente vemos que el motivo de esa elección no es el comportamiento del pueblo, sino el amor de Dios. La elección está basada en el amor de Dios.

El Señor dice: «Te escogí porque te amaba».

De regreso al Nuevo Testamento, podemos ver la claridad con que la elección de Dios es expresada por Pablo en Romanos.

> *Y no sólo esto, sino también cuando Rebeca concibió de uno, de Isaac nuestro padre (pues no habían aún nacido, ni habían hecho aún ni bien ni mal, para que el propósito de Dios conforme a la elección permaneciese, no por las obras sino por el que llama), se le dijo: El mayor servirá al menor. Como está escrito: A Jacob amé, mas a Esaú aborrecí. ¿Qué, pues, diremos? ¿Que hay injusticia en Dios? En ninguna manera. Pues a Moisés dice: Tendré misericordia del que yo tenga misericordia, y me compadeceré del que yo me compadezca. Así que no depende del que quiere, ni del que corre, sino de Dios que tiene misericordia. Romanos 9:10-16* RVR1960

Leer la frase «a Esaú aborrecí» pudiera sonar injusto ¿cierto? De hecho Pablo hace la pregunta «¿hay injusticia en Dios?», a lo que él mismo responde: «En ninguna manera».

Dios es libre y pudo haber dicho «aborrecí a Esaú y a Jacob» y con toda razón. Es más, si fuese por obras, las obras de Jacob no eran muy buenas. Jacob era el suplantador, quien robó la primogenitura de su hermano Esaú. Jacob es un traidor, tramposo y mentiroso.

Quizá la pregunta más difícil no es cómo puede Dios aborrecer a Esaú, sino cómo puede amar a Jacob, un pecador.

Pero esa es la gracia de Dios. No es por obras.

Dios es justo porque podría dejar que todos nos perdiéramos, sin embargo, selecciona y salva a algunos. En eso muestra su misericordia.

Es como si tu sintieras en tu corazón ir y regalarle una caja con alimentos a una familia que está en necesidad en tu ciudad. En la misma ciudad existen otras familias que tienen necesidad, sin embargo tú le regalaste la caja de alimento a una sola familia. No le regalaste a todas las familias que tienen necesidad. ¿Te hace esto injusto o misericordioso?

La realidad es que no estabas obligado a regalarle nada a nadie, pero decidiste bendecir a alguien. Tuviste misericordia con esa familia. Esto te hace misericordioso.

Quizá deberíamos preguntarnos: ¿Por qué Dios solo salvaría a algunos? Él no está obligado a salvar a nadie. ¿Por qué salvaría a algunos de nosotros? Todos merecemos la condenación eterna, pero en Su amor y misericordia, Dios planeó salvar a algunos de nosotros.

No por obras

Cuando regresamos a este pasaje en Romanos, vemos que la elección de Dios no estaba condicionada a las acciones de Esaú o Jacob, sino a Su voluntad soberana.

Una objeción común a la doctrina de la elección que escuchamos mucho es que esta significa que los incrédulos nunca tienen la oportunidad de creer.

Sin embargo, la Biblia no apoya esta objeción.

Cuando alguien rechaza a Jesús, Él siempre echa la culpa a su decisión voluntaria de rechazarlo, no a algo decretado por Dios.

...no queréis venir a mí para que tengáis vida. Juan 5:40 RVR1960

Por eso es que decimos que el decreto de elección no anula la responsabilidad humana.

El no elegido siempre tendrá la oportunidad de rechazar a Dios, de la misma manera que el elegido tendrá la oportunidad de creer en Él y confesarle delante de los hombres.

Las personas que rechazan a Dios, lo hacen porque no están dispuestas a creer en Jesucristo y confesarlo como Señor y Salvador de sus vidas. La culpa de tal rechazo siempre recae en los que rechazan, nunca en Dios.

4

LA INVITACIÓN A SALVACIÓN

Ya hemos estudiado cómo nuestra salvación comienza con la elección por parte de Dios. También mencioné la responsabilidad humana y dije que «el decreto de elección no anula la responsabilidad humana».

Trataremos entonces en este capítulo de entender cómo se lleva a cabo esta salvación.

El calvinista fatalista dice que Dios escoge a quien va a ser salvo y quien va a perderse, entonces no hay nada que hacer. A estos los encontramos dentro de los supralapsarios[12], en la escuela de la doble predestinación, esta posición fatalista no es solamente antibíblica, también es peligrosa. Esta posición elimina el evangelismo (la obediencia a la gran comisión), entonces es fácil explicar por qué razón las iglesias que mantienen esta posición carecen de crecimiento y extensión. Son iglesias muertas.

He escuchado a algunos inclusive atacar con tal negativismo el trabajo de evangelismo que el que no lee y no conoce se pudiera fácilmente llevar la impresión de que Dios no está interesado en que las buenas noticias sean predicadas.

La verdad está muy lejos de eso.

El evangelismo debe estar activo en el creyente por tres razones.

1. El deseo de Dios es salvar

> *El Señor no retarda su promesa, según algunos la tienen por tardanza, sino que es paciente para con nosotros, no queriendo que ninguno perezca, sino que todos procedan al arrepentimiento.* 2 Pedro 3:9 RVR1960

Claro, que una cosa es lo que Dios desea y otra es lo que Dios sabe.

El deseo de Dios es que «ninguno perezca», y sin embargo elige a algunos para salvación, porque es Soberano y sabe cosas que nosotros no sabemos en cada vaso antes de crearlo. No trato de ser Arminiano, ni de decir que la elección es basada en pre-conocimiento, sabemos que es basada totalmente en soberanía. Sin embargo estoy hablando del corazón de Dios, y Dios es un Dios bueno. En ese versículo de segunda de Pedro, creo que Dios nos deja ver Su corazón respecto a la salvación.

2. La otra razón por la cual el evangelismo debe estar activo en nosotros es porque el Señor lo ordenó

> *Por tanto, id, y haced discípulos a todas las naciones, bautizándolos en el nombre del Padre, y del Hijo, y del Espíritu Santo...* Mateo 28:19 RVR1960

3. Y la tercera razón es porque no sabemos a quien Dios ha separado para salvación, entonces debemos predicar a todos

Esto es porque «todos» necesitan oír.

> *¿Y cómo creerán en aquel de quien no han oído? ¿Y cómo oirán sin haber quien les predique?* Romanos 10:14 RVR1960

Sin la invitación a salvación, o el llamado a salvación, nadie sería salvo.

Ahora. ¿Necesita ser siempre así? ¿Es necesario que un predicador anuncie todo el tiempo, para que los que escuchan sean salvos?

Ciertamente, Dios es todopoderoso, y Él puede llamar a alguien al arrepentimiento directamente y sin la intervención de un predicador.

Tal es el caso de Pablo cuando iba camino a Damasco a perseguir a seguidores de Jesús. En este caso, el Señor se le apareció directamente. Sin embargo, vemos que enseguida, Dios usó a Ananías para completar el trabajo que Él había comenzado.

> *Mas yendo por el camino, aconteció que al llegar cerca de Damasco, repentinamente le rodeó un resplandor de luz del cielo; y cayendo en tierra, oyó una voz que le decía: Saulo, Saulo, ¿por qué me persigues? El dijo: ¿Quién eres, Señor? Y le dijo: Yo soy Jesús, a quien tú persigues; dura cosa te es dar coces contra el aguijón. El, temblando y temeroso, dijo: Señor, ¿qué quieres que yo haga? Y el Señor le dijo: Levántate y entra en la ciudad, y se te dirá lo que debes hacer. Había entonces en Damasco un discípulo llamado Ananías, a quien el Señor dijo en visión: Ananías. Y él respondió: Heme aquí, Señor. Y el Señor le dijo: Levántate, y ve a la calle que se llama Derecha, y busca en casa de Judas a uno llamado Saulo, de Tarso; porque he aquí, él ora, y ha visto en visión a un varón llamado Ananías, que entra y le pone las manos encima para que recobre la vista. Entonces Ananías respondió: Señor, he oído de muchos acerca de este hombre, cuántos males ha hecho a tus santos en Jerusalén; y aun aquí tiene autoridad de los principales sacerdotes para prender a todos los que invocan tu nombre. El Señor le dijo: Ve, porque instrumento escogido me es éste, para llevar mi nombre en presencia de los gentiles, y de reyes, y de los hijos de Israel; porque yo le mostraré cuánto le es necesario padecer por mi nombre. Fue entonces Ananías y entró en la casa, y poniendo sobre él las manos, dijo: Hermano Saulo, el Señor Jesús, que se te apareció en el camino por donde venías, me ha enviado para que recibas la vista y seas lleno del Espíritu Santo. Y al momento le cayeron de los ojos como escamas, y recibió al instante la vista; y levantándose, fue bautizado. Hechos 9:3—6,10—18* RVR1960

Entonces, sí, Dios se reveló a Pablo directamente, pero luego usó a Ananías para confirmar ese llamado, bautizarlo y comisionarlo.

Es interesante que Pablo dice que ya Dios lo había apartado desde antes, lo cual es «elección», y entonces lo llamó. Ahí vemos de nuevo el orden.

Regresando a la cuestión anterior, Dios ciertamente puede llamar a alguien directamente, pues Él es Dios y puede hacer lo que Él quiera, sin embargo Él decide involucrar a sus ministros en el proceso de llamar a quienes Él ya ha apartado para salvación desde antes.

> ¿Y cómo predicarán si no fueren enviados? Como está escrito: ¡Cuán hermosos son los pies de los que anuncian la paz, de los que anuncian buenas nuevas! Romanos 10:15 RVR1960

Me gusta cómo lo traduce la *Nueva Traducción Viviente*.

> ¿Y cómo irá alguien a contarles sin ser enviado? Por eso, las Escrituras dicen: «¡Qué hermosos son los pies de los mensajeros que traen buenas noticias!» Romanos 10:15 NTV

Así es. Dios usa a Sus mensajeros para traer Sus «buenas noticias».

Pablo le dice a los tesalonicenses que Dios los llamó a la salvación a través del evangelio.

> ...a lo cual os llamó mediante nuestro evangelio, para alcanzar la gloria de nuestro Señor Jesucristo. 2 Tesalonicenses 2:14 RVR1960

El llamado a salvación es un llamamiento eficaz porque Dios garantiza una respuesta.

> Porque a los que antes conoció, también los predestinó para que fuesen hechos conformes a la imagen de su Hijo, para que él sea el primogénito entre muchos hermanos. Romanos 8:29 RVR1960

El texto dice que aquellos a quienes Dios predestinó, Él también llamó. ¿Por qué garantiza respuesta este llamado? Porque es Dios quien lo planeó «a los que antes conoció, también los predestinó». ¿Cómo se completa ese trabajo? Como dice Pablo, los que fueron llamados también fueron justificados y glorificados.

> Y a los que predestinó, a éstos también llamó; y a los que llamó, a éstos también justificó; y a los que justificó, a éstos también glorificó. Romanos 8:30 RVR1960

Como proclamadores de buenas noticias, nuestro trabajo es llamar a todos al arrepentimiento y a la fe en Cristo.

Esa es nuestra parte, y debemos ser conscientes de que no todos responderán al evangelio.

Recuerde lo que dijo Jesús.

> *Porque muchos son llamados, y pocos escogidos. Mateo 22:14* RVR1960

Nuestro trabajo es llamar a muchos, el trabajo de Dios es escogerlos.

Muchos evangelistas usan técnicas y estrategias, elocuencia y estilo a la hora de hacer el llamado a salvación, pero ninguno de nosotros podemos efectivamente atraer a las personas a Jesucristo. Eso no está en nuestras manos.

> *Ninguno puede venir a mí, si el Padre que me envió no le trajere… Juan 6:44* RVR1960

> *Y dijo: Por eso os he dicho que ninguno puede venir a mí, si no le fuere dado del Padre. Juan 6:65* RVR1960

Finalmente, la elección y el llamado son confirmados en nosotros. Son los frutos, los actos producidos por la transformación que ha ocurrido en nosotros los que confirman y testifican que somos de Él.

> *Por lo cual, hermanos, tanto más procurad hacer firme vuestra vocación y elección… 2 Pedro 1:10* RVR1960

5

LA CONVERSIÓN (ARREPENTIMIENTO Y FE)

La conversión comienza con «nuestra respuesta voluntaria al llamado del evangelio». Esta sucede cuando nos arrepentimos de todo corazón de los pecados y ponemos nuestra confianza en Jesucristo para nuestra salvación personal.

Somos regenerados porque respondemos al llamado lo cual como hemos visto antes es una obra que comienza en Dios.

Hay algunas escuelas, especialmente de la persuasión calvinista que creen que la regeneración comienza antes de la conversión. Que Dios soberanamente nos regenera y por eso podemos venir a Él.

Yo no creo que ese sea necesariamente el orden. Sí, estamos de acuerdo que el trabajo de regeneración comienza en Dios —es Dios quien nos ha apartado desde antes y nos llama— pero creo que es una vez que respondemos al llamado, que ocurre la regeneración.

Somos sellados con el Espíritu de la promesa «cuando creemos». El texto en Efesios 1:13 dice «habiendo creído en él, fuisteis sellados». Ahí vemos el orden. Entonces somos regenerados (nacemos de nuevo) cuando creemos. Y ese «creer» se compone de dos partes, arrepentimiento y fe.

La terminología «conversión» es usada desde el principio de la historia de la iglesia.

Pedro en el libro de los Hechos dice: «Así que, arrepentíos y convertíos, para que sean borrados vuestros pecados» (Hechos 3:19). Otra vez, vemos ahí orden. Primero nos arrepentimos y después, nuestros pecados son borrados. En otras palabras, primero conversión y después regeneración.

¿Qué implica una verdadera conversión?

Una verdadera conversión implica arrepentimiento y fe.

Entremos en los diferentes aspectos de la conversión por separado.

El arrepentimiento

Desde el comienzo de Su ministerio terrenal, Jesús llama al arrepentimiento y la fe (creer).

> *Después que Juan fue encarcelado, Jesús vino a Galilea predicando el evangelio del reino de Dios, diciendo: El tiempo se ha cumplido, y el reino de Dios se ha acercado; arrepentíos, y creed en el evangelio. Marcos 1:14,15* RVR1960

Note las dos palabras «arrepentíos, y creed».

Pablo, hablando a los ancianos en Éfeso, les da un resumen del evangelio que les ha predicado.

> *...y cómo nada que fuese útil he rehuido de anunciaros y enseñaros, públicamente y por las casas, testificando a judíos y a gentiles acerca del arrepentimiento para con Dios, y de la fe en nuestro Señor Jesucristo. Hechos 20:20,21* RVR1960

Otra vez, note el orden «arrepentimiento para con Dios, y de la fe», es decir, primero «arrepentimiento» y segundo «fe».

Debo reafirmar que ese arrepentimiento es específicamente «arrepentirnos de nuestros pecados» y esa fe, es específicamente «fe en Jesucristo». La razón por la que hago hincapié en esto es porque hoy en día, movimientos de la nueva era aún dentro de las iglesias, hablan de arrepentirnos de algo que le hayamos hecho a alguien (no a Dios) e inclusive se predica buscar el perdón de otros (como se hace en círculos seculares) y en cuanto a la fe, a veces predican tener fe en uno mismo. Estos son rasgos del humanismo secular que opera dentro de muchas iglesias (que están en apostasía), muy lejos del verdadero arrepentimiento y la genuina fe.

El texto anterior dice claramente «arrepentimiento para con Dios, y de la fe en nuestro Señor Jesucristo».

¿Qué es el arrepentimiento?

En realidad, el verdadero arrepentimiento implica un dolor sincero por el pecado, una renuncia a él y un compromiso sincero de abandonarlo y caminar en obediencia a Cristo.

En otras palabras, y en la expresión más sencilla, arrepentimiento significa, «dar la espalda al pecado y volvernos a Dios».

Este concepto de volvernos del pecado e ir hacia Dios, lo vemos en Zacarías.

> *Diles, pues: Así ha dicho Jehová de los ejércitos: Volveos a mí, dice Jehová de los ejércitos, y yo me volveré a vosotros, ha dicho Jehová de los ejércitos. Zacarías 1:3* RVR1960

Vemos en ese texto que Dios estaba llamando a los israelitas al arrepentimiento. Dios estaba buscando restaurar Su relación con Su pueblo.

Entonces, el arrepentimiento, debe decirse, que se refiere a la reparación de una relación con Dios que ha sido perturbada por el pecado humano[13].

Este es un retorno relacional que surge del corazón humano e impacta todas las esferas de nuestra vida.

No es solamente el dolor de haber ofendido a un Dios Santo. Básicamente, el arrepentimiento es la restauración de una relación quebrantada con Dios por causa del pecado.

Por eso, debemos entender que el arrepentimiento no es una simple confesión de pecado.

El verdadero arrepentimiento requiere que abandonemos totalmente el pecado y esto requiere sinceridad. No podemos decir que estamos arrepentidos y continuar en nuestros antiguos caminos. Dios no puede ser burlado.

> *No os engañéis; Dios no puede ser burlado: pues todo lo que el hombre sembrare, eso también segará. Gálatas 6:7* RVR1960

Entonces, vemos el importante papel que el arrepentimiento juega en la conversión genuina. Vemos cómo lo describe el profeta Joel.

> *Por eso pues, ahora, dice Jehová, convertíos a mí con todo vuestro corazón, con ayuno y lloro y lamento. Rasgad vuestro corazón, y no vuestros vestidos, y convertíos a Jehová vuestro Dios; porque misericordioso es y clemente, tardo para la ira y grande en misericordia, y que se duele del castigo. Joel 2:12,13* RVR1960

Algo más que debo decir respecto al arrepentimiento, es que es Dios en Su bondad quien nos guía al arrepentimiento.

> *¿O menosprecias las riquezas de su benignidad, paciencia y longanimidad, ignorando que su benignidad te guía al arrepentimiento? Romanos 2:4* RVR1960

Ahí está. Su bondad te guía al arrepentimiento.

Vemos un arrepentimiento genuino en la parábola del hijo pródigo.

Este joven malgastó toda la herencia que había recibido de su padre al punto que terminó teniendo hambre, deseando «llenar su vientre de las algarrobas que comían los cerdos» (Lucas 15:16).

Sin embargo «volvió en sí» (v.17) y regresó a su padre diciéndole «he pecado contra el cielo y contra ti» (v.21). Eso es arrepentimiento. Un completo cambio de dirección.

Y vemos cómo el padre lo recibió, diciendo:

> *...traed el becerro gordo y matadlo, y comamos y hagamos fiesta; porque este mi hijo muerto era, y ha revivido; se había perdido, y es hallado. Y comenzaron a regocijarse. Lucas 15:23,24* RVR1960

Y esta es la actitud de Dios.

> *Os digo que así habrá más gozo en el cielo por un pecador que se arrepiente, que por noventa y nueve justos que no necesitan de arrepentimiento. Así os digo que hay gozo delante de los ángeles de Dios por un pecador que se arrepiente. Lucas 15:7,10* RVR1960

J.I. Packer escribiendo sobre el arrepentimiento, dice lo siguiente: «El arrepentimiento que Cristo requiere de su pueblo consiste en una firme negativa de establecer límites a las afirmaciones que él pueda hacer sobre sus vidas»[14].

La fe

Ya que hemos visto lo que significa arrepentimiento, estudiemos ahora lo que significa «fe salvadora».

Y digo «fe salvadora», porque no estoy hablando de la fe común, o la fe natural que necesitamos para enfrentar todos los otros aspectos de nuestra vida. Ahora estamos hablando de la «fe para ser salvos». Comencemos por Efesios. Esto es lo que Pablo les dice:

> *Porque por gracia sois salvos por medio de la fe; y esto no de vosotros, pues es don de Dios; no por obras, para que nadie se gloríe. Efesios 2:8-9* RVR1960

En ese texto vemos que aunque la salvación es por gracia, esta actúa por medio de la fe. Y aún más. Esa fe no es natural, como dice «y esto no de vosotros, pues es don de Dios». Lo que quiere decir que, aún la fe que necesitamos para salvación nos es dada por Dios.

¿Cómo funciona esta fe en Jesucristo?

Para comenzar, debo decir que para que esa fe salvadora sea activada, primero debemos oír las buenas noticias.

En general, «la fe es por el oír, y el oír, por la palabra de Dios» (Romanos 10:17). Y esto es un principio universal para toda clase de fe.

En cuanto a la fe salvadora, específicamente, es necesario que se escuche la proclamación del evangelio para que esa fe se active.

> *¿Cómo, pues, invocarán a aquel en el cual no han creído? ¿Y cómo creerán en aquel de quien no han oído? ¿Y cómo oirán sin haber quien les predique?* Romanos 10:14 RVR1960

Por eso es tan importante que compartamos el evangelio con otros. Si no escuchan el mensaje de las buenas noticias, ¿cómo vendrán a Cristo?

Al oír la buena noticia, aquellos que han sido apartados para salvación desde antes, recibirán el mensaje, se arrepentirán y creerán en Jesucristo.

Siempre teniendo en cuenta que es Dios quien (nos concede) nos da potestad para creer.

> *Porque a vosotros os es concedido a causa de Cristo, no sólo que creáis en él, sino también que padezcáis por él...* Filipenses 1:29 RVR1960

> *Mas a todos los que le recibieron, a los que creen en su nombre, les dio potestad de ser hechos hijos de Dios... Juan 1:12* RVR1960

John Murray hablando de la fe salvadora dice: La fe es una «transferencia de la confianza (que hay) en nosotros mismos y en todos los recursos humanos a la confianza sólo en Cristo para salvación. Es recibirle y descansar en Él... La fe es confianza en una persona, la persona de Cristo, el Hijo de Dios y el Salvador de los perdidos. Nos confiamos a Él. No es simplemente creerle a Él; es creer en Él y sobre Él»[15].

¿Cómo deberíamos pensar acerca de la fe en el proceso de la salvación?

La fe es como extender la mano hacia Cristo para conseguir la salvación que viene de Él.

Como dice Horatius Bonar:

> *«La fe es siempre la mano extendida del mendigo, nunca el oro del rico, la fe es la ventana que deja pasar la luz, nunca es el sol. Sin mérito en sí misma, nos une a la infinita dignidad de Aquel en quien el Padre se complace; y al unirnos, nos presenta perfectos en la perfección de otro. Aunque no es el fundamento establecido en Sión, nos lleva a ese fundamento, y nos mantiene allí, arraigados y asentados, para que no*

nos alejemos de la esperanza del evangelio. Aunque no es el evangelio, las buenas nuevas, recibe estas buenas nuevas como las verdades eternas de Dios, y le pide al alma que se regocije en ellas; aunque no es el holocausto, se detiene y mira la llama que asciende, lo que nos asegura que la ira que debería haber consumido al pecador cayó sobre el Sustituto»[16].

6

LA REGENERACIÓN

Ya que hemos estudiado sobre la conversión y dentro de ello el arrepentimiento y la fe. Ahora, ¿qué sucede a aquél que responde efectivamente al llamado a salvación? Hablemos de la regeneración.

¿Que es regeneración?

La regeneración es un término teológico también conocido como nacer de nuevo. Pablo le dice a Tito:

> *...nos salvó, no por obras de justicia que nosotros hubiéramos hecho, sino por su misericordia, por el lavamiento de la regeneración y por la renovación en el Espíritu Santo... Tito 3: 5* RVR1960

¿Cómo se lleva a cabo la regeneración?

Tanto en Efesios 2 como en Juan 3, vemos que este cambio es el resultado de la fe en Cristo.

Así como un bebé no hace nada para nacer en este mundo, no hay trabajo que una persona pueda realizar para renacer espiritualmente. Dios da nueva vida por Su gracia a los que confían en Él.

> *Porque por gracia sois salvos por medio de la fe; y esto no de vosotros, pues es don de Dios; no por obras, para que nadie se gloríe. Efesios 2:8,9* RVR1960

El concepto de regeneración va entrelazado al renacimiento.

Un maestro religioso judío llamado Nicodemo visitó a Jesús. Veamos lo que sucedió.

> *Este vino a Jesús de noche, y le dijo: Rabí, sabemos que has venido de Dios como maestro; porque nadie puede hacer estas señales que tú haces, si no está Dios con él. Respondió Jesús y le dijo: De cierto, de cierto te digo, que el que no naciere de nuevo, no puede ver el reino de Dios. Juan 3:2,3* RVR1960

Eso es lo que sucede cuando creemos en Cristo. Somos regenerados.

La regeneración es la obra del Espíritu Santo. Y cuando la gente habla acerca de «nacer de nuevo», lo que realmente están diciendo es que han sido regenerados. Eso es lo que significa. La regeneración es otra forma de decir «nacer de nuevo».

¿Cuándo se puede considerar entonces que el hombre ha sido regenerado? ¿Antes o después de escuchar el evangelio?

Evidentemente es necesario que primero escuchemos la predicación del evangelio. El Espíritu Santo entonces hará esa obra en nosotros para que podamos ser efectivamente atraídos a Cristo.

Como mencioné antes, hay algunas escuelas, especialmente de la persuasión calvinista que creen que la regeneración comienza antes de la conversión. Que Dios soberanamente nos regenera y por eso podemos venir a Él.

Por un lado, sí es cierto que el Señor nos atrae soberanamente y es Él quien comienza esta obra en nosotros, sin embargo no necesariamente en el orden que ellos dicen.

Creo firmemente que es una vez que respondemos al llamado, que ocurre la regeneración y la razón es porque no podemos ser sellados con el Espíritu de la promesa hasta que creamos. Ese es el orden. Como ya mencioné antes, el texto en Efesios 1:13 dice «habiendo creído en él, fuisteis sellados». Ese es el orden. Somos regenerados (nacemos de nuevo) cuando creemos.

Claro está que la regeneración es obra del Espíritu Santo (al igual que el llamado) y no depende del buen trabajo que hagamos como predicadores.

Regeneración profetizada en el Antiguo Testamento

Algunos creen que la doctrina del nuevo nacimiento solamente se da a conocer en el Nuevo Testamento. La realidad es que Dios ya había enseñado a Su pueblo acerca de la regeneración. Es por eso que en el evento que cité antes sobre el encuentro entre Jesús y Nicodemo, Jesús le dijo a Nicodemo: ¿Eres tú maestro de Israel, y no sabes esto? (Juan 3:10). Es decir que alguien que enseñaba la ley, se supone que ya conocía este concepto —por lo menos en el aspecto profético.

Veamos algunos ejemplos sacados del Antiguo Testamento.

> *Y les daré corazón para que me conozcan que yo soy Jehová; y me serán por pueblo, y yo les seré a ellos por Dios; porque se volverán a mí de todo su corazón. Jeremías 24:7* RVR1960

> *Pero este es el pacto que haré con la casa de Israel después de aquellos días, dice Jehová: Daré mi ley en su mente, y la escribiré en su corazón; y yo seré a ellos por Dios, y ellos me serán por pueblo. Jeremías 31:33* RVR1960

> *Y les daré un corazón, y un espíritu nuevo pondré dentro de ellos; y quitaré el corazón de piedra de en medio de su carne, y les daré un corazón de carne... Ezequiel 11:19* RVR1960

> *Os daré corazón nuevo, y pondré espíritu nuevo dentro de vosotros; y quitaré de vuestra carne el corazón de piedra, y os daré un corazón de carne. Y pondré dentro de vosotros mi Espíritu, y haré que andéis en mis estatutos, y guardéis mis preceptos, y los pongáis por obra. Ezequiel 36:26-27* RVR1960

Note en estos textos mencionados cómo hablan del «corazón» o «espíritu» que es donde ocurre la regeneración. «Corazón nuevo» o «espíritu nuevo» como sinónimos donde «nuevo» quiere decir «regenerado».

Regeneración realizada en el Nuevo Testamento

Comencemos por Juan 1. Veamos el texto. Juan para referirse a los creyentes nos dice:

> *...los cuales no son engendrados de sangre, ni de voluntad de carne, ni de voluntad de varón, sino de Dios. Juan 1:13* RVR1960

Realmente, es Dios quien da el primer paso para reconciliarnos con Él.

A veces oímos a predicadores hacer el llamado a salvación de una manera en que parece como si el pecador está en control, y le está dando una oportunidad a Dios. De hecho he escuchado a predicadores decir: «Dale una oportunidad a Jesús» o cosas como: «Él está a la puerta esperando que tú le des una oportunidad y le dejes entrar». Esto no es solamente incorrecto, también es una falta de respeto a la soberanía de Dios.

En realidad, Dios está en control y Él es quien decide cuando llamarnos eficazmente por medio de Su Espíritu. Y cuando es Él quien llama, estoy seguro que vendrás a Él. ¿Recuerda el evento de la conversión de Pablo?

Esto lo vemos claramente en el evento sobre Lidia que aparece en Hechos 16. Veamos.

> *Entonces una mujer llamada Lidia, vendedora de púrpura, de la ciudad de Tiatira, que adoraba a Dios, estaba oyendo; y el Señor abrió el corazón de ella para que estuviese atenta a lo que Pablo decía.* Hechos 16:14 RVR1960

Note cómo dice que «el Señor abrió el corazón de ella», de esta forma pudo estar atenta a lo que Pablo decía.

Lidia fue salva y bautizada, e inclusive, inmediatamente comenzó a practicar la hospitalidad. Entonces, este es el orden.

Primero, Dios abrió su corazón, luego ella pudo responder con fe.

Verdadera regeneración siempre produce frutos en la vida del creyente, y mostrará evidencias de una vida transformada.

En realidad, la regeneración crea en nosotros un estado de corazón y espíritu que nos hace apartarnos de nuestro pecado y comprometernos con Cristo en la fe.

> *Todo aquel que es nacido de Dios, no practica el pecado, porque la simiente de Dios permanece en él; y no puede pecar, porque es nacido de Dios.* 1 Juan 3:9 RVR1960

7

LA UNIÓN CON CRISTO

Habiendo hablado ya de la conversión y regeneración, pasemos a estudiar lo que ha sucedido como producto de esa regeneración. Ahora el que ha recibido el llamado a salvación, se ha arrepentido de sus pecados y por fe ha creído en Cristo como su único Señor y Salvador ha sido unido con Cristo. Esto es lo que ha sucedido. Ahora estamos en Él. ¿Qué significa esto?

Somos uno con Cristo, estamos unidos a Él, al Jesús vivo, encarnado, crucificado, resucitado y que reina por su Espíritu Santo a través de la fe.

Esa fe que Dios nos entregó y que fue forjada por el Espíritu, nos une a Jesucristo, en quien tenemos todo beneficio espiritual en esta vida y por la eternidad. Eso es grandioso. ¡Qué tremenda posición!

Eso es lo que Pablo nos dice en su carta a los Efesios.

> *Bendito sea el Dios y Padre de nuestro Señor Jesucristo, que nos bendijo con toda bendición espiritual en los lugares celestiales en Cristo... Efesios 1:3* RVR1960

De hecho, para entender mejor esta unión, leamos desde el versículo 3 hasta el 14.

> *Bendito sea el Dios y Padre de nuestro Señor Jesucristo, que nos bendijo con toda bendición espiritual en los lugares celestiales en Cristo, según nos escogió en él antes de la fundación del mundo, para que fuésemos santos y sin mancha delante de él, en amor habiéndonos predestinado para ser adoptados*

> *hijos suyos por medio de Jesucristo, según el puro afecto de su voluntad, para alabanza de la gloria de su gracia, con la cual nos hizo aceptos en el Amado, en quien tenemos redención por su sangre, el perdón de pecados según las riquezas de su gracia, que hizo sobreabundar para con nosotros en toda sabiduría e inteligencia, dándonos a conocer el misterio de su voluntad, según su beneplácito, el cual se había propuesto en sí mismo, de reunir todas las cosas en Cristo, en la dispensación del cumplimiento de los tiempos, así las que están en los cielos, como las que están en la tierra. En él asimismo tuvimos herencia, habiendo sido predestinados conforme al propósito del que hace todas las cosas según el designio de su voluntad, a fin de que seamos para alabanza de su gloria, nosotros los que primeramente esperábamos en Cristo. En él también vosotros, habiendo oído la palabra de verdad, el evangelio de vuestra salvación, y habiendo creído en él, fuisteis sellados con el Espíritu Santo de la promesa, que es las arras de nuestra herencia hasta la redención de la posesión adquirida, para alabanza de su gloria. Efesios 1:3—14* RVR1960

Varias cosas a notar en este texto anterior que tienen que ver con «quienes somos» como resultado de esta unión con Cristo..

1. Nos bendijo con toda bendición espiritual
2. Nos escogió en Él
3. Habiéndonos predestinado
4. Para ser adoptados hijos suyos
5. Nos hizo aceptos en el Amado
6. En quien tenemos redención por Su sangre
7. Perdón de pecados
8. Sabiduría e inteligencia
9. [Estamos en] Su voluntad
10. [Según] Su beneplácito
11. [Nos ha reunido] en Cristo
12. [Recibimos] herencia
13. [Para] alabanza de su gloria (Dios se glorifica en nosotros)

14. [Fuimos] sellados
15. [Hasta] la redención de la posesión adquirida (es decir del cuerpo)
16. [Y todo lo que ha hecho es] para alabanza de Su gloria

Veamos otros textos que nos dan una clara imagen de esta unión.

Primero, note las palabras «en quién». En (o dentro de) Cristo somos «edificados para morada de Dios en el Espíritu». Es decir que crecemos unidos con Él.

> ...edificados sobre el fundamento de los apóstoles y profetas, siendo la principal piedra del ángulo Jesucristo mismo, en quien todo el edificio, bien coordinado, va creciendo para ser un templo santo en el Señor; en quien vosotros también sois juntamente edificados para morada de Dios en el Espíritu. Efesios 2:20-22 RVR1960

Esto es paralelo a la imagen de una vid y sus ramas.

> Yo soy la vid, vosotros los pámpanos; el que permanece en mí, y yo en él, éste lleva mucho fruto; porque separados de mí nada podéis hacer. Juan 15:5 RVR1960

Ahora somos miembros de Su cuerpo.

> ...y sometió todas las cosas bajo sus pies, y lo dio por cabeza sobre todas las cosas a la iglesia, la cual es su cuerpo, la plenitud de Aquel que todo lo llena en todo. Efesios 1:22,23 RVR1960

> Porque así como el cuerpo es uno, y tiene muchos miembros, pero todos los miembros del cuerpo, siendo muchos, son un solo cuerpo, así también Cristo. 1 Corintios 12:12 RVR1960

Somos Su esposa.

> Por esto dejará el hombre a su padre y a su madre, y se unirá a su mujer, y los dos serán una sola carne. Grande es este misterio; mas yo digo esto respecto de Cristo y de la iglesia. Efesios 5:31,32 RVR1960

Porque os celo con celo de Dios; pues os he desposado con un solo esposo, para presentaros como una virgen pura a Cristo. 2 Corintios 11:2 RVR1960

Y estos son beneficios que recibimos en esa unión.

Los creyentes somos justificados en Cristo, santificados en Cristo, adoptados en Cristo, preservados en Cristo y glorificados en Cristo.

Poseemos vida eterna en Cristo

Porque la paga del pecado es muerte, mas la dádiva de Dios es vida eterna en Cristo Jesús Señor nuestro. Romanos 6:23 RVR1960

Somos justificados en Cristo

Justificados, pues, por la fe, tenemos paz para con Dios por medio de nuestro Señor Jesucristo... Romanos 5:1 RVR1960

Glorificados en Cristo

...y a los que justificó, a éstos también glorificó... Romanos 8:30 RVR1960

Por tanto, nosotros todos, mirando a cara descubierta como en un espejo la gloria del Señor, somos transformados de gloria en gloria en la misma imagen, como por el Espíritu del Señor. 2 Corintios 3:18 RVR1960

Santificados en Cristo

...a la iglesia de Dios que está en Corinto, a los santificados en Cristo Jesús, llamados a ser santos con todos los que en cualquier lugar invocan el nombre de nuestro Señor Jesucristo, Señor de ellos y nuestro... 1 Corintios 1:2 RVR1960

Llamados en Cristo

...entre las cuales estáis también vosotros, llamados a ser de Jesucristo... Romanos 1:6 RVR1960

Y sabemos que a los que aman a Dios, todas las cosas les ayudan a bien, esto es, a los que conforme a su propósito son llamados. Romanos 8:28 RVR1960

Hechos vivos en Cristo

...aun estando nosotros muertos en pecados, nos dio vida juntamente con Cristo (por gracia sois salvos)... Efesios 2:5 RVR1960

Creados nuevamente en Cristo

De modo que si alguno está en Cristo, nueva criatura es; las cosas viejas pasaron; he aquí todas son hechas nuevas. 2 Corintios 5:17 RVR1960

Adoptados como hijos de Dios en Cristo

...pues todos sois hijos de Dios por la fe en Cristo Jesús... Gálatas 3:26 RVR1960

Escogidos en Cristo

...según nos escogió en él antes de la fundación del mundo, para que fuésemos santos y sin mancha delante de él... Efesios 1:4 RVR1960

Resucitados con Cristo

Si, pues, habéis resucitado con Cristo, buscad las cosas de arriba, donde está Cristo sentado a la diestra de Dios. Colosenses 3:1 RVR1960

Cuando Pablo se refiere al creyente, lo hace diciendo que es una persona que está «en Cristo» o «en el Señor».

Saludad a Priscila y a Aquila, mis colaboradores en Cristo Jesús... Saludad a Andrónico y a Junias, mis parientes y mis compañeros de prisiones, los cuales son muy estimados entre los apóstoles, y que también fueron antes de mí en Cristo. Saludad a Amplias, amado mío en el Señor. Saludad a Herodión, mi pariente. Saludad a los de la casa de Narciso, los cuales están en el Señor. Saludad a Trifena y a Trifosa, las cuales trabajan en el Señor. Saludad a la amada Pérsida, la cual ha trabajado mucho en el Señor. Saludad a Rufo, escogido en el Señor, y a su madre y mía. Romanos 16:3,7,8,11—13 RVR1960

Saludad a todos los santos en Cristo Jesús. Filipenses 4:21 RVR1960

...a los santos y fieles hermanos en Cristo que están en Colosas: Gracia y paz sean a vosotros, de Dios nuestro Padre y del Señor Jesucristo. Colosenses 1:2 RVR1960

John Murray escribiendo sobre la unión con Cristo dice: «La unión con Cristo es realmente la verdad central de toda la doctrina de la salvación, no sólo en su aplicación, sino también en su logro definitivo en la obra consumada de Cristo»[17].

¡Que bendición! ¡Qué gozo! Conocer quienes somos en Cristo nos trae seguridad y reposo.

En el siguiente capítulo hablaremos de la justificación.

8

LA JUSTIFICACIÓN

La justificación es una declaración judicial de parte de Dios para con aquellos que ahora están en Cristo.

Dios nos «declara justos», no debido a nuestras obras. Él nos imputa (acredita) la justicia de Su Hijo Jesucristo.

La palabra «justificación» viene del griego δικαιοσις dikaiosis[18].

El acto de «justificar» (del griego dikaio) es un acto forense. Es una declaración que Dios emite como Juez[19]. Es ahora legalmente la posición que Dios nos ha otorgado. Somos pues, justos, limpios, «no culpables» ante Él —y por eso es que podemos tener paz para con Dios. Así lo dice Pablo en Romanos.

> *Justificados, pues, por la fe, tenemos paz para con Dios por medio de nuestro Señor Jesucristo... Romanos 5:1* RVR1960

Pablo escribió también sobre esta justicia imputada en lo que llamamos «el gran intercambio».

> *Al que no conoció pecado, por nosotros lo hizo pecado, para que nosotros fuésemos hechos justicia de Dios en él. 2 Corintios 5:21* RVR1960

Es un intercambio que no parece ser justo, pues Cristo que es verdaderamente justo «que no conoció pecado», fue hecho pecado, por nosotros y a cambio nosotros «que somos pecadores» somos declarados justos.

En otras palabras, nosotros le pasamos a Cristo nuestro pecado a cambio de Su justicia.

Parece ser un mal negocio en el que Dios sale perdiendo y nosotros ganando, lo cual nos muestra el profundo amor de Dios por nosotros al estar dispuesto a cambiarnos la justicia de Su Hijo por nuestro pecado.

Por eso es que la doctrina de la justificación, es posiblemente la más grande e importante de todas las doctrinas de nuestra fe, como lo dice Matthew Leighton:

> «La doctrina más distintiva de la fe evangélica es la justificación por la fe sola. No hay ninguna otra religión en el mundo que tenga semejante enseñanza. No sólo es una doctrina distintiva, sino que viene a ser la única solución al problema más importante de la humanidad: su propia injusticia y la ruptura de su relación con el Creador»[20].

La ley de Moisés y la justicia de Dios

Los que estaban bajo la ley tenían la tendencia a jactarse de su «propia justicia». Una justicia conseguida por medio del buen comportamiento y la obediencia a la ley. Claro que esta era una justicia imperfecta, incompleta, pues nadie pudo jamás guardar perfectamente esa ley —excepto Jesucristo que es completamente Justo.

Veamos lo que Pablo dice al respecto:

> *Aunque yo tengo también de qué confiar en la carne. Si alguno piensa que tiene de qué confiar en la carne, yo más: circuncidado al octavo día, del linaje de Israel, de la tribu de Benjamín, hebreo de hebreos; en cuanto a la ley, fariseo; en cuanto a celo, perseguidor de la iglesia; en cuanto a la justicia que es en la ley, irreprensible. Pero cuantas cosas eran para mí ganancia, las he estimado como pérdida por amor de Cristo. Y ciertamente, aun estimo todas las cosas como pérdida por la excelencia del conocimiento de Cristo Jesús, mi Señor, por amor del cual lo he perdido todo, y lo tengo por basura, para ganar a Cristo, y ser hallado en él, no teniendo mi propia justicia, que es por la ley, sino la que es por la fe de Cristo, la justicia que es de Dios por la fe... Filipenses 3:4—9* RVR1960

En ese texto Pablo dice, primero que él era «en cuanto a la justicia que es en la ley, irreprensible». Esto es porque Pablo había practicado un fariseísmo estricto. Sin embargo, más adelante dice que esa justicia que es por la ley es una «justicia propia». Pablo nos da un claro contraste entre la justicia propia y la justicia de Cristo cuando dice: «...no teniendo mi propia justicia, que es por la ley, sino la que es por la fe de Cristo...».

Claro está que la ley produce jactancia, pues el hombre se atribuye a sí mismo el resultado de su buen comportamiento, pero esto es incompleto, porque la ley «no pudo perfeccionar nada» (Hebreos 7:19), pues era un pacto «con defecto» (Hebreos 8:7).

Justificados solo por la fe, solo en Cristo, no por obras

Justicia, de acuerdo al Catolicismo Romano tiene una connotación diferente. Debemos entender con claridad esta diferencia, pues aún dentro de círculos protestantes y evangélicos muchos suelen esquivar el contraste.

Los teólogos católicos se refieren a la justificación como «algo que nos acredita la gracia para que podamos producir buenas obras y ganar nuestro camino al cielo».

De hecho, en el Catecismo de la Iglesia Católica, publicado en el sitio oficial del Vaticano, encontramos lo siguiente: «La justicia es la virtud moral que consiste en la constante y firme voluntad de dar a Dios y al prójimo lo que les es debido»[21].

Amados lectores, evidentemente esta es una doctrina de justificación basada en obras y no en el evangelio.

Si la Iglesia Católica hubiera tenido una doctrina correcta en cuanto a la justificación, no se hubiera necesitado una reforma. La doctrina de la justificación por fe sola, está en el centro de la iluminación[22] que Dios le dio al reformador Martín Lutero, cuando el texto bíblico de Romanos 1 tomó vida en su espíritu.

> *Porque en el evangelio la justicia de Dios se revela por fe y para fe, como está escrito: Mas el justo por la fe vivirá. Romanos 1:17* RVR1960

Así es. «Mas el justo por la fe vivirá» es la base de la reforma. Todos los otros puntos de las 95 tesis[23], incluyendo la eliminación de las indulgencias, parten de ese principio. La justificación de Dios es por fe y fe solamente.

Entonces, no es que Cristo nos acredite Su justicia para que podamos hacer buenas obras y nos ganemos ir al cielo, —muy lejos de eso— sino que Él nos justifica, lo cual nos da la entrada al cielo independientemente de nuestras obras.

Si es por obras, entonces sería «justicia propia» como la de los fariseos (Mateo 5:20), pero no es por obras «para que nadie se gloríe».

> *Porque por gracia sois salvos por medio de la fe; y esto no de vosotros, pues es don de Dios; no por obras, para que nadie se gloríe. Efesios 2:8,9* RVR1960

No somos salvos (justificados) «por» obras, pero sí «para» buenas obras (como lo dice el versículo que sigue). Estas buenas obras son predestinadas y se manifiestan como resultado de el haber sido regenerados. Son un fruto.

> *Porque somos hechura suya, creados en Cristo Jesús para buenas obras, las cuales Dios preparó de antemano para que anduviésemos en ellas. Efesios 2:10* RVR1960

Los textos sagrados son claros en este punto de la doctrina de la justificación. Mire lo que dice Pablo a los Gálatas.

> *...sabiendo que el hombre no es justificado por las obras de la ley, sino por la fe de Jesucristo, nosotros también hemos creído en Jesucristo, para ser justificados por la fe de Cristo y no por las obras de la ley, por cuanto por las obras de la ley nadie será justificado. Gálatas 2:16* RVR1960

Ahí está muy claro. Vamos a procesar ese texto mirando cada afirmación repetida...

1. el hombre no es justificado por las obras de la ley
2. sino por la fe de Jesucristo
3. hemos creído en Jesucristo, para ser justificados por la fe de Cristo

4. y no por las obras de la ley

5. por cuanto por las obras de la ley nadie será justificado

¿Puede ver cómo Pablo recalca este concepto? ¿Por qué cree que repite las mismas afirmaciones?

No tenemos duda. El hombre es justificado por la fe de Cristo y no por las obras.

Y no hay excepciones, pues Pablo afirma que «por las obras de la ley nadie será justificado». Hago hincapié en la palabra «nadie».

9

LA ADOPCIÓN

...pero a todos los que creyeron en él y lo recibieron, les dio el derecho de llegar a ser hijos de Dios. Juan 1:12 NTV

Podemos decir que la adopción es una gracia más allá y por encima de la justificación. En la justificación, Dios Juez absuelve al pecador de todos los cargos en su contra. Si fuera una corte humana, el acusado está entonces libre de irse, y él y el juez posiblemente nunca se verán de nuevo, pero con Dios es diferente. El Juez Divino no sólo absuelve al pecador, también invita al pecador a su hogar —no sólo por una noche— Él nos adopta como suyos para siempre, nos dice que debemos llamarlo «Padre», y nos pronuncia herederos legítimos de todo lo que Él tiene[24].

¿Cuándo sucede?

La adopción viene después de que un pecador se convierte a Cristo y es inmediata. No es un proceso y no se puede ganar por obras. De la misma manera en que el creyente es justificado cuando viene a Cristo, así es también adoptado por nuestro Padre celestial. Ahora es parte de la familia de Dios.

El versículo que mencioné antes en Juan 1 en la versión *Nueva Traducción Viviente* dice que una vez que creímos y recibimos a Cristo, Él nos dio «el derecho» de llegar a ser hijos de Dios.

La *Reina Valera* usa la palabra «potestad».

Mas a todos los que le recibieron, a los que creen en su nombre, les

dio potestad de ser hechos hijos de Dios... Juan 1:12 RVR1960

Depende a qué generación usted pertenece. Para los más jóvenes el uso de la palabra «derecho» quizá sea más claro. La palabra «potestad» es más usada en traducciones antiguas, pero como quiera que sea, el significado es impresionante.

¿Se imagina que Dios, el Creador del universo, le da a usted «derecho» —lo cual tiene una connotación legal que implica «herencia»— a Su paternidad?

El pecador, al haber sido perdonado es constituido justo a los ojos de Dios. Es por tanto justificado, y adoptado en la familia de Dios.

Esto es relación. Hemos sido traídos a una relación con Dios.

La doctrina de la justificación establece la relación del creyente con Dios jurídicamente, mientras que la doctrina de la adopción establece nuestra relación con Dios como hijos.

Entonces podemos decir que Dios además de justificarnos, nos da una relación íntima con Él. Ahora es nuestro Padre.

Veamos varios puntos dentro de esta doctrina.

1. Dios predestinó nuestra adopción en Cristo desde antes de la fundación del mundo.

> *...según nos escogió en él antes de la fundación del mundo, para que fuésemos santos y sin mancha delante de él, en amor habiéndonos predestinado para ser adoptados hijos suyos por medio de Jesucristo, según el puro afecto de su voluntad... Efesios 1:4,5* RVR1960

Esto quiere decir que nuestra adopción ha sido Su plan desde antes de la fundación del mundo.

2. El sacrificio de Cristo no fue sólo para nuestra redención, también para nuestra adopción.

> *Y por cuanto sois hijos, Dios envió a vuestros corazones el Espíritu*

> *de su Hijo, el cual clama: ¡Abba, Padre! Gálatas 4:6* RVR1960

Esto es tremendo. Por medio del sacrificio de Cristo en la cruz, somos hechos hijos.

3. La seguridad de nuestra salvación está entrelazada en nuestra adopción.

> *Porque todos los que son guiados por el Espíritu de Dios, éstos son hijos de Dios. Pues no habéis recibido el espíritu de esclavitud para estar otra vez en temor, sino que habéis recibido el espíritu de adopción, por el cual clamamos: ¡Abba, Padre!*
> *El Espíritu mismo da testimonio a nuestro espíritu, de que somos hijos de Dios. Y si hijos, también herederos; herederos de Dios y coherederos con Cristo, si es que padecemos juntamente con él, para que juntamente con él seamos glorificados. Romanos 8:14—17* RVR1960

Hemos recibido el «espíritu de adopción» lo que permite que no estemos «otra vez en temor». Esto es seguridad en el creyente. Ahora «el Espíritu mismo da testimonio a nuestro espíritu, de que somos hijos de Dios». En otras palabras, tenemos la seguridad de que somos hijos.

4. Al haber recibido el Espíritu de adopción, comenzamos a esperar con anhelo la etapa final de nuestra redención, —cuando nuestro cuerpo mortal sea redimido de su corrupción y glorificado como el de Cristo.

> *...y no sólo ella, sino que también nosotros mismos, que tenemos las primicias del Espíritu, nosotros también gemimos dentro de nosotros mismos, esperando la adopción, la redención de nuestro cuerpo. Romanos 8:23* RVR1960

Para completar este punto, puedo decir que hemos sido adoptados como hijos de Dios, y que los efectos de esa adopción repercuten mucho más allá de esta vida.

La adopción es un cambio de paradigma en la vida del creyente. Por el hecho de que Dios se relaciona con nosotros como Padre, esto significa que:

Dios nos ama como Padre.

> *Mirad cuál amor nos ha dado el Padre, para que seamos llamados hijos de Dios; por esto el mundo no nos conoce, porque no le conoció a él». 1 Juan 3:1* RVR1960

Nuestro Padre celestial se compadece de nosotros.

Como el padre se compadece de los hijos, se compadece Jehová de los que le temen. Porque él conoce nuestra condición; se acuerda de que somos polvo. Salmos 103:13,14 RVR1960

Dios nos provee y nos da buenas dádivas.

Pues si vosotros, siendo malos, sabéis dar buenas dádivas a vuestros hijos, ¿cuánto más vuestro Padre que está en los cielos dará buenas cosas a los que le pidan? Mateo 7:11 RVR1960

Nuestro Padre nos guía por el Espíritu Santo.

Porque todos los que son guiados por el Espíritu de Dios, éstos son hijos de Dios. Romanos 8:14 RVR1960

Nuestro Padre nos disciplina y nos preserva.

Y habéis ya olvidado la exhortación que como a hijos se os dirige, diciendo: Hijo mío, no menosprecies la disciplina del Señor, ni desmayes cuando eres reprendido por él; porque el Señor al que ama, disciplina, y azota a todo el que recibe por hijo. Hebreos 12:5-6 RVR1960

Nos incluye en una familia.

No reprendas al anciano, sino exhórtale como a padre; a los más jóvenes, como a hermanos; a las ancianas, como a madres; a las jovencitas, como a hermanas, con toda pureza. 1 Timoteo 5:1-2 RVR1960

Nuestro Padre celestial nos hace herederos.

Así que ya no eres esclavo, sino hijo; y si hijo, también heredero de Dios por medio de Cristo. Gálatas 4:7 RVR1960

¿Herederos de qué? De todo.

Así que, ninguno se gloríe en los hombres; porque todo es vuestro: sea Pablo, sea Apolos, sea Cefas, sea el mundo, sea la vida, sea la muerte, sea lo presente, sea lo por venir, todo es vuestro, y vosotros de Cristo, y Cristo de Dios. 1 Corintios 3:21—23 RVR1960

> *En él asimismo tuvimos herencia, habiendo sido predestinados conforme al propósito del que hace todas las cosas según el designio de su voluntad... Efesios 1:11* RVR1960

> *...que es las arras de nuestra herencia hasta la redención de la posesión adquirida, para alabanza de su gloria. Efesios 1:14* RVR1960

> *...alumbrando los ojos de vuestro entendimiento, para que sepáis cuál es la esperanza a que él os ha llamado, y cuáles las riquezas de la gloria de su herencia en los santos Efesios 1:18* RVR1960

> *...con gozo dando gracias al Padre que nos hizo aptos para participar de la herencia de los santos en luz... Colosenses 1:12* RVR1960

Para concluir este capítulo sobre la adopción, quisiera que leamos lo que dijo Jonathan Edwards.

> *«Dios hace de Sus siervos Sus hijos: todos los que le sirven, los adopta y les da el derecho a los gloriosos privilegios de los hijos de Dios. Él no los llama más siervos, sino hijos. Él se manifiesta a ellos, los hace Sus amigos íntimos, Sus herederos y coherederos con Su Hijo. Él derrama Su amor sobre ellos y los abraza en Sus brazos, y mora en sus almas y hace Su morada en ellos, y se entrega a ellos para ser Su Padre y Su porción. En esta vida, con frecuencia los refrescará con los rocíos espirituales del cielo. Los iluminará con rayos de luz y amor. Pero de ahora en adelante, los hará perfectamente felices, para siempre. ¿Hubo alguna vez un Maestro tan bueno como este?»*[25]

10

LA SANTIFICACIÓN

En lenguaje teológico, muchos usan el término «santificación» para referirse en gran medida a algo que hacemos —algo que normalmente tiene que ver con nuestro crecimiento en santidad y que se desarrolla progresivamente en el creyente. Sin embargo, la Biblia usa el término «santificación» de una manera más definitiva, indicando el estado santo que ya tenemos a través de nuestra unión con Cristo.

Estas categorías al pasar de los años se han mezclado, y los teólogos a menudo llaman al estado de santidad que tenemos en Cristo «santificación definitiva» o «posicional», mientras que a nuestro esfuerzo por crecer en la piedad y virtud cristiana le llaman santificación «progresiva».

El peligro es que como creyentes a menudo tenemos la tendencia a olvidar la naturaleza definitiva de la santificación y sólo enfocarnos en el aspecto progresivo de la vida diaria.

Si usted estudia los modelos que usan algunos grupos, especialmente de inclinación arminiana[26], notará que para la mayoría, «santificación» es algo que «hacemos», no algo que recibimos. Para algunos significa más perfeccionismo en cuanto a purificación, para otros puede ser progreso en nuestras disciplinas cristianas, para otros puede ser más entrega y para otros puede ser cierta experiencia, pero por lo regular en la mayor parte de estas denominaciones o grupos, se entiende como santificación «algo que hacemos».

En contraste, los escritores del Nuevo Testamento usan esta terminología de «santificación» o «santidad» en términos de quiénes somos y qué tenemos en Cristo primero, y luego el crecimiento en nuestra relación con Él.

Mal entender este concepto, nos meterá en una práctica insegura donde siempre estaremos tratando y nunca llegamos, lo que nos puede deslizar a ascetismo[27] y aún a buscar santificación por medio de obras (esfuerzos humanos).

Veamos primero los textos que nos declaran esta relación posicional.

Note en el siguiente texto que Pablo primero dice «a los santificados en Cristo Jesús», es decir, algo que ya somos (posición) y luego dice «llamados a ser santos» o a practicar la santidad que hemos recibido.

> *...a la iglesia de Dios que está en Corinto, a los santificados en Cristo Jesús, llamados a ser santos con todos los que en cualquier lugar invocan el nombre de nuestro Señor Jesucristo, Señor de ellos y nuestro... 1 Corintios 1. 2* RVR1960

La Nueva Traducción Viviente dice «que han sido llamados por Dios para ser su pueblo santo. Él los hizo santos por medio de Cristo Jesús». Ahí vemos la relación entre estado y proceso.

También en el versículo 30 de ese capítulo vemos una tremenda declaración.

> *Mas por él estáis vosotros en Cristo Jesús, el cual nos ha sido hecho por Dios sabiduría, justificación, santificación y redención. 1 Corintios 1:30* RVR1960

¿Nota en ese versículo como «santificación» es puesta a la altura de justificación y redención?

¿Y, cómo fuimos redimidos y justificados?

Ciertamente no fue por obras (esfuerzo humano). Dios nos salvó y justificó totalmente por gracia, por medio de la fe (Efesios 2:8; Romanos 5:1). De la misma manera somos santificados.

Ya que estamos justificados podemos caminar en justicia. De la misma manera, ya que estamos santificados, podemos caminar en santidad.

Ya hemos sido santificados.

> *Y esto erais algunos; mas ya habéis sido lavados, ya habéis sido santificados, ya habéis sido justificados en el nombre del Señor Jesús, y por el Espíritu de nuestro Dios.* **1 Corintios 6:11** RVR1960

> *Y ahora, hermanos, os encomiendo a Dios, y a la palabra de su gracia, que tiene poder para sobreedificaros y daros herencia con todos los santificados.* **Hechos 20:32** RVR1960

> *En esa voluntad somos santificados mediante la ofrenda del cuerpo de Jesucristo hecha una vez para siempre.* **Hebreos 10:10** RVR1960

> *...porque con una sola ofrenda hizo perfectos para siempre a los santificados.* **Hebreos 10:14** RVR1960

> *...elegidos según la presciencia de Dios Padre en santificación del Espíritu, para obedecer y ser rociados con la sangre de Jesucristo: Gracia y paz os sean multiplicadas.* **1 Pedro 1: 2** RVR1960

En ninguno de esos textos vemos la «santificación» como algo que tenemos que ganarnos. Por el contrario, vemos la frase «a los santificados» o la palabra «santificados» en tiempo pasado. Algo ya hecho. Pedro dice que fuimos «elegidos en santificación».

Entonces, somos «santos» en virtud del llamado de Dios y nuestra unión de fe con Él.

Entendamos la naturaleza de la santificación en estos 4 puntos.

1. La santificación es permanente y ocurrió cuando fuimos regenerados (nacidos de nuevo). Cuando somos regenerados y unidos con Cristo, hay una separación del pecado, por causa de que hemos sido hechos «santos».

En Romanos 6:2, Pablo dice que «hemos muerto al pecado». Ya no estamos bajo el poder del pecado. Esa separación del pecado es a lo que llamamos «santificación definitiva».

Aunque antes éramos esclavos del pecado, ahora hemos sido definitivamente santificados, por medio de nuestra unión con Cristo en Su muerte y resurrección. Ya no somos esclavos del pecado y ya no estamos bajo la ley, sino bajo la gracia.

Wayne Grudem lo dice de esta forma:

«Una vez que hemos nacido de nuevo, hay un cambio moral que ocurre en nosotros de tal manera que no podemos seguir pecando como un hábito o patrón de vida (1 Juan 3:9), porque el poder de la nueva vida espiritual dentro de nosotros nos impide ceder a una vida de pecado»[28].

2. Aunque la Biblia nos afirma la «santificación definitiva», también nos enseña que la santificación una vez dada, pasa a ser un proceso de vida de continuo crecimiento. Es decir, hemos sido santificados para caminar en santidad. Podemos crecer en santidad.

Esta es una transformación progresiva que ocurre en la vida del que ha sido santificado.

Por tanto, nosotros todos, mirando a cara descubierta como en un espejo la gloria del Señor, somos transformados de gloria en gloria en la misma imagen, como por el Espíritu del Señor. 2 Corintios 3:18 RVR1960

Pablo nos habla en Filipenses de su propio crecimiento en santificación.

Hermanos, yo mismo no pretendo haberlo ya alcanzado; pero una cosa hago: olvidando ciertamente lo que queda atrás, y extendiéndome a lo que está delante, prosigo a la meta, al premio del supremo llamamiento de Dios en Cristo Jesús. Filipenses 3:13-14 RVR1960

Es interesante que Pablo no se considera a sí mismo perfectamente santo. Él sabe que necesita crecer. Él sabe que todavía hay un trabajo de santificación trabajando en él por medio del Espíritu Santo, que lo santifica más conforme a la imagen del Hijo. De igual manera sucede con nosotros. Esa es la carrera cristiana, y siempre hay espacio para crecer.

3. Al mismo tiempo que somos conformados a la imagen de Cristo Jesús, debemos entender que la santidad perfecta (en cuanto a nuestra condición) nunca se ha obtenido en esta vida. Ese proceso nunca se completará en esta vida. Sólo en la muerte, cuando abandonemos el «cuerpo de la humillación»,

es que llegamos a ser semejantes «al cuerpo de la gloria suya» (Filipenses 3:21).

Mire lo que dice Juan al respecto.

Amados, ahora somos hijos de Dios, y aún no se ha manifestado lo que hemos de ser; pero sabemos que cuando él se manifieste, seremos semejantes a él, porque le veremos tal como él es. Y todo aquel que tiene esta esperanza en él, se purifica a sí mismo, así como él es puro. 1 Juan 3:2,3 RVR1960

4. La santificación es un doble proceso. Primero por el trabajo que Dios ya hizo al declararnos «santos» y segundo, nuestra responsabilidad humana al querer conocerle más y asemejarnos más a Él.

Por tanto, amados míos, como siempre habéis obedecido, no como en mi presencia solamente, sino mucho más ahora en mi ausencia, ocupaos en vuestra salvación con temor y temblor, porque Dios es el que en vosotros produce así el querer como el hacer, por su buena voluntad». Filipenses 2:12-13 RVR1960

«Ocuparnos de nuestra salvación» no es presentado en el tono que muchos usan para decir que la salvación se pierde. Más bien es una cuestión de mantenimiento. Cuidar y crecer aquello que hemos recibido.

El siguiente texto de Pablo a los Tesalonicenses nos habla de este proceso doble.

Y el mismo Dios de paz os santifique por completo; y todo vuestro ser, espíritu, alma y cuerpo, sea guardado irreprensible para la venida de nuestro Señor Jesucristo. 1 Tesalonicenses 5:23 RVR1960

La obra del Espíritu Santo en la santificación

En lo que corresponde a nuestra santificación, Dios es el actor principal y el Espíritu Santo es la persona de la Deidad más activa en este proceso.

Por esa razón, Pablo al escribir a los Gálatas, dice: «Si vivimos por el Espíritu, andemos también por el Espíritu» (Gálatas 5:25). Y a los Romanos dice:

...porque si vivís conforme a la carne, moriréis; mas si por el Espíritu hacéis morir las obras de la carne, viviréis. Romanos 8:13 RVR1960

El Espíritu de santidad trabaja en nuestro interior para cambiar nuestras pasiones, deseos, actitudes y acciones.

Pablo nos muestra la dependencia que tenemos en obra del Espíritu Santo para nuestra santificación.

11

LA PERSEVERANCIA DE LOS SANTOS

...estando persuadido de esto, que el que comenzó en vosotros la buena obra, la perfeccionará hasta el día de Jesucristo... Filipenses 1:6 RVR1960

Allí está la promesa de Dios de que lo que Él comienza en nuestras almas, Él lo completa. Dios no es solamente el alfa de nuestra salvación, también es el omega.

La «perseverancia de los santos» significa que todo verdadero «santo», o en otras palabras, todos los que realmente han sido «santificados por la ofrenda del cuerpo de Jesucristo una vez para siempre» (Hebreos 10:10), ciertamente perseverarán en la fe hasta el fin. No significa que los verdaderos cristianos nunca tendrán temporadas de duda, ni caerán en el pecado, sino que Dios siempre hará que su fe triunfe al final, y nunca permitirá que permanezcan indefinidamente en pecado grave, sino continuará la obra que Él ha comenzado en ellos, llevándola hasta la perfección en el Día de Jesucristo[29].

John Murray escribió lo siguiente sobre la doctrina de la perseverancia:

«Para colocar la doctrina de la perseverancia en la debida luz, necesitamos saber lo que no es. No significa que todo aquel que profesa fe en Cristo y que es aceptado como creyente en la comunión de los santos esté seguro por la eternidad y pueda tener la seguridad de la salvación eterna. Nuestro Señor mismo advirtió a Sus seguidores en los días de Su carne cuando dijo a los judíos que creían en Él: 'Si vosotros permaneciereis en mi palabra, seréis verdaderamente mis discípulos,

> *y conoceréis la verdad, y la verdad os hará libres' (Juan 8:31,32). Él estableció un criterio por el cual los verdaderos discípulos pueden ser distinguidos, y ese criterio es la continuidad en la Palabra de Jesús»* [30].

La perseverancia no significa que todo aquél que dice ser cristiano y se congrega en una iglesia, automáticamente tendrá la seguridad de su salvación.

> *No todo el que me dice: Señor, Señor, entrará en el reino de los cielos, sino el que hace la voluntad de mi Padre que está en los cielos. Mateo 7:21* RVR1960

Las congregaciones están llenas de personas que son atraídas por beneficios temporales y sin embargo no han sido renovadas. Y más hoy en día cuando abundan «iglesias de uso fácil» que se acomodan a cualquier persuasión.

Hoy existen iglesias donde el mensaje del domingo se trata de usted y no de Cristo. El orador, con mucha elocuencia y estilo fluido en la más reciente moda y aceptación cultural, le motivará a cómo tener más éxito y una mejor vida llena de trofeos y triunfos temporales. Le levantará su ego, autoestima y sentido de satisfacción, pero no habrá transformación. Usted no morirá a sus pecados y por no haber muerto, tampoco resucitará con Cristo.

Sin embargo, aquellos que genuinamente han sido regenerados, justificados, adoptados, y santificados, en Cristo pueden gozar de la certeza de que —aparte de sus errores y flaquezas— su salvación está segura y es ininterrumpidamente eterna.

Dios preservará a los que son de Él hasta el fin.

Entonces, la gracia de Dios no solamente nos salva, también nos preserva.

> *Pues mucho más, estando ya justificados en su sangre, por él seremos salvos de la ira. Porque si siendo enemigos, fuimos reconciliados con Dios por la muerte de su Hijo, mucho más, estando reconciliados, seremos salvos por su vida. Romanos 5:9,10* RVR1960

Y de la misma manera que tus obras no fueron lo suficientemente buenas como para salvarte, tampoco te pueden preservar salvo. Fue por gracia al principio y será por gracia hasta el final. Esto nos da confianza y reposo. Nuestra salvación en Cristo está segura.

Los verdaderos cristianos no pueden perder su salvación.

Veamos los dos lados de esta afirmación.

1. Verdaderos creyentes perseverarán hasta el final

Este concepto es muy claro a través de las Escrituras.

> *Porque he descendido del cielo, no para hacer mi voluntad, sino la voluntad del que me envió. Y esta es la voluntad del Padre, el que me envió: Que de todo lo que me diere, no pierda yo nada, sino que lo resucite en el día postrero. Juan 6:38,39* RVR1960

Pon atención detenidamente a la afirmación de Jesús en este pasaje.

Jesús no perderá a ninguno de los que el Padre le dio.

Esto es una promesa. Jesucristo nos asegura que alguien que está en Él no se va a perder.

Más adelante nos dice:

> *Mis ovejas oyen mi voz, y yo las conozco, y me siguen, y yo les doy vida eterna; y no perecerán jamás, ni nadie las arrebatará de mi mano. Juan 10:27,28* RVR1960

¡Qué promesa de seguridad! No pereceremos jamás, y nadie nos puede arrebatar de su mano.

Al decir «nadie», esto significa nadie. Ninguna persona, o Satanás, ni aún nosotros mismos... nada ni nadie puede separarnos del amor de Dios.

> *Por lo cual estoy seguro de que ni la muerte, ni la vida, ni ángeles, ni principados, ni potestades, ni lo presente, ni lo por venir, ni lo alto, ni lo profundo, ni ninguna otra cosa creada nos podrá separar del amor de Dios, que es en Cristo Jesús Señor nuestro. Romanos 8:38,39* RVR1960

La salvación es segura, y aún más, eso es un trato sellado.

> *En él también vosotros, habiendo oído la palabra de verdad, el evangelio de vuestra salvación, y habiendo creído en él, fuisteis sellados con el Espíritu Santo de la promesa, que es las arras de nuestra herencia hasta la redención de la posesión adquirida, para alabanza de su gloria. Efesios 1:13-14* RVR1960

Amado lector. Nuestra salvación está segura.

Ese es el mensaje del Nuevo Pacto. Estamos seguros. Nuestros nombres están escritos en el libro de la vida del Cordero (Apocalipsis 21:27).

Dicho sea de paso, esos nombres ya estaban inscritos en el libro de la vida «desde la fundación del mundo» (Apocalipsis 17:8), lo que nos confirma el plan de salvación de Dios de principio a fin.

> *Porque a los que antes conoció, también los predestinó para que fuesen hechos conformes a la imagen de su Hijo, para que él sea el primogénito entre muchos hermanos. Y a los que predestinó, a éstos también llamó; y a los que llamó, a éstos también justificó; y a los que justificó, a éstos también glorificó. Romanos 8:29,30* RVR1960

Puedes tener la seguridad de que una vez que estás en Cristo, eres de Él por la eternidad.

Dios te guardará y te preservará hasta el final.

2. Aquellos que perseveran hasta el final es porque son verdaderos creyentes

Entonces viene la pregunta lógica que muchos hacen.

Hermano Pérez, si eso que usted dice es verdad, entonces ¿por qué veo a personas que vienen a la iglesia por un tiempo y luego se «alejan» de la fe?

De la misma manera que la Biblia enseña que Dios por Su poder guardará a aquellos que son de Él hasta el final, también enseña que sólo aquellos que perseveran hasta el final pueden decir que son de Él —verdaderamente.

En otras palabras, la perseverancia en sí es una evidencia de que alguien es verdaderamente salvo.

Veamos este texto que Pablo escribe a los Colosenses.

> *Y a vosotros también, que erais en otro tiempo extraños y enemigos en vuestra mente, haciendo malas obras, ahora os ha reconciliado en su cuerpo de carne, por medio de la muerte, para presentaros santos y sin mancha e irreprensibles delante de él; si en verdad permanecéis fundados y firmes en la fe, y sin moveros de la esperanza del evangelio que habéis oído, el cual se predica en toda la creación que está debajo del cielo; del cual yo Pablo fui hecho ministro. Colosenses 1:21—23* RVR1960

Dice que Jesucristo os ha reconciliado «para» presentaros santos y sin mancha e irreprensibles si «en verdad permanecéis fundados».

En otras palabras, «permanecer fundados» es evidencia de que hemos sido reconciliados. Esta es —de hecho— una de las más claras señales de que realmente estamos en Él.

¿Y qué de los que están por un tiempo y luego se van?

Dos cosas.

Primero. Hay personas que han estado dentro de congregaciones por tiempo sin haber sido salvos.

> *Salieron de nosotros, pero no eran de nosotros; porque si hubiesen sido de nosotros, habrían permanecido con nosotros; pero salieron para que se manifestase que no todos son de nosotros. 1 Juan 2:19* RVR1960

Recuerda la parábola del sembrador, especialmente el que fue sembrado en pedregales.

> *Y el que fue sembrado en pedregales, éste es el que oye la palabra, y al momento la recibe con gozo; pero no tiene raíz en sí, sino que es de corta duración, pues al venir la aflicción o la persecución por causa de la palabra, luego tropieza. Mateo 13:20,21* RVR1960

De hecho, hay personas que profetizan y echan fuera demonios y no son salvos.
> *No todo el que me dice: Señor, Señor, entrará en el reino de los cielos, sino el que hace la voluntad de mi Padre que está en los cielos. Muchos me dirán en aquel día: Señor, Señor, ¿no profetizamos en tu nombre, y en tu nombre echamos fuera demonios, y en tu nombre*

> *hicimos muchos milagros? Y entonces les declararé: Nunca os conocí; apartaos de mí, hacedores de maldad. Mateo 7:21—23* RVR1960

Segundo. No podemos decir que una persona que se va de una congregación o regresa «al mundo» es porque definitivamente perdió la salvación, o que nunca fue salva.

Algunos, como el hijo pródigo, dejan la casa del Padre por un tiempo y luego regresan. Estaban en desobediencia y esa desobediencia les afecta —al punto de pasar hambre y desear poder comer las algarrobas de los cerdos (Lucas 15:16)— sin embargo, nunca dejaron de ser hijos. En cuanto vuelvan en sí, el Padre les estará esperando y les recibirá con gozo.

Nuestro Padre celestial «es paciente para con nosotros, no queriendo que ninguno perezca, sino que todos procedan al arrepentimiento» (2 Pedro 3:9).

Y nosotros también estamos llamados a ser pacientes con aquellos que son débiles en lugar de estar juzgandolos.

> *También os rogamos, hermanos, que amonestéis a los ociosos, que alentéis a los de poco ánimo, que sostengáis a los débiles, que seáis pacientes para con todos. 1 Tesalonicenses 5:14* RVR1960

12

LA MUERTE

Nuestro último gran enemigo, según la Biblia, es la muerte misma.

> *Y el postrer enemigo que será destruido es la muerte.* **1 Corintios 15:26** RVR1960

La muerte no es normal. He oído a cristianos decir que la muerte es algo muy natural, tomando de la literatura secular y aún de la poesía.

Alguien dijo «desde que nacimos, ya comenzamos a morir»[31].

Por el hecho de que la muerte ocurre a todos, y todos estamos expuestos a sus efectos —todo alrededor nuestro—, tenemos la tendencia a decir que es algo muy natural. Pero no es así. No hay nada de natural respecto a la muerte.

La muerte es horrible.

La muerte entró a la humanidad por causa del pecado.

> *Por tanto, como el pecado entró en el mundo por un hombre, y por el pecado la muerte, así la muerte pasó a todos los hombres, por cuanto todos pecaron.* **Romanos 5:12** RVR1960

Esa es la visión clara que la Biblia presenta en cuanto a la muerte.

Morir, no significa «fallecer o dejar de existir». No es navegar felizmente hacia el atardecer.

Los textos sagrados nos muestran que la muerte es una maldición.

> *Con el sudor de tu rostro comerás el pan hasta que vuelvas a la tierra, porque de ella fuiste tomado; pues polvo eres, y al polvo volverás.* Génesis 3:19 RVR1960

La paga del pecado es la muerte.

> *Porque la paga del pecado es muerte, mas la dádiva de Dios es vida eterna en Cristo Jesús Señor nuestro.* Romanos 6:23 RVR1960

La muerte no es natural. No es pacífica. Es trágica y aterradora.

No hay nada romántico acerca de la muerte.

La muerte es tan horrible que el mismo Jesús —el que triunfaría sobre ella— se estremeció, se conmovió y lloró ante la tumba de Lázaro.

> *Jesús entonces, al verla llorando, y a los judíos que la acompañaban, también llorando, se estremeció en espíritu y se conmovió, y dijo: ¿Dónde le pusisteis? Le dijeron: Señor, ven y ve. Jesús lloró. Dijeron entonces los judíos: Mirad cómo le amaba.* Juan 11:33—36 RVR1960

Lloramos cuando alguien amado parte con el Señor.

No lloramos como los que no tienen esperanza, porque para ellos, la muerte significa el fin de todo. Para ellos es angustia y desesperación.

Los que tenemos nuestra confianza en Cristo, lloramos, pues la separación trae tristeza, pero dentro de nuestro llanto, hay esperanza y paz.

> *Tampoco queremos, hermanos, que ignoréis acerca de los que duermen, para que no os entristezcáis como los otros que no tienen esperanza.* 1 Tesalonicenses 4:13 RVR1960

Y nuestra esperanza consiste en que Cristo ha eliminado el aguijón de la muerte.

> *Y cuando esto corruptible se haya vestido de incorrupción, y esto mortal se haya vestido de inmortalidad, entonces se cumplirá la palabra que está escrita: Sorbida es la muerte en victoria. ¿Dónde está, oh muerte, tu aguijón? ¿Dónde, oh sepulcro, tu victoria? ya que el aguijón de la muerte es el pecado, y el poder*

> *del pecado, la ley. Mas gracias sean dadas a Dios, que nos da la victoria por medio de nuestro Señor Jesucristo. 1 Corintios 15:54—57* RVR1960

El aguijón de la muerte siendo el pecado, y el poder del pecado siendo la ley; Cristo en Su muerte venció al pecado y rindió a la ley nula, quitándole el poder al pecado.

Otra vez. Voy a decirlo pero poniendo atención a este detalle…

La ley es lo que le daba poder (combustible) al pecado (1 Corintios 15:56; Romanos 4:15;5:13;7:8), y el pecado a la muerte (1 Corintios 15:56).

Cristo al morir en la cruz cumplió la ley y la llevó a su fin.

> *…porque el fin de la ley es Cristo… Romanos 10:4* RVR1960

Así, al haber llevado la ley a su fin, el pecado quedó sin poder, y de la misma manera la muerte, la cual sin el pecado ha perdido todo su poder.

Legalmente, la muerte ha sido derrotada. De hecho, el que tenía (en tiempo pasado) el imperio de la muerte ha sido destruido. Veamos este texto.

> *Así que, por cuanto los hijos participaron de carne y sangre, él también participó de lo mismo, para destruir por medio de la muerte al que tenía el imperio de la muerte, esto es, al diablo… Hebreos 2:14* RVR1960

Sin embargo, aún cuando Cristo le ha quitado el aguijón a la muerte, las personas se siguen muriendo, ¿por qué?

El poder de la muerte de separarnos eternamente de Dios ha sido quitado. Por causa del perfecto sacrificio de Cristo en la cruz, sabemos que cuando morimos, instantáneamente estamos presentes con el Señor.

> *…pero confiamos, y más quisiéramos estar ausentes del cuerpo, y presentes al Señor… 2 Corintios 5:8* RVR1960

Es decir que espiritualmente no morimos. Sin embargo, la muerte física seguirá ocurriendo hasta que escatológicamente llegue su hora. Esto sucederá en el futuro, por lo que la muerte física continúa siendo el último gran enemigo.

> *Porque preciso es que él reine hasta que haya puesto a todos sus enemigos debajo de sus pies. Y el postrer enemigo que será destruido es la muerte.* 1 Corintios 15:25,26 RVR1960

Entonces, el cristiano puede enfrentar la muerte no con miedo, sino con la esperanza de que la muerte no tendrá la última palabra. Por eso es que Pablo puede decir: «Porque para mí el vivir es Cristo, y el morir es ganancia» (Filipenses 1:21).

¿Qué sucede cuando morimos?

En el momento en que abandonamos este cuerpo, estamos presentes con el Señor, donde Él está en este momento «ausentes del cuerpo, y presentes al Señor» (2 Corintios 5:8).

No vamos a estar en un lugar flotando hasta que suceda la resurrección como algunos enseñan.

Cuando decimos ir al cielo, lo que estamos diciendo es que vamos a donde Cristo está en este momento.

Préstame mucha atención en esto. La clave es saber «donde está Cristo», porque donde Él esté ahí estaremos nosotros con Él.

> *Y si me fuere y os preparare lugar, vendré otra vez, y os tomaré a mí mismo, para que donde yo estoy, vosotros también estéis.* Juan 14:3 RVR1960

> *Padre, aquellos que me has dado, quiero que donde yo estoy, también ellos estén conmigo, para que vean mi gloria que me has dado; porque me has amado desde antes de la fundación del mundo.* Juan 17:24 RVR1960

Las Escrituras nos enseñan que el cielo descenderá. Cuando esto suceda nosotros descenderemos con Cristo. Siempre estaremos con Cristo, donde quiera que Él esté.

> *Y yo Juan vi la santa ciudad, la nueva Jerusalén, descender del cielo, de Dios, dispuesta como una esposa ataviada para su marido.* Apocalipsis 21:2 RVR1960

Existen dos escuelas incorrectas en cuanto a esto. Una dice que estaremos dormidos hasta el día de la resurrección, otra dice que nuestro espíritu (sin cuerpo) estará flotando hasta el día de la resurrección que tendrá de nuevo cuerpo.

Como dije, ambas enseñanzas son incorrectas.

Siempre tendremos cuerpos.

Cuando salgamos de este «cuerpo de la humillación» (Filipenses 3:21), también conocido como «morada terrestre», o «tabernáculo» recibiremos un «cuerpo celestial».

Veamos los textos.

> *Porque sabemos que si nuestra morada terrestre, este tabernáculo, se deshiciere, tenemos de Dios un edificio, una casa no hecha de manos, eterna, en los cielos. Y por esto también gemimos, deseando ser revestidos de aquella nuestra habitación celestial 2 Corintios 5:1,2* RVR1960

> *Porque asimismo los que estamos en este tabernáculo gemimos con angustia; porque no quisiéramos ser desnudados, sino revestidos, para que lo mortal sea absorbido por la vida. 2 Corintios 5:4* RVR1960

La frase «habitación celestial» que es opuesto a «morada terrestre» nos indica que cuando estemos en el cielo nuestro espíritu estará vestido (tendrá cuerpo), aunque será un cuerpo celestial, tendrá forma. Pablo hace la diferencia refiriéndose al cuerpo resucitado cuando dice, «hay cuerpos celestiales, y cuerpos terrenales» (1 Corintios 15:40). Claro que está hablando en ese pasaje del cuerpo resucitado, de lo cual hablaré más adelante, sin embargo, el principio es el mismo. En el cielo tendremos forma. No seremos espíritus flotando.

Tendremos cuerpo celestial.

Entonces, siempre tendremos cuerpo. Note como dice Pablo «no quisiéramos ser desnudados, sino revestidos». «Desnudados» sería si nuestro espíritu quedara sin cuerpo (flotando, como algunos enseñan erróneamente), pero no seremos desnudados, sino revestidos, lo que significa que al salir de este cuerpo terrenal (desvestidos) entraremos en nuestro cuerpo espiritual (revestidos), y ese nuevo cuerpo celestial tiene forma, igual que el cuerpo que tenemos ahora, pero con la diferencia que en ese cuerpo no habrá dolor, decadencia o corrupción —será un cuerpo perfecto.

Entonces, cuando morimos, somos hechos parte de la verdadera Sión, junto a «muchos millares de ángeles, a la congregación de los primogénitos que están inscritos en los cielos» (Hebreos 12:22,23).

¿Estado intermedio?

Algunos teólogos llaman «estado intermedio» a lo que sucede entre el tiempo que morimos y el día de la resurrección. ¿Cómo seremos? ¿Dónde estaremos?

No me gusta usar la terminología de «estado intermedio» porque creo que se presta a confusión. La falsa doctrina del purgatorio es tratada como un «estado intermedio», también la enseñanza de que «dormimos hasta el día de la resurrección» (como lo enseñan algunas sectas), por lo que no me gusta usar esa frase.

Cuando eres separado de esta morada terrestre, inmediatamente entras en tu morada celestial.

Dos cosas al respecto.

   1. ¿Recuerdas al ladrón en la cruz? Jesús le dijo: «De cierto te digo que hoy estarás conmigo en el paraíso» (Lucas 23:43).

¿Qué significa hoy?

Jesús le estaba diciendo «hoy vamos a estar en el mismo lugar —juntos».

   2. Algunos piensan que cuando Jesús dijo: «En la casa de mi Padre muchas moradas hay… voy, pues, a preparar lugar para vosotros» (Juan 14:2) estaba hablando de casas celestiales. Que tendrás una casa con tres recámaras y dos baños (como oí a alguien decir una vez). No. Moradas celestiales son cuerpos celestiales (2 Corintios 5:1,2).

La resurreccion

Pablo nos da un orden en cuanto a la resurrección.

> *Porque el Señor mismo con voz de mando, con voz de arcángel, y con trompeta de Dios, descenderá del cielo; y los muertos en Cristo resucitarán primero. Luego nosotros los que vivimos, los que hayamos quedado, seremos arrebatados juntamente con ellos en las nubes para recibir al Señor en el aire, y así estaremos siempre con el Señor. 1 Tesalonicenses 4:16,17* RVR1960

En ese orden nos damos cuenta que los cuerpos de los que ya habían muerto, resucitarán primero, luego, los que estamos vivos en el momento de la resurrección, seremos resucitados.

¿Qué cuerpo tendremos en la resurrección?

Algunos piensan que en la resurrección, tomaremos de nuevo un cuerpo como el que ahora tenemos, pero la Biblia claramente nos dice que ese cuerpo será un cuerpo espiritual.

> *Y hay cuerpos celestiales, y cuerpos terrenales; pero una es la gloria de los celestiales, y otra la de los terrenales. 1 Corintios 15:40* RVR1960

> *Se siembra cuerpo animal, resucitará cuerpo espiritual. Hay cuerpo animal, y hay cuerpo espiritual. 1 Corintios 15:44* RVR1960

¿Qué sucederá con los que ya habían muerto y ya tenían un cuerpo celestial en la presencia de Dios en los cielos?

Los que ya estaban con el Señor en Su presencia y ya habían tomado un cuerpo celestial, tomarán sus cuerpos espirituales/terrenales resucitados en el día de la resurrección.

¿Por qué sería esto necesario, si ya teníamos un cuerpo celestial perfecto?

Porque nuestro futuro es aquí en la tierra. Pero debemos notar lo siguiente:

- Esta tierra será hecha de nuevo (2 Pedro 3:13) —algunos teólogos usan la frase «resucitada». Dios hará nuevos cielos y nueva tierra, (como un segundo Edén). Su santa ciudad «descenderá del cielo»

(Apocalipsis 21:2). En otras palabras, el cielo vendrá a la tierra, y aquí, Dios hará Su morada con los hombres (Apocalipsis 21:3; 22:3).

- Nuestros cuerpos resucitados estarán listos para vivir en ese segundo Edén. En la Nueva Jerusalén que también tiene un jardín en ella como el Edén (Apocalipsis 22:1,2). Como esa habitación será terrenal/espiritual, nuestros cuerpos resucitados terrenales/espirituales estarán listos para vivir en ella. Y «ya no habrá muerte, ni habrá más llanto, ni clamor, ni dolor; porque las primeras cosas pasaron» (Apocalipsis 21:4).

¿Qué sucede con los que están vivos en ese momento?

Los que estén vivos en ese momento, serán transformados en un instante (1 Corintios 15:52). En otras palabras, tomarán ese cuerpo perfecto y desde entonces estarán con el Señor, igual que sucedió con los que murieron en Cristo.

Serán arrebatados (1 Tesalonicenses 4:17) para recibir al Señor en las nubes (porque el Señor viene descendiendo). Es Su Segunda Venida. Y a partir de ahí, estarán juntos con todos los que descienden con el Señor. Para un futuro juntos en la Nueva Jerusalén que ha descendido del cielo.

Hablo más sobre este tema en el volumen Escatología: La doctrina del futuro, donde me extiendo en todo lo que tiene que ver con la Nueva Jerusalén y la restauración de todas las cosas, «cielos nuevos y tierra nueva».

El purgatorio

La doctrina del purgatorio fue proclamada como un dogma de la fe dentro de la Iglesia Católica por el concilio de Florencia. Esta doctrina dice que «las almas que llegaron a la muerte en estado de gracia, pero no totalmente purificadas para entrar al Cielo, pasan a un estado de purificación que conocemos con el nombre de Purgatorio»[32].

Se le atribuye al papa Gregorio Magno, que (como ellos dicen) ocupó el Trono de Pedro el Pescador desde el 590 al 604 de nuestra era[33].

Entonces, de acuerdo al catolicismo, el purgatorio es un lugar de purificación y preparación y la duración e intensidad de esos sufrimientos está determinada por los pecados cometidos.

De acuerdo a la iglesia de Roma, la estancia de alguien en el purgatorio puede reducirse con las oraciones de los que viven, las buenas obras de los fieles o la misa. De acuerdo a ellos, el Papa tiene jurisdicción sobre el purgatorio; cualquier indulgencia (dinero) entregada a la iglesia en nombre de los muertos puede aliviar el sufrimiento o eliminarlos todos juntos.

Ya se dio usted cuenta de las ganancias deshonestas detrás de esta falsa doctrina.

Este abuso de parte de la iglesia católica es lo que dio origen a las 95 tesis de Lutero y estimuló la Reforma.

Es interesante que por lo regular, las doctrinas falsas están basadas en la mala interpretación o torcedura de algunos textos, sin embargo, esta doctrina del purgatorio, no llega ni aún a eso.

No hay textos dentro del canon para apoyar estas ideas. Lo mejor que la iglesia de Roma puede hacer es señalar 2 Macabeos 12:42—45, que en sí mismo no es un libro canónico.

Aún así, ese texto no es claro y no es lo suficiente para apoyar dicha doctrina. El texto habla de Judas Macabeo y dice que «recogió unas dos mil monedas de plata y las envió a Jerusalén, para que se ofreciera un sacrificio por el pecado» y al final del pasaje habla de «ofrecer ese sacrificio por los muertos, para que Dios les perdonara su pecado».

No hay manera de aplicar ese texto a la idea de un purgatorio. Sin embargo, como toda falsa doctrina, el falso maestro obligará a que el texto diga lo que él quiere.

Entonces, esta doctrina tiene un doble problema. Primero, el texto usado no está dentro del canon bíblico, y segundo, aún si hubiera estado dentro del canon, el texto no dice lo que ellos afirman.

No es bíblico orar por los muertos, y mucho menos comprar indulgencias o dedicar esfuerzos para asegurar una pronta liberación de los difuntos de los castigos del purgatorio.

La llamada «misa dedicada a santos difuntos» es toda una falsa financiera.

Amado lector. Cuando el ser humano muere, inmediatamente va al lugar de destino. Si está en Cristo, inmediatamente irá a la presencia de Dios.

> *Entonces Jesús le dijo: De cierto te digo que hoy estarás conmigo en el paraíso. Lucas 23:43* RVR1960

El que no cree en Cristo, ya ha sido condenado.

> *...el que no cree, ya ha sido condenado, porque no ha creído en el nombre del unigénito Hijo de Dios. Juan 3:18* RVR1960

Habrá un juicio, donde Dios definitivamente echará al lago de fuego a todo aquel cuyo nombre no estaba inscrito en el libro de la vida.

> *Y el que no se halló inscrito en el libro de la vida fue lanzado al lago de fuego. Apocalipsis 20:15* RVR1960

Es decir, que el que muere sin Cristo ya ha sido condenado y será presentado en el día del juicio.

No existe en la Biblia ningún lugar llamado purgatorio que pueda interrumpir ese proceso. La ida al juicio es directa.

> *Y de la manera que está establecido para los hombres que mueran una sola vez, y después de esto el juicio... Hebreos 9:27* RVR1960

> *...cuando se manifieste el Señor Jesús desde el cielo con los ángeles de su poder, en llama de fuego, para dar retribución a los que no conocieron a Dios, ni obedecen al evangelio de nuestro Señor Jesucristo; los cuales sufrirán pena de eterna perdición, excluidos de la presencia del Señor y de la gloria de su poder... 2 Tesalonicenses 1:7—9* RVR1960

La muerte segunda

La frase «muerte segunda» aparece cuatro veces en el Apocalipsis.

Hay varias cosas que nos dicen los textos.

El que venciere, no sufrirá daño de la muerte segunda.

El que tiene oído, oiga lo que el Espíritu dice a las iglesias. El que venciere, no sufrirá daño de la segunda muerte. Apocalipsis 2:11 RVR1960

Aquellos que son parte de la primera resurrección, son bienaventurados, reinarán con Cristo mil años y la muerte segunda no tiene potestad sobre ellos.

Bienaventurado y santo el que tiene parte en la primera resurrección; la segunda muerte no tiene potestad sobre éstos, sino que serán sacerdotes de Dios y de Cristo, y reinarán con él mil años. Apocalipsis 20:6 RVR1960

En el juicio final, el mismo infierno y la muerte serán lanzados al lago de fuego que es sinónimo de la muerte segunda.

Y la muerte y el Hades fueron lanzados al lago de fuego. Esta es la muerte segunda. Apocalipsis 20:14 RVR1960

Los perdidos serán echados al lago de fuego, que es la muerte segunda.

Pero los cobardes e incrédulos, los abominables y homicidas, los fornicarios y hechiceros, los idólatras y todos los mentirosos tendrán su parte en el lago que arde con fuego y azufre, que es la muerte segunda. Apocalipsis 21:8 RVR1960

Entonces podemos concluir que la muerte segunda es la separación eterna de Dios para todos aquellos que no están en Cristo. Dios Juez, después de haber realizado su juicio final, los lanzará en un lugar de castigo eterno llamado el lago de fuego.

Es importante notar que cuando el texto dice «el que venciere», no está enviando al creyente a una lucha donde tendrá que pelear por sus fuerzas hasta llegar al final. Ya hemos hablado de la doctrina de la perseverancia.

Dios preservará a aquellos que están en Cristo hasta el final.

...estando persuadido de esto, que el que comenzó en vosotros la buena obra, la perfeccionará hasta el día de Jesucristo... Filipenses 1:6 RVR1960

13

LA GLORIFICACIÓN

En todo lo que tiene que ver con la redención, la glorificación es «el paso final».

Esta sucederá cuando Cristo regrese. Esta es la transformación final.

> *He aquí, os digo un misterio: No todos dormiremos; pero todos seremos transformados, en un momento, en un abrir y cerrar de ojos, a la final trompeta; porque se tocará la trompeta, y los muertos serán resucitados incorruptibles, y nosotros seremos transformados. 1 Corintios 15:51,52* RVR1960

Primero, Pablo dice que esto es un misterio. Es por eso que a veces nos cuesta trabajo entender lo relacionado a las resurrecciones, los tiempos, y en cuanto al cuerpo.

¿Será un cuerpo físico? ¿No había dicho usted que en el momento que morimos, y dejamos nuestro cuerpo terrestre, entramos en nuestro cuerpo celestial?

Sí, cuando morimos, claro que entramos en nuestra morada celestial, un cuerpo perfecto, pero celestial, no terrenal.

En la resurrección, el Señor levantará de la tierra los cuerpos de los que murieron en Él, y a la vez transformará los cuerpos de los que están vivos en ese momento.

Estos cuerpos glorificados serán la forma en que estaremos por la eternidad ¿dónde?

¿Recuerda que le dije que el cielo descenderá a la tierra?

Así es, la Nueva Jerusalén descenderá del cielo y Dios hará morada con los suyos para siempre. ¿Dónde? En la Nueva Jerusalén que para entonces ya habrá descendido.

En el tomo de Escatología: La doctrina del futuro, entro en detalles sobre todo lo relacionado a esto, pero por el momento quiero que pensemos en lo siguiente: ¿Recuerda el relato de la creación del hombre, cuando Dios lo puso en un jardín? Ahora, lea los detalles y características de la Nueva Jerusalén, y verá como el final es una restauración de lo que fue el principio. Como dije, hablaré más de esto en escatología.

Por ahora, quiero nos concentremos en entender lo que significa «glorificación».

Dios glorificará nuestros cuerpos mortales.

> *Y si el Espíritu de aquel que levantó de los muertos a Jesús mora en vosotros, el que levantó de los muertos a Cristo Jesús vivificará también vuestros cuerpos mortales por su Espíritu que mora en vosotros. Romanos 8:11* RVR1960

Nuestros cuerpos serán como el de Cristo.

> *...el cual transformará el cuerpo de la humillación nuestra, para que sea semejante al cuerpo de la gloria suya... Filipenses 3:21* RVR1960

Ya no habrá muerte, ni habrá más llanto, ni clamor, ni dolor; porque las primeras cosas pasaron.

> *Y oí una gran voz del cielo que decía: He aquí el tabernáculo de Dios con los hombres, y él morará con ellos; y ellos serán su pueblo, y Dios mismo estará con ellos como su Dios. Enjugará Dios toda lágrima de los ojos de ellos; y ya no habrá muerte, ni habrá más llanto, ni clamor, ni dolor; porque las primeras cosas pasaron. Y el que estaba sentado en el trono dijo: He aquí, yo hago nuevas todas las cosas. Y me dijo: Escribe; porque estas palabras son fieles y verdaderas. Apocalipsis 21:3—5* RVR1960

Es importante señalar que la resurrección y la glorificación de nuestros cuerpos en ese estado futuro tiene que ver con el hecho de que Dios vendrá a morar con nosotros: «He aquí el tabernáculo de Dios con los hombres, y él morará con ellos; y ellos serán su pueblo»(v.3).

Esto va ligado a lo que dije anteriormente sobre la Nueva Jerusalén, nuestra ciudad eterna futura.

Las Escrituras dicen que seremos semejantes a Cristo.

Amados, ahora somos hijos de Dios, y aún no se ha manifestado lo que hemos de ser; pero sabemos que cuando él se manifieste, seremos semejantes a él, porque le veremos tal como él es. 1 Juan 3:2 RVR1960

Nuestros cuerpos recobraran el diseño original. De la manera en que Dios lo quiso cuando creó a Adan y Eva.

La glorificación es la redención del cuerpo.

> ...*y no sólo ella, sino que también nosotros mismos, que tenemos las primicias del Espíritu, nosotros también gemimos dentro de nosotros mismos, esperando la adopción, la redención de nuestro cuerpo. Romanos 8:23* RVR1960

Anhelamos ese día.

ECLESIOLOGÍA: LA DOCTRINA DE LA IGLESIA

**Conforme a la gracia de Dios que me ha sido dada, yo como perito arquitecto puse el fundamento, y otro edifica encima; pero cada uno mire cómo sobreedifica. Porque nadie puede poner otro fundamento que el que está puesto, el cual es Jesucristo.
1 Cor 3:10,11** RVR1960

INTRODUCCIÓN

Eclesiología es la parte de la teología dedicada al estudio de la iglesia[1].

La palabra griega para «iglesia» en la Biblia es ekklesia (ἐκκλησία), y literalmente significa «reunión» o «asamblea»[2] y λογία, (logía), que significa «conocimiento» o «estudio de»[3]. La eclesiología, entonces, es el estudio de la iglesia.

Por siglos, las personas han debatido sobre cómo entender la función de la iglesia.

Vienen ciertas preguntas referentes al tema de la eclesiología como:

¿Qué tan importante es la iglesia? ¿Cuál es la naturaleza de la iglesia? ¿Cuáles son las intenciones de Dios para la iglesia? ¿Cuáles son las características de una iglesia sana?

Y luego preguntas más dogmáticas, como:

¿Se les permite a las mujeres ser pastoras? ¿Deben los niños ser bautizados? ¿Debe el bautismo ser por aspersión o inmersión?

Pienso que antes de comenzar a tratar con estas y otras preguntas, necesitamos dedicar tiempo para considerar cómo es que Dios ha «organizado» a los creyentes en una institución que Él ha ordenado de manera que todo lo que se haga en esta glorifique Su nombre.

Entonces primero definamos qué es exactamente iglesia.

1

DEFINICIÓN DE IGLESIA

¿Quienes forman parte de la iglesia?

Note que no dije «qué» sino «quienes», porque para comenzar, debo decir que la «iglesia» está compuesta de personas.

La iglesia no es un templo o un edificio. Aunque es común en nuestra cultura que las personas digan «vamos a la iglesia» refiriéndose a un lugar físico, este es un uso incorrecto de la palabra.

Nosotros, no vamos a la iglesia. Nosotros somos «la iglesia», lo que quiere decir que donde nosotros estamos, ahí está la iglesia.

Este concepto lo explico en mi libro: Iglesia Postpandemia[4].

Cuando comenzó la pandemia o lo que se conoce como el coronavirus, muchos amados pastores, no sabían que hacer, pues por causa del rápido contagio que estaba esparciéndose en nuestras ciudades, los edificios, catedrales y templos tuvieron que cerrar. Este encierro ha tomado meses, y los creyentes nos vimos obligados a creativamente buscar otras formas de congregarnos, estar conectados y ser nutridos con la Palabra de Dios.

Gracias a Dios por la tecnología, la cual ha hecho posible esto.

Sin embargo, para muchos ha sido difícil, porque para ellos el templo es la iglesia. Por otro lado, los que ya entienden que «la iglesia somos nosotros» —independientemente del lugar donde estemos— no han sido afectados, y de hecho muchos han florecido dentro de la pandemia, han crecido espiritualmente, y han aprovechado los diferentes modelos para continuar «siendo iglesia».

Entonces, podemos decir que la iglesia es un organismo vivo que existe porque el Señor la fundó y prevalece porque el Señor es quien la mantiene viva.

> *Y yo también te digo, que tú eres Pedro, y sobre esta roca edificaré mi iglesia; y las puertas del Hades no prevalecerán contra ella. Mateo 16:18* RVR1960

La iglesia en su expresión más orgánica, existe cuando dos o tres nos reunimos en Su nombre. Es decir que no tiene necesidad de templos, organización, estructura jerárquica o gobierno. La iglesia es practicada cuando creyentes, muchos o pocos nos reunimos independientemente del lugar para en compañerismo crecer juntos en la fe.

> *Porque donde están dos o tres congregados en mi nombre, allí estoy yo en medio de ellos. Mateo 18:20* RVR1960

La iglesia —de una manera más universal— puede definirse como «la comunidad de todos los verdaderos creyentes en Jesucristo de todos los tiempos»[5]. Pablo nos dice en Efesios 5:25 que «Cristo amó a la iglesia, y se entregó a sí mismo por ella para santificarla, habiéndola purificado en el lavamiento del agua por la palabra». En ese texto, el término «la iglesia» le pertenece a todos aquellos que son salvos por la muerte de Cristo. Esto incluye a todos los verdaderos creyentes de todos los tiempos[6].

2

LO QUE NO ES LA IGLESIA

La iglesia no es un templo

Antes que de rienda suelta a la imaginación, debo decirle que no tengo ningún problema o trauma con el edificio. El usar un edificio para congregarnos es una forma de practicar iglesia. No es la única forma (como verá más adelante) pero es una forma.

El problema es cuando lo presentamos como la única forma y aún desde los púlpitos hacemos sentir culpables a aquellos que por una u otra causa a veces no pueden asistir.

Cuando lo hacemos regla, y hacemos creer a los creyentes que la iglesia es el edificio. Cuando ponemos pesadas cargas financieras sobre los creyentes y los presionamos y la mayor parte de los fondos se van al mantenimiento del edificio. En ese caso, por causa del edificio, la iglesia podrá perder su verdadera misión y rumbo, los cuales consisten en anunciar la buena noticia a todos los que no han oído.

Entonces, claro está, que sí creo en el uso de un edificio, si es necesario, y si no entorpece la misión y comisión a la que hemos sido llamados... Id y haced discípulos.

Historia de los templos

En la iglesia primitiva neotestamentaria no existían templos.

El único templo mencionado en el comienzo de la historia de la iglesia fue el templo de Jerusalén el cual era un templo judío (Hechos 2:46).

Todos conocemos el milagro de cuando Pedro y Juan subían al templo a la hora de la oración (Hechos 3:1—10).

Este era conocido como el templo de Herodes o «el segundo templo». El primer templo había sido el templo de Salomón.

Este segundo templo fue completado por Zorobabel[7] en 515 a.C. durante el reinado del persa Darío I[8] y seguidamente consagrado. Tras las incursiones paganas de los seléucidas[9], fue vuelto a consagrar por Judas Macabeo[10] en 165 a.C.

Reconstruido y ampliado por Herodes El Grande[11], el templo fue a su vez destruido por las tropas romanas al mando de Tito[12] en el año 70, en el sitio de Jerusalén[13], durante la primera guerra judía[14].

Una vez destruido el templo, ya no vemos más templos en la historia de la iglesia hasta tiempos de Constantino[15] quien entregó al papa Silvestre I[16] un palacio romano que había pertenecido a Diocleciano[17] y anteriormente a la familia patricia de los Plaucios Lateranos, con el encargo de construir una basílica de culto cristiano, que actualmente se conoce como Basílica de San Juan de Letrán[18].

En 324 d.C. el emperador hizo construir otra basílica en Roma, en el lugar donde según la tradición cristiana martirizaron a San Pedro: la Colina Vaticana, que actualmente acoge a la Basílica de San Pedro[19]. En el 326, apoyó financieramente la construcción de la iglesia del Santo Sepulcro[20] en Jerusalén.

De ahí en adelante vemos una serie de templos y catedrales ser levantados por la religión organizada —la iglesia Católica Apostólica Romana[21].

En los tiempos de la Reforma Protestante,[22] la costumbre de los templos continuó, para ser heredada por el cristianismo evangélico de hoy.

La pregunta es: ¿Fue en algún momento la construcción de templos la idea que Dios tenía para la iglesia cristiana?

La historia nos muestra que siempre existieron cristianos que se reunieron en casas durante los siglos. Estos eran comúnmente perseguidos por el «cristianismo organizado» que era también por lo regular la religión del estado.

Ejemplos de iglesia en casas

La iglesia primitiva entre los Judíos desde su comienzo se reunía en casas, aún cuando el templo de Jerusalén todavía estaba en pie.

> *Y perseverando unánimes cada día en el templo, y partiendo el pan en las casas, comían juntos con alegría y sencillez de corazón... Hechos 2:46* RVR1960

Como dije anteriormente, ese templo fue destruido en el año 70 d.C. y sólo quedaron las reuniones en casas.

En el mundo gentil, la iglesia no tuvo la opción de templo. Los templos que existían entre los gentiles eran templos paganos dedicados a falsas divinidades.

Vemos en la correspondencia de Pablo que las iglesias en casas era una costumbre en sus días.

> *Las iglesias de Asia os saludan. Aquila y Priscila, con la iglesia que está en su casa, os saludan mucho en el Señor. 1 Corintios 16:19* RVR1960

> *Saludad a los hermanos que están en Laodicea, y a Ninfas y a la iglesia que está en su casa. Colosenses 4:15* RVR1960

> *Saludad a Priscila y a Aquila, mis colaboradores en Cristo Jesús, que expusieron su vida por mí; a los cuales no sólo yo doy gracias, sino también todas las iglesias de los gentiles. Saludad también a la iglesia de su casa. Romanos 16:3—5* RVR1960

> *Pablo, prisionero de Jesucristo, y el hermano Timoteo, al amado Filemón, colaborador nuestro, y a la amada hermana Apia, y a Arquipo nuestro compañero de milicia, y a la iglesia que está en tu casa... Filemón 1:1,2* RVR1960

El mismo Pablo permaneció durante dos años predicando en una casa alquilada en Roma.

> *Y Pablo permaneció dos años enteros en una casa alquilada, y recibía a todos los que a él venían, predicando el reino de Dios y enseñando acerca del Señor Jesucristo, abiertamente y sin impedimento.* **Hechos 28:30,31** RVR1960

Entonces, como hemos visto, la iglesia no es un edificio o un templo. La iglesia del Señor somos nosotros, Su cuerpo.

> *...así nosotros, siendo muchos, somos un cuerpo en Cristo, y todos miembros los unos de los otros.* **Romanos 12:5** RVR1960

3

LA IGLESIA QUE JESUCRISTO FUNDÓ

La iglesia le pertenece a nuestro Señor Jesucristo. Es Su iglesia. Él la fundó, la trajo a existencia, y es Él quien la compró con Su propia sangre.

Así el mismo Jesús se lo afirmó a Pedro cuando le dijo, «tú eres Pedro, y sobre esta roca edificaré mi iglesia» (Mateo 16:18).

Claro que la religión organizada de Roma siempre ha tratado de tergiversar ese texto, diciendo que Pedro es el fundador de la iglesia o que Pedro es la roca y sobre él, el Señor edificaría la iglesia. De ahí la errónea doctrina de que Pedro fue el primer papa.

Cuando Jesús dijo «esta roca» no se estaba refiriendo a Pedro, sino a Sí mismo. De hecho, el mismo Pedro nos aclara eso.

> *Por lo cual también contiene la Escritura: He aquí, pongo en Sion la principal piedra del ángulo, escogida, preciosa; Y el que creyere en él, no será avergonzado. Para vosotros, pues, los que creéis, él es precioso; pero para los que no creen, La piedra que los edificadores desecharon, Ha venido a ser la cabeza del ángulo; y: Piedra de tropiezo, y roca que hace caer, porque tropiezan en la palabra, siendo desobedientes; a lo cual fueron también destinados. 1 Pedro 2:6—8* RVR1960

Note que Pedro usa la frase «piedra de ángulo». También Pablo refiriéndose a la iglesia usa la metáfora de un edificio y nos dice quien es la piedra de ángulo, lo que quiere decir que Pedro y Pablo están de acuerdo en que Jesucristo es el fundamento de la iglesia.

> ...edificados sobre el fundamento de los apóstoles y profetas, siendo la principal piedra del ángulo Jesucristo mismo... Efesios 2:20 RVR1960

La piedra de ángulo es la primera piedra que se coloca en el fundamento de un edificio. Jesús es la piedra de ángulo. Él es la roca firme que está en el fundamento del edificio.

> El es la Roca, cuya obra es perfecta, Porque todos sus caminos son rectitud; Dios de verdad, y sin ninguna iniquidad en él; Es justo y recto. Deuteronomio 32:4 RVR1960

> ...y todos bebieron la misma bebida espiritual; porque bebían de la roca espiritual que los seguía, y la roca era Cristo. 1 Corintios 10:4 RVR1960

Jesús es la Roca.

¿Cómo es que formamos parte de la iglesia de Cristo?

El ingreso a la iglesia sucede cuando creemos en Jesucristo y somos salvos por Su gracia (Efesios 2:8).

Siendo esta la calificación, entonces todos los que creen en Jesús son incluidos independientemente de la nacionalidad o raza. Su iglesia es multiracial e internacional.

La iglesia «es internacional en la membresía y no permite divisiones étnicas, de género o sociales».

La reconciliación de las divisiones humanas finalmente se logra en Cristo.

> La justicia social puede ayudar a resolver las injusticias humanas terrenales, más la justicia de Dios resuelve los problemas del alma, es una justicia eterna, de la cual son partícipes todos aquellos que están en Cristo —todos los que formamos Su iglesia.

Dentro de la iglesia del Señor, según Pablo, existe verdadera igualdad.

> *...donde no hay griego ni judío, circuncisión ni incircuncisión, bárbaro ni escita, siervo ni libre, sino que Cristo es el todo, y en todos. Colosenses 3:11* RVR1960

> *Ya no hay judío ni griego; no hay esclavo ni libre; no hay varón ni mujer; porque todos vosotros sois uno en Cristo Jesús. Gálatas 3:28* RVR1960

Por medio del perfecto sacrificio en la cruz, Jesús no sólo hizo posible la reconciliación entre el hombre y Dios (lo principal), también entre el hombre y el hombre.

Pablo nos enseña que el propósito de Dios era crear en Sí mismo un pueblo nuevo (es decir, la iglesia) proveniente de dos pueblos: judíos y gentiles. Por eso es que los gentiles ya no somos forasteros y extranjeros, sino conciudadanos del pueblo de Dios.

> *Porque él es nuestra paz, que de ambos pueblos hizo uno, derribando la pared intermedia de separación... Efesios 2:14* RVR1960

4

METÁFORAS BÍBLICAS DE LA IGLESIA

Los escritores bíblicos al escribir inspirados por Dios, usaron un número de metáforas para darnos un claro entendimiento de la vida y función de la iglesia.

Para el estudio fácil, pudiéramos dividir estas metáforas en cuatro grupos. Cada uno de estos grupos nos mostrará algo en cuanto a la forma en que el Señor se relaciona con Su iglesia.

1. Metáforas de la familia

El Señor usa la metáfora de una familia para mostrarnos el tipo de relación entre sus miembros.

Pablo sobre todo, ve a la iglesia como una familia. De hecho le aconseja a Timoteo a que trate a los que son parte de la iglesia como si todos fueran parte de una misma familia.

> *No reprendas al anciano, sino exhórtale como a padre; a los más jóvenes, como a hermanos; a las ancianas, como a madres; a las jovencitas, como a hermanas, con toda pureza. 1 Timoteo 5:1,2* RVR1960

Pablo, también se refiere a Dios como un Padre.

> *Por esta causa doblo mis rodillas ante el Padre de nuestro Señor Jesucristo... Efesios 3:14* RVR1960

Jesús llama a sus seguidores hermanos y hermanas.

> *Y extendiendo su mano hacia sus discípulos, dijo: He aquí mi madre y mis hermanos. Porque todo aquel que hace la voluntad de mi Padre que está en los cielos, ése es mi hermano, y hermana, y madre. Mateo 12:49,50* RVR1960

Pablo se refiere a la iglesia como la esposa de Cristo. En esta analogía de la novia Pablo resalta la importancia de la pureza, de la manera en que seremos presentados a Cristo en Su regreso.

> *Así que, como la iglesia está sujeta a Cristo, así también las casadas lo estén a sus maridos en todo. Maridos, amad a vuestras mujeres, así como Cristo amó a la iglesia, y se entregó a sí mismo por ella, para santificarla, habiéndola purificado en el lavamiento del agua por la palabra, a fin de presentársela a sí mismo, una iglesia gloriosa, que no tuviese mancha ni arruga ni cosa semejante, sino que fuese santa y sin mancha. Efesios 5:24—27 RVR1960*

También Pablo llama al conjunto de los que forman la iglesia «la familia de la fe».

> *Así que, según tengamos oportunidad, hagamos bien a todos, y mayormente a los de la familia de la fe. Gálatas 6:10* RVR1960

2. Metáforas agrícolas

Estas metáforas agrícolas, nos hablan de la relación de Cristo con los suyos. Es importante saber que aunque esta metáfora fue entregada inicialmente en el contexto de una sociedad agraria, el mensaje no se detiene ahí, porque ¿quién no ha visto un árbol, aún dentro de nuestras ciudades?

> *Yo soy la vid, vosotros los pámpanos; el que permanece en mí, y yo en él, éste lleva mucho fruto; porque separados de mí nada podéis hacer. Juan 15:5* RVR1960

Leamos este texto en el lenguaje más actual.

> *Ciertamente, yo soy la vid; ustedes son las ramas. Los que permanecen en mí y yo en ellos producirán mucho fruto porque, separados de mí, no pueden hacer nada. Juan 15:5* NTV

También encontramos que Pablo en la primera carta a los Corintios, compara a la iglesia con un campo de cultivos que fue plantado por el hombre, pero donde

Dios es quien da el crecimiento.

> *Yo planté, Apolos regó; pero el crecimiento lo ha dado Dios. Así que ni el que planta es algo, ni el que riega, sino Dios, que da el crecimiento. Y el que planta y el que riega son una misma cosa; aunque cada uno recibirá su recompensa conforme a su labor. Porque nosotros somos colaboradores de Dios, y vosotros sois labranza de Dios, edificio de Dios. 1 Corintios 3:6—9* RVR1960

3. Metáforas de un edificio o templo

Se recuerda lo que le escribí acerca de los templos. Le dije que la iglesia no es el templo o el edificio a donde usted asiste el Domingo. Esto es porque nosotros que somos la iglesia, somos el edificio.

En el último versículo del texto que compartí en el punto anterior, sacado de 1 Corintios 3, vemos que Pablo, después de presentarnos una metáfora agrícola, hablando de plantar y regar, termina haciendo un pequeño giro. En ese versículo 9, dice que «somos edificio de Dios». ¡Que interesante combinación! De plantas a edificio. Veamos el versículo de nuevo.

> *Porque nosotros somos colaboradores de Dios, y vosotros sois labranza de Dios, edificio de Dios. 1 Corintios 3:9* RVR1960

Y no se detiene ahí. En el resto del pasaje Pablo continúa usando la metáfora.

> *Conforme a la gracia de Dios que me ha sido dada, yo como perito arquitecto puse el fundamento, y otro edifica encima; pero cada uno mire cómo sobreedifica. Porque nadie puede poner otro fundamento que el que está puesto, el cual es Jesucristo. 1 Corintios 3:10,11* RVR1960

Pablo nos dice que él es el «perito arquitecto» porque a él le fue confiado establecer la doctrina en la iglesia gentil, pero el apóstol nos deja muy claro que el fundamento es Jesucristo.

Otra vez, vemos a Pedro en total armonía con Pablo cuando nos dice:

> *Acercándoos a él, piedra viva, desechada ciertamente por los hombres, mas para Dios escogida y preciosa, vosotros también, como piedras vivas, sed edificados como casa espiritual y sacerdocio santo, para ofrecer sacrificios*

espirituales aceptables a Dios por medio de Jesucristo. 1 Pedro 2:4,5 RVR1960

Estas metáforas de edificio, nos dan la idea de edificar sobre el fundamento que ya está puesto, a lo que Pablo llama «sobreedificar». El dice, yo «puse el fundamento, y otro edifica encima; pero cada uno mire cómo sobreedifica» (1 Corintios 3:10).

Algo más. El apóstol nos dice que hay recompensa para el que edifica bien.

Si permaneciere la obra de alguno que sobreedificó, recibirá recompensa. 1 Corintios 3:14 RVR1960

4. Metáfora del cuerpo de Cristo

La iglesia es también presentada como «el cuerpo de Cristo» en varios pasajes.

Es posiblemente la idea más usada en cuanto a la iglesia.

En el siguiente pasaje vemos muchas enseñanzas acerca de esta idea. Leamoslo todo con calma.

Porque así como el cuerpo es uno, y tiene muchos miembros, pero todos los miembros del cuerpo, siendo muchos, son un solo cuerpo, así también Cristo. Porque por un solo Espíritu fuimos todos bautizados en un cuerpo, sean judíos o griegos, sean esclavos o libres; y a todos se nos dio a beber de un mismo Espíritu. Además, el cuerpo no es un solo miembro, sino muchos. Si dijere el pie: Porque no soy mano, no soy del cuerpo, ¿por eso no será del cuerpo? Y si dijere la oreja: Porque no soy ojo, no soy del cuerpo, ¿por eso no será del cuerpo? Si todo el cuerpo fuese ojo, ¿dónde estaría el oído? Si todo fuese oído, ¿dónde estaría el olfato? Mas ahora Dios ha colocado los miembros cada uno de ellos en el cuerpo, como él quiso. Porque si todos fueran un solo miembro, ¿dónde estaría el cuerpo? Pero ahora son muchos los miembros, pero el cuerpo es uno solo. Ni el ojo puede decir a la mano: No te necesito, ni tampoco la cabeza a los pies: No tengo necesidad de vosotros. Antes bien los miembros del cuerpo que parecen más débiles, son los más necesarios; y a aquellos del cuerpo que nos parecen menos dignos, a éstos vestimos más dignamente; y los que en nosotros son menos decorosos, se tratan con más decoro. Porque los que en nosotros son más decorosos, no tienen necesidad; pero Dios ordenó el cuerpo, dando más abundante honor al que le faltaba, para que no haya desavenencia en el cuerpo,

> *sino que los miembros todos se preocupen los unos por los otros. De manera que si un miembro padece, todos los miembros se duelen con él, y si un miembro recibe honra, todos los miembros con él se gozan. Vosotros, pues, sois el cuerpo de Cristo, y miembros cada uno en particular. 1 Corintios 12:12—27* RVR1960

En ese pasaje vemos varias funciones activas dentro de una gran unidad, porque es un solo cuerpo. Es decir que hay un énfasis en la unidad. Que aún cuando venimos de diferentes trasfondos, nacionalidades y esferas sociales «sean judíos o griegos, sean esclavos o libres», todos somos uno. Y nos necesitamos los unos a los otros «si un miembro padece, todos los miembros se duelen con él». También vemos que aunque somos un solo cuerpo, dentro de ese cuerpo, los diferentes miembros tienen diferentes funciones y todas son importantes. Como leemos en el contexto anterior (versículos 1—12 del mismo capítulo), cuando todos usamos los dones que el Señor nos ha dado, de la manera que Él quiere, Dios es glorificado, y todos somos edificados.

Es importante, que los textos sagrados establecen que «la cabeza de ese cuerpo es Cristo».

> *...y sometió todas las cosas bajo sus pies, y lo dio por cabeza sobre todas las cosas a la iglesia, la cual es su cuerpo, la plenitud de Aquel que todo lo llena en todo. Efesios 1:22,23* RVR1960

5

LA IGLESIA VISIBLE E INVISIBLE

La iglesia es invisible en el sentido de que nosotros como humanos no podemos saber con precisión el verdadero estado espiritual de otros humanos. Entonces creyentes genuinos pueden ser conocidos por sus frutos, pero por el hecho de que existe la «apariencia de piedad» (2 Timoteo 3:5), muchos pueden aparentar tener frutos y sí, externamente pueden tener toda la apariencia de ser cristianos, sin estar regenerados por dentro. Al final: «Conoce el Señor a los que son suyos» (2 Timoteo 2:19).

Por eso, cuando la religión organizada (como la iglesia de Roma), dice excomulgar a alguien, lo que están diciendo es que ya no pueden afirmar la profesión de fe de esa persona, pero realmente el clero no puede conocer el estado espiritual de alguien.

Sin embargo, operamos en una iglesia visible.

Podemos tener una idea acerca de la salvación de los demás. Podemos tener mucha confianza en la salvación de alguien basado en el fruto en su vida, y es hasta ahí donde podemos llegar.

> *Por sus frutos los conoceréis. ¿Acaso se recogen uvas de los espinos, o higos de los abrojos?* Mateo 7:16 RVR1960

Claro que no somos jueces, y no podemos andar emitiendo juicios infalibles sobre la veracidad de la profesión de fe de alguien.

Entonces, al final, sólo Dios es quien conoce con certeza y sin error a los verdaderos creyentes.

Sabiendo esto, podemos decir que la iglesia invisible es «la iglesia tal como Dios la ve», y la iglesia visible es «la iglesia como nosotros la vemos».

La iglesia visible incluye a todos aquellos que públicamente profesan a Cristo como Señor y Salvador de sus vidas y dan evidencias de esa profesión por los frutos en sus vidas.

Esto lo vemos aplicado varias veces en la Biblia.

Pablo al escribir sus cartas acepta que los recipientes son personas que están en Cristo.

> *Pablo, prisionero de Jesucristo, y el hermano Timoteo, al amado Filemón, colaborador nuestro, y a la amada hermana Apia, y a Arquipo nuestro compañero de milicia, y a la iglesia que está en tu casa… Filemón 1:1-2* RVR1960

> *…a la iglesia de Dios que está en Corinto, a los santificados en Cristo Jesús, llamados a ser santos con todos los que en cualquier lugar invocan el nombre de nuestro Señor Jesucristo, Señor de ellos y nuestro… 1 Corintios 1:2* RVR1960

> *Pablo, apóstol de Jesucristo por la voluntad de Dios, y el hermano Timoteo, a la iglesia de Dios que está en Corinto, con todos los santos que están en toda Acaya… 2 Corintios 1:1* RVR1960

El apóstol Pablo también menciona en sus cartas a falsos profetas, falsos hermanos y a algunos que resultaron no ser creyentes verdaderos lo que nos confirma que debido al pecado, la iglesia visible siempre incluirá a aquellos que no son genuinos.

Sin embargo, podemos estar seguros que Dios en Su soberano conocimiento en cuanto a la integridad de la verdadera iglesia, reconocerá a los creyentes genuinos cuando llegue el momento.

Recuerde que el trigo y la cizaña crecen juntos hasta el día de la cosecha.

> *Dejad crecer juntamente lo uno y lo otro hasta la siega; y al tiempo de la*

siega yo diré a los segadores: Recoged primero la cizaña, y atadla en manojos para quemarla; pero recoged el trigo en mi granero. Mateo 13:30 RVR1960

Como ministros de Cristo, nos esforzamos por cuidar la salud del rebaño.

Por tanto, mirad por vosotros, y por todo el rebaño en que el Espíritu Santo os ha puesto por obispos, para apacentar la iglesia del Señor, la cual él ganó por su propia sangre. Hechos 20:28 RVR1960

Obedeced a vuestros pastores, y sujetaos a ellos; porque ellos velan por vuestras almas, como quienes han de dar cuenta... Hebreos 13:17 RVR1960

Queremos ver buenos frutos en la vida de los creyentes en la congregación. Queremos ver miembros verdaderamente regenerados. Por eso enseñamos a los creyentes buena palabra, que trae crecimiento y tenemos la confianza que el Señor cuidará a los que son de Él.

6

LA IGLESIA LOCAL Y UNIVERSAL

Esta distinción nos permite estudiar todo lo que tiene que ver con la congregación local a diferencia de la iglesia que es el cuerpo de Cristo en general, formada por todos los creyentes en todos los lugares de la tierra en todos los tiempos.

Viendo la palabra griega «ἐκκλησία»[23] que se traduce como «iglesia», entendemos que esta se usa para describir a un grupo de creyentes que puede ir desde unas pocas personas reuniendose en una casa, hasta el grupo de todos los verdaderos creyentes en la iglesia universal.

Un ejemplo claro de este uso lo vemos en Pablo en su primera carta a los Corintios.

> *Aquila y Priscila, con la iglesia que está en su casa, os saludan mucho en el Señor. 1 Corintios 16:19* RVR1960

De la misma manera, el libro de Apocalipsis está dirigido a siete iglesias (congregaciones locales) específicas en Asia.

> *Juan, a las siete iglesias que están en Asia: Gracia y paz a vosotros, del que es y que era y que ha de venir… Apocalipsis 1:4* RVR1960

En el libro de los Hechos el tono es más regional, y no menciona a las iglesias por nombre específicamente, pero sí, se refiere a las congregaciones locales de Judea, Galilea y Samaria.

> *Entonces las iglesias tenían paz por toda Judea, Galilea y Samaria; y eran edificadas, andando en el temor del Señor, y se acrecentaban fortalecidas por el Espíritu Santo.* Hechos 9:31 RVR1960

Sin embargo, hablando de los ministerios, Pablo (en primera de Corintios) se refiere a la iglesia universal.

> *Y a unos puso Dios en la iglesia, primeramente apóstoles, luego profetas, lo tercero maestros, luego los que hacen milagros, después los que sanan, los que ayudan, los que administran, los que tienen don de lenguas.* 1 Corintios 12:28 RVR1960

El oficio de «apóstol» en el Nuevo Testamento, es usado en referencia a la iglesia universal. Es un oficio que fue usado por Dios para establecer el fundamento de la iglesia como dice Pablo en Efesios 2:20, «edificados sobre el fundamento de los apóstoles y profetas», y es evidente que el fundamento en un edificio se pone una sola vez. Así fueron los oficios de apóstoles y profetas usados en el pasado —muy diferente a los oficios de ancianos y pastores que sobreedifican sobre ese fundamento que ya fue puesto y lo hacen dentro de una congregación local.

Entonces, queda establecido que un grupo de creyentes en cualquier nivel, (que por supuesto cumpla con los requisitos bíblicos para ser una iglesia), puede estar correctamente bajo la definición específica y general de la palabra «iglesia».

También puedo decir que el creyente como individuo es necesario que esté en la comunión de la iglesia local y no sólo se identifique como miembro del cuerpo de Cristo. La nutrición espiritual, el cuidado de un pastor y el compañerismo con otros creyentes son indispensables para el sano desarrollo del cristiano. Bien dijo Pablo, «no dejando de congregarnos, como algunos tienen por costumbre, sino exhortándonos; y tanto más, cuanto veis que aquel día se acerca» (Hebreos 10:25).

Universal militante y triunfante

La iglesia del Señor es militante, no obstante, triunfante.

No es que luchará hasta triunfar —pues ya Cristo triunfó—, pero si militará en su comisión la cual por supuesto tiene oposición.

> *...porque las armas de nuestra milicia no son carnales, sino poderosas en Dios para la destrucción de fortalezas... 2 Corintios 10:4* RVR1960

En este sentido somos como un ejército que milita con una misión.

¿Cuáles son esas fortalezas que se han de vencer?

El contexto claramente nos dice.

> *...derribando argumentos y toda altivez que se levanta contra el conocimiento de Dios, y llevando cautivo todo pensamiento a la obediencia a Cristo, y estando prontos para castigar toda desobediencia, cuando vuestra obediencia sea perfecta. 2 Corintios 10:5,6* RVR1960

Derribando argumentos y toda altivez que se levantan contra el conocimiento de Dios.

Tu fe será retada, con muchos tipos de enseñanzas falsas que exaltan la habilidad del ser humano de depender de sí mismo. Filosofías, ideas raras que intentan retar tu conocimiento de Dios.

¿Cómo se combaten estos argumentos?

Con la verdad. Por eso es tan necesario este estudio sistemático de la Palabra de Dios. Conociendo más a Dios y a Su palabra, todo argumento contrario es derribado.

Y «llevando cautivo todo pensamiento», porque nuestros pensamientos determinan nuestras emociones y acciones.

La batalla del creyente está en la mente.

Al conocer más a Dios y Su palabra, y llevar cautivo todo pensamiento que se levanta contra el conocimiento de Dios, podemos entonces perfeccionar nuestra obediencia.

Como iglesia, hemos sido llamados a militar, y tenemos la confianza que nuestra victoria reposa en lo que ya Cristo logró en la cruz.

Nuestro enemigo «el diablo» fue destruido.

Así que, por cuanto los hijos participaron de carne y sangre, él también participó de lo mismo, para destruir por medio de la muerte al que tenía el imperio de la muerte, esto es, al diablo... Hebreos 2:14 RVR1960

Sin embargo, todavía queda una operación en los «hijos de desobediencia». Es decir que el espíritu del diablo —aunque este ha sido destruido— continúa operando por medio de gentes.

...en los cuales anduvisteis en otro tiempo, siguiendo la corriente de este mundo, conforme al príncipe de la potestad del aire, el espíritu que ahora opera en los hijos de desobediencia... Efesios 2:2 RVR1960

Estos «hijos de desobediencia» están en todas partes, especialmente en universidades, lugares de enseñanza y aún dentro de iglesias; levantando argumentos contra el conocimiento de Dios.

Debemos estar preparados para poder siempre que sea necesario presentar defensa de la verdad.

...estad siempre preparados para presentar defensa con mansedumbre y reverencia ante todo el que os demande razón de la esperanza que hay en vosotros... 1 Pedro 3:15 RVR1960

La iglesia militante, es también triunfante. Cristo dijo, «sobre esta roca edificaré mi iglesia; y las puertas del Hades no prevalecerán contra ella» (Mateo 16:18). Es decir, que el triunfo está garantizado. Somos triunfantes, los que estamos militando aquí en la tierra y los que ya están en el cielo. La iglesia del Señor en general es una iglesia victoriosa.

Una iglesia universal apostólica

¿Qué está diciendo el Credo de Nicea[24] cuando se refiere a la iglesia como: «Una Santa Iglesia Católica y Apostólica»?

Veamos cada uno de estos adjetivos por separado.

1. Existe una sola iglesia

Pablo en Efesios 4:4 dice: «un cuerpo». Entonces al hablar de la unidad tenemos que decir que esta significa su unidad en Jesús.

Jesús en Su oración al Padre por los creyentes, dice que estos «sean perfectos en unidad», y ¿con qué propósito?

El resto de la oración dice, «para que el mundo conozca que tú [el Padre] me enviaste, y que los has amado a ellos como también a mí me has amado» (Juan 17:23).

Entonces vemos que la unidad de la iglesia tiene un propósito. Que el mundo conozca...

Cuando los que formamos parte de la iglesia del Señor tenemos un mejor testimonio ante el mundo cuando estamos unidos —cuando somos uno.

¿Quiere ver un evangelismo efectivo? Que primero haya unidad.

Aún más. Esta unidad es por causa de Cristo y glorifica a Cristo.

Entonces, somos llamados a hacer todo lo posible por «guardar la unidad del Espíritu en el vínculo de la paz» (Efesios 4:3).

Lógicamente, este es un buen lugar para hacer la pregunta que tantas personas nos hacen todo el tiempo.

Si la iglesia es una, ¿por qué hay tantas denominaciones?

Porque Dios dio Su Palabra que es perfecta a un pueblo caído.

Los cristianos son imperfectos, en un mundo caído, influidos por prejuicios, educación y trasfondos. Diferimos en cuestiones doctrinales de importancia secundaria. Así ha sido desde el principio.

Nunca fue una iglesia unificada, pero si puede ser una iglesia unida, pues unidad y unificación no es la misma cosa.

La unidad de la iglesia es espiritual y no necesariamente organizacional.

De alguna manera, las denominaciones ayudan en el aspecto organizacional. Eliminan los desacuerdos dentro de un grupo determinado para hacer posible que este adelante su misión.

Como dice Richard D. Phillips, «quizá el Señor permite que existan diferencias para enseñarnos cómo amar»[25].

2. La iglesia es santa

Phil Ryken dice: «Con excepción del sistema penitenciario, la iglesia es la única institución para personas malas»[26].

No somos hechos santos por nuestra propia justicia, sino por la justicia de Cristo. La iglesia es santificada y purificada por la sangre de Cristo. Somos santos porque Cristo es Santo.

> ...a fin de presentársela a sí mismo, una iglesia gloriosa, que no tuviese mancha ni arruga ni cosa semejante, sino que fuese santa y sin mancha. Efesios 5:27 RVR1960

3. La iglesia es católica

¿Qué quiere decir católica?

La palabra «católica» sencillamente significa universal. No quiere decir «católica romana», aunque la iglesia de Roma haya tomado ese nombre.

La iglesia es universal. Como lo mencioné antes, al principio del capítulo.

La iglesia está formada por todos los creyentes, de todas partes, de todos los tiempos.

4. La iglesia es apostólica

Pongamos atención a este detalle, porque la palabra «apostólica» es usada incorrectamente de varias formas.

Hoy en día, vemos (por ejemplo) a muchos que se autoproclaman «apóstoles» y el uso del nombre «ministerios apostólicos» en referencia a estos. Esto es un error moderno utilizado por los que con artimañas buscan someter y controlar a súbditos, bajo sus delirios de jerarquías y poder. De esto he escrito en mi libro Manipulación: Apóstoles Modernos, la Cobertura y el Diezmo de Diezmos[27].

Por otro lado, la terminología es usada por la iglesia de Roma.

Claro que para la iglesia de Roma, «apostólica» significa que existe una sucesión, donde el papa ha heredado la autoridad de los apóstoles originales para ejercer total dominio sobre la iglesia, lo cual es una teología incorrecta.

Vemos también el uso de la palabra entre círculos carismáticos, y para ellos significa que «la iglesia puede hacer hoy los milagros y señales que los apóstoles hicieron en la iglesia primitiva».

Sin embargo, independientemente del uso que personas u organizaciones le den a la palabra, en realidad, su sentido es mucho más sencillo. «Apostólica», que está fundada sobre el fundamento que pusieron los apóstoles, el cual es Cristo. Así de sencillo.

El apóstol Pablo nos dice en Efesios 2:20 que somos «edificados sobre el fundamento de los apóstoles y profetas, siendo la principal piedra del ángulo Jesucristo mismo».

Así podemos entender lo que dice el credo. La iglesia es Una, es Santa, es Católica y es Apostólica.

7

DISTINTIVOS DE LA IGLESIA

¿Qué nos distingue como miembros del cuerpo de Cristo?

¿Cuáles son las bases para la vida de la iglesia? ¿Cuáles son las prácticas que nos caracterizan? ¿Cuáles son las doctrinas que guían nuestras vidas como miembros de este cuerpo? ¿Cuál es la misión de la iglesia en la tierra? ¿Cuál es el consuelo para el día difícil y la esperanza al final de la carrera terrenal?

Todas esas preguntas y muchas más son respondidas por medio de la sana enseñanza que une a los creyentes como cuerpo. Hablaremos en este capítulo de las enseñanzas esenciales que caracterizan a la verdadera iglesia.

Comenzaremos con lo que no es.

Falsas prácticas

El apóstol Pablo advirtió a los Corintios sobre las falsas prácticas que ya eran parte de sus entornos culturales.

> *Antes digo que lo que los gentiles sacrifican, a los demonios lo sacrifican, y no a Dios; y no quiero que vosotros os hagáis partícipes con los demonios. 1 Corintios 10:20* RVR1960

Vemos que estos paganos se reunían para hacer sus sacrificios a los demonios.

Juan en el Apocalipsis señala las blasfemias de esta comunidad de Judíos, diciéndoles que eran verdaderamente «sinagogas de Satanás».

> *Yo conozco tus obras, y tu tribulación, y tu pobreza (pero tú eres rico), y la blasfemia de los que se dicen ser judíos, y no lo son, sino sinagoga de Satanás. Apocalipsis 2:9* RVR1960

Pablo también advierte sobre «falsos hermanos» (2 Corintios 11:26; Gálatas 2:4), y falsos ministros (2 Corintios 11:15; 2 Corintios 11:23).

Es clara la evidencia en el primer siglo de iglesias falsas y grupos falsos que profesan el nombre de Dios o usaban el título de iglesia, pero donde existía falsa enseñanza, engaños, y prácticas erróneas.

Hoy en día, la situación no es muy diferente. Es más, debido a la facilidad de compartir información, y con el gran incremento de la población mundial, el crecimiento de lo falso se ha multiplicado con facilidad.

Entonces, la buena enseñanza es tan importante como lo fue en el primer siglo y con mucha más urgencia, pues la proliferación de la maldad se ha expandido.

¿Cómo lo hacemos?

¿Cómo podemos distinguir entre iglesias verdaderas e iglesias falsas?

Dos criterios básicos

Si viajamos por el tiempo a los días de la reforma, nos damos cuenta que desde entonces los teólogos cristianos usaron dos criterios básicos para asegurar que la iglesia se mantuviera en la verdad del evangelio.

1. La correcta predicación de la Palabra
2. La correcta administración de los sacramentos

Cuando hablamos de los sacramentos, nos referimos [1] al bautismo, [2] a la cena del Señor.

También debemos notar la forma en que los reformadores practicaron la disciplina eclesiástica, no directamente como un sacramento, pero sí como una continua práctica. Más detalles sobre esta más adelante.

Entonces, estudiaremos cómo los reformadores mantuvieron estos dos criterios

—la correcta predicación y la administración de los sacramentos— para preservar bíblicamente la salud espiritual de la iglesia.

En la declaración de fe Luterana conocida como «la Confesión de Augsburgo», dice que la iglesia se define como: «La congregación de los santos, en la que el evangelio es correctamente enseñado y los sacramentos correctamente administrados»[28].

Juan Calvino, escribe en su libro Institución de la Religión Cristiana: «Dondequiera que la Palabra de Dios es predicada y escuchada en forma pura, y los sacramentos son administrados de acuerdo con la institución de Cristo, allí existe, sin duda, una iglesia de Dios»[29].

Podemos ver entonces que Lutero y Calvino compartían los criterios básicos para definir una iglesia verdadera.

Veamos esto en más detalles en los capítulos que siguen.

8

LA CORRECTA PREDICACIÓN DE LA PALABRA DE DIOS

Sin predicación sana no puede haber iglesia sana.

La predicación correcta de la Palabra de Dios es central para la salud espiritual de la iglesia. Este es el medio principal por el que Dios habla a su pueblo.

Fue por la Palabra de Dios que el universo fue creado.

Cuando Dios entregó Su ley por medio de Moisés a Su pueblo, la importancia de La Palabra es acentuada. Dios les dice que por medio de esa ley ellos prolongarían sus vidas. La Palabra que viene de Dios, da vida.

> *Porque no os es cosa vana; es vuestra vida, y por medio de esta ley haréis prolongar vuestros días sobre la tierra adonde vais, pasando el Jordán, para tomar posesión de ella. Deuteronomio 32:47* RVR1960

La *Nueva Traducción Viviente* lo traduce de esta manera.

> *No son palabras vacías; ¡son tu vida! Si las obedeces, disfrutarás de muchos años en la tierra que poseerás al cruzar el río Jordán». Deuteronomio 32:47* NTV

Así es. Las palabras que vienen de parte de Dios, no son vacías. Son vida. De hecho, la Palabra de Dios cuando es predicada, siempre produce frutos. Nunca regresa vacía.

> *...así será mi palabra que sale de mi boca; no volverá a mí*

> *vacía, sino que hará lo que yo quiero, y será prosperada en
> aquello para que la envié. Isaías 55:11* RVR1960

Esa Palabra de Dios a Su pueblo es central en el Antiguo y Nuevo Testamento, y es por medio de la predicación de la Palabra que los creyentes se salvan.

> *...agradó a Dios salvar a los creyentes por la locura
> de la predicación. 1 Corintios 1:21* RVR1960

Un detalle que no debemos pasar por alto. Note que el texto anterior no dice «salvar a los pecadores». Dice «salvar a los creyentes».

La predicación es eficaz para traer salvación al pecador que nunca la había oído y también para preservar en gracia (seguir salvando) a los que ya son creyentes.

Recuerda que es por gracia que fuimos salvos y es por gracia que nos mantenemos salvos.

> *Pues mucho más, estando ya justificados en su sangre, por él seremos
> salvos de la ira. Porque si siendo enemigos, fuimos reconciliados con
> Dios por la muerte de su Hijo, mucho más, estando reconciliados,
> seremos salvos por su vida. Romanos 5:9,10* RVR1960

¿Cómo es que llega la salvación?

Sabemos claramente que: «Todo aquel que invocare el nombre del Señor, será salvo» (Romanos 10:13). Pero, ¿qué tiene que suceder antes de que alguien pueda invocar el nombre del Señor? La respuesta está en el versículo que sigue.

> *¿Cómo, pues, invocarán a aquel en el cual no han creído? ¿Y
> cómo creerán en aquel de quien no han oído? ¿Y cómo oirán
> sin haber quien les predique? Romanos 10:14* RVR1960

Para que alguien sea salvo, primero necesita oir la Palabra de Dios, y para que esto suceda, la Palabra tiene que ser predicada.

Pablo resume esta idea en el versículo 17.

> *Así que la fe es por el oír, y el oír, por la palabra
> de Dios. Romanos 10:17* RVR1960

La fe que salva solamente puede entrar en función una vez que la Palabra es predicada.

Note la importancia de la correcta predicación de la manera que Pablo lo expone a Timoteo.

> *...y que desde la niñez has sabido las Sagradas Escrituras, las cuales te pueden hacer sabio para la salvación por la fe que es en Cristo Jesús. 2 Timoteo 3:15* RVR1960

> *Te encarezco delante de Dios y del Señor Jesucristo, que juzgará a los vivos y a los muertos en su manifestación y en su reino, que prediques la palabra; que instes a tiempo y fuera de tiempo; redarguye, reprende, exhorta con toda paciencia y doctrina. 2 Timoteo 4:1,2* RVR1960

Es evidente que la característica primordial de una iglesia sana, pura y piadosa es la correcta predicación de la Palabra de Dios.

- La correcta predicación de la Palabra siempre tendrá a Jesucristo en el centro
- La correcta predicación de la Palabra de Dios exalta a Dios
- La correcta predicación de la Palabra se esfuerza por predicar todo el consejo de Dios

Recordemos que «toda» la Escritura es inspirada por Dios.

> *Toda la Escritura es inspirada por Dios, y útil para enseñar, para redargüir, para corregir, para instruir en justicia... 2 Timoteo 3:16* RVR1960

Algo más antes de cerrar este punto.

Para predicar correctamente debemos primero ser buenos lectores. Pablo le entrega este consejo a Timoteo.

> *Entre tanto que voy, ocúpate en la lectura, la exhortación y la enseñanza. 1 Timoteo 4:13* RVR1960

Antes de exhortar —que sería la predicación pública— o enseñar —que tiene que ver más con la exégesis[30]—, debemos ser lectores y estudiosos. Es necesario que hagamos la costumbre de escudriñar con cuidado y dedicación, los textos sagrados.

9

LA CORRECTA ADMINISTRACIÓN DE LOS SACRAMENTOS

El bautismo

El bautismo es un acto de obediencia y a la vez un testimonio público.

El nuevo creyente confiesa públicamente su fe en Jesucristo, diciéndole al mundo que oficialmente es un seguidor de Jesús.

El Señor lo ordenó y es algo que ha marcado a sus seguidores desde el principio de la iglesia.

El bautismo, no es un ritual para añadir gracia a la conversión. Tampoco es un requisito para la salvación. Más bien es un paso de obediencia que sigue después que la salvación ha sucedido.

Por lo regular el bautismo en agua es aceptado sin duda dentro del cristianismo histórico, sin embargo, a veces ha existido cierta confusión en cuanto a su significado.

También han existido enseñanzas erróneas respecto a cómo y quién puede ser bautizado.

Intento aquí aclarar algunos de esos errores y establecer sólida enseñanza en cuanto al bautismo.

Verdades bíblicas acerca del bautismo

Sólo personas que ha creído en Cristo deberían ser bautizadas

La Palabra de Dios, indica claramente que sólo aquellos que han creído en Cristo y lo han confesado públicamente son aptos para el bautismo.

En otras palabras, «la salvación, siempre precede al bautismo».

El bautismo es un testimonio externo de algo que ha ocurrido internamente —la regeneración del nuevo creyente.

Esto lo vemos desde el comienzo de la historia de la iglesia.

Vemos en el capítulo dos del libro de Hechos que Pedro después de haber entregado su primer discurso, muchos de los que habían escuchado la Palabra recibieron gran convicción, de manera que le preguntaron «a Pedro y a los otros apóstoles: Varones hermanos, ¿qué haremos?» (Hechos 2:37).

Pedro les presentó claramente la forma que que podían ser salvos.

> *Pedro les dijo: Arrepentíos, y bautícese cada uno de vosotros en el nombre de Jesucristo para perdón de los pecados; y recibiréis el don del Espíritu Santo. Hechos 2:38* RVR1960

¿Y cuál fue el resultado? Aquí lo vemos.

> *Así que, los que recibieron su palabra fueron bautizados; y se añadieron aquel día como tres mil personas. Hechos 2:41* RVR1960

Dos cosas que quiero hacer notar en ese texto.

La primera es el orden de las cosas. Primero recibieron la palabra y después fueron bautizados. Es decir siguieron la directriz de Pedro quien le había dicho: Arrepentíos, y bautícese cada uno…

La diferencia en tiempo, entre creer y ser bautizados puede ser inmediata. Una persona puede creer y acto seguido bautizarse, y esto es completamente bíblico.

La segunda cosa que quiero hacer notar es que muchos han mal usado el versículo 38 para decir que el bautismo es un requisito para la salvación.

No lo es. Sin embargo, el bautismo público es una señal de que alguien no se avergüenza de Cristo, y en el contexto de la posible persecución que un nuevo creyente recibirá por causa de confesar a Jesús como su Señor públicamente, es evidencia de que una verdadera transformación ha ocurrido en el corazón.

Podemos contar a tres mil personas como nuevos creyentes, porque estos estuvieron dispuestos a dar testimonio público de Jesús por medio del bautismo.

Hoy en día, muchos —que dicen ser cristianos— esconden su fe en su lugar de empleo, sólo para evitar alguna burla o cierta presión. Y eso no es persecución. No están encerrando cristianos en la cárcel o echándolos a las fieras en la arena pública.

Se imagina que estos creyentes en el primer siglo, sabiendo que serían verdaderamente perseguidos, estaban dispuestos a bautizarse públicamente.

Sólo una conversión verdadera puede provocar tal valentía.

Este es el patrón en la iglesia primitiva. La gente escuchaba el evangelio, creían, y se bautizaban.

> *Pero cuando creyeron a Felipe, que anunciaba el evangelio del reino de Dios y el nombre de Jesucristo, se bautizaban hombres y mujeres.* Hechos 8:12 *RVR1960*

Note que primero dice «creyeron» y luego «se bautizaban». Ese es el orden.

En el caso del eunuco etíope, vemos el mismo orden.

El etíope, primero escucha el mensaje de parte de Felipe, luego cree y es bautizado.

> *Entonces Felipe, abriendo su boca, y comenzando desde esta escritura, le anunció el evangelio de Jesús. Y yendo por el camino, llegaron a cierta agua, y dijo el eunuco: Aquí hay agua; ¿qué impide que yo sea bautizado? Felipe dijo: Si crees de todo corazón, bien puedes. Y respondiendo, dijo: Creo que Jesucristo es el Hijo de Dios. Y mandó parar el carro; y descendieron ambos al agua, Felipe y el eunuco, y le bautizó.* Hechos 8:35—38 *RVR1960*

Otra vez, vemos el orden. El eunuco pregunta: ¿qué impide que yo sea bautizado?, y Felipe le dice claramente: «Si crees de todo corazón, bien puedes» y el eunuco dijo: «Creo que Jesucristo es el Hijo de Dios»(v.37). Entonces Felipe «le bautizó»(v.38).

Creer siempre precede al bautismo.

Entonces vemos que en la iglesia desde el principio, sólo aquellos que personalmente profesan fe en Cristo son bautizados.

Esta es la razón por la que el bautismo de infantes no es bíblico. Un recién nacido, no puede hacer una profesión pública de fe en Cristo.

Es importante tener convicción en cuanto a quién puede ser bautizado. La controversia también existe porque esto define quién, cuándo y cómo es añadido a la iglesia.

La iglesia católica romana, enseña que el bautismo realmente regenera y hace a alguien un verdadero cristiano así como un miembro de la iglesia universal.

Ellos usan lo que llaman «ex opere operato»[31]. La iglesia de roma estableció esta distinción, «para ubicar la fuente del efecto santificador en el rito sacramental mismo, y no en la santidad del ministro». En otras palabras, de acuerdo a la teología católica, el sacramento por sí mismo tiene el poder santificador. Al bautizar a un niño (de acuerdo a ellos) el sacramento lo santifica, independientemente de la intención o las creencias de la persona que lo bautiza.

Por esto le llaman al acto del bautismo infantil «christening»[32] en el mundo de habla inglesa lo cual definen como «un sacramento de admisión y adopción»[33].

A un infante lo cristianizan (lo hacen parte de la iglesia) sin su consentimiento.

Esta práctica también la vemos dentro de denominaciones protestantes, especialmente aquellas derivadas de la reforma. Con algunas excepciones notables, los cristianos reformados bautizan a los bebés que nacen de padres creyentes [34].

Los reformadores, reformaron muchas cosas esenciales, especialmente lo que corresponde a la «justificación por fe», pero dejaron intactas muchas de las enseñanzas del catolicismo, especialmente en referencia a los sacramentos.

Algunos protestantes como los metodistas, presbiterianos y episcopales, también conocidos como paidobautistas[35], practican el bautismo infantil. Estos argumentan que el bautismo de un niño nacido en una familia creyente lo convierte en miembro de la comunidad del pacto, y que este bautismo simboliza una posible regeneración futura, pero no le confiere la salvación como creen los católicos romanos.

La enseñanza de bautizar niños, por muy tradicional que sea, no posee fundamento bíblico.

No encontramos precedentes de esto en el Nuevo Testamento. La iglesia del libro de los Hechos no bautizaba niños. Ni Pablo, ni Pedro, ni ningún otro apóstol del Señor lo enseña.

Aún teólogos paidobautistas reconocen esto. Por ejemplo, en un intercambio entre el teólogo bautista A.H. Strong y el teólogo prebiteriano B.B. Warfield sobre el tema del bautismo infantil vemos lo siguiente.

En su Teología Sistemática, Strong afirma:

(a) El bautismo de infantes no tiene justificación, ya sea expresa o implícita, en las Escrituras. (b) El bautismo infantil se contradice expresamente [por las Escrituras][36].

A lo cual, B.B. Warfield respondió:

«En este sentido de las palabras, podemos admitir su primera declaración: que no existe un mandamiento expreso de que los infantes sean bautizados; y con esto también el segundo: que no hay en la Escritura un ejemplo claro del bautismo de infantes...»[37].

En realidad, no hay apoyo bíblico para el bautismo de infantes.

Los paidobautistas presentan otro argumento, diciendo que el bautismo en el Nuevo Testamento es paralelo a la circunsición física en el Antiguo Testamento.

El razonamiento detrás de esto es que debido a que los niños fueron circuncidados en el Antiguo Testamento como una señal externa de entrada al antiguo pacto, los hijos infantes bebés de creyentes deben ser bautizados como señal de entrada al nuevo pacto.

Verdaderamente esto no tiene sentido, y la biblia nunca estableció un paralelismo entre la circuncisión y el bautismo.

Aún más. Pablo dice a la iglesia del nuevo pacto en Gálatas «que si os circuncidáis, de nada os aprovechará Cristo»(Gálatas 5:2).

Pablo nos dice en Romanos 2:29 que «la circuncisión es la del corazón, en espíritu». Otra vez, la necesidad para una evidencia física de la circuncisión en el nuevo pacto es no-existente.

El bautismo es para aquellos que han creído en Jesucristo, han sido salvos por gracia, y ahora en obediencia declaran públicamente esa fe por medio de este.

El bautismo bíblico es por inmersión

La palabra de Dios también nos enseña el método.

La palabra «bautizar» viene del griego «baptizō» (βαπτίζω) que generalmente significa «sumergir, para hacer abrumado (es decir, completamente mojado)»[38].

Veamos algunos ejemplos.

> *Y salían a él toda la provincia de Judea, y todos los de Jerusalén; y eran bautizados por él en el río Jordán, confesando sus pecados.* *Marcos 1:5* RVR1960

Juan bautizaba en el Jordán. Aunque la palabra «bautizar» significa «sumergir», que es suficiente para ver que el bautismo de Juan era por inmersión, de todas formas, hay un detalle más que podemos ver cuando leemos sobre el bautismo de Juan el Bautista en el evangelio de Juan.

> *Juan bautizaba también en Enón, junto a Salim, porque había allí muchas aguas; y venían, y eran bautizados. Juan 3:23* RVR1960

Note que dice que «Juan bautizaba también en Enón». ¿Por qué en Enón?

El texto dice, «porque había allí muchas aguas». No habría necesidad de «muchas aguas» si el bautismo era por aspersión, ¿cierto?

Marcos nos dice que después de que Jesús fue bautizado, «subía del agua».

> *Y luego, cuando subía del agua, vio abrirse los cielos, y al Espíritu como paloma que descendía sobre él. Marcos 1:10* RVR1960

La *Traducción en Lenguaje Actual* dice que Jesús «salió del agua».

> *Cuando Jesús salió del agua, vio que se abría el cielo, y que el Espíritu de Dios bajaba sobre él en forma de paloma. Marcos 1:10* TLA

De igual manera lo dice la *Nueva Traducción Viviente*.

> *Cuando Jesús salió del agua, vio que el cielo se abría y el Espíritu Santo descendía sobre él como una paloma. Marcos 1:10* NTV

Visitemos de nuevo la historia del Eunuco y Felipe.

> *Y mandó parar el carro; y descendieron ambos al agua, Felipe y el eunuco, y le bautizó. Cuando subieron del agua, el Espíritu del Señor arrebató a Felipe; y el eunuco no le vio más, y siguió gozoso su camino. Hechos 8:38,39* RVR1960

Note que el versículo 38 dice que «descendieron ambos al agua» y el 39 dice «subieron del agua».

Descender al agua y subir del agua claramente significa «inmersión».

Si el bautismo hubiera sido por aspersión, no tenían necesidad de «descender al agua». Con un poquito de agua que tuviera el Etíope en una vasija hubiera sido suficiente. ¿No cree que alguien que viajaba de Judea a África tendría agua con él en su carro?

Usted dirá que no hace ninguna diferencia, inmersión o aspersión —al cabo es un símbolo.

Es un detalle importante ver la representación del bautismo por inmersión.

Vamos a Romanos 6.

Eclesiología: La doctrina de la iglesia

> *¿O no sabéis que todos los que hemos sido bautizados en Cristo Jesús, hemos sido bautizados en su muerte? Porque somos sepultados juntamente con él para muerte por el bautismo, a fin de que como Cristo resucitó de los muertos por la gloria del Padre, así también nosotros andemos en vida nueva. Romanos 6:3,4* RVR1960

El bautismo representa nuestra muerte al pecado y resurrección a vida con Cristo. Representa nuestra unión con Cristo. Muertos y sepultados con Él, y resucitados con Él.

Pablo en Romanos nos ha dado el verdadero simbolismo y significado del bautismo.

Al bautizarnos, le estamos diciendo al mundo que hemos muerto y hemos sido sepultados con Cristo, y que también hemos sido resucitados con Él a una vida nueva.

El bautismo no es necesario para la salvación

El bautismo en agua no es un requisito para la salvación. Sin embargo, es un acto de obediencia que expresa nuestra fe y sumisión a Cristo.

De hecho, este es una parte esencial de la obediencia a Cristo, pues Él ordenó que todo aquél que cree sea bautizado.

Estamos claros, como ya lo hemos tocado en esta serie, que somos salvos, justificados, regenerados, por gracia mediante la fe «y esto no de vosotros» (Efesios 2:8).

Si el bautismo en agua fuese un requisito para la salvación, entonces ya no sería por gracia solamente —incluiría obras.

Sin embargo, el bautismo es el siguiente paso para el que ha sido salvo, y este es un paso de obediencia. Entonces, es necesario para la obediencia a Cristo.

Entonces, podemos decir que el bautismo es sencillamente un testimonio público de la obra interna de regeneración que Dios ha hecho en nosotros por medio de Su Espíritu Santo, y a la vez, un acto de obediencia a Cristo.

El bautismo nos identifica como seguidores de Cristo.

Por eso, es que los ancianos deben estar seguros que alguien esté bautizado antes que se pueda identificar como miembro de la congregación local.

La Cena del Señor

El bautismo en agua es una ordenanza que debe observarse una sola vez como testimonio público de nuestra fe en Cristo, y esto ocurre al comienzo de la vida cristiana. Sin embargo, la Cena del Señor es para observarse regularmente, en continua comunión con Cristo.

La Cena del Señor fue instituida por Él mismo, la noche antes de ir a la cruz.

> *Y mientras comían, tomó Jesús el pan, y bendijo, y lo partió, y dio a sus discípulos, y dijo: Tomad, comed; esto es mi cuerpo. Y tomando la copa, y habiendo dado gracias, les dio, diciendo: Bebed de ella todos; porque esto es mi sangre del nuevo pacto, que por muchos es derramada para remisión de los pecados. Y os digo que desde ahora no beberé más de este fruto de la vid, hasta aquel día en que lo beba nuevo con vosotros en el reino de mi Padre. Mateo 26:26—29* RVR1960

Una vez instituida, la observación de la Cena del Señor se convirtió en una práctica regular en las congregaciones de creyentes desde el comienzo de la historia de la iglesia, hasta el día de hoy.

> *Porque yo recibí del Señor lo que también os he enseñado: Que el Señor Jesús, la noche que fue entregado, tomó pan; y habiendo dado gracias, lo partió, y dijo: Tomad, comed; esto es mi cuerpo que por vosotros es partido; haced esto en memoria de mí. Asimismo tomó también la copa, después de haber cenado, diciendo: Esta copa es el nuevo pacto en mi sangre; haced esto todas las veces que la bebiereis, en memoria de mí. Así, pues, todas las veces que comiereis este pan, y bebiereis esta copa, la muerte del Señor anunciáis hasta que él venga. 1 Corintios 11:23—26* RVR1960

Note que Pablo dice «todas las veces que comiereis este pan, y bebiereis esta copa», lo cual nos confirma que esta práctica debe ser repetida.

¿Cuál es el significado de la Cena del Señor?

En el acto de esta práctica encontramos varios simbolismos.

1. La muerte de Cristo

La muerte de Cristo es simbolizada en la Cena del Señor. El pan partido simboliza el cuerpo quebrantado de Cristo, y la copa simboliza el derramamiento de la sangre de Cristo.

> *Así, pues, todas las veces que comiereis este pan, y bebiereis esta copa, la muerte del Señor anunciáis hasta que él venga. 1 Corintios 11:26* RVR1960

2. Nuestra unión con Cristo

Al participar del pan y la copa somos unidos con Él en lo que sucedió en la cruz, cuando Su cuerpo fue quebrantado y Su sangre derramada por nosotros. Somos partícipes, tenemos comunión con Él.

3. Alimento espiritual

De la misma forma que necesitamos la comida ordinaria para la alimentación de nuestros cuerpos físicos, los elementos de la Cena del Señor, simbolizan el alimento y el refrigerio que Cristo da a nuestras almas.

> *Jesús les dijo: De cierto, de cierto os digo: Si no coméis la carne del Hijo del Hombre, y bebéis su sangre, no tenéis vida en vosotros. El que come mi carne y bebe mi sangre, tiene vida eterna; y yo le resucitaré en el día postrero. Porque mi carne es verdadera comida, y mi sangre es verdadera bebida. El que come mi carne y bebe mi sangre, en mí permanece, y yo en él. Como me envió el Padre viviente, y yo vivo por el Padre, asimismo el que me come, él también vivirá por mí. Juan 6:53—57* RVR1960

4. Nuestra unidad con otros creyentes

El símbolo de la familia que se sienta a la mesa juntos. Así, cuando participamos de la Cena del Señor con otros creyentes, estamos practicando la unidad. Somos una familia en Él.

¿Cómo está Cristo presente en la Cena del Señor?

Existen varios puntos de vista en cuanto a la forma en que el Señor está presente cuando celebramos la Cena del Señor. La manera en que se interpretan las palabras «Este es mi cuerpo» tiene mucho que ver con la posición que se tome al respecto.

De una manera más precisa, mucho depende de cómo se interprete el verbo «es».

«Es» puede indicar identidad, atributo, causa, semejanza o cumplimiento[39].

Algunos dicen que «es» significa identidad y otros dicen que «es» significa semejanza.

Veremos los tres principales puntos de vista.

La transubstanciación (punto de vista católico romano)

Los católicos romanos enseñan que el pan y el vino en realidad se convierten en esencia en el cuerpo y la sangre de Cristo.

Ellos creen que durante la misa, cuando el sacerdote dice: «Este es mi cuerpo», el pan se convierte en el cuerpo físico y literal de Cristo. Para ellos, «es» significa identidad. Creen que el cuerpo y la sangre de Cristo están literalmente en el ritual. No ven el simbolismo.

Es como si Cristo fuese crucificado cada vez que practican la Santa Cena.

Sabemos que esto no es así. Cristo fue crucificado una sola vez.

> *...y recayeron, sean otra vez renovados para arrepentimiento, crucificando de nuevo para sí mismos al Hijo de Dios y exponiéndole a vituperio. Hebreos 6:6* RVR1960

La consubstanciación (punto de vista de Lutero)

Fue Martin Lutero (el reformador) quien presentó esta posición.

Hasta el día de hoy, todavía muchos luteranos retienen este punto de vista. Ellos aceptan que el pan y el vino no se convierten literalmente en el cuerpo y la sangre de Cristo, pero si creen que el cuerpo físico de Cristo está literalmente presente «en, con y debajo» del pan físico y del vino. Como que de algún modo, Cristo está «contenido» en los elementos. Lutero creía que las palabras «este es mi cuerpo», eran literales.

Este punto de vista no está muy lejos de lo que cree la iglesia de Roma. Como he dicho antes, la reforma no reformó todo.

La presencia espiritual (interpretación simbólica)

El resto de las iglesias protestantes, se adhieren a esta posición. El pan y el vino simbolizan el cuerpo y la sangre de Cristo.

La presencia del Señor en la Cena y espiritual. Es decir, el Espíritu Santo está presente con nosotros todo el tiempo como Jesús lo prometió (Juan 14:17).

Requisitos para participar de la Cena del Señor

Existen tres requisitos para que una persona pueda participar de la Cena del Señor.

1. El que va a participar de la Cena del Señor, debe ser creyente en Cristo.

> *Porque el que come y bebe indignamente, sin discernir el cuerpo del Señor, juicio come y bebe para sí. Por lo cual hay muchos enfermos y debilitados entre vosotros, y muchos duermen.* 1 Corintios 11:29,30 RVR1960

2. Debe haber dado testimonio público de que es un seguidor de Cristo. Por eso la mayor parte de las congregaciones enseñan que un creyente debe ser primeramente bautizado en agua antes de participar de la Cena del Señor.

La Biblia no establece explícitamente este orden. Sin embargo, como he dicho antes, el bautismo es un testimonio público de que alguien es seguidor de Cristo.

Acá en Estados Unidos, algunas congregaciones practican lo que se llama «comunión cerrada» y es que sólo los que son miembros de la congregación pueden participar de la Cena del Señor. Otras congregaciones practican lo que se llama «comunión abierta», lo que significa que creyentes de otras congregaciones que estén de visita, pueden participar de la Cena del Señor.

3. La Cena del Señor es una práctica seria y se debe tomar con reverencia y respeto. Pablo dice «pruébese cada uno a sí mismo», lo que significa que debemos tener un espíritu de autoexamen a la hora de participar. No debemos comer y beber indignamente.

De manera que cualquiera que comiere este pan o bebiere esta copa del Señor indignamente, será culpado del cuerpo y de la sangre del Señor. Por tanto, pruébese cada uno a sí mismo, y coma así del pan, y beba de la copa. Porque el que come y bebe indignamente, sin discernir el cuerpo del Señor, juicio come y bebe para sí. 1 Corintios 11:27—29 RVR1960

10

LA DISCIPLINA ECLESIÁSTICA

El Señor siempre ha llamado a Su pueblo a separarse del mal y presentar conducta buena y agradable a Él.

Esto lo vemos desde los días de la ley.

> El SEÑOR habló a Moisés diciendo: "Habla a toda la congregación de los hijos de Israel y diles: 'Sean santos, porque yo, el SEÑOR su Dios, soy santo. Levítico 19:1-2 RVA-2015

Sin embargo, vemos que el pueblo de Dios, muchas veces se ha rebelado contra Su creador.

Cuando Dios le entregó la ley a Su pueblo por medio de Moisés, les enseñó el principio de la disciplina. La rebeldía trae consecuencias y daña al creyente.

En el Nuevo Pacto, a pesar de que estamos en un «mejor pacto, establecido sobre mejores promesas» (Hebreos 8:6), y tenemos la eterna seguridad de que Dios nos ha tomado por hijos y estamos guardados en Él.

Aún así, Dios practica la disciplina con el creyente y esto es un acto de amor.

> ...porque el Señor al que ama, disciplina, y azota a todo el que recibe por hijo.» Si soportáis la disciplina, Dios os trata como a hijos; porque ¿qué hijo es aquel a quien el padre no disciplina? Pero si se os deja sin disciplina, de la cual todos han sido participantes,

> *entonces sois bastardos, no hijos. Hebreos 12:6—8* RVR1995

Para que las congregaciones se mantengan saludables espiritualmente y puedan guiar a los creyentes a resistir al pecado, la disciplina ha sido establecida en la iglesia del Nuevo Pacto.

Pablo escribe a la iglesia en Corinto y le dice que ejerzan la disciplina correcta con alguien que estaba fuera de orden.

> *Porque ¿qué razón tendría yo para juzgar a los que están fuera? ¿No juzgáis vosotros a los que están dentro? Porque a los que están fuera, Dios juzgará. Quitad, pues, a ese perverso de entre vosotros. 1 Corintios 5:12,13* RVR1960

Aquí vemos que en la iglesia la enseñanza correctiva es tan importante como la enseñanza formativa.

Propósitos de la disciplina dentro de la iglesia

Aquí doy dos razones por las cuales la disciplina es necesaria.

1. Para la restauración y la reconciliación

El creyente que se extravía, o cae en alguna falta moral, necesita la corrección.

Es como un auto que se desvía de la ruta y el chofer al darse cuenta, toma el mapa y «corrige» el rumbo.

La disciplina siempre se debe hacer en el contexto de amor y restauración. No fuimos llamados a herir y desechar a personas que están luchando con alguna debilidad. Por eso es necesario que como ministros nos equipemos para ser instrumentos de sanidad.

No podemos caer en el legalismo de exigencias a reglas humanas.

> *Hermanos, si alguno fuere sorprendido en alguna falta, vosotros que sois espirituales, restauradle con espíritu de mansedumbre, considerándote a ti mismo, no sea que tú también seas tentado. Gálatas 6:1* RVR1960

Hay muchos creyentes que lidian con problemas de adicciones y tienen recaídas, sufren por sus faltas y aman al Señor. Tenemos que tener paciencia con los que son más débiles.

> *Así que, los que somos fuertes debemos soportar las flaquezas de los débiles... Romanos 15:1* RVR1960

La corrección en el contexto de amor y restauración puede ser el instrumento que guía a alguien débil o inmaduro a afirmarse en el Señor.

La disciplina no es para destruir al que es hijo de Dios, sino para afirmarlo.

> *...y habéis ya olvidado la exhortación que como a hijos se os dirige, diciendo: «Hijo mío, no menosprecies la disciplina del Señor ni desmayes cuando eres reprendido por él, porque el Señor al que ama, disciplina, y azota a todo el que recibe por hijo.» Hebreos 12:5,6* RVR1995

Ahora. Debemos discernir entre alguien que peca por debilidad y quiere ser ayudado y alguien que peca deliberadamente y no acepta la corrección (en el segundo punto hablo de cómo tratar con este).

No se puede aplicar la misma regla con todos. Pablo nos da una idea de cómo tratar con diferentes tipos de creyentes.

> *También os rogamos, hermanos, que amonestéis a los ociosos, que alentéis a los de poco ánimo, que sostengáis a los débiles, que seáis pacientes para con todos. 1 Tesalonicenses 5:14* RVR1960

Quiere decir que al ocioso y al débil no se pueden tratar de la misma manera. Al ocioso hay que amonestarlo, a los que se desaniman hay que alentarlos, mientras que al débil hay que sostenerlo. A todos hay que tenerles paciencia.

Sin embargo, cuando un cristiano falla, y se corrige, e insiste en seguir pecando, es el trabajo del gobierno de la iglesia local, amonestarle en amor, para lograr el arrepentimiento y restaurar su comunión (2 Corintios 2:6). Si el arrepentimiento no ocurre, y la persona insiste en pecar, inclusive dañar el testimonio de la congregación como grupo, entonces se han de ejercer medidas más severas.

Como ministros, una de las peores cosas que podemos hacerle a alguien es decirle que es salvo, cuando no tiene interés por abandonar su pecado.

2. Para evitar que el pecado se propague a otros

En el caso de alguien que descaradamente y sin vergüenza, insiste en pecar y traer por su mala conducta daño a otros creyentes —especialmente a nuevos creyentes— entonces por amor y para proteger el resto de la congregación, los ancianos después de haber orado y pedido dirección a Dios, pueden considerar separarlo de la congregación.

> *...el tal sea entregado a Satanás para destrucción de la carne, a fin de que el espíritu sea salvo en el día del Señor Jesús. 1 Corintios 5:5* RVR1960

En este caso, si se permite que alguien viva una vida de pecado y a la vez goce de los privilegios de ser miembro de la congregación, esto puede dañar a otros. Como dice el antiguo dicho: «Una papa podrida, puede podrir todo el saco».

En mis años de pastorado me he visto obligado a tomar decisiones de esta índole pocas veces. Recuerdo un caso especial, y fue muy difícil, algunos me acusaron de que no tenía amor.

Al final del día, mi conciencia estaba limpia, pues sabía que la disciplina severa a esta persona —que además de permanecer abiertamente en pecados morales graves, desafiaba y daba mal ejemplo a otros más jóvenes— era la acción correcta a tomar.

Después de unos años, pudimos ver que aquella acción resultó en buenos frutos.

La Palabra de Dios, nos advierte del peligro del pecado y de cómo se puede propagar.

> *Mirad bien, no sea que alguno deje de alcanzar la gracia de Dios; que brotando alguna raíz de amargura, os estorbe, y por ella muchos sean contaminados... Hebreos 12:15* RVR1960

> *A los que persisten en pecar, repréndelos delante de todos, para que los demás también teman. 1 Timoteo 5:20* RVR1960

> *Y vosotros estáis envanecidos. ¿No debierais más bien haberos*

lamentado, para que fuese quitado de en medio de vosotros el que cometió tal acción? 1 Corintios 5:2 RVR1960

No es buena vuestra jactancia. ¿No sabéis que un poco de levadura leuda toda la masa? 1 Corintios 5:6 RVR1960

Tomar una acción dura respecto a alguien que persiste en continuar pecando, protegerá la pureza de la iglesia y el honor de Cristo.

11

EL GOBIERNO DE LA IGLESIA

¿Qué dice la Biblia acerca de quién y cómo se gobierna la iglesia?

Ya sabemos que el Señor es cabeza de la iglesia y esta Su cuerpo.

> *...y lo dio por cabeza sobre todas las cosas a la iglesia, la cual es su cuerpo, la plenitud de Aquel que todo lo llena en todo. Efesios 1:22,23* RVR1960

Sin embargo, Dios ha entregado una autoridad terrenal a aquellos a quienes Él ha encomendado cuidar del rebaño. Dios es Dios de orden, y para que los asuntos de la iglesia se gobiernen con orden, Él ha establecido ciertos parámetros.

Históricamente, por lo general han existido tres formas de gobierno de la iglesia. Y existe variedad aun dentro de estas tres maneras de gobernar.

Estas regularmente se conocen como «gobierno episcopal, gobierno presbiteriano y gobierno congregacional».

Veamos los métodos y las diferencias. También les compartiré la manera que considero más bíblica y más práctica probada a través del tiempo.

Gobierno Episcopal

El sistema de gobierno episcopal[40] otorga la autoridad final a un arzobispo como especie de un presidente que es cabeza sobre otros obispos. Estos obispos, entonces presiden sobre varias congregaciones locales que corresponden a un área o distrito. A esta área comúnmente llaman «diócesis». Este es un sistema de jerarquías, donde la autoridad corre de arriba hacia abajo.

Los que defienden este tipo de gobierno, argumentan que a los apóstoles se les dio este tipo de autoridad sobre las iglesias, y que sus sucesores (que son considerados obispos), deben seguir este método. Vemos este tipo de gobierno en iglesias ya en el segundo siglo, y hasta el día de hoy. Este tipo de gobierno está presente en algunas denominaciones protestantes todavía en el presente. El catolicismo romano, usa una variación de este tipo de jerarquías en la que el Papa es el líder supremo, luego los Cardenales, Arzobispos, Obispos y Sacerdotes locales[41].

Gobierno Presbiteriano

En un sistema de gobierno presbiteriano[42], la autoridad principal está a cargo de un grupo de ancianos a nivel denominación, luego, debajo de estos están los presbíteros, y debajo de estos los ancianos de la iglesia local, pastores, diáconos, etc...

Este sistema argumenta que derivan sus principios de gobierno siguiendo el modelo de ancianos de la iglesia primitiva. Sin embargo, los ancianos en la iglesia primitiva eran establecidos a nivel local, a diferencia del sistema presbiteriano donde ancianos son establecidos a nivel denominacional, lo que quiere decir que todavía existe un sistema de jerarquías.

Gobierno Congregacional

En el sistema de gobierno congregacional[43] cada iglesia local es autónoma. La autoridad para todos los asuntos está en manos de la congregación. Es decir, la autoridad es compartida.

Mientras que el gobierno espiscopal es un sistema de jerarquías, y estas existen también en el sistema presbiteriano, en el gobierno congregacional vemos algo diferente.

Para comenzar, es un sistema más libre de corrupción. Los grandes sistemas de jerarquías tienden a adquirir poder, por el hecho de que la centralización y el sometimiento de los muchos, concentra el poder en los de arriba, y el poder corrompe. Como dijo Lord Acton «El poder tiende a corromper, el poder absoluto corrompe absolutamente»[44].

El congregacionalismo es en mi opinión el sistema de gobierno más apegado al modelo de la iglesia primitiva. En el Nuevo Testamento, las congregaciones locales tenían la responsabilidad de gobernar, ocuparse de asuntos doctrinales (Gálatas 1:8; 2 Timoteo 4:3), asuntos de disciplina (1 Corintios 5:4,5) y el cuidado de los miembros de la congregación local (2 Corintios 2:6—8).

Cuando leemos las cartas vemos que el énfasis de los encargos son hechos a las congregaciones más que a líderes individuales.

El hecho de que exista un sacerdocio de creyentes, sugiere obviamente que la iglesia está directamente bajo el gobierno de Cristo en lugar de estar bajo una jerarquía de hombres.

Entonces, ¿qué papel juegan los ancianos en el gobierno de la iglesia?

El gobierno de los ancianos

Cuando el gobierno es repartido entre varios, también se reparten las responsabilidades, las pruebas, y las persecuciones.

Es mejor ser perseguido en grupo que ser perseguido solo.

Hay más protección cuando se trabaja en equipo que cuando toda la responsabilidad está sobre una sola persona.

Veamos ejemplos de este gobierno en operación.

> *Los ancianos que gobiernan bien, sean tenidos por dignos de doble honor, mayormente los que trabajan en predicar y enseñar. 1 Timoteo 5:17* RVR1960

Es saludable cuando los ancianos (en plural) toman decisiones y administran la economía de la iglesia local en lugar de poner a una sola persona sobre el tesoro. Este es el ejemplo que Pablo le deja a las iglesias.

> *...evitando que nadie nos censure en cuanto a esta ofrenda*

> *abundante que administramos 2 Corintios 8:20* RVR1960

Los ancianos pertenecen a la iglesia local, o la iglesia de la ciudad. Es un gobierno local, y autónomo.

> *Y constituyeron ancianos en cada iglesia, y habiendo orado con ayunos, los encomendaron al Señor en quien habían creído. Hechos 14:23* RVR1960

> *Por esta causa te dejé en Creta, para que corrigieses lo deficiente, y establecieses ancianos en cada ciudad, así como yo te mandé... Tito 1:5* RVR1960

Note que dice «en cada iglesia» o «en cada ciudad». Es decir que los ancianos no pertenecían a un presbiterio a nivel denominacional, sino a un cuerpo a nivel local.

Pablo establecía ancianos en las iglesias locales y luego les daba autonomía —no los controlaba.

En el apóstol Pablo no vemos las demandas que los jerarcas de hoy en día imponen sobre las congregaciones.

De hecho, Pablo no exigía nada, mas pedía las cosas «no como de exigencia» (2 Corintios 9:5).

Ya una vez que los ancianos estaban establecidos, Pablo consultaba con ellos cuando tenían que tratar alguna cuestión. Es decir, que respetaba la autoridad que estos ejercían.

> *Como Pablo y Bernabé tuviesen una discusión y contienda no pequeña con ellos, se dispuso que subiesen Pablo y Bernabé a Jerusalén, y algunos otros de ellos, a los apóstoles y a los ancianos, para tratar esta cuestión. Hechos 15:2* RVR1960

> *Enviando, pues, desde Mileto a Efeso, hizo llamar a los ancianos de la iglesia. Hechos 20:17* RVR1960

Los ancianos cuidan espiritualmente de las necesidades de los creyentes locales.

> *¿Está alguno enfermo entre vosotros? Llame a los ancianos de la iglesia, y oren por él, ungiéndole con aceite en el nombre del Señor. Santiago 5:14* RVR1960

Entonces ¿donde quedan los modernos seudo-apóstoles que someten iglesias y grupos bajo la llamada «cobertura»?

Simplemente son falsos. Personas que practican la manipulación para crecer en poder y riquezas.

De hecho, esa práctica de jerarquías, sencillamente no es bíblica.

En resumen

Como cuerpo de Cristo hemos recibido del Señor las directrices en cuanto a cómo funcionar como Sus representantes en esta tierra, cómo practicar compañerismo y ayudarnos los unos a los otros de manera que podamos crecer juntos y ser ejemplares con los que no conocen, para que por medio de nuestro amor y unidad, vean a Cristo en nosotros y reciban las buenas noticias de salvación y esperanza eterna en sus vidas.

ORIGEN: LA DOCTRINA DE LA CREACIÓN

Por la palabra del SEÑOR fueron hechos los cielos; todo el ejército de ellos fue hecho por el soplo de su boca. Él junta como un montón las aguas de los mares, y guarda en depósitos los océanos. Tema al SEÑOR toda la tierra; témanle todos los habitantes del mundo. Porque él dijo, y fue hecho; él mandó, y existió.
Sl 33:6—9 RVA-2015

INTRODUCCIÓN A LA DOCTRINA DE LA CREACIÓN

Hablar de la creación es responder a preguntas existenciales. Las grandes preguntas que durante siglos los seres humanos se han hecho. Tema importante en la conversación entre los filósofos de la historia desde la antigua Grecia, entre científicos en las grandes universidades y antropólogos hasta el día de hoy.

¿De dónde venimos? ¿Por qué existimos? ¿Existe una creación inteligente, o todo existe por coincidencia y sin propósito?

Y si somos producto de una creación inteligente, ¿quién la diseñó?

¿Existe un creador? ¿Con qué propósito nos creó?

¿Cuál es la relación de ese Creador con Su creación?

No sólo desafían estas preguntas el razonamiento humano, también son importantes.

Por eso y muchas otras razones más, debemos cuidadosamente estudiar el tema.

Obstáculos e ignorancia

Hoy, en la edad de posmodernismo[1] la sociedad por lo regular ni siquiera hace el esfuerzo en dar respuesta a las significativas preguntas relacionadas a nuestra existencia.

Tampoco el naturalismo[2], ni aun los más brillantes dentro de la élite de la comunidad científica, intentan responder de forma directa a dichas preguntas.

La mayoría de los pensadores y científicos postmodernos automáticamente aceptan la teoría de la evolución, o del «origen de las especies»[3] como un hecho. En las universidades, los estudiantes la reciben de sus maestros con muy poco cuestionamiento, como si fuera una ciencia establecida.

Tristemente este es el espíritu de la época. Pensadores famosos no piensan. Razonamiento y lógica no son aplicados, pues es mala política cuestionar.

En realidad, la teoría de la evolución Darwiniana, aunque diga tratar con «orígenes» (de dónde surge la materia), no lo hace así, concentrándose más bien en cómo la humanidad como una especie entre otras especies sobrevive y se transforma. Esto, aunque la palabra «origen» esté en el título de dicha teoría.

Note que la palabra «teoría», es una idea, una posibilidad, pero no una ciencia probada.

Por otro lado, la Palabra de Dios es clara, transparente y explicativa en todo lo que concierne a «orígenes».

En el capítulo primero, versículo primero del Génesis, el Señor declara: «En el principio creó Dios los cielos y la tierra».

Ahí comienza todo. Con una afirmación.

Y es ahí exactamente donde comenzamos esta jornada.

1

EN EL PRINCIPIO

¿Qué dice esta afirmación inicial del Génesis acerca de la creación?

En el principio...

Si la creación tiene un «principio», el cual indica «tiempo», esto quiere decir que el que creó todas las cosas existe desde antes del principio. Él es preexistente, es eterno.

La materia —todas las cosas visibles creadas— no es preexistente. Esta viene después.

Creó Dios...

La creación no es fruto de accidentes cósmicos. Si los planetas chocaron para que se formara la tierra (como vi decir a unos teoristas), de todas formas tendríamos que explicar de donde vinieron esos planetas. Evidentemente no se hicieron por sí solos.

El texto es claro y explícito. Dios creó. Es un acto con propósito, es intencional, y tiene diseño. Nada sucedió por accidente.

Escuché en una ocasión a una madre decir en una conversación que su hijo no había sido planeado. Ella y su esposo no estaban planeando tener hijos, pero de pronto sucedió un accidente, quedó embarazada y nueve meses después nació el hermoso niño.

Cuando ella decía esto, el niñito que estaba escuchando, se entristeció mucho y le preguntó: —Mamá, ¿quiere decir que yo soy un accidente?

¿Se imagina usted, cómo se sintió el niño al escuchar que él vino a este mundo por accidente?

Ahora, le pregunto a usted.

¿Cómo se sentiría, si le dicen que usted existe por accidente?

La realidad es muy diferente. Nada en la creación existe por accidente. Dios es un Dios de diseños. Él planeó y trajo a existencia una creación muy amada.

Creó Dios los cielos y la tierra

Entonces, todo lo que existe fue creado por Dios.

Dios no esconde Su trabajo. No es una revelación implícita. No aparece en símbolos o en códigos para descifrar.

Dios expresamente anuncia como fueron hechas todas las cosas, y nosotros no debemos ser tímidos al hablar de ello.

Respuestas a las preguntas más discutidas de la historia, están ahora claramente reveladas y delante de nuestros ojos.

Las primeras palabras del libro de Génesis dan respuesta.

En el principio creó Dios los cielos y la tierra.

Hay mucha teología en esa frase. La Palabra de Dios comienza con la creación.

Esta frase establece el tipo de relación entre Dios y nosotros.

Él es el Creador, nosotros Sus criaturas. Ese es el orden.

También se establece en esta frase el principio de un ciclo que comienza y termina con creación.

Creación, caída, redención, y nueva creación.

2

PRINCIPIOS

La palabra «Génesis» literalmente significa «principios».

En hebreo «Be reshith» son las primeras palabras de la Torá (y por ende del Tanaj) y significan «En (el) Principio»[4].

En el griego, «génesis» γένεσις (/guénesis/), significa «nacimiento, creación y origen»[5][6].

Tradicionalmente, se reconoce a Moises como el escritor del Génesis[7], pero obviamente, Moisés no estuvo allí para observar cuando la creación estaba sucediendo (escribió por inspiración). Sin embargo, Jesús, de quien Moisés escribió en el Pentateuco[8], sí estaba ahí. Todas las cosas por Él fueron hechas.

> *Y les dijo: Estas son las palabras que os hablé, estando aún con vosotros: que era necesario que se cumpliese todo lo que está escrito de mí en la ley de Moisés, en los profetas y en los salmos. Lucas 24:44* RVR1960

> *Por cierto, Moisés os dio la circuncisión (no porque sea de Moisés, sino de los padres; y en el día de reposo circuncidáis al hombre. Juan 7:22* RVR1960

> *Todas las cosas por él fueron hechas, y sin él nada de lo que ha sido hecho, fue hecho. Juan 1:3* RVR1960

> *En el mundo estaba, y el mundo por él fue hecho... Juan 1:10* RVR1960

Jesús cita a Moisés como el autor del Pentateuco.

Citando el quinto mandamiento (Éxodo 20:12; Deuteronomio 5:16) y una jurisprudencia (Éxodo 21:17; Levítico 20:9), dijo: «Porque Moisés dijo: Honra a tu padre y a tu madre; y: El que maldiga al padre o a la madre, muera irremisiblemente» (Marcos 7:10).

Ahí vemos manifiesto el principio de interpretación bíblica «escritura interpreta escritura» usado por Matin Lutero y otros reformadores[9].

A diferencia del material apocalíptico, los textos que hablan de la creación, no aparecen en símbolos para ser interpretados.

Estos textos sobre la creación están escritos con clara sencillez. De manera que no queda duda de lo que están diciendo.

No son textos poéticos o figurativos. No hay lenguaje figurado.

El Génesis tampoco es un libro científico. No trata de establecer causas y efectos.

Moisés habla de manera clara y concreta.

Entonces, el propósito de los textos comprendidos en Génesis 1 y 2, es entregarnos una teología clara de la creación, en especial en cuanto a la relación del Creador con las criaturas.

Evidentemente, cuando usted trata de defender la verdad en un mundo secular y en una cultura postcristiana, recibirá todo tipo de objeciones.

En los capítulos que siguen hablaré de estas objeciones. Hablaremos aún de los dinosaurios y de la edad de la tierra, y mucho más.

Comenzaremos estudiando varias verdades teológicas en cuanto a la creación.

3

TEOLOGÍA DE LA CREACIÓN

Cuando estudiamos la creación, varias verdades bíblicas forman nuestra comprensión de cómo Dios trajo todo a la existencia. Al conjunto de estas verdades, podemos llamar «teología de la creación». Estudiemos estas una por una.

Dios creó todo el universo de la nada

Dios creó el universo de la nada. La expresión usada en el latín es «creatio ex nihilo»[10] que significa «creado de la nada».

No necesitó, y no usó materias existentes. Dios habló, y por el poder de Su Palabra las cosas vinieron a la existencia.

Veamos algunos textos.

> *Por la fe entendemos haber sido constituido el universo por la palabra de Dios, de modo que lo que se ve fue hecho de lo que no se veía. Hebreos 11:3* RVR1960

> *...(como está escrito: Te he puesto por padre de muchas gentes delante de Dios, a quien creyó, el cual da vida a los muertos, y llama las cosas que no son, como si fuesen. Romanos 4:17* RVR1960

> *Por la palabra del SEÑOR fueron hechos los cielos; todo el ejército de ellos fue hecho por el soplo de su boca. Él junta como un montón las aguas de los mares, y guarda en depósitos los océanos. Tema al SEÑOR toda la tierra; témanle todos los habitantes del mundo. Porque él*

> dijo, y fue hecho; él mandó, y existió. Salmos 33:6—9 RVA-2015

Entonces por el hecho de que Dios creó todo el universo de la nada, no hay materia en el universo que sea eterna.

Dios existe antes que Él hiciera la materia, lo que quiere decir que todo lo que vemos, vino después. Todo comenzó a existir cuando Dios lo creó. Esto es claro en el Salmo 90.

> Antes que nacieran los montes y formaras la tierra y el mundo, desde la eternidad hasta la eternidad, tú eres Dios. Salmos 90:2 RVA-2015

Este principio de creación «ex nihilo» probado por los textos sagrados desmiente totalmente al naturalismo, el cual sugiere que en el principio ya la materia existía.

Los naturalistas argumentan que por causa de una serie de acontecimientos accidentales, el mundo llegó a existir, sin embargo, la Biblia es clara.

«En el principio Dios creó». No dice Dios formó —como si hubiera hecho las cosas con materia que ya existía. No. Dice: «Dios creó».

La creación incluye «todas las cosas»

Dios creó todas las cosas —visibles e invisibles. Esto incluye todo lo que existe en los cielos y en la tierra. Planetas, galaxias, constelaciones, ángeles, principados, potestades... todo.

> En el principio creó Dios los cielos y la tierra. Génesis 1:1 RVA-2015

> Todas las cosas fueron hechas por medio de ella, y sin ella no fue hecho nada de lo que ha sido hecho. Juan 1:3 RVA-2015

Juan en el Apocalípsis reafirma la misma idea de una manera similar.

> «Tú eres digno, oh Señor nuestro Dios, de recibir gloria y honor y poder. Pues tú creaste todas las cosas, y existen porque tú las creaste según tu voluntad». Apocalipsis 4:11 NTV

Vemos que todo está incluido en la creación, «el cielo y la tierra, el mar y todo lo que en ellos hay». Lea este texto en Hebreos.

> *Y ellos, habiéndolo oído, alzaron unánimes la voz a Dios, y dijeron: Soberano Señor, tú eres el Dios que hiciste el cielo y la tierra, el mar y todo lo que en ellos hay... Hechos 4:24* RVR1960

La creación también —como dije antes— incluye las cosas invisibles.

Esta es la creación de un reino espiritual con existencia invisible. Dios creó ángeles, arcángeles, querubines. De hecho, para los cielos creó un ejército.

Dios creó el cielo, Su presencia lo llena todo, los ejércitos de los cielos le adoran.

Vea como lo dice Esdras en su oración en el libro de Nehemías.

> *Tú solo eres Jehová; tú hiciste los cielos, y los cielos de los cielos, con todo su ejército, la tierra y todo lo que está en ella, los mares y todo lo que hay en ellos; y tú vivificas todas estas cosas, y los ejércitos de los cielos te adoran. Nehemías 9:6* RVR1960

Veamos otros textos que nos dan afirmaciones similares.

> *Bendigan al SEÑOR, ustedes todos sus ejércitos; servidores suyos que hacen su voluntad. Salmos 103:21* RVA-2015

> *¡Alábenle, ustedes todos sus ángeles! ¡Alábenle, ustedes todos sus ejércitos! Salmos 148:2* RVA-2015

Pablo en su carta a los Colosenses nos dice que en Cristo fue creado todo.

> *Porque en él fueron creadas todas las cosas, las que hay en los cielos y las que hay en la tierra, visibles e invisibles; sean tronos, sean dominios, sean principados, sean potestades; todo fue creado por medio de él y para él. Colosenses 1:16* RVR1960

En este texto, vemos la creación de seres celestiales invisibles como parte de todo lo creado.

Dios creó todo y no hay nada que exista fuera de Él.

Dios creó el tiempo

Dios creó el principio del tiempo. Esto es, el tiempo de la manera que nosotros lo conocemos a partir de la creación de la materia.

> *Y llamó Dios a la luz Día, y a las tinieblas llamó Noche.* Génesis 1:5 RVR1960

> *Dijo luego Dios: Haya lumbreras en la expansión de los cielos para separar el día de la noche; y sirvan de señales para las estaciones, para días y años...* Génesis 1:14 RVR1960

Antes que Dios creara las cosas visibles en esta tierra, ya había creado un orden celestial, y esa creación por el hecho de que fue antes de lo que vemos, también indica tiempo.

De hecho, si tomamos la teoría de la brecha, la cual especula sobre un posible juicio que existió entre los versículos uno y dos del Génesis, por causa del cual, la tierra estaba «desordenada» sabiendo que Dios es un Dios de orden, entonces podemos decir que el tiempo ya estaba corriendo antes del relato de las cosas que fueron creadas a partir del versículo dos.

Hablaré sobre esta teoría más adelante, pero manteniéndonos en la cuestión del tiempo, también podemos decir que cuando las huestes celestiales, ángeles, arcángeles y todo ser celestial fueron creados, estos fueron puestos dentro del corridor del tiempo.

Entonces, nos es difícil establecer cuándo exactamente Dios creó el tiempo, pero sí estamos seguros de que Dios lo creó.

¿Existe el tiempo en el cielo?

Sí, porque todo lo que hay en el cielo fue creado.

En la Nueva Jerusalén, sabemos que existen los meses.

> *En medio de la calle de la ciudad, y a uno y otro lado del río, estaba el árbol de la vida, que produce doce frutos, dando cada mes su fruto; y las hojas del árbol eran para la sanidad de las naciones.* Apocalipsis 22:2 RVR1960

Entonces sabemos que el tiempo no está limitado a esta tierra.

También sabemos que Dios, el creador del tiempo, no está limitado por el tiempo. Su existencia es independiente del tiempo.

Vemos algunos textos que confirman esto.

> *Antes que nacieran los montes y formaras la tierra y el mundo, desde la eternidad hasta la eternidad, tú eres Dios. Salmos 90:2* RVA-2015

> *Yo soy el Alfa y la Omega, principio y fin, dice el Señor, el que es y que era y que ha de venir, el Todopoderoso. Apocalipsis 1:8* RVR1960

> *Tú fundaste la tierra desde el principio, y con tus propias manos formaste los cielos. Un día, ellos serán destruidos; envejecerán, como vestidos usados, y tú los cambiarás por otros; ¡Pero tú permanecerás! ¡Tú seguirás siendo el mismo, y tus años nunca tendrán fin! Salmos 102:25—27* RVC

Entendemos por esos textos que el universo no es eterno, pero Dios sí lo es. Dios creó un tiempo-espacio continuo en el que se encuentra el universo.

En otras palabras, el universo tiene un límite de tiempo, pero Dios no.

El universo tuvo un comienzo, envejecerá, y será destruido, pero Dios existe desde la eternidad y hasta la eternidad.

La buena noticia para nosotros, los que estamos en Cristo, es que Dios hará todas las cosas nuevas, cielo nuevo y tierra nueva, donde habitaremos con Él por la eternidad.

> *Pero, según sus promesas, nosotros esperamos un cielo nuevo y una tierra nueva, donde reinará la justicia. 2 Pedro 3:13* RVC

> *Vi entonces un cielo nuevo y una tierra nueva, porque el primer cielo y la primera tierra habían dejado de existir, y el mar tampoco existía ya. Apocalipsis 21:1* RVC

Dios creó todo por medio de Su Palabra

Diez veces durante el relato de la creación en el libro de Génesis encontramos la frase «dijo Dios».

> Y <u>dijo Dios</u>: Sea la luz; y fue la luz. Luego <u>dijo Dios</u>: Haya expansión en medio de las aguas... <u>Dijo también Dios</u>: Júntense las aguas que están debajo de los cielos... Después <u>dijo Dios</u>: Produzca la tierra hierba verde... <u>Dijo luego Dios</u>: Haya lumbreras en la expansión de los cielos... <u>Dijo Dios</u>: Produzcan las aguas seres vivientes... Luego <u>dijo Dios</u>: Produzca la tierra seres vivientes... Entonces <u>dijo Dios</u>: Hagamos al hombre a nuestra imagen... Y <u>dijo Dios</u>: He aquí que os he dado toda planta que da semilla... Y <u>dijo Jehová Dios</u>: No es bueno que el hombre... Génesis 1:3,6,9,11,14,20,24,26,29;2:18 RVR1960

Esto no es en ninguna manera figurativo. Dios literalmente creó el universo por Su palabra.

Ese es el poder de Su Palabra. Dios habló, y fue hecho.

El escritor de Hebreos lo dice de esta manera:

> Por la fe entendemos haber sido constituido el universo por la palabra de Dios, de modo que lo que se ve fue hecho de lo que no se veía. Hebreos 11:3 RVR1960

Este poder creativo de la Palabra de Dios lo vemos en todo. Es Su Palabra lo que sostiene el universo funcionando.

Aún lo vemos en el ministerio de Jesús.

> Respondió el centurión y dijo: Señor, no soy digno de que entres bajo mi techo; solamente di la palabra, y mi criado sanará. Entonces Jesús dijo al centurión: Ve, y como creíste, te sea hecho. Y su criado fue sanado en aquella misma hora. Mateo 8:8,13 RVR1960

Con Su Palabra, Dios hizo que donde no existía nada, todo viniera a la existencia.

Él es el Dios que «da vida a los muertos, y llama las cosas que no son, como si fuesen» (Romanos 4:17).

Entonces, Dios creó todo por Su Palabra.

El Dios trino creó todas las cosas

En muchos pasajes bíblicos vemos que el Creador es Dios trino.

> *Entonces dijo Dios: Hagamos al hombre a nuestra imagen, conforme a nuestra semejanza; y señoree en los peces del mar, en las aves de los cielos, en las bestias, en toda la tierra, y en todo animal que se arrastra sobre la tierra.* Génesis 1:26 RVR1960

Note la frase: «'Hagamos' al hombre» y luego «a 'nuestra' imagen», y «conforme a 'nuestra' semejanza». Las palabras «hagamos» y «nuestra» nos confirman la participación de Dios Padre, Dios Hijo y Dios Espíritu en el acto de creación.

Luego, por medio de otros textos, vemos en más detalles la participación de la trinidad en la creación.

Los Salmos nos confirman la participación de Dios Padre.

> *Los cielos cuentan la gloria de Dios, Y el firmamento anuncia la obra de sus manos.* Salmos 19:1 RVR1960

En el versículo segundo de la Biblia, vemos al Espíritu Santo activo en la obra de creación.

> *...y el Espíritu de Dios se movía sobre la faz de las aguas.* Génesis 1:2 RVR1960

Juan y Pablo nos dicen que «por» y «en» Jesucristo fueron hechas o creadas todas las cosas.

> *Todas las cosas por él fueron hechas, y sin él nada de lo que ha sido hecho, fue hecho.* Juan 1:3 RVR1960

> *Porque en él fueron creadas todas las cosas, las que hay en los cielos y las que hay en la tierra, visibles e invisibles; sean tronos, sean dominios, sean principados, sean potestades; todo fue creado por medio de él y para él.* Colosenses 1:16 RVR1960

No solamente estaba Jesús «el verbo», «unigénito del Padre» en el principio (Juan

1:1,14), también nos dice la Biblia que «todo fue creado por medio de Él».

Esto último lo vemos de nuevo en Hebreos.

> *...en estos postreros días nos ha hablado por el Hijo, a quien constituyó heredero de todo, y por quien asimismo hizo el universo... Hebreos 1:2* RVR1960

Es decir, Dios Padre creó el universo por medio de Su Hijo Jesucristo quien es: «La Palabra» o «el verbo» (Juan 1:1).

Y Dios Espíritu estuvo activo moviéndose sobre la faz de las aguas.

> *Y la tierra estaba desordenada y vacía, y las tinieblas estaban sobre la faz del abismo, y el Espíritu de Dios se movía sobre la faz de las aguas. Génesis 1:2* RVR1960

La palabra «movía» viene de la palabra hebrea que se pronunciaría «rakjáf» que significa «empollar»[11]. Esta palabra también se puede traducir «incubar»[12]. Como la gallina que está incubando o echada sobre sus huevos mientras dentro de estos se están formando los polluelos.

Esto nos da una idea de la participación del Espíritu Santo en la obra de la creación.

Mire lo que dice Job.

> *El Espíritu de Dios me hizo; el aliento del Todopoderoso me da vida. Job 33:4* RVA-2015

La Reina Valera 1960 dice: «el soplo del Omnipotente me dio vida».

Me gusta cómo el Salmo describe la creación de las criaturas que están en tierra y mar.

> *He allí el grande y anchuroso mar, En donde se mueven seres innumerables, Seres pequeños y grandes. Envías tu Espíritu, son creados, Y renuevas la faz de la tierra. Salmos 104:25,30* RVR1960

Claramente vemos la obra del Espíritu Santo en la creación.

Esto lo vemos de igual manera en la obra de regeneración del individuo, cuando aquél que estaba espiritualmente muerto, recibe vida por medio del Espíritu.

> *El Espíritu es el que da vida; la carne no aprovecha para nada. Las palabras que yo les he hablado son espíritu y son vida. Juan 6:63* RVA-2015

Entonces, así hemos visto cómo el Padre, el Hijo, y el Espíritu Santo, un solo Dios en tres personas es Creador.

Todo lo que Dios creó es bueno

> *Y vio Dios todo lo que había hecho, y he aquí que era bueno en gran manera. Y fue la tarde y la mañana el día sexto. Génesis 1:31* RVR1960

Esta afirmación la vemos en varios lugares durante el proceso de creación. Veámoslo en el capítulo primero del Génesis.

Y vio Dios que la luz era buena; y separó Dios la luz de las tinieblas. v.4

> *Y llamó Dios a lo seco Tierra, y a la reunión de las aguas llamó Mares. Y vio Dios que era bueno. v.10*

> *Produjo, pues, la tierra hierba verde, hierba que da semilla según su naturaleza, y árbol que da fruto, cuya semilla está en él, según su género. Y vio Dios que era bueno. v.12*

> *Y las puso Dios en la expansión de los cielos para alumbrar sobre la tierra, y para señorear en el día y en la noche, y para separar la luz de las tinieblas. Y vio Dios que era bueno. vs.17,18*

> *Y creó Dios los grandes monstruos marinos, y todo ser viviente que se mueve, que las aguas produjeron según su género, y toda ave alada según su especie. Y vio Dios que era bueno. v.21*

> *E hizo Dios animales de la tierra según su género, y ganado según su género, y todo animal que se arrastra sobre la tierra según su especie. Y vio Dios que era bueno. v.25*

Al culminar seis días de trabajo, vio «todo lo que había hecho, y he aquí que era bueno en gran manera» (Génesis 1:31).

Vemos cómo Dios se deleitó en todo lo que había creado.

¿Sigue siendo todo bueno?

Evidentemente el pecado ha dañado a la creación. De hecho, la creación está sufriendo por causa del pecado.

> *Porque sabemos que toda la creación gime a una, y a una está con dolores de parto hasta ahora... Romanos 8:22* RVR1960

La Reina Valera Contemporánea dice que «toda la creación hasta ahora gime a una, y sufre como si tuviera dolores de parto».

Sin embargo, aunque la creación sufre por causa del pecado, aún así, sigue siendo buena.

Saber esto, nos permite gozarnos y disfrutar de la creación y nos hace libres del ascetismo[13] que vemos hoy en día dentro de muchas iglesias, donde enseñan que el uso y disfrute de bendiciones materiales es pecado.

Mire lo que Pablo le dice a los Colosenses y a Timoteo.

> *Pues si habéis muerto con Cristo en cuanto a los rudimentos del mundo, ¿por qué, como si vivieseis en el mundo, os sometéis a preceptos tales como: No manejes, ni gustes, ni aun toques... Colosenses 2:20,21* RVR1960

> *Pero el Espíritu dice claramente que en los postreros tiempos algunos apostatarán de la fe, escuchando a espíritus engañadores y a doctrinas de demonios; por la hipocresía de mentirosos que, teniendo cauterizada la conciencia, prohibirán casarse, y mandarán abstenerse de alimentos que Dios creó para que con acción de gracias participasen de ellos los creyentes y los que han conocido la verdad. 1 Timoteo 4:1-3* RVR1960

Hay iglesias donde predican que aún ir al zoológico es malo, pero de una manera más disimulada, vemos ascetismo infiltrado en muchos de los púlpitos y congregaciones modernas.

No como hace siglos, cuando monjes y comunidades religiosas comenzaron a abandonar las ciudades para llevar una vida ascética en el desierto o en otras zonas alejadas[14], sino más bien cuando se hace una distinción entre cosas materiales como malas y espirituales como buenas.

Dios creó el mundo material y es bueno.

De hecho, la creación es una de las formas en que Dios da testimonio de Su existencia.

> *Los cielos cuentan la gloria de Dios, Y el firmamento anuncia la obra de sus manos. Salmos 19:1* RVR1960

Yo tengo la costumbre de salir a caminar en lugares donde hay árboles, valles y montañas lo cual considero una práctica espiritual.

Estar en la naturaleza, disfrutando el sonido del viento y el cantar de las aves, fuera de los ruidos de la ciudad, en solitud, para mi, es una de las maneras en que puedo estar en comunión con Dios, meditar en Su Palabra, y escuchar Su voz en mi espíritu.

Es refrescante y trae gran gozo, observar todo lo que Dios creó.

La creación es buena porque Dios es inmensamente bueno, y Dios ha creado cosas buenas para que las disfrutemos.

> *Porque todo lo que Dios creó es bueno, y nada es de desecharse, si se toma con acción de gracias... 1 Timoteo 4:4* RVR1960

> *A los ricos de este siglo manda que no sean altivos, ni pongan la esperanza en las riquezas, las cuales son inciertas, sino en el Dios vivo, que nos da todas las cosas en abundancia para que las disfrutemos. 1 Timoteo 6:17* RVR1960

Dios creó todo para Su gloria

Usando el texto que mencioné antes: «Los cielos cuentan la gloria de Dios, y el firmamento anuncia la obra de sus manos» (Salmos 19:1).

Leamos el cántico de los cuatro seres vivientes en el Apocalipsis:

> *Y los cuatro seres vivientes tenían cada uno seis alas, y alrededor y por dentro estaban llenos de ojos; y no cesaban día y noche de decir: Santo, santo, santo es el Señor Dios Todopoderoso, el que era, el que es, y el que ha de venir. Y siempre que aquellos seres vivientes dan gloria y honra y acción de gracias al que está sentado en el trono, al que vive por los*

> *siglos de los siglos, los veinticuatro ancianos se postran delante del que está sentado en el trono, y adoran al que vive por los siglos de los siglos, y echan sus coronas delante del trono, diciendo: Señor, digno eres de recibir la gloria y la honra y el poder; porque tú creaste todas las cosas, y por tu voluntad existen y fueron creadas. Apocalipsis 4:8—11* RVR1960

Vemos en esos versículos que la razón de toda esa adoración y alabanza es para darle a Dios «la gloria y la honra» por todo lo que Él ha creado.

Para eso creó Dios todas las cosas, para glorificarse en ello.

Fuimos creados para glorificar a Dios.

Dios lo dice explícitamente por medio de Isaías.

> *Diré al norte: Da acá; y al sur: No detengas; trae de lejos mis hijos, y mis hijas de los confines de la tierra, todos los llamados de mi nombre; para gloria mía los he creado, los formé y los hice. Isaías 43:6,7* RVR1960

Está claro que Dios creó el universo para mostrar su gloria, y nosotros somos parte de esa creación. ¡Glorifiquemos Su nombre!

DIFERENTES ESCUELAS

Creo que las cosas que hemos tratado en los capítulos anteriores establecen nuestra creencia elemental en cuanto a la creación.

Sin embargo, el ser humano ¡siempre lleno de tanta curiosidad!

Evidentemente, siempre tenemos preguntas, como: «¿Cuál es la edad de la tierra?».

Si estudiamos minuciosamente todo el relato de la creación, nos podemos dar cuenta que el énfasis está más en «el quién y el por qué de la creación», que en «el cuándo y cómo».

Entendemos que la Palabra de Dios nos dice explícitamente, todas las cosas que Dios quiere que sepamos. Sabemos que Él creó todas las cosas y lo hizo para recibir gloria y honra.

Pudiéramos estar contentos con este conocimiento, pero, otra vez. . . ¡Somos curiosos! Queremos saber más.

Entonces, hay diferentes formas en que los estudiosos durante siglos han interpretado las cosas que no son tan claras a nuestra vista. Han surgido diferentes escuelas de pensamiento, y a continuación trataremos con estas.

Evolución teística

Esta escuela trata de encontrar un compromiso entre la evolución naturalista y el Dios bíblico.

Los proponentes de esta escuela, dicen que Dios creó la primera materia y estableció leyes naturales en el universo para que a partir de ahí por medio de un proceso de evolución esa creación viniera paulatinamente a la existencia.

Esta escuela tiene lagunas que no se pueden explicar.

Por ejemplo.

Afirma que las especies evolucionan de una a otra. Una especie que antes eran anfibios, ahora se arrastran. Esto contradice el texto bíblico que nos dice que Dios creó a cada uno «según su especie».

> *Y creó Dios los grandes monstruos marinos, y todo ser viviente que se mueve, que las aguas produjeron según su género, y toda ave alada según su especie. Y vio Dios que era bueno. Luego dijo Dios: Produzca la tierra seres vivientes según su género, bestias y serpientes y animales de la tierra según su especie. Y fue así. E hizo Dios animales de la tierra según su género, y ganado según su género, y todo animal que se arrastra sobre la tierra según su especie. Y vio Dios que era bueno. Génesis 1:21,24,25* RVR1960

Las especies fueron establecidas por Dios desde que las creó, y la reproducción o desarrollo posterior es «según especie», es decir, las especies no se mudan.

Otro problema con esta escuela es que para ellos, Dios puso a andar la máquina, y las leyes físicas y luego dejó que todo tomara su curso de acuerdo a esas leyes establecidas, sin Él estar envuelto en el proceso.

La Biblia nos enseña que Dios está involucrado activa y soberanamente en cada paso de la creación y con las criaturas —algo que la evolución niega rotundamente.

La teoría de la brecha

Esta escuela dice que existe una brecha de miles de millones de años entre el versículo uno y dos de Génesis capítulo uno.

En el principio creó Dios los cielos y la tierra, pero luego encontramos la tierra «desordenada y vacía» posiblemente por causa de un juicio o una rebelión cósmica.

¿Podría ser la rebelión de Satanás y sus ángeles?

¿Quizá enlazado con algún evento catastrófico que dejó a la tierra fuera de orden?

Si esta escuela es correcta, entonces el relato de la creación a partir de Génesis 1:2, está hablando de una segunda creación con seis días literales.

En la Biblia *Reina Valera 1960* de Publicaciones Españolas, anotada por C.I. Scofield, encontramos esta nota en referencia al versículo dos del capítulo uno de Génesis:

> «*Jer. 4:23-26; Is. 24:1 y 45:18 indican claramente que la tierra había sufrido un cambio catastrófico como resultado del juicio divino. Por toda la faz de la tierra hay evidencias de tal cataclismo. En las Escrituras hay ciertas insinuaciones acerca de la posible relación de este evento con el de la prueba y caída de ciertos ángeles, en un período precedente. Véase, por ejemplo, Ez. 28:12-15 e Is. 14:9-14...*»[15].

Al leer los textos que señala Scofield podemos tener una idea en cuanto a por qué él defiende esta teoría.

> *Miré a la tierra, y he aquí que estaba asolada y vacía; y a los cielos, y no había en ellos luz. Miré a los montes, y he aquí que temblaban, y todos los collados fueron destruidos. Miré, y no había hombre, y todas las aves del cielo se habían ido. Miré, y he aquí el campo fértil era un desierto, y todas sus ciudades eran asoladas delante de Jehová, delante del ardor de su ira. Jeremías 4:23-26* RVR1960

Nota usted en el versículo 23 que dice: «Miré a la tierra, y he aquí que estaba asolada y vacía...».

¿Puede notar la semejanza al Génesis 1:2: «Y la tierra estaba desordenada y vacía...»?

De hecho, dice Jeremías: «...y a los cielos, y no había en ellos luz», de la misma manera que el Génesis dice que «...las tinieblas estaban sobre la faz del abismo...». En otras palabras, había desorden y no había luz.

¿De qué juicio puede estar hablando Jeremías?

Jeremías está profetizando en tiempo pasado —algo que ya sucedió, aunque se puede argumentar que a veces los profetas tuvieron visiones que se referían al futuro, sin embargo a la hora de contarlas, por supuesto que estaban en pasado.

Es como si yo te cuento un sueño que tuve anoche. Está en tiempo pasado porque fue anoche y la noche ya pasó, sin embargo, el contenido del sueño era algo que sucedería en el futuro. ¿Tiene sentido?

No estoy abogando a favor de sueños proféticos. Es sólo un ejemplo.

El otro texto que menciona Scofield está en Isaías.

> *He aquí que Jehová vacía la tierra y la desnuda, y trastorna su faz, y hace esparcir a sus moradores. Isaías 24:1* RVR1960

> *Porque así dijo Jehová, que creó los cielos; él es Dios, el que formó la tierra, el que la hizo y la compuso; no la creó en vano, para que fuese habitada la creó: Yo soy Jehová, y no hay otro. Isaías 45:18* RVR1960

Esta teoría de la brecha encaja con la escuela de «tierra antigua[16]». Esto es, quienes creen que Génesis 1:1 sucedió hace millones de años, lo cual explica muy bien los descubrimientos de fósiles de dinosaurios y otras especies que se dice existieron hace mucho más de 6,000 años. Por otro lado, esta teoría de la brecha está muy opuesta a la escuela de «tierra joven[17]», o quienes afirman que la tierra tiene sólo entre 6,000 y 10,000 años de creada.

Quizá el más grande desafío a esta teoría de la brecha es que la Biblia nunca habla explícitamente de dos creaciones.

Otro problema que podemos tener con esta teoría se encuentra en el Éxodo.

> *Porque en seis días hizo Jehová los cielos y la tierra, el mar, y todas las cosas que en ellos hay, y reposó en el séptimo día; por tanto, Jehová bendijo el día de reposo y lo santificó. Éxodo 20:11* RVR1960

Entonces, tenemos que ver si esos seis días son literales de 24 horas que ocurrieron a partir del Génesis 1:2, es decir, después de la brecha entre el versículo 1 y 2, o si no hay brecha, y todo, incluyendo el versículo uno fue creado en seis días literales, o si los seis días no son literales, tomando en cuenta lo que dice Pedro, «para con el Señor un día es como mil años, y mil años como un día» (2 Pedro 3:8).

Teoría de la edad diurna

La teoría de la edad diurna intenta reconciliar la narrativa de la creación del Génesis y la ciencia moderna al afirmar que los «días» de la creación no eran días ordinarios de 24 horas, sino que en realidad duraron largos períodos de tiempo[18].

De acuerdo a esta escuela, Dios creó el universo, incluidos Adán y Eva, en seis períodos de tiempo. Para los que creen en este punto de vista, estos períodos fueron «eras» que abarcaron posiblemente millones de años.

Algunos de quienes creen que la tierra tiene millones de años, concuerdan con este punto de vista.

Esta escuela usa una interpretación metafórica. Usan simbolismos y sentido figurado. Entonces se convierte en un problema saber qué porciones del texto son literales y cuáles no. Estaríamos aplicando diferentes reglas de interpretación a diferentes pasajes.

Proponentes de esta teoría diurna a menudo señalan que la palabra que se usa para «día» en hebreo, «yom», a veces se refiere a un período de tiempo que es más largo que un día literal de 24 horas[19].

Sin embargo, un gran obstáculo para los que defienden esta teoría es la implicación de que la enfermedad, el sufrimiento y la muerte deben haber existido antes de la caída del hombre. La aplicación descuidada de la teoría diurna posiblemente podría contradecir el concepto de la caída del hombre y, por extensión, la doctrina de la expiación. La Escritura indica claramente que «el pecado entró en el mundo por un hombre [Adán], y la muerte por el pecado» (Romanos 5:12). Los creacionistas de la era diurna estarían de acuerdo en que no hubo muerte humana antes del pecado de Adán. Señalan que los efectos principales de la caída fueron relacionales y espirituales y no resultaron en la muerte inmediata de Adán o Eva. En otras palabras, (para ellos) es completamente razonable sugerir que existió algún tipo de muerte en el mundo, pero no necesariamente en el hombre, antes de la caída.

Algunos señalan a San Agustin como defensor de esta teoría[20], quien en el siglo V, señaló, en De Genesi ad Litteram (Sobre la [interpretación literal del] Génesis) que los «días» en Génesis no podían ser días literales, sin embargo, defensores del creacionismo de tierra joven, afirman que el mismo San Agustin creía en una creación de 6 días de 24 horas[21].

Creacionismo de la tierra joven

Esta es la interpretación literal de que Dios creó el mundo en seis días de 24 horas.

Esta es la escuela más sencilla de explicar. Tomada literalmente del texto, Dios creó todo en seis días. Esta escuela es posiblemente la más popular entre los creacionistas evangélicos en Estados Unidos.

Para refutar argumentos de la escuela de la tierra antigua, dicen que si la ciencia dice que la tierra es vieja, es porque Dios hizo que la tierra madurara, como lo hizo con Adán y Eva, o porque la ciencia está equivocada.

Este punto de vista es el que está más en oposición a la ciencia moderna, desacreditando la datación por carbono[22] y otras afirmaciones geológicas.

Existe dentro de esta escuela la teoría de que es posible que la inundación y otros eventos cataclísmicos afectaron nuestras metodologías de datación[23].

Algunos grupos en un extremo de esta escuela, aún niegan la existencia de los dinosaurios[24], pero la gran mayoría los sitúan dentro del período de entre 6,000 y 10,000 años. Es decir que el hombre y los dinosaurios coexistieron durante un tiempo y antes de su extinción[25].

Sin embargo como regla general niegan la posibilidad de que estos se extinguieron sesenta y cinco millones de años atrás.

Esta escuela de la «tierra joven» ha sido defendida por muchos teólogos desde antes del tiempo de los padres de la iglesia. Y de hecho los padres de la iglesia rechazaron interpretaciones poéticas o alegóricas del Génesis junto con todo el naturalismo de los griegos, de filósofos como Hipaso de Metaponto, Anaximandro, Tales de Mileto, y Jenófanes[26].

Hipólito (170-235), un presbítero de Roma, citó y rechazó muchas de estas enseñanzas naturalistas griegas en su libro Refutación de todas las herejías[27].

También, el obispo Basilio de Cesarea (329-379) rechazó el naturalismo de los griegos, afirmando:

> «*Algunos recurren a principios materiales y atribuyen el origen del universo a los elementos del mundo... ¡Una verdadera tela de araña tejida por estos escritores que dan al cielo, a la tierra y al mar un origen tan débil y con tan poca consistencia! Engañados por su ateísmo inherente les pareció que nada gobernaba o reinaba sobre el universo, y que todo se entregaba al azar*[28]».

Lactancio (250-325), consejero del emperador Constantino I y tutor de su hijo, escribió en respuesta a los filósofos naturalistas: aquellos «que enumeran miles de edades desde el principio del mundo, [deberían] saber que el año seis mil aún no se ha completado... Dios completó el mundo y esta admirable obra de la naturaleza en el espacio de seis días[29]».

El obispo Víctorino de Pettau (250-304) enseñó que cada día de la creación se dividió en doce horas de luz y doce horas de noche, afirmando que «Dios produjo todo eso para el adorno de Su majestad en seis días[30]».

Efrén el Sirio (306-373), uno de los pocos padres latinos que dominó la lengua hebrea, escribió: «Así que nadie piense que hay algo alegórico en las obras de los seis días. Nadie puede decir con razón que las cosas que pertenecen a estos días eran simbólicas[31]».

Clemente de Alejandría (150-211), escribió: «Porque las creaciones en los diferentes días siguieron en una sucesión más importante; para que todas las cosas creadas puedan tener honor desde la prioridad, creadas juntas en el pensamiento[32]».

La realidad es que tanto los padres de la iglesia ya mencionados, y otros como Atanasio[33], Agustín[34], y Ambrosio[35], mantuvieron una interpretación literal de la creación en el Génesis[36].

Aunque podemos decir que existían algunas diferencias en las interpretaciones de estos, —unos más literalistas que otros— todos ellos rechazaron la teoría de una vieja tierra y se resistieron a la influencia de la filosofía naturalista de los griegos.

De igual manera hoy. Aunque existen algunas diferencias en detalles y puntos menores entre todos los que sostienen este punto de vista, en las cosas esenciales, la mayoría de los maestros en instituciones evangélicas conservativas están de acuerdo.

Creacionismo histórico

Los que están en esta escuela, sostienen que el versículo primero del capítulo uno del Génesis, en lugar de ser un título para lo que sigue, en realidad registra la creación de todo.

De acuerdo a ellos, «los cielos y la tierra», son una combinación de dos palabras en contraste, para referirse a una totalidad. Nos dicen que el relato que sigue de los seis días de la creación nos muestra a Dios preparando el Edén para ser morada de los hombres, no la creación del universo entero.

Esta escuela dice que con el universo ya creado en Génesis 1:1, lo que sigue después no se refiere al establecimiento del universo, sino a la preparación de Dios de Edén para Su pueblo.

Entonces, Génesis 1:2, describe un mundo antes de que Dios preparara para Su pueblo.

Este punto de vista, sostiene que desde Génesis 1:2 hasta el final del Apocalipsis, la Biblia habla del pueblo de Dios en relación con el huerto de Edén.

En otras palabras, la historia del mundo, es un viaje desde el Edén original hasta un nuevo Edén, una narración de la historia humana representada desde su comienzo hasta su final.

Esta escuela muestra varias ventajas.

1. Tanto los creyentes en una tierra joven como los creyentes creacionistas en una tierra vieja podrían caber dentro de esta visión, pues no hay un tiempo definido entre Génesis 1:1 y Génesis 1:2, (parecido a la teoría de la brecha en este detalle). En otras palabras, Génesis 1:1 simplemente no especifica un tiempo.

2. Esta escuela interpreta los términos bíblicos a medida que se leen más tarde en las Escrituras, como por ejemplo, las palabras hebreas para tiempo, tierra y agua.

3. Este punto de vista, da gran sentido a la gran preocupación de la Biblia de que el pueblo de Dios viva en una tierra bendita desde el Edén antiguo, hasta la nueva creación —cielos nuevos y tierra nueva.

Posiblemente la desventaja más obvia en cuanto a este punto de vista es la manera en que sus proponentes usan el texto hebreo.

Por ejemplo, John H. Sailhamer, Ph.D., uno de los proponentes principales de este punto de vista, dice que «cielos» y «tierra» (heavens and earth) deben traducirse como el «cielo visible» que está encima de nosotros (sky) donde están las nubes, y «tierra», como (land) o terreno donde se siembra, y las palabras «desordenada y vacía» se traducen mejor como «tierra baldía inhabitable», para apoyar el punto de que el relato de la creación presenta la preparación de Dios de la tierra prometida en medio de un desierto inquebrantable —una tierra preparada especialmente para su pueblo[37].

Esta manera de leer el texto hebreo se puede decir que es muy individual, entonces este punto de vista es en sí mismo cancelado por algunos que leen el idioma hebreo de manera diferente.

Todos los puntos de vista

En cuanto a todas estas escuelas y cuál es mi posición.

Para comenzar, debemos entender que la Biblia no nos dice explícitamente cuál es exactamente la edad de la tierra. Como dije antes, creo que en los textos, el énfasis está más en «el quién y el por qué de la creación», que en «el cuándo y cómo».

Lo más importante que Dios quiere que entendamos es «quién creó la tierra y por qué la creó». Sabemos que creó todo para Su gloria, y vemos que la respuesta al problema de la caída y desobediencia del ser humano, es mostrada finalmente por medio de Jesucristo y Su perfecto sacrificio en la cruz, por medio del cual somos reconciliados —regresamos a comunión— con el Creador.

Habiendo dicho esto. Es importante estar definidos en nuestra escuela de pensamiento, porque la fidelidad que encontramos en los textos al principio de la Biblia refuerza nuestra confianza en la veracidad de los textos.

Mi posición

Siguiendo el ejemplo de los patriarcas de la iglesia, tiendo a alejarme de métodos de interpretación que presentan la creación en forma poética o alegórica como lo vemos en el naturalismo de los griegos.

Creo que Dios creó todo literalmente en el orden de seis días porque confío en la validez de los textos no sólo del Génesis, también del resto de la Escritura, porque toda es «inspirada por Dios» (2 Timoteo 3:16).

Moisés —el escritor del Génesis— me dice en Éxodo que fue en seis días.

> *Porque en seis días hizo Jehová los cielos y la tierra, el mar, y todas las cosas que en ellos hay, y reposó en el séptimo día; por tanto, Jehová bendijo el día de reposo y lo santificó.* Éxodo 20:11 RVR1960

Cuando hay aparentes contradicciones entre la ciencia moderna y la Biblia, prefiero creer en la veracidad de las Escrituras primero. En otras palabras, no trato de acomodar la Biblia a la ciencia, sino que cuestiono la validez de la ciencia, la cual es siempre cambiante.

Sin embargo, existe una buena ciencia, que estudia y analiza las evidencias honestamente, la cual no está en contradicción con la Palabra de Dios.

¿Quedan preguntas por responder?

Sí. Hay detalles para los que no he encontrado respuesta. Podría especular aquí con usted por un buen rato, pero prefiero dejarlo ahí. Algunas cosas pertenecen al departamento de los secretos de Dios, y es gloria de Él no revelarlos.

> *Las cosas secretas pertenecen a Jehová nuestro Dios; mas las reveladas son para nosotros y para nuestros hijos para siempre… Deuteronomio 29:29* RVR1960

> *Gloria de Dios es encubrir un asunto; Pero honra del rey es escudriñarlo. Proverbios 25:2* RVR1960

5

IDEAS NO CRISTIANAS ACERCA DE DIOS Y LA CREACIÓN

Por supuesto que no sólo las teorías de la evolución tratan de explicar sobre la existencia del universo y las especies.

Existen un número de filosofías e ideas que intentan explicar la creación desde puntos de vista contrarios a la Biblia.

Como estudiantes de teología, es necesario que tengamos conocimiento acerca de estas escuelas de pensamiento, de manera que podamos marcar las diferencias y defender apologéticamente[38] nuestras convicciones.

Veamos estas escuelas de pensamiento.

El panteísmo

Esta escuela enseña que Dios es todo, «pan» significa «todo». Esta manera de pensar fue sostenida por los estoicos[39] del primer siglo, por algunas corrientes[40] del budismo[41] y otras religiones orientales[42][43], y en la actualidad por la Nueva Era[44][45].

Entonces, de acuerdo al panteísmo lo que necesitamos hacer es «volvernos uno con lo divino que está dentro de nosotros y con todo lo que está afuera» pues de acuerdo a ellos, lo divino es todo. Para los panteístas, Dios no es una persona, no puede ser inmutable o inalterable, porque el universo siempre está cambiando.

Entonces (para ellos) Dios no es santo, porque el mal en el universo también es parte de Dios.

También para ellos, lo divino puede existir en actos como tomar un té o comer.

El panteísmo ha penetrado la cultura occidental y es evidente en las artes y aun en el cine.

La serie de anime «Earth Girl Arjuna» se desarrolla bajo una visión panteísta, cuyo tema principal es la conexión que existe entre todos los elementos que componen la tierra. De igual manera, la película «Avatar» se desarrolla en un entorno cuyos habitantes tienen una visión totalmente panteísta. También en la saga «Star Wars» hay una energía conocida como «la fuerza» que vive en todos los seres del universo y los mantiene conectados[46].

La decepción posiblemente más grande es que (para ellos) no hay Dios en el exterior que pueda entrar y rescatarlos.

El dualismo

El dualismo consiste en la idea de que existen dos grandes fuerzas en el universo, el bien y el mal. En algunas instancias estas fuerzas son presentadas como Dios y la materia.

En el dualismo, «mente» se contrasta con «cuerpo», pero en diferentes momentos, diferentes aspectos de la mente han sido el centro de atención. En los períodos clásico y medieval, era el intelecto el que se pensaba que era más obviamente resistente a una explicación materialista. A partir de Descartes[47], se suponía que el principal obstáculo para el monismo materialista era «la conciencia», de la que procedía la sensación fenoménica para ser considerada como la instancia paradigmática[48].

Podemos encontrar que gran parte del pensamiento platónico y gnóstico es dualista.

Platón creía que las verdaderas sustancias no son los cuerpos físicos, que son efímeros, sino las «formas» eternas de las que los cuerpos son copias imperfectas.

Estas «formas» no sólo hacen posible el mundo, también lo hacen inteligible, porque cumplen el papel de universales, o lo que Frege llamó «conceptos». El dualismo de Platón no es, por tanto, simplemente una doctrina en la filosofía de la mente, sino una parte integral de toda su metafísica[49].

Mencionando de nuevo la saga de Star Wars, ahí vemos que los Jedi (la luz) y los Sith (la oscuridad) son fuerzas rivales del bien y el mal[50].

El universo de Star Wars opera en constante tensión entre los poderes buenos y malos que compiten perpetuamente por la primacía. Los personajes principales buscan cambiar el equilibrio operable del bien y el mal, aferrándose al ideal de traer equilibrio en «la Fuerza»[51].

Más espiritualmente hablando, en el dualismo, el espíritu es bueno, pero el cuerpo es malo.

La idea es escapar del reino material para un reino de formas superiores (reino espiritual).

Parecería algo bueno, inclusive justo, sin embargo el dualismo niega dos cosas: 1) la soberanía de Dios sobre la creación y 2) la bondad del mundo creado.

La realidad es que aunque sí, hay fuerzas del mal que se oponen a la bondad de Dios. La dinámica de la creación, no consiste en una competencia entre el bien y el mal como si fueran contrincantes iguales.

En este aspecto, el dualismo se ha infiltrado en muchos púlpitos cristianos donde el predicador iguala a Dios y al diablo como dos contrincantes al mismo nivel. De hecho, hablan de la vida cristiana como si fuera una épica lucha entre dos fuerzas.

Otra vez digo, sí es cierto que existe una lucha, en nuestra carne, en nuestra mente, y sí, claro que hay fuerzas de maldad que se oponen a que hagamos la voluntad de Dios, pero no es un duelo entre dos contrincantes al mismo nivel.

Dios es soberano, por encima de todo lo creado. El diablo es una criatura que nunca fue ni omnipresente ni omnisciente. Aún él fue creado con un propósito.

> *He aquí que yo hice al herrero que sopla las ascuas en el*
> *fuego, y que saca la herramienta para su obra; y yo he creado*
> *al destruidor para destruir. Isaías 54:16* RVR1960

No hay competencia. Dios, conforme al antojo de Su voluntad ha permitido que el diablo hiciera sólo lo que le fue permitido hacer, y Cristo por medio de Su muerte, destruyó al que tenía el imperio de la muerte (Hebreos 2:14).

Lo otro es que todo lo que Dios creó es bueno, y esto incluye la materia.

> *Y vio Dios todo lo que había hecho, y he aquí que era*
> *bueno en gran manera. Génesis 1:31* RVR1960

Esto desarma la idea de que las cosas materiales son malas y las espirituales buenas. Todo lo que Dios creó es bueno.

El cuerpo lo creó Dios, y es bueno.

> *¿No sabéis que vuestros cuerpos son miembros*
> *de Cristo? 1 Corintios 6:15* RVR1960

> *¿No sabéis que sois templo de Dios, y que el Espíritu de*
> *Dios mora en vosotros? 1 Corintios 3:16* RVR1960

La idea de escapar del cuerpo porque es malo y aspirar a ser espíritus flotantes no es bíblica.

En la resurrección seremos vestidos con un cuerpo, el cual tendremos para siempre.

En los nuevos cielos y la nueva tierra, no seremos espíritus incorpóreos, sino que tendremos cuerpos resucitados, semejantes a Cristo.

El deísmo

El deísmo enseña que Dios no está presentemente involucrado en la creación.

Los que sostienen esta idea, dicen que Dios creó las cosas al principio, puso ciertas leyes físicas en operación y se retiró. Ellos creen que todo lo que sucede es producto de esas leyes físicas en operación.

Esta idea se opone a los fundamentos más básicos de nuestra fe.

La Palabra de Dios enseña que el Señor no sólo creó todo, sino que también lo sostiene.

> *Y él es antes de todas las cosas, y todas las cosas en él subsisten...* Colosenses 1:17 RVR1960

> *...quien sustenta todas las cosas con la palabra de su poder...* Hebreos 1:3 RVR1960

> *Porque en cuanto le sujetó todas las cosas, nada dejó que no sea sujeto a él; pero todavía no vemos que todas las cosas le sean sujetas.* Hebreos 2:8 RVR1960

Entonces, vimos tres cosas en esos textos.

1. Todas las cosas en Él «subsisten»
2. Él «sustenta» todas las cosas
3. Todas las cosas le son «sujetas»

En otras palabras, Dios está activo presentemente en la creación y en la vida de Sus criaturas.

El hecho de que Él envió a Su Hijo Unigénito muchos siglos después de la creación a nacer de una virgen, ministrar y morir como el sacrificio perfecto por los pecados, nos confirma que Dios ha estado envuelto en la creación.

Si Dios no estuviera envuelto, presente y activo en la relación con Sus hijos, Jesucristo no hubiera enseñado sobre la oración.

El hecho de que Dios ha prometido responder a nuestras oraciones nos confirma que Él está presente y activo.

El materialismo (o naturalismo)

La idea del materialismo no tiene nada que ver con el consumismo, o el deseo de los seres humanos de obtener riquezas o cosas materiales.

Esta idea del materialismo naturalista cree que el universo material es todo lo que hay. Creen que todo es materia.

El término naturalismo (del latín naturalis) se usa para denominar las corrientes filosóficas que consideran a la naturaleza como el principio único de todo aquello que es real. Es un sistema filosófico y de creencias que sostiene que no hay nada más que naturaleza, fuerzas y causas del tipo de las estudiadas por las ciencias naturales; estas existen para poder comprender nuestro entorno físico[52].

Algunos proponentes contemporáneos de esta escuela son Richard Dawkins[53], Sam Harris[54] así como el fallecido Christopher Hitchens[55], cuyos escritos siguen vivos.

Esta escuela dice que vivimos en un mundo cerrado. Ninguna fuerza exterior puede entrar y perturbar el mundo físico.

En otras palabras, todo está confinado al mundo físico.

De acuerdo a este punto de vista, nuestras vidas, y todo lo que sucede, está gobernado por fenómenos estrictamente naturales.

Aunque el naturalismo y el ateísmo se discuten como escuelas separadas, vemos que los que defienden esta escuela no creen en la existencia de Dios, por lo que se pueden considerar como ateos. Aunque existe un debate en cuanto a si un naturalista pudiera ser religioso[56].

Hay variaciones y escuelas de materialismo que difieren en puntos, sin embargo el ateísmo suele ser un factor común en estas. Por ejemplo, el materialismo histórico de Marx y Engels, en 1848 se había publicado en el Manifiesto comunista[57].

De una manera u otra, el materialismo o naturalismo en sus diferentes formas, niega la existencia de Dios y por ende Su trabajo en la creación, de hecho, el concepto de creación en general.

Estas escuelas de pensamiento que hemos estudiado tienen en común que se oponen al relato bíblico de la creación, o niegan la superioridad de Dios sobre Su creación o eliminan Su relación con ella.

6

RELACIÓN DE DIOS CON LA CREACIÓN

Hemos estudiado que Dios no está distante sino involucrado activamente sosteniendo todo lo que ha creado.

Para ahora hacer el debido énfasis en cuanto a la relación que Dios tiene con la creación, primero quiero afirmar tres cosas.

1. Dios es «distinto» a la creación
2. Dios está siempre «involucrado» en la creación
3. La creación «depende» siempre de Dios

Debido a que la creación no se hizo a sí sola, tampoco puede sostenerse por sí sola.

La subsistencia y estabilidad de todo el universo —incluyendo a las criaturas— depende del poder sustentador de Dios.

Mire lo que dice Pablo a los de Atenas en el libro de Hechos.

> ...ni es honrado por manos de hombres, como si necesitase de algo; pues él es quien da a todos vida y aliento y todas las cosas. Porque en él vivimos, y nos movemos, y somos; como algunos de vuestros propios poetas también han dicho: Porque linaje suyo somos. Hechos 17:25,28 RVR1960

Note en estas dos frases la manera en que el ser humano depende de Dios, cuando dice que Dios «da a todos vida y aliento y todas las cosas» y «en él vivimos, y nos movemos, y somos».

Entonces, sabemos que Dios sostiene todo, pero también debemos saber que Dios está por encima de todo. Veamos esto en más detalles.

Trascendencia

Para entender la trascendencia de Dios debemos entender que Dios es distinto y soberano sobre Su creación.

Vemos Su trascendencia en Su realeza, majestad y santidad.

Dios está por encima de la creación.

> *Porque mis pensamientos no son vuestros pensamientos, ni vuestros caminos mis caminos, dijo Jehová. Como son más altos los cielos que la tierra, así son mis caminos más altos que vuestros caminos, y mis pensamientos más que vuestros pensamientos. Isaías 55:8,9* RVR1960

> *¿Quién como el Señor nuestro Dios? El Señor tiene su trono en las alturas, pero se digna inclinarse para ver lo que ocurre en el cielo y en la tierra. Salmo 113:5,6* RVC

> *Y les dijo: Vosotros sois de abajo, yo soy de arriba; vosotros sois de este mundo, yo no soy de este mundo. Juan 8:23* RVR1960

Creo que podemos tener una visión clara de la trascendencia de Dios cuando lo leemos de la manera que lo vió Isaías.

> *En el año que murió el rey Uzías vi yo al Señor sentado sobre un trono alto y sublime, y sus faldas llenaban el templo. Por encima de él había serafines; cada uno tenía seis alas; con dos cubrían sus rostros, con dos cubrían sus pies, y con dos volaban. Y el uno al otro daba voces, diciendo: Santo, santo, santo, Jehová de los ejércitos; toda la tierra está llena de su gloria. Y los quiciales de las puertas se estremecieron con la voz del que clamaba, y la casa se llenó de humo. Entonces dije: ¡Ay de mí! que soy muerto; porque siendo hombre inmundo de labios, y habitando en medio de pueblo que tiene labios inmundos, han visto mis ojos al Rey, Jehová de los ejércitos. Isaías 6:1—5* RVR1960

Cuando hablamos de Su trascendencia, hablamos de Su realeza, Su gloria, Su majestad. Dios trasciende por encima de todos y es Soberano sobre Sus criaturas.

Sin embargo, eso no quiere decir que Dios no interactúe con la creación. Eso sería deísmo, como ya lo hemos estudiado anteriormente.

Inmanencia

Dios, además de ser trascendente, también es inmanente.

La inmanencia de Dios significa que Él está presente. Dios está presente en la tierra —especialmente con su pueblo.

Los siguientes textos prueban esto.

> *Aprende pues, hoy, y reflexiona en tu corazón que Jehová es Dios arriba en el cielo y abajo en la tierra, y no hay otro. Deuteronomio 4:39* RVR1960

> *Oyendo esto, ha desmayado nuestro corazón; ni ha quedado más aliento en hombre alguno por causa de vosotros, porque Jehová vuestro Dios es Dios arriba en los cielos y abajo en la tierra. Josué 2:11* RVR1960

> *Porque así dijo el Alto y Sublime, el que habita la eternidad, y cuyo nombre es el Santo: Yo habito en la altura y la santidad, y con el quebrantado y humilde de espíritu, para hacer vivir el espíritu de los humildes, y para vivificar el corazón de los quebrantados. Isaías 57:15* RVR1960

Así es. El Señor es Dios arriba en los cielos y abajo en la tierra. Habita en la altura y con el quebrantado a la misma vez.

La inmanencia de Dios significa que a pesar de ser un Dios tan grande, puede estar cerca de nosotros. Su presencia es real hoy y aquí.

> *Cercano está el SEÑOR a todos los que le invocan, a todos los que le invocan de verdad. Salmos 145:18* RVA-2015

7

EL CLÍMAX DE LA CREACIÓN

> *Entonces el SEÑOR Dios formó al hombre del polvo de la tierra. Sopló en su nariz aliento de vida, y el hombre llegó a ser un ser viviente. Génesis 2:7* RVA-2015

La creación del ser humano es la obra maestra. Ese es el clímax.

En general, clímax significa «punto más alto o culminación de un proceso[58]», esto es, la culminación.

El clímax de toda la creación es cuando Dios creó al hombre y a la mujer.

Al hombre lo formó del polvo de la tierra. Es decir que Dios usó materia que ya había creado, pero entonces le sopló aliento de vida. Es decir, espíritu.

Y esta es la forma en que Dios creó a la mujer.

> *Entonces el SEÑOR Dios hizo que sobre el hombre cayera un sueño profundo; y mientras dormía, tomó una de sus costillas y cerró la carne en su lugar. Y de la costilla que el SEÑOR Dios tomó del hombre, hizo una mujer y la trajo al hombre. Génesis 2:21-22* RVA-2015

A pesar que hay distinciones fisiológicas entre el hombre y la mujer, —de hecho, Dios los dotó con dones diferentes— los dos tenían algo en común que los hacía muy diferentes al resto de la creación. Fueron hechos a imagen de Dios.

> *Creó, pues, Dios al hombre a su imagen; a imagen de Dios lo*

creó; hombre y mujer los creó. Génesis 1:27 RVA-2015

Esto nos hace diferentes.

Podemos parecernos a otras criaturas, tenemos ojos, nariz, cabeza, pero somos muy diferentes. No somos «animales racionales» como lo enseña el materialismo. Somos más.

Somos creados «a imagen de Dios». Esto quiere decir que reflejamos a Dios de tres formas.

1. En esencia
2. En función
3. En relación

Veamos en más detalles.

En esencia

En primer lugar, reflejamos a Dios en nuestra esencia. Esto quiere decir, en Su naturaleza. Como seres humanos, somos intelectuales, racionales, espirituales, y tenemos una semblanza moral.

Los animales no escriben libros, ni resuelven ecuaciones matemáticas. No planean su futuro, no oran, no practican la fe, y no tienen códigos morales escritos.

Casi todo lo que hacen los animales es por instinto natural. Y sí, tienen cierta limitada inteligencia y memoria que Dios les dió y que les permite protegerse, buscar alimentos y sobrevivir, pero jamás comparado con lo que Dios puso en el ser humano.

Los seres humanos, en nuestra esencia, fuimos creados a imagen de Dios.

En función

Tenemos en segundo lugar, la necesidad y el deseo de gobernar.

> *Y los bendijo Dios, y les dijo: Fructificad y multiplicaos; llenad la tierra, y sojuzgadla, y señoread en los peces del mar, en las aves de los cielos, y en todas las bestias que se mueven sobre la tierra. Génesis 1:28* RVR1960

Esto es una dirección que Dios puso en nosotros. Podemos funcionar. Podemos multiplicarnos y ser gerentes sobre la tierra y lo que esta produce.

> *Y dijo Dios: He aquí que os he dado toda planta que da semilla, que está sobre toda la tierra, y todo árbol en que hay fruto y que da semilla; os serán para comer.* Génesis 1:29 RVR1960

> *Tomó, pues, Jehová Dios al hombre, y lo puso en el huerto de Edén, para que lo labrara y lo guardase.* Génesis 2:15 RVR1960

Somos mayordomos de Dios, ejerciendo buena autoridad y gobierno sobre lo que ha creado. Como gobernantes de los bienes de Dios sobre esta tierra —porque todo es de Él— servimos en una función muy especial. Lo representamos a Él.

En relación

Tercero, los seres humanos, reflejamos a Dios relacionalmente.

Dios nos creó para que nos relacionemos con otros seres humanos, pero principalmente con Él. De hecho, fuimos creados para estar en relación con Dios.

Claro que esa relación fue dañada por causa de la desobediencia, sin embargo en Cristo nuestra relación es reconciliada con el Padre.

> *Y todo esto proviene de Dios, quien nos reconcilió consigo mismo por Cristo, y nos dio el ministerio de la reconciliación; que Dios estaba en Cristo reconciliando consigo al mundo, no tomándoles en cuenta a los hombres sus pecados, y nos encargó a nosotros la palabra de la reconciliación.* 2 Corintios 5:18,19 RVR1960

Entonces, por el hecho de que somos seres relacionales, podemos tener comunión con Dios y con otros seres humanos.

Este es un fundamento básico para la vida de la iglesia. Nos congregamos porque somos seres relacionales, y en relación tenemos la habilidad de madurar y crecer juntos.

Tenemos como seres relacionales la capacidad de amar, y en esto también reflejamos la imagen de Dios. Podemos amar a nuestros semejantes, y sobre todo, podemos amar a Dios.

Y todo esto viene de Él.

> *Nosotros le amamos a él, porque él nos amó primero.* **1 Juan 4:19** RVR1960

En conclusión

¿Por qué es tan importante la doctrina de la creación?

La doctrina de la creación establece el origen de todo.

Responde a las preguntas más importantes sobre «de donde venimos, quienes somos y cuál es la razón por la que fuimos formados».

Nos enseña los principios del carácter y la personalidad de Dios, estableciendo las bases para todo lo que vendrá después en la historia del mundo y la humanidad, y pone los fundamentos para el resto de la doctrina bíblica.

Y también, nos hace gozarnos en nuestra esperanza de que el Dios de la creación tiene poder para hacer todas las cosas nuevas.

> *Y el que estaba sentado en el trono dijo: He aquí, yo hago nuevas todas las cosas. Y me dijo: Escribe; porque estas palabras son fieles y verdaderas.* **Apocalipsis 21:5** RVR1960

ANGELOLOGÍA: LA DOCTRINA DE LOS ÁNGELES

**Porque en él fueron creadas todas las cosas, las que hay en los cielos y las que hay en la tierra, visibles e invisibles; sean tronos, sean dominios, sean principados, sean potestades; todo fue creado por medio de él y para él.
Col 1:16** RVR1960

INTRODUCCIÓN A LA ANGELOLOGÍA

Existe un orden de seres celestiales muy distintos de los seres humanos. Estos seres a pesar de ser dotados de muchos poderes sobrenaturales son también muy distintos a la Deidad.

Estos son los ángeles, y son mencionados al menos 108 veces en el Antiguo Testamento y 165 veces en el Nuevo.

El estudio de estos seres llamados ángeles es precisamente a lo que llamamos: «angelología».

La palabra «ángel» viene del hebreo «mal'ak» la cual es un sustantivo masculino que significa «mensajero»[1]. En el Nuevo Testamento la palabra griega para ángel es «aggelos» que significa lo mismo[2].

Los ángeles ejecutan las órdenes de Dios. Son mensajeros del Creador.

También hay ángeles caídos, los cuales formaron parte de una rebelión cósmica —bajo el mando de Satanás «Lucero, hijo de la mañana»— que comenzó en los cielos y fueron echados a tierra (Isaías 14:12—15), y otros a prisiones (Judas 1:6), lo cual estudiaremos en el transcurso de este tomo.

Los ángeles también interfieren en los asuntos humanos, aún en cuestiones de reinos y naciones, guerra y política, y algunos son asignados para ministrar a los santos, estos son «espíritus ministradores, enviados para servicio a favor de los que serán herederos de la salvación» (Hebreos 1:14).

Por otro lado, ángeles caídos forman parte de las «huestes espirituales de maldad en las regiones celestes» (Efesios 6:12), y el trabajo de estos ha sido interrumpir el progreso de la obra de Dios en la tierra, aunque sabemos que Dios es poderoso y soberano permitiendo lo que Él quiere permitir conforme a los designios de Su voluntad como vemos en la historia de Job (Job 1:6—8).

Entonces, comencemos este emocionante recorrido para entender lo que los textos sagrados nos dicen sobre estas fascinantes criaturas y su relación con la creación, la historia, los ministerios, los acontecimientos escatológicos y la eternidad.

1

UNIVERSO ANGÉLICO

Para hablar de ángeles por supuesto que no podemos limitarnos a los confines terrenales. Es necesario que hablemos en términos universales.

La creación material se extiende mucho más allá de nuestro sistema solar. Incluye otras galaxias, con otros sistemas solares. Planetas que giran alrededor de otros soles.

Cada vez que se construyen más nuevos y avanzados telescopios descubrimos partes del universo que no conocíamos antes, y los científicos trabajan arduamente para encontrar indicios de vida en otros planetas.

No voy a discutir en este tomo en cuanto a la posibilidad de vida animal en otros lugares del universo, pero sí puedo hablar con certeza sobre los millares de ángeles que habitan las regiones celestiales.

La Biblia nos enseña que el número de estos seres es tan grande que traspasa nuestra imaginación.

Estos son clasificados en grupos conocidos como tronos y dominios, autoridades, principados y potestades, y huestes celestiales.

Y todos, —al igual que el resto de la creación— están sujetos a nuestro Señor Jesucristo.

Él es el Creador de todo el universo —incluyendo a los ángeles.

Para establecer una referencia de la magnitud de esta creación angelical, imagínese un reinado, donde existe un trono, una corte, príncipes y ejércitos con innumerables millares de seres militares. Ahora, multiplique este reinado por un número más allá de lo que usted se pueda imaginar. ¿Se da cuenta de lo que estoy hablando?

Ahora, que se puede dar cuenta de lo grande de esa creación celestial, quiero decirle que todos esos tronos de todos esos reinados, están sometidos a la autoridad de Jesucristo. Jesús es Señor y Rey sobre toda la creación.

No sé usted, pero a mi esto me despierta la imaginación y me emociona mucho.

También me trae a la certera realidad de que sólo hemos visto una muy pequeña parte de la creación de Dios. Y si lo que conocemos es tan hermoso y resplandeciente, ¿se imagina cómo será lo que nuestros ojos todavía no han visto?

Veamos algunos textos, comenzando por lo que dice Pablo sobre estos dominios, principados y potestades.

> *Porque en él fueron creadas todas las cosas, las que hay en los cielos y las que hay en la tierra, visibles e invisibles; sean tronos, sean dominios, sean principados, sean potestades; todo fue creado por medio de él y para él. Colosenses 1:16* RVR1960

Ese texto nos dice también que todo fue creado por medio de Cristo y para Cristo. Pedro nos confirma que estos seres creados están sujetos a Cristo.

> *...quien habiendo subido al cielo está a la diestra de Dios; y a él están sujetos ángeles, autoridades y potestades. 1 Pedro 3:22* RVR1960

Por otro lado, no tenemos evidencias de que estos seres estén limitados a una región del universo. Cristo dijo: «En la casa de mi Padre muchas moradas hay...» (Juan 14:2).

La «casa de mi Padre» es el universo en el cual hay muchas moradas. Judas nos afirma que los ángeles tienen su «propia morada» (Judas 6).

El teólogo anglicano Richard Hooker dijo que «existe una sociedad de ángeles de Dios, y hay una ley que los organiza en ejército, perteneciendo a distintos grados u órdenes[3]».

Esto es de suma importancia, puesto que los seres humanos tenemos la tendencia de pensar que somos el centro de la creación y todo lo otro creado se congrega alrededor nuestro, cuando en realidad, la existencia de los ángeles es anterior a la de la humanidad y existen regiones pobladas de estos en otros lugares del universo desde mucho antes que Adán y Eva fuesen formados aquí en nuestra tierra.

Sabemos que los seres angélicos tienen interés en lo que ocurre aquí en la tierra, y que a muchos de ellos les han sido dadas asignaciones para tomar parte en eventos acá, sin embargo, no nos es revelado mucho en cuanto a las habitaciones de estos o acontecimientos de donde ellos existen.

Nuestros sentidos naturales no son capaces de detectar la presencia de ángeles entre nosotros, sin embargo, sabemos que están a nuestro alrededor, en todo lugar.

El siervo de Eliseo, cuando el profeta oró por él, sus ojos fueron abiertos y pudo ver un ejército de ángeles.

> *Y se levantó de mañana y salió el que servía al varón de Dios, y he aquí el ejército que tenía sitiada la ciudad, con gente de a caballo y carros. Entonces su criado le dijo: ¡Ah, señor mío! ¿qué haremos? El le dijo: No tengas miedo, porque más son los que están con nosotros que los que están con ellos. Y oró Eliseo, y dijo: Te ruego, oh Jehová, que abras sus ojos para que vea. Entonces Jehová abrió los ojos del criado, y miró; y he aquí que el monte estaba lleno de gente de a caballo, y de carros de fuego alrededor de Eliseo. 2 Reyes 6:15—17* RVR1960

Entonces, entendemos lo magnífico de estos seres creados que habitan las regiones celestes y sirven a las órdenes de Dios aquí en la tierra, sin embargo, por interesantes y magníficos que sean, se nos advierte claramente que no debemos adorarlos.

Pablo habla en contra del culto a los ángeles.

> *Nadie os prive de vuestro premio, afectando humildad y culto a*

> *los ángeles, entremetiéndose en lo que no ha visto, vanamente hinchado por su propia mente carnal... Colosenses 2:18* RVR1960

También Juan nos relata esto en el Apocalipsis.

> *Yo Juan soy el que oyó y vio estas cosas. Y después que las hube oído y visto, me postré para adorar a los pies del ángel que me mostraba estas cosas. Pero él me dijo: Mira, no lo hagas; porque yo soy consiervo tuyo, de tus hermanos los profetas, y de los que guardan las palabras de este libro. Adora a Dios. Apocalipsis 22:8,9* RVR1960

Vemos ahí dos cosas.

1. El ángel rehusó ser adorado
2. Los ángeles son consiervos nuestros

Esto de por sí es fascinante, y nos deja ver el nivel en el que Dios nos ha colocado a nosotros quienes le servimos. ¡Gloria a Dios!

2

ENTENDIENDO A LOS ÁNGELES

A pesar del alto rango al que pertenecen los ángeles dentro del orden de la creación, estos son seres creados —no se hicieron a sí mismos— y no poseen ningún poder independiente de Dios.

Debemos rechazar todo tipo de idolatría y misticismo concerniente a los ángeles.

Sabemos que Dios entregó a estos una capacidad moral y aún la libertad para rebelarse, lo cual un número de estos hicieron. Algunos de los ángeles «pecaron» y «no guardaron su dignidad».

> *Porque si Dios no perdonó a los ángeles que pecaron, sino que arrojándolos al infierno los entregó a prisiones de oscuridad, para ser reservados al juicio... 2 Pedro 2:4* RVR1960

> *Y a los ángeles que no guardaron su dignidad, sino que abandonaron su propia morada, los ha guardado bajo oscuridad, en prisiones eternas, para el juicio del gran día... Judas 6* RVR1960

Esos textos nos declaran también que estos ángeles que «pecaron» y «no guardaron su dignidad», tendrán que presentarse en el día del juicio.

Este es el caso de Satanás, quien primero fue arrojado a tierra, y también será arrojado al fuego eterno.

> *A causa de la multitud de tus contrataciones fuiste lleno de iniquidad,*

> *y pecaste; por lo que yo te eché del monte de Dios, y te arrojé de entre las piedras del fuego, oh querubín protector. Se enalteció tu corazón a causa de tu hermosura, corrompiste tu sabiduría a causa de tu esplendor; yo te arrojaré por tierra; delante de los reyes te pondré para que miren en ti.* Ezequiel 28:16,17 RVR1960

> *Entonces dirá también a los de la izquierda: Apartaos de mí, malditos, al fuego eterno preparado para el diablo y sus ángeles.* Mateo 25:41 RVR1960

Los ángeles dependen de Dios, para órdenes y aún sus victorias no pueden ser logradas sin el poder del Altísimo operando en ellos. Esto lo vemos en el arcángel Miguel —que pertenece a un rango más alto en la jerarquía angelical— cuando luchaba con Satanás por el cuerpo de Moisés.

> *Pero cuando el arcángel Miguel contendía con el diablo, disputando con él por el cuerpo de Moisés, no se atrevió a proferir juicio de maldición contra él, sino que dijo: El Señor te reprenda.* Judas 1:9 RVR1960

Entonces, sabiendo que los ángeles dependen de Dios como nosotros y que son nuestros consiervos, ¿qué más podemos aprender entre la relación entre ángeles y seres humanos?

3
ÁNGELES Y HOMBRES

En cuanto a niveles, la Biblia afirma que el hombre fue creado «poco menor que los ángeles».

> *...digo: «¿Qué es el hombre para que tengas de él memoria, y el hijo del hombre para que lo visites?» Lo has hecho poco menor que los ángeles y lo coronaste de gloria y de honra. Salmos 8:4,5* RVR1995

> *Al contrario, alguien testificó en cierto lugar, diciendo: «¿Qué es el hombre para que te acuerdes de él, el ser humano para que lo visites? Lo hiciste un poco menor que los ángeles, lo coronaste de gloria y de honra y lo pusiste sobre las obras de tus manos. Hebreos 2:6,7* RVR1995

Es obvio que el autor de Hebreos está citando los Salmos. En orden de «poderes y habilidades» el hombre fue creado menor que los ángeles, sin embargo, el mismo texto dice que al hombre Dios lo puso sobre la creación, algo que no le dio a los ángeles. El texto dice, «lo pusiste sobre las obras de tus manos», y en el original, el resto del texto nos entrega detalles.

> *Lo hiciste señorear sobre las obras de tus manos; todo lo pusiste debajo de sus pies: ovejas y bueyes, todo ello, y asimismo las bestias del campo, las aves del cielo y los peces del mar; ¡todo cuanto pasa por los senderos del mar! Salmos 8:6—8* RVR1995

Es decir, que Dios le entregó al hombre señorío sobre la creación. Claro está, que Jesucristo es «Señor de señores» (1 Timoteo 6:15; Apocalipsis 17:14).

El punto establecido es que aunque el hombre fue creado «poco menor que los ángeles», Dios le dio dominio sobre la creación.

> *Entonces dijo Dios: "Hagamos al hombre a nuestra imagen, conforme a nuestra semejanza, y tenga dominio sobre los peces del mar, las aves del cielo, el ganado, y en toda la tierra, y sobre todo animal que se desplaza sobre la tierra".* Génesis 1:26 RVA-2015

Ahora. Los textos son específicos en cuanto a la extensión de ese dominio. Incluye, «sobre los peces del mar, las aves del cielo, el ganado, y en toda la tierra, y sobre todo animal que se desplaza sobre la tierra», el Salmo dice: «ovejas y bueyes, todo ello, y asimismo las bestias del campo, las aves del cielo y los peces del mar; ¡todo cuanto pasa por los senderos del mar!».

Entonces, ese dominio o señorío parece ser limitado a la creación terrenal. No menciona el resto del universo, ciertamente otras regiones celestes.

Sin embargo, en las jerarquías angélicas, existen tronos y potestades, lo que parece indicar que los ángeles tienen señorío en esas regiones.

Lo seguro es que en lo que corresponde a esta tierra, el hombre recibió una delegación especial. Claro que la caída complicó y dañó el liderazgo humano, y no es hasta que Cristo muere en la cruz que ese estatus de gobernantes es rescatado (de esto hablo en otros tomos de esta serie), y de cierto, cuando todas las cosas sean hechas nuevas, en los nuevos cielos y nueva tierra, reinaremos con Cristo (2 Timoteo 2:12), específicamente, «reinaremos sobre la tierra» (Apocalipsis 5:10).

Por mucho tiempo los teólogos han debatido sobre este asunto. Si quién es mayor, el hombre o los ángeles. Algunos han dicho que el texto en Hebreos 2:6,7 se refiere a Jesucristo, porque usa la frase «el hijo del hombre» en algunas versiones como la *Reina Valera 1960*.

La revisión Reina Valera 1995 lo traduce «el ser humano» en lugar del «hijo del hombre». Dice: «¿Qué es el hombre para que te acuerdes de él, el ser humano para que lo visites?».

Además, regresando a la cita de los Salmos, vemos que claramente está hablando del lugar del ser humano dentro de la creación.

Jesucristo, obviamente es mayor que los ángeles, porque Él los creó. «Todas las cosas fueron hechas por medio de Él» (Juan 1:3 NBLA).

Además, el texto al principio de Hebreos lo demuestra claramente.

Esto demuestra que el Hijo es muy superior a los ángeles, así como el nombre que Dios le dio es superior al nombre de ellos. Hebreos 1:4 NTV

Entonces, Jesucristo es mayor que los ángeles y los ángeles son mayores que el hombre.

Los ángeles son mayores que el hombre, en el aspecto de que Dios les ha dotado de poderes especiales. Otra vez, debo hacer hincapié en que al hombre Dios le ha dotado con dominio sobre la creación terrenal, y otras cosas más.

Por ejemplo, el hombre fue hecho a la imagen de Dios; y la Biblia no dice esto de los ángeles.

Al hombre, Dios le dió un cuerpo material, con sentidos naturales que le permiten relacionarse directamente con la creación terrenal. La experiencia humana es muy única y especial.

Los ángeles no poseen este tipo de naturaleza. Aunque tienen el poder de tomar forma humana cuando alguna misión lo amerita. Se pueden hacer visibles, inclusive a la hora de entregar un mensaje. Pero no es la regla. Ellos son seres celestiales. Sus moradas no son terrestres.

4

ÁNGELES Y SU PERSONALIDAD

Por el hecho que los ángeles existen para servir y ejecutar los designios de Dios, la personalidad de estos puede ser vista en relación con la misión que desarrollan en eventos particulares.

No podemos clasificarlos como al hombre. La psicología del ser humano es muy detallada y mucho más complicada que todas las otras criaturas que respiran.

De hecho, el hombre, muestra emociones muy parecidas a las de Dios. Tiene la capacidad de mostrar afección, enojarse, entristecerse, etc...

Los ángeles no expresan este tipo de emociones en sus interacciones como los seres humanos, y nuestra información es bastante limitada en esto porque Dios sólo nos ha revelado sobre los ángeles lo que Él ha querido revelar.

Sin embargo, sabemos que sí tienen emociones. Veamos.

Devoción

Sabemos que expresan bien su devoción en la manera en que adoran a Dios.

> *Además, cuando trajo a su Hijo supremo al mundo, Dios dijo: «Que lo adoren todos los ángeles de Dios». Hebreos 1:6* NTV

> *Alabadle, vosotros todos sus ángeles; Alabadle, vosotros todos sus ejércitos. Salmos 148:2* RVR1960

> *Y los cuatro seres vivientes tenían cada uno seis alas, y alrededor y por dentro estaban llenos de ojos; y no cesaban día y noche de decir: Santo, santo, santo es el Señor Dios Todopoderoso, el que era, el que es, y el que ha de venir. Apocalipsis 4:8* RVR1960

En cuanto a ángeles con seis alas, hablaremos más adelante. Por el momento estamos hablando de ángeles en general. Esto se pondrá más interesante.

Contemplan el rostro de Dios

¡Qué tremendo! Los ángeles ven el rostro de Dios continuamente.

> *Mirad que no menospreciéis a uno de estos pequeños; porque os digo que sus ángeles en los cielos ven siempre el rostro de mi Padre que está en los cielos. Mateo 18:10* RVR1960

La oportunidad para que un ser humano pueda ver el rostro de Dios dentro de esta creación terrenal es imposible. Acá en la tierra nadie jamás ha visto a Dios. Juan dice: «A Dios nadie le vio jamás...» (Juan 1:18). Es decir que cuando un predicador le dice a usted que Dios se le apareció en persona y lo vió y habló con Él, simplemente está mintiendo.

Jesús entrega una esperanza para los de limpio corazón, los cuales, dice «verán a Dios» (Mateo 5:8), claro que esto no será aquí, sino en la Nueva Jerusalén.

Y claro, la única manera de tener un «limpio corazón» es por gracia. En la regeneración Dios nos ha dado un corazón nuevo (Ezequiel 11:19).

Entonces, los que por gracia hemos sido lavados por Su sangre, veremos a Dios en la santa ciudad (Apocalipsis 22:3,4), pero como ve, esto está en futuro, mientras que los ángeles ya tienen esa bendición ahora, y la han tenido siempre.

Conocen sus limitaciones

Los ángeles saben que ellos tienen limitaciones en cuanto al conocimiento de los planes de Dios.

> *Pero del día y la hora nadie sabe, ni aun los ángeles de los cielos, sino sólo mi Padre. Mateo 24:36* RVR1960

También tienen limitaciones en cuanto a beneficios que sólo Jesucristo puede tener.

Pues, ¿a cuál de los ángeles dijo Dios jamás: Siéntate a mi diestra, Hasta que ponga a tus enemigos por estrado de tus pies? Hebreos 1:13 RVR1960

No gozan de la posición que por supuesto sólo le pertenece al Hijo, y los planes de Dios no les son revelados, al no ser que sean enviados en una misión. En ese caso recibirán las instrucciones necesarias solamente, porque así se conduce un ejército.

En el lenguaje militar, a los soldados en un ejército, sólo les dejan saber lo que necesitan para completar la misión, pero no son partícipes de la planeación de estrategia o política de esta. En inglés a esto le llaman, ir a la misión «on a need-to-know basis[5]»,que significa que «sólo se les dice lo que necesitan saber en el momento en que necesitan saberlo, y nada más».

5

¿CUÁNDO FUERON CREADOS LOS ÁNGELES?

Los ángeles son parte de la creación de Dios. Pablo nos habla algo de esto.

> *Porque en él fueron creadas todas las cosas, las que hay en los cielos y las que hay en la tierra, visibles e invisibles; sean tronos, sean dominios, sean principados, sean potestades; todo fue creado por medio de él y para él. Y él es antes de todas las cosas, y todas las cosas en él subsisten... Colosenses 1:16-17* RVR1960

Sin embargo, estos fueron creados antes de que Dios creara el universo físico.

El libro de Job describe a los ángeles adorando a Dios mientras Él estaba creando el mundo.

> *¿Dónde estabas tú cuando yo fundaba la tierra? Házmelo saber, si tienes inteligencia. ¿Quién ordenó sus medidas, si lo sabes? ¿O quién extendió sobre ella cordel? ¿Sobre qué están fundadas sus bases? ¿O quién puso su piedra angular, Cuando alababan todas las estrellas del alba, Y se regocijaban todos los hijos de Dios? Job 38:4—7* RVR1960

La frase «los hijos de Dios» nos dice claramente que eran ángeles. Al principio del libro de Job vemos que: «Un día vinieron a presentarse delante de Jehová los hijos de Dios, entre los cuales vino también Satanás» (Job 1:6). Estos «hijos de Dios» son las mismas criaturas angélicas que presenciaron cuando Dios fundaba la tierra, lo que nos confirma que ya habían sido creados antes.

¿Cuánto tiempo antes? No lo sabemos. El Génesis nos habla de cómo Dios creó el tiempo de la manera que nosotros lo conocemos cuando puso las «lumbreras en la expansión de los cielos para separar el día de la noche; y sirvan de señales para las estaciones, para días y años...» (Génesis 1:14), así que no tenemos referencia de tiempo antes que eso.

Sin embargo, entendemos que cronológicamente, los ángeles fueron creados antes que el hombre.

Tenemos indicios de lo que pudo haber sido una rebelión cósmica que sucedió antes de que Adán fuera puesto en el Edén.

Si la teoría de un juicio que ocurrió antes de Génesis 1:2 es posible —lo cual pudo haber sido la causa por la que la tierra estaba «desordenada y vacía», sabiendo que Dios es un Dios de orden— entonces, podríamos colocar la rebelión del diablo y sus ángeles en ese intervalo entre los versículos uno y dos. Claro que es sólo una teoría, promovida por algunos teólogos como C.I. Scofield[4]. No es teología establecida.

De esto hablo más en detalles en el tomo Origen: La doctrina de la Creación, pero haré aquí sólo unas cortas observaciones.

¿Podría ser que la rebelión de Satanás y sus ángeles tuvo algo que ver con un cataclismo que dejó la tierra desordenada, quizá cuando fueron arrojados a tierra?

C.I. Scofield, escribe esto como referencia al versículo dos del capítulo uno de Génesis:

> «Jer. 4:23-26; Is. 24:1 y 45:18 indican claramente que la tierra había sufrido un cambio catastrófico como resultado del juicio divino. Por toda la faz de la tierra hay evidencias de tal cataclismo. En las Escrituras hay ciertas insinuaciones acerca de la posible relación de este evento con el de la prueba y caída de ciertos ángeles, en un período precedente. Vease, por ejemplo, Ez. 28:12-15 e Is. 14:9-14...».

Al leer los textos que señala Scofield podemos tener una idea en cuanto a por qué él defiende esta teoría.

> *Miré a la tierra, y he aquí que estaba asolada y vacía; y a los cielos, y no había en ellos luz. Miré a los montes, y he aquí que temblaban, y todos los collados fueron destruidos. Miré, y no había hombre, y todas las aves del cielo se habían ido. Miré, y he aquí el campo fértil era un desierto, y todas sus ciudades eran asoladas delante de Jehová, delante del ardor de su ira. Jeremías 4:23-26* RVR1960

Otro texto mencionado por Scofield está en Isaías.

> *He aquí que Jehová vacía la tierra y la desnuda, y trastorna su faz, y hace esparcir a sus moradores. Isaías 24:1* RVR1960

Como dije antes, lo del cataclismo entre los versículos uno y dos del capítulo primero de Génesis, es una teoría, pero sí tenemos por cierto que el diablo fue echado a tierra.

> *¡Cómo caíste del cielo, oh Lucero, hijo de la mañana! Cortado fuiste por tierra, tú que debilitabas a las naciones. Isaías 14:12* RVR1960

Vemos después que en forma de serpiente se le aparece a Eva en el Edén (Génesis 3:1; Apocalipsis 12:9).

Regresando al orden

Lo que sí nos queda muy claro es que los ángeles ya habían sido creados y estaban presentes cuando Dios creó el mundo físico (Job 38:4—7).

6

EXISTENCIA Y CARACTERÍSTICAS DE LOS ÁNGELES

Los ángeles, no están sujetos a la muerte u otra forma final de existencia

Esto quiere decir que el número de ángeles que existe, no disminuye. Lo que nos dice que el diseño de Dios para la propagación de la raza humana es muy diferente al diseño numérico del orden angélico.

Los ángeles no tienen la opción de procrear. Jesús —hablando de los humanos— dijo que «en la resurrección ni se casarán, ni se darán en casamiento, sino serán como los ángeles de Dios en el cielo» (Mateo 22:28—30). Lo que quiere decir que, no hay ni aumento ni disminución en el número de estos seres celestiales.

La existencia de los ángeles es sostenida por Cristo

De la misma manera que el hombre es la suprema creación en las esferas terrenales, así los ángeles lo son en las esferas celestes, y ambos son sostenidos por Jesucristo, porque cielos y tierra y todo lo que existe visible o invisible fue creado por Él.

> *Porque en él fueron creadas todas las cosas, las que hay en los cielos y las que hay en la tierra, visibles e invisibles; sean tronos, sean dominios, sean principados, sean potestades; todo fue creado por medio de él y para él. Y él es antes de todas las cosas, y todas las cosas en él subsisten… Colosenses 1:16,17* RVR1960

Los ángeles adoran a Dios continuamente

Aunque sabemos que ha habido rebelión, tanto en los cielos como en la tierra, la mayor parte de los ángeles está delante del trono de Dios en adoración continua.

> *Y miré, y oí la voz de muchos ángeles alrededor del trono, y de los seres vivientes, y de los ancianos; y su número era millones de millones… Apocalipsis 5:11* RVR1960

Esto es algo tremendo en contraste al comportamiento humano donde es una minoría de los que verdaderamente adoran a Dios. El Señor es digno y merece ser adorado por toda la creación, los que están en las regiones celestes y los que estamos acá en la tierra.

Los ángeles son ejecutores contra los enemigos de Dios

El Señor destruirá a todos sus enemigos, uno por uno, y al final destruirá a la muerte completamente.

> *Porque preciso es que él reine hasta que haya puesto a todos sus enemigos debajo de sus pies. Y el postrer enemigo que será destruido es la muerte. 1 Corintios 15:25-26* RVR1960

¿Cómo lo hará?

Los ángeles son los ejecutores.

> *Enviará el Hijo del Hombre a sus ángeles, y recogerán de su reino a todos los que sirven de tropiezo, y a los que hacen iniquidad, y los echarán en el horno de fuego; allí será el lloro y el crujir de dientes. Entonces los justos resplandecerán como el sol en el reino de su Padre. El que tiene oídos para oír, oiga. Mateo 13:41—43* RVR1960

Los ángeles tienen cuerpo

No son espíritus flotando con resplandor fantasmático semitransparente como algunos los pintan.

Los ángeles tienen cuerpos con forma, claro que son cuerpos celestiales, pero con forma. No poseen un organismo mortal como los seres humanos, pero sí tienen forma y muy definida.

Pablo nos dice que «hay cuerpos celestiales, y cuerpos terrenales; pero una es la gloria de los celestiales, y otra la de los terrenales» (1 Corintios 15:40).

En un texto que mencioné antes, relacionado a otro punto, vimos que cuando estemos en el cielo, seremos «como los ángeles de Dios» (Mateo 22:30), y Pablo nos dice qué tipo de cuerpo tendremos.

> *Se siembra cuerpo animal, resucitará cuerpo espiritual. Hay cuerpo animal, y hay cuerpo espiritual. 1 Corintios 15:44* RVR1960

Entonces, si la Biblia nos dice que tendremos un cuerpo espiritual, o celestial, y que también seremos como los ángeles, claramente podemos decir que los ángeles tienen cuerpo.

Una nota. Cuando hablamos del cielo futuro, debemos tener en cuenta que cuando Dios haga nuevas todas las cosas, el cielo descenderá a la tierra, o se puede decir que pasarán a ser uno.

> *Y yo Juan vi la santa ciudad, la nueva Jerusalén, descender del cielo, de Dios, dispuesta como una esposa ataviada para su marido. Apocalipsis 21:2* RVR1960

Aún, entre el día que usted muere y la resurrección —a lo que algunos llaman «estado intermedio», tendremos cuerpo.

> *Porque sabemos que si nuestra morada terrestre, este tabernáculo, se deshiciere, tenemos de Dios un edificio, una casa no hecha de manos, eterna, en los cielos. 2 Corintios 5:1* RVR1960

De esto he hablado en más detalles en el tomo Soteriología: La doctrina de la Redención, que es parte de esta serie.

7

LA MORADA DE LOS ÁNGELES

Sabemos que hay millares de ángeles que habitan todo el universo. Estos seres en todas sus categorías y jerarquías tienen moradas asignadas y sedes fijas para sus actividades.

¿Cómo sabemos esto?

Para comenzar, Cristo nos dijo que los ángeles habitan las regiones celestes.

> *Pero de aquel día y de la hora nadie sabe, ni aun los ángeles que están en el cielo, ni el Hijo, sino el Padre. Marcos 13:32* RVR1960

Note la frase «están en el cielo».

El apóstol Pablo en defensa del único evangelio nos dice:

> *Mas si aun nosotros, o un ángel del cielo, os anunciare otro evangelio diferente del que os hemos anunciado, sea anatema. Gálatas 1:8* RVR1960

La frase «ángel del cielo», indica «lugar».

Es decir que la creación de Dios está extendida por todos los cielos y la tierra —en la tierra, humanos visibles y en las regiones celestes, ángeles y justos que ya han sido trasladados.

> *...de quien toma nombre toda familia en los cielos y en la tierra... Efesios 3:15* RVR1960

Cuando la Biblia habla de «los cielos» en plural, se está refiriendo a tres cielos, siendo el tercer cielo la misma morada de Dios, donde Su trono ha estado eternamente.

Pablo habla de haber sido arrebatado al tercer cielo. Aunque no dice explícitamente haber sido él —quizá por cuestión de humildad— el contexto nos deja saber que fue él.

> *Conozco a un hombre en Cristo, que hace catorce años (si en el cuerpo, no lo sé; si fuera del cuerpo, no lo sé; Dios lo sabe) fue arrebatado hasta el tercer cielo.* 2 Corintios 12:2 RVR1960

Existe un segundo cielo en el medio, referido también como el «espacio exterior», donde están «las estrellas del cielo» (Éxodo 32:13), y un primer cielo, que es nuestra atmósfera inmediata, donde están las nubes y de donde viene la lluvia. En la descripción de la lluvia que trajo el diluvio en los tiempos de Noé, Génesis 7:11 dice: «...y las cataratas de los cielos fueron abiertas».

En el cielo del medio, o «espacio exterior» o «regiones celestes», es donde han permanecido las «huestes espirituales de maldad» (Efesios 6:12) que fueron expulsados del tercer cielo por causa de la rebelión. Pablo se refiere al diablo como «príncipe de la potestad del aire» (Efesios 2:2).

Daniel nos habla de la batalla que tuvo que sostener el ángel mensajero —que venía de parte de Dios— para poder atravesar los aires y llegar a él con el mensaje.

> *Entonces me dijo: Daniel, no temas; porque desde el primer día que dispusiste tu corazón a entender y a humillarte en la presencia de tu Dios, fueron oídas tus palabras; y a causa de tus palabras yo he venido. Mas el príncipe del reino de Persia se me opuso durante veintiún días; pero he aquí Miguel, uno de los principales príncipes, vino para ayudarme...* Daniel 10:12,13 RVR1960

El «príncipe del reino de Persia» es un ángel caído que está a cargo de una región en los aires, y vemos cómo tuvo que venir Miguel —que es un arcángel (más adelante hablaremos de categorías y rangos)— a su auxilio. Miguel es quien peleó con el diablo por el cuerpo de Moisés (Judas 1:9), lo que nos dice lo importante que fue la lucha que sostuvo el ángel mensajero —que necesitó el apoyo de un arcángel— para poder llegar a Daniel.

El concepto de tres cielos es representado en tipología[6] en el tabernáculo que Dios mandó a Moisés que construyera en el Antiguo Testamento.

Dios le advirtió a Moisés cuando iba a construir el tabernáculo: «Mira, haz todas las cosas conforme al modelo que se te ha mostrado en el monte» (Hebreos 8:5).

El tabernáculo se dividía en tres partes, el atrio exterior, el Lugar Santo y el Lugar Santísimo.

Cada año el sumo sacerdote al entrar al tabernáculo, pasaba por el Atrio, luego por el Lugar Santo y finalmente entraba en el Lugar Santísimo llevando consigo sangre del sacrificio de animales, para esparcirla en la presencia del Señor.

De la misma manera que el sumo sacerdote traspasaba el Atrio y el Lugar Santo para llegar a la presencia de Dios en el Lugar Santísimo, así también Cristo «traspasó los cielos» para llegar a la presencia del Padre en el tercer cielo.

> *Por tanto, teniendo un gran sumo sacerdote que traspasó los cielos, Jesús el Hijo de Dios, retengamos nuestra profesión.* Hebreos 4:14 RVR1960

El siguiente texto nos dice claramente que el tabernáculo fue una tipología o «figura» de los cielos.

> *Porque no entró Cristo en el santuario hecho de mano, figura del verdadero, sino en el cielo mismo para presentarse ahora por nosotros ante Dios...* Hebreos 9:24 RVR1960

Jesús pasó por el Atrio (el cielo que envuelve a la tierra); el Lugar Santo, (los inmensos universos con sus inmensurables distancias), y finalmente entró en el Lugar Santísimo (tercer cielo).

Meditando de nuevo en el texto, veo la posibilidad de que cuando Dios le dijo a Moisés: «haz todas las cosas conforme al modelo que se te ha mostrado en el monte» (Hebreos 8:5), en realidad le había mostrado los cielos, es decir «la imagen misma de las cosas» (Hebreos 10:1). Claro que esto no es explícito en el texto, pero creo que la implicación implícita está ahí. ¿Qué cree usted?

Entonces, para concluir este capítulo, damos por hecho que los ángeles habitan todos los cielos.

1. Hay ángeles alrededor del trono de Dios

...sino que os habéis acercado al monte de Sion, a la ciudad del Dios vivo, Jerusalén la celestial, a la compañía de muchos millares de ángeles... Hebreos 12:22 RVR1960

2. Hay ángeles en tránsito entre el cielo y la tierra todo el tiempo

Y soñó: y he aquí una escalera que estaba apoyada en tierra, y su extremo tocaba en el cielo; y he aquí ángeles de Dios que subían y descendían por ella. Génesis 28:12 RVR1960

...desde el primer día que dispusiste tu corazón a entender y a humillarte en la presencia de tu Dios, fueron oídas tus palabras; y a causa de tus palabras yo he venido. Daniel 10:12 RVR1960

3. Hay ángeles en misiones específicas acá en la tierra

Y al rayar el alba, los ángeles daban prisa a Lot, diciendo: Levántate, toma tu mujer, y tus dos hijas que se hallan aquí, para que no perezcas en el castigo de la ciudad. Génesis 19:15 RVR1960

Y estuvo allí en el desierto cuarenta días, y era tentado por Satanás, y estaba con las fieras; y los ángeles le servían. Marcos 1:13 RVR1960

Y hubo un gran terremoto; porque un ángel del Señor, descendiendo del cielo y llegando, removió la piedra, y se sentó sobre ella. Mateo 28:2 RVR1960

4. Y hay ángeles que están asignados a ministrar a los escogidos de Dios en esta tierra

¿A cuál de los ángeles dijo Dios jamás: «Siéntate a mi diestra, hasta que ponga a tus enemigos por estrado de tus pies»? ¿No son todos espíritus ministradores, enviados para servicio a favor de los que serán herederos de la salvación? Hebreos 1:13,14 RVR1995

Así es estimado lector, ¡hay ángeles por todas partes!

8

¿CUÁNTOS ÁNGELES HAY?

Como ya mencioné antes, hay millares de ángeles. El número es sin duda mucho mayor que lo que nuestra mente pueda imaginar.

Leamos la profecía de Micaías donde menciona al «ejército de los cielos».

> *Entonces él dijo: Oye, pues, palabra de Jehová: Yo vi a Jehová sentado en su trono, y todo el ejército de los cielos estaba junto a él, a su derecha y a su izquierda.* 1 Reyes 22:19 RVR1960

¿Quiere saber cuán grande es ese ejército numéricamente? David nos dice:

> *Los carros de Dios se cuentan por veintenas de millares de millares; el Señor viene del Sinaí a su santuario.* Salmos 68:17 RVR1995

La Biblia de las Américas para traducir ese texto dice: «Los carros de Dios son miríadas, millares y millares».

La palabra «miríada» es definida en el diccionario como: «Cantidad muy grande, imposible de calcular o de limitar...»[7].

Si la palabra «miríada» en singular es una cantidad «imposible de calcular», ¿se imagina «miríadas» en plural?

Esta expresión la vemos otra vez en Apocalipsis, en esta misma traducción.

> *Y miré, y oí la voz de muchos ángeles alrededor del trono y de los seres vivientes y de los ancianos; y el número de ellos era miríadas*

> *de miríadas, y millares de millares. Apocalipsis 5:11* LBLA

Daniel en visión vio algo tremendo.

> *Seguí mirando hasta que se establecieron tronos, y el Anciano de Días se sentó. Su vestidura era blanca como la nieve, y el cabello de su cabeza como lana pura, su trono, llamas de fuego, y sus ruedas, fuego abrasador. Un río de fuego corría, saliendo de delante de Él. Miles de millares le servían, y miríadas de miríadas estaban en pie delante de Él. El tribunal se sentó, y se abrieron los libros. Daniel 7:9,10* LBLA

Note que Daniel dice que «miríadas de miríadas estaban en pie delante de Él».

Si miríadas significa «imposible de calcular», ¿qué significará «miríadas de miríadas»?

La traducción de La Biblia de las Américas no usa la palabra «ángeles» en ese texto, sin embargo sí aparece en otras traducciones. Mire cómo lo traduce la *Nueva Traducción Viviente*.

> *Observé mientras colocaban unos tronos en su lugar, y el Anciano se sentó a juzgar. Su ropa era blanca como la nieve; su cabello se parecía a la lana más pura. Se sentó sobre un trono ardiente con ruedas en llamas, y un río de fuego brotaba de su presencia. Millones de ángeles le atendían; muchos millones se pusieron de pie para servirle. Entonces comenzó la sesión del tribunal y se abrieron los libros. Daniel 7:9,10* NTV

La NTV usa la palabra «millones». Dice que: «Millones de ángeles le atendían», y luego nos dice que «muchos millones se pusieron de pie».

Muchos millones es un número bien grande.

El profeta Eliseo recibió la ayuda de un ejército de ángeles. Estando sitiada la ciudad, su criado se asustó al ver que estaban rodeados de un ejército de sirios y dijo al profeta «¡Ah, señor mío! ¿qué haremos?». Veamos lo que sigue en el texto...

> *El le dijo: No tengas miedo, porque más son los que están con nosotros que los que están con ellos. Y oró Eliseo, y dijo: Te ruego, oh Jehová, que*

> *abras sus ojos para que vea. Entonces Jehová abrió los ojos del criado,*
> *y miró; y he aquí que el monte estaba lleno de gente de a caballo, y*
> *de carros de fuego alrededor de Eliseo.* 2 Reyes 6:16,17 RVR1960

Mire lo que dice Jesús cuando vinieron a prenderle y Pedro sacó la espada y le cortó una oreja a un siervo del sumo sacerdote, tratando de evitar que aprisionaran a Jesús.

> *¿Acaso piensas que no puedo ahora orar a mi Padre, y que él no me*
> *daría más de doce legiones de ángeles?* Mateo 26:53 RVR1960

Según el antiguo historiador Polibio[8] una legión era un cuerpo de infantería pesada de unos 4200 hombres. Más tarde llegaron a tener entre 5200 y 6000 soldados de infantería y 300 jinetes para completar un total de entre 6000 y 6300, según nos cuenta Tito Livio[9].

Tomando el número más conservativo de 4200 y multiplicando por 12, nos da un número de 50,400 ángeles que hubieran venido en un instante a socorrer a Jesús con sólo haberlo pedido al Padre.

Claro que Jesús entendía el sacrificio por el que tenía que pasar para llevar sobre Él nuestro pecado (1 Pedro 2:24).

Veamos el número que vió Juan.

> *Y miré, y oí la voz de muchos ángeles alrededor del trono,*
> *y de los seres vivientes, y de los ancianos; y su número era*
> *millones de millones...* Apocalipsis 5:11 RVR1960

Ahí está. Alrededor del trono hay «millones de millones».

En el sistema numérico europeo, un millón de millones equivale a un billón, en los Estados Unidos equivale a un trillón[10]. Es decir: 1 000 000 000 000.

Ahora, Juan lo vió en plural, es decir «millones de millones».

La *Reina Valera Actualizada 2015* usa la frase «miríadas de miríadas y millares de millares», lo que nos confirma que la expresión de Juan al decir «millones de millones» significa: «Cantidad muy grande, imposible de calcular...»[11].

Esto es lo que describe el escritor de Hebreos sobre la cantidad de ángeles que rodean la Jerusalén celestial.

> *Más bien, se han acercado al monte Sion, a la ciudad del Dios vivo, a la Jerusalén celestial, a la reunión de miríadas de ángeles... Hebreos 12:22* RVA-2015

O como lo dice nuestra amada Reina Valera 1960 «a la compañía de muchos millares de ángeles».

Esto, amado lector y estudiante, nos lleva a alabar a Dios por Su grandeza.

> *¡Alabado sea el Señor!*
> *¡Alaben al Señor desde los cielos!*
> *¡Alábenlo desde el firmamento!*
> *¡Alábenlo, todos sus ángeles!*
> *¡Alábenlo, todos los ejércitos celestiales!*
> *Alaben al Señor desde la tierra...*
> *Que todos alaben el nombre del Señor,*
> *porque su nombre es muy grande;*
> *¡su gloria está por encima de la tierra y el cielo!*
> *¡Alabado sea el Señor!*
> *Salmos 148:1,2,7,13,14* NTV

9

EL PODER DE LOS ÁNGELES

El poder de los ángeles es derivado de Dios, y este poder es restringido y sólo usado cuando una misión o asunto lo requiere.

El mismo arcángel Miguel, peleando por el cuerpo de Moisés, tuvo que depender de la fuerza del Señor para completar la tarea.

> *Pero cuando el arcángel Miguel contendía con el diablo, disputando con él por el cuerpo de Moisés, no se atrevió a proferir juicio de maldición contra él, sino que dijo: El Señor te reprenda. Judas 9* RVR1960

Estos no tienen capacidad creativa, no pueden iniciar una acción sin el mandato de Dios, y no pueden escudriñar o influenciar el corazón humano.

Sin embargo, ese poder derivado de Dios puede ser desplegado con grandeza. La historia de los ángeles nos muestra cómo en el pasado, ángeles enfrentaron ejércitos, destruyeron ciudades e hicieron obras magnas.

Dice la Biblia que son «poderosos en fortaleza».

> *¡Bendecid a Jehová, vosotros sus ángeles, poderosos en fortaleza, que ejecutáis su palabra obedeciendo a la voz de su precepto! Salmos 103:20* RVR1995

Pedro dice que son «mayores en fuerza».

> *...mientras que los ángeles, que son mayores en fuerza y en potencia, no pronuncian juicio de maldición contra ellas delante del Señor. 2 Pedro 2:11* RVR1960

Evidentemente las fuerzas que despliega un ángel son mucho más que la fuerza del ser humano. Dios los usa con poderes especiales.

El poder de los ángeles se demostró en la destrucción de Sodoma y Gomorra.

> *Llegaron, pues, los dos ángeles a Sodoma a la caída de la tarde; y Lot estaba sentado a la puerta de Sodoma. Y dijeron los varones a Lot: ¿Tienes aquí alguno más? Yernos, y tus hijos y tus hijas, y todo lo que tienes en la ciudad, sácalo de este lugar; porque vamos a destruir este lugar, por cuanto el clamor contra ellos ha subido de punto delante de Jehová; por tanto, Jehová nos ha enviado para destruirlo.* Génesis 19:1,12,13 RVR1960

Claro que los ángeles no hicieron el trabajo solos. Fue el Señor quien «hizo llover sobre Sodoma y sobre Gomorra azufre y fuego» (v. 24), sin embargo, estos dos ángeles fueron instrumentos poderosos en anunciar la destrucción y en salvar a Lot.

Ya sabemos la historia de la mujer de Lot que desobedeció y «se volvió estatua de sal» (v. 26), y lo terrible del juicio sobre Sodoma y Gomorra.

Cuando el Señor regrese en juicio, Sus ángeles descenderán con Él.

> *...y a vosotros que sois atribulados, daros reposo con nosotros, cuando se manifieste el Señor Jesús desde el cielo con los ángeles de su poder, en llama de fuego, para dar retribución a los que no conocieron a Dios, ni obedecen al evangelio de nuestro Señor Jesucristo; los cuales sufrirán pena de eterna perdición, excluidos de la presencia del Señor y de la gloria de su poder* 2 Tesalonicenses 1:7-9 RVR1960

En el libro de Apocalipsis podemos ver a cuatro ángeles deteniendo a los cuatro vientos del cielo, y derramando las siete copas de la ira de Dios.

> *Después de esto vi a cuatro ángeles en pie sobre los cuatro ángulos de la tierra, que detenían los cuatro vientos de la tierra, para que no soplase viento alguno sobre la tierra, ni sobre el mar, ni sobre ningún árbol.* Apocalipsis 7:1 RVR1960

> *Oí una gran voz que decía desde el templo a los siete ángeles: Id y derramad sobre la tierra las siete copas de la ira de Dios.* Apocalipsis 16:1 RVR1960

También descender con gran poder y alumbrar la tierra.

Después de esto vi a otro ángel descender del cielo con gran poder; y la tierra fue alumbrada con su gloria. Apocalipsis 18:1 RVR1960

Tenemos textos en abundancia para ver la demostración de poder de parte de los ángeles, sin embargo, los despliegues más grandes de poder los vemos en el «ángel de Jehová» quién mató «ciento ochenta y cinco mil» (2 Reyes 19:35; Isaías 37:36) en una noche, llamó a Moisés en la zarza (Éxodos 3), y cuando David censa al pueblo, este ángel estuvo a punto de destruir a Jerusalén (1 Crónicas 21:1—27).

Sin embargo, el ángel de Jehová, no es un simple ángel. Este es un ángel que recibe adoración y muestra atributos que sólo la Deidad posee, por lo que muchos teólogos concuerdan en que es una aparición de Jesucristo antes de la encarnación. A esto dedicaremos un capítulo entero.

10

CATEGORÍAS Y JERARQUÍAS

Siendo que «Dios no es Dios de desorden (1 Corintios 14:33 NTV)» es lógico que cuando creó los ángeles, asignó un sistema de categorías y rangos. La huestes de los cielos están ordenadas. ¿De dónde cree usted que los ejércitos más antiguos adoptaron la idea de jerarquía militar y niveles de autoridad?

Estudiemos este orden en detalles.

Gobernantes

Tenemos varias representaciones de supremacía como lo son, tronos, dominios, principados, y potestades.

> *Porque en él fueron creadas todas las cosas, las que hay en los cielos y las que hay en la tierra, visibles e invisibles; sean tronos, sean dominios, sean principados, sean potestades; todo fue creado por medio de él y para él. Colosenses 1:16* RVR1960

Ya hablé antes de los tronos que están en diferentes regiones de los cielos. Cuando hablamos de «tronos», sabemos que en cada trono se sentará un gobernante, y este tendrá una corte. Claro está que todos estos tronos están sometidos al trono de Dios.

Dominios, puede significar «territorios» o «regiones».

El significado de la palabra «dominio» en el diccionario es: «Supremacía (en cuanto al poder, la autoridad, la fuerza, etc.) que se tiene sobre algo o alguien[12]».

Pero también significa: «Territorio y población que están bajo un mismo mando extraño[13]».

La manera en que Pablo usa esta palabra, tiene una connotación romana.

La palabra «principados» proviene del griego «arché» que significa «gobernantes o magistrados»[14].

Y la palabra «potestades» viene del griego «exousia» que significa: «Autoridad, poder conferido; empoderamiento delegado (autorización), que opera en una jurisdicción designada»[15].

Sabemos que estos sistemas de gobiernos en las regiones celestiales, exceden a los imperios humanos de la misma manera que el universo es más grande que la tierra.

Ángeles escogidos

> *Te encarezco delante de Dios y del Señor Jesucristo, y de sus ángeles escogidos, que guardes estas cosas sin prejuicios, no haciendo nada con parcialidad. 1 Timoteo 5:21* RVR1960

Parece que algunos ángeles son escogidos (o seleccionados) para misiones especiales.

Algunos teólogos piensan que la palabra «escogidos» pudiera tener un paralelismo con la doctrina de la elección de la manera que aplica a los humanos.

En realidad, podría decirse que algunos ángeles fueron destinados para perdición si vemos que a los ángeles que se rebelaron, Dios no les dió oportunidad de arrepentirse o reparar la desobediencia.

> *Porque si Dios no perdonó a los ángeles que pecaron, sino que arrojándolos al infierno los entregó a prisiones de oscuridad, para ser reservados al juicio... 2 Pedro 2:4* RVR1960

Sin embargo, no hay apoyo bíblico para aplicar los principios de la doctrina de elección (de la manera que funciona con los humanos) a los ángeles.

De lo que sí estamos seguros es de que Dios «escoge» ángeles para diferentes asignaciones y trabajos específicos.

Querubines, Serafines y los Seres Vivientes

Cuando hablamos de estas categorías, no necesariamente estamos hablando de posición o rango sino más bien distinción en cuanto a servicio.

Estos juegan un papel importante dentro de la creación y es necesario que los estudiemos en detalles.

Querubines

Los querubines están designados a servir cerca del trono de Dios.

En la Biblia Anotada Scofield[16] aparece una anotación conectada a Ezequiel 1:5, la cual dice lo siguiente:

> *«Los 'seres vivientes' son idénticos con los querubines. El tema es algo obscuro, pero tomando en cuenta la posición de los querubines en la puerta del Edén, en la cubierta del arca del pacto, y en Apocalipsis 4, se concluye claramente que ellos se relacionan con la vindicación de la santidad de Dios contra el orvallo del hombre pecador quien, a pesar de su pecado, podría alargar su mano para tomar del árbol de la vida (Gn.3:22-24)».*

Veamos el texto para observar las características de estos seres.

> *En el quinto año de la deportación del rey Joaquín, a los cinco días del mes, vino palabra de Jehová al sacerdote Ezequiel hijo de Buzi, en la tierra de los caldeos, junto al río Quebar; vino allí sobre él la mano de Jehová. Y miré, y he aquí venía del norte un viento tempestuoso, y una gran nube, con un fuego envolvente, y alrededor de él un resplandor, y en medio del fuego algo que parecía como bronce refulgente, y en medio de ella la figura de cuatro seres vivientes. Y esta era su apariencia: había en ellos semejanza de hombre. Cada uno tenía cuatro caras y cuatro alas. Y los pies de ellos eran derechos, y la planta de sus pies como planta de pie de becerro; y centelleaban a manera de bronce muy bruñido. Debajo de sus alas, a sus cuatro lados, tenían manos de hombre; y sus caras y sus alas por los cuatro lados. Con las alas se juntaban el uno al otro. No se volvían cuando andaban, sino que*

> cada uno caminaba derecho hacia adelante. Y el aspecto de sus caras era cara de hombre, y cara de león al lado derecho de los cuatro, y cara de buey a la izquierda en los cuatro; asimismo había en los cuatro cara de águila. Así eran sus caras. Y tenían sus alas extendidas por encima, cada uno dos, las cuales se juntaban; y las otras dos cubrían sus cuerpos. Ezequiel 1:2—11 RVR1960

Como puede ver, el aspecto de estos seres es muy diferente al de los ángeles.

Los ángeles, cuando han tomado forma humana para alguna misión, tienen aspecto de varón y no tienen alas. Estos seres que describe Ezequiel son muy diferentes, como lo puede ver en el texto.

Cuando Dios expulsó a Adán y Eva del Edén, puso querubines para cuidar de que no regresaran y tomaran del árbol de la vida.

> Y dijo Jehová Dios: He aquí el hombre es como uno de nosotros, sabiendo el bien y el mal; ahora, pues, que no alargue su mano, y tome también del árbol de la vida, y coma, y viva para siempre. Y lo sacó Jehová del huerto del Edén, para que labrase la tierra de que fue tomado. Echó, pues, fuera al hombre, y puso al oriente del huerto de Edén querubines, y una espada encendida que se revolvía por todos lados, para guardar el camino del árbol de la vida. Génesis 3:22-24 RVR1960

Cuando Dios le ordenó a Moisés construir el tabernáculo, vemos que en el Lugar Santísimo (tipo del tercer cielo), estaría el arca del pacto con las tablas de la ley dentro. Este era el lugar de la presencia de Dios.

Sobre el propiciatorio, —encima del arca del pacto—, había dos querubines de oro, labrados a martillo y formaban una pieza con el propiciatorio.

Veamos el texto con todos los detalles.

> Y harás un propiciatorio de oro fino, cuya longitud será de dos codos y medio, y su anchura de codo y medio. Harás también dos querubines de oro; labrados a martillo los harás en los dos extremos del propiciatorio. Harás, pues, un querubín en un extremo, y un querubín en el otro extremo; de una pieza con el propiciatorio harás los querubines en sus dos extremos. Y los querubines extenderán por encima las alas, cubriendo con

sus alas el propiciatorio; sus rostros el uno enfrente del otro, mirando al propiciatorio los rostros de los querubines. Éxodo 25:17-20 RVR1960

Dentro del orden angélico, los seres vivientes (o querubines) verdaderamente son de mucha importancia.

Serafines

Los serafines son diferentes a los querubines o seres vivientes.

Veamos la visión de Isaías.

En el año que murió el rey Uzías vi yo al Señor sentado sobre un trono alto y sublime, y sus faldas llenaban el templo. Por encima de él había serafines; cada uno tenía seis alas; con dos cubrían sus rostros, con dos cubrían sus pies, y con dos volaban. Y el uno al otro daba voces, diciendo: Santo, santo, santo, Jehová de los ejércitos; toda la tierra está llena de su gloria. Y los quiciales de las puertas se estremecieron con la voz del que clamaba, y la casa se llenó de humo. Entonces dije: ¡Ay de mí! que soy muerto; porque siendo hombre inmundo de labios, y habitando en medio de pueblo que tiene labios inmundos, han visto mis ojos al Rey, Jehová de los ejércitos. Y voló hacia mí uno de los serafines, teniendo en su mano un carbón encendido, tomado del altar con unas tenazas; y tocando con él sobre mi boca, dijo: He aquí que esto tocó tus labios, y es quitada tu culpa, y limpio tu pecado. Isaías 6:1-7 RVR1960

En los serafines vemos, la constante adoración, y la participación que estos tienen en el ministerio de la purificación. Como dice el texto «es quitada tu culpa, y limpio tu pecado» lo cual es una semejanza al ministerio de Cristo.

Note que estos serafines que tienen seis alas, y exaltan a Dios diciendo: Santo, Santo, Santo, son semejantes a los cuatro seres vivientes que aparecen en el Apocalipsis de Juan.

Y los cuatro seres vivientes tenían cada uno seis alas, y alrededor y por dentro estaban llenos de ojos; y no cesaban día y noche de decir: Santo, santo, santo es el Señor Dios Todopoderoso, el que era, el que es, y el que ha de venir. Apocalipsis 4:8 RVR1960

Vemos que Juan les llama «seres vivientes» de la manera que lo hace

Ezequiel —aunque son muy diferentes en apariencia.

C.I. Scofield en su nota de referencia en Isaías 6:1-3 dice:

> *«(6:2) Heb.: 'abrasadores'. Esta palabra ocurre solamente aquí. Compare Ezequiel 1:5. En muchas maneras los serafines se hallan en contraste con los querubines, aunque ambos expresan la santidad divina, la cual exige que el pecador tenga acceso a la divina presencia solamente por medio de un sacrificio que en verdad vindique la justicia de Dios (Ro.3:24-26), y que el santo se purifique antes de ofrecer su sacrificio al Señor. Gn.3:24-26 es una ilustración de la primera de estas demandas; Is.6:1-8, de la segunda. Puede decirse que los querubines están relacionados con el altar y los serafines con el lavacro»*[17].

Arcángeles

La palabra «arcángel» viene del griego αρχάγγελος (archángelos), palabra que aparece sólo dos veces en la biblia, ambas reflejadas en el Nuevo Testamento (1 Tesalonicenses 4:16; Judas 1:9). El antiguo prefijo griego αρχ- (arc-), o en otra forma del prefijo ἄρχω (archo) significa «que gobierna, dirige, comanda, lidera»[18].

El único ángel que recibe este título directamente en la Biblia es Miguel.

> *Pero cuando el arcángel Miguel contendía con el diablo, disputando con él por el cuerpo de Moisés, no se atrevió a proferir juicio de maldición contra él, sino que dijo: El Señor te reprenda. Judas 1:9* RVR1960

La tradición católica reconoce a tres arcángeles, Miguel, Gabriel y Rafael.

Gabriel, es un ángel mensajero con características que lo pudieran colocar en la categoría de arcángel, aunque la Biblia no le da el título.

Rafael, no aparece dentro del canon bíblico. La iglesia de Roma, cita el libro deuterocanónico[19] de Tobías, sin embargo aún ahí, no aparece el título de «arcángel», aunque en Tobías 12:15 dice: «Yo soy Rafael, uno de los siete ángeles que están al servicio del Señor», lo que ha llevado a muchos a creer que existen siete arcángeles[20]. Ese número también aparece en el Libro de Enoc[21], un antiguo escrito judío que no se acepta como canónico ni en las Escrituras hebreas ni en la Biblia católica. Enoch enumera siete arcángeles: Miguel, Gabriel, Rafael, Uriel, Raguel, Phanuel y Sariel. La iglesia católica, no acepta esto y solamente reconoce a Miguel, Gabriel y Rafael.

Sin embargo, —reafirmo—, en el canon bíblico, sólo Miguel recibe el título de «arcángel».

Hablemos de Miguel.

Miguel

El nombre de Miguel significa: ¿quién es como Dios?

¿En qué forma es Miguel como Dios?

Vemos varias cosas en el carácter de Miguel. Primero, autoridad. Miguel es como un general de un gran ejército.

En el libro de Daniel se describe como «el gran príncipe que está de parte de los hijos de tu pueblo» lo que indica es defensor de los hijos de Dios.

> *En aquel tiempo se levantará Miguel, el gran príncipe que está de parte de los hijos de tu pueblo; y será tiempo de angustia, cual nunca fue desde que hubo gente hasta entonces; pero en aquel tiempo será libertado tu pueblo, todos los que se hallen escritos en el libro. Daniel 12:1* RVR1960

En el texto que cité antes en el libro de Judas, lo vemos contender (pelear) con el diablo, «disputando con él por el cuerpo de Moisés». Ese texto nos muestra la dependencia que Miguel tiene de Dios. El texto dice que Miguel, «no se atrevió a proferir juicio de maldición contra él, sino que dijo: El Señor te reprenda» (Judas 1:9), sin embargo, también vemos su rango.

Miguel es designado a pelear con el diablo quien fue el líder de los ángeles que se rebelaron contra Dios. Ambos son líderes, uno sobre un ejército de ángeles caídos, otro sobre ejércitos del Dios viviente.

Juan en el Apocalipsis describe otra batalla entre Miguel y el diablo.

> *Después hubo una gran batalla en el cielo: Miguel y sus ángeles*

> *luchaban contra el dragón; y luchaban el dragón y sus ángeles; pero no prevalecieron, ni se halló ya lugar para ellos en el cielo. Y fue lanzado fuera el gran dragón, la serpiente antigua, que se llama diablo y Satanás, el cual engaña al mundo entero; fue arrojado a la tierra, y sus ángeles fueron arrojados con él. Apocalipsis 12:7—9* RVR1960

Muchos teólogos —especialmente de escatología futurista[22]— sitúan esa batalla en un futuro, aunque sin embargo denota una clara referencia a algo que ya sucedió —el momento en que Satanás se rebeló y fue expulsado del cielo (Isaiah 14:12). Los argumentos a favor y en contra en cuanto a la cronología de este texto los presento en el tomo Escatología: La doctrina del futuro.

Lo que quiero establecer aquí es que Miguel es quien está asignado como directo rival a Satanás.

Existe un error, llamado «dualismo» del cual escribí en el tomo Origen: La Doctrina de la creación. Aunque el dualismo consiste primariamente en la lucha entre Dios y materia, o mente y cuerpo, existe un tipo de dualismo que presenta una continua lucha cósmica entre Dios y el diablo. Esta idea pone al diablo como rival directo del Dios del universo, —algo que no tiene sentido.

El diablo es un ángel que fue creado por Dios. Nunca podrá enfrentarse directamente al creador. Para esto Dios le ha enviado a Miguel.

Ambos son «príncipes».

Miguel es el «gran príncipe» (Daniel 12:1) y el diablo es «príncipe de la potestad del aire» (Efesios 2:2).

Al final, sabemos quien gana.

Jesús en Su Segunda Venida, dice el texto que viene «con voz de arcángel».

> *Porque el Señor mismo con voz de mando, con voz de arcángel, y con trompeta de Dios, descenderá del cielo; y los muertos en Cristo resucitarán primero. 1 Tesalonicenses 4:16* RVR1960

Esta connotación nos dice la importancia de dicha palabra.

Otros ángeles mencionados por nombre

Gabriel

El nombre de Gabriel significa «el poderoso», y este describe muy bien el trabajo de este ángel.

La Biblia nunca le llama arcángel, como dije antes, la tradición católica sí. Sin embargo, la misión de Gabriel como ángel mensajero, especialmente en asuntos mesiánicos le da un lugar muy especial.

Daniel dice que el ángel Gabriel tiene «apariencia de hombre» (Daniel 8:15) y vemos que estuvo envuelto en ayudar a Daniel a comprender la visión.

También vemos que fue enviado a dar a Daniel «sabiduría y entendimiento» para poder entender la visión de las setenta semanas.

> *...aún estaba hablando en oración, cuando el varón Gabriel, a quien había visto en la visión al principio, volando con presteza, vino a mí como a la hora del sacrificio de la tarde. Y me hizo entender, y habló conmigo, diciendo: Daniel, ahora he salido para darte sabiduría y entendimiento. Al principio de tus ruegos fue dada la orden, y yo he venido para enseñártela, porque tú eres muy amado. Entiende, pues, la orden, y entiende la visión. Daniel 9:21—23* RVR1960

Es interesante que Daniel dice que Gabriel vino a él, «volando con presteza», lo que significa que si Gabriel tiene alas para volar, entonces es muy diferente a los ángeles de rango más bajo. Hemos visto alas en los Querubines, Serafines y Seres Vivientes, pero no en el resto de los ángeles.

Gabriel fue quien llevó el mensaje a Zacarías acerca del nacimiento de Juan Bautista (Lucas 1:11—20).

También vino a la virgen María trayendo el más importante de todos los mensajes. El nacimiento del mesías.

> *Al sexto mes el ángel Gabriel fue enviado por Dios a una ciudad de Galilea, llamada Nazaret, a una virgen desposada con un varón que se llamaba José, de la casa de David; y el nombre de la virgen era María. Y entrando*

*el ángel en donde ella estaba, dijo: !!Salve, muy favorecida! El Señor es
contigo; bendita tú entre las mujeres. Mas ella, cuando le vio, se turbó
por sus palabras, y pensaba qué salutación sería esta. Entonces el ángel le
dijo: María, no temas, porque has hallado gracia delante de Dios. Y ahora,
concebirás en tu vientre, y darás a luz un hijo, y llamarás su nombre JESÚS.
Este será grande, y será llamado Hijo del Altísimo; y el Señor Dios le dará
el trono de David su padre; y reinará sobre la casa de Jacob para siempre, y
su reino no tendrá fin. Entonces María dijo al ángel: ¿Cómo será esto? pues
no conozco varón. Respondiendo el ángel, le dijo: El Espíritu Santo vendrá
sobre ti, y el poder del Altísimo te cubrirá con su sombra; por lo cual también
el Santo Ser que nacerá, será llamado Hijo de Dios. Y he aquí tu parienta
Elisabet, ella también ha concebido hijo en su vejez; y este es el sexto mes
para ella, la que llamaban estéril; porque nada hay imposible para Dios.
Entonces María dijo: He aquí la sierva del Señor; hágase conmigo conforme
a tu palabra. Y el ángel se fue de su presencia. Lucas 1:26—38* RVR1960

Lucero, hijo de la mañana

*¡Cómo caíste del cielo, oh Lucero, hijo de la mañana! Cortado fuiste
por tierra, tú que debilitabas a las naciones. Isaías 14:12* RVR1960

Este ser angélico por cierto es el más exaltado de los ángeles.

Era hermoso. Dice el texto: «Tú eras el sello de la perfección, lleno de sabiduría, y acabado de hermosura» (Ezequiel 28:12).

Además de hermoso, era un ángel perfectamente creado.

*Perfecto eras en todos tus caminos desde el día que fuiste creado,
hasta que se halló en ti maldad. Ezequiel 28:15* RVR1960

Por causa de su rebelión, fue echado del cielo de Dios, y esta es su sentencia:

*Con la multitud de tus maldades y con la iniquidad de tus contrataciones
profanaste tu santuario; yo, pues, saqué fuego de en medio de ti, el cual te
consumió, y te puse en ceniza sobre la tierra a los ojos de todos los que te
miran. Todos los que te conocieron de entre los pueblos se maravillarán sobre
ti; espanto serás, y para siempre dejarás de ser. Ezequiel 28:18,19* RVR1960

11

EL ÁNGEL DEL SEÑOR

Hay un ángel misterioso que aparece en ocasiones especiales en la Biblia. Este ser es diferente a todos los otros ángeles, pues posee características que sólo tiene la Deidad. Estoy hablando de «el Ángel de Jehová» o «el Ángel de Dios».

El uso del artículo definido «el», indica que es un ser único, separado de los otros ángeles. El Ángel del Señor habla como Dios, recibe adoración como Dios y exhibe autoridad propia.

Después de haber estudiado minuciosamente Sus apariciones, comparto la idea de varios teólogos de que en realidad es el mismo Jesucristo —razonamiento que voy a explicar más adelante, pero primero, visitemos varios pasajes de donde estaré sacando notas sobre las características que nos ayudan a llegar a dichas conclusiones.

Aparición a Agar

Esta es la primera aparición de el Ángel del Señor en la Biblia. El trasfondo de este evento es que Saraí, la esposa de Abram (antes de que Dios les cambiara sus nombres a Sara y Abraham), era estéril. Esta ofreció que Abram tomara a Agar (su criada egipcia), y tuviera con ella un hijo. Abram lo hizo así. Luego leemos que Agar miraba con desprecio a Saraí, y como Saraí la afligía, ella huyó de su presencia. Ahí sucede el encuentro.

> *Y la halló el ángel de Jehová junto a una fuente de agua en el desierto, junto a la fuente que está en el camino de Shur. Y le dijo: Agar, sierva*

> de Saraí, ¿de dónde vienes tú, y a dónde vas? Y ella respondió: Huyo de delante de Saraí mi señora. Y le dijo el ángel de Jehová: Vuélvete a tu señora, y ponte sumisa bajo su mano. Le dijo también el ángel de Jehová: Multiplicaré tanto tu descendencia, que no podrá ser contada a causa de la multitud. Además le dijo el ángel de Jehová: He aquí que has concebido, y darás a luz un hijo, y llamarás su nombre Ismael, porque Jehová ha oído tu aflicción. Y él será hombre fiero; su mano será contra todos, y la mano de todos contra él, y delante de todos sus hermanos habitará. Entonces llamó el nombre de Jehová que con ella hablaba: Tú eres Dios que ve; porque dijo: ¿No he visto también aquí al que me ve? Génesis 16:7—13 RVR1960

Note cómo Agar percibe al ángel. Le dice: «Tú eres Dios que ve».

Usted pudiera decir, —bueno, esas fueron las palabras de Saraí, no las del ángel. Sin embargo, el ángel no la corrige, sino que acepta el título.

Ángeles regulares no aceptan que les llamen Dios o les adoren.

En el Apocalipsis, vemos esto. Mire lo que dice Juan.

> Yo me postré a sus pies para adorarle. Y él me dijo: Mira, no lo hagas; yo soy consiervo tuyo... Apocalipsis 19:10 RVR1960

De nuevo, esto sucede, y vemos que el ángel, no sólo que no recibe adoración, sino que dirige la adoración a Dios.

> Yo Juan soy el que oyó y vio estas cosas. Y después que las hube oído y visto, me postré para adorar a los pies del ángel que me mostraba estas cosas. Pero él me dijo: Mira, no lo hagas; porque yo soy consiervo tuyo, de tus hermanos los profetas, y de los que guardan las palabras de este libro. Adora a Dios. Apocalipsis 22:8,9 RVR1960

El Ángel de Jehová, no funciona así. Él no corrige a Agar, y más adelante veremos que sí recibe adoración. Sólo Dios puede recibir adoración.

Aparición a Abraham, cuando le impidió sacrificar a Isaac

> Entonces el ángel de Jehová le dio voces desde el cielo, y dijo: Abraham, Abraham. Y él respondió: Heme aquí. Y dijo: No extiendas tu mano sobre

> el muchacho, ni le hagas nada; porque ya conozco que temes a Dios, por cuanto no me rehusaste tu hijo, tu único. Entonces alzó Abraham sus ojos y miró, y he aquí a sus espaldas un carnero trabado en un zarzal por sus cuernos; y fue Abraham y tomó el carnero, y lo ofreció en holocausto en lugar de su hijo. Y llamó Abraham el nombre de aquel lugar, Jehová proveerá. Por tanto se dice hoy: En el monte de Jehová será provisto. Y llamó el ángel de Jehová a Abraham por segunda vez desde el cielo, y dijo: Por mí mismo he jurado, dice Jehová, que por cuanto has hecho esto, y no me has rehusado tu hijo, tu único hijo; de cierto te bendeciré, y multiplicaré tu descendencia como las estrellas del cielo y como la arena que está a la orilla del mar; y tu descendencia poseerá las puertas de sus enemigos. Génesis 22:11—17 RVR1960

En ese pasaje, el Ángel de Jehová, declara explícitamente que Él es Jehová. Note que dice: «Y llamó el ángel de Jehová a Abraham por segunda vez desde el cielo, y dijo: Por mí mismo he jurado, dice Jehová».

Luego vemos que bendice a Abraham diciéndole «de cierto te bendeciré, y multiplicaré tu descendencia...», de hecho, esta promesa de bendición es muy similar a la que Jehová le había dado ya antes de abandonar su tierra (Génesis 12:1—3).

Sólo el Señor puede prometer tales cosas.

Aparición a Jacob cuando le instruyó regresar a Canaán

> Y me dijo el ángel de Dios en sueños: Jacob. Y yo dije: Heme aquí. Y él dijo: Alza ahora tus ojos, y verás que todos los machos que cubren a las hembras son listados, pintados y abigarrados; porque yo he visto todo lo que Labán te ha hecho. Yo soy el Dios de Bet-el, donde tú ungiste la piedra, y donde me hiciste un voto. Levántate ahora y sal de esta tierra, y vuélvete a la tierra de tu nacimiento. Génesis 31:11-13 RVR1960

En ese pasaje, el ángel de Dios, le dice explícitamente a Jacob: «Yo soy el Dios de Bet-el...». Otra evidencia de Deidad.

Aparición a Moisés en la zarza

> Apacentando Moisés las ovejas de Jetro su suegro, sacerdote de

> *Madián, llevó las ovejas a través del desierto, y llegó hasta Horeb, monte de Dios. Y se le apareció el Ángel de Jehová en una llama de fuego en medio de una zarza; y él miró, y vio que la zarza ardía en fuego, y la zarza no se consumía.* Éxodo 3:1,2 RVR1960

Es importante notar que en los versículos que siguen —«Viendo Jehová que él iba a ver, lo llamó Dios de en medio de la zarza...» (v. 4), y: «Yo soy el Dios de tu padre, Dios de Abraham, Dios de Isaac, y Dios de Jacob. Entonces Moisés cubrió su rostro, porque tuvo miedo de mirar a Dios» (v. 6)— queda establecido que esta ha sido una aparición de Dios a Moisés.

El versículo 7 dice: «Dijo luego Jehová...», lo que nos deja claro quién es este Ángel.

En el resto del pasaje vemos el mandato de ir y liberar a Su pueblo de manos de los egipcios. Tal autoridad y comisión, solamente puede venir de Dios.

Aparición a Josué cuando reprendió a Israel por su desobediencia

> *El ángel de Jehová subió de Gilgal a Boquim, y dijo: Yo os saqué de Egipto, y os introduje en la tierra de la cual había jurado a vuestros padres, diciendo: No invalidaré jamás mi pacto con vosotros...* Jueces 2:1 RVR1960

En ese texto, el Ángel de Jehová dijo: «Yo os saqué de Egipto, y os introduje en la tierra...»

¿Quién sacó a Israel de Egipto sino Dios?

Aparición a Josué con la espada desenvainada

> *Estando Josué cerca de Jericó, alzó sus ojos y vio un varón que estaba delante de él, el cual tenía una espada desenvainada en su mano Y Josué, yendo hacia él, le dijo: ¿Eres de los nuestros, o de nuestros enemigos? El respondió: No; mas como Príncipe del ejército de Jehová he venido ahora. Entonces Josué, postrándose sobre su rostro en tierra, le adoró; y le dijo: ¿Qué dice mi Señor a su siervo? Y el Príncipe del ejército de Jehová respondió a Josué: Quita el calzado de tus pies, porque el lugar donde estás es santo. Y Josué así lo hizo.* Josué 5:13—15 RVR1960

En ese pasaje, no vemos el título «el Ángel de Jehová», más bien «Príncipe del ejército de Jehová», sin embargo, vemos dos cosas. 1) Recibió adoración de parte de Josué, y 2) Usa la misma frase que usó cuando se le apareció a Moisés en la zarza: «Quita el calzado de tus pies, porque el lugar donde estás es santo».

Aparición a Gedeón cuando lo envió a salvar a Israel de los madianitas

Y vino el ángel de Jehová, y se sentó debajo de la encina que está en Ofra, la cual era de Joás abiezerita; y su hijo Gedeón estaba sacudiendo el trigo en el lagar, para esconderlo de los madianitas. Y el ángel de Jehová se le apareció, y le dijo: Jehová está contigo, varón esforzado y valiente. Y Gedeón le respondió: Ah, señor mío, si Jehová está con nosotros, ¿por qué nos ha sobrevenido todo esto? ¿Y dónde están todas sus maravillas, que nuestros padres nos han contado, diciendo: ¿No nos sacó Jehová de Egipto? Y ahora Jehová nos ha desamparado, y nos ha entregado en mano de los madianitas. Y mirándole Jehová, le dijo: Ve con esta tu fuerza, y salvarás a Israel de la mano de los madianitas. ¿No te envío yo? Jueces 6:11-14 RVR1960

Otra vez, vemos el intercambio de nombres. Primero dice: «vino el ángel de Jehová», y después: «Y mirándole Jehová, le dijo...».

Aparición a Manoa y su esposa, cuando les anunció el nacimiento de Sansón

A esta mujer apareció el ángel de Jehová, y le dijo: He aquí que tú eres estéril, y nunca has tenido hijos; pero concebirás y darás a luz un hijo. Ahora, pues, no bebas vino ni sidra, ni comas cosa inmunda. Pues he aquí que concebirás y darás a luz un hijo; y navaja no pasará sobre su cabeza, porque el niño será nazareo a Dios desde su nacimiento, y él comenzará a salvar a Israel de mano de los filisteos. Jueces 13:3-5 RVR1960

David ve al ángel de Jehová cuando fue enviado para destruir a Jerusalén

Y envió Jehová el ángel a Jerusalén para destruirla; pero cuando él estaba destruyendo, miró Jehová y se arrepintió de aquel mal, y dijo al ángel que destruía: Basta ya; detén tu mano. El ángel de Jehová estaba junto a la era de Ornán jebuseo. Y alzando David sus ojos, vio al ángel de Jehová, que estaba entre el cielo y la tierra, con una espada desnuda en su mano, extendida contra Jerusalén. Entonces David y los ancianos se postraron sobre sus rostros, cubiertos de cilicio. 1 Crónicas 21:15-16 RVR1960

Este es para mí, uno de los textos que más me impresionan sobre el Ángel de Jehová. Aquí, había sido enviado a Jerusalén para destruirla. ¿Se imagina usted... un ángel a destruir una ciudad entera?

Claro que este no era sólo un ángel.

Algo interesante es que es enviado por Jehová, y a la vez es Jehová, o más específicamente la segunda persona de la Trinidad. Dios Hijo.

La espada desenvainada, además de ser una imagen semejante a la aparición a Josué, indica algo muy característico de Jesucristo que regresa por segunda vez, no como Cordero de Dios a quitar el pecado del mundo, sino como Juez acompañado por un ejército de ángeles.

> *Estaba vestido de una ropa teñida en sangre; y su nombre es: EL VERBO DE DIOS. Y los ejércitos celestiales, vestidos de lino finísimo, blanco y limpio, le seguían en caballos blancos. De su boca sale una espada aguda, para herir con ella a las naciones, y él las regirá con vara de hierro; y él pisa el lagar del vino del furor y de la ira del Dios Todopoderoso. Apocalipsis 19:13—15* RVR1960

Tenemos la idea de un Jesús manso, apacible, buscando a la oveja perdida. Usted quizá ha visto ilustraciones de Jesús con una oveja en sus hombros y recibimos la impresión de mansedumbre y gentileza, pero el Jesús que vemos en el día del Juicio es muy diferente. No es la cruz del sacrificio, sino la corona de justicia.

Antes de exponer las razones bíblicas por las que creo que Jesús es el Ángel de Jehová, quiero compartirle otro pasaje.

185,000 muertos

Esta historia comienza cuando «subió Senaquerib rey de Asiria contra todas las ciudades fortificadas de Judá, y las tomó» (2 Reyes 18:13). Luego atemorizó al rey Ezequías cuando se disponía a tomar a Jerusalén. Ezequías se arrepintió de su pecado y clamó al Señor, y entonces el profeta Isaías le envió palabra de parte del Señor diciendo «yo ampararé esta ciudad para salvarla, por amor a mí mismo, y por amor a David mi siervo» (2 Reyes 19:34). Entonces en este escenario, aparece el Ángel de Jehová.

Y aconteció que aquella misma noche salió el ángel de Jehová, y mató en el campamento de los asirios a ciento ochenta y cinco mil; y cuando se levantaron por la mañana, he aquí que todo era cuerpos de muertos. **2 Reyes 19:35** RVR1960

Este pasaje tiene gran semejanza, a lo que sucede en Apocalipsis 19, y nos da una visión del Cristo que viene a hacer justicia y juicio al final de los tiempos.

¿Por qué estoy tan seguro que el Ángel de Jehová es Jesucristo?

Además de las tipologías y símbolos que ya he mencionado, podemos ver que las apariciones del Ángel del Señor cesaron después de la encarnación de Cristo. Los ángeles son mencionados numerosas veces en el Nuevo Testamento, pero «el Ángel del Señor» nunca es mencionado después del nacimiento de Cristo.

Vemos que el Ángel de Jehová es Dios por las afirmaciones que antes leímos en los diferentes pasajes, sin embargo, hay ocasiones en las que la Biblia se refiere al Ángel de Jehová como a alguien que es diferente de Jehová y es enviado por Jehová. Por ejemplo:

He aquí yo envío mi Ángel delante de ti para que te guarde en el camino, y te introduzca en el lugar que yo he preparado. **Éxodo 23:20** RVR1960

Respondió el ángel de Jehová y dijo: Oh Jehová de los ejércitos, ¿hasta cuándo no tendrás piedad de Jerusalén, y de las ciudades de Judá, con las cuales has estado airado por espacio de setenta años? Y Jehová respondió buenas palabras, palabras consoladoras, al ángel que hablaba conmigo. **Zacarías 1:12-13** RVR1960

En el primer texto vemos que el Ángel del Señor «mi Ángel» es enviado por el Señor. Es el Padre quien envió a Su Hijo (Juan 3:16).

Dios envió a su Hijo, nacido de mujer y nacido bajo la ley... **Gálatas 4:4** RVR1960

Dios envió a su Hijo unigénito al mundo... **1 Juan 4:9** RVR1960

... él nos amó a nosotros, y envió a su Hijo en propiciación por nuestros pecados. **1 Juan 4:10** RVR1960

En el segundo texto vemos al Ángel de Jehová dialogando con Jehová de los ejércitos, como dos personas distintivas, que es la dinámica que vemos en la Trinidad.

Esto nos dice que el Ángel de Jehová es Dios, pero no es el Padre. Todas las otras evidencias indican que es la segunda persona de la Trinidad, nuestro Señor Jesucristo.

Esto es de gran importancia, pues la Escritura dice que «a Dios nadie le vio jamás; el unigénito Hijo, que está en el seno del Padre, él le ha dado a conocer» (Jn. 1:18).

> *También el Padre que me envió ha dado testimonio de mí. Nunca habéis oído su voz, ni habéis visto su aspecto… Juan 5:37* RVR1960

> *Jesús le dijo: ¿Tanto tiempo hace que estoy con vosotros, y no me has conocido, Felipe? El que me ha visto a mí, ha visto al Padre; ¿cómo, pues, dices tú: Muéstranos el Padre? Juan 14:9* RVR1960

Sólo Cristo se ha hecho visible tanto en el Antiguo Testamento como en el Nuevo Testamento. Nadie ha visto al Padre ni al Espíritu Santo.

Entonces, si al Padre nadie le ha visto jamás… ¿A quién vió Agar, o Abraham, o Moisés? ¿A quién vió Josué con la espada desenvainada?

Ellos no vieron al Padre, sino al Hijo, nuestro Señor Jesucristo.

A las apariciones del Señor Jesús en forma visible, ya sea humana o angélica, llamamos Teofanías[23] del griego θεοφάνεια (theopháneia). Esta es una palabra compuesta de dos palabras, θεός (theós) que significa Dios, y φαίνω (phainō) que significa «aparecer».

La preexistencia de Cristo

Estas apariciones del Ángel de Jehová en el Antiguo Testamento nos muestran la preexistencia de Cristo. La Palabra de Dios declara la preexistencia de Cristo de varias formas.

1. Antes de la creación:

> *Ahora pues, Padre, glorifícame tú al lado tuyo, con aquella gloria que tuve contigo antes que el mundo fuese.* **Juan 17:5** RVR1960

2. Durante la creación:

> *En el principio era el Verbo, y el Verbo era con Dios, y el Verbo era Dios. Este era en el principio con Dios. Todas las cosas por él fueron hechas, y sin él nada de lo que ha sido hecho, fue hecho. En él estaba la vida, y la vida era la luz de los hombres.* **Juan 1:1—4** RVR1960

3. Después de la creación:

> *Jesús les dijo: De cierto, de cierto os digo: Antes que Abraham fuese, yo soy.* **Juan 8:58** RVR1960

Nota aclaratoria en cuanto a traducciones

El nombre «el Ángel de Jehová» algunas versiones como la NTV, RVA-2015, NVI, y LBLA, lo traducen «ángel del Señor».

Jehová se traduce de cuatro letras que se usaban en el hebreo para referirse a Dios. Estas son YHWH, y puede que se pronunciara algo similar a «Yahweh».

Esto es lo que dice John Piper:

> *Los judíos tenían este nombre en tan alta reverencia que nunca lo nombraban, con tal de nunca tomarlo en vano. Así que, cuando llegaban a este nombre en su lectura, ellos pronunciaban la palabra «Adonai» que significa «mi Señor». La palabra Jehová se originó de un intento de pronunciar YHWH con las vocales de la palabra Adonai. En los manuscritos hebreos más antiguos no había vocales, por lo que es fácil entender cómo esto ocurrió* [24].

Otro detalle es que escribí «Ángel» con mayúscula cuando me referí al Ángel de Jehová por saber que se refiere a la persona de Cristo. Sin embargo, respeté de dejarlo en minúscula cuando citando de la Reina Valera 1960, porque así aparece y he querido respetar la traducción.

Con el estudio sobre el Ángel del Señor, llegamos a la conclusión de este tomo sobre Angelología, sin embargo hay mucho más que cubrir sobre los ángeles.

Ellos están presentes y activos en toda la creación. El autor de Hebreos dice que «algunos, sin saberlo, hospedaron ángeles» (Hebreos 13:2).

Hay ángeles ministrando entre nosotros todo el tiempo. Ellos son «espíritus ministradores, enviados para servicio a favor de los que serán herederos de la salvación» (Hebreos 1:14).

No responden a nuestras oraciones, ni a nuestras declaraciones —como algunos erróneamente enseñan—, pues sólo responden a las órdenes de Dios.

Sin embargo, están entre nosotros, son reales, y son criaturas que tienen un lugar importante dentro de la creación de Dios.

¡Sea Dios magnificado por tan hermosa e inmensa creación!

ESCATOLOGÍA:
LA DOCTRINA DEL FUTURO

Porque el Señor mismo con voz de mando, con voz de arcángel, y con trompeta de Dios, descenderá del cielo; y los muertos en Cristo resucitarán primero. Luego nosotros los que vivimos, los que hayamos quedado, seremos arrebatados juntamente con ellos en las nubes para recibir al Señor en el aire, y así estaremos siempre con el Señor.
1 Te 4:16,17 RVR1960

INTRODUCCIÓN A LA ESCATOLOGÍA

Bienaventurado el que lee, y los que oyen las palabras de esta profecía, y guardan las cosas en ella escritas; porque el tiempo está cerca. Apocalipsis 1:3 RVR1960

La palabra «escatología» proviene de dos palabras griegas, ἔσχατος que significa «último» y λόγος «estudio»[1]. Se puede definir como el «estudio de las cosas finales» o las «realidades últimas[2]».

Para establecer un estudio sano de la escatología bíblica, es necesario tomar ciertos principios en consideración.

Estas serán las reglas que respetaremos durante esta jornada.

1- Puesto que el material apocalíptico está lleno de simbolismos, visiones y textos difíciles de interpretar, primero visitaremos los textos que están explicados, sin simbolismos, como los escritos donde Pablo nos entrega una cronología sencilla y clara de los eventos que han de suceder.

2- Puesto que esos textos son claros y no necesitan interpretación, los tomaremos como columnas, (doctrina establecida), y que históricamente es sostenida por la cristiandad independientemente de las diferencias en eventos menores. Así estudiaremos los eventos principales como «mayores» y «básicos» y que siempre han estado dentro de las columnas de la ortodoxia cristiana.

3- Luego, los eventos que aparecen dentro del material apocalíptico los veremos por medio del lente de textos que son claros. En otras palabras, dejaremos que «escritura interprete escritura», el método que usó Lutero y otros reformadores[3].

4- Evitaré dogmatizar en cuanto a eventos donde existen varios puntos de vista, que aunque algo diferentes, han sido aceptados históricamente, como por ejemplo, las diferentes posiciones en cuanto al «milenio» o la cronología del «arrebatamiento». Siempre exponiendo mi punto de vista, pero respetando el trabajo de teólogos que difieren.

5- Mantendré en todo tiempo presente el «espíritu de la profecía», el tono con que los textos nos son entregados y la edificación del lector, pues estudiar las cosas concernientes a «la revelación de Jesucristo» es una bienaventuranza (Apocalipsis 1:3).

Así comenzamos.

1

LAS COSAS EXPLICADAS

El evangelio que Dios le entregó a Pablo es un evangelio revelado.

> *Mas os hago saber, hermanos, que el evangelio anunciado por mí, no es según hombre; pues yo ni lo recibí ni lo aprendí de hombre alguno, sino por revelación de Jesucristo. Gálatas 1:11,12* RVR1960

Pablo no nos habla de visiones con símbolos, figuras, e ideas abstractas, como hacen los profetas como Daniel y Ezequiel, o Juan en el Apocalipsis.

Las cartas son escritas en lenguaje ya interpretado, de manera que cuando Pablo nos habla de el arrebatamiento de la iglesia, la segunda venida de Cristo, o el juicio final, se puede tomar literalmente a la luz de la lectura sencilla —algo que todo lector puede entender, independientemente de su profundidad en el conocimiento de la Escrituras.

Entonces, antes de estudiar a Daniel, Ezequiel, y a Juan en el Apocalípsis, —de donde tenemos mucho que aprender— revisaremos lo que Pablo dice sobre estos eventos.

¿Y qué de las profecías de Jesús?

Estudiaremos las profecías de Jesús y los tiempos a que se referían acompañando con el contexto histórico y separando las cosas que habrían de suceder pronto (o de una forma más inmediata) y las que estaban apuntando a un futuro más lejano.

Entonces comencemos por las cosas explicadas.

Segunda Venida, Resurrección, Juicio Final y Cielos Nuevos y Tierra Nueva

Estos son cuatro eventos escatológicos que están en futuro (no han acontecido). Toda la cristiandad —independiente de las diferencias en puntos menores— está de acuerdo en que estos cuatro eventos sucederán literalmente en el futuro.

Segunda Venida y Resurrección

> *Por lo cual os decimos esto en palabra del Señor: que nosotros que vivimos, que habremos quedado hasta la venida del Señor, no precederemos a los que durmieron. Porque el Señor mismo con voz de mando, con voz de arcángel, y con trompeta de Dios, descenderá del cielo; y los muertos en Cristo resucitarán primero. Luego nosotros los que vivimos, los que hayamos quedado, seremos arrebatados juntamente con ellos en las nubes para recibir al Señor en el aire, y así estaremos siempre con el Señor. 1 Tesalonicenses 4:15—17* RVR1960

Estos textos no aparecen en símbolos, no hay visión o sueño que interpretar. Ya está todo explicado. Veamos el orden en que sucederán estas cosas.

1. El Señor descenderá del cielo
2. Los muertos en Cristo resucitarán primero
3. Luego los que estamos vivos en ese momento, seremos arrebatados
4. Así estaremos siempre con el Señor

La palabra «arrebatados» viene del griego antiguo «harpazō» (ἁρπάζω), que significa «agarrar, sacar por la fuerza o quitar»[4]. A esto, muchos evangélicos llaman «el rapto»[5] basándose en la traducción de La Vulgata Latina, la cual lo traduce «rapiēmur»[6], sin embargo la palabra «rapto» no aparece en la Biblia.

Aún así, el texto dice claramente que «seremos arrebatados».

Entonces, vemos que la resurrección y el arrebatamiento suceden en ese orden y son parte de un mismo evento —la segunda venida de nuestro Señor Jesucristo.

Más adelante entraré en detalles en cuanto a todas las profecías que tienen que ver con la segunda venida y los eventos alrededor de esta. Por el momento sólo quiero afirmar lo que es una doctrina esencial del cristianismo. El Señor vendrá por segunda vez.

Juicio Final

> *Y de la manera que está establecido para los hombres que mueran una sola vez, y después de esto el juicio... Hebreos 9:27* RVR1960

Jesucristo habló de «el día del juicio». Cuando envió a los doce discípulos a compartir las buenas noticias, les dijo que si en alguna casa o ciudad no los recibieran, se sacudieran el polvo de los pies, y además les dijo:

> *De cierto os digo que en el día del juicio, será más tolerable el castigo para la tierra de Sodoma y de Gomorra, que para aquella ciudad. Mateo 10:15* RVR1960

Tenemos varias referencias como esa sobre ese juicio. La Biblia lo identifica como «el juicio del gran trono blanco».

> *Y vi un gran trono blanco y al que estaba sentado en él, de delante del cual huyeron la tierra y el cielo, y ningún lugar se encontró para ellos. Y vi a los muertos, grandes y pequeños, de pie ante Dios; y los libros fueron abiertos, y otro libro fue abierto, el cual es el libro de la vida; y fueron juzgados los muertos por las cosas que estaban escritas en los libros, según sus obras. Apocalipsis 20:11,12* RVR1960

En este juicio Dios juzgará de una vez y por todas a todos Sus enemigos. Será un día terrible, como dice Isaías.

> *He aquí el día de Jehová viene, terrible, y de indignación y ardor de ira, para convertir la tierra en soledad, y raer de ella a sus pecadores. Isaías 13:9* RVR1960

Aunque Isaías está profetizando primariamente la destrucción de Babilonia por los Medos y Persas, el texto también se refiere al día futuro del juicio de las naciones[7].

Este será un juicio para los pecadores, pero también el diablo y sus ángeles serán juzgados.

> *Y a los ángeles que no guardaron su dignidad, sino que abandonaron*

> *su propia morada, los ha guardado bajo oscuridad, en prisiones eternas, para el juicio del gran día... Judas 1:6* RVR1960

Todo «el que no se halló inscrito en el libro de la vida»(Apocalipsis 20:15), «el diablo»(Apocalipsis 20:10), «la muerte y el Hades», serán lanzados al lago de fuego.

Sin embargo, los creyentes. Los que han sido lavados por la sangre de Cristo comparecerán a otro juicio, llamado «el tribunal de Cristo».

> *Porque es necesario que todos nosotros comparezcamos ante el tribunal de Cristo, para que cada uno reciba según lo que haya hecho mientras estaba en el cuerpo, sea bueno o sea malo. 2 Corintios 5:10* RVR1960

Este juicio, llamado «el tribunal de Cristo» será un juzgado de recompensas, y la razón de esto es porque nuestros pecados ya fueron borrados por el completo sacrificio de Cristo en la cruz y Dios no se acuerda más de ellos (Hebreos 8:12; 10:17).

Jesús mismo profetizó cómo sucederá esta separación entre quienes irán al juicio del gran trono blanco y quienes irán al tribunal de Cristo.

> *Cuando el Hijo del Hombre venga en su gloria, y todos los santos ángeles con él, entonces se sentará en su trono de gloria, y serán reunidas delante de él todas las naciones; y apartará los unos de los otros, como aparta el pastor las ovejas de los cabritos. Y pondrá las ovejas a su derecha, y los cabritos a su izquierda. Entonces el Rey dirá a los de su derecha: Venid, benditos de mi Padre, heredad el reino preparado para vosotros desde la fundación del mundo. Entonces dirá también a los de la izquierda: Apartaos de mí, malditos, al fuego eterno preparado para el diablo y sus ángeles. E irán éstos al castigo eterno, y los justos a la vida eterna. Mateo 25:31—34,41,46* RVR1960

Nota importante: El premilenialismo dispensacional[8] separa el juicio del gran trono blanco del tribunal de Cristo por mil años y fracción, es decir que ese punto de vista enseña que primero ocurrirá el arrebatamiento, luego siete años de tribulación en la tierra mientras el gran tribunal de Cristo y la bodas del Cordero ocurren en el cielo, luego la segunda venida, luego el milenio, y luego el juicio del gran trono blanco. Sin embargo, Jesús nos dice en ese texto que acabamos de leer que el juicio ocurrirá «cuando el Hijo del Hombre venga en gloria», dice que «serán reunidas delante de Él todas las naciones» (el mismo lenguaje de Apocalipsis 20:12 donde dice Juan «vi a los muertos, grandes y pequeños, de pie ante Dios»). Ahí, separará a las ovejas (que irán al tribunal de Cristo) de los cabritos (que irán al juicio del gran trono blanco) donde serán juzgados y echados al lago de fuego.

Explicaré las secuencias de eventos en detalles y con todos los textos y referencias más adelante. Por el momento, hemos establecido que el Señor regresará, los muertos en Cristo resucitarán primero, luego nosotros seremos arrebatados para estar siempre con el Señor. También, hemos establecido que habrá un juicio de justos para recompensas y pecadores para perdición eterna.

¿Qué sucederá después del juicio?

Cielo Nuevo y Tierra Nueva

Vi un cielo nuevo y una tierra nueva; porque el primer cielo y la primera tierra pasaron, y el mar ya no existía más. Y yo Juan vi la santa ciudad, la nueva Jerusalén, descender del cielo, de Dios, dispuesta como una esposa ataviada para su marido. Y oí una gran voz del cielo que decía: He aquí el tabernáculo de Dios con los hombres, y él morará con ellos; y ellos serán su pueblo, y Dios mismo estará con ellos como su Dios. Apocalipsis 21:1—3 RVR1960

Después del juicio, Dios restaurará la creación. Dice Isaías que Dios creará nuevos cielos y nueva tierra.

Porque he aquí que yo crearé nuevos cielos y nueva tierra; y de lo primero no habrá memoria, ni más vendrá al pensamiento. Isaías 65:17 RVR1960

El plan original del Edén, es completamente restaurado. La nueva Jerusalén descenderá del cielo. En otras palabras, el cielo y la tierra se unirán. Dios morará con nosotros para siempre.

Esta es una esperanza, como dice Pedro.

Pero nosotros esperamos, según sus promesas, cielos nuevos y tierra nueva, en los cuales mora la justicia. **2 Pedro 3:13** RVR1960

¿Por qué esperamos esto con tanto gozo?

Porque no habrá más sufrimiento.

Enjugará Dios toda lágrima de los ojos de ellos; y ya no habrá muerte, ni habrá más llanto, ni clamor, ni dolor; porque las primeras cosas pasaron. **Apocalipsis 21:4** RVR1960

Del cielo nuevo y tierra nueva, y de la nueva Jerusalén hablaré en detalle más adelante. Lo que he querido hacer en este primer capítulo es sólo establecer las bases mencionando los eventos que claramente están explicados de manera literal en los textos sagrados.

Todo teólogo que enseña sana doctrina estará de acuerdo en que estos cuatro eventos ocurrirán literalmente en el futuro. Los textos no están espiritualizados, no hay simbolismos ni alegorías.

Entonces, comenzamos el estudio de la escatología bíblica dando por sentado que como cristianos dentro de las columnas de la ortodoxia, estamos de acuerdo en la veracidad e importancia de estos cuatro eventos.

1. Segunda venida
2. Resurrección y arrebatamiento
3. Juicio final
4. Nuevos cielos y nueva tierra

Teniendo certeza y claridad sobre estos cuatro eventos, entremos así en un estudio más profundo de la profecía bíblica.

2

LAS COSAS QUE HAN DE SUCEDER PRONTO

Para tener un correcto entendimiento y cronología de la profecía bíblica, es necesario conocer los destinatarios primarios y los tiempos de dichas profecías. Cuándo fueron escritas, a quiénes va dirigido el texto (destinatarios inmediatos) y para cuándo ha de ser el cumplimiento.

Usted escucha a muchos predicadores decir que estamos en los últimos tiempos, y muchos para afirmar esto se basan en acontecimientos que han sucedido alrededor nuestro e indican el cumplimiento de ciertas profecías. Por ejemplo: Algunos premilenialistas dispensacionalistas[9] citan el hecho de que Israel fue aceptado como un estado soberano en una votación de las Naciones Unidas en 1948 como el cumplimiento de una profecía que pondría en marcha la última generación[10]. De hecho, esa se ha convertido en una referencia popular para muchos para definir que estamos en los últimos tiempos o que esta es la generación que verá el cumplimiento de estas cosas[11].

Sin embargo la Biblia indica otra cosa en cuanto al comienzo de los postreros días.

Ciertamente estamos en los postreros días, pero ¿cuándo comenzaron?

El escritor de Hebreos sitúa los postreros días en el primer siglo.

> *Dios, habiendo hablado muchas veces y de muchas maneras en otro tiempo a los padres por los profetas, en estos postreros días nos ha hablado por el Hijo, a quien constituyó heredero de todo, y por*

> *quien asimismo hizo el universo... Hebreos 1:1,2* RVR1960

Pedro, en su primer discurso, en el día de pentecostés, dijo que esos eran los postreros días, dando cumplimiento a la profecía de Joel.

> *Porque éstos no están ebrios, como vosotros suponéis, puesto que es la hora tercera del día. Mas esto es lo dicho por el profeta Joel: Y en los postreros días, dice Dios, Derramaré de mi Espíritu sobre toda carne, Y vuestros hijos y vuestras hijas profetizarán; Vuestros jóvenes verán visiones, Y vuestros ancianos soñarán sueños... Hechos 2:15—17* RVR1960

La traducción Reina Valera Actualizada 2015 dice «últimos días» en lugar de «postreros días».

Pablo le dijo a los Corintios que él y ellos vivían en los «últimos tiempos».

> *Todo esto les sucedió como ejemplo, y quedó escrito como advertencia para nosotros, los que vivimos en los últimos tiempos. 1 Corintios 10:11* RVC

Así es.

Los últimos tiempos es el espacio de tiempo o período de la iglesia, entre la primera y segunda venida de Cristo.

Los teólogos llaman a esto el «ya» (ya amaneció, el cumplimiento ha comenzado) y el «todavía no» (aún no está finalizado ni completo)[12]. Es una edad donde tanto las bendiciones inquebrantables de Dios para Su iglesia como el sufrimiento y la tribulación, se traslapan continuamente.

¿Por qué es importante saber cuándo comenzaron los últimos tiempos?

Porque muchas de las profecías que muchos asignan a nuestros días (siglo XXI) ya tuvieron cumplimiento en el primer siglo de la iglesia.

Con ese punto de referencia podemos comenzar a estudiar las profecías en el libro del Apocalipsis de Juan.

Juan escribe a siete iglesias que están en Asia, sobre «las cosas que deben suceder pronto».

> La revelación de Jesucristo, que Dios le dio, para manifestar a sus siervos las cosas que deben suceder pronto; y la declaró enviándola por medio de su ángel a su siervo Juan... Apocalipsis 1:1 RVR1960

¿Cuán pronto comenzarían a suceder estas cosas?

Por ejemplo. En cuanto a la aparición del Anticristo (de quien hablaremos más tarde), Juan dice que era un acontecimiento que estaba a punto de ocurrir.

> Queridos hijos, llegó la última hora. Ustedes han oído que el Anticristo viene, y ya han surgido muchos anticristos. Por eso sabemos que la última hora ha llegado. 1 Juan 2:18 NTV

Algunas traducciones dicen «último tiempo», sin embargo el lenguaje original griego usa las palabras ἐσχάτη[13] y ὥρα[14] que se traducen literalmente como «última hora»[15], como lo traduce la *Nueva Traducción Viviente*.

Juan habla de la llegada del Anticristo en un lenguaje que denota urgencia.

Los futuristas[16], (incluyendo premilenialistas dispensacionalistas), sitúan la aparición del Anticristo en el medio de una tribulación de siete años, que comienza a partir del arrebatamiento de la iglesia y culmina con la segunda venida[17] —todo en un futuro todavía pendiente.

Sin embargo, en el lenguaje de Juan, ya el espíritu del Anticristo estaba en operación en el momento en que él escribió la epístola. En la *Reina Valera 1960*, la segunda parte de ese texto dice «así ahora han surgido muchos anticristos».

Note la palabra «ahora».

Juan continúa hablando en plural diciendo que «todo espíritu que no confiesa que Jesucristo ha venido en carne, no es de Dios; y este es el espíritu del anticristo» (1 Juan 4:3).

En otras palabras, es algo que se está comenzando a cumplir mientras Juan todavía estaba vivo. De hecho, Juan usa esta operación del «espíritu del Anticristo» que ya ha comenzado como una evidencia de que ya él y los lectores de su carta estaban en el «último tiempo».

Leamos el texto en la *Reina Valera 1960*:

> *Hijitos, ya es el último tiempo; y según vosotros oísteis que el anticristo viene, así ahora han surgido muchos anticristos; por esto conocemos que es el último tiempo.* 1 Juan 2:18 RVR1960

Ahí está la frase «por esto conocemos que es el último tiempo».

Antes de comenzar a estudiar «las cosas que deben suceder pronto» en el primer panorama de Apocalipsis, quiero que vayamos a Mateo 24 y ver lo que Jesús profetizó en cuanto a cosas que se verían dentro de esa misma generación.

Mateo 24 y el último tiempo

Muchos han usado las profecías de Jesús en Mateo 24 como una plantilla de referencia para eventos que todavía están todos en futuro. Sin embargo, cuando leemos cuidadosamente el texto, sin la influencia de la escatología futurista, nos daremos cuenta de 1) cuáles textos se cumplirían en el futuro próximo (el futuro de los que estaban ahí, que para nosotros ya es pasado) y 2) cuáles en el futuro lejano (nuestro futuro).

Entremos en el texto comenzando por la introducción a este escenario.

> *Cuando Jesús salió del templo y se iba, se acercaron sus discípulos para mostrarle los edificios del templo. Respondiendo él, les dijo: ¿Veis todo esto? De cierto os digo, que no quedará aquí piedra sobre piedra, que no sea derribada.* Mateo 24:1,2 RVR1960

Para entender bien el retrato profético comenzaremos por situarnos en el lugar físico donde ocurre la conversación entre Jesús y Sus discípulos.

Jesús, acaba de salir del templo que estaba en Jerusalén. Los discípulos se acercaron para mostrarle «los edificios del templo». Esto es importante porque lo que sigue tiene que ver directamente con el templo y con la ciudad de Jerusalén. Son eventos que ocurrirían en Jerusalén, no en Estados Unidos y tampoco en Latinoamérica.

Jesús entonces les pregunta: «¿Veis todo esto?» —refiriéndose a 'los edificios del templo'— «De cierto os digo, que no quedará aquí piedra sobre piedra, que no sea derribada».

Esa es la primera profecía. No quedaría «piedra sobre piedra». Todos los edificios del templo serían destruidos.

Esta profecía se cumplió literal e históricamente en el año 70 d.C.

Este es el trasfondo.

> *En el año 66 d.C. los judíos de Judea se rebelaron contra sus amos romanos. En respuesta, el emperador Nerón envió un ejército al mando de Vespasiano para restaurar el orden. Para el año 68, la resistencia en la parte norte de la provincia había sido erradicada y los romanos volvieron toda su atención a la subyugación de Jerusalén. Ese mismo año, el emperador Nerón murió por su propia mano, creando un vacío de poder en Roma. En el caos resultante, Vespasiano fue declarado Emperador y regresó a la Ciudad Imperial. Le tocó a su hijo, Tito, liderar el ejército restante en el asalto a Jerusalén.*
>
> *Las legiones romanas rodearon la ciudad y comenzaron a exprimir lentamente la vida de la fortaleza judía. Para el año 70, los atacantes habían traspasado las murallas exteriores de Jerusalén y comenzaron un saqueo sistemático de la ciudad. El asalto culminó con la quema y destrucción del templo que servía como centro del judaísmo*[18][19].

Es decir, que en el lugar donde estaba el templo de Jerusalén no quedó «piedra sobre piedra».

En el texto paralelo a Mateo 24 en Lucas 19, el Señor nos dice claramente la razón por la cual aconteció este juicio.

> *Porque vendrán días sobre ti, cuando tus enemigos te rodearán con vallado, y te sitiarán, y por todas partes te estrecharán, y te derribarán a tierra, y a tus hijos dentro de ti, y no dejarán en ti piedra sobre piedra, por cuanto no conociste el tiempo de tu visitación. Lucas 19:43,44* RVR1960

Esto fue un juicio de retribución contra los judíos, como dice el Señor «por cuanto no conociste el tiempo de tu visitación». No solamente despreciaron los judíos al Señor, también le dieron muerte —mataron al Autor de la vida.

> *Mas vosotros negasteis al Santo y al Justo, y pedisteis que se os diese un homicida, y matasteis al Autor de la vida, a quien Dios ha resucitado de los muertos, de lo cual nosotros somos testigos. Hechos 3:14,15* RVR1960

Tenemos una referencia de Ezequiel quien dijo: «Cuando haya descargado mi furia contra Jerusalén, la dejaré completamente destruida» (Ezequiel 5:14-15 TLA).

Otra cosa que sucede en este evento es que al ser destruido el templo, el judaísmo ceremonial, (incluyendo las sacrificios de la ley mosaica) llegó a su fin como había dicho el escritor de Hebreos (Hebreos 8:13).

La claridad de los textos en Lucas, nos confirma la manera en que luego históricamente se cumpliría este evento. Al decir: «tus enemigos te rodearán con vallado, y te sitiarán, y por todas partes te estrecharán», nos da detalles de lo que después la historia confirma.

El historiador Josefo afirma que 1,1 millones de personas murieron durante el asedio, de las cuales la mayoría eran judías y más de 100,000 fueron llevadas cautivas[20]. Sin embargo los seguidores de Cristo lograron escapar a tiempo.

El erudito Eusebio dice:

> *«La iglesia en Jerusalén, habiendo sido mandada por una revelación divina, dada a hombres de piedad aprobada allí antes de la guerra, fue removida de la ciudad y vivió en cierta ciudad al otro lado del Jordán, llamada Pella[21]».*

Epífanes también dio testimonio de la fuga cristiana, según el erudito bíblico Adam Clarke. Este último escribió:

> *«Es muy notable que ni un solo cristiano pereciera en la destrucción de Jerusalén[22]».*

El Señor había enseñado a sus discípulos dos señales importantes que les alertarían para la huida.

Primera señal:

> *Pero cuando viereis a Jerusalén rodeada de ejércitos, sabed*

> *entonces que su destrucción ha llegado. Lucas 21:20* RVR1960

Segunda señal:

> *Por tanto, cuando veáis en el lugar santo la abominación desoladora de que habló el profeta Daniel (el que lee, entienda), entonces los que estén en Judea, huyan a los montes. Mateo 24:15,16* RVR1960

El texto al que Jesús se refiere en Daniel dice:

> *Y se levantarán de su parte tropas que profanarán el santuario y la fortaleza, y quitarán el continuo sacrificio, y pondrán la abominación desoladora. Daniel 11:31* RVR1960

La frase «quitarán el continuo sacrificio» luego es confirmada por la historia, como mencioné antes, cuando los sacrificios ceremoniales del templo, por supuesto, cesaron.

Pella no debe haber sido el único destino de los cristianos que huían, pero fue el más prominente en ese momento. La huida a Pella tuvo lugar en el año 66 d.C. durante el ataque de Gallus[23]. Cuatro años después, vino la caída de Jerusalén.

Entonces ahí vemos el cumplimiento de la primera profecía en Mateo 24. Es un evento que estaba en futuro para los discípulos que estaban con Jesús cuando salió del templo, pero en tiempo pasado para todos nosotros, los que vivimos después del año 70 d.C.

Las preguntas de los discípulos

Después que Jesús profetizó la destrucción del templo, Sus discípulos se le acercaron, en el monte de los olivos para preguntarle cuándo se cumpliría lo que Él había acabado de profetizar.

> *Y estando él sentado en el monte de los Olivos, los discípulos se le acercaron aparte, diciendo: Dinos, ¿cuándo serán estas cosas, y qué señal habrá de tu venida, y del fin del siglo? Mateo 24:3* RVR1960

Algunos teólogos dividen esta pregunta en tres: 1) ¿Cuándo serán estas cosas?, 2) ¿Qué señal habrá de tu venida?, 3) y (qué señal habrá) del fin del siglo?

Sin embargo «venida» y «fin de siglo» parecen ser eventos que ocurrirían juntos, entonces en realidad, esta pregunta se pudiera dividir en dos: 1) ¿Cuándo serán estas cosas? y 2) ¿Qué señal habrá de tu venida, y del fin del siglo?

La Biblia King James los traduce dividiéndolos en dos y poniendo el símbolo de interrogación dos veces. Dice: «Tell us, when shall these things be? and what shall be the sign of thy coming, and of the end of the world?».

¿Cuándo serán estas cosas?

¿A qué «cosas» se referían los discípulos?

Bueno. Jesús había acabado de profetizarles la destrucción del templo de Jerusalén.

La Traducción en Lenguaje Actual (TLA) en lugar de decir: ¿Cuándo serán estas cosas?, más bien lo traduce: ¿Cuándo será destruido el templo?.

No tenemos duda de que a eso se referían los discípulos.

Estaban interesados en saber «cuándo». ¿No es esa una curiosidad común en cuanto a las profecías? El ser humano quiere saber detalles, cuándo y cómo. ¿Cierto?

Jesús, no les entrega una fecha exacta. No les da el día, el mes y la hora. Sin embargo les profetiza una serie de acontecimientos que debían ocurrir antes y servirían como señales, según la fecha de la destrucción del templo se iba acercando.

Estas señales incluían, guerras y rumores de guerras, pestes, hambres, y terremotos, tribulación, falsos profetas, multiplicación de la maldad, etc...

Y luego dice:

Mas el que persevere hasta el fin, éste será salvo (v.13).

¿Salvo de qué?

Salvo de la destrucción que vendría sobre Jerusalén. Y vemos que los seguidores de Jesús, pudieron huir a tiempo y salvarse como cité anteriormente.

¿Qué señal habrá de tu venida y del fin del siglo?

Debemos entender varias cosas en cuanto a esta pregunta para poder saber de qué venida están hablando los discípulos, cuál sería la señal correcta y cuál no.

Primero. Los discípulos, no pueden estar hablando del regreso de Cristo (la «segunda venida» como nosotros la conocemos), porque Jesús todavía estaba con ellos y ellos no creían que Él se iba a ir (Juan 16:16,17; 20:8,9). No tiene sentido hablar del regreso de alguien que no se ha ido.

Segundo. La palabra «venida» en el original griego es «parusía» que significa «presencia, o llegada, como la visita de un oficial romano de alto rango o un gobernador»[24][25]. No significa «regreso»[26].

Tercero. Para estos discípulos judíos, el concepto del Mesías (que vendría a establecer Su reino y hacer justicia), no tenía un enfoque mundial o de naciones. La llegada de el Mesías era un concepto judío que significaba, «uno que los libraría del yugo romano»[27][28].

En el texto paralelo de este evento en Marcos, la segunda pregunta que hacen los discípulos está dentro del contexto de lo que sucedería en Jerusalén.

> *Dinos, ¿cuándo serán estas cosas? ¿Y qué señal habrá cuando todas estas cosas hayan de cumplirse?* Marcos 13:4 RVR1960

Quiere decir que la señal de su venida y del fin del siglo es lo mismo que «estas cosas». Todo está dentro del contexto de la destrucción del templo.

Entonces con esa referencia en mente, veamos el resto de la respuesta de Jesús.

El evangelio a todas las naciones

> *Y será predicado este evangelio del reino en todo el mundo, para testimonio a todas las naciones; y entonces vendrá el fin.* Mateo 24:14 RVR1960

Este versículo 14, es posiblemente la marca donde más personas se confunden.

Dentro del evangelicalismo moderno, especialmente dentro del dispensacionalismo, se dice que esta es la profecía que se debe cumplir antes de la segunda venida del Señor y el fin situándolo en nuestro futuro.

Sin embargo, Jesús, todavía no ha terminado de hablar sobre las cosas que han de suceder en Judea. Dos versículos más adelante dice: «entonces los que estén en Judea, huyan a los montes(v.16)».

Además, en el versículo 34 Jesús dice: «De cierto os digo, que no pasará esta generación hasta que todo esto acontezca» (RVR1960). La Traducción en Lenguaje Actual (TLA) dice: «Les aseguro que todo esto pasará antes de que mueran algunos de los que ahora están vivos».

¿Qué significa entonces que el evangelio del reino sería predicado a todas las naciones antes de que ocurrieran estas cosas?

La frase «todas las naciones» viene del griego oikoumenē (οἰκουμένη) que significa «la tierra habitada» o «área habitada»[29], en los escritos griegos a menudo es «la porción de la tierra habitada por los griegos», para los romanos significa «(parte terrena del) globo, especialmente, el imperio romano[30]».

Esta palabra, la vemos usada en Lucas 2:1 «Aconteció en aquellos días, que se promulgó un edicto de parte de Augusto César, que todo el mundo fuese empadronado», también en Hechos 24:5 «Porque hemos hallado que este hombre es una plaga, y promotor de sediciones entre todos los judíos por todo el mundo, y cabecilla de la secta de los nazarenos».

En esos textos, «todo el mundo» significa, los alrededores de donde ellos estaban.

Gentry señala, «una lectura superficial de estos textos sugiere eventos globales. Sin embargo, sabemos que estos eventos 'mundiales' ocurren dentro del imperio romano del primer siglo»[31].

Pablo le dice a los Colosenses (antes del año 70 d.C.), «ya habéis oído por la palabra verdadera del evangelio, que ha llegado hasta vosotros, así como a todo el mundo» (Colosenses 1:5,6). En el versículo 23 les dice «...sin moveros de la esperanza del evangelio que habéis oído, el cual se predica en toda la creación que está debajo del cielo...».

A los Romanos, Pablo les dice: «Primeramente doy gracias a mi Dios mediante Jesucristo con respecto a todos vosotros, de que vuestra fe se divulga por todo el mundo» (Romanos 1:8).

Todo esto quiere decir que el evangelio ya se había predicado a «todas las naciones» antes del año 70 d.C.

En los versículos que siguen, Jesús continúa profetizando cosas que habrían de suceder antes de la destrucción del templo, y como mencioné antes dándole a los discípulos señales en cuanto a cuándo huir y salir de la ciudad.

> *Por tanto, cuando veáis en el lugar santo la abominación desoladora de que habló el profeta Daniel (el que lee, entienda), entonces los que estén en Judea, huyan a los montes. Mateo 24:15,16* RVR1960

Como señalé antes, los discípulos siguieron estos avisos y huyeron de Jerusalén, de manera que ningún discípulo de Cristo murió en la destrucción del templo y de la ciudad de Jerusalén, aún cuando más de un millón de judíos murieron y más de cien mil fueron llevados cautivos.

Esto en sí es un gran milagro. El Señor protegió a los suyos y los salvó de la tribulación de aquellos días (v.29).

Tribulación

> *E inmediatamente después de la tribulación de aquellos días, el sol se oscurecerá, y la luna no dará su resplandor, y las estrellas caerán del cielo, y las potencias de los cielos serán conmovidas. Entonces aparecerá la señal del Hijo del Hombre en el cielo... Mateo 24:29,30* RVR1960

La «tribulación de aquellos días», nos da una referencia de lo difícil que se pusieron las cosas para los seguidores de Cristo que vivían en Jerusalén. Estos habían padecido persecución, ya desde el año 33 d.C. de parte de los judíos y de los Romanos como lo vemos en el libro de los Hechos, sin embargo, entre el año 66 y el 70 d.C. sufrieron una tribulación sin precedentes.

Sam Storms dice: «Así, 'la tribulación de aquellos días' (v.29) se refiere a todo lo que ocurrió entre el 33 y el 70 d.C., con especial referencia a los eventos relacionados con el asedio y saqueo de Jerusalén en 66—70 d.C. (llamada la 'gran tribulación' en el v.21)»[32].

¿Pudiera alertarnos el texto en cuanto a futuras tribulaciones?

Creo que sí.

La historia de la iglesia contiene períodos de tribulaciones desde el principio hasta nuestros tiempos, y estas tribulaciones deben acentuarse según nos acercamos a la segunda venida de Cristo, la resurrección, el arrebatamiento, y el juicio final. Sin embargo, aquí en Mateo 24, la referencia primaria y directa, tiene que ver con la destrucción de Jerusalén.

Eventos catastróficos

> ...*el sol se oscurecerá, y la luna no dará su resplandor, y las estrellas caerán del cielo, y las potencias de los cielos serán conmovidas*... *Mateo 24:29* RVR1960

El Señor usa un lenguaje apocalíptico que había sido usado antes por otros profetas.

Por ejemplo. Isaías, profetizando la destrucción de Babilonia dijo: «Por lo cual las estrellas de los cielos y sus luceros no darán su luz; y el sol se oscurecerá al nacer, y la luna no dará su resplandor» (Isaías 13:10). Joel, profetizando sobre Israel dice que «se estremecerán los cielos; el sol y la luna se oscurecerán, y las estrellas retraerán su resplandor» (Joel 2:10). Amós, profetizando sobre Israel dice «haré que se ponga el sol a mediodía, y cubriré de tinieblas la tierra en el día claro» (Amós 8:9).

El teólogo postmilenialista[33] Douglas Wilson dice:

> *Cada vez que vemos este lenguaje de decreación, en cualquier lugar del Antiguo Testamento —la luna se oscurece, el sol se apaga y las estrellas caen— el texto siempre se refiere a la destrucción de una nación o ciudad*[34].

Siempre ese lenguaje es usado por los profetas cuando Dios va a destruir una ciudad o un país. Sin embargo, tanto Babilonia como Israel, han recibido esos juicios, esas profecías se cumplieron, y todavía el sol y la luna están en su lugar, las estrellas no se cayeron, lo que nos dice que el lenguaje es figurativo, hasta de cierta forma poético, y no literal. Como dice Wilson «es el lenguaje de los profetas».

Entonces los que dicen que Jesús en ese texto no se refiere a Jerusalén 70 d.C. usando el argumento de que las estrellas no se han caído, y el sol y la luna no se han oscurecido, están pasando por alto la manera en que hablan los profetas.

Jesús usó el lenguaje profético y con gran colorido simbólico.

¿Una venida en juicio?

> *Entonces aparecerá la señal del Hijo del Hombre en el cielo; y entonces lamentarán todas las tribus de la tierra, y verán al Hijo del Hombre viniendo sobre las nubes del cielo, con poder y gran gloria. Mateo 24:30* RVR1960

La señal la ha entregado Jesús, aunque usa lenguaje de decreación, nos ha dicho con el resto del contexto que «después de la tribulación de aquellos días (v.29)», «verán al Hijo del Hombre viniendo sobre las nubes (v.30)».

Para el preterista (parcial)[35], esta venida ocurrió ahí en el año 70 d.C., pero fue una venida «en juicio», respetando que el Señor regresará física y visualmente en el orden de 1 Tesalonicenses 4:16,17. Este punto de vista es históricamente aceptado dentro de las columnas de la ortodoxia cristiana. Ha sido la escuela sostenida por la mayor parte de los reformadores y la iglesia durante 19 siglos.

Para los preteristas (totales)[36], ya la profecía de la segunda venida de Cristo se cumplió totalmente. Sin embargo, ese punto de vista tiene muchas deficiencias, pues niegan varias cosas, incluyendo una segunda venida física donde «todo ojo le verá (Apocalipsis 1:7)». Esta escuela no es aceptada dentro de la ortodoxia bíblica y marcada como error por la mayor parte de los eruditos y teólogos de la iglesia durante años.

El futurista[37] —especialmente premilenialista dispensacionalista[38]— por supuesto cree que este texto se refiere a la segunda venida de Cristo en el futuro. Este punto de vista es el más popular hoy en día especialmente en la cristiandad de Norteamérica, y en nuestros países en Latinoamérica, debido al auge y distribución de material dispensacionalista incluyendo la Biblia Anotada de Scofield[39]. La escuela futurista dispensacionalista, es relativamente nueva con poco más de un siglo de haber salido a la luz, sin embargo es aceptada dentro de las columnas de la ortodoxia cristiana.

Debo decir que existen muchos extremos dentro de la escatología futurista. Casi todos los que han salido publicando fechas de la venida del Señor en años recientes, —y han sido encontrados en error— vienen de esta escuela[40]. Muchos libros y novelas sensacionalistas han sido escritos y millones de copias se han vendido, aun así eso no es necesariamente algo positivo[41].

Muchos futuristas, aplican señales a acontecimientos actuales. Toman noticias de cosas que suceden en el medio oriente y les dan interpretación bíblica. Aún a los acontecimientos políticos actuales les dan aplicación y los relacionan con profecías escritas. Esta tendencia ha producido mucho daño y fanatismo y debe ser rechazada por cada estudioso serio de la profecía bíblica.

Textos difíciles

A partir del versículo 34, muchos teólogos creen que el Señor ya no está hablando de la destrucción de Jerusalén y el templo, ya fue el «fin de siglo» y ahora ya está hablando del «siglo venidero[42]».

Sin embargo, algunos creen que ya en el versículo 29 se refiere a la época de la iglesia[43], en la cual se experimentarían dos cosas continuas: 1) períodos de tribulación y 2) el gran éxito en la predicación del evangelio.

Es un poco difícil establecer exactamente en qué versículo para de referirse a la destrucción del templo y la ciudad, y comienza a hablar de un futuro más lejano, o si dentro del lenguaje, hablando de una cosa todavía, hace alusión también a otra. Esto es una forma que vemos en los profetas —que están hablando de un evento con más de un cumplimiento, uno inmediato y otro en un futuro.

Me inclino a pensar que es después del versículo 34, pues en este asegura que todo lo hablado se cumpliría en esa generación, pero veo la posibilidad de que desde el versículo 29 puede haber referencias a Su segunda venida independientemente de lo que habría de suceder en el año 70 d.C., y esto, porque lenguaje similar es usado en otros textos que hacen referencia directa a la segunda venida, especialmente la expresión de venir «en las nubes» (1 Tesalonicenses 4:17; Apocalipsis 1:7).

Viniendo sobre las nubes

En el texto veo dos indicaciones en las frases «la señal del Hijo del Hombre» y «viniendo sobre las nubes», que pueden indicar que el Señor dejó ver su «poder y gran gloria» por medio del juicio sobre Jerusalén (por haberle rechazado), como especie de vindicación.

Algunos teólogos afirman que el lenguaje usado por Jesús se refiere directamente a lo que sucedería en Jerusalén en el año 70 d.C., porque Jesús usa el mismo lenguaje más adelante cuando está ante el concilio siendo juzgado ante el sumo sacerdote Caifás. Él les dice: «desde ahora veréis al Hijo del Hombre sentado a la diestra del poder de Dios, y viniendo en las nubes del cielo» (Mateo 26:64). Esto lo hizo cuando lo cuestionaron si Él era el Cristo (v.63).

Gentry dice de esto:

«Aquí el Señor informa al sumo sacerdote y a los demás miembros del Sanedrín judío que 'verán' Su venida. Obviamente, ¡todavía no están vivos hoy! Jesús debe estar refiriéndose a un evento en sus vidas durante el primer siglo»[44].

El teólogo N.T. Wright dice:

«Jesús no está sugiriendo que Caifás será testigo del fin del orden del espacio-tiempo. Tampoco mirará un día por la ventana y observará una figura humana volando hacia abajo en una nube. En y a través de todo esto, Caifás será testigo de eventos que muestran que Jesús, después de todo, no estaba equivocado en su afirmación, hasta ahora implícita, ahora por fin explícita: Él es el Mesías, el ungido, el verdadero representante del pueblo de Israel»[45].

Parece ser, que el Señor, al referirse a la «señal» que aparecería en el cielo, está haciendo lo mismo que le dice a Caifás más adelante. «Esta es la evidencia de que Soy el Cristo, el Hijo de Dios». En otras palabras, el juicio sobre Jerusalén vindica totalmente a Jesús. Sam Storms dice que Jesús, les estaba diciendo a Sus discípulos que «verían una señal que demostraría que estaba en el cielo, sentado a la diestra de Su Padre (Hechos 2:30-36)»[46].

En otras palabras, parece ser que la señal del Hijo de Dios sentado en el trono de Dios fue vista por Caifás y todos sus enemigos durante el juicio sobre Jerusalén.

El Señor vino a Jerusalén en juicio, y eso es parte de las cosas que sucederían «pronto».

Aún así, creo que no podemos descartar la posibilidad de que el Señor, además de referirse a lo que sucedería en Jerusalén en el año 70 d.C., también esté haciendo una referencia a Su futura segunda venida, —como dije antes— por la similitud de lenguaje y la frase de venir «en las nubes» que se usa en otros textos (1 Tesalonicenses 4:17; Apocalipsis 1:7).

La segunda venida no ha ocurrido

No comparto la idea de los preteristas totales de que la segunda venida de Cristo ocurrió en el año 70 d.C.

Primero, no todo ojo le vió (Apocalipsis 1:7). Segundo, no ocurrió en el año 70 d.C. la resurrección de los muertos y los creyentes no fueron arrebatados (1 Tesalonicenses 4:13—17), y tampoco ocurrió el juicio final que debe ocurrir cuando Él venga (Mateo 25:31—34,46).

La segunda venida de Cristo está en futuro y no ha ocurrido todavía. Es nuestra esperanza futura.

En el capítulo 25 de Mateo, en la parábola de las diez vírgenes, y la parábola de los talentos, se está refiriendo a Su segunda venida, y ciertamente al juicio a partir del versículo 31.

(Al tema específico de la segunda venida, dedicaré un capítulo completo).

¿Y del fin del siglo?

La Reina Valera Antigua al igual que otras versiones en lugar de decir «fin del siglo», lo traducen «fin del mundo».

No es difícil imaginar que, en las mentes de estos discípulos, la destrucción de Jerusalén y el templo tendría que ser el «fin del mundo».

La frase en Mateo, «el fin del siglo» (como lo traduce la *Reina Valera 1960*), es una traducción correcta de la expresión en griego. La destrucción del templo fue usada por Dios para marcar el final de una era, de un tiempo cuando los judíos formaban el especial y escogido pueblo de Dios.

Después del comienzo de la Iglesia en 30 d.C., hubo un tiempo de transición para terminar con el sistema de la ley judía, pero con la destrucción de Jerusalén y el templo por Tito en el año 70 d.C., la era judía había llegado a su fin completo y total. Nunca más se podría guardar la ley de Moisés como fue entregada en el Antiguo Testamento. Al borrar para siempre las distinciones de genealogía entre las diferentes tribus, sería imposible restaurar el sacerdocio levítico. La era judía había terminado en absoluto.

Ese es el «fin del siglo». Todo lo que representaba el templo —la ley ceremonial judaica, el sacerdocio levítico, la teocracia judía— había llegado a su fin.

Todo se cumplió dentro de esa generación, como lo profetizó Jesús.

A partir de ese punto, termina el traslapo que existió entre el comienzo de la gracia (con la muerte de Cristo) y el fin de los sacrificios y la ley ceremonial, que aunque ya habían caducado jurídicamente, todavía estaban presentes en la práctica del judaísmo, como dijo el autor de Hebreos.

> *Al decir: Nuevo pacto, ha dado por viejo al primero; y lo que se da por viejo y se envejece, está próximo a desaparecer. Hebreos 8:13* RVR1960

Entonces, para concluir, hemos visto el principio de «las cosas que deben suceder pronto» (Apocalipsis 1:1). El comienzo de los últimos días, y la respuesta a las preguntas «¿cuándo serán estas cosas, y qué señal habrá de tu venida, y del fin del siglo?» (Mateo 24:3).

Todo cumplido dentro de esa generación (Mateo 24:34).

Con este trasfondo de las cosas que habrían de suceder inmediatamente, pasemos a hablar en detalles las cosas que no han sucedido.

3

LA SEGUNDA VENIDA DE CRISTO

El regreso literal de Cristo es un evento que obviamente está todavía en el futuro.

En su primera venida, «se presentó una vez para siempre por el sacrificio de sí mismo para quitar de en medio el pecado (Hebreos 9:26)» y «aparecerá por segunda vez, sin relación con el pecado (Hebreos 9:28)».

Todo aquél que niegue esa segunda venida física y visible —como lo hacen los preteristas totales— estará por ello excluido de la ortodoxia cristiana.

Esta doctrina es central, necesaria y sólida, pues en ella reposa nuestra esperanza de que seremos transformados para estar siempre con el Señor, en nuestro estado eterno, donde no habrá mas «llanto, ni clamor, ni dolor» (Apocalipsis 21:4).

Entonces para comenzar, necesitamos saber que la Biblia promete un regreso literal de Cristo. Jesús vino una vez para expiar los pecados, y vendrá nuevamente para consumar su gobierno.

Como dije antes, el Señor ya vino la primera vez, y el objetivo fue «para quitar de en medio el pecado». Es decir que vino en calidad de Cordero. Juan Bautista dijo: «He aquí el Cordero de Dios, que quita el pecado del mundo» (Juan 1:29).

Esa misión fue completada. En la cruz, el mismo Jesús dijo: «consumado es» (Juan 19:30). El sacrificio se había consumado —se había completado. El problema del pecado se ha resuelto.

En Su segunda venida, Jesús no viene a lidiar con el pecado —lo que hizo en la primera venida, fue suficiente. Esta vez no regresará como Cordero. Viene a hacer justicia, y juicio. Viene a «salvar a los que le esperan» y a destruir a los enemigos restantes de una vez y por todas, incluyendo al «postrer enemigo que será destruido, [que] es la muerte (1 Corintios 15:26)».

Veamos el contraste entre estas dos venidas en el texto.

> *Y de la manera que está establecido para los hombres que mueran una sola vez, y después de esto el juicio, así también Cristo fue ofrecido una sola vez para llevar los pecados de muchos; y aparecerá por segunda vez, sin relación con el pecado, para salvar a los que le esperan. Hebreos 9:27,28* RVR1960

Usted se preguntará: ¿Si ya fui salvo, por causa de Su primera venida, de qué seré salvo en la segunda?

Ciertamente ya hemos sido salvos por gracia (Efesios 2:8). El sacrificio de Cristo, ofrecido en Su primera venida, es suficiente.

Sin embargo, todavía estamos en este cuerpo mortal «de la humillación nuestra», el cual ha de ser transformado —redimido.

> *...el cual transformará el cuerpo de la humillación nuestra, para que sea semejante al cuerpo de la gloria suya, por el poder con el cual puede también sujetar a sí mismo todas las cosas. Filipenses 3:21* RVR1960

> *...nosotros también gemimos dentro de nosotros mismos, esperando la adopción, la redención de nuestro cuerpo. Romanos 8:23* RVR1960

Así es. Nuestro cuerpo será redimido. Pablo también le llama a esto «la redención de la posesión adquirida (Efesios 1:14)».

De hecho, esto es una prueba más que nos afirma que la segunda venida de Cristo no ha ocurrido. Nuestro cuerpo no ha sido transformado.

Las continuas limitaciones y dificultades que nos presenta nuestro cuerpo terrenal, nos recuerdan que Cristo no ha regresado. Pero la buena noticia es que vivimos en esa esperanza.

> ...aguardando la esperanza bienaventurada y la manifestación gloriosa de nuestro gran Dios y Salvador Jesucristo... Tito 2:13 RVR1960

Hablé en el primer capítulo de las «cosas explicadas».

El orden de los acontecimientos relacionados a Su segunda venida, son claros. No tenemos necesidad de interpretar símbolos y figuras del material apocalíptico para saber que el Señor viene. En esa segunda venida, acontecerá la resurrección, el arrebatamiento, el juicio final, y subsecuentemente el Señor hará nuevas todas las cosas.

Algunos no esperan que el juicio suceda ahí, pues están acondicionados al premilenialismo dispensacionalista[47], que enseña que Cristo en Su segunda venida iniciará Su reinado terrenal de mil años, y el juicio no acontecerá hasta después del milenio.

El premilenialismo dispensacionalista, es popular en este tiempo, inclusive en nuestra América Latina se enseña como la única interpretación y única opción en muchas congregaciones y aún en denominaciones completas. No culpo a los amados pastores por enseñar sólo un punto de vista. La mayor parte de los institutos bíblicos lo enseñan así, y muchos pastores no fueron expuestos a otras opciones. Sin embargo, el premilenialismo dispensacionalista no es la única escuela de interpretación.

Vengo (como la mayoría) de esa escuela, y por años me costó mucho trabajo aún considerar otros puntos de vista. Pero con los años, he podido entender cosas que antes no entendía, y he encontrado suficientes razones para estar persuadido de que la segunda venida de Cristo es la culminación de la historia de la manera en que la conocemos, el juicio (tanto del tribunal de Cristo para creyentes, como el gran trono blanco para enemigos) ocurrirá inmediatamente seguido de Su segunda venida, y cielos nuevos y tierra nueva inmediatamente después del juicio, sin interrupción de mil años.

¿Y dónde queda el milenio?

No se preocupe, se lo explicaré en detalles.

¿Y qué del tercer templo que me dijeron que se ha de edificar en Jerusalén, donde Judíos y Gentiles subiremos a ofrecer sacrificios?

No habrá tal cosa. No regresaremos a ofrecer sacrificios a Jerusalén, porque ya Cristo fue ofrecido como sacrificio perfecto en la cruz, y no hay más necesidad de sacrificios (Hebreos 7:27). De nuevo volver a hacer sacrificios —los cuales eran símbolos (Hebreos 9:9), sería como regresar a la ley mosaica (Hebreos 10:8), la cual no pudo perfeccionar nada (Hebreos 7:19; 10:1) y tenía defecto (Hebreos 8:7), que además quedó anulada por el sacrificio de Cristo, hecho una vez y para siempre (Hebreos 9:26; 10:12).

Explicaré qué profecía usan los hermanos dispensacionalistas para justificar la creencia de la reconstrucción de un tercer templo y por qué no aplica, al igual que otros puntos que desarman la cronología del premilenialismo dispensacionalista.

Esas cosas las tocaremos en detalles, pero mi tarea en este capítulo es introducirnos primero a la segunda venida de Cristo como acontecimiento, además de estudiar su importancia y carácter, de manera que no tengamos dudas y quedemos establecidos, convencidos y animados con esta hermosa y poderosa esperanza. ¡Cristo aparecerá por segunda vez!

El Evento

> *Porque el Señor mismo con voz de mando, con voz de arcángel, y con trompeta de Dios, descenderá del cielo; y los muertos en Cristo resucitarán primero. Luego nosotros los que vivimos, los que hayamos quedado, seremos arrebatados juntamente con ellos en las nubes para recibir al Señor en el aire, y así estaremos siempre con el Señor. 1 Tesalonicenses 4:16,17* RVR1960

Ya lo dije antes en el primer capítulo, este es el orden en que sucederán estas cosas.

1. El Señor descenderá del cielo
2. Los muertos en Cristo resucitarán primero
3. Luego los que estamos vivos en ese momento, seremos arrebatados

4. Así estaremos siempre con el Señor

La palabra «arrebatados» viene del griego antiguo «harpazō» (ἁρπάζω), que significa «agarrar, sacar por la fuerza o quitar»[48]. Muchos evangélicos usan el término «rapto» sacado de la traducción de La Vulgata Latina, la cual lo traduce «rapiēmur»[49], pero (como dije antes), la palabra «rapto» no aparece en la Biblia.

Sin embargo, el texto dice claramente que «seremos arrebatados».

Es importante entender lo que sucede y qué significa este arrebatamiento.

La escuela premilenialista dispensacionalista enseña que en el arrebatamiento —que popularmente llaman «rapto»—, nos iremos volando en los aires para regresar siete años después en la segunda venida.

Sin embargo, como vemos en el texto de 1 Tesalonicenses 4, y como lo pruebo en varios lugares de este tomo, es sólo un evento.

En la frase «seremos arrebatados juntamente con ellos en las nubes para recibir al Señor en el aire», Pablo nos da la imagen de un general romano que regresa a la ciudad con sus legiones y el pueblo sale fuera de la ciudad a recibirle, y luego entra con él en la ciudad. Pablo usa un romanismo en el texto.

R.C. Sproul dice:

> *«Cuando las legiones romanas fueron enviadas para ir a un país extranjero en una campaña militar, sus estandartes llevaban las letras SPQR, una abreviatura de Senatus Populus Que Romanus, que significa 'el Senado y el pueblo de Roma'. En Roma se entendía que las conquistas de los militares no eran simplemente para los políticos que gobernaban, sino para todos los ciudadanos de la ciudad. El ejército podría ausentarse para una campaña de dos o tres años. Finalmente, los soldados regresarían llevando a los cautivos encadenados. Acampaban fuera de la ciudad y enviaban un mensajero para alertar al Senado y al pueblo de que las legiones habían regresado. Cuando llegaba esa noticia, la gente comenzaba a prepararse para recibir a los héroes conquistadores. Cuando todo estaba listo, sonaba una trompeta.*

> *Con eso, los ciudadanos de la ciudad salían al lugar donde estaba acampado el ejército y se unían a los soldados en la marcha hacia la ciudad. La idea era que habían participado en el triunfo de su ejército conquistador. Este es exactamente el lenguaje que usó Pablo aquí. Él estaba diciendo que cuando Jesús regrese conquistando el poder, los creyentes, tanto muertos como vivos, serán arrebatados en el aire para encontrarse con Él, no para quedarse allí, sino para unirse a Su regreso en triunfo, para participar en Su exaltación»*[50].

Así, recibiremos al Señor en los aires, para inmediatamente descender con Él.

Entonces, vemos que la resurrección y el arrebatamiento suceden en ese orden y son parte de un mismo evento —la segunda venida de nuestro Señor Jesucristo.

Esta es nuestra expectativa futura. Santiago, el hermano del Señor, se refiere a la segunda venida diciendo:

> *Por tanto, hermanos, tened paciencia hasta la venida del Señor. Mirad cómo el labrador espera el precioso fruto de la tierra, aguardando con paciencia hasta que reciba la lluvia temprana y la tardía. Santiago 5:7* RVR1960

Viene como Rey

Si bien, en la primera venida, el Señor vino como Cordero, en esta segunda venida, viene como Rey. Veamos esta visión de cómo será este evento.

> *Entonces vi el cielo abierto; y he aquí un caballo blanco, y el que lo montaba se llamaba Fiel y Verdadero, y con justicia juzga y pelea. Sus ojos eran como llama de fuego, y había en su cabeza muchas diademas; y tenía un nombre escrito que ninguno conocía sino él mismo. Estaba vestido de una ropa teñida en sangre; y su nombre es: EL VERBO DE DIOS. Y los ejércitos celestiales, vestidos de lino finísimo, blanco y limpio, le seguían en caballos blancos. De su boca sale una espada aguda, para herir con ella a las naciones, y él las regirá con vara de hierro; y él pisa el lagar del vino del furor y de la ira del Dios Todopoderoso. Y en su vestidura y en su muslo tiene escrito este nombre: REY DE REYES Y SEÑOR DE SEÑORES. Apocalipsis 19:11—16* RVR1960

Características de la segunda venida

Será un regreso personal, visible y corporal de Cristo

Jesús regresará en persona.

Jesús dijo que vendría otra vez.

> *Y si me fuere y os preparare lugar, vendré otra vez, y os tomaré a mí mismo, para que donde yo estoy, vosotros también estéis.* Juan 14:3 RVR1960

En Su ascensión, dos ángeles dijeron que regresaría de la misma manera que se fue —visiblemente.

> *...los cuales también les dijeron: Varones galileos, ¿por qué estáis mirando al cielo? Este mismo Jesús, que ha sido tomado de vosotros al cielo, así vendrá como le habéis visto ir al cielo.* Hechos 1:11 RVR1960

«Como le habéis visto ir» claramente nos dice que el regreso es visible.

Todo ojo le verá.

> *He aquí que viene con las nubes, y todo ojo le verá...* Apocalipsis 1:7 RVR1960

Regresará con gloria

> *Porque el Hijo del Hombre vendrá en la gloria de su Padre con sus ángeles, y entonces pagará a cada uno conforme a sus obras.* Mateo 16:27 RVR1960

Evidentemente la segunda venida será con mucho ruido.

> *Porque el Señor mismo con voz de mando, con voz de arcángel, y con trompeta de Dios, descenderá del cielo...* 1 Tesalonicenses 4:16 RVR1960

¿Ha visto usted, una de esas películas donde la batalla épica al final es un evento grandioso?

¡Imagínese cómo será la venida del Señor! El Rey de Reyes regresará con gran gloria.

El tiempo de Su venida es desconocido

Velad, pues, porque no sabéis el día ni la hora en que el Hijo del Hombre ha de venir. Mateo 25:13 RVR1960

¿Por qué Dios no nos revela el momento exacto en que Cristo regresará? ¿De qué manera no saber cuándo regresará Cristo afecta nuestra vida cristiana?

Debemos estar preparados.

Por tanto, también vosotros estad preparados; porque el Hijo del Hombre vendrá a la hora que no pensáis. ¿Quién es, pues, el siervo fiel y prudente, al cual puso su señor sobre su casa para que les dé el alimento a tiempo? Bienaventurado aquel siervo al cual, cuando su señor venga, le halle haciendo así. Mateo 24:44—46 RVR1960

No sabemos la fecha en que el Señor ha de regresar.

Podríamos intentar señalar un grupo de acontecimientos, como apostasía y persecución, para decir que la segunda venida está cerca, sin embargo ya existía apostasía en el primer siglo, y la iglesia ha padecido períodos de persecución durante toda su historia, entonces es difícil tomar estos acontecimientos como señales definitivas.

Los futuristas suelen citar a Lucas 21:11: «...y habrá grandes terremotos, y en diferentes lugares hambres y pestilencias; y habrá terror y grandes señales del cielo».

Esto presenta dos problemas. Primero, el pasaje es paralelo a Mateo 24, y Jesús (en el versículo 11) todavía está respondiendo a la pregunta de los discípulos sobre la destrucción del templo (vs.5—7). Segundo, siempre han existido grandes terremotos, hambres y pestilencias, terror, etc... en algún lugar del mundo durante los últimos dos mil años.

Me parece muy curioso, que acá en Estados Unidos, cuando sucede cualquier evento fuera de lo normal, sea un pequeño temblor de tierra, o una pasajera recesión en la economía, inmediatamente mis hermanos futuristas lo aplican como señal de la segunda venida.

Hace unos meses, cuando comenzó la pandemia del coronavirus vi a un predicador en un video diciendo que «el rapto» iba a ocurrir en tres meses. De acuerdo a él, el estado de emergencia que había anunciado el gobierno para prevenir que el virus se siguiera propagando, era una señal del fin. Todo esto lo decía desde la comodidad de su hogar, donde tiene luz eléctrica, agua potable y aire acondicionado.

Creo que esto es un insulto a los hermanos en países del tercer mundo, que viven en un permanente estado de emergencia. He tenido la oportunidad de servir en misiones en lugares donde no hay agua potable, se alumbran con lámparas, padecen persecución, y literalmente pasan hambre. Sin embargo, estos hermanos no dicen que se va a acabar el mundo y no ponen fechas de la segunda venida, porque están siendo atribulados.

La Biblia dice que «todos los que quieren vivir piadosamente en Cristo Jesús padecerán persecución» (2 Timoteo 3:12), y esto no es señal de la segunda venida.

Entonces, ¿qué señales nos ayudan a saber que el tiempo de Su segunda venida está cerca?

Ya que no podemos tomar las señales dadas en referencia a la destrucción de Jerusalén y el templo, y aplicarlas explícitamente como señales de que la segunda venida está cerca, tendremos que depender de otros textos para entender el clímax antes y alrededor de este magno evento.

Las cosas van a empeorar en este mundo a medida que nos acercamos a la segunda venida

Primero, debo decir que el crecimiento de la maldad llegará a niveles sin precedentes. Segundo, al leer los acontecimientos que preceden a la segunda venida, nos damos cuenta que el orden de los poderes mundiales estará siendo sacudido de tal manera que sólo la justicia divina —el Señor regresando en carácter de Juez— podrá enderezar la balanza. Vayamos por partes.

1. La maldad llegará a niveles sin precedentes

Creo firmemente que ya después del versículo 34 de Mateo 24, el Señor aparte de haberse estado refiriendo a los acontecimientos concernientes a la destrucción de Jerusalén en el año 70 d.C. hace clara referencia a los tiempos de la segunda venida.

El texto nos dice cómo se pondrán las cosas.

> *Mas como en los días de Noé, así será la venida del Hijo del Hombre. Porque como en los días antes del diluvio estaban comiendo y bebiendo, casándose y dando en casamiento, hasta el día en que Noé entró en el arca, y no entendieron hasta que vino el diluvio y se los llevó a todos, así será también la venida del Hijo del Hombre. Mateo 24:37—39* RVR1960

«Comiendo y bebiendo, casándose y dando en casamiento» puede darnos una imagen clara de una sociedad de consumo[51] con valores fuera de control.

La frase «casándose y dando en casamiento» nos da una idea de cómo la institución del matrimonio establecido por Dios, se corrompe y es mal usado a la ligera convirtiéndose en una práctica corriente y fuera de los parámetros de santidad establecidos por el Creador.

¿Cómo se corrompió la institución del matrimonio en los días de Noé?

Depravación sexual.

> *Aconteció que cuando comenzaron los hombres a multiplicarse sobre la faz de la tierra, y les nacieron hijas, que viendo los hijos de Dios que las hijas de los hombres eran hermosas, tomaron para sí mujeres, escogiendo entre todas. Génesis 6:1,2* RVR1960

Existe la teoría[52] de que «los hijos de Dios» fueron ángeles que perdieron su primer estado, «no guardaron su dignidad, sino que abandonaron su propia morada (Judas 1:6)» —este tema lo toco en otros escritos— (ver, 'hijos de Dios' Job 1:6; 2:1; 38:7).

De esta unión perversa, salió una raza híbrida de gigantes[53] (v.4), productos de una relación antinatural.

En el pasaje paralelo en Lucas, vemos que también menciona a «los días de Lot».

> *Como fue en los días de Noé, así también será en los días del Hijo del Hombre. Comían, bebían, se casaban y se daban en casamiento, hasta el día en que entró Noé en el arca, y vino el diluvio y los destruyó a todos. Asimismo como sucedió en los días de Lot; comían, bebían, compraban, vendían, plantaban, edificaban; mas el día en que Lot salió de Sodoma, llovió del cielo fuego y azufre, y los destruyó a todos. Así será el día en que el Hijo del Hombre se manifieste. Lucas 17:26—30* RVR1960

Note la frase «comían, bebían, compraban, vendían, plantaban, edificaban».

¿No es esto mero consumismo[54], materialista?

Y si leemos la completa historia de los acontecimientos que ocurrieron en Sodoma y Gomorra en los días de Lot, vemos cómo la depravación sexual era sin medidas.

Entonces, «la venida del Hijo del Hombre» podemos decir que es un juicio al estilo del diluvio (en los días de Noé) y la destrucción de Sodoma y Gomorra (en los días de Lot), combinados.

Será un evento como el mundo jamás lo ha visto antes.

Sobre lo mal que se pondrán las cosas a medida que nos acercamos a la segunda venida, el teólogo Sam Storms dice lo siguiente:

> *A medida que nos acercamos a la segunda venida de Cristo, ya sea en un año o en mil años en el futuro, creo que la presencia y el poder de la gracia común disminuirán progresivamente. El poder restrictivo del Espíritu sobre las almas pecadoras de hombres y mujeres, así como sobre la creación natural, se debilitará gradualmente. Por lo tanto, se expandirá la manifestación del pecado, la maldad y la incredulidad humana*[55].

Nota: Cuando Sam Storms dice que disminuirá la «gracia común», no se está refiriendo a la «gracia salvadora». Ciertamente la gracia de Dios para salvar «sobreabundará donde abunda el pecado (Romanos 5:20)». La «gracia común» a la que se refiere Storms es —como diría Wayne Grudem— «la gracia de Dios por la cual Él da a las personas innumerables bendiciones que no son parte de la salvación ⁵⁶».

En otro artículo, este mismo teólogo dice refiriéndose a la gracia común: «Si bien la humanidad es totalmente depravada y merece la ira de Dios, Dios misericordiosamente pospone Su ira destructora y bendice con gracia a todos los hombres, incluso sin la salvación ⁵⁷».

Entonces, si «gracia común» ha hecho que Dios posponga Su ira destructora, y esta disminuirá según nos acercamos a Su segunda venida, esto quiere decir, que podemos ver plagas y juicios sobre la humanidad, similares a los que tomaron lugar en el Antiguo Testamento.

Ya hoy en día, usted y yo vemos los niveles de desenfreno y depravación en que vivimos en este tiempo, y cómo la institución del matrimonio se ha derrumbado en nuestra sociedad. Esta generación habla de tipos de preferencias sexuales como nunca antes se había conocido en la historia de la humanidad. Cosas que parecen superar el comportamiento de los que fueron quemados con fuego y azufre en la destrucción de Sodoma y Gomorra.

¿Será como en los días de Noé y Lot? Quizá peor.

2. El orden de los poderes mundiales estará será sacudido

El escenario que precede a la segunda venida es de guerra.

Primero, no sólo desciende el Señor en un caballo blanco, también vienen con Él ejércitos celestiales en caballos blancos (Apocalipsis 19:11,14). ¿Por qué habría de venir el Señor con un ejército si no es para la guerra?

Luego dice el texto que: «De su boca sale una espada aguda, para herir con ella a las naciones... (v.15)», y también menciona «reyes y capitanes (v.18).

Esto es un gran conflicto internacional, el que ocurre en ese momento de la historia. Una gran guerra.

> *Y vi a la bestia, a los reyes de la tierra y a sus ejércitos, reunidos para guerrear contra el que montaba el caballo, y contra su ejército. Apocalipsis 19:19* RVR1960

Es un momento en que los poderes mundiales «los reyes de la tierra» se unirán para hacer guerra contra el Señor.

¿Cómo han llegado las cosas a este clímax?

Esto no sucede en un momento.

La venida del Señor es la culminación de conflictos internacionales que ya se habían estado desarrollando meses y quizá años antes.

De hecho, preceden a la segunda venida varios eventos —que ya han estado aconteciendo en el panorama mundial. Veamos.

Jerusalén en el centro de la profecía

Aunque la persecución a los seguidores de Jesús en todo el mundo ha sido un hecho en nuestra historia, y ha de aumentar en la hora última; los eventos directamente enlazados a la segunda venida giran alrededor de Jerusalén.

De la manera en que el odio crece y más naciones se voltean contra Israel, y crecen los conflictos militares en esa zona, sabemos que ese día se acerca.

Es cierto que siempre han habido conflictos y guerras en el medio oriente, pero todavía no ha existido un conflicto donde una cantidad de naciones a la vez rodeen la santa ciudad para destruirla.

Los preteristas totales afirman que este conflicto se cumplió en la destrucción de Jerusalén en el año 70 d.C., pero sabemos que esto es un error, porque esa vez Jerusalén fue destruida por una sola nación que eran los romanos.

El conflicto militar que precede a la segunda venida es uno donde múltiples naciones se juntan para destruir a Jerusalén. La suma de estas naciones que se levantan contra Jerusalén «es como la arena del mar». Esto nos indica que será una gran batalla. Al final, Dios desciende fuego del cielo y los consume.

Veamos este evento en la descripción de Apocalipsis 20.

> *...y saldrá a engañar a las naciones que están en los cuatro ángulos de la tierra, a Gog y a Magog, a fin de reunirlos para la batalla; el número de los*

> cuales es como la arena del mar. Y subieron sobre la anchura de la tierra, y rodearon el campamento de los santos y la ciudad amada; y de Dios descendió fuego del cielo, y los consumió. Y el diablo que los engañaba fue lanzado en el lago de fuego y azufre, donde estaban la bestia y el falso profeta; y serán atormentados día y noche por los siglos de los siglos. Apocalipsis 20 _{RVR1960}

Es importante entender que todas estas naciones no se unieron de una manera instantánea. Es un conjunto de acontecimientos políticos, en el escenario mundial donde los poderes se irán acomodando hasta llegar al punto culminante.

Entonces, los movimientos políticos contra Jerusalén en el orden mundial nos indican, cómo las cosas van a empeorar en este mundo a medida que nos acercamos a la segunda venida.

Interpretación correcta del orden de los eventos

Usted ha notado que cité el capítulo 20 de Apocalipsis y no el 19.

Muchos premilenialistas, se refieren a estos textos en el capítulo 20 como una batalla que sucede mil años después de la segunda venida —esto es un error que explicaré seguidamente. En realidad los textos que he mencionado en el capítulo 20, son una recapitulación de la misma segunda venida como se menciona en el capítulo 19. Es un mismo evento visto desde otro ángulo.

¿Cómo interpretar el orden de eventos correctamente?

Es importante entender que el Apocalípsis no es un libro escrito cronológicamente. También debemos saber que es un libro de recapitulaciones. Aunque Juan escribió en griego, sigue el estilo apocalíptico de los profetas del Antiguo Testamento[58]. En cuanto a recapitulaciones, a veces, leemos un pasaje de un evento que llega a su culminación, y luego en el pasaje que sigue, vemos que el escritor regresa atrás, y vuelve a repasar el mismo evento, añadiendo detalles no mencionados antes y presentando otra cara del mismo evento —como si fuera otro punto de vista.

Muchos teólogos, interpretan el Apocalipsis como un libro de siete secciones que se repiten.

Gentry dice:

El Apocalipsis consta de siete secciones grandes, cada una de las cuales consta de siete párrafos o secciones más pequeñas. Parte de esto es obvio. Hay siete cartas para las iglesias, hay siete sellos, hay siete trompetas y hay siete copas o plagas[59].

Sam Storms dice:

Quiero sugerir que esto es básicamente lo que está sucediendo en el libro de Apocalipsis. El término técnico para esto es recapitulación. Juan repite para ti y para mí sus videos del juego, por así decirlo, [y] no lo hace en orden cronológico[60].

Entendiendo la correcta manera de interpretar Apocalipsis, podemos ver que las batallas descritas en Apocalipsis 19 y 20 son un mismo evento.

El pasaje de Apocalipsis 20:1—10, no sigue cronológicamente a Apocalipsis 19:11—21.

Los que cometen el error de leerlo cronológicamente, terminan colocando el milenio después de la segunda venida, que es el punto de vista premilenialista.

Esto crea confusión, pues de acuerdo a la cronología de ellos, Cristo viene, el diablo es atado, luego pasan mil años y el diablo es desatado otra vez. De acuerdo a ese punto de vista, la segunda venida no es la culminación de la historia de esta tierra. Algunas escuelas ponen luego otras batallas después de los mil años, donde Cristo regresa a la batalla otra vez, como especie de una tercera venida. Es decir, que la segunda venida no resolvió todo de acuerdo a ellos.

Toda esa confusión se crea porque tratan de leer Apocalipsis cronológicamente, y el libro no fue escrito así.

Al final del capítulo 19 vemos que el Señor regresa, la bestia y los reyes de la tierra guerrean contra el Señor, y Él los vence. Leamos el pasaje detenidamente.

Entonces vi el cielo abierto; y he aquí un caballo blanco, y el que lo montaba se llamaba Fiel y Verdadero, y con justicia juzga y pelea. Sus ojos eran como llama de fuego, y había en su cabeza muchas diademas;

> *y tenía un nombre escrito que ninguno conocía sino él mismo.*
>
> *Estaba vestido de una ropa teñida en sangre; y su nombre es: EL VERBO DE DIOS. Y los ejércitos celestiales, vestidos de lino finísimo, blanco y limpio, le seguían en caballos blancos.*
>
> *De su boca sale una espada aguda, para herir con ella a las naciones, y él las regirá con vara de hierro; y él pisa el lagar del vino del furor y de la ira del Dios Todopoderoso. Y en su vestidura y en su muslo tiene escrito este nombre: REY DE REYES Y SEÑOR DE SEÑORES.*
>
> *Y vi a un ángel que estaba en pie en el sol, y clamó a gran voz, diciendo a todas las aves que vuelan en medio del cielo: Venid, y congregaos a la gran cena de Dios, para que comáis carnes de reyes y de capitanes, y carnes de fuertes, carnes de caballos y de sus jinetes, y carnes de todos, libres y esclavos, pequeños y grandes.*
>
> *Y vi a la bestia, a los reyes de la tierra y a sus ejércitos, reunidos para guerrear contra el que montaba el caballo, y contra su ejército. Y la bestia fue apresada, y con ella el falso profeta que había hecho delante de ella las señales con las cuales había engañado a los que recibieron la marca de la bestia, y habían adorado su imagen. Estos dos fueron lanzados vivos dentro de un lago de fuego que arde con azufre.*
>
> *Y los demás fueron muertos con la espada que salía de la boca del que montaba el caballo, y todas las aves se saciaron de las carnes de ellos. Apocalipsis 19:11—21* RVR1960

Note que la bestia y los reyes de la tierra que hicieron guerra contra el Señor «fueron lanzados vivos dentro de un lago de fuego».

Ahora pasamos al capítulo 20 y Juan hace una recapitulación de eventos, comenzando desde el principio cuando el diablo es atado. ¿Cuándo fue vencido el diablo?

Esto sucedió en la cruz.

> *Ahora es el juicio de este mundo; ahora el príncipe de este mundo será echado fuera. Juan 12:31* RVR1960

> *...y despojando a los principados y a las potestades, los exhibió públicamente, triunfando sobre ellos en la cruz. Colosenses 2:15* RVR1960

> *Así que, por cuanto los hijos participaron de carne y sangre, él también participó de lo mismo, para destruir por medio de la muerte al que tenía el imperio de la muerte, esto es, al diablo... Hebreos 2:14* RVR1960

El diablo fue atado, vencido, echado fuera, destruido. Esto sucedió en la muerte y resurrección de Cristo.

El milenio —que de paso aparece una sola vez en la Biblia— es el período del reinado de Cristo por medio de la iglesia. Ese reinado no va a ser establecido después de la segunda venida, ya está en operación, y ha estado desde que Cristo vino la primera vez.

Jesús dijo que el reino ya había llegado.

> *Pero si yo por el Espíritu de Dios echo fuera los demonios, ciertamente ha llegado a vosotros el reino de Dios. Mateo 12:28* RVR1960

> *De cierto os digo que hay algunos de los que están aquí, que no gustarán la muerte, hasta que hayan visto al Hijo del Hombre viniendo en su reino. Mateo 16:28* RVR1960

> *También les dijo: De cierto os digo que hay algunos de los que están aquí, que no gustarán la muerte hasta que hayan visto el reino de Dios venido con poder. Marcos 9:1* RVR1960

Cuando fuimos salvos, ese fue el momento en que entramos en el reino.

> *...el cual nos ha librado de la potestad de las tinieblas, y trasladado al reino de su amado Hijo... Colosenses 1:13* RVR1960

Pablo trabajaba en el reino de Dios.

> *...y Jesús, llamado Justo; que son los únicos de la circuncisión que me ayudan en el reino de Dios, y han sido para mí un consuelo. Colosenses 4:11* RVR1960

Estamos dentro de un reino inconmovible.

> *Así que, recibiendo nosotros un reino inconmovible, tengamos*

> *gratitud, y mediante ella sirvamos a Dios agradándole*
> *con temor y reverencia... Hebreos 12:28* RVR1960

Jesus en Su segunda venida, no viene a establecer el reino, más bien viene a entregar el reino al Padre de regreso.

> *Luego el fin, cuando entregue el reino al Dios y Padre, cuando haya suprimido*
> *todo dominio, toda autoridad y potencia. 1 Corintios 15:24* RVR1960

Debemos de tener en cuenta que mil años no significa un período literal. Más bien significa un período largo para nosotros los hombres y corto para Dios.

> *Mas, oh amados, no ignoréis esto: que para con el Señor un día es*
> *como mil años, y mil años como un día. 2 Pedro 3:8* RVR1960

Existe una manera hiperbólica en el hebraísmo. Por ejemplo, para decirle a alguien: «Te has tardado mucho tiempo», le dicen: «Te tardaste mil años». Veamos cómo Salomón usa la expresión.

> *Porque si aquél viviere mil años dos veces, sin gustar del bien,*
> *¿no van todos al mismo lugar? Eclesiastés 6:6* RVR1960

Es evidente que nadie puede vivir dos mil años en esta tierra. La expresión de Salomón es como decir: «si aquél viviere muchos años».

En algunos países de Latinoamérica vemos esta manera de hablar.

Alguien vino a contarme el mismo chiste ya por tercera vez. Le dije: «Ya me has contado el mismo chiste mil veces». En realidad me lo ha contado tres veces, pero es una manera de decir: «muchas veces».

El milenio de Juan, significa «largo tiempo».

Entonces, el milenio no sucede después de la segunda venida de Cristo. Es un período que comenzó con la primera venida y culminará con la segunda.

Que el diablo sea desatado al final del milenio por un poco de tiempo, nos indica como las fuerzas del maligno se desatarán en esta tierra según se acerca la segunda venida.

Tenemos que entender el lenguaje de atar y desatar.

Cuando Cristo venció al diablo en Su primera venida, no lo aniquiló. La palabra destruir en Hebreos 2:14 significa: «rendir sin efecto»[61].

La razón por la que la iglesia del Señor ha podido ser fructífera y prosperar durante esta era de gracia, es porque el diablo fue atado.

Su influencia ha continuado en este mundo por medio de los hijos de desobediencia.

> *...en los cuales anduvisteis en otro tiempo, siguiendo la corriente de este mundo, conforme al príncipe de la potestad del aire, el espíritu que ahora opera en los hijos de desobediencia... Efesios 2:2* RVR1960

Note que cuando Pablo se refiere a la operación del diablo en esta era, él dice «el espíritu que ahora opera en los hijos de desobediencia». Aunque el diablo ha sido atado, tiene hijos operando, haciendo maldad y oponiéndose a la predicación del evangelio.

La historia de la iglesia entre la primera y segunda venida, es una historia de triunfos, expansión, salvación, pero a la vez de tribulaciones, persecuciones y luchas.

La restricción que Jesús puso al diablo ha hecho que la gracia común abunde en la humanidad, pero a medida que llegamos al cierre de esta etapa, las fuerzas del mal son desatadas de nuevo, aunque «por un poco de tiempo (Apocalipsis 20:3)».

De nuevo vemos el escenario que vimos en el capítulo 19. Una batalla, y al final «el diablo que los engañaba fue lanzado en el lago de fuego y azufre, donde estaban la bestia y el falso profeta (Apocalipsis 20:10)». En el orden de cosas, parece que la bestia y el falso profeta son echados al lago de fuego antes que el diablo, pero todo es un solo evento. En el versículo 14, dice que «la muerte y el Hades fueron lanzados al lago de fuego», también dice en el versículo 15 que «el que no se halló inscrito en el libro de la vida fue lanzado al lago de fuego», y esto sucede después del juicio del gran trono blanco, pero sabemos que ese juicio ocurre en la segunda venida, inmediatamente después de la resurrección y el arrebatamiento.

> *Cuando el Hijo del Hombre venga en su gloria, y todos los santos ángeles con él, entonces se sentará en su trono de gloria, y serán reunidas delante de él todas las naciones; y apartará los unos de los otros, como aparta el pastor las ovejas de los cabritos. Y pondrá las ovejas a su derecha, y los cabritos a su izquierda. Entonces el Rey dirá a los de su derecha: Venid, benditos de mi Padre, heredad el reino preparado para vosotros desde la fundación del mundo. Entonces dirá también a los de la izquierda: Apartaos de mí, malditos, al fuego eterno preparado para el diablo y sus ángeles. E irán éstos al castigo eterno, y los justos a la vida eterna. Mateo 25:31—34,41,46* RVR1960

El material apocalíptico es difícil de interpretar porque no está escrito cronológicamente, además de la presencia de símbolos y figuras.

Creo que podemos tener desacuerdos en cosas menores y mantener la unidad del Espíritu.

Lo importante es que tengamos presente los eventos importantes, los cuales están ya explicados fuera del material apocalíptico, y —como dije en el primer capítulo de este tomo— estos son que Cristo regresará otra vez, los muertos en Cristo resucitarán primero, luego nosotros (los que estamos vivos en ese momento) seremos arrebatados para recibir al Señor en las nubes y de ahí en adelante estaremos siempre con Él. Inmediatamente ocurrirá el juicio (tribunal de Cristo para recompensas a los que están en Él, y del gran trono blanco para los enemigos de Dios). Después del juicio, Dios hará todas las cosas nuevas, cielos nuevos y tierra nueva.

Más adelante presentaré más evidencias de que el juicio ocurre inmediatamente después de la segunda venida y no separado por mil años.

Antes de cerrar este capítulo quiero hablar de por qué debemos los creyentes anhelar la segunda venida de Cristo.

Debemos anhelar ansiosamente el regreso de Cristo

La segunda venida de Cristo es nuestra bendita esperanza.

Independientemente de los detalles específicos del regreso de Cristo, como seguidores de Él, debemos desear y anhelar Su regreso en gloria.

Porque la gracia de Dios se ha manifestado para salvación a todos los hombres, enseñándonos que, renunciando a la impiedad y a los deseos mundanos, vivamos en este siglo sobria, justa y piadosamente, aguardando la esperanza bienaventurada y la manifestación gloriosa de nuestro gran Dios y Salvador Jesucristo, quien se dio a sí mismo por nosotros para redimirnos de toda iniquidad y purificar para sí un pueblo propio, celoso de buenas obras. Tito 2:11—14 RVR1960

Amados, ahora somos hijos de Dios, y aún no se ha manifestado lo que hemos de ser; pero sabemos que cuando él se manifieste, seremos semejantes a él, porque le veremos tal como él es. Y todo aquel que tiene esta esperanza en él, se purifica a sí mismo, así como él es puro. 1 Juan 3:2-3 RVR1960

Mas nuestra ciudadanía está en los cielos, de donde también esperamos al Salvador, al Señor Jesucristo; el cual transformará el cuerpo de la humillación nuestra, para que sea semejante al cuerpo de la gloria suya, por el poder con el cual puede también sujetar a sí mismo todas las cosas. Así que, hermanos míos amados y deseados, gozo y corona mía, estad así firmes en el Señor, amados. Filipenses 3:20—4:1 RVR1960

La doctrina de la segunda venida proclama que Dios tiene el control y que Cristo vendrá nuevamente por Sus escogidos.

Jesús dijo: «Y si me fuere y os preparare lugar, vendré otra vez, y os tomaré a mí mismo, para que donde yo estoy, vosotros también estéis» (Juan 14:3).

A las gloriosas palabras de Jesús: «Ciertamente vengo en breve»... Juan responde: «Amén; sí, ven, Señor Jesús» (Apocalipsis 22:20).

ENTRE LA SEGUNDA VENIDA Y EL JUICIO

Como he dicho antes, los amados hermanos que sostienen el punto premilenialista, separan la segunda venida del juicio por mil años.

Los premilenialistas dispensacionalistas por lo regular, sitúan el arrebatamiento siete años antes de la segunda venida. Es decir, el arrebatamiento, luego siete años de gran tribulación, luego la segunda venida, luego el milenio literal, luego el juicio. De hecho dividen la resurrección en dos. Una resurrección de justos en el arrebatamiento, y una resurrección de injustos mil y siete años más tarde.

En este capítulo, mi objetivo es desafiar dicha posición, y establecer con respaldo bíblico que:

1. La resurrección —que es sólo una— y el arrebatamiento ocurrirán en un mismo evento que es la segunda venida

2. El juicio ocurrirá inmediatamente siguiendo la segunda venida, y este es seguido por cielos nuevos y tierra nueva

En otras palabras, la segunda venida de Cristo es el cierre de la historia. La destrucción por causa de los juicios que vendrán sobre esta tierra es tal, que necesitará ser hecha de nuevo, y es esto exactamente lo que hace el Señor. Él dijo: «yo hago nuevas todas las cosas» (Apocalipsis 21:5).

Para ser justos quiero presentar las diferentes escuelas en cuanto al milenio.

Es importante, y recalco, que diferentes puntos de vista en cuanto al milenio, no es algo que nos debe separar. Durante la historia de la iglesia, siempre han habido hermanos sosteniendo estas diferentes posiciones. No es necesario tener cierto punto de vista en cuanto al milenio para estar dentro de las columnas de la ortodoxia. En las cosas fundamentales, estamos todos de acuerdo. Todos estamos de acuerdo en que el Señor regresará por segunda vez, habrá una resurrección, un juicio final, y cielos nuevos y tierra nueva.

Revisemos así estos puntos de vista.

El milenio

Toda la discusión sobre el milenio, se origina en el libro de Apocalipsis en la primera parte del capítulo 20. Leamos el texto.

> *Vi a un ángel que descendía del cielo, con la llave del abismo, y una gran cadena en la mano. Y prendió al dragón, la serpiente antigua, que es el diablo y Satanás, y lo ató por mil años; y lo arrojó al abismo, y lo encerró, y puso su sello sobre él, para que no engañase más a las naciones, hasta que fuesen cumplidos mil años; y después de esto debe ser desatado por un poco de tiempo. Y vi tronos, y se sentaron sobre ellos los que recibieron facultad de juzgar; y vi las almas de los decapitados por causa del testimonio de Jesús y por la palabra de Dios, los que no habían adorado a la bestia ni a su imagen, y que no recibieron la marca en sus frentes ni en sus manos; y vivieron y reinaron con Cristo mil años. Pero los otros muertos no volvieron a vivir hasta que se cumplieron mil años. Esta es la primera resurrección. Apocalipsis 20:1—5* RVR1960

A lo largo de la historia de la iglesia, han existido cuatro posiciones básicas acerca del milenio. La mayor parte de los teólogos se encuentran en una de estas cuatro posiciones.

Las explicaré brevemente, y luego estableceré los parámetros que nos llevarán a una convicción sólida sobre las dos afirmaciones que hice al principio del capítulo.

El premilenialismo dispensacionalista

El prefijo «pre» significa «antes de». El premilenialismo dispensacionalista dice que Cristo vendrá en Su segunda venida antes del milenio. Esta venida será en secreto por los creyentes para raptarlos antes del sufrimiento del período de la tribulación. Durante la tribulación, el pueblo judío quedará atrapado y finalmente se convertirá. Luego regresará Cristo (¿por tercera vez?) después de la tribulación con sus santos para gobernar la tierra durante mil años literales, y después de esto el juicio del gran trono blanco, y otra resurrección. El premilenialismo dispensacionalista es una posición reciente en la historia de la iglesia, y lleva en existencia poco más de cien años.

El premilenialismo clásico o histórico

El premilenialismo clásico o histórico, básicamente establece que Cristo regresará antes del milenio. La era de la iglesia pasará por el período de la tribulación. Al final de la tribulación, Satanás será atado, y Cristo regresará para establecer su reino en la tierra por mil años, que no son necesariamente literales. Los creyentes resucitados reinarán físicamente con el Cristo resucitado en la tierra durante este tiempo. Los incrédulos también estarán en la tierra en este momento y la mayoría se convertirán a Cristo y serán salvos. Al final del milenio, Satanás es desatado y Cristo lo derrota decisivamente a él y a sus seguidores restantes. Entonces los incrédulos de todos los tiempos serán juzgados, y los creyentes entrarán en el estado eterno.

El posmilenialismo

El prefijo «pos», significa «después de». Los posmilenialistas creen que la segunda venida ocurrirá después del milenio, y que este es un espacio entre la primera y segunda venida, no siendo mil años literales. Esta posición señala que por causa de que el diablo fue atado, habrá un aumento gradual en el crecimiento de la iglesia y la difusión del evangelio donde más y más personas se convertirán a Cristo. La influencia de un mayor número de creyentes cambiará a la sociedad para que funcione como Dios pretendía, lo que se traduce gradualmente en una era de paz y rectitud. Esta es una posición escatológica optimista.

El amilenialismo

El prefijo «a» significa «negación de», y quizá este no sea un nombre apropiado, pues los amilenialistas, sí creen en un milenio, sólo que no literal. Esta posición es la más simple de todas y dice que por causa de que el diablo fue atado, se reducirá su influencia sobre las naciones para que el evangelio sea predicado a todo el mundo, sin embargo, existe una opinión general de que los tiempos empeorarán. Cristo ya está reinando y este reinado es celestial. El milenio es equivalente a la edad de la iglesia actualmente en curso. Entonces Cristo regresará por segunda vez y juzgará a creyentes e incrédulos de una vez.

Los grandes teólogos de la historia cristiana han diferido en estas posiciones. Augustine[62], B.B. Warfield[63], y muchos otros durante los grandes avivamientos del pasado han mantenido la posición posmilenial.

Louis Berkhof[64], Juan Calvino[65] y otros reformadores han mantenido la posición amilenialista.

Teólogos de este siglo, como Don Carson[66], Al Mohler[67] y Wayne Grudem[68] mantienen la clásica visión premilenial, John MacArthur[69] es premilenialista dispensacional, Doug Wilson[70] es posmilenialista y Sam Storms[71] amilenialista.

Como he dicho antes, la posición que tengamos en cuanto al milenio no nos divide, es una cuestión de estudio y entendimiento. Lo importante es que todos creemos que Cristo vendrá por segunda vez, y habrá una resurrección, arrebatamiento, juicio final, cielos nuevos y tierra nueva.

Ahora, para los que amamos escudriñar los textos sagrados, es importante definir lo que creemos.

Creo que nuestra posición en cuanto al milenio no cambiará el estado de nuestra salvación, sin embargo, sí cambia la manera en que vivimos en esta tierra.

Nuestra posición al respecto puede afectar cómo leemos y gozamos los beneficios del reino, con cuánta seguridad vivimos, y cómo entramos en el reposo que el Señor ha provisto sabiendo que nuestro enemigo fue atado, vencido y derrotado en la cruz.

Por eso, quiero a partir de este punto, compartirle por qué creo que:

La resurrección —que es sólo una— y el arrebatamiento ocurrirán en un mismo evento que es la segunda venida, y que el juicio ocurrirá inmediatamente siguiendo esta, y este es seguido por cielos nuevos y tierra nueva.

Desafiando al premilenialismo

Sea el premilenialismo clásico histórico, o premilenialismo dispensacionalista, ambas escuelas enseñan que cuando Cristo regrese por segunda vez, establecerá Su reino en la tierra por mil años, y al final de estos el juicio final. También enseñan que habrá dos resurrecciones, una en la segunda venida, y otra después de los mil años de reinado milenial —esta segunda resurrección para los que serán juzgados en el gran trono blanco.

Fui enseñado de esta manera. De donde yo vengo, esta era la única posición que se enseñaba. Cuando vine a Cristo, fue la única opción a la que fui expuesto, y en el seminario, vagamente se mencionaban las otras escuelas, pero el premilenialismo tenía el centro y era la única respaldada por la denominación y la opinión de la gran mayoría. Nadie se atrevía a pensar fuera de la rigidez dogmática de la denominación.

Aún así, al leer los textos, me surgían preguntas que nunca tenían respuestas.

Me ha tomado décadas poder entender y arribar a una teología clara de las cosas del fin.

Comencemos.

Una sola resurrección

Premilenialistas históricos, enseñan que en la segunda venida, el Señor resucitará a los justos, luego Cristo reinará en la tierra mil años y al final de los mil años habrá otra resurrección —esta para injustos. Entonces, dos resurrecciones divididas por mil años, una para justos y otra para injustos.

Premilenialistas dispensacionalistas, enseñan que Cristo vendrá y habrá una primera resurrección —que es para los justos—, luego vienen siete años de tribulación, Cristo regresa otra vez (¿tercera venida?), y establece Su reino terrenal de mil años, y después de los mil años, la segunda resurrección —que es para los injustos que irán al juicio. Es decir, dos resurrecciones separadas por 1,007 años.

¿Qué dice realmente la Biblia?

Habrá una sola resurrección para justos e injustos, y esta sucede cuando Cristo viene en Su segunda venida. Resurrección, arrebatamiento y segunda venida es todo un mismo evento y el juicio toma lugar inmediatamente seguido de la segunda venida. Un solo evento. Una sola resurrección.

> *...teniendo la misma esperanza en Dios que estos también abrigan, de que ciertamente habrá una resurrección tanto de los justos como de los impíos... Hechos 24:15* LBLA, NBLA

> *Tengo en Dios la misma esperanza que estos hombres profesan, de que habrá una resurrección de los justos y de los injustos. Hechos 24:15* NVI

Estas traducciones, dicen que «habrá una resurrección». ¿Cuántas resurrecciones? Una.

Las traducciones English Standard Version (ESV), y la King James Version (KJV) dicen «a resurrection». Es decir «una resurrección». Otras traducciones como la New American Standard Bible (NASB) y la New International Version (NIV), lo traducen de la misma manera.

> *No se asombren de esto, porque vendrá la hora cuando todos los que están en los sepulcros oirán su voz y saldrán, los que hicieron el bien para la resurrección de vida pero los que practicaron el mal para la resurrección de condenación. Juan 5:28,29* RVA-2015

Dice ese texto que «todos los que están en los sepulcros oirán su voz». Dice «vendrá la hora», lo que quiere decir que Su voz, resucitará a «todos» buenos y malos en una misma hora.

La *Nueva Versión Internacional* (NVI), y *La Biblia de Las Américas* (LBLA) dicen lo mismo: «porque viene la hora en que todos los que están en los sepulcros oirán su voz».

Marta sabía que «la resurrección» sería en «el día final». Note que dice «la» porque es sólo una.

> *Marta le dijo: Yo sé que resucitará en la resurrección, en el día postrero.* Juan 11:24 RVR1960

Jesús mismo dice que la resurrección será en el día postrero.

> *Y esta es la voluntad del Padre, el que me envió: Que de todo lo que me diere, no pierda yo nada, sino que lo resucite en el día postrero.* Juan 6:39 RVR1960

La resurrección ocurre en un solo día. «El día postrero».

> *Y esta es la voluntad del que me ha enviado: Que todo aquél que ve al Hijo, y cree en él, tenga vida eterna; y yo le resucitaré en el día postrero.* Juan 6:40 RVR1960

El juicio ocurre al mismo tiempo para justos e injustos

El juicio ocurre inmediatamente siguiendo la segunda venida. Justos e injustos son resucitados al mismo tiempo, y ahí son apartados. Los justos van al tribunal de recompensas y los injustos al gran trono blanco, pero todo ocurre en un evento.

Jesús también enseñó en parábolas que el justo y el injusto, ambos vivirán juntos en la tierra hasta el día final cuando serán juzgados.

> *El campo es el mundo. La buena semilla son los hijos del reino, y la cizaña son los hijos del maligno. El enemigo que la sembró es el diablo. La siega es el fin del mundo, y los segadores son los ángeles. De manera que como la cizaña es recogida y quemada en el fuego, así será el fin del mundo. El Hijo del Hombre enviará a sus ángeles, y recogerán de su reino a todos los que causan tropiezos y a los que hacen maldad, y los echarán en el horno de fuego. Allí habrá llanto y crujir de dientes. Entonces los justos resplandecerán como el sol en el reino de su Padre. El que tiene oídos, que oiga.* Mateo 13:38—43 RVA-2015

Ahí está. Los que sirven de tropiezo que son la cizaña y los justos estarán juntos hasta el fin del mundo.

> *Asimismo, el reino de los cielos es semejante a una red que fue echada en el mar y juntó toda clase de peces. Cuando estuvo llena, la sacaron a la playa. Y sentados recogieron lo bueno en cestas y echaron fuera lo malo. Así será el fin del mundo: Saldrán los ángeles y apartarán a los malos de entre los justos, y los echarán en el horno de fuego. Allí habrá llanto y crujir de dientes. Mateo 13:47-50* RVA-2015

Ese texto dice claramente que «recogieron lo bueno en cestas y echaron fuera lo malo», en otras palabras fueron separados en un mismo evento.

El juicio final será como el juicio en los días de Noé y de Lot. Justos e injustos estaban juntos y fueron separados en el momento que llegó el juicio.

> *Como fue en los días de Noé, así también será en los días del Hijo del Hombre. Comían, bebían, se casaban y se daban en casamiento, hasta el día en que entró Noé en el arca, y vino el diluvio y los destruyó a todos. Asimismo como sucedió en los días de Lot; comían, bebían, compraban, vendían, plantaban, edificaban; mas el día en que Lot salió de Sodoma, llovió del cielo fuego y azufre, y los destruyó a todos. Así será el día en que el Hijo del Hombre se manifieste. Lucas 17:26—30* RVR1960

El texto dice que «así será el día». Es decir que todo ocurre en un solo momento.

El Señor apartará a las ovejas de los cabritos cuando venga en Su segunda venida. Es decir que no hay un espacio de mil años entre el juicio de las ovejas y los cabritos. Es un solo evento, donde estos son separados.

> *Cuando el Hijo del Hombre venga en su gloria, y todos los santos ángeles con él, entonces se sentará en su trono de gloria, y serán reunidas delante de él todas las naciones; y apartará los unos de los otros, como aparta el pastor las ovejas de los cabritos. Y pondrá las ovejas a su derecha, y los cabritos a su izquierda. Entonces el Rey dirá a los de su derecha: Venid, benditos de mi Padre, heredad el reino preparado para vosotros desde la fundación del mundo. Entonces dirá también a los de la izquierda: Apartaos de mí, malditos, al fuego eterno preparado para el diablo y sus ángeles. E irán éstos al castigo*

eterno, y los justos a la vida eterna. Mateo 25:31—34,41,46 RVR1960

Estos textos demuestran claramente lo que he dicho antes. Resurrección, arrebatamiento y juicio ocurre todo en un sólo evento, los enemigos de Cristo, y todo aquel que rechazó creer en Él es echado al lago de fuego, y los que creímos en Él, seguiremos a vida eterna siempre juntos con Cristo.

5

LA LÍNEA DEL TIEMPO

Puesto que Latinoamérica ha sido tan influenciada por el premilenialismo dispensacionalista en el que fuimos tan acostumbrados a gráficas cronológicas, —algo necesario, por lo confuso que es explicar ese punto de vista—, es posible que su mente ya en este capítulo del libro esté pidiendo una gráfica.

El problema de las gráficas cronológicas es que —por ejemplo— los eventos que ocurren en el Apocalipsis no fueron escritos en orden cronológico, más bien en un sistema de recapitulaciones, como ya expliqué anteriormente.

Sin embargo, para aquellos de nosotros que entendemos las cosas mejor cuando las vemos dibujadas, presentaré una gráfica sencilla de los eventos importantes —y digo sencilla, porque en realidad, es sencilla.

Señalaré —de paso— algunos conceptos erróneos en cuanto a temas como la gran tribulación, el reino de Cristo, el anticristo, la bestia, el tercer templo, e Israel dentro de la profecía bíblica.

Para comenzar, he aquí la línea del tiempo.

Como dije antes, fui influido por el premilenialismo dispensacionalista, porque era el único punto de vista que se enseñaba en los círculos donde estuve en mis primeros años de cristiano. Como era creciente la confusión, llegó el momento que —por un período de varios años— no sostenía ningún punto de vista definido. Siempre he estado convencido de los esenciales (segunda venida, resurrección, arrebatamiento, juicio) porque Pablo los explica claramente, pero evitaba interpretar profecías apocalípticas, porque la línea del tiempo no me era clara. Entonces comencé a estudiar los eventos sin la influencia de puntos de vista ya formados. Mi único método fue dejar que Escritura interprete Escritura. Después de años estudiando los eventos, sin la influencia de un sistema, las cosas comenzaron a hacerse claras.

Hoy puedo decir que tiendo a identificarme más con el amilenialismo. Tengo muchas cosas en común con el posmilenialismo, es un punto de vista muy optimista, y sería muy bueno que las cosas llegaran a un clímax tan positivo como los posmilenialistas lo enseñan, pero debo ser realista y aceptar los eventos terribles que preceden a la segunda venida. La historia no es completamente feliz, la sociedad no se reformará como ellos enseñan, y sí, la iglesia pasará todavía por más persecución y tribulaciones. Al final estamos de acuerdo en que será una iglesia triunfante, pues aún en medio de dolores, el evangelio se sigue extendiendo, y el reino sigue creciendo.

Estaré tocando punto por punto, todo lo que vimos en la gráfica.

El reino comienza en la primera venida

Como he mencionado antes, los premilenialistas enseñan que Cristo establecerá Su reino en la segunda venida, y este será un reino terrenal con sede en Jerusalén. Esta es la «Jerusalén actual» no la «Jerusalén de arriba», usando la alegoría de Pablo (Gálatas 4:25). La Nueva Jerusalén no descenderá hasta después del juicio del gran trono blanco, y ellos sitúan este después del milenio literal.

Para el premilenialista, el diablo no fué vencido en la primera venida de Cristo, y esto explica por qué la obsesión de la llamada «guerra espiritual», y los «ministerios de liberación», donde están continuamente en guerra y no pueden entrar en el reposo que Cristo ha provisto para el creyente (Hebreos 4:3). Es un continuo esfuerzo humano por ganar una batalla que ya Cristo ganó. Entonces, este punto de vista escatológico, obviamente afecta la teología del creyente.

El reinó llegó

Establecimos ya esto en el capítulo. Sólo voy a recapitular aquí en corto para ponerlo en perspectiva.

Jesús dijo que el reino venía en esos días.

> *Pero si yo por el Espíritu de Dios echo fuera los demonios, ciertamente ha llegado a vosotros el reino de Dios. Mateo 12:28* RVR1960

> *También les dijo: De cierto os digo que hay algunos de los que están aquí, que no gustarán la muerte hasta que hayan visto el reino de Dios venido con poder. Marcos 9:1* RVR1960

Estamos ahora dentro del reino.

> *...el cual nos ha librado de la potestad de las tinieblas, y trasladado al reino de su amado Hijo... Colosenses 1:13* RVR1960

Pablo trabajaba en el reino de Dios.

> *...y Jesús, llamado Justo; que son los únicos de la circuncisión que me ayudan en el reino de Dios, y han sido para mí un consuelo. Colosenses 4:11* RVR1960

Jesús en Su segunda venida, no viene a establecer el reino, más bien viene a entregar el reino al Padre de regreso.

> *Luego el fin, cuando entregue el reino al Dios y Padre, cuando haya suprimido todo dominio, toda autoridad y potencia. 1 Corintios 15:24* RVR1960

El diablo es atado y ahí comenzó el milenio

El milenio es «ahora» y comenzó cuando Cristo ató al diablo en Su primera venida.

Sam Storms dice: «El milenio, sin embargo, es ahora: la edad actual de la iglesia entre la primera y la segunda venida de Cristo en su totalidad es el milenio»[72].

Desde Agustín, la mayoría de los teólogos creían que el milenio de Apocalipsis 20 se refería a la era actual de la iglesia[73].

Lutero rechazó un reinado milenario futuro e interpretó Apocalipsis 20 como una descripción de la iglesia histórica en lugar del final de la historia[74].

Esta es la profecía retroactiva del milenio. Digo retroactiva porque en el momento que Juan escribe, ya Cristo había ido a la cruz y vencido al diablo. Recuerde que en el material apocalíptico, los profetas a veces ven cosas que ya sucedieron.

> *Vi a un ángel que descendía del cielo, con la llave del abismo, y una gran cadena en la mano. Y prendió al dragón, la serpiente antigua, que es el diablo y Satanás, y lo ató por mil años... Apocalipsis 20:1,2* RVR1960

¿Cuándo se cumplió esto?

Esto sucedió en la cruz.

> *Ahora es el juicio de este mundo; ahora el príncipe de este mundo será echado fuera. Juan 12:31* RVR1960

> *...y despojando a los principados y a las potestades, los exhibió públicamente, triunfando sobre ellos en la cruz. Colosenses 2:15* RVR1960

> *Así que, por cuanto los hijos participaron de carne y sangre, él también participó de lo mismo, para destruir por medio de la muerte al que tenía el imperio de la muerte, esto es, al diablo... Hebreos 2:14* RVR1960

El diablo fue atado, vencido, echado fuera, destruido. Esto sucedió en la muerte y resurrección de Cristo.

Juan mismo dice que Cristo vino a «deshacer las obras del diablo».

> *Para esto apareció el Hijo de Dios, para deshacer las obras del diablo. 1 Juan 3:8* RVR1960

¿Habrá podido Cristo completar esa misión, o quedó incompleta, y necesita completarla en la segunda venida?

Evidentemente el trabajo está completado. El diablo está atado, y Cristo está reinando.

Quienes ponen esto en el futuro, todavía creen que el diablo está en control de los reinos de este mundo. Se basan en el encuentro de Jesús con el diablo en el desierto.

> *Otra vez le llevó el diablo a un monte muy alto, y le mostró todos los reinos del mundo y la gloria de ellos, y le dijo: Todo esto te daré, si postrado me adorares. Mateo 4:8,9* RVR1960

Evidentemente el diablo tuvo control de los reinos de este mundo, pero eso cambió en la cruz.

Jesús ya resucitado dijo:

> *Y Jesús se acercó y les habló diciendo: Toda potestad me es dada en el cielo y en la tierra. Mateo 28:18* RVR1960

Ya teniendo toda potestad, nos comisionó a llevar la buena noticia a todas las naciones. El versículo que sigue dice:

> *Por tanto, id, y haced discípulos a todas las naciones, bautizándolos en el nombre del Padre, y del Hijo, y del Espíritu Santo... Mateo 28:19* RVR1960

La era de la iglesia (triunfos en medio de persecuciones)

Por causa de que el diablo ha sido atado, la iglesia ha podido desarrollar el trabajo de la gran comisión, y ha sido una etapa gloriosa.

¿Puede el diablo hacer daño mientras está atado?

Sí. Pero limitadamente.

Su operación después de la cruz, es mayormente por medio de los hijos de desobediencia.

> *...conforme al príncipe de la potestad del aire, el espíritu que ahora opera en los hijos de desobediencia... Efesios 2:2* RVR1960

La maldad está presente, los «hijos del diablo (Juan 8:44)» continúan oponiéndose a los avances del reino. Por eso la iglesia ha pasado por persecución y tribulaciones durante su historia. Pero esto no ha podido parar el avance de la verdad, porque el diablo está atado.

Desde entonces hemos estado en un reino milenial. Reinamos «en vida (Romanos 5:17)», y estamos sentados «en los lugares celestiales con Cristo Jesús (Efesios 2:6)».

La Biblia nunca dijo que iba a ser un reinado terrenal con sede en la Jerusalén actual, la cuál «está en esclavitud» —para comenzar, nuestra Jerusalén es «la de arriba» (Gálatas 4:25,26).

El trono de este reinado está en los cielos, donde está sentado Cristo.

> *...pero Cristo, habiendo ofrecido una vez para siempre un solo sacrificio por los pecados, se ha sentado a la diestra de Dios, de ahí en adelante esperando hasta que sus enemigos sean puestos por estrado de sus pies... Hebreos 10:12,13* RVR1960

El milenio no son mil años literales

Debemos entender el lenguaje de la profecía, que aunque habla de eventos reales, estos son adornados con un lenguaje poético y figurado.

Como he dicho antes, debemos de tener en cuenta que mil años no significa un período literal. Más bien significa un período largo para nosotros los hombres y corto para Dios.

> *Mas, oh amados, no ignoréis esto: que para con el Señor un día es como mil años, y mil años como un día. 2 Pedro 3:8* RVR1960

Ya mencioné que existe una manera hiperbólica en el hebraísmo. Salomón dice:

> *Porque si aquél viviere mil años dos veces, sin gustar del bien, ¿no van todos al mismo lugar? Eclesiastés 6:6* RVR1960

Es evidente que nadie puede vivir dos mil años en esta tierra. La expresión de Salomón es como decir «si aquél viviere muchos años».

Los posmilenialistas generalmente están de acuerdo con la interpretación amilenial de Apocalipsis 20[75]. Los dos están de acuerdo en que el milenio es figurativo, no un período literal de mil años, y que «es un tiempo en el que el evangelio se predica en todo el mundo» como Satanás está atado actualmente[76].

El diablo es desatado por un poco de tiempo (intensas persecuciones y tribulaciones)

Cuando los mil años se cumplan, Satanás será suelto de su prisión... Apocalipsis 20:7 RVR1960

Al final de la era de la iglesia, y antes de la segunda venida de Cristo, el diablo es «suelto de su prisión».

¿Cómo sé que esto sucede antes de la segunda venida y no mil años después de la segunda venida como lo enseñan los premilenialistas?

Es sencillo. Los versículos que siguen nos dicen lo que continúa.

...y saldrá a engañar a las naciones que están en los cuatro ángulos de la tierra, a Gog y a Magog, a fin de reunirlos para la batalla; el número de los cuales es como la arena del mar. Y subieron sobre la anchura de la tierra, y rodearon el campamento de los santos y la ciudad amada; y de Dios descendió fuego del cielo, y los consumió. Y el diablo que los engañaba fue lanzado en el lago de fuego y azufre, donde estaban la bestia y el falso profeta; y serán atormentados día y noche por los siglos de los siglos. Apocalipsis 20:8—10 RVR1960

Ahí aparece el orden de las cosas:

1. El diablo es suelto de su prisión al final del milenio, (o final de la era de la iglesia).
2. Sale a «engañar a las naciones... a fin de reunirlos para la batalla».
3. El Señor regresa y lanza al diablo en el lago de fuego y azufre.

Evidentemente con la desatada del diablo la iglesia entrará en un período difícil. Serán días de persecución y tribulaciones. La maldad se va a multiplicar sobre la tierra como he mencionado antes. La buena noticia es que Cristo regresa a hacer justicia.

Cristo regresa por segunda vez

Como he dicho antes, la segunda venida es la culminación de la historia. En la segunda venida, ocurre la resurrección, arrebatamiento, y ahí sigue el juicio final. Luego, cielos nuevos y tierra nueva.

Sam Storms dice sobre el paralelismo entre Apocalipsis 20:7—10 y 19:17—21: «Parece que Juan está proporcionando relatos paralelos de la misma conflagración (Armagedón) en lugar de presentar dos batallas completamente diferentes separadas por 1,000 años de historia humana»[77].

Seguido de la segunda venida, vemos en la gráfica la ejecución del juicio, y luego cielos nuevos y tierra nueva. Extenderé más sobre estos dos eventos, a los que dedicaré un capítulo a cada uno.

Antes de hablar de los eventos después de la segunda venida, quiero dedicar un capítulo a responder preguntas comunes que creo deben estar incluidas en este tomo.

6

RESPONDIENDO A INQUIETUDES COMUNES

¿Qué es la gran tribulación?

Ya hemos hablado de «tribulaciones» en plural. La iglesia ha atravesado tiempos de tribulaciones desde el principio, y será aún más intenso según se acerca la segunda venida.

Sin embargo, la frase «gran tribulación» siempre ha sido causa de curiosidad y mucha discusión entre estudiantes de la Biblia por siglos.

Los premilenialistas dispensacionales, enseñan que después del «rapto» vendrán siete años de tribulación, seguidos por la segunda venida. Gran parte de los que sostienen esta escuela, creen que el «rapto» ocurrirá antes de la tribulación y los cristianos escaparán esta gran tribulación.

De entrada, debo decir que esta mentalidad escapista (evitar tribulación), no concuerda con el resto de la historia de la iglesia. Los cristianos al principio eran echados a las fieras en el circo romano, quemados como antorchas, torturados, perseguidos, y ¿qué de la Santa Inquisición?

Los seguidores de Cristo siempre han padecido, y Dios ha permitido ese padecimiento. Es «sobre la semilla de los mártires» que ha crecido la iglesia.

Claro que el cristianismo que se predica en el occidente ha sido uno de prosperidad y cosas lindas. Evitar el dolor es parte del ADN de esta sociedad. Un cristiano norteamericano no tiene ni idea de lo que persecución significa.

Acá en Estados Unidos los cristianos dicen que están siendo perseguidos porque alguien los está criticando.

La historia de la iglesia enseña lo contrario. Pero ¿qué de los textos bíblicos usados para apoyar este punto de vista?

> *...porque habrá entonces gran tribulación, cual no la ha habido desde el principio del mundo hasta ahora, ni la habrá.* Mateo 24:21 RVR1960

En ese texto, Jesús todavía está respondiendo a la pregunta de los discípulos en cuanto a la destrucción del templo de Jerusalén (Mateo 24:1—3).

Verdaderamente fue una gran tribulación, como lo he explicado en el capítulo 2 de este tomo.

¿Es esa la única aplicación?

No necesariamente. La tribulación ha sido una constante en la era de la iglesia, y futura tribulación podría ser tan intensa como la que vimos profetizada en Mateo 24 y cumplida en la antesala a los eventos del año 70 d.C. —según nos acercamos a la hora de Su regreso.

¿De dónde viene la idea de siete años literales de gran tribulación?

Los textos vienen del libro de Daniel, que presenta también visiones apocalípticas, figuras y símbolos, de tal manera que debe ser tratado como literatura apocalíptica.

Las 70 semanas de Daniel

Si vemos las 70 semanas de Daniel ya acondicionados con una mentalidad premilenialista dispensacionalista, y añadimos un poco de numerología, claro que podríamos darle una interpretación que se ajusta a ese punto de vista.

Sin embargo, Daniel —como dije antes— es literatura apocalíptica. Presenta eventos verdaderos, pero envuelve el texto en figuras y símbolos.

Veamos el texto.

> *Setenta semanas están determinadas sobre tu pueblo y sobre tu santa ciudad, para terminar la prevaricación, y poner fin al pecado, y expiar la iniquidad, para traer la justicia perdurable, y sellar la visión y la profecía, y ungir al Santo de los santos. Sabe, pues, y entiende, que desde la salida de la orden para restaurar y edificar a Jerusalén hasta el Mesías Príncipe, habrá siete semanas, y sesenta y dos semanas; se volverá a edificar la plaza y el muro en tiempos angustiosos. Y después de las sesenta y dos semanas se quitará la vida al Mesías, mas no por sí; y el pueblo de un príncipe que ha de venir destruirá la ciudad y el santuario; y su fin será con inundación, y hasta el fin de la guerra durarán las devastaciones. Y por otra semana confirmará el pacto con muchos; a la mitad de la semana hará cesar el sacrificio y la ofrenda. Después con la muchedumbre de las abominaciones vendrá el desolador, hasta que venga la consumación, y lo que está determinado se derrame sobre el desolador. Daniel 9: 24-27* RVR1960

Entendiendo el texto.

Daniel fue escrito para los israelitas que habían vivido cautivos en Babilonia durante casi setenta años. Fue alrededor del 540 a.C. y parecía como si los babilonios hubieran derrotado a Dios y al pueblo de Israel.

Daniel, de ochenta y dos años, escribió para corregir esta falsa impresión.

El libro de Daniel se enfoca en dos temas. 1) Cómo vivir fielmente en tiempos malos —narraciones históricas sobre la vida de Daniel en Babilonia (Capítulos 1—6), y 2) Mirando hacia el futuro en tiempos malos —sueños y visiones sobre el futuro (Capítulos 7-12).

Un día, mientras Daniel leía la profecía de Jeremías acerca de un exilio de setenta años para Israel (Jeremías 25: 8—11; 29:10—14), el ángel Gabriel se le apareció con un mensaje sobre otros setenta.

Todo el mensaje tiene que ver con el pueblo de Israel y la santa ciudad.

Setenta semanas están determinadas sobre tu pueblo y sobre tu santa ciudad... Daniel 9:24

El ángel dice para qué es la profecía.

- Para terminar la prevaricación: El pecado será controlado para que ya no reine en la misma medida.

- Poner fin al pecado. El pecado será quitado.

- Expiar la iniquidad. Cuando el pecado está cubierto, es expiado.

- Traer la justicia perdurable.

- Sellar la visión y la profecía.

- Ungir al Santo de los santos.

Todo esto se cumple en la primera venida de Cristo.

Veamos la línea de tiempo.

«Setenta semanas están determinadas sobre tu pueblo y sobre tu santa ciudad… (v.24)». Este es el período total.

«…desde la salida de la orden para restaurar y edificar a Jerusalén hasta el Mesías Príncipe, habrá siete semanas, y sesenta y dos semanas (v.25)».

Las primeras 7 semanas ocurren del año 460 a 410 a.C. que comenzó cuando Artajerjes dio la orden de reconstruir Jerusalén. Esta restauración y reconstrucción ocurrió bajo Esdras y Nehemías[78].

Las 62 semanas que siguen ocurren desde el 410 a.C. hasta el 30 d.C. que comenzó con la reconstrucción y restauración de Jerusalén, y terminó con la primera venida de Cristo, y más específicamente, con el comienzo de Su ministerio público[79].

«Y después de las sesenta y dos semanas se quitará la vida al Mesías… (v.26)».

Ya van 69 semanas. Falta una.

«Y por otra semana confirmará el pacto con muchos… (v.27)».

Aunque el pacto de gracia inicia jurídicamente con la muerte de Cristo, Su «pueblo (v.24)» continúa ofreciendo sacrificios mientras el templo de Jerusalén todavía está en pie, —como dije antes en el capítulo 2 de este tomo.

El escritor de Hebreos habló de esto.

> *Al decir: Nuevo pacto, ha dado por viejo al primero; y lo que se da por viejo y se envejece, está próximo a desaparecer. Hebreos 8:13* RVR1960

Los sacrificios del templo en realidad no cesaron hasta que Jerusalén fue desolada por Tito en el año 70 d.C.

Es ahí donde históricamente paró «el sacrificio y la ofrenda (v.27)».

A los ojos de Dios, la muerte de Cristo hizo innecesario y terminado el sistema de sacrificios. Entonces, como los judíos continuaron rechazando el sacrificio de Cristo y ofreciendo sacrificios de animales, Dios vio esto como «muchedumbre de las abominaciones» (v. 27).

La frase «el pueblo de un príncipe que ha de venir destruirá la ciudad y el santuario; y su fin será con inundación, y hasta el fin de la guerra durarán las devastaciones (26)», es claramente lenguaje apocalíptico. Esto se cumple con la destrucción de Jerusalén en el año 70 d.C.

Ahí termina la historia de Israel como teocracia. Como el ángel dijo a Daniel: «Setenta semanas están determinadas sobre tu pueblo y sobre tu santa ciudad (v.24)». Al ser destruida la santa ciudad, se cumplieron setenta semanas.

Como dije en el capítulo 2, «la era judía había llegado a su fin completo y total. Nunca más se podría guardar la ley de Moisés como fue entregada en el Antiguo Testamento. Al borrar para siempre las distinciones de genealogía entre las diferentes tribus, sería imposible restaurar el sacerdocio levítico. La era judía había terminado en absoluto».

Sam Storms dice algo muy interesante sobre las setenta semanas:

> *El propósito de la profecía de las 70 semanas, descrito en Daniel 9:24, fue para asegurar esa salvación final, esa liberación, redención y restauración de la cual el año del Jubileo era un tipo o prefiguración simbólica. Cuando Jesús declara que en sí mismo ha llegado el jubileo de Dios, está diciendo, en efecto, que las 70 semanas de Daniel han llegado a su punto culminante. La nueva*

era del jubileo, de la que todos los jubileos anteriores eran prefiguraciones, ha amanecido ahora en la persona y el ministerio de Jesús. ¡La meta de la profecía de las 70 semanas es la salvación jubilaria consumida de Dios![80]

El anticristo, la bestia, el falso profeta

Quizá uno de los temas que más causan intriga, interés y confusión en el estudio de la profecía, es el tema del anticristo, la bestia y el falso profeta.

De ellos se han escrito muchos libros y novelas «seculares y 'cristianas'», se han producido películas, y se han hecho muchas predicciones —todas sin cumplimiento.

Tuve un maestro que aseguraba que el anticristo era Gorbachev[81], inclusive decía que el lunar que tenía en la frente era la marca de la bestia. Otros han señalado a diferentes líderes políticos o religiosos como el anticristo, la bestia, o el falso profeta.

Unos han dicho que el anticristo saldrá del Mercado Común Europeo[82], y otros que vendrá de las Naciones Unidas[83].

Claro que todas estas predicciones incluyendo las muchas que se han equivocado en el pasado son motivadas por una interpretación literalista de la literatura apocalíptica, respaldado por el premilenialismo dispensacionalista que no toma en cuenta los eventos que ya se han cumplido en diferentes tiempos de la historia y sobre todo lo que sucedió en el año 70 d.C.

Entonces ¿quiénes, o qué son el anticristo, la bestia y el falso profeta?

Comencemos con el texto.

> *Hijitos, ya es el último tiempo; y según vosotros oísteis que el anticristo viene, así ahora han surgido muchos anticristos; por esto conocemos que es el último tiempo.* 1 Juan 2:18 RVR1960

Para comenzar, Juan dice que en sus días, ya era el último tiempo. La NTV dice «llegó la última hora». El Anticristo ya estaba a las puertas en ese momento.

Doug Wilson dice: «La visión preterista de tales pasajes, y en mi opinión la correcta, sostiene que el Anticristo, un falso maestro que trató de engañar al pueblo de Dios, murió hace dos mil años. También lo hizo la Bestia, un gobernante civil, que trató de destruir al pueblo de Dios [84]».

Pablo habla específicamente de un personaje que habría de aparecer en ese momento de la historia. Le llama «el hombre de pecado, el hijo de perdición» (2 Tesalonicenses 2:3).

Pablo pone la aparición de este personaje en esa época. Él dice: «ya está en acción el misterio de la iniquidad; sólo que hay quien al presente lo detiene, hasta que él a su vez sea quitado de en medio (v.7)», también dice que este personaje «se sienta en el templo de Dios como Dios, haciéndose pasar por Dios (v.4)», lo que quiere decir que el templo de Jerusalén todavía estaba en pie.

Oí a un maestro una vez decir que quien lo detenía era el mismo Pablo. Evidentemente Pablo murió antes del año 70 d.C. cuando la destrucción del templo de Jerusalén tomó lugar.

Es posible que cuando Pablo dice «el día del Señor está cerca (v.2)», se refería a la venida del Señor en juicio sobre Jerusalén, lo cual sucedió en el año 70 d.C.

Y si en el versículo uno, se refería a la venida futura de Cristo, ciertamente Pablo la veía muy cerca.

Apocalipsis 13 habla de una «bestia» venidera que desgastará a los santos de Dios y será conocida por el número 666. Los preteristas generalmente ven al 666 como un símbolo del nombre de «Nerón César», y por lo tanto identifican a la bestia como Nerón, mientras que la segunda bestia y el falso profeta se identifican con el Sanedrín y los judaizantes que buscaron acabar con la iglesia primitiva. Algunos toman al hombre de pecado como Nerón, y otros lo identifican como el sumo sacerdote, que literalmente se sentó en el templo y se opuso a Cristo[85].

Es importante notar que Juan habla también de «anticristos» en plural.

Hijitos, ya es el último tiempo; y según vosotros oísteis que el anticristo viene, así ahora han surgido muchos anticristos; por esto conocemos que es el último tiempo. **1 Juan 2:18** RVR1960

Juan también da una definición de «anticristo».

¿Quién es el mentiroso, sino el que niega que Jesús es el Cristo? Este es anticristo, el que niega al Padre y al Hijo. **1 Juan 2:22** RVR1960

...y todo espíritu que no confiesa que Jesucristo ha venido en carne, no es de Dios; y este es el espíritu del anticristo... **1 Juan 4:3** RVR1960

Es decir, que «el que niega que Jesús es el Cristo, es anticristo, y todo espíritu que no confiesa que Jesucristo ha venido en carne... este es el espíritu del anticristo».

¿Existe la posibilidad de futuros anticristos?

Sí. También existe la posibilidad de futuras bestias y futuros falsos profetas.

Sobre esto, Doug Wilson dice lo siguiente: «Debido a que los anticristos todavía están entre nosotros y las bestias aún buscan perseguirnos, debemos llegar a comprender cómo los fieles están llamados a responder a todas las obras del enemigo. El Anticristo está muerto, pero un obispo liberal que niega que Jesús es Dios encarnado es un anticristo moderno. La Bestia está muerta, pero un gobernante civil que quiere atacar al pueblo de Dios es una bestia moderna. Cerinto[86] y Nerón[87] están muertos, pero sus homólogos modernos todavía están muy vivos»[88].

En resumen, siempre han existido diferentes escuelas y opiniones. Apocalípsis 13 presenta varios símbolos, y como dije antes, siendo literatura apocalíptica, hay cosas que son difíciles de interpretar.

La influencia del espíritu de anticristo, ciertamente opera hoy en día, en personas y sistemas. A medida que nos acercamos a la segunda venida de Cristo, los agentes que niegan a Jesucristo y hacen guerra a los santos, solamente aumentarán. Corrupción en líderes civiles y religiosos (bestias y falsos profetas). Los seguidores de Cristo, experimentarán persecución y tribulación, más y más. La buena noticia es que Cristo viene, habrá una resurrección, los que estamos vivos, seremos levantados, y Cristo juzgará todo antes de hacer nuevas todas las cosas.

No hay tercer templo

Los amados hermanos futuristas, enseñan que el templo de Jerusalén que fue destruido en el año 70 d.C. será restaurado, también serán restaurados los sacrificios ceremoniales donde judíos y gentiles subiremos juntos a ofrecer sacrificios. A esto llaman «el tercer templo».

Pero, ¿tiene esto apoyo bíblico?

No. No habrá tal cosa.

Primero. No regresaremos a ofrecer sacrificios a Jerusalén, porque ya Cristo fue ofrecido como sacrificio perfecto en la cruz, y no hay más necesidad de sacrificios (Hebreos 7:27). De nuevo volver a hacer sacrificios —los cuales eran símbolos (Hebreos 9:9), sería como regresar a la ley mosaica (Hebreos 10:8), la cual no pudo perfeccionar nada (Hebreos 7:19; 10:1) y tenía defecto (Hebreos 8:7), que además quedó anulada por el sacrificio de Cristo, hecho una vez y para siempre (Hebreos 9:26; 10:12). La gracia es un pacto eterno, es completo.

Segundo. No hay un apoyo bíblico claro que establezca esto.

Los futuristas, premilenialistas, especialmente dispensacionalistas, usan la profecía de Ezequiel y la sitúan en el tiempo del milenio —que para ellos es futuro.

Pero muchos teólogos concuerdan que es un intento de forzar el texto.

Dr. Riddlebarger dice: «En el versículo 40:2 está claro que Ezequiel ve una estructura 'como una ciudad' (el templo), mientras que en el versículo final de la profecía (48:35) dice que el nombre de las ciudades es 'el Señor está allí'. Aquí tenemos la expansión del templo localizado en un área del tamaño de toda la ciudad de Jerusalén. Esta expansión del templo de Dios es un tema constante en todo Ezequiel (Beale, págs. 340-345). Hay alusiones al Edén a lo largo de la profecía (47:1-12). La ciudad está representada como un cuadrado perfecto y la referencia al río es obviamente simbólica, ya que es lo suficientemente profundo como para cruzarlo nadando (47:5)»[89].

Es interesante que el profeta Ezequiel hace referencia a un edificio parecido a una ciudad, y por las dimensiones, se acerca más a la visión de Juan sobre la Nueva Jerusalén.

El texto paralelo es este:

> *Y me llevó en el Espíritu a un monte grande y alto, y me mostró la gran ciudad santa de Jerusalén, que descendía del cielo, de Dios... Apocalipsis 21:10* RVR1960

Es más probable que Ezequiel, tuviera una visión de la Nueva Jerusalén, incluyendo detalles sobre el río y otras alusiones del futuro Edén.

Entonces, ¿por qué el interés de regresar a los sacrificios y al templo antiguo?

Porque el hombre siempre ha intentado justificarse por medio de sus esfuerzos y rechazar el perfecto sacrificio de Cristo en la cruz.

Posiblemente uno de los retos más grande que tiene la iglesia en el día de hoy, es la influencia judaizante. La tendencia a regresar a las ceremonias y preceptos de la ley.

Igual al reto que tenía Pablo cuando tuvo que enfrentar a los que venían de Jerusalén tratando de circuncidar a los gentiles.

> *Pero cuando Pedro vino a Antioquía, le resistí cara a cara, porque era de condenar. Pues antes que viniesen algunos de parte de Jacobo, comía con los gentiles; pero después que vinieron, se retraía y se apartaba, porque tenía miedo de los de la circuncisión. Y en su simulación participaban también los otros judíos, de tal manera que aun Bernabé fue también arrastrado por la hipocresía de ellos. Pero cuando vi que no andaban rectamente conforme a la verdad del evangelio, dije a Pedro delante de todos: Si tú, siendo judío, vives como los gentiles y no como judío, ¿por qué obligas a los gentiles a judaizar? Gálatas 2:11—14* RVR1960

Verdaderamente, tengo problemas con una escatología que enseña que: 1) Cristo no pudo vencer a Satanás ni establecer Su reino en Su primera venida. 2) Que el diablo sigue en control de este mundo. 3) Que vamos a regresar a Jerusalén a guardar ceremonias de la ley y ofrecer sacrificios.

No amado lector «nuestra pascua, que es Cristo, ya fue sacrificada (1 Corintios 5:7)». Cristo destruyó «por medio de Su muerte al que tenía el imperio de la muerte, esto es al diablo (Hebreos 2:14)», y nosotros estamos reinando con Cristo y hemos recibido «un reino inconmovible (Hebreos 12:28)».

La Jerusalén actual está bajo esclavitud, y nuestra Jerusalén es la de arriba, la celestial (Gálatas 4:25,26).

7

EL JUICIO FINAL

El juicio final es un evento que ocurre inmediatamente después de la segunda venida. Jesús mismo habló de este juicio y nos entregó detalles de cómo será.

> *Cuando el Hijo del Hombre venga en su gloria, y todos los santos ángeles con él, entonces se sentará en su trono de gloria, y serán reunidas delante de él todas las naciones; y apartará los unos de los otros, como aparta el pastor las ovejas de los cabritos. Y pondrá las ovejas a su derecha, y los cabritos a su izquierda. Entonces el Rey dirá a los de su derecha: Venid, benditos de mi Padre, heredad el reino preparado para vosotros desde la fundación del mundo. Entonces dirá también a los de la izquierda: Apartaos de mí, malditos, al fuego eterno preparado para el diablo y sus ángeles. E irán éstos al castigo eterno, y los justos a la vida eterna. Mateo 25:31—34,41,46* RVR1960

¿Cuándo ocurrirá el juicio?

El texto dice claramente: «Cuando el Hijo del Hombre venga en su gloria, y todos los santos ángeles con él».

Esa es la segunda venida. El Señor viene acompañado de Sus ángeles. Apocalipsis 19:14 dice: «Y los ejércitos celestiales, vestidos de lino finísimo, blanco y limpio, le seguían en caballos blancos».

El juicio es un solo evento, donde las ovejas y los cabritos son separados, y Jesús hace referencia de esto en varios pasajes. En la parábola del trigo y la cizaña, ambos crecen juntos y son separados al final.

> *Dejad crecer juntamente lo uno y lo otro hasta la siega; y al tiempo de la siega yo diré a los segadores: Recoged primero la cizaña, y atadla en manojos para quemarla; pero recoged el trigo en mi granero. Enviará el Hijo del Hombre a sus ángeles, y recogerán de su reino a todos los que sirven de tropiezo, y a los que hacen iniquidad, y los echarán en el horno de fuego; allí será el lloro y el crujir de dientes. Entonces los justos resplandecerán como el sol en el reino de su Padre. El que tiene oídos para oír, oiga. Mateo 13:30,41—43* RVR1960

Lo vemos otra vez en la parábola de la red.

> *Asimismo, el reino de los cielos es semejante a una red que fue echada en el mar y juntó toda clase de peces. Cuando estuvo llena, la sacaron a la playa. Y sentados recogieron lo bueno en cestas y echaron fuera lo malo. Así será el fin del mundo: Saldrán los ángeles y apartarán a los malos de entre los justos, y los echarán en el horno de fuego. Allí habrá llanto y crujir de dientes. Mateo 13:47-50* RVA-2015

Siempre son los ángeles los que tienen el trabajo de apartar a los justos de los injustos.

Los premilenialistas separan esto en dos juicios diferentes, divididos por mil años, —en el caso de los premilenialistas dispensacionalistas mil siete años. Ellos sitúan el tribunal de Cristo en la segunda venida y el gran trono blanco después del milenio —que para ellos está en futuro, como hemos dicho antes.

Pero, como he señalado en los textos anteriores, el mismo Cristo enseñó que justos e injustos permanecen juntos hasta el día del juicio. Ese día son separados, y de ahí van a diferentes tribunales.

Los justos van al tribunal de Cristo, donde recibirán recompensa por lo que hicieron mientras estaban en el cuerpo, y los malos irán delante del gran trono blanco para ser juzgados.

Veamos los dos tribunales.

El tribunal de Cristo

> *Porque todos compareceremos ante el tribunal de Cristo. Romanos 14:10* RVR1960

> *Porque es necesario que todos nosotros comparezcamos ante el tribunal de Cristo, para que cada uno reciba según lo que haya hecho mientras estaba en el cuerpo, sea bueno o sea malo.* 2 Corintios 5:10 RVR1960

El gran trono blanco

> *Y vi un gran trono blanco y al que estaba sentado en él, de delante del cual huyeron la tierra y el cielo, y ningún lugar se encontró para ellos. Y vi a los muertos, grandes y pequeños, de pie ante Dios; y los libros fueron abiertos, y otro libro fue abierto, el cual es el libro de la vida; y fueron juzgados los muertos por las cosas que estaban escritas en los libros, según sus obras.* Apocalipsis 20:11,12 RVR1960

Para poder entender mejor este escenario, si usted alguna vez ha asistido a una corte. Acá en Estados Unidos, la corte es un edificio grande, y dentro de ese edificio hay muchas salas. En cada sala se realizan juicios diferentes.

El juicio final, será un solo juicio, en una sola corte, pero en dos salas diferentes.

En el tribunal de Cristo, que es para los creyentes, tendremos un abogado defensor, Cristo mismo (1 Juan 2:1), quien ya pagó por nuestras ofensas.

En el gran trono blanco, no hay abogado defensor. Quienes van a esa sala de juicio, ya están condenados (Juan 3:18), y en este juicio recibirán la sentencia.

El tema del juicio es claro, no sólo en la literatura apocalíptica, también en los Evangelios y Epístolas.

En su discurso a los atenienses, Pablo proclama:

> *Pero Dios, habiendo pasado por alto los tiempos de esta ignorancia, ahora manda a todos los hombres en todo lugar, que se arrepientan; por cuanto ha establecido un día en el cual juzgará al mundo con justicia, por aquel varón a quien designó, dando fe a todos con haberle levantado de los muertos.* Hechos 17:30,31 RVR1960

El escritor de Hebreos nos dice claramente:

> *Y de la manera que está establecido para los hombres que mueran una sola vez, y después de esto el juicio...* Hebreos 9:27 RVR1960

¿Daremos cuentas a Dios los creyentes por nuestro comportamiento?

Claro que sí.

> *De manera que cada uno de nosotros dará a Dios cuenta de sí.* Romanos 14:12 RVR1960

Seremos juzgados por nuestras obras

Los que estamos en Cristo, sabemos que hemos sido salvados por gracia y no por obras (Efesios 2:8—10), sin embargo seremos juzgados por nuestras obras.

En el tribunal de Cristo, Dios no te va a descalificar de tu salvación porque no tengas suficientes buenas obras. En ese tribunal no está en juego tu salvación —la salvación es un hecho completo y sellado. Sin embargo, las recompensas dependerán de las obras.

¿Cuáles obras?

Aquellas que fueron preparadas de antemano para que anduviésemos en ellas. Es decir, que no fuimos salvos por obras, pero sí para buenas obras.

> *Porque por gracia sois salvos por medio de la fe; y esto no de vosotros, pues es don de Dios; no por obras, para que nadie se gloríe. Porque somos hechura suya, creados en Cristo Jesús para buenas obras, las cuales Dios preparó de antemano para que anduviésemos en ellas.* Efesios 2:8—10 RVR1960

Con esta seguridad, veamos de que se trata este tribunal de recompensas.

> *Y si sobre este fundamento alguno edificare oro, plata, piedras preciosas, madera, heno, hojarasca, la obra de cada uno se hará manifiesta; porque el día la declarará, pues por el fuego será revelada; y la obra de cada uno cuál sea, el fuego la probará. Si permaneciere la obra de alguno que sobreedificó, recibirá recompensa. Si la obra de alguno se quemare, él sufrirá pérdida, si bien él mismo será salvo, aunque así como por fuego.* 1 Corintios 3:12-15 RVR1960

El texto explica claramente todo. Pablo dice: «Si permaneciere la obra de alguno que sobreedificó, recibirá recompensa. Si la obra de alguno se quemare, él sufrirá pérdida, si bien él mismo será salvo...».

Entonces, si tus obras no pasan la prueba, dice el texto que sufrirás pérdida, aunque de todas formas serás salvo.

¿Qué clase de pérdida?

En los cielos nuevos y tierra nueva, estaremos con Cristo en la plenitud de Su reino eterno. Hay recompensas y galardones de los cuales disfrutará aquél seguidor de Cristo que edificó en buenas obras.

Por eso el servicio a Dios es tan importante ahora que tenemos la oportunidad. Dice la Biblia que «es necesario que todos nosotros comparezcamos ante el tribunal de Cristo, para que cada uno reciba según lo que haya hecho mientras estaba en el cuerpo, sea bueno o sea malo (2 Corintios 5:10)».

Dios Padre y Dios Hijo como Juez

Hay una dinámica interesante en los textos, porque en algunas ocasiones vemos que Dios Padre es nombrado como Juez y en otras ocasiones Jesucristo. Vemos esta acción dentro de la trinidad, como la vimos en la creación, donde el Padre y el Hijo participan. Y sabemos de la abogacía de Cristo a favor nuestro, la cual está presente desde que fuimos salvos, hasta el día del juicio (1 Juan 2:1; Romanos 8:34).

El Padre como Juez

> *...para que sea tu limosna en secreto; y tu Padre que ve en lo secreto te recompensará en público. Mateo 6:4* RVR1960

> *Así también mi Padre celestial hará con vosotros si no perdonáis de todo corazón cada uno a su hermano sus ofensas. Mateo 18:35* RVR1960

Jesucristo como Juez

> *Muchos me dirán en aquel día: Señor, Señor, ¿no profetizamos en tu nombre, y en tu nombre echamos fuera demonios, y en tu nombre hicimos muchos milagros? Y entonces les declararé: Nunca os conocí; apartaos de mí, hacedores de maldad. Mateo 7:22,23* RVR1960

> *Pero tú, ¿por qué juzgas a tu hermano? O tú también, ¿por*

qué menosprecias a tu hermano? Porque todos compareceremos ante el tribunal de Cristo. Romanos 14:10 RVR1960

Cuando el Hijo del Hombre venga en su gloria, y todos los santos ángeles con él, entonces se sentará en su trono de gloria... Mateo 25:31 RVR1960

Entonces, como en la creación, que sabemos que: «En el principio creó Dios... (Génesis 1:1)», y por Jesucristo todas las cosas fueron hechas (Juan 1:1—3), también vemos al Padre y al Hijo, en esta dinámica dentro de la trinidad operando en el día del juicio.

Los incrédulos serán juzgados y enviados al castigo eterno

Juan dice: «El que en él cree, no es condenado; pero el que no cree, ya ha sido condenado, porque no ha creído en el nombre del unigénito Hijo de Dios (Juan 3:18)».

Quiere decir que todo aquél que ha rechazado a Jesucristo, ya está condenado. Es un condenado esperando sentencia.

Y esta es la condenación: que la luz vino al mundo, y los hombres amaron más las tinieblas que la luz, porque sus obras eran malas. Juan 3:19 RVR1960

Todo el que amó más las tinieblas que la luz, está condenado.

En el gran trono blanco, todos esos condenados, así como todos los enemigos de Dios recibirán sentencia.

Y el mar entregó los muertos que había en él; y la muerte y el Hades entregaron los muertos que había en ellos; y fueron juzgados cada uno según sus obras. Y la muerte y el Hades fueron lanzados al lago de fuego. Esta es la muerte segunda. Y el que no se halló inscrito en el libro de la vida fue lanzado al lago de fuego. Apocalipsis 20:13—15 RVR1960

Ya la Escritura nos había dicho que «el postrer enemigo que será destruido es la muerte (1 Corintios 15:26)». Aquí vemos esa profecía cumplirse. La muerte es lanzada al lago de fuego.

El diablo, la bestia, el falso profeta, el mismo Hades... son lanzados al lago de fuego. (Apocalipsis 19:20;20:10). Esto incluye, a todo aquél que tiene el espíritu del anticristo. Gobernantes, políticos y religiosos. Todo el que se ha opuesto a Cristo, y perseguido a los santos. Es día de retribución. La ira de Dios es desatada sobre Sus enemigos y todos los enemigos de la verdad.

¿Qué es el lago de fuego?

El lago de fuego es el infierno eterno. La frase es usada intercambiablemente cuando la Biblia se refiere a un lugar de castigo, donde el castigado está eternamente separado de Dios.

Lo que comúnmente se conoce como infierno, es lo que la Biblia llama el «lago de fuego». Es el destino final de los malvados. Aquellos en el lago de fuego sufrirán eterna, consciente y corporalmente. Será un lugar espantoso[90].

R.C. Sproul dice: «No hay concepto bíblico más sombrío o terrorífico que la idea del infierno. Es tan impopular entre nosotros que pocos le darían crédito, excepto que nos viene de las enseñanzas de Cristo mismo [91]».

¿Qué dijo Jesús sobre el infierno?

En Lucas 16, describe un gran abismo sobre el cual «nadie puede cruzar de allí hacia nosotros». En Mateo 25, Jesús habla de una época en la que las personas serán separadas en dos grupos, uno entrará en Su presencia y el otro será desterrado al «fuego eterno».

Jesús no sólo hace referencia al infierno, lo describe con gran detalle. Dice que es un lugar de tormento eterno (Lucas 16:23), donde el fuego no puede ser apagado (Marcos 9:43), donde el gusano no muere (Marcos 9:48), donde la gente crujirá los dientes de angustia y pesar (Mateo 13:42), y del cual no hay retorno, incluso para advertir a los seres queridos (Lucas 16: 19-31). Él llama al infierno las «tinieblas de afuera» (Mateo 25:30), comparándolo con «Gehena» (Mateo 10:28), que era un basurero fuera de los muros de Jerusalén donde se quemaba basura y abundaban los gusanos. Jesús habla del infierno más que del cielo, y lo describe de manera más vívida. No se puede negar que Jesús sabía, creía y advirtió sobre la realidad absoluta del infierno.

J. I. Packer escribe sobre la bondad y la severidad de Dios: «El carácter de Dios es la garantía de que todos los males serán corregidos algún día; cuando llegue el «día de la ira de Dios, cuando su justo juicio sea revelado» (Romanos 2:5), la retribución será exacta y no quedará ningún problema de injusticia cósmica que nos persiga. Dios es el Juez, por eso se hará justicia»[92].

8

CIELO NUEVO Y TIERRA NUEVA

Dios hará todas las cosas nuevas.

> *Vi un cielo nuevo y una tierra nueva; porque el primer cielo y la primera tierra pasaron, y el mar ya no existía más. Y yo Juan vi la santa ciudad, la nueva Jerusalén, descender del cielo, de Dios, dispuesta como una esposa ataviada para su marido. Y oí una gran voz del cielo que decía: He aquí el tabernáculo de Dios con los hombres, y él morará con ellos; y ellos serán su pueblo, y Dios mismo estará con ellos como su Dios. Enjugará Dios toda lágrima de los ojos de ellos; y ya no habrá muerte, ni habrá más llanto, ni clamor, ni dolor; porque las primeras cosas pasaron. Y el que estaba sentado en el trono dijo: He aquí, yo hago nuevas todas las cosas. Y me dijo: Escribe; porque estas palabras son fieles y verdaderas. Y me dijo: Hecho está. Yo soy el Alfa y la Omega, el principio y el fin. Al que tuviere sed, yo le daré gratuitamente de la fuente del agua de la vida. Apocalipsis 21:1—6* RVR1960

La imagen del cielo para muchos cristianos, es como de un lugar donde los espíritus están flotando en vestiduras blancas sobre nubes, y las cosas son semitransparentes.

Quizá resultado del arte y la imaginación, enlazado a una falta de comprensión sobre los textos bíblicos.

La realidad es que no vamos a ir al cielo… más bien, el cielo vendrá a nosotros.

Así es. Dios, desde el primer Edén, quiso hacer Su habitación con nosotros. Para eso creó la tierra.

¿Cree usted que por la interrupción del pecado, y todo lo que ha sucedido en la historia de la humanidad, Dios desistiría de Su plan original?

No. El plan del Edén está en pie. Un segundo Edén, donde el hombre existirá en el perfecto diseño de Dios.

Dios creó al hombre para esta tierra, y es el plan de Dios que esa herencia permanezca como en el plan original.

Los justos heredarán la tierra, Y vivirán para siempre sobre ella. Salmos 37:29 RVR1960

Pero los mansos heredarán la tierra, Y se recrearán con abundancia de paz. Salmos 37:11 RVR1960

Sin embargo, no será esta tierra de la manera en que la conocemos en este momento.

La tierra está en su estado caído y la creación ha sufrido las consecuencias del pecado.

...porque también la creación misma será libertada de la esclavitud de corrupción, a la libertad gloriosa de los hijos de Dios. Porque sabemos que toda la creación gime a una, y a una está con dolores de parto hasta ahora... Romanos 8:21,22 RVR1960

Así es. La creación gime... está con dolores de parto, pero será libertada.

Dios hará nuevas todas las cosas.

Y el que estaba sentado en el trono dijo: He aquí, yo hago nuevas todas las cosas. Apocalipsis 21:5 RVR1960

El profeta Isaías profetizó con exactitud esto.

Porque he aquí que yo crearé nuevos cielos y nueva tierra; y de lo primero no habrá memoria, ni más vendrá al pensamiento. Isaías 65:17 RVR1960

El apóstol Pedro nos dice:

Pero nosotros esperamos, según sus promesas, cielos nuevos y tierra nueva, en los cuales mora la justicia. *2 Pedro 3:13* RVR1960

En los nuevos cielos y tierra nueva, no habrá más sufrimiento.

Enjugará Dios toda lágrima de los ojos de ellos; y ya no habrá muerte, ni habrá más llanto, ni clamor, ni dolor; porque las primeras cosas pasaron. Apocalipsis 21:4 RVR1960

Sam Storms dice:

«Cuando lleguemos al [cielo nuevo y tierra nueva] allí, no habrá nada que sea abrasivo, irritante, agitador o hiriente.
Nada dañino, odioso, molesto o cruel.
Nada triste, malo o impío.
Nada áspero, impaciente, ingrato o indigno.
Nada débil o enfermo, roto o tonto. Nada deformado, degenerado, depravado o repugnante. Nada contaminado, patético, pobre o pútrido. Nada oscuro, triste, desalentador o degradante. Nada culpable, mancillado, blasfemo o arruinado.
Nada defectuoso, sin fe, frágil o desvaneciéndose.
Nada grotesco o grave, horrible o insidioso.
Nada ilícito o ilegal, lascivo o lujurioso.
Nada estropeado o mutilado, desalineado o mal informado.
Nada desagradable o sucio, ofensivo o aborrecible.
Nada rancio o grosero, sucio o estropeado.
Nada cutre o contaminado, insípido o tentador.
¡Nada vil o vicioso, inútil o sin sentido!
Donde sea que pongas tus ojos, no verás nada más que gloria y grandeza y belleza, brillo y pureza, perfección, esplendor, satisfacción, dulzura, salvación, majestad, maravilla, santidad y felicidad.
Veremos sólo y todo lo que es adorable y afectuoso, hermoso y brillante, resplandeciente y generoso, encantador y ameno, exquisito y deslumbrante, elegante y emocionante, fascinante y fructífero, glorioso y grandioso, amable y bueno, feliz y santo, sano y completo, alegre y gozoso, atrayente y agradable, majestuoso y maravilloso, opulento y abrumador, radiante y reluciente, espléndido y sublime, dulce y gustoso, tierno y de buen gusto, eufórico y unificado. ¿Por qué serán todas estas cosas? Porque estaremos mirando a Dios [93]*».*

Restauración del Edén

Cuando estudiamos la historia del hombre en la Biblia, nos damos cuenta que todo regresa al principio.

Comienza nuestra historia en el Génesis, donde Dios plantó un huerto, y puso al hombre dentro para tener comunión con él, y en el Apocalipsis, regresamos de nuevo al Edén.

La Nueva Jerusalén

Vino entonces a mí uno de los siete ángeles que tenían las siete copas llenas de las siete plagas postreras, y habló conmigo, diciendo: Ven acá, yo te mostraré la desposada, la esposa del Cordero. Y me llevó en el Espíritu a un monte grande y alto, y me mostró la gran ciudad santa de Jerusalén, que descendía del cielo, de Dios, teniendo la gloria de Dios. Y su fulgor era semejante al de una piedra preciosísima, como piedra de jaspe, diáfana como el cristal.

Tenía un muro grande y alto con doce puertas; y en las puertas, doce ángeles, y nombres inscritos, que son los de las doce tribus de los hijos de Israel; al oriente tres puertas; al norte tres puertas; al sur tres puertas; al occidente tres puertas. Y el muro de la ciudad tenía doce cimientos, y sobre ellos los doce nombres de los doce apóstoles del Cordero.

El que hablaba conmigo tenía una caña de medir, de oro, para medir la ciudad, sus puertas y su muro. La ciudad se halla establecida en cuadro, y su longitud es igual a su anchura; y él midió la ciudad con la caña, doce mil estadios; la longitud, la altura y la anchura de ella son iguales. Y midió su muro, ciento cuarenta y cuatro codos, de medida de hombre, la cual es de ángel. El material de su muro era de jaspe; pero la ciudad era de oro puro, semejante al vidrio limpio; y los cimientos del muro de la ciudad estaban adornados con toda piedra preciosa. El primer cimiento era jaspe; el segundo, zafiro; el tercero, ágata; el cuarto, esmeralda; el quinto, ónice; el sexto, cornalina; el séptimo, crisólito; el octavo, berilo; el noveno, topacio; el décimo, crisopraso; el undécimo, jacinto; el duodécimo, amatista. Las doce puertas eran doce perlas; cada una de las puertas era una perla. Y la calle de la ciudad era de oro puro, transparente como vidrio. Y no vi en ella templo; porque el Señor Dios Todopoderoso es el templo de ella, y el Cordero.

> *La ciudad no tiene necesidad de sol ni de luna que brillen en ella; porque la gloria de Dios la ilumina, y el Cordero es su lumbrera. Y las naciones que hubieren sido salvas andarán a la luz de ella; y los reyes de la tierra traerán su gloria y honor a ella.*
>
> *Sus puertas nunca serán cerradas de día, pues allí no habrá noche. Y llevarán la gloria y la honra de las naciones a ella. No entrará en ella ninguna cosa inmunda, o que hace abominación y mentira, sino solamente los que están inscritos en el libro de la vida del Cordero.*
>
> *Después me mostró un río limpio de agua de vida, resplandeciente como cristal, que salía del trono de Dios y del Cordero. En medio de la calle de la ciudad, y a uno y otro lado del río, estaba el árbol de la vida, que produce doce frutos, dando cada mes su fruto; y las hojas del árbol eran para la sanidad de las naciones. Y no habrá más maldición; y el trono de Dios y del Cordero estará en ella, y sus siervos le servirán, y verán su rostro, y su nombre estará en sus frentes. No habrá allí más noche; y no tienen necesidad de luz de lámpara, ni de luz del sol, porque Dios el Señor los iluminará; y reinarán por los siglos de los siglos. Apocalipsis 20:9—21:5 RVR1960*

Cuando Dios creó la tierra y en ella el Edén, puso dentro de este un huerto.

Adán fue creado fuera del jardín, y luego Dios lo puso dentro.

> *Y Jehová Dios plantó un huerto en Edén, al oriente; y puso allí al hombre que había formado. Génesis 2:8 RVR1960*

Dentro de este huerto, estaba el «árbol de la vida (v.9)», y «el árbol de la ciencia del bien y del mal». También había un río (v.10), y había oro (vs. 11,12), y piedras preciosas (v.12).

En la Nueva Jerusalén, encontramos estos elementos, excepto el árbol del bien y el mal.

> *Después me mostró un río limpio de agua de vida, resplandeciente como cristal, que salía del trono de Dios y del Cordero. En medio de la calle de la ciudad, y a uno y otro lado del río, estaba el árbol de la vida... Apocalipsis 22:1,2 RVR1960*

Dice que «el trono de Dios y del Cordero estará en ella (v.3)». Quiere decir que

Dios restaura la comunión que tenía con el hombre en el primer Edén, antes de la caída. Hará morada con el hombre creado.

El fin de la escatología

Acercándonos al final del libro de Apocalipsis, Juan nos recalca el objetivo del libro, y donde debe estar nuestra mirada.

> *Y me dijo: Estas palabras son fieles y verdaderas. Y el Señor, el Dios de los espíritus de los profetas, ha enviado su ángel, para mostrar a sus siervos las cosas que deben suceder pronto. ¡He aquí, vengo pronto! Bienaventurado el que guarda las palabras de la profecía de este libro. Apocalipsis 22:6,7* RVR1960

Hay bienaventuranza en el estudio de la profecía bíblica. Debemos estudiar y conocer los textos, para que estemos preparados y seamos buenos testigos mientras esperamos con gran anhelo Su segunda venida.

> *El que da testimonio de estas cosas dice: Ciertamente vengo en breve. Amén; sí, ven, Señor Jesús. La gracia de nuestro Señor Jesucristo sea con todos vosotros. Amén. Apocalipsis 22:20,21* RVR1960

Notas

Por ser publicado primero en Estados Unidos, las fechas de captura debajo se escriben en el orden: Mes-Día-Año. Las citas tienen formato uniforme, sólo cuando es posible, pues hemos respetado la manera en que algunas fuentes prefieren ser citadas, y esto a veces difiere de los formatos convencionales.

Bibliología: La doctrina de la Palabra de Dios

1. Francisco Lacueva Lafarga fue un licenciado y doctor en teología dogmática evangélico egresado de la Universidad Pontificia de Salamanca, conocido por su producción literaria y teológica. https://es.wikipedia.org/wiki/Francisco_Lacueva (Capturado Diciembre 12, 2019).

2. Samuel Vila nació el 28 de mayo de 1902 en Rubí (Barcelona, España). En 1924 fundó la Iglesia Evangélica de Tarrasa (Barcelona) y en 1933 la de Manresa (Barcelona). Académico de la Lengua Española por la Academia Norteamericana en 1991. https://www.clie.es/autor/samuel-vila-ventura (Capturado Diciembre 12, 2019).

3. El español de América o español americano es el conjunto de variedades del castellano o español que se habla en el continente americano desde la llegada de los españoles a finales del siglo XV y principios del siglo XVI hasta la actualidad. Incluye al 90 % de los hispanohablantes del planeta. La pronunciación varía de país a país y de región a región. En términos muy generales, el habla de las Américas muestra muchas características comunes similares a las variantes del sur de España, especialmente al oeste de Andalucía (Sevilla, Cádiz) y las Islas Canarias. La lengua vernácula en las costas de casi toda Hispanoamérica muestra similitudes particularmente fuertes con los patrones de habla andaluza, mientras que las regiones del interior de México y los países andinos no son especialmente similares a ningún dialecto particular en España. Existen numerosas particularidades regionales y expresiones idiomáticas dentro del español. En español americano, las palabras de préstamo directamente del inglés son más frecuentes y, a menudo, la ortografía extranjera se deja intacta. https://es.wikipedia.org/wiki/Espa%C3%B1ol_de_Am%C3%A9rica (Capturado Mayo 20, 2021).

4. La equivalencia formal, o equivalencia completa, también se conoce como traducción literal o traducción palabra por palabra. La idea detrás de la equivalencia formal es hacer que el texto tenga la misma forma que el original. Esto también puede significar usar el mismo orden de palabras que el idioma original. Don Stewart ¿Cuáles son las principales teorías de la traducción de la Biblia? (Equivalencia formal y equivalencia dinámica)

https://www.blueletterbible.org/Comm/stewart_don/faq/bible-translations/question7-major-theories-of-bible-translation.cfm (Capturado Mayo 20, 2021).

5. RVR1960 La Reina-Valera Revisada 1960 fue llevada a cabo por un grupo de biblistas de varios países hispánicos provenientes de diversas denominaciones cristianas. La comisión revisora tuvo en cuenta las observaciones hechas por pastores y laicos de España y América Latina. Todo esto sin alterar el sentido básico del mensaje bíblico y preservando además el estilo y cadencia del texto de Reina. https://es.wikipedia.org/wiki/Reina-Valera#Reina-Valera_Revisada_1960_(RVR1960) (Capturado Diciembre 12, 2019).

6. Murray, John. (1976-1982) Systematic Theology, en Collected Writings of John Murray, tomo 4., ed. Iain H. Murray. Carlisle, PA. Banner of Truth Trust. 4:1.

Murray continúa diciendo que la teología sistemática no es revelación, ni marcha al lado de la revelación misma, pero constituye un deber y una necesidad que la revelación impone.

7. ¿Qué es la teología sistemática? https://www.gotquestions.org/Espanol/teologia-sistematica.html (Capturado Diciembre 12, 2019).

8. Strong, A. H. (1907) Systematic Theology. Valley Forge, PA. Judson.

9. Hodge, Charles. (2010) Teología Sistemática (p. 45) Barcelona. CLIE.

10. Shedd, William G. T. (2003) Dogmatic Theology, 3ra edición, ed. Alan W. Gomes (p. 51) Phillipsburg, NJ. Presbyterian & Reformed.

11. Grudem, Teología Sistemática (pp. 23-25).

12. La Torá (en hebreo, תּוֹרָה [Torah], lit., «instrucción, enseñanza, doctrina») es el texto que contiene la ley y el patrimonio identitario del pueblo judío; es llamada Pentateuco en el cristianismo; y constituye la base y el fundamento del judaísmo. https://es.wikipedia.org/wiki/Tor%C3%A1 (Capturado Diciembre 12, 2019).

13. Los Nevi'im (del hebreo נְבִיאִים, 'profetas') es la segunda de las tres partes en que se divide el Tanaj (la Biblia hebrea, paralela al Antiguo Testamento de los cristianos); luego de la Torá hebrea (o Pentateuco, para los cristianos), y antes de los Ketuvim. https://es.wikipedia.org/wiki/Nevi%27im (Capturado Diciembre 12, 2019).

14. Los Ketuvim (en hebreo: כְּתוּבִים, «Escritos») es la tercera de las tres partes en que se divide el Tanaj, lo que los cristianos conocen como el Antiguo Testamento; luego de la Torá o Pentateuco, y de los Nevi'im. Tanaj es un acróstico de las palabras Torá (Pentateuco), Nevi´im (profetas) y Ketuvim (Escritos). https://

es.wikipedia.org/wiki/Ketuvim (Capturado Diciembre 12, 2019).

15. Beckwith, Roger. (1985)The Old Testament Canon of the New Testament Church and its Background in Early Judaism (p. 435) Wipf & Stock.

16. ...para que venga sobre vosotros toda la sangre justa que se ha derramado sobre la tierra, desde la sangre de Abel el justo hasta la sangre de Zacarías hijo de Berequías, a quien matasteis entre el templo y el altar. Mateo 23:35 RVR1960

17. Ninguno de los libros apócrifos figura entre los 39 libros del Antiguo Testamento, y el Nuevo Testamento no cita ninguno de ellos con la excepción de Judas, que sin embargo, no los trata como Escritura sino como ejemplos útiles con los que la audiencia de Judíos al parecer estaba familiarizada.

18. El Talmud (hebreo: דּוֹמְלַת [talmūd], «instrucción, enseñanza») es una obra que recoge principalmente las discusiones rabínicas sobre leyes judías, tradiciones, costumbres, narraciones y dichos, parábolas, historias y leyendas. Es un inmenso código civil y religioso, elaborado entre el siglo III y el V por eruditos hebreos de Babilonia y Eretz Israel.

Existen dos conocidas versiones del Talmud: el Talmud de Jerusalén (Talmud Yerushalmi), que se redactó en la entonces recién creada provincia romana llamada Filistea, y el Talmud de Babilonia (Talmud Bablí), que fue redactado en la región de Babilonia, en Mesopotamia. Ambas versiones fueron redactadas a lo largo de muchos siglos por generaciones de eruditos provenientes de muchas academias rabínicas establecidas desde la Antigüedad.

19. *...el Consolador, el Espíritu Santo, a quien el Padre enviará en mi nombre, él os enseñará todas las cosas y os recordará todo lo que yo os he dicho...Juan 14:26.*

20. Gilbert, Greg. (2015) Why Trust the Bible? Crossway.

21. Pedro menciona los escritos de Pablo que son algunos para él «difíciles de entender». Aunque el estilo y erudición de Pablo están presentes (pues Dios usa el estilo de cada escritor), Pedro lo cuenta como «Escritura».

...como también nuestro amado hermano Pablo, según la sabiduría que le ha sido dada, os ha escrito, casi en todas sus epístolas, hablando en ellas de estas cosas; entre las cuales hay algunas difíciles de entender, las cuales los indoctos e inconstantes tuercen, como también las otras Escrituras, para su propia perdición... 2 Pedro 3:15-16 RVR1960

22. Biblical Views: The Multiple Truths of Myths. Biblical Archaeology Review 42:1, January/February 2016 https://www.baslibrary.org/biblical-

archaeology-review/42/1/10 (Capturado Octubre 11, 2020).

23. En filosofía, al menos, el ateísmo debe interpretarse como la proposición de que Dios no existe (o, más ampliamente, la proposición de que no hay dioses).
Atheism and Agnosticism (Agosto 2, 2017). https://plato.stanford.edu/entries/atheism-agnosticism/ (Capturado Octubre 11, 2020).

El ateísmo es, en su sentido más amplio, la ausencia de la creencia en la existencia de las deidades. Harvey, Van A. (2007) Agnosticism and Atheism. (p. 35) Flynn.

Algunos ateos prominentes, recientemente Christopher Hitchens, Daniel Dennett, Sam Harris y Richard Dawkins, precedidos por pensadores como Bertrand Russell, Robert G. Ingersoll, Voltaire y el novelista José Saramago, han criticado las religiones denunciando aspectos nocivos de las prácticas y doctrinas religiosas. https://es.wikipedia.org/wiki/Ate%C3%ADsmo#cite_note-encyc-unbelief-def-issues-1 (Capturado Octubre 11, 2020).

24. Gnosticismo. El gnosticismo es un término que se utiliza para hacer referencia a un grupo de ideas y sistemas religiosos que existieron entre los siglos I y II D.C. A grandes rasgos, los sistemas que se agrupan dentro del gnosticismo, proponen que todo lo que existe en el mundo material está creado por un Dios que fija una chispa divina dentro del cuerpo del ser humano.

Gnosticismo: Qué es esta doctrina religiosa y qué ideas sostiene. Grecia Guzmán Martínez. https://psicologiaymente.com/cultura/gnosticismo (Capturado Octubre 11, 2020).

25. El nombre "Alta Crítica" la empleó por primera vez el especialista bíblico alemán por Eichhorn, en la segunda edición de su "Einleitung" (Introducción) que apareció en 1787. No es, como supusieron algunos, una denominación arrogante, como si asumiera una sabiduría superior, pero ha llegado a usarse porque este tipo de crítica trata de los aspectos más universales de la Biblia, es decir, la autoría, fecha, composición y autoridad de libros completos o grandes secciones, para distinguirla de la discusión de minucias textuales que es el campo de la crítica baja o textual. Enciclopedia Católica Online. https://ec.aciprensa.com/wiki/Alta_Cr%C3%ADtica (Capturado Octubre 11, 2020).

26. Inteligencia Espiritual.

Emmons, Robert A. (2004). Spiritual Intelligence – Definitions. https://web.archive.org/web/20120317065524/http://mindwise.com.au/spiritual_intelligence.shtm (Capturado Octubre 11, 2020).

27. Para Tony Buzan, la Inteligencia Espiritual es la forma como cultivamos las cualidades

vitales de la energía, el entusiasmo, el coraje y la determinación, así como la protección y el desarrollo del alma.
Buzan, Tony (2003) El poder de la Inteligencia Espiritual. Ed. Urano. Barcelona.

28. Ramón Gallegos señala que la inteligencia espiritual es exclusivamente humana. Agrega que mientras animales y computadoras muestran evidencias de inteligencia emocional e intelectual, la inteligencia espiritual es de exclusividad humana, ni máquinas ni animales tienen inteligencia espiritual ni pueden desarrollarla.

Gallegos, Ramón (2013) Inteligencia Espiritual. Amazon kindle. México.

29. Josefo. Flavio Josefo. Biografía. https://www.biografiasy vidas.com/biografia/j/josefo.htm (Capturado Noviembre 6, 2020).

Los Escritos de Josefo y su relación con el Nuevo Testamento. https://bible.org/article/los-escritos-de-josefo-y-su-relaci%C3%B3n-con-el-nuevo-testamento (Capturado Noviembre 6, 2020).

30. En 1199, Inocencio III, escribiendo en una carta al obispo de Metz, prohibió la lectura de la Biblia en reuniones privadas. Al año siguiente, el Papa envió a algunos abades a Metz para ordenar la quema de las traducciones de la Biblia en francés. [En] el Instituto Católico de Toulouse… se pronunció una prohibición bíblica general para los laicos de esta provincia eclesiástica. El Concilio pronunció: Prohibimos también que se permita a los laicos tener los libros del Antiguo y Nuevo Testamento. En 1376, el Papa Gregorio XI ordenó que toda la literatura sobre la Biblia se colocara bajo dirección eclesiástica. Censura de la Biblia. (inglés) https://en.wikipedia.org/wiki/Censorship_of_the_Bible (Capturado Mayo 20, 2021).

Paterología: La doctrina de Dios Padre

1. Clemente de Roma: Mártir, escritor y líder de la iglesia. Por Giovanny Gómez Pérez

Febrero 17 de 2020. Clemente de Roma fue uno de los personajes más importantes del siglo I, principalmente por su célebre "Epístola a los Corintios".

La tradición afirma que nació en Roma aproximadamente en el año 35 d.C. y que acompañó al Apóstol Pablo en algunos de sus viajes y labores misioneras.

Existen evidencias que sugieren que Clemente reemplazó al Apóstol Pedro o a su sucesor como líder de la naciente iglesia de la ciudad de Roma. Ireneo de Lyon (130-202) lo cita como contemporáneo de los apóstoles y cuenta que él mismo fue testigo de la predicación de Clemente. Eusebio de Cesarea (265-339), el famoso historiador cristiano, data su liderazgo en la iglesia de Roma del 92 al 101 d.C., e identifica a Clemente de Roma como el mismo Clemente mencionado en Filipenses 4:3 https://biteproject.com/clemente-de-roma/ (Capturado Noviembre 9, 2020).

2. Ante-Nicene Christian Library/First Epistle to the Corinthians (Clement).

Ante-Nicene Christian Library, Volume I edited
by Alexander Roberts and James Donaldson.
The First Epistle of Clement by Clement I, translated by
Alexander Roberts and James Donaldson.

https://en.wikisource.org/wiki/Ante-Nicene_Christian_Library/First_Epistle_to_the_Corinthians_(Clement) (Capturado Noviembre 9, 2020)

3. El Credo de Nicea.

El Credo Niceno (en griego : Σύμβολον τῆς Νικαίας o, τῆς πίστεως , en latín : Symbolum Nicaenum) es una declaración de creencias ampliamente utilizada en la liturgia cristiana .

El Credo Niceno fue el resultado del Concilio de Nicea en 325 A.D. El credo enfatiza la doctrina de la Trinidad en respuesta a las enseñanzas de Arius, un clérigo que negó la divinidad del Hijo, el segundo miembro de la Trinidad.

https://www.rca.org/about/theology/creeds-and-confessions/the-nicene-creed/el-credo-niceno/ (Capturado Noviembre 9, 2020)

El Credo

>Creo en un solo Dios Padre Todopoderso,
>Creador del cielo y de la tierra,
>y de todas las cosas visibles e invisibles;
>Y en un solo Señor Jesucristo,
>Hijo Unigénito de Dios,
>Engendrado del Padre antes de todos los siglos,
>Dios de Dios, Luz de Luz,
>verdadero Dios de Dios verdadero,
>Engendrado, no hecho,
>consubstancial con el Padre;
>Por el cual todas las cosas fueron hechas,
>El cual por amor a nosotros y por nuestra salud descendió del cielo,
>Y tomando nuestra carne de la virgen María,
>por el Espíritu Santo, fue hecho hombre,

Y fue crucificado por nosotros bajo el poder de Poncio Pilatos,
Padeció, y fue sepultado;
Y al tercer día resucitó según las Escrituras,
Subió a los cielos y está sentado a la diestra de Dios Padre.
Y vendrá otra vez con gloria a juzgar a los vivos y a los muertos;
Y su reino no tendrá fin.
Y creo en el Espíritu Santo, Señor y Dador de vida,
procedente del Padre y del Hijo,
El cual con el Padre y el Hijo juntamente es adorado y glorificado;
Que habló por los profetas.
Y creo en una santa Iglesia Católica y Apostólica.
Confieso un Bautismo para remisión de pecados,
Y espero la resurrección de los muertos.
Y la vida del Siglo venidero. Amén.

4. Teología (teolo'xia). Sustantivo femenino. Ciencia que trata de Dios y del conocimiento del mismo a través de la fe o la razón.
Collins Spanish Dictionary - Complete and Unabridged 8th Edition
2005 © William Collins Sons & Co. Ltd. 1971, 1988 © HarperCollins Publishers 1992, 1993, 1996, 1997, 2000, 2003, 2005

5. Viene de Salvífico. Adjetivo. Perteneciente o relativo a la salvación. Real Academia Española. https://dle.rae.es/salv%C3%ADfico (Capturado Noviembre 11, 2020).

6. Los pueblos indígenas de México. 100 Preguntas. Segunda edición actualizada.
¿Cuántas lenguas y dialectos se hablan en la República Mexicana?
http://www.nacionmulticultural.unam.mx/100preguntas/pregunta.php?num_pre=16

© D.R. Universidad Nacional Autónoma de México. Ciudad Universitaria, 04510. México D.F. Programa Universitario México Nación Multicultural. Dirección General de Publicaciones y Fomento Editorial. (Capturado Noviembre 23, 2020).

7. Johnson, Michael. (2000) The Tribes of the Sioux Nation. Osprey Publishing Oxford.

8. Wakan Tanka o Wakantanka, (lakota: Wakȟáŋ Tȟáŋka) es el término para lo sagrado o lo divino en la cosmovisión Sioux. Suele traducirse como «Gran Espíritu». Se lo considera la fuerza creadora del universo y de lo existente. Aunque en la espiritualidad Lakota no existe el concepto monoteísta.

Walker, James E. (1991) Raymond J. DeMallie & Elaine A. Jahner, ed. Lakota Belief and Ritual. (p. 69) Lincoln, NE. University of Nebraska Press.

9. Rice, Julian. (1998) Before the Great Spirit: The Many Faces of Sioux Spirituality. (p. 21) Albuquerque. University of New Mexico Press.

En la espiritualidad Lakota no existe el concepto monoteísta. Aunque ellos como grupo reconocen la existencia de un Ser Supremo.

10. Un Solo Dios. Monoteísmo. El monoteísmo es la creencia de que existe Un Solo Dios. La palabra, como tal, se compone del prefijo mono-, que significa 'único'; el vocablo griego θεός (theós), que traduce 'Dios'; y el sufijo -ismo, que indica 'doctrina'. (Itálicas y Mayúsculas en el nombre: «Dios» son mías). https://www.significados.com/monoteismo/ (Capturado Noviembre 23, 2020).

Una definición más estricta de monoteísmo es la creencia en la existencia de Un Solo Dios que creó el mundo, es omnipotente, omnipresente y omnisciente e interviene en el mundo. (Itálicas y Mayúsculas en el nombre: «Dios» son mías).

Cross, F.L.; Livingstone, E.A., eds. (1974). "Monotheism". The Oxford Dictionary of the Christian Church (2 ed.). Oxford: Oxford University Press.

Pablo afirma esta creencia así:

... para nosotros, sin embargo, sólo hay un Dios, el Padre, del cual proceden todas las cosas, y nosotros somos para él; y un Señor, Jesucristo, por medio del cual son todas las cosas, y nosotros por medio de él. 1 Corintios 8:6 RVR1960

11. Heráclito de Efeso (540 AC-480 AC) Antiguo filósofo materialista y dialéctico griego. Según Heráclito el mundo sufre creaciones y destrucciones perpetuas, pues todo fluye, todo cambia. Diccionario filosófico abreviado. Ediciones Pueblos Unidos, Montevideo 1960.

12. Arthur Schopenhauer (1788–1860). Ha sido apodado el filósofo del artista debido a la inspiración que su estética ha proporcionado a artistas de todo tipo. También se le conoce como el filósofo del pesimismo, ya que articuló una cosmovisión que desafía el valor de la existencia. The Internet Encyclopedia of Philosophy (IEP) (ISSN 2161-0002) https://iep.utm.edu/schopenh/ (Capturado 11,29,2020).

13. Panteísmo. El panteísmo es el sistema de creencia de quienes sostienen que la totalidad del universo es el único Dios. Esta cosmovisión y doctrina filosófica afirma que el universo entero, la naturaleza y Dios son lo mismo. En otras palabras, la existencia (todo lo que fue, es y será) puede ser representada a través de la noción teológica de Dios. https://definicion.de/panteismo/ (Capturado Noviembre 29, 2020).

14. Ascetismo. Como ascetismo se denomina una actitud y un modo de vida cuyo objeto es la perfección moral y espiritual del ser humano a través de la renuncia a los placeres y de la práctica de una vida austera.

En este sentido, el asceta asume un estilo de vida en el cual prescinde de las comodidades y los lujos materiales, renuncia a satisfacer las necesidades del cuerpo y procura domar las pasiones del espíritu. Así, el asceta busca cultivar únicamente los caminos del espíritu. De allí que el ascetismo sea considerado como una doctrina mística y haya sido adoptado por múltiples religiones en el mundo, como el cristianismo, el budismo o el islamismo.

Significado de Ascetismo. Fecha de actualización: Julio 3, 2017. https://www.significados.com/ascetismo/ (Capturado Noviembre 30, 2020)

15. Hagiázō. Yo hago santo, trato como santo, apartado como santo, santifico, santifico, purifico. https://greeklexicon.org/lexicon/strongs/37/ (Capturado Noviembre 30, 2020)

16. Marsden, George. (2003) Jonathan Edwards: A Life (p. 191) New Haven. Yale University Press. "Intratrinitario" es un término que se usa para referirse a las relaciones entre las personas de la Trinidad; p. ej., la relación del Padre con el Hijo, la relación del Hijo con el Espíritu, etc.

17. Carson, D. A. (Diciembre 10, 1999) The Difficult Doctrine of the Love of God. Crossway.

18. Núñez, Miguel. (Enero, 10, 2019) Los atributos comunicables de Dios. Coalición por el Evangelio. https://www.coalicionporelevangelio.org/articulo/los-atributos-comunicables-dios/ (Capturado Noviembre 30, 2020)

19. El Catecismo de Heidelberg, escrito en 1563, es una confesión de fe que ofrece una instrucción comprensiva sobre doctrina y teología Reformada. Tradicionalmente atribuido a los teólogos Zacarías Ursino y Gaspar Oleviano, las preguntas y respuestas se organizan en 52 Días del Señor, originalmente destinadas a ser enseñadas cada domingo del año. El catecismo es uno de los cuatro Estándares de Unidad de la Iglesia Reformada en América, transmitiendo creencias que son fundamentales para la denominación. https://www.rca.org/about/theology/creeds-and-confessions/the-heidelberg-catechism/catecismo-de-heidelberg/ (Capturado Diciembre 9, 2020)

20. Pérez, JA. (Septiembre 2, 2014) Maestro de Marionetas: Él tiene cuerdas en cada aspecto de tu vida y hace que todo obre para bien. San Diego, California. Keen Sight Books.

Cristología: La doctrina de Cristo

1. Grudem, Wayne (1994) Systematic Theology. Zondervan Publishing House / Inter-Varsity Press.

2. Kyrios podría usarse para significar «maestro», pero también se usó para traducir el YHWH hebreo.

3. Otro ejemplo clásico es la cita de Marcos de Isaías 40:3 en Marcos 1:3.

4. El Concilio de Calcedonia fue un concilio ecuménico que tuvo lugar entre el 8 de octubre y el 1 de noviembre del año 451 en Calcedonia, ciudad de Bitinia, en Asia Menor.

Es el cuarto de los primeros siete concilios ecuménicos de la Cristiandad, y sus definiciones dogmáticas fueron desde entonces reconocidas como infalibles por la Iglesia católica y por la Iglesia ortodoxa. Rechazó la doctrina del monofisismo, defendida por Eutiquio, y estableció el Credo de Calcedonia, que describe la plena humanidad y la plena divinidad de Cristo, segunda persona de la Santísima Trinidad. https://reformados.net/el-credo-de-calcedonia/ (Capturado Diciembre 28, 2020).

5. Reeves, Michael (2015) Rejoicing in Christ. Downers Grove, IL. IVP Academic.

6. Tarassō. Significa: Agitar, perturbar (una cosa, por el movimiento de sus partes de un lado a otro) para causar una conmoción interna, quitarle la calma mental, perturbar su ecuanimidad, inquietar, complicar, golpear el espíritu de uno con miedo y pavor, volverse ansioso o angustiado, perplejar la mente de uno sugiriendo escrúpulos o dudas. Lexicon. Strong's G5015. https://www.blueletterbible.org/lang/lexicon/lexicon.cfm?t=kjv&strongs=g5015 (Capturado Diciembre 30, 2020).

7. Atanasio (296—373 D.C.) Atanasio de Alejandría (en griego, Ἀθανάσιος Ἀλεξανδρείας [Athanásios Alexandrías]) fue obispo de Alejandría. https://www.dominicos.org/predicacion/evangelio-del-dia/02-05-2014/san-atanasio/ (Capturado Diciembre 30, 2020).

8. Athanasius, On the Incarnation (8. 54) St Vladimir's Seminary (Enero 3, 2012).

Pneumatología: La doctrina del Espíritu Santo

1. ¿Qué es el monoteísmo? Se denomina monoteísmo a la creencia religiosa en un Dios único e indivisible. En ello se diferencia del politeísmo, que es la creencia de que existen varios dioses o de que dios puede existir como distintas entidades. También se distingue del panteísmo, que asigna un dios o varios dioses a cada una de las manifestaciones de la

naturaleza. https://www.caracteristicas.co/monoteismo/ (Capturado Diciembre 30, 2020)

2. El judaísmo, el cristianismo y la religión musulmana están estrechamente unidos a partir de la figura de Abraham.

La historia de Abraham es considerada el germen de las tres grandes religiones monoteístas, es decir, judaísmo, cristianismo y la religión islámica. Todas ellas presentan grandes coincidencias y pueden ser entendidas como versiones distintas que surgieron en contextos históricos diferenciados. Por este motivo se habla de religiones abrahámicas. https://www.definicionabc.com/religion/religiones-abrahamicas.php (Capturado Diciembre 30, 2020)

3. Es importante señalar que aunque estas tres religiones comparten a Abraham como padre común, las tres profesan teologías muy diferentes. Tanto el judaísmo como el islam, no aceptan que Jesús es el Mesías en quien se cumplen todas las profecías, incluyendo las que nos llegan a modo de tipología. Por ejemplo, siendo Isaac, el hijo de la promesa, tipo de Cristo, el verdadero cumplimiento de la promesa.

Por la fe Abraham, cuando fue probado, ofreció a Isaac; y el que había recibido las promesas ofrecía su unigénito... Hebreos 11:17 RVR1960

Porque de tal manera amó Dios al mundo, que ha dado a su Hijo unigénito, para que todo aquel que en él cree, no se pierda, mas tenga vida eterna. Juan 3:16 RVR1960

Así que, hermanos, nosotros, como Isaac, somos hijos de la promesa. Gálatas 4:28 RVR1960

4. Modalismo. Se entiende por modalismo en la teología actual (desde el siglo xix, siguiendo tal vez la filosofía de B. Spinoza) aquella doctrina que, en la cuestión de la relación trinitaria e histórico-salvífica entre el Padre y el Hijo, funda la divinidad de este (como quiera que se la describa más precisamente) en una potencia que no se distingue realmente sino sólo virtualmente del Padre, y así (contra todas las teologías del Logos) no entiende a Jesús mismo como Dios, sino sólo como «manifestación» de lo divino. https://mercaba.org/Mundi/4/modalismo.htm (Capturado Diciembre 30, 2020)

5. Warfield, B.B. (Diciembre 13, 2010) The Biblical Doctrine of the Trinity. Warfield Books.

6. Apostolicidad. El libro tenía que ser escrito por un apóstol o estar asociado con uno. Esto significa que, si hemos de aceptar los cuatro Evangelios como canónicos, algún apóstol o acompañante de apóstol debió ser el autor. Y para nuestra tranquilidad, lo que vemos en estos cuatro Evangelios es a dos apóstoles (Mateo y Juan) y a dos asociados de apóstoles (Marcos y Lucas). Pero ¿cómo sabemos que estos hombres fueron quienes

realmente escribieron los Evangelios? A diferencia de los evangelios apócrifos, estos cuatro libros recibieron el apoyo y testimonio de los padres de la Iglesia del siglo II. En otras palabras, gente como Ireneo, Papías, Justino Mártir, Tertuliano, incluso el Canon Muratorio (180-200 d. C.) identificaron solo cuatro Evangelios: uno escrito por el apóstol Mateo, otro por el discípulo y acompañante de Pedro —Marcos—, otro por el compañero de Pablo —Lucas—, y el último por el apóstol amado, Juan.

¿Tenemos los Evangelios correctos? Agosto 22, 2019 | Luis García. Coalición por el Evangelio. https://www.coalicionporelevangelio.org/articulo/tenemos-los-evangelios-correctos/ (Capturado Enero 3, 2021).

7. San Basilio Magno, Obispo de cesarea y doctor de la iglesia.
El gran tratado de Basilio sobre el Espíritu Santo.

La contribución de San Basilio a la pneumatología se comprende mejor en el contexto histórico de la controversia arriana que dominó gran parte del Imperio Romano del siglo IV, tanto en el marco religioso como en el político. Este estudio se centra en cómo Basilio entendió el papel y la Persona del Espíritu Santo, particularmente en su tratado a Amphilochius Iconium sobre el Espíritu Santo. El carácter distintivo del Espíritu Santo se puede definir a la luz de la relación trinitaria del Espíritu. Basilio, como Atanasio, define el carácter distintivo del Espíritu Santo en términos de su relación con Dios el Padre y el Hijo. https://revistes.uab.cat/medievalia/article/view/v21-artemi (Capturado Enero 3, 2021).

Basilio de Cesarea, Fue uno de los más elocuentes oradores, entre los mejores que la Iglesia haya tenido; fundó hospitales, hogares para los pobres, y hospicios; sus escritos le han colocado en lugar de privilegio entre los doctores de la Iglesia. https://www.primeroscristianos.com/san-basilio-obispo-de-cesarea-y-doctor-de-la-iglesia-2-de-enero/ (Capturado Enero 3, 2021).

8. Strong hebreo #7363 רָחַף rakjáf. Significa: Empollar. https://www.logosklogos.com/strong_hebrew/7363 (Capturado Enero 3, 2021).

9. Empollar es sinónimo de «incubar». http://www.sinonimos.com/sinonimo.php?palabra=empollar&x=26&y=30 (Capturado Enero 3, 2021).

10. Elwell, Walter A. (1993). Handbook of Evangelical theologians. (pp. 276–289) Baker Books.

Anthony Andrew Hoekema (1913, en Drachten - Octubre 17, 1988) fue un ministro y teólogo calvinista que se desempeñó como profesor de teología sistemática en el Seminario Teológico Calvin, Grand Rapids, durante veintiún años.

11. Ferguson, Sinclair B. (Enero 23, 1997) The Holy Spirit. IVP Academic.

12. La traducción al griego conocida como la Septuaginta es la primera traducción de la Biblia de una lengua semítica a otra indoeuropea.

Su nombre designa propiamente la traducción de la Torá hebrea al griego, llevada a cabo en Alejandría durante el reinado de Ptolomeo II Filadelfo (285-246 a.C.). Por primera vez la sabiduría de Israel, condensada a lo largo de siglos en la Biblia hebrea, pasaba de una lengua semítica a otra indoeuropea, y por este cauce al mundo occidental. Al ser más tarde adoptada como Biblia oficial de los cristianos, esta versión, que representó también la primera interpretación de la Biblia hebrea, acompañó la expansión del cristianismo, tanto en Oriente como en Occidente, e influyó de mil formas diferentes en la cultura. https://www.bibliatodo.com/la-biblia/version/Version-septuaginta (Capturado Enero 4, 2021).

13. Hablo en más detalles sobre las diferencias entre equivalencia formal y equivalencia dinámica en este material… ¿Cuál es la mejor Biblia? https://japerez.com/cual-es-la-mejor-biblia/ (Capturado Enero 4, 2021).

14. Kasperak, Cristofer (1983). El Afán Inagotable del Traductor. The Polish Review XXVIII (2). (pp. 83–87) The Polish Review.

La equivalencia dinámica evita la adherencia estricta al texto original a favor de un texto más natural en el idioma destinatario.

15. La palabra griega elénchō. Refutar, amonestar. https://www.messie2vie.fr/bible/strongs/strong-greek-G1651-elencho.html (Capturado Enero 4, 2021).

16. Calvino, Juan. (1967) Institución de la Religión Cristiana Libro III, Capítulo I. Editorial FELIRE.

17. Institución, III,11,1.

18. George Whitefield, (nacido el 27 de diciembre de 1714 en Gloucester, Gloucestershire, Inglaterra; murió el 30 de septiembre de 1770 en Newburyport, Mass. [EE. UU.]), Evangelista de la Iglesia de Inglaterra que con su predicación popular estimuló el avivamiento protestante del siglo XVIII. en Gran Bretaña y las colonias británicas americanas. https://www.britannica.com/biography/George-Whitefield (Capturado Enero 6, 2021).

19. Charles Haddon Spurgeon, el ministro bautista más conocido de la Inglaterra victoriana, nació el 19 de junio de 1834 en Kelvedon, Essex, y pasó su niñez y adolescencia

en Stambourne, Colchester y Newmarket. En 1856 se casó con Susannah Thompson; sus únicos hijos, los gemelos Thomas y Charles, nacieron el 20 de septiembre de 1857. http://www.victorianweb.org/religion/sermons/chsbio.html (Capturado Enero 6, 2021).

20. Es la creencia de los continuacionistas que todos los dones espirituales mencionados en el libro de los Hechos, incluyendo los dones de señales milagrosas (sanidad, lenguas, milagros, profecía) «continúan» después de que el canon de las Escrituras se ha cerrado. Lo opuesto a este punto de vista es el cesacionismo, la creencia de que los regalos de signos «cesaron» después del cierre del canon. Los cesacionistas creen que los dones espirituales milagrosos mencionados en los Evangelios y Hechos se dieron a los creyentes por poco tiempo para impulsar el crecimiento de la iglesia cristiana y confirmar la legitimidad de la enseñanza de los apóstoles. Ahora que se han escrito las Escrituras, los dones de señales ya no son necesarios. https://www.compellingtruth.org/continuationism.html (Capturado Enero 6, 2021). Ver más debajo en 21 «continuismo».

21. El continuismo es la creencia de que todos los dones espirituales, incluidas las sanidades, las lenguas y los milagros, todavía están en funcionamiento hoy, tal como lo estaban en los días de la iglesia primitiva. Un continuacionista cree que los dones espirituales han "continuado" sin cesar desde el Día de Pentecostés y que la iglesia de hoy tiene acceso a todos los dones espirituales mencionados en la Biblia. (ver más en 20).

Cuando el Espíritu Santo vino como Jesús lo había prometido (Hechos 1:8; 2:1—4), llenó a los creyentes y les proporcionó dones sobrenaturales que les permitieron servir a Dios con poder y habilidad. Estos dones espirituales se enumeran en Romanos 12:6—8, Efesios 4:11 y 1 Corintios 12:7—11,28, y el continuismo dice que todos los dones continúan hasta el día de hoy.

Estos dones varían de persona a persona según lo considere conveniente el Espíritu (1 Pedro 4:10). Primera de Corintios 12: 4–6 dice: "Hay diferentes tipos de dones, pero el mismo Espíritu los distribuye. Hay diferentes tipos de servicio, pero el mismo Señor. Hay diferentes tipos de trabajo, pero en todos y en todos está el mismo Dios obrando ". Los continuacionistas sostienen que no hay evidencia bíblica de que alguno de estos dones espirituales ya no esté en funcionamiento. https://www.gotquestions.org/continuationism.html (Capturado Enero 7, 2021).

22. El cesacionismo es el punto de vista de que los "dones milagrosos" de lenguas y sanidad han cesado, que el fin de la era apostólica provocó el cese de los milagros asociados con esa era (ver también en 20). La mayoría de los cesacionistas creen que, si bien Dios puede y todavía realiza milagros hoy, el Espíritu Santo ya no usa a individuos para realizar señales milagrosas. El registro bíblico muestra que los milagros ocurrieron durante períodos

particulares con el propósito específico de autenticar un nuevo mensaje de Dios. Moisés pudo realizar milagros para autenticar su ministerio ante el faraón (Éxodo 4:1—8). Elías recibió milagros para autenticar su ministerio ante Acab (1 Reyes 17:1; 18:24). A los apóstoles se les dieron milagros para autenticar su ministerio ante Israel (Hechos 4:10,16). https://www.gotquestions.org/cessationism.html (Capturado Enero 7, 2021).

23. Horton, Harold (Junio 1, 1975) Gifts of the Spirit. Gospel Pub House.

24. Ibídem.

25. ¿Es bíblico ungir con aceite en el nuevo pacto? Texto y Video por JA Pérez. https://japerez.com/ungir-con-aceite (Capturado Enero 10, 2021).

26. Milagro. Real Academia Española. El Diccionario de la lengua española es la obra lexicográfica de referencia de la Academia. https://dle.rae.es/milagro (Capturado Enero 8, 2021).

27. Pérez, JA. (Agosto 1, 2016) 12 Fundamentos de Liderazgo. San Diego, California. Keen Sight Books.

Este libro está a la cabeza de la serie liderazgo. Puede ser usado sólo o también en conjunto con los doce manuales en los que el alumnado de la Escuela de Liderazgo Internacional desarrolla maestría sobre cada uno de los principios expuestos en este. El autor intenta en esta obra comunicar al lector doce columnas básicas elementales, necesarias para establecer los fundamentos sólidos sobre los cuales reposa el liderazgo sano. No son estos los únicos principios o conceptos que regulan la formación de un líder, sin embargo, estas doce áreas cubiertas en el libro, establecerán una buena base sobre la cual edificar.

Más información en: https://japerez.com/12-fundamentos-de-liderazgo/ (Capturado Enero 9, 2021).

28. Escuela de Liderazgo Internacional™

Gracias a los avances de la tecnología, ahora usted puede cursar el mismo currículum que ha entrenado a miles en todos el continente y hacerlo desde la comodidad de su hogar. Vea todas las ventajas y facilidades que nuestra plataforma virtual ofrece. https://desarrollo.japerez.com/p/liderazgo (Capturado Enero 9, 2021).

29. Jesús Sin Religión (Libro y Curso). Esta obra desafía muchos de los conceptos e ideas erróneas en cuanto a la persona de Jesús, su teología, su vida y sus tiempos. JA Pérez escribe sin miedo y desafía las mismas columnas de la religión organizada.

La religión institucional por siglos adulteró el sentido de las enseñanzas de Jesús para el adoctrinamiento sistemático y manipulación de los fieles —este libro destruye sus intenciones desde la raíz.

Este es un libro que te va a retar, sacudir y luego liberar. Te hará experimentar gran gozo —a algunos en la iglesia por primera vez.

Este libro te librará del lazo de la religión. Te quitará la condenación, la culpabilidad y la continua "expectación de castigo" con que las instituciones te han manipulado toda tu vida.

Al final, un libro que te dejará con Jesús solamente. Ya que, todo lo que la religión ha añadido sea quitado de en medio.

Más información en: https://japerez.com/jesus-sin-religion/

30. Pérez, JA. (Diciembre 6, 2019) Manipulación: Apóstoles Modernos, la Cobertura y el Diezmo de Diezmos. Keen Sight Books.

En este libro el autor toca en detalles la manera en que los títulos, las jerarquías, los métodos, y el torcimiento de conceptos que fueron escritos bajo otra luz y para otros usos han sido tergiversados y manejados en el intento de ejercer manipulación y control. Más información en: https://japerez.com/manipulacion/ (Capturado Enero 10, 2021).

Antropología: La doctrina del Hombre

1. «Antropología» (s/f.). En DeSignificados.com. Disponible en: https://designificados.com/antropologia/ [Capturado Marzo 6, 2021].

2. Berkhof, Luis. (Diciembre 26, 1995) Teología Sistemática. Libros Desafío.

3. Chafer, Lewis S. (Febrero 23, 2010) Teología sistemática de Chafer Tomo II. Parte II Antropología. CLIE

4. Según la Biblia, el nombre personal de Adán deriva del sustantivo hebreo adamah que significa «el suelo» o «tierra». https://en.wikipedia.org/wiki/Adam_(given_name) (Capturado Marzo 6, 2021).

5. Hinduismo.

El hinduismo es una religión (dharma) ampliamente practicada en el Sur de Asia. Los hinduistas creen que la suya es la religión más antigua del mundo, y se refieren a ella como «sanatana dharma» ('religión eterna'). Los eruditos consideran al hinduismo como una fusión o síntesis de varias culturas y tradiciones indias, con diversas raíces y sin ningún fundador. Este sincretismo hinduista comenzó a desarrollarse entre el año 500 y el 300 antes de nuestra era, siguiendo las pautas de la religión védica (que existió entre el 1500 y el 700 a. C.).

El hinduismo contiene muy diversas doctrinas pero mantiene raíces comunes: rituales reconocidos, cosmología y peregrinación a lugares sagrados. Los textos hinduistas están clasificados en śruti ('oído' directamente de los dioses) y smriti ('recordado', fruto de la tradición). Estos textos discuten temas tales como teología, mitología, yoga, rituales del āgama y matemática básica para la construcción de templos y de altares, entre otros. Las principales escrituras incluyen los cuatro Vedas, los Upanishads, la Bhagavad-gītā, y las Āgama. Las fuentes de estos textos juegan un papel importante en esta religión, pero hay una fuerte tradición hinduista que cuestiona su autoridad con la finalidad de profundizar en el entendimiento de estos textos y también para desarrollar más ampliamente las tradiciones. https://es.wikipedia.org/wiki/Hinduismo (Capturado Marzo 7, 2021).

6. La teosofía (del griego: θεός, theós, 'Dios', y σοφία, sophía, 'sabiduría') es un conjunto de enseñanzas y doctrinas difundidas bajo ese nombre por Helena Petrovna Blavatsky a fines del siglo XIX. En su obra La clave de la teosofía, ella explica que el nombre teosofía es uno de los tantos que se utiliza para designar a una sabiduría sin edad, eterna, que no es otra que el conocimiento de la verdadera realidad. Del mismo modo que la ciencia no crea las leyes que rigen la naturaleza sino que las descubre, la teosofía es la realidad, y los seres humanos vamos aprendiendo progresivamente porciones del conocimiento de esta realidad. A partir de 1875 se crea la Sociedad Teosófica, que tiene como uno de sus objetivos el estudio comparativo de Religión, Ciencia y Filosofía, con el objeto de descubrir la enseñanza fundamental en cada una de ellas. https://es.wikipedia.org/wiki/Teosof%C3%ADa (Capturado Marzo 7, 2021).

7. Jaegwon, Kim. (2014) El fisicalismo no reduccionista y su problema con la causalidad mental. (pp. 235-259) Trad. Juan Diego Morales. Ideas y Valores. http://www.scielo.org.co/scielo.php?script=sci_arttext&pid=S0120-00622015000100019 (Capturado Mayo 22, 2021).

8. ¿Qué es el fisicalismo? El fisicalismo es una rama del saber filosófico, cuya pretensión es explorar la realidad. En su corpus teórico asume que la naturaleza de lo existente se limita exclusivamente a lo físico, esto es, a la materia (o a la energía entendida como el tejido constitutivo de cualquier entidad tangible).

Fisicalismo: qué es y qué propone esta filosofía. ¿Qué es el fisicalismo? Veamos sus ideas acerca de la ontología y la naturaleza de la mente. Joaquín Mateu-Mollá https://psicologiaymente.com/cultura/fisicalismo (Capturado Mayo 22, 2021).

9. Cooper, John W. (Ph.D., Universidad de Toronto), es profesor de Teología y Filosofía en el Seminario Teológico Calvin en Grand Rapids, Michigan. Ha escrito varios libros, entre ellos, Cuerpo, alma y vida eterna: antropología bíblica y el monismo, debate sobre el dualismo. https://cct.biola.edu/people/john-w-cooper/ Capturado Mayo 25, 2021).

10. Cooper, John W. (Octubre 31, 2000) Body, Soul, and Life Everlasting: Biblical Anthropology and the Monism-Dualism Debate. Wm. B. Eerdmans-Lightning Source.

11. El significado de la palabra hebrea ruaj es "aliento" o "viento" o "espíritu". https://www.compellingtruth.org/Espanol/significado-ruaj.html (Capturado Mayo 25, 2021).

12. Moreland, James Porter (más conocido como J.P. Moreland) nació el 9 de marzo de 1948. Filósofo, teólogo y apologista cristiano.

Ostenta una licenciatura cum laude en ciencias químicas en la University of Missouri y un Master en filosofía con los más altos honores en la University of California en Riverside.

En la actualidad es Profesor Distinguido de Filosofía en la Talbot School of Theology en la Universidad de Biola, en La Mirada, California. Obtuvo su doctorado en la filosofía de la Universidad del Sur de California. En 1985, obtuvo su doctorado en filosofía en la University of Southern California bajo la tutoría del eminente profesor cristiano Dallas Willard. https://www.clie.es/autor/j-p-moreland (Capturado Marzo 8, 2021).

13. Moreland, J. P. (Marzo 1, 2014) The Soul: How We Know It's Real and Why It Matters. Moody Publishers. New edition.

14. Psychē (ψυχή). El alma como una esencia que se diferencia del cuerpo y no se disuelve con la muerte (se distingue de otras partes del cuerpo). Aliento, es decir (por implicación) espíritu, de manera abstracta o concreta (el principio animal sintiente solamente) que es el alma racional e inmortal. STRONGS NT 5590. https://www.blueletterbible.org/lang/lexicon/lexicon.cfm?t=kjv&strongs=g5590 (Capturado Mayo 25, 2021).

15. Tomás de Aquino. Tomás de Aquino (en italiano, Tommaso d'Aquino; Roccasecca, Italia, 1224/1225-Abadía de Fossanova, 7 de marzo de 1274), fraile, teólogo y filósofo católico perteneciente a la Orden de Predicadores, es considerado el principal representante de la enseñanza escolástica y una de las mayores figuras de la teología sistemática. La Iglesia católica lo nombra Doctor Angélico, Doctor Común y Doctor de la Humanidad y considera su obra fundamental para los estudios de filosofía y teología. Fue el principal defensor clásico de la teología natural. https://es.wikipedia.org/wiki/Tom%C3%A1s_de_Aquino (Capturado Marzo 8, 2021).

16. Aquinas, St. Thomas. (1947) The Summa Theologica. Benziger Bros.

Traducido por los padres de la provincia dominicana inglesa. (inglés) https://www.ccel.org/a/aquinas/summa/home.html (Capturado Mayo 25, 2021).

17. Woznicki, Chris. (Octubre 26, 2020) ¿Qué dice la Biblia sobre el alma? https://www.coalicionporelevangelio.org/articulo/que-dice-la-biblia-sobre-el-alma/ (Capturado Mayo 28, 2021).

18. Ibídem.

Hamartiología: La doctrina del Pecado

1. Berkhof, Louis. (2009) Teología Sistemática. (p. 260) Grand Rapids, Michigan, EE.UU. Libros Desafío.

2. González, Justo. (1994) Historia del Cristianismo. (Vol.1 p. 106) Miami, EE.UU. Unilit.

3. Erickson, Millard. (2008) Teología Sistemática. (p. 582) Viladecavalls, España. Editorial CLIE.

4. Vine, W.E. (1999) Diccionario expositivo de palabras del Antiguo y del Nuevo Testamento, Exhaustivo. (p. 132) Nashville, TN. Editorial Caribe.

5. Vila, Samuel. (1985) Nuevo Diccionario Bíblico Ilustrado. (p. 898) Terrasa, Barcelona, España. Editorial CLIE.

6. Ryrie, Charles C. (1993) Teología Básica. (p. 241) Miami, FL. Editorial Unilit.

7. Berkhof, (Febrero 7, 2017) Systematic Theology. (p. 262) GLH Publishing.

8. González, Justo L. (2008) Diccionario Manual Teológico. (p. 216) Viladecavalls, Barcelona, España. Editorial CLIE.

9. La depravación total (también llamada incapacidad total o corrupción total) es una doctrina bíblica estrechamente vinculada con la doctrina del pecado original, tal como la formalizó Agustín y la defendió en muchas confesiones de fe y catecismos protestantes, especialmente en el calvinismo. La doctrina entiende que la Biblia enseña que, como consecuencia de la Caída del hombre, toda persona nacida en el mundo es moralmente corrupta, esclavizada al pecado y, aparte de la gracia de Dios, es completamente incapaz de elegir seguir a Dios o seguir a Dios. elija volverse a Cristo con fe para la salvación. https://www.theopedia.com/total-depravity (Capturado Marzo 10,2021).

10. Agustín. Aurelius Augustinus (354 - 430) a menudo se conoce simplemente como San Agustín o Agustín Obispo de Hipona (el nombre antiguo de la ciudad moderna

de Annaba en Argelia). Él es el "Doctor de la Iglesia" preeminente según el catolicismo romano, y los protestantes evangélicos lo consideran en la tradición del apóstol Pablo como la fuente teológica de la enseñanza de la Reforma sobre la salvación y la gracia. https://www.theopedia.com/augustine-of-hippo (Capturado Marzo 10,2021).

11. Juan Calvino (1509-1564) fue un destacado teólogo francés durante la Reforma protestante y el padre del sistema teológico conocido como calvinismo. Martín Lutero y Calvino son posiblemente los arquitectos más importantes de la Reforma. "Si Lutero tocó la trompeta para la reforma, Calvino orquestó la partitura mediante la cual la Reforma se convirtió en parte de la civilización occidental". https://www.theopedia.com/john-calvin (Capturado Marzo 10,2021).

12. Calvinismo. El calvinismo es el sistema teológico asociado con el reformador Juan Calvino que enfatiza el gobierno de Dios sobre todas las cosas como se refleja en su comprensión de las Escrituras, Dios, la humanidad, la salvación y la iglesia. En la lengua vernácula popular, el calvinismo a menudo se refiere a los cinco puntos de la doctrina calvinista con respecto a la salvación, que componen el acróstico TULIP. En su sentido más amplio, el calvinismo está asociado con la teología reformada. https://www.theopedia.com/calvinism (Capturado Marzo 10,2021).

13. Reymond, Robert (1998) A New Systematic Theology of the Christian Faith. (p. 450) Nashville. Thomas Nelson.

14. Ibid, página 453.

15. Murray, John. (1997) The Nature of Sin en Collected Writings of John Murray (Vol. 2 pp.81-82) Edinburgh. Banner of Truth.

16. Trenchard, Ernesto H. (1976) Estudios de doctrina bíblica. (p. 32) Editorial Portavoz.

17. Los Rollos del Mar Muerto. En 1947, en una oscura cueva al oeste del Mar Muerto, pastores beduinos descubrieron algunos pergaminos cuidadosamente colocados en diez tarros altos. No sabían lo que habían descubierto, pero vendieron los pergaminos a un vendedor cercano. Este fue el capítulo inicial de un asombroso hallazgo arqueológico; eventualmente unos 800 manuscritos diferentes se encontrarían en once cuevas cerca del valle llamado Wadi Qumran. En total, se recuperaron unos 60.000 fragmentos, porciones o rollos completos de estos 800 manuscritos, cubriendo muchos temas.

Se encontraron fragmentos o copias completas de todos los libros del Antiguo Testamento, excepto Ester. Habían sido colocados en estas cuevas alrededor de la mitad del primer siglo dC, y el hecho asombroso es que habían permanecido allí inalterados ¡por 1900 años! ¿Pero por qué son tan importantes para nosotros estos Rollos del Mar Muerto? La razón es que antes de este descubrimiento los manuscritos más antiguos de los textos bíblicos datan del siglo IX después de Cristo. Eran copias de copias anteriores que se habían perdido hacía tiempo.

Pero ahora, por ejemplo, tenemos un rollo del libro completo de Isaías que data del segundo siglo antes de Cristo. Es mil años mayor que cualquier otro documento de la Escritura hebrea anterior que teníamos antes de 1947.

Los Rollos del Mar Muerto han proporcionado una enorme luz para los traductores de la Biblia. El texto bíblico que tenemos hoy es claramente confiable y fundamentado de estos rollos antiguos. El reto que enfrentamos al responder a este maravilloso hallazgo es poner nuestra fe en la Palabra de Dios y en Su provisión de luz en nuestro camino para el tiempo y la eternidad.

Leer más en: https://www.biblica.com/america-latina/biblia/preguntas-frecuentes/que-son-los-rollos-del-mar-muerto/ (Capturado Marzo 10, 2021).

18. Chafer, Teología Sistemática, I: 767. Publicado por CLIE (Febrero 23, 2010)

Soteriología: La doctrina de la Redención

1. Soteriology. Merriam-Webster https://www.merriam-webster.com/dictionary/soteriology (Capturado Marzo 13, 2021).

2. Soteriology. Encyclopædia Britannica. https://www.britannica.com/topic/soteriology (Capturado Marzo 13, 2021).

3. Soteriología. Del gr. σωτηρία sōtēría 'salvación' y -logía. Rel. En la religión cristiana, doctrina referente a la salvación. Real Academia Española. https://dle.rae.es/soteriolog%C3%ADa (Capturado Marzo 13, 2021).

4. "Soteriology." Merriam-Webster.com Dictionary, Merriam-Webster, https://www.merriam-webster.com/dictionary/soteriology. (Capturado Marzo 13, 2021).

5. Strawbridge, Gregg (1993). «The Five Solas of the Reformation. A Brief Statement» (en inglés). Reformation Celebration en Audubon Drive Bible Church, en Laurel: FiveSolas.com. https://www.fivesolas.com/5solas.htm (Capturado Marzo 13, 2021).

6. Spurgeon, Charles Haddon. (Domingo, Mayo 10, 1857) La Salvación es de Jehová. NO. 131. El Púlpito de la Capilla New Park Street. Un sermón predicado en Music Hall, Royal Surrey Gardens, Londres. http://www.

spurgeon.com.mx/sermon131.html (Capturado Marzo 13, 2021).

7. Bingham, Nathan W. (Octubre 6, 2019) Justification by Faith Alone: Martin Luther and Romans 1:17 (en inglés) Category: Ligonier Resources. (Capturado Marzo 13, 2021).

8. Franklin. (April 19, 2016) Charles Spurgeon on People Thinking Lightly of Sin. https://fundamentalbaptistchristian.blogspot.com/2016/04/charles-spurgeon-on-people-thinking.html (Capturado Marzo 13, 2021).

9. Eklektos: ἐκλεκτός Escogido por Dios, o obtener salvación por medio de Cristo (ἐκλέγω). Los cristianos son llamados ἐκλεκτοί τοῦ Θεοῦ, los escogidos o elegidos de Dios. STRONGS NT 1588: ἐκλεκτός

https://www.blueletterbible.org/lang/lexicon/lexicon.cfm?t=kjv&strongs=g1588 (Capturado Marzo 14, 2021).

10. Eklegó: seleccionar o elegir del griego ἐκλέγομαι. eklégomai – seleccionar (escoger) por elección deliberada (preferencia de corazón). Strong's Concordance 1586 https://biblehub.com/greek/1586.htm (Capturado Marzo 14, 2021).

11. Eklogé: una selección divina. Del griego ἐκλογή. Ocurre siete veces en el Nuevo Testamento Griego. STRONGS NT 1589: ἐκλογή https://biblehub.com/greek/1589.htm (Capturado Marzo 14, 2021).

12. Supralapsarios. Posición teológica calvinista. Partidarios de una interpretación estricta de la doctrina de la predestinación. Los supralapsarios insistían en que cuando Dios creó a los humanos, conocía que algunos se salvarían y otros no. Sus críticos señalan que esto podía indicar que Dios ordenó la caída de Adán y Eva, lo cual negaron enérgicamente los supralapsarios. El eminente teólogo calvinista Teodoro Beza (siglo XVI) se inclinaba hacia el supralapsarismo, pero esta posición tomó forma en el período escolástico del calvinismo. https://www.biblia.work/diccionarios/supralapsarios/ (Capturado Marzo 14, 2021).

13. Boda, Mark J. Return to Me: A Biblical Theology of Repentance (Nuevos Estudios sobre Teología Bíblica).

14. Packer, J.I. (1961/2008) Evangelism and the Sovereignty of God (p. 81) Downers Grove, IL. InterVarsity.

15. Murray, John. (1955) Redemption Accomplished and Applied (pp. 111-112) Grand Rapids. Eerdmans.

16. Bonar, Horatius. (1874/1993) The Everlasting Righteousness; or, How Shall a Man be Just with God? (pp. 111-113) Carlisle, Pa. Banner of Truth.

17. Murray, John. (1955) Redemption Accomplished and Applied (p. 161) Grand Rapids. Eerdmans.

18. Justification. New Advent Catholic Encyclopedia. https://www.newadvent.org/cathen/08573a.htm (Capturado Marzo 17, 2021).

19. Leighton, Matthew. (Julio 26, 2018) La justificación: ¿qué es y qué hace? Coalición por el Evangelio. https://www.coalicionporelevangelio.org/articulo/la-justificacion-que-es-y-que-hace/ (Capturado Marzo 17, 2021).

20. Ídem.

21. Catecismo de la Iglesia Católica. Tercera parte. La vida en Cristo. Primera sección. La vocación del hombre: La vida en el Espíritu. # 1807 http://www.vatican.va/archive/catechism_sp/p3s1c1a7_sp.html (Capturado Marzo 17, 2021).

22. Un día, mientras Lutero meditaba en las Escrituras en su oficina en Wittenberg, el leer Romanos 1:17 –"Mas el justo por la fe vivirá"– inició un cambio en su interior. Esa noche Lutero no pudo dejar de pensar en ese pasaje. El Espíritu Santo obró en él de una manera tal que no podía contenerse ante tal verdad. Lutero entendió que lo que aprendió en el Catolicismo, y que por tantos años había enseñado, era contrario a la Palabra. Y es que Dios establece que la salvación es algo que viene solo por Su gracia, y por ende los hombres no podemos ganarla. Esa gracia de Dios solo puede ser obtenida a través de la fe en Cristo Jesús.

Martín Lutero y la seguridad de la salvación. 11 Julio, 2014 por Ángel Cardoza. Coalición por el Evangelio. https://www.coalicionporelevangelio.org/articulo/martin-lutero-y-la-seguridad-de-la-salvacion/ (Capturado Marzo 17, 2021).

23. La obra de Martín Lutero, Disputatio pro declaratione virtutis indulgentiarum de 1517, a menudo conocida como Las 95 tesis, se considera el documento central de la Reforma protestante. Biblioteca Digital Mundial. https://www.wdl.org/es/item/7497/ (Capturado Marzo 17, 2021).

24. Este último párrafo me fue inspirado por el escrito de Donald Macleod, titulado: Adopción: Un nuevo padre y un nuevo corazón. 21 Abril, 2016 Coalición por el Evangelio. https://www.coalicionporelevangelio.org/articulo/adopcion-un-nuevo-padre-y-un-nuevo-corazon/ (Capturado Marzo 17, 2021).

25. Edwards, Jonathan. (1992) «Christian Liberty: A Sermon on James 1:2», en Sermons and Discourses 1720-1723, The Works of Jonathan Edwards, Vol. 10, Ed. Wilson H. Kimnach (p. 630) New Haven. Yale.

26. Arminianismo. El arminianismo es una doctrina teológica cristiana fundada por Jacobo Arminio en la Holanda de comienzos del siglo XVII, a partir de la impugnación del dogma calvinista de la doble predestinación.

Sustenta la salvación en la cooperación del hombre con la gracia divina a través de la fe. Frente al concepto calvinista de predestinación (o "elección") incondicional, el arminianismo enseña que la predestinación se ha basado en: (1) la presciencia de Dios, quien tiene el conocimiento previo de quién creerá y quién no creerá en Cristo; y (2) la voluntad del hombre, por asistencia divina, que es hecha libre para creer o rechazar a Cristo. Global Mennonite Encyclopedia Online. https://gameo.org/index.php?title=Arminianism (Capturado Marzo 19, 2021).

27. El ascetismo es la doctrina filosófica o religiosa que busca, por lo general, purificar el espíritu por medio de la negación de los placeres materiales o abstinencia; al conjunto de procedimientos y conductas de doctrina moral que se basa en la oposición sistemática al cumplimiento de necesidades de diversa índole que dependerá, en mayor o menor medida, del grado y orientación del que se trate. https://es.wikipedia.org/wiki/Ascetismo (Capturado Marzo 19, 2021).

28. Grudem, Wayne. Teología Sistemática (p. 746).

29. What does the term "perseverance of the saints" mean, and does the bible teach it? Monergism 66. https://www.monergism.com/thethreshold/articles/onsite/qna/preseverance.html (Capturado Marzo 19, 2021).

30. Murray, John. Redemption Achievement and Applied (pp. 151-52).

31. Dicho por Janne Teller. Escritora y ensayista danesa de origen austro-alemán. "From the moment we are born, we begin to die." Del libro: Nothing.

32. Qué es la doctrina del purgatorio.

La doctrina del purgatorio fue proclamada como un
dogma de la fe por el concilio de Florencia

Las almas que llegaron a la muerte en estado de gracia, pero no totalmente purificadas para entrar al Cielo, pasan a un estado de purificación que conocemos con el nombre de Purgatorio.

33. Serra, Alfredo. (Julio 8, 2018) ¿Quién inventó el Purgatorio? https://www.infobae.com/america/historia-america/2018/07/08/quien-invento-el-purgatorio-y-para-que-sirve/ (Capturado Marzo 20, 2021).

Eclesiología: La doctrina de la Iglesia

1. New World Encyclopedia. Ecclesiology. https://www.newworldencyclopedia.org/entry/ecclesiology (Capturado Marzo 21, 2021).

2. Ekklēsia. STRONGS NT 1577: ἐκκλησία. Una asamblea del pueblo convocada en el lugar público del consejo con el propósito de deliberar. Una asamblea de cristianos reunidos para la adoración en una reunión religiosa.

https://www.blueletterbible.org/lang/lexicon/lexicon.cfm?t=kjv&strongs=g1577

3. Eclesiología. Etimología. Eclesiología viene del griego ekklesia (ἐκκλησία), que se convirtió a su vez en el latín ecclesia, y que simplemente significa una reunión de gente. https://en.wikipedia.org/wiki/Ecclesiology (Capturado Marzo 21, 2021).

4. Pérez, JA. Iglesia Postpandemia: Modelos relevantes de evangelismo y misiones en una era de tecnología y movilidad. Tisbita Publishing House.

5. Grudem, Wayne. Teología Sistemática.

6. Ídem.

7. Zorobabel. https://es.wikipedia.org/wiki/Zorobabel (Capturado Junio 17, 2020).

8. Reinado de Darío Iro. https://es.wikipedia.org/wiki/Dar%C3%ADo_I (Capturado Junio 17, 2020).

9. Seléucidas. https://es.wikipedia.org/wiki/Sele%C3%BAcida (Capturado Junio 17, 2020).

10. Judas Macabeo. https://es.wikipedia.org/wiki/Judas_Macabeo (Capturado Junio 17, 2020).

11. Herodes El Grande. https://es.wikipedia.org/wiki/Herodes_el_Grande (Capturado Junio 17, 2020).

12. Emperador Tito. https://es.wikipedia.org/wiki/Tito (Capturado Junio 17, 2020).

13. El sitio de Jerusalem. https://es.wikipedia.org/wiki/Sitio_de_Jerusal%C3%A9n_(70) (Capturado Junio 17, 2020).

14. Primera Guerra Judía. https://es.wikipedia.org/wiki/Primera_guerra_jud%C3%ADa (Capturado Junio 17, 2020).

15. Emperador Constantino I. https://es.wikipedia.org/wiki/Constantino_I#Constantino_y_el_cristianismo (Capturado Junio 17, 2020).

16. Papa Silvestre I. https://es.wikipedia.org/wiki/Silvestre_I (Capturado Junio 17, 2020).

17. Diocleciano. https://es.wikipedia.org/wiki/Diocleciano (Capturado Junio 17, 2020).

18. La Basílica de San Juan de Letrán. https://es.wikipedia.org/wiki/Bas%C3%ADlica_de_San_Juan_de_Letr%C3%A1n (Capturado Junio 17, 2020).

19. Basílica de San Pedro. https://es.wikipedia.org/wiki/Bas%C3%ADlica_de_San_Pedro (Capturado Junio 17, 2020).

20. Iglesia del Santo Sepulcro. https://es.wikipedia.org/wiki/Iglesia_del_Santo_Sepulcro_(Jerusal%C3%A9n) (Capturado Junio 17, 2020).

21. La iglesia Católica Apostólica Romana. https://es.wikipedia.org/wiki/Iglesia_cat%C3%B3lica (Capturado Junio 17, 2020).

22. Reforma protestante. https://es.wikipedia.org/wiki/Reforma_protestante (Capturado Junio 17, 2020).

23. Ekklēsia. STRONGS NT 1577: ἐκκλησία.

24. El credo de Nicea.

El credo resume los principios básicos de la fe cristiana de una manera relativamente sencilla, con la intención de proporcionar un recurso para memorizarlos y proclamarlos a los fieles. Es una declaración dogmática de los contenidos de la fe cristiana, promulgada en el Concilio de Nicea I (325) y ampliado en el Concilio de Constantinopla (381).

https://es.wikipedia.org/wiki/S%C3%ADmbolo_niceno-constantinopolitano (Capturado Marzo 26, 2021)

25. Phillips, R. Dever, Mark. Ryken, P. (Abril 1, 2004) The Church: One, Holy, Catholic, and Apostolic. P & R Publishing.

26. Ídem.

27. Pérez, JA. (Diciembre 6, 2019) Manipulación: Apóstoles Modernos, la Cobertura y el Diezmo de Diezmos. San Diego, California. Keen Sight Books.

28. Confesión de Augsburgo de 1530.

La Confesión de Augsburgo (1530) es la confesión, o declaración de fé específicamente luterana más ampliamente aceptada. George Wolfgang Forell. https://mb-soft.com/believe/tsnm/augsburg.htm (Capturado Marzo 27, 2021)

29. Institución de la Religión Cristiana (en el original latín Institutio Christianae Religionis) es un tratado de teología escrito por Juan Calvino. Fue publicado primero en latín en 1536, y luego traducido al francés por él mismo en 1541.

En esta obra se desarrolla de forma sistemática la doctrina de la Reforma tal y como la promovía Calvino. A través de su texto, acentúa el contraste entre el poder total de Dios y la pequeñez del hombre, perdido por el pecado original. https://es.wikipedia.org/wiki/La_instituci%C3%B3n_de_la_religi%C3%B3n_cristiana (Capturado Marzo 27, 2021).

Institución de la Religión Cristiana. Original en Latín, exposición y descarga: https://www.e-rara.ch/gep_g/content/titleinfo/859317 (Capturado Marzo 27, 2021).

Institución de la Religión Cristiana. Traducida por Cipriano de Valera. Biblioteca Nacional Hispana: http://bdh-rd.bne.es/viewer.vm?id=0000099894&page=1 (Capturado Marzo 27, 2021).

30. Exégesis. (del griego ἐξήγησις [ekˈseːgesis], que significa literalmente «extraer». Hermenéutica Exégesis: Uso Y Tradición (Vol. 1 p. 385). Segunda parte Prolegómenos, UAEMEX.

Esta palabra proviene del griego antiguo, específicamente del verbo exegeomai, traducible como «guiar hacia afuera» en el sentido de sacar la verdad de adentro de una cosa. https://concepto.de/exegesis/#ixzz6qNgn61QO (Capturado Marzo 27, 2021).

31. Ex opere operato. La teología escolástica emplea ex opere operato (del trabajo trabajado) para distinguir lo que realiza el ministro de un sacramento de la actividad del ministro, el opus operantis (el trabajo del que trabaja). Esta distinción se trazó para ubicar la fuente del efecto santificador en el rito sacramental mismo, y no en la santidad del ministro. https://www.encyclopedia.com/religion/encyclopedias-almanacs-transcripts-and-maps/ex-opere-operato (Capturado Marzo 29, 2021).

32. Christening (inglés). La ceremonia de bautizar y nombrar a un niño. https://www.merriam-webster.com/dictionary/christening (Capturado Marzo 29, 2021).

33. Christening. Baptism, a Christian sacrament of admission and adoption. Infant baptism, the practice of baptising infants or young children. https://en.wikipedia.org/wiki/Christening (Capturado Marzo 29, 2021).

34. Rohls, Jan (1998) [1987]. Theologie reformierter Bekenntnisschriften [Reformed Confessions: Theology from Zurich to Barmen] (in German). Translated by John Hoffmeyer. Louisville, Kentucky: Westminster John Knox.

35. Paidobautismo. Bautismo infantil. Del griego «pais» que significa «niño». Se puede contrastar con lo que se llama «bautismo de creyentes» (o credobautismo, de la palabra latina credo que significa «yo creo»), que es la práctica religiosa de bautizar solo a personas que confiesan personalmente la fe en Jesús, excluyendo por lo tanto a los niños menores de edad. La oposición al bautismo infantil se denomina catabautismo . El bautismo infantil también se llama bautizo por algunas tradiciones religiosas. https://es.qaz.wiki/wiki/Infant_baptism (Capturado Marzo 29, 2021).

36. Strong, A.H. (1979) Systematic Theology (pp. 951-952) Valley Forge, PA. Judson Press.

37. Warfield, B.B. (2003) Studies in Theology: The Polemics of Infant Baptism. (p. 395) Grand Rapids. Baker Books.

38. Bautismo del griego: βαπτίζω (baptízō), bap-tid'-zo. Sumergir; sumergir, para hacer abrumado (es decir, completamente mojado); usado solamente (en el Nuevo Testamento) de la ablución ceremonial, especialmente (técnicamente) de la ordenanza del bautismo cristiano: —Bautista, bautizar, lavar. STRONGS NT 907 https://www.blueletterbible.org/lang/lexicon/lexicon.cfm?t=kjv&strongs=g907 (Capturado Marzo 29, 2021).

39. Carson, D.A. (Marzo 1, 1996) Exegetical Fallacies. Baker Academic (segunda edición).

40. Sistema de gobierno episcopal. Una política episcopal es una forma jerárquica de gobierno de la iglesia (política eclesiástica) en la que las principales autoridades locales se denominan obispos. https://es.qaz.wiki/wiki/Episcopal_polity (Capturado Abril 7, 2021)

41. Jerarquía de la Iglesia católica. El término Jerarquía de la Iglesia católica se usa para referirse a los miembros de la Iglesia católica que desempeñan la función de gobernar en la fe y guiar en las cuestiones morales y de vida cristiana a los fieles católicos. https://es.wikipedia.org/wiki/Jerarqu%C3%ADa_de_la_Iglesia_cat%C3%B3lica (Capturado Abril 7, 2021)

42. La política presbiteriana es un método de gobierno de la iglesia (política eclesiástica) tipificado por la regla de las asambleas de presbíteros o ancianos. https://en.wikipedia.org/wiki/Presbyterian_polity (Capturado Abril 7, 2021)

43. Congregacionalismo. El congregacionalismo es un movimiento que surgió de las iglesias protestantes inglesas desde finales del siglo XVI hasta principios del XVII.

Creado como una extensión del puritanismo, hizo énfasis en el derecho y deber de cada congregación a gobernarse por sí misma, independientemente de cualquier autoridad. https://es.wikipedia.org/wiki/Congregacionalismo (Capturado Abril 7, 2021)

44. «El poder tiende a corromper, el poder absoluto corrompe absolutamente». —Lord Acton. Descrito como "el magistrado de la historia", Lord Acton fue una de las grandes personalidades del siglo XIX y es universalmente considerado como uno de los ingleses más eruditos de su tiempo. Acton Institute. https://www.acton.org/research/lord-acton (Capturado Abril 7, 2021)

Origen: La doctrina de la Creación

1. Posmodernidad. En antropología y sociología en cambio, los términos posmoderno y posmodernización se refieren al proceso cultural observado en muchos países durante el siglo XX, identificado a principios de los años 1970. Esta otra acepción de la palabra se explica bajo el término posmaterialismo. https://es.wikipedia.org/wiki/Posmodernidad (Capturado Abril 8, 2021).

2. El naturalismo es un movimiento filosófico, literario y artístico que expone una interpretación certera, absoluta y fidedigna de la realidad pero, destacando en su totalidad que la naturaleza es el principio de todo aquello que es real y existente. https://www.significados.com/naturalismo/ (Capturado Abril 8, 2021).

3. El origen de las especies. El origen de las especies —título original en inglés: On the Origin of Species— es un libro de Charles Darwin publicado el 24 de noviembre de 1859, considerado uno de los trabajos precursores de la literatura científica y el fundamento de la teoría de la biología evolutiva. https://es.wikipedia.org/wiki/El_origen_de_las_especies (Capturado Abril 8, 2021).

4. En hebreo esta palabra «génesis» se dice תּוֹלְדוֹת ('generación') aunque como título del libro se utiliza בְּרֵאשִׁית (/bereshít/), en ʿivrit o hebreo Be reshith son las primeras palabras de la Torá (y por ende del Tanaj) y significan «En (el) Principio», siguiendo Génesis 1:1

En el griego, «génesis» γένεσις (/guénesis/), significa «nacimiento, creación y origen». https://es.wikipedia.org/wiki/G%C3%A9nesis (Capturado Abril 8, 2021).

5. Ídem.

6. STRONGS NT 1078: «γένεσις» Origen: βίβλος γενέσεως un libro del linaje de uno, en el que se enumeran su ascendencia o su descendencia (equivalente a סֵפֶר תּוֹלְדוֹת, Génesis 5:1; Mateo 1:1). https://biblehub.com/greek/1078.htm (Capturado Abril 8, 2021).

7. Moisés es tradicionalmente considerado el autor del Génesis. Aunque en los últimos doscientos años han surgido estudiosos que disputan esto, el Nuevo Testamento y Jesús nos confirman que es Moisés quien escribió el Pentateuco.

En el Nuevo Testamento, al citar el Pentateuco, la gente a menudo hablaba de que Moisés era el autor. Por ejemplo, los discípulos, refiriéndose a Deuteronomio 24:1–4, preguntaron a Jesús: «Le dijeron: ¿Por qué, pues, mandó Moisés dar carta de divorcio, y repudiarla?» (Mateo 19:7).

Los líderes judíos le hicieron a Jesús una pregunta basada en Deuteronomio 25:5–10 diciendo: «Maestro, Moisés dijo: Si alguno muriere sin hijos, su hermano se casará con su mujer, y levantará descendencia a su hermano» (Mateo 22:24).

Jesús mismo, citando el quinto mandamiento (Éxodo 20:12; Deuteronomio 5:16) y una jurisprudencia (Éxodo 21:17; Levítico 20:9), dijo: «Porque Moisés dijo: Honra a tu padre y a tu madre; y: El que maldiga al padre o a la madre, muera irremisiblemente» (Marcos 7:10).

Para otras referencias del Nuevo Testamento, vea Marcos 12:26; Juan 1:17, 5:46, 7:23.

A la luz de las referencias a los escritos de Moisés en el Pentateuco y las citas del Pentateuco en el Nuevo Testamento que asocian a Moisés con su composición, parece razonable afirmar que los orígenes del Pentateuco están conectados a esta gran figura bíblica.

https://zondervanacademic.com/blog/who-wrote-genesis (Capturado Abril 8, 2021).

8. El Pentateuco. Los primeros cinco libros del Antiguo Testamento son conocidos como el Pentateuco. Este término viene del griego y literalmente quiere decir cinco volúmenes. Para los judíos esta denominación se conoce como la Torá. Según la tradición judeocristiana Moisés fue quien escribió el Pentateuco. https://www.definicionabc.com/religion/el-pentateuco.php (Capturado Abril 8, 2021).

9. El principio de interpretación más importante que utilizó Martín Lutero fue «La Escritura interpreta la Escritura». Las herramientas para interpretar correctamente la Biblia están contenidas en la Biblia misma. Por lo tanto, profundizó en el Nuevo Testamento para ver cómo Jesús y los apóstoles habían interpretado las Escrituras. Allí encontró una valiosa herramienta. Descubrió que muchas personas e instituciones del Antiguo Testamento debían entenderse como tipos o patrones que presagiaban y proclamaban al Cristo, que los superaría y los cumpliría. Por lo tanto, en su Prefacio al Salterio, Lutero escribió:

«El verdadero, el único sentido de los Salmos es el sentido de Cristo».

https://www.cui.edu/en-us/aboutcui/reformation500/articles/post/luther-and-biblical-interpretation (Capturado Abril 8, 2021).

10. Ex nihilo es una locución latina traducible por «de la nada» o «desde la nada». En filosofía y teología, suele emplearse la expresión creatio ex nihilo, haciendo referencia a aquello que se crea a partir de la nada. https://es.wikipedia.org/wiki/Ex_nihilo (Capturado Abril 9, 2021).

11. Strong hebreo #7363 רָחַף rakjáf. Significa: Empollar. https://www.logosklogos.com/strong_hebrew/7363 (Capturado Enero 3, 2021).

12. Empollar es sinónimo de «incubar». http://www.sinonimos.com/sinonimo.php?palabra=empollar&x=26&y=30 (Capturado Enero 3, 2021).

13. Ascetismo. Como ascetismo se denomina una actitud y un modo de vida cuyo objeto es la perfección moral y espiritual del ser humano a través de la renuncia a los placeres y de la práctica de una vida austera. https://www.significados.com/ascetismo/ (Capturado Abril 12, 2021).

14. Los ascetas sostenían que, al resistirse a los placeres materiales, conseguían purificar su espíritu. De este modo llevaban una vida sobria, guiada por férreas pautas éticas. Pese a que puede considerarse como una doctrina independiente, el ascetismo se incorporó, a lo largo de la historia, a religiones como el cristianismo, el budismo y el islam. En el cristianismo, varios monjes y comunidades religiosas comenzaron a abandonar las ciudades para llevar una vida ascética en el desierto o en otras zonas alejadas. El objetivo era consagrarse a la oración, la meditación y la penitencia sin la intromisión de las cuestiones mundanas. https://definicion.de/ascetismo/ (Capturado Abril 12, 2021).

15. Sacado de La Santa Biblia Anotada de Scofield. Veintidós edición. Copyright © 1987 Publicaciones Españolas.

16. El creacionismo de la tierra antigua (CTA), es un término genérico utilizado para describir a los creacionistas bíblicos que niegan que el universo hubiera sido creado en los últimos 6.000 a 10.000 años, en el transcurso de seis días consecutivos de 24 horas. https://www.gotquestions.org/Espanol/creacionismo-tierra-antigua.html (Capturado Abril 12, 2021).

17. Tierra Joven. El creacionismo de la Tierra joven es una forma de creacionismo que sostiene como dogma central que la Tierra y sus seres vivos fueron creados en sus formas presentes por la acción sobrenatural de una deidad

hace aproximadamente 6000 o 10 000 años atrás. https://es.wikipedia.org/wiki/Creacionismo_de_la_Tierra_joven (Capturado Abril 12, 2021).

18. El creacionismo diurno, un tipo de creacionismo de la vieja Tierra, es una interpretación metafórica de los relatos de la creación en Génesis. Sostiene que los seis días a los que se hace referencia en el relato de Génesis de la creación no son días ordinarios de 24 horas, sino que son períodos mucho más largos (de miles a miles de millones de años). Creacionismo diurno. https://es.qaz.wiki/wiki/Day-age_creationism (Capturado Abril 12, 2021).

19. Los seguidores de la teoría diurna a menudo señalan que la palabra que se usa para "día" en hebreo, yom, a veces se refiere a un período de tiempo que es más largo que un día literal de 24 horas. De hecho, esto sucede en el relato de la creación en sí, en Génesis 2:4. Allí, toda la explicación se describe como "el relato de los cielos y la tierra cuando fueron creados, el día que Jehová Dios hizo la tierra y los cielos" (NASB). Esto también se ve en la advertencia de Dios en Génesis 2:17, donde advierte que el hombre morirá "en el día" que coma del árbol. https://www.gotquestions.org/Day-Age-Theory.html (Capturado Abril 13, 2021).

20. Pennock, Robert T. (Febrero 28, 2000) Tower of Babel, The Evidence against the New Creationism. (p. 19) The MIT Press.

21. Muchos defensores de la tierra antigua en la iglesia de hoy tratan de usar al teólogo cristiano Agustín (354-430 dC) como apoyo para su creencia en millones de años. Pero hay muchas pruebas de que Agustín no era un terrenal. Más bien, creía que Dios creó todo en un instante. Answers in Genesis. https://answersingenesis.org/days-of-creation/ (Capturado Abril 13, 2021).

22. Datación por carbono 14. Comprensión de los conceptos básicos. (inglés) por Dr. Andrew A. Snelling en Octubre 1, 2010; destacado última vez en March 30, 2011 en Answers Magazine. https://answersingenesis.org/geology/carbon-14/carbon-14-dating/ (Capturado Abril 13, 2021).

23. El "rompecabezas" del radiocarbono (inglés). Cabe señalar que las "edades" de radiocarbono de hasta 50.000 años tampoco coinciden con el marco de tiempo bíblico. El cataclismo del Diluvio ocurrió hace solo unos 4.350 años. Sin embargo, estas "edades" jóvenes de radiocarbono están mucho más de acuerdo con el relato de la Biblia que con la escala de tiempo uniformista. El descubrimiento de que los diamantes tienen "edades" de radiocarbono de 55.000 años puede ayudarnos a desentrañar este misterio. Answers in Genesis. https://answersingenesis.org/geology/carbon-14/radiocarbon-dating/ (Capturado Abril 13, 2021).

24. ¿Por qué piensan los conspiradores que los dinosaurios no existen? Hay un número significativo de personas que creen que los dinosaurios nunca existieron, ¿qué motiva ese pensamiento? https://www.brandwatch.com/es/blog/existieron-los-dinosaurios/ (Capturado Abril 13, 2021).

25. ¿Qué realmente sucedió con los dinosaurios? por Ken Ham Julio 11, 2014. Answers in Genesis. https://answersingenesis.org/es/biblia/que-realmente-sucedio-los-dinosaurios/ (Capturado Abril 13, 2021).

26. Hippolytus, Refutation of all Heresies 10.2, in Alexander Roberts, James Donaldson, Philip Schaff, Henry Wace, eds., The Ante-Nicene Fathers, 10 vols. (Peabody, MA.: Hendrickson, 1994), vol. 5.

27. Ibid., 10.2-10.3

28. Basil of Caesarea, Hexaemeron 1.2 in Alexander Roberts, James Donaldson, Philip Schaff, Henry Wace, eds., The Nicene and Post-Nicene Fathers, Series 2 (Peabody, MA.: Hendrickson, 1994) vol. 8.

29. Lactantius, Institutes 7.14, in The Ante-Nicene Fathers, vol. 7.

30. Victorinus, On the Creation of the World, in The Ante-Nicene Fathers, (Vol. 7 p. 341).

31. Ephrem the Syrian, Commentary on Genesis 1.1, in Kathleen E. McVey, ed., Ephrem the Syrian: Selected Prose Works, trans. Edward G. Mathews and Joseph P. Amar, in The Fathers of the Church (Washington, DC.: Catholic Univ. of Amer. Pr., 1961), 91:74.

32. Clement of Alexandria, Stromata 6.16, in The Ante-Nicene Fathers, vol. 2.

33. Weinandy, Thomas G. (2007) Athanasius: A Theological Introduction, in Great Theologians. Burlington, UK. Ashgate.

34. Augustine, The City of God 12.10, in The Nicene and Post-Nicene Fathers Series 1, vol. 2.

35. Ambrose, Hexaemeron 1.10.3-7, in Ambrose, Hexameron, Paradise, and Cain and Abel, trans. John J. Savage, in The Fathers of the Church (Washington, DC.: Catholic Univ. of Amer. Pr., 1961), 42:42-43.

36. Mook, The Church Fathers on Genesis, the Flood, and the Age of the Earth, in Coming to Grips with Genesis, (p.23-52).

37. Sailhamer, John H. (1996) Genesis Unbound: A Provocative New Look at the Creation Account. Sisters, Oregon. Multnomah Books.

38. La apologética es «una parte de la teología que se encarga de defender los principios de la fe cristiana. Es la manera de cómo se explica el cristianismo, ante otras culturas o principios que se le oponen. En el ámbito de la teología, el término apologética se diferencia de la apología en sus objetivos, porque su atención se encuentra enfocada en los principios y métodos de defensa del dogma cristiano». https://conceptodefinicion.de/apologetica/ (Capturado Abril 14, 2021).

39. Estoicos. (Del griego: "stóa", pórtico.) Los estoicos fueron los representantes de una tendencia filosófica surgida en la Grecia Antigua alrededor del siglo III antes de nuestra era y que siguió existiendo durante muchos siglos. La denominación procede del "stóa" griego, el pórtico donde enseñaba el fundador del estoicismo, Zenón de Citio (alrededor de los años 336-264 antes de nuestra era). La historia del estoicismo se divide en tres períodos: el "stóa" antiguo (su más célebre pensador era Crisipo, años 281-207 antes de nuestra era), el "stóa" medio y el nuevo. En la época del Imperio Romano, el "stóa" (nuevo), con su preferencia por la ética y los problemas morales, que le caracteriza, está representado por Séneca (alrededor de los años 2-65), Epicteto (alrededor de los años 50-138) y Marco Aurelio (121-180). Los estoicos dividían la filosofía en lógica, física y ética. https://www.filosofia.org/enc/ros/esto.htm (Capturado Abril 14, 2021).

40. El budismo y el panteísmo. Algunas corrientes del budismo podrían llamarse legítimamente ateas, mientras que otras pudieran ser panteístas, y aún otras teístas, tales como el Budismo de la Tierra Pura. https://www.gotquestions.org/Espanol/Budismo-Budistas.html (Capturado Abril 14, 2021).

41. Budismo. Información y características. El budismo es tanto una religión como una doctrina filosófica y espiritual no teísta, es decir, que no plantea la existencia de un dios o un creador específico. Pertenece a la familia dhármica de creencias provenientes de la India. Como filosofía, apunta al ascetismo y la contemplación, basándose en los antiguos sistemas de creencias de las religiones védicas. https://www.caracteristicas.co/budismo/#ixzz6s2c0njJt (Capturado Abril 14, 2021).

42. Worman, J. H., Pantheism, (1896) Cyclopædia of Biblical, Theological, and Ecclesiastical Literature, (Vol. 1 pp. 616–624). John McClintock, James Strong (Eds), Harper & Brothers.

Algunos teólogos del siglo XIX pensaban que varias religiones y filosofías precristianas eran panteístas. Pensaban que el panteísmo era similar al antiguo hindú.

43. Harrison, Paul (1999) Elements of Pantheism.
Llumina Press; 2nd edition (Abril 29, 2011).

El taoísmo temprano de Laozi y Zhuangzi también se considera a veces panteísta.

44. Movimiento New Age (Nueva Era). Movimiento que se extendió a través de las comunidades religiosas ocultas y metafísicas en los años setenta y ochenta. Esperaba una "Nueva Era" de amor y luz y ofrecía un anticipo de la era venidera a través de la transformación personal y la curación. Los partidarios más fuertes del movimiento eran seguidores del esoterismo moderno, una perspectiva religiosa que se basa en la adquisición de conocimiento místico y que ha sido popular en Occidente desde el siglo II d.C., especialmente en forma de gnosticismo. (ingles) https://www.britannica.com/topic/New-Age-movement (Capturado Abril 14, 2021).

45. Panteísmo: ¿Cual Es El Concepto de La Nueva Era Acerca de Dios? por Christian Research Institute (Marzo 17, 2009) Apologética en Español. https://www.equip.org/perspectives/panteismo-cual-es-el-consept-de-la-nueva-era-acerca-de-dios/ (Capturado Abril 14, 2021).

46. Panteísmo. Ficción. La serie de anime Earth Girl Arjuna (地球少女アルジュナ Chikyū Shōjo Arjuna) se desarrolla bajo una visión panteísta, y cuyo tema principal es la conexión que existe entre todos los elementos que componen la Tierra.

La película Avatar se desarrolla en un entorno cuyos habitantes tienen una visión totalmente panteísta.

En la saga Star Wars «la Fuerza» es concebida como aquella energía que vive en todos los seres del universo y los mantiene conectados. https://es.wikipedia.org/wiki/Pante%C3%ADsmo (Capturado Abril 14, 2021).

47. René Descartes.(1596-1650) fue un matemático creativo de primer orden, un pensador científico importante y un metafísico original. Durante el transcurso de su vida, fue matemático primero, científico natural o "filósofo natural" en segundo lugar y metafísico en tercer lugar. En matemáticas, desarrolló las técnicas que hicieron posible la geometría algebraica o "analítica" (inglés). Stanford Encyclopedia of Philosophy. https://plato.stanford.edu/entries/descartes/ (Capturado Abril 14, 2021).

48. Dualismo. Historia del dualismo. Stanford Encyclopedia of Philosophy. https://plato.stanford.edu/entries/dualism/ (Capturado Abril 14, 2021).

49. Ídem.

50. Ideologías Jedi contra Sith. Guerra de las Galaxias. Una historia de Jedi y Sith, el bien contra el mal. The Nerdd. https://thenerdd.com/2019/12/16/jedi-vs-sith-ideologies/ (Capturado Abril 14, 2021).

51. El universo de Star Wars se rige por el dualismo ético. El universo de Star Wars opera en constante tensión entre los poderes buenos y malos que compiten perpetuamente por la primacía. Los personajes principales buscan cambiar el equilibrio operable del bien y el mal, aferrándose al ideal de traer "equilibrio en la Fuerza". Nuevamente vemos una mezcla de religión del lejano oriente que influye en la teología sincrética de Star Wars, en este caso el zoroastrismo. https://concordjc.org/tag/star-wars/ (Capturado Abril 14, 2021).

52. Naturalismo. El término naturalismo (del latín naturalis) se usa para denominar las corrientes filosóficas que consideran a la naturaleza como el principio único de todo aquello que es real. https://es.wikipedia.org/wiki/Naturalismo_(filosof%C3%ADa) (Capturado Abril 14, 2021).

53. Clinton Richard Dawkins (Nairobi, 26 de marzo de 1941) es un biólogo evolutivo, etólogo, zoólogo, y divulgador científico británico. Fue titular de la cátedra Charles Simonyi de Difusión de la Ciencia en la Universidad de Oxford hasta 2008. https://es.wikipedia.org/wiki/Richard_Dawkins (Capturado Abril 14, 2021).

54. Sam Harris (nacido el 9 de abril de 1967) es un filósofo, neurocientífico, cofundador y director del Proyecto Razón. Es autor del libro El fin de la fe (The End of Faith, 2004), que estuvo durante 33 semanas en la lista de best sellers según el New York Times, y ganó el premio PEN/Martha Albrand de ensayo en el año 2005 y de Carta a una nación cristiana (Letter to a Christian Nation, 2006), una respuesta a la crítica que despertó su primer libro. https://es.wikipedia.org/wiki/Sam_Harris (Capturado Abril 14, 2021).

55. Christopher Eric Hitchens (Portsmouth, 13 de abril de 1949-Houston, 15 de diciembre de 2011) fue un escritor, periodista, ensayista, orador, crítico literario y polemista angloestadounidense, que residió en Estados Unidos. https://es.wikipedia.org/wiki/Christopher_Hitchens (Capturado Abril 14, 2021).

56. ¿Es posible un naturalismo religioso? https://tendencias21.levante-emv.com/es-posible-un-naturalismo-religioso_a6592.html (Capturado Abril 14, 2021).

57. Manifiesto comunista. El Manifiesto del Partido Comunista (Manifest der Kommunistischen Partei, por su título en alemán), muchas veces llamado simplemente el Manifiesto comunista. Se trata de un manifiesto encargado por la Liga de los Comunistas a Karl Marx y Friedrich Engels entre 1847

y 1848, y publicado por primera vez en Londres el 21 de febrero de 1848. Se trata de un texto temprano de Marx y Engels, en el que se reflejan ya las bases del marxismo, incluyendo la concepción materialista de la historia.

https://es.wikipedia.org/wiki/Manifiesto_del_Partido_Comunista (Capturado Abril 14, 2021).

58. Real Academia Española (2005). «Clímax». Diccionario panhispánico de dudas. Madrid: Santillana. https://www.rae.es/dpd/cl%2525C3%2525ADmax (Capturado Abril 15, 2021).

Angelología: La doctrina de los Ángeles

1. Ángel. Palabra que viene del hebreo מַלְאָךְ,(mal'ak). Sustantivo masculino que significa: Mensajero. Concordancia Strong 4397.

2. Ángel en el Nuevo Testamento viene del griego «ἄγγελος» (aggelos) que significa «mensajero». Concordancia Strong 32.

3. Hooker, Richard. Of the Laws of Ecclesiastical Polity. (Vol. 1, 4.2) The Folger Library Edition of The Works of Richard Hooker. Belknap Press.

4. Sacado de La Santa Biblia Anotada de Scofield. Veintidós edición. Copyright © 1987 Publicaciones Españolas.

5. Significado de «on a need-to-know basis» (en inglés). Si le dice a alguien algo que necesita saber, solo le dice lo que necesita saber, en el momento en que necesita saberlo, y nada más. Cambridge Dictionary. https://dictionary.cambridge.org/us/dictionary/english/on-a-need-to-know-basis (Capturado Abril, 22, 2021).

6. La tipología es una clase especial de simbolismo. (Un símbolo es algo que representa algo). La tipología es una representación de algo futuro. Más concretamente, una tipología en la Escritura, es una persona o una cosa en el Antiguo Testamento que representa a una persona o cosa en el Nuevo Testamento. Por ejemplo, el diluvio en los días de Noé (Génesis 6-7), se usa como una tipología de bautismo en 1 Pedro 3:20-21. Cuando decimos que alguien es figura de Cristo, estamos diciendo que una persona en el Antiguo Testamento, se comporta de una manera que corresponda a las acciones o al carácter de Jesús en el Nuevo Testamento. https://www.gotquestions.org/Espanol/biblica-tipologia.html (Capturado Abril, 24, 2021).

7. Miríada: Cantidad muy grande, imposible de calcular o de limitar, de la cosa que se expresa. Lexico. Oxford English and Spanish Dictionary. https://

www.lexico.com/es/definicion/miriada (Capturado Abril, 24, 2021).

8. La legión romana (del latín legio, derivado de legere, recoger, juntar, seleccionar) era la unidad militar de infantería básica de la antigua Roma. Consistía en un cuerpo de infantería pesada de unos 4200 hombres, según el historiador antiguo Polibio. https://es.wikipedia.org/wiki/Legi%C3%B3n_romana (Capturado Junio, 13, 2021).

9. Las legiones llegaron a alcanzar entre los 5200 y 6000 soldados de infantería y 300 jinetes para completar un total de entre 6000 y 6300 efectivos. Tito Livio, Ab Urbe Condita, XLIII, 12,4-5.

10. ¿Sabes cuál es la diferencia entre el billón europeo y el billón americano? Smartick. https://www.smartick.es/blog/matematicas/curiosidades-matematicas/billon-americano/ (Capturado Abril, 24, 2021).

11. Lexico. Oxford English and Spanish Dictionary. https://www.lexico.com/es/definicion/miriada (Capturado Abril, 24, 2021).

12. Lexico. Oxford English and Spanish Dictionary. https://www.lexico.com/es/definicion/dominio (Capturado Abril, 25, 2021).

13. Ibídem.

14. STRONGS NT 746: ἀρχή que significa: principado, gobierno, magistratura. https://biblehub.com/greek/746.htm (Capturado Abril, 25, 2021).

15. STRONGS NT 1849: ἐξουσία que significa: poder para actuar, autoridad. https://biblehub.com/greek/1849.htm (Capturado Abril, 25, 2021).

16. Emilio Antonio Núñez, bajo supervisión de William H. Walker, tradujo la aportación de Scofield añadida al texto de la Biblia Reina-Valera. Publicada por Publicaciones Españolas. https://es.wikipedia.org/wiki/Biblia_anotada_de_Scofield (Capturado Abril, 26, 2021).

17. Ibídem.

18. Significado de ángel y arcángel. http://diccionario.sensagent.com/Arc%C3%A1ngel/es-es/ (Capturado Abril, 26, 2021).

19. Libros deuterocanónicos. Los deuterocanónicos son textos y pasajes del Antiguo Testamento considerados por la Iglesia católica y la Iglesia ortodoxa como canónicos, que no están incluidos en la Biblia hebrea. https://es.wikipedia.

org/wiki/Deuterocan%C3%B3nicos (Capturado Abril, 26, 2021).

20. ¿Cuántos arcángeles hay en la Biblia? https://es.aleteia.org/2020/09/03/cuantos-arcangeles-hay-en-la-biblia/ (Capturado Abril, 26, 2021).

21. Libro de Enoc. El Libro de Enoc o Libro de Henoc es un libro intertestamentario, que forma parte del canon de la Biblia de la Iglesia ortodoxa etíope pero no es aceptado como canónico por las demás iglesias cristianas, a pesar de haber sido encontrado en algunos de los códices de la Septuaginta (Códice Vaticano y Papiros Chester Beatty). Los Beta Israel (judíos etíopes) lo incluyen en la Tanaj, a diferencia de los demás judíos actuales, que lo excluyen. https://santabiblia.wikia.org/es/wiki/Libro_de_Enoc (Capturado Abril, 26, 2021).

22. Hays, J. Daniel; Duvall, J. Scott; Pate, C. Marvin. (2017) Dictionary of Biblical Prophecy and End Times. Zondervan. El futurismo es una visión escatológica cristiana que interpreta porciones del Libro de Apocalipsis, el Libro de Ezequiel y el Libro de Daniel como eventos futuros en un contexto literal, físico, apocalíptico y global.

23. Significado de Teofanía. Teofanía significa manifestación, aparición o revelación de la divinidad. Deriva de la voz griega θεοφάνεια (theopháneia), palabra que se compone de θεός (theós), que significa Dios, y φαίνω (phainō), aparecer. https://www.significados.com/teofania/ (Capturado Abril, 29, 2021).

24. Piper, John. (Septiembre 16, 1984) I Am Who I Am. https://www.desiringgod.org/messages/i-am-who-i-am (Capturado Abril, 29, 2021).

Escatología: La doctrina del futuro

1. Qué es Escatología. La palabra escatología es de origen griego "éskhatos" que significa "último" y "logos" que expresa "estudio". https://www.significados.com/escatologia/ (Capturado Abril 29, 2021).

2. Sayés, José Antonio (2006). Escatología. (p. 7) Madrid. Ediciones Palabra.

3. El principio de interpretación más importante que utilizó Martín Lutero fue "La Escritura interpreta la Escritura". Luther and Biblical Interpretation (inglés). Concordia University Irvine. https://www.cui.edu/en-us/aboutcui/reformation500/articles/post/luther-and-biblical-interpretation (Capturado Abril 29, 2021).

4. Arrebatados, «harpazō» (ἁρπάζω). Strong G726 Significa (1) agarrar, sacar por la fuerza; (2) aprovechar, reclamar por sí mismo con entusiasmo; (3) arrebatar o quitar. https://www.blueletterbible.org/lang/lexicon/

lexicon.cfm?Strongs=G726&t=KJV (Capturado Mayo 1, 2021).

5. La idea de un rapto como se define actualmente no se encuentra en el cristianismo histórico, pero es una doctrina relativamente reciente del protestantismo evangélico. El término se usa con mayor frecuencia entre los teólogos protestantes evangélicos en los Estados Unidos.

Michael D. Guinan, "Raptured or Not? A Catholic Understanding", Catholic Update, octubre de 2005. https://web.archive.org/web/20140404105238/http://www.americancatholic.org/Newsletters/CU/ac1005.asp (Capturado Mayo 1, 2021).

6. Los que usan la palabra «rapto» para referirse al «arrebatamiento» se apoyan en la traducción de 1 Tesalonicenses de La Vulgata Latina que dice: «deinde nos qui vivimus qui relinquimur simul rapiemur cum illis in nubibus obviam Domino in aera et sic semper cum Domino erimus».

7. Biblia de Estudio del Expositor de la Biblia Reina Valera 1960. Publicada por Jimmy Swaggart Ministries.

8. El premilenialismo dispensacional ofrece la cronología más compleja de los últimos tiempos. Argumenta que la era de la iglesia actual terminará con el rapto de la iglesia (véase 1 Tesalonicenses 4:15,17), que, junto con la aparición del Anticristo, marca el comienzo de la gran tribulación de siete años en la tierra. PD también cree que Dios tiene un lugar tanto para el Israel nacional (Romanos 11:28,29) como para la iglesia ("Israel fiel"; Apocalipsis 7:4). PD declara que, durante la era actual, los judíos deben aceptar a Jesús como su Salvador antes de que Jesús pueda regresar en gloria para establecer su reino milenial. Luego, durante el Milenio, Cristo se sentará en el trono de David y gobernará el mundo desde Jerusalén; A Israel se le dará nuevamente el lugar de honor entre las naciones, y el templo será reconstruido con los sacrificios del templo reinstituidos como sacrificios conmemorativos. La forma dispensacional moderna del premilenialismo tiene sus raíces en la década de 1830 con John Nelson Darby (1800-1882), la popularización de la Biblia de referencia Scofield y, a nivel académico, con la Teología sistemática de ocho volúmenes de Lewis Sherry Chafer (inglés). https://www.christianity.com/wiki/end-times/what-is-premillennialism.html (Capturado Mayo 1, 2021).

9. Ibídem.

10. Las Naciones Unidas aprobaron un plan para dividir Palestina en un estado judío y árabe en 1947, pero los árabes lo rechazaron. En mayo de 1948, Israel fue oficialmente declarado estado independiente con David Ben-Gurion, el jefe de la Agencia Judía, como primer ministro. Si bien este evento histórico pareció ser una victoria para los

judíos, también marcó el comienzo de más violencia con los árabes (inglés). https://www.history.com/topics/middle-east/history-of-israel (Capturado Mayo 2, 2021).

11. Walvoord, John F. (Febrero 1991) Armageddon, Oil and the Middle East Crisis. Zondervan.

El restablecimiento de Israel en 1948 proporcionó un gran impulso al sistema de creencia dispensacionalista. Las guerras de Israel después de 1948 con sus vecinos árabes proporcionaron más apoyo.

12. Gladd, Benjamin L. (Marzo 15, 2016) Making All Things New: Inaugurated Eschatology for the Life of the Church. Baker Academic.

13. ἐσχάτη Último o final. Último de todos. STRONGS NT 2078.

14. ὥρᾳ Hora o momento. Un período limitado. STRONGS NT 5610. https://biblehub.com/greek/5610.htm

15. Biblia Interlinear. Griego. Bible Hub. https://biblehub.com/interlinear/1_john/2-18.htm (Capturado Mayo 2, 2021).

16. El futurismo, en lo que respecta a la profecía bíblica, es la teoría de que la mayoría de los eventos del Apocalipsis y la semana 70 de Daniel 9 se cumplirán en algún momento en el futuro. Los futuristas generalmente creen que aparecerá un individuo en el escenario mundial que usurpará el lugar de Cristo como cabeza de la Iglesia. Este individuo, anticipan, engañará a muchas personas haciéndoles creer que es una especie de mesías. Se convertirá en un líder mundial y, a través de su influencia, perseguirá a cristianos y judíos durante un período de tiempo. Esta persona, creen los futuristas, será el Anticristo.

Algunos futuristas creen que Cristo regresará al comienzo del reinado del Anticristo para rescatar a los cristianos fieles y llevarlos al cielo para que se salven de los siete años de "gran tribulación". Después de estos siete años, Cristo regresará a la tierra con Sus santos para destruir al Anticristo y establecer Su Reino en la tierra para que dure mil años.

What is Futurism? What is Historicism? por J.L.Haynes http://historicism.com/tour/tour2print.htm (Capturado Mayo 2, 2021).

17. Ibídem.

18. Los romanos destruyen el templo de Jerusalén, 70 d.C.

"The Romans Destroy the Temple at Jerusalem, 70 AD," EyeWitness to History (2005). http://www.eyewitnesstohistory.com/jewishtemple.htm (Capturado Mayo 2, 2021).

19. El relato de Josefo aparece en: Cornfield, Gaalya ed., Josephus, The Jewish War (1982); Duruy, Victor, History of Rome vol. V (1883).

20. Goldberg, G J. "Chronology of the War According to Josephus: Part 7, The Fall of Jerusalem". http://www.josephus.org/FlJosephus2/warChronology7Fall.html (Capturado Diciembre 8, 2017).

21. Ecclesiastical History, tr. C. F. Crusè, 3d ed., in Greek Ecclesiastical Historians, 6 vols. (London: Samuel Bagster and Sons, 1842), p. 110 (3:5).

22. The New Testament ... with a Commentary and Critical Notes, 6 vols. (Nashville: Abingdon Press, n.d.), 5:228–29.

23. El primer ataque importante de Jerusalén por parte de los romanos tuvo lugar en noviembre del 66 d.C. cuando Cestio Galo dirigió un ejército hacia Jerusalén para tratar de sofocar la rebelión allí. Flavius Josephus. Las guerras de los judíos 2.19.1-9

24. Del gr. παρουσία parousía 'presencia', 'llegada'. https://dle.rae.es/parus%C3%ADa (Capturado Mayo 5, 2021).

25. Dunn, James D. G. (2006) The Theology of Paul the Apostle. (p. 299) Eerdmans. La imagen de la parusía aquí y en los pasajes posteriores es probablemente la de la visita de un funcionario o gobernante de alto rango.

26. "¿Por qué preguntaron, 'cuál será la señal de tu venida', si no pensaban que Él se iba?" Buena pregunta. La respuesta está en comprender el concepto judío de la parusía. Como dije, la palabra significaba llegada o presencia, y no regreso. No se refirió a ningún regreso futuro de Cristo. Para los discípulos, la "parusía" del hijo del hombre significaba la plena manifestación de Su mesianismo; Su gloriosa aparición en el poder. William Barclay dice de la parusía: "Es la palabra habitual para la llegada de un gobernador a su provincia o para la llegada de un rey a sus súbditos. Regularmente describe una llegada en autoridad y en poder". Pastor David B. Curtis. Their Questions. Matthew 24:3 Delivered 12/07/1997https://bereanbiblechurch.org/transcripts/matthew/their_questions.htm (Capturado Mayo 5, 2021).

27. El Mesías en el judaísmo (hebreo: מָשִׁיחַ, romanizado: māšîaḥ (Mashiach)) es una figura salvadora y liberadora en la escatología judía, que se cree que es el futuro redentor del pueblo judío. https://en.wikipedia.org/wiki/Messiah_in_Judaism (Capturado Mayo 5, 2021).

28. Schochet, Rabbi Prof. Dr. Jacob Immanuel "Moshiach ben Yossef". Tutorial. moshiach.com. Archived from the original

on 20 December 2002. Retrieved 2 December 2012.

29. Lexicon :: Strong's G3625 - οἰκουμένη - oikoumenē. oy-kou-men'-ay; participio femenino presente pasivo de G3611 (como sustantivo, por implicación, de G1093); tierra, es decir, la (parte terrena del) globo; especialmente, el imperio romano: —tierra, mundo.

30. Ibídem.

31. Ice, Thomas; Gentry, Kenneth L. (Mayo 13, 1999) The Great Tribulation--Past or Future?: Two Evangelicals Debate the Question. (p.44) Kregel Academic & Professional.

32. Matthew 24 and the Olivet Discourse - Part I By: Sam Storms https://www.samstorms.org/all-articles/post/matthew-24-and-the-olivet-discourse---part-i (Capturado Mayo 5, 2021).

33. Postmilenialista. El postmilenialismo es una visión de los últimos tiempos que se centra en la victoria progresiva y la influencia expansiva del cristianismo. Cree que actualmente estamos viviendo en el "Milenio" y que, durante este período de tiempo indefinidamente largo, los cristianos tienen la tarea de extender el Reino de Dios en el mundo a través de la predicación del evangelio y la obra salvadora del Espíritu Santo en los corazones de las personas.

https://www.christianity.com/wiki/end-times/what-is-postmillennialism.html (Capturado Mayo 3, 2021).

34. Wilson, Douglas. (Mayo 31, 2020) Coming in the clouds. Canon Press (video, inglés). https://youtu.be/CgLU0QT7GoM (Capturado Mayo 3, 2021).

35. Preterismo Parcial.

Mathison, Keith. (Junio 25, 2012) The Preterist Approach to Revelation — The Unfolding of Biblical Eschatology.

Preterista parcial, o comúnmente llamado «preterista». El enfoque preterista del Apocalipsis contrasta más claramente con el enfoque futurista. Según el enfoque preterista, la mayoría de las profecías del libro del Apocalipsis se cumplieron poco después de que Juan escribiera. https://www.ligonier.org/blog/preterist-approach-revelation-unfolding-biblical-eschatology/ (Capturado Mayo 6, 2021).

El preterista parcial cree que los «últimos días», deben distinguirse del «último día», que se considera todavía futuro e implica la segunda venida de Jesús, la resurrección de los justos e injustos muertos físicamente de la tumba de manera similar a la física resurrección de Jesús, el juicio final, y la creación de un nuevo cielo literal (en lugar de un pacto) y una Nueva Tierra, libres de la maldición del pecado y la muerte que fue provocada por la Caída de Adán y Eva. https://www.theopedia.com/preterism (Capturado Mayo 6, 2021).

36. Zaspel, Fred. Preterism: Has All Prophecy Been Fulfilled?

Preterista total (pleno o completo). El preterismo completo enseña que todas las profecías bíblicas se han cumplido, incluida la segunda venida de Cristo, Satanás y el Anticristo arrojados al lago de fuego, la resurrección de los muertos y la plena llegada del reino de Dios. https://www.thegospelcoalition.org/essay/preterism-prophecy-fulfilled/ (Capturado Mayo 6, 2021).

Aunque el Preterismo completo es visto como herético por muchos, esta condena no es universal. Muchos de los que condenan el Preterismo completo no lo hacen basándose únicamente en los credos históricos de la iglesia (lo que excluiría este punto de vista), sino también en pasajes bíblicos que interpretan para condenar una visión pasada de la resurrección o la negación de una resurrección física / transformación del cuerpo, doctrinas que muchos cristianos (pero no todos) creen que son esenciales para la fe. https://www.theopedia.com/preterism (Capturado Mayo 6, 2021).

37. Hays, J. Daniel; Duvall, J. Scott; Pate, C. Marvin. (2017) Dictionary of Biblical Prophecy and End Times. Zondervan.

El futurismo. El futurismo es una visión escatológica cristiana que interpreta porciones del libro de Apocalipsis, el libro de Ezequiel y el libro de Daniel como eventos futuros en un contexto literal, físico, apocalíptico y global.

38. Premilenialismo dispensacionalista.

En 1875 comenzó a extenderse un nuevo tipo de premilenialismo llamado dispensacionalismo. Dada la embarazosa historia reciente del premilenialismo en los Estados Unidos su avivamiento fue nada menos que asombroso. Premilenialismo dispensacionalista: la era dispensacionalista Cómo una idea una vez burlada comenzó a dominar el mundo evangélico. Por Timothy Weber (inglés). https://www.christianitytoday.com/history/issues/issue-61/dispensational-premillennialism-dispensationalist-era.html (Capturado Mayo 6, 2021).

El mayor desarrollo y difusión del premilenialismo desde la iglesia primitiva se produjo a finales del siglo XIX y principios del siglo XX con el surgimiento del fundamentalismo y el dispensacionalismo de los Estados Unidos. Comenzando en las Islas Británicas y extendiéndose a América, el premilenialismo (en su forma dispensacional) se ha vuelto prominente en la fe evangélica. https://

www.theopedia.com/premillennialism (Capturado Mayo 6, 2021).

El dispensacionalismo es un sistema teológico que enseña que la historia bíblica se comprende mejor a la luz de una serie de administraciones sucesivas de los tratos de Dios con la humanidad, a las que llama «dispensaciones». Mantiene distinciones fundamentales entre los planes de Dios para la nación de Israel y para la Iglesia del Nuevo Testamento, y enfatiza la profecía del fin de los tiempos y un rapto de la iglesia antes de la tribulación antes de la segunda venida de Cristo. Sus inicios suelen estar asociados con el movimiento de los Hermanos de Plymouth en el Reino Unido y las enseñanzas de John Nelson Darby.

Cabe señalar que, si bien todos los dispensacionalistas son por definición premilenialistas en su escatología, no todos los premilenialistas son dispensacionalistas en su teología. https://www.theopedia.com/dispensationalism (Capturado Mayo 6, 2021).

39. Biblia Anotada de Scofield. La Biblia anotada de Scofield es una edición de la Biblia del rey Jacobo acompañada por comentarios y textos explicativos de Cyrus I. Scofield (ayudado por Arno C. Gaebelein). La obra se publicó por Oxford University Press en 1909. El propio Scofield se encargó de preparar una nueva edición revisada en 1917. Emilio Antonio Núñez, bajo supervisión de William H. Walker, tradujo la aportación de Scofield añadida al texto de la Biblia Reina-Valera. Lo publicó Ediciones Españolas. https://es.wikipedia.org/wiki/Biblia_anotada_de_Scofield (Capturado Mayo 6, 2021).

40. Predicciones falsas en cuanto a la fecha de la segunda venida.

Intentar revelar el tiempo de la segunda venida de Cristo se convierte en una obsesión para algunos hombres. Se han hecho innumerables predicciones en los últimos 2000 años, pero ninguna se ha cumplido. Uno pensaría que la gente aprendería después de un tiempo, pero el pronóstico continúa. Esta es una lista de predicadores que erróneamente han predicho fechas de la segunda venida. http://www.truthmagazine.com/archives/volume32/GOT032340.html (Capturado Mayo 6, 2021).

Lista exhaustiva de predicadores que han predicho la segunda venida (incluyendo futuristas dispensacionalistas. https://en.wikipedia.org/wiki/Predictions_and_claims_for_the_Second_Coming_of_Christ (Capturado Mayo 6, 2021).

41. Muchos libros y novelas sensacionalistas han sido escritos y millones de copias se han vendido, aun así eso no es necesariamente algo positivo.

La serie de libros Left Behind vendió cerca de 80 millones de copias. https://www.npr.org/sections/thetwo-way/2016/07/25/487382209/tim-lahaye-evangelical-legend-behind-left-behind-series-dies-at-90 (Capturado Mayo 6, 2021).

Michelle Goldberg ha escrito que, "En un nivel, la atracción de los libros Left Behind no es muy diferente de la de, digamos, Tom Clancy o Stephen King. Goldberg, Michelle. https://web.archive.org/web/20071214062956/http://dir.salon.com/story/books/feature/2002/07/29/left_behind/index.html (Capturado Mayo 6, 2021).

Brian McLaren, de la Iglesia Emergente, compara la serie Left Behind con El Código Da Vinci y afirma: «Lo que hacen las novelas Left Behind, la forma en que tuercen las escrituras hacia un cierto fin teológico y político, creo que (es lo mismo que hace) [Dan] Brown. Está tergiversando las escrituras, sólo para otros fines políticos».

McLaren, Brian (May 9, 2006). "Brian McLaren on the Da Vinci Code". Grace Fellowship. Sojourners Magazine. https://forgodsfame.org/2006/05/09/brian-mclaren-on-the-da-vinci-code/ (Capturado Mayo 6, 2021).

The Late, Great Planet Earth es un libro superventas de 1970 de Hal Lindsey con Carole C. Carlson, y publicado por primera vez por Zondervan. The New York Times lo declaró como el libro de no ficción más vendido de la década de 1970.

Franklin Harris de Splice Today escribió: "Nueve años después del libro de Lindsey, la versión cinematográfica de The Late Great Planet Earth llegó tarde a su propia fiesta. Entonces, los productores de The Late Great Planet Earth pensaron que todavía había dinero por hacer. Hubo, aunque no tanto: The Late Great Planet Earth recaudó $19.5 millones a nivel nacional contra un presupuesto estimado de $11 millones".

Los evangélicos premilenialistas una vez llevaron sus profecías de los últimos tiempos a las masas. El Gran Planeta Tierra tardío fue su apóstol elegido. Harris, Franklin (July 18, 2018). "Doomsday was Yesterday". Splice Today. https://www.splicetoday.com/moving-pictures/doomsday-was-yesterday (Capturado Mayo 6, 2021).

42. El Siglo Venidero.

Para quienes enseñan el punto de vista preterista (la mayor parte de postmilenialistas y amilenialistas) «el siglo venidero» se refiere a la era actual en la que vivimos. Algunos argumentan que esto comenzó con la primera venida de Cristo, mientras que otros dicen que comenzó con la destrucción de Jerusalén y el templo en el año 70 d.C.

Gary DeMar dice: «El 'fin del siglo' se refiere al fin del sistema de redención del Antiguo Pacto con sus sacrificios y rituales concomitantes… El 'fin del siglo' se refiere a la terminación del derecho exclusivo de los judíos a las promesas del pacto y a la inclusión de los gentiles en las bendiciones del pacto y los privilegios del evangelio y el reino (Mateo 21:41,43; 22:10). 'El fin del siglo' es una frase del pacto. Con el templo destruido, no habría manera ni necesidad de llevar a cabo las rigurosas exigencias del sistema de sacrificios, un sistema que estaba predestinado a morir con la encarnación, muerte, resurrección, ascensión y entronización de Jesús». DeMar, Gary. (Julio 1, 1996) Last Days Madness. (pp. 69-70) American Vision.

Para los que enseñan el punto de vista futurista (premilenialista), «el siglo venidero» es una edad que todavía no ha comenzado y es situada a partir de la segunda venida de Cristo.

Thomas Ice dice: «El 'siglo presente' se refiere a la actual era de la iglesia que comenzó hace casi 2,000 años el día de Pentecostés cuando se fundó la iglesia y terminará con el arrebatamiento de la iglesia. 'El siglo venidero' para los futuristas, es una referencia al reino milenario que comenzará con la segunda venida de Cristo y continuará durante 1,000 años [literales] (Apocalipsis 20:3)». Ice, Thomas D., "The Age to Come" (2009). Article Archives. 59. https://digitalcommons.liberty.edu/pretrib_arch/59 (Capturado Mayo 11, 2021).

43. Storms, Sam. Matthew 24 and the Olivet Discourse - Part III

Otra interpretación más es que la "tribulación de aquellos días" (v. 29) no se refiere simplemente a los eventos del 70 d.C. pero también a toda esta era presente entre las dos venidas de Cristo. Por lo tanto, sería cierto que "inmediatamente después de la tribulación de aquellos días" (70 d.C. y la era actual), Jesús regresará en gloria. D. A. Carson defiende este punto de vista en su comentario sobre Mateo. https://www.samstorms.org/all-articles/post/matthew-24-and-the-olivet-discourse---part-iii (Capturado Mayo 7, 2021).

44. Ice, Thomas; Gentry, Kenneth L. (May 13, 1999) The Great Tribulation--Past or Future?: Two Evangelicals Debate the Question. (p. 53) Kregel Academic & Professional.

45. Wright, N. T. (August 1, 1997) Victory, Jesus and the Victory of God. Christian Origins and the Question of God, Volume 2. (p.525) Fortress Press; 5th or later Edition.

46. Storms, Sam. Matthew 24 and the Olivet Discourse - Part III https://www.samstorms.org/all-articles/post/matthew-24-and-the-olivet-discourse---part-iii (Capturado Mayo 5, 2021).

47. Premilenialismo dispensacionalista. El dispensacionalismo es un sistema teológico que enseña que la historia bíblica se comprende mejor a la luz de una serie de administraciones sucesivas de los tratos de Dios con la humanidad, a las que llama «dispensaciones» (ver notas 38 y 41).

48. Arrebatamiento. Viene del griego: ἁρπάζω Strong G726 que significa (1) agarrar, sacar por la fuerza; (2) aprovechar, reclamar por sí mismo con

entusiasmo; (3) arrebatar o quitar. https://www.blueletterbible.org/lang/lexicon/lexicon.cfm?Strongs=G726&t=KJV (Capturado Mayo 1, 2021).

49. Los que usan la palabra «rapto» para referirse al «arrebatamiento» se apoyan en la traducción de 1 Tesalonicenses de La Vulgata Latina que usa la palabra «rapiemur». Ver nota # 6.

La idea de un rapto como se define actualmente no se encuentra en el cristianismo histórico. El término se usa con mayor frecuencia entre protestantes evangélicos en los Estados Unidos.

Michael D. Guinan, "Raptured or Not? A Catholic Understanding", Catholic Update, octubre de 2005. https://web.archive.org/web/20140404105238/http://www.americancatholic.org/Newsletters/CU/ac1005.asp (Capturado Mayo 1, 2021).

50. Sproul, R.C. (Julio 16, 2012) ¿Qué es el Rapto? https://www.ligonier.org/blog/what-is-the-rapture/ (Capturado Mayo 18, 2021).

51. Sociedad de consumo. «Sociedad de consumo» es un concepto que comenzó a utilizarse a partir de la finalización de la Segunda Guerra Mundial (1939-945) para hacer referencia al modo de vida orientado al consumo propio de las sociedades occidentales. Dentro de estas sociedades, es imposible no hablar de «consumismo». Esto es: el consumo excesivo e innecesario de bienes y servicios. https://concepto.de/sociedad-de-consumo/#ixzz6uigJD3QZ (Capturado Mayo 12, 2021).

52. La visión tradicional tanto del judaísmo precristiano como de la iglesia primitiva era que los "hijos de Dios" eran seres espirituales / ángeles que tomaban esposas humanas y producían gigantes conocidos como los Nephilim (inglés). https://knowingscripture.com/articles/who-were-the-sons-of-god-and-the-nephilim-genesis-6-1-4 (Capturado Mayo 12, 2021).

53. ¿Quiénes son los Nephilim? Los Nephilim, el producto de los hijos de Dios mezclados con las hijas de Adán, los grandes gigantes bíblicos, "los caídos", los Refaim, "los muertos", todas estas descripciones se aplican a un grupo de personajes que se encuentran dentro de la Biblia hebrea. Una vez se afirmó que el apareamiento de los hijos de Dios y las hijas de Adán que resultó en los Nephilim causó el diluvio, y esto hizo que los Nephilim tuvieran una reputación negativa (inglés). https://www.biblicalarchaeology.org/daily/biblical-topics/hebrew-bible/who-are-the-nephilim/ (Capturado Mayo 12, 2021).

54. El consumismo es la compra o acumulación de bienes y servicios considerados no esenciales. https://es.wikipedia.org/wiki/Consumismo (Capturado Mayo 12, 2021).

55. Why the Bad Will Get Worse and the Good Will Get Better. Justin Taylor (Marzo 25, 2019) https://www.thegospelcoalition.org/blogs/justin-taylor/bad-will-get-worse-good-will-get-better/ (Capturado Mayo 12, 2021).

56. Brown, Derek J. (Enero 31, 2020) ¿Qué es la gracia común (y por qué debería importarnos?) Aprender sobre la gracia común es importante para comprender cómo obra Dios en Su mundo (inglés). https://equip.sbts.edu/article/common-grace-care/ (Capturado Mayo 13, 2021).

57. Storms, Sam. La bondad de Dios y la gracia común Un ensayo de Sam Storms (inglés). https://www.thegospelcoalition.org/essay/goodness-god-common-grace/ (Capturado Mayo 13, 2021).

58. Muchas interpretaciones en los últimos cien años no han entendido que mientras Juan escribe en griego, este libro sigue las características de los profetas hebreos en el Antiguo Testamento. Una interpretación amilenial de Apocalipsis 20. Foro de teología. Por Peter J. Gentry (inglés). https://equip.sbts.edu/publications/towers/towers-issue/2018/april-2018/amillennial-interpretation-revelation-20/ (Capturado Mayo 15, 2021).

59. Gentry, Peter J. Una interpretación amilenial de Apocalipsis 20. Foro de teología (inglés).

El Apocalipsis consta de siete secciones grandes, cada una de las cuales consta de siete párrafos o secciones más pequeñas. https://equip.sbts.edu/publications/towers/towers-issue/2018/april-2018/amillennial-interpretation-revelation-20/ (Capturado Mayo 15, 2021).

60. Storms, Sam. (Noviembre 8, 2017) ¿Cómo debemos interpretar el libro de Apocalipsis? (inglés). https://www.samstorms.org/enjoying-god-blog/post/how-should-we-interpret-the-book-of-revelation (Capturado Mayo 15, 2021).

61. Destruir (Hebreos 2L14) καταργήση (katargeó) En ingles: «render powerless» que se traduce «rendir sin efecto, inoperativo, anulado». STRONGS NT 2673. https://biblehub.com/greek/2673.htm (Capturado Mayo 15, 2021).

62. Agustín de Hipona (en latín, Aurelius Augustinus Hipponensis), conocido también como san Agustín (Tagaste, 13 de noviembre del 354-Hipona, 28 de agosto del 430), fue un escritor, teólogo y filósofo cristiano. Después de su conversión, fue obispo de Hipona, al norte de África y dirigió una serie de luchas contra las herejías de los maniqueos, los donatistas y el pelagianismo. https://es.wikipedia.org/wiki/Agust%C3%ADn_de_Hipona (Capturado Mayo 16, 2021).

63. B.B. Warfield. Benjamin Breckinridge Warfield (Noviembre 5, 1851 - Febrero 16, 1921) fue profesor de teología en el Seminario de Princeton de 1887 a 1921. Fue el último director del Seminario Teológico de Princeton de 1886 a 1902. Algunos presbiterianos conservadores lo consideran el último de los grandes teólogos de Princeton antes de la división en 1929 que formó el Seminario Teológico de Westminster y la Iglesia Presbiteriana Ortodoxa (inglés). https://en.wikipedia.org/wiki/B._B._Warfield (Capturado Mayo 16, 2021).

64. Louis Berkhof nació el 13 de octubre de 1873 en Emmen, provincia de Drenthe, Países Bajos. Fue un teólogo reformado cuyos escritos han influido de manera significativa en los seminarios y en las facultades de teología de las universidades de los Estados Unidos y de Canadá y en los cristianos en general a lo largo del siglo XX. Murió en 1957 a los 84 años de edad. https://es.wikipedia.org/wiki/Louis_Berkhof (Capturado Mayo 16, 2021).

65. Juan Calvino (Noyon, 10 de julio de 1509-Cantón de Ginebra, 27 de mayo de 1564), bautizado con el nombre de Jehan Cauvin, latinizado como Calvinus, fue un teólogo francés, considerado como uno de los autores y gestores de la Reforma Protestante. Las doctrinas fundamentales de posteriores reformadores se identificarían con él, llamando a estas doctrinas «calvinismo». Los «cinco puntos del calvinismo» surgen de los discípulos de Calvino como contraposición a las doctrinas de los discípulos de Jacobo Arminio. Además de haber creado la Biblia de Ginebra (francesa), en 1564. https://es.wikipedia.org/wiki/Juan_Calvino (Capturado Mayo 16, 2021).

66. Don Carson. Donald Arthur Carson (Montreal, Canadá, 21 de diciembre de 1946) es un teólogo, predicador, misionero, escritor y erudito bíblico Canadiense-estadounidense conocido por ser profesor emérito de Nuevo Testamento en Trinity Evangelical Divinity School y cofundador de Coalición por el Evangelio.

Carson ha sido descrito como "el trabajo más seminal del Nuevo Testamento por los evangélicos contemporáneos" y como "uno de los últimos grandes hombres del Renacimiento en la erudición bíblica evangélica". https://es.wikipedia.org/wiki/D._A._Carson (Capturado Mayo 16, 2021).

67. Al Mohler. Richard Albert Mohler Jr. (Lakeland, Florida, Estados Unidos, 19 de octubre de 1959) es un teólogo histórico estadounidense, el noveno presidente del Seminario Teológico Bautista del Sur en Louisville, Kentucky y presentador del podcast The Briefing donde analiza diariamente las noticias y los eventos recientes de un Perspectiva cristiana. Ha sido descrito como "uno de los evangélicos más influyentes de Estados Unidos". https://

es.wikipedia.org/wiki/Albert_Mohler (Capturado Mayo 16, 2021).

68. Wayne A. Grudem (Chippewa Falls, Wisconsin, Estados Unidos, 11 de febrero de 1948) es un teólogo, misionero, escritor, erudito bíblico y predicador calvinista estadounidense conocido por ser el cofundador del Consejo sobre la masculinidad y la feminidad bíblicas y por su desempeñó como editor general de la Biblia de estudio ESV. https://es.wikipedia.org/wiki/Wayne_Grudem (Capturado Mayo 16, 2021).

69. John Fullerton MacArthur Jr. (Los Ángeles, California; 19 de junio de 1939) es un pastor y autor estadounidense, conocido por su programa de radio de enseñanza cristiana, sindicado internacionalmente, Grace to You (Gracia a Vosotros). Es el pastor y maestro de la Grace Community Church en Sun Valley, California desde el 9 de febrero de 1969 y actualmente es también el presidente de The Master's University en Newhall, California y de The Master's Seminary en Los Ángeles. Teológicamente, MacArthur es considerado un calvinista, y un fuerte defensor de la predicación expositiva. https://es.wikipedia.org/wiki/John_F._MacArthur (Capturado Mayo 16, 2021).

70. Doug Wilson. Douglas James Wilson (nacido el 18 de junio de 1953) es un teólogo evangélico y reformado conservador, pastor de Christ Church en Moscú, Idaho, miembro de la facultad de New Saint Andrews College, autor y orador. Wilson es bien conocido por su controvertido trabajo Southern Slavery, As It Was, que fue coautor con Steve Wilkins. También aparece en el documental Collision que documenta sus debates con el antiteísta Christopher Hitchens en su gira promocional del libro Is Christianity Good for the World ?. Ha sido descrito como un "tizón calvinista" (inglés). https://en.wikipedia.org/wiki/Douglas_Wilson_(theologian) (Capturado Mayo 16, 2021).

71. C. Samuel Storms es un calvinista, carismático, amilenial, teólogo, maestro, pastor y autor estadounidense. Storms nació el 6 de febrero de 1951 en Shawnee, Oklahoma. Actualmente es pastor de la Iglesia Bridgeway en Oklahoma City, y ex presidente de la Sociedad Teológica Evangélica (inglés). https://en.wikipedia.org/wiki/Sam_Storms (Capturado Mayo 16, 2021).

72. El Milenio, la Batalla Final y el juicio final - Apocalipsis 20: 1-15 Por: Sam Storms (inglés). https://www.samstorms.org/all-articles/post/the-millennium-the-final-battle-and-the-final-judgment--revelation-201-15 (Capturado Mayo 17, 2021).

73. «Desde Agustín, la mayoría de los teólogos creían que el Milenio de Apocalipsis 20 se refería a la era actual de la iglesia». Amilenialismo reformado: salvación ahora, salvación para siempre. Lutero y Calvino desafiaron a la iglesia católica en muchas enseñanzas claves, pero no en la doctrina de las últimas cosas. John R. Franke (inglés). https://www.christianitytoday.com/history/issues/issue-61/reformation-

amillennialism-salvation-now-salvation-forever.html (Capturado Mayo 17, 2021).

74. «Lutero rechazó un reinado milenario futuro e interpretó Apocalipsis 20 como una descripción de la iglesia histórica en lugar del final de la historia». Amilenialismo reformado. John R. Franke (inglés). https://www.christianitytoday.com/history/issues/issue-61/reformation-amillennialism-salvation-now-salvation-forever.html (Capturado Mayo 17, 2021).

75. Boettner, Loraine. (1977) A postmillennial Response [To Historic Premillennialism] in The Meaning of the Millennium: Four Views Robert G. Clouse, ed. Downers Grove. InterVarsity Press.

76. Gentry, Kenneth (2009) Postmillennialism, He Shall Have Dominion: A Postmillennial Eschatology (pp. 52-53) 3d ed.; Draper, VI: Apologetics Group Media, Gentry Family Trust.

77. Storms, Sam. Apocalipsis 20: 1-15 - Parte I. Sobre el paralelo entre Apocalipsis 19: 17-21 y 20: 7-10.

Parece que Juan está proporcionando relatos paralelos de la misma conflagración (Armagedón) en lugar de presentar dos batallas completamente diferentes separadas por 1,000 años de historia humana. https://www.samstorms.org/all-articles/post/revelation-20:1-15---part-i (Capturado Mayo 17, 2021).

78. Murray, David. (Febrero 24, 2016) ¿Cómo interpreta un amilenialista Daniel 9? (inglés). https://headhearthand.org/blog/2016/02/24/how-does-an-amillennialist-interpret-daniel-9/ (Capturado Mayo 17, 2021).

79. Ibídem.

80. Storms, Sam. Las 70 semanas de Daniel (inglés). https://www.samstorms.org/all-articles/post/daniels-70-weeks (Capturado Mayo 17, 2021).

81. Mijaíl Sergueievich Gorbachov (Stávropol, RSFS de Rusia, Unión Soviética; 2 de marzo de 1931) es un abogado y político ruso que fue secretario general del Comité Central del Partido Comunista de la Unión Soviética desde 1985 hasta 1991 y jefe de Estado de la Unión Soviética de 1988 a 1991. Recibió el Premio Nobel de la Paz en 1990 y actualmente es líder de la Unión de Socialdemócratas, un partido formado después de la disolución oficial del Partido Socialdemócrata de Rusia en 2007. https://es.wikipedia.org/wiki/Mija%C3%ADl_Gorbachov (Capturado Mayo 18, 2021).

82. La Comunidad Económica Europea (CEE) fue una unión económica creada

por el Tratado de Roma de 1957. Cuando en 1993 se formó la Unión Europea, la CEE se incorporó a ella y pasó a llamarse Comunidad Europea (CE). En 2009, las instituciones de la CE fueron absorbidas por el entramado institucional de la Unión Europea, dejando la comunidad de existir. https://es.wikipedia.org/wiki/Comunidad_Econ%C3%B3mica_Europea (Capturado Mayo 18, 2021).

83. La Organización de las Naciones Unidas (ONU), o simplemente las Naciones Unidas (NN. UU.), es la mayor organización internacional existente. Se creó para mantener la paz y seguridad internacionales, fomentar relaciones de amistad entre las naciones, lograr la cooperación internacional para solucionar problemas globales y servir de centro que armonice las acciones de las naciones. Su sede está en Nueva York (Estados Unidos) y está sujeta a un régimen de extraterritorialidad. También tiene oficinas en Ginebra (Suiza), Nairobi (Kenia) y Viena (Austria). https://es.wikipedia.org/wiki/Organizaci%C3%B3n_de_las_Naciones_Unidas (Capturado Mayo 18, 2021).

84. Wilson, Douglas. (Septiembre 21, 2007) Anticristo y bestia (inglés). https://dougwils.com/the-church/s8-expository/antichrist-and-beast.html (Capturado Mayo 18, 2021).

85. ¿Quién es el anticristo? Publicado por primera vez en Tabletalk Magazine, un alcance de Ligonier (inglés). https://www.ligonier.org/learn/devotionals/who-is-the-antichrist/ (Capturado Mayo 18, 2021).

86. Cerinto fue un líder de una secta de finales del siglo I o principios del siglo II, una ramificación de los Ebionitas, similar al Gnosticismo en algunos aspectos e interesante porque muestra el amplio rango de conclusiones a las que podían llegarse a partir de la vida y enseñanzas de Jesús. Cerinto es recordado en la historia primitiva de la Iglesia cristiana por haber sido un Heresiarca, o sea un líder herético de una secta. Se cree que fue contemporáneo de San Juan quien escribió el cuarto Evangelio contra él y sus enseñanzas. No solo fue contemporáneo de San Juan, sino que lo persiguió con esmero, y trató de suplantarlo. https://es.wikipedia.org/wiki/Cerinto (Capturado Mayo 18, 2021).

87. Nerón Claudio César Augusto Germánico (en latín: Nero Claudius Cæsar Augustus Germanicus, 15 de diciembre de 37-9 de junio de 68) fue emperador del Imperio romano entre el 13 de octubre de 54 y el 9 de junio de 68, último emperador de la dinastía Julio-Claudia. Nacido del matrimonio entre Cneo Domicio Enobarbo y Agripina la Menor, accedió al trono tras la muerte de su tío Claudio, quien anteriormente lo había adoptado y nombrado como sucesor en detrimento de su propio hijo, Británico. https://es.wikipedia.org/wiki/Ner%C3%B3n (Capturado Mayo 18, 2021).

88. Wilson, Douglas. Anticristo y bestia (inglés). https://dougwils.com/the-church/s8-expository/antichrist-and-beast.html (Capturado Mayo 18, 2021).

89. Riddlebarger, Kim. Interpretación amilenial de Ezequiel 40-48. Dr. Kim Riddlebarger cita a: G. K. Beale. The Temple and the Church's Mission: A Biblical Theology of the Dwelling Place of God. https://www.monergism.com/amillennial-interpretation-ezekiel-40-48 (Capturado Mayo 18, 2021).

90. Stewart, Don. ¿Qué es el lago de fuego? https://www.blueletterbible.org/faq/don_stewart/don_stewart_170.cfm (Capturado Mayo 19, 2021).

91. Sproul, R.C. Sobre el tema del infierno. https://awakeninggracedotorg.wordpress.com/2011/12/19/r-c-sproul-on-hellhel/ (Capturado Mayo 19, 2021).

92. Packer, J. I. (June 24, 1993) Knowing God (p. 143). InterVarsity Press. Anniversary edition.

93. Storms, Sam. (2004) One Thing: Developing a Passion for the Beauty of God (pp. 178-179) Geanies House, Fearn, Ross-shire, Escocia, Gran Bretaña. Christian Focus.

Otros créditos

Aparte de las citas respectivas arriba, tuve la bendición de consultar varios libros y escritos. Algunos de estos me ayudaron a explicar definiciones y otros a ordenar los temas teológicos de manera comprensible al lector. A estos, quiero extender mis más sinceros agradecimientos y debido crédito*.

- Chafer, Lewis S. (Febrero 23, 2010) Teología Sistemática CLIE.

- Berkhof, Louis. Manual de doctrina reformada. Grand Rapids, Michigan. Libros Desafío.

- MacArthur, John. Mayhue, Richard. (Junio 19, 2018) Teología sistemática: Un estudio profundo de la doctrina bíblica. Editorial Portavoz.

- Wiley, H. Orton. (2012) Teología Cristiana. Tomo 1. Casa Nazarena de Publicaciones. Título original: Christian Theology. (Vol. 1. Primera edición) Global Nazarene Publications.

- Pearlman, Myer. (April 1, 1992) Teología bíblica y sistemática. Vida.

- Dever, Mark. (2018) Clases esenciales: Teología Sistemática. Capitol Hill Baptist Church.

- Guzmán Martínez, Grecia. Gnosticismo: qué es esta doctrina religiosa y qué ideas sostiene. Este conjunto de sistemas de religión se basa en los intentos de pasar de la fe al conocimiento. https://psicologiaymente.com/cultura/gnosticismo (Capturado Junio 9, 2021).

- Rufat, Pastor Gilberto. (Abril 28, 2015) Teología bautista reformada 1689. Reformado 365. https://gilbertorufat.blogspot.com/2015/04/todas-las-cosas-que-pertenecen-la-vida.html (Capturado Junio 9, 2021).

- La condición del hombre (el pecado). Lección 1. Julio 22, 2020. Ministerio Hacedores. http://ministerioshacedores.org/2020/07/22/leccion-1-la-condicion-del-hombre-el-pecado/ (Capturado Junio 9, 2021).

- Rodriguez, Josue D. Doctrina de la Palabra - Parte 2. Faithlife Sermons. https://sermons.faithlife.com/sermons/365810-doctrina-de-la-palabra-parte-2 (Capturado Junio 9, 2021).

- ¿Qué es la revelación general? ¿Cuál es revelación especial? Compelling Truth. https://www.compellingtruth.org/Espanol/revelacion-especial-general.html (Capturado Junio 9, 2021).

- Driscoll, Mark. ¿Quién escribió la Biblia? Real Faith by Mark Driscoll. https://realfaith.com/what-christians-believe/wrote-bible/?translation=spanish (Capturado Mayo 28, 2021).

- El Español de América. Escritores.org https://www.escritores.org/recursos-para-escritores/recursos-2/articulos-de-interes/31880-el-espanol-de-america (Capturado Mayo 28, 2021).

- Teijero Páez, Dr. Sergio. (Marzo 2016) Inteligencia Espiritual: La Suprema de las Inteligencias. Caracas.

- Núñez, Miguel. (Enero 10, 2019) Los atributos comunicables de Dios. Coalición por el Evangelio. https://www.coalicionporelevangelio.org/articulo/los-atributos-comunicables-dios/ (Capturado Mayo 28, 2021).

- Gossack, Julie. (2002, 2012) El Carácter Y Atributos De Dios. https://docplayer.es/51942361-El-caracter-y-atributos-de-dios.html (Capturado Mayo 28, 2021).

- Deffinbaugh, Robert L. La Sabiduría de Dios. https://bible.org/seriespage/la-sabidur%C3%AD-de-dios (Capturado Mayo 28, 2021).

- Reyes, Wilfor Galindo. La Importancia de la Santidad de Dios. Los atributos de Dios. Faithlife Sermons. https://sermons.faithlife.com/sermons/207642-la-importancia-de-la-santidad-de-dios (Capturado Junio 9, 2021).

- Credo de Nicea. Archdiocese of Washington. https://adw.org/catholic-prayer/es-credo-de-nicea/ (Capturado Junio 9, 2021).

- Catecismo de Heidelberg. Reformed Church in America. https://www.rca.org/about/theology/creeds-and-confessions/the-heidelberg-catechism/catecismo-de-heidelberg/ (Capturado Junio 9, 2021).

- Clemente de Roma: Mártir, escritor y líder de la iglesia. Listen Notes. https://www.listennotes.com/podcasts/bite/58-clemente-de-roma-m%C3%A1rtir-paDjZS2VYrM/ (Capturado Junio 9, 2021).

- Enduring World Bible Commentary. Comentario Bíblico. Romanos 3. Justificados libremente por Su gracia. https://es.enduringword.com/comentario-biblico/romanos-3/ (Capturado Junio 9, 2021).

- Piper, John. (Septiembre 27, 1998) Las manifestaciones de Dios eliminan la excusa por haber dejado de adorar. Desiring God. https://www.desiringgod.org/messages/displays-of-god-remove-the-excuse-for-failed-worship (Capturado Junio 9, 2021).

- ¿Es Dios real? ¿Cómo puedo saber con seguridad que Dios es real? Got Questions? https://www.gotquestions.org/Espanol/Es-Dios-real.html (Capturado Junio 9, 2021).

- Warren, Rick. (Marzo 30, 2017) Conocemos la Verdad de Dios a través de la Conciencia. https://pastorrick.com/conocemos-la-verdad-de-dios-a-traves-de-la-conciencia/ (Capturado Junio 9, 2021).

- Keathley III, Th.M., J. Hampton. (Abril 18, 2005) Las Epístolas No Paulinas. https://bible.org/seriespage/las-ep%C3%ADstolas-no-paulinas (Capturado Junio 9, 2021).

- Buntin, Charles T. (Febrero 3, 2006) La Persona de Cristo. https://bible.org/seriespage/la-persona-de-cristo (Capturado Mayo 28, 2021).

- El Dios que se volvió un ser humano. Enero 26, 2011 Por United Church of God https://espanol.ucg.org/herramientas-de-estudio/folletos/la-verdadera-historia-de-jesucristo/el-dios-que-se-volvio-un-ser-humano (Capturado Mayo 28, 2021).

- ¿La unicidad o la Trinidad de Dios? Una evaluación de la posición de la Iglesia Pentecostal Unida con respecto al Hijo de Dios desde una perspectiva trinitaria. Por Jonathan Boyd – 2013 http://impactobiblico.com/2013/08/la-unicidad-la-trinidad-dios/ (Capturado Mayo 28, 2021).

- Si Jesús es Dios porque dijo: ¿Padre en tus manos encomiendo mi

Espíritu? Por Fredy Delgado. https://sites.google.com/site/elmundobiblico/dios-mio-dios-mio/si-jesus-es-dios-porque-dijo-padre-en-tus-manos-encomiendo-mi-espiritu (Capturado Mayo 28, 2021).

- El Credo de Calcedonia. https://sujetosalaroca.org/2007/11/14/el-credo-de-calcedonia/ (Capturado Mayo 28, 2021).

- Woodward, John. El Nacimiento Virginal (Tercera Parte). Notas De Gracia. https://gracenotebook.com/es/el-nacimiento-virginal-tercera-parte/ (Capturado Mayo 28, 2021).

- Reyes-Ordeix, Gabriel. (Abril 26, 2017) 6 beneficios de utilizar credos. Coalición por el Evangelio. https://www.coalicionporelevangelio.org/articulo/6-beneficios-de-utilizar-credos/ (Capturado Mayo 28, 2021).

- Hole, F. B. (Febrero 2011) La Deidad y La Humanidad De Cristo. Traducido del Inglés por: B.R.C.O.. http://www.graciayverdad.net/id24.html (Capturado Mayo 28, 2021).

- Piper, John. (November 2, 2008) Contemplamos Su gloria, lleno de gracia y de verdad. https://www.desiringgod.org/messages/we-beheld-his-glory-full-of-grace-and-truth?lang=es (Capturado Mayo 28, 2021).

- Motta Ochoa, Alberto. La Persona de Jesús, Cristologia. https://www.monografias.com/trabajos92/persona-jesus-cristologia/persona-jesus-cristologia.shtml (Capturado Mayo 28, 2021).

- Deffinbaugh, Robert L. La Santidad de Dios. https://bible.org/seriespage/la-santidad-de-dios (Capturado Mayo 28, 2021).

- El Credo de los Apóstoles. http://es.btsfreeccm.org/local/lmp/lessons.php?lesson=APC1text (Capturado Mayo 28, 2021).

- MacArthur, John. (2013) Fuego Extraño. Nashville, Tennessee, Estados Unidos de América. Grupo Nelson, Inc.

- Rubilar, Néstor. (Julio 10, 2017) Juan Calvino, el teólogo del Espíritu Santo. https://pensamientopentecostal.wordpress.com/2017/07/10/calvino-el-teologo-del-espiritu-santo-por-nestor-rubilar/ (Capturado Junio 1, 2021).

- Holder, John. Manifestaciones, Ministerios, Operaciones. Las Obras del Espíritu Santo; Espíritus Angelicales, Dones del Ministerio y Crecimiento Espiritual. https://ltfipj.tripod.com/PAGE8SP.htm (Capturado Junio 1, 2021).

- Falsificación del Don de Lenguas. Iglesia.Net https://www.iglesia.net/estudios-biblicos/doctrina/falsificacion-del-don-de-lenguas (Capturado Junio 1, 2021).

- El Bautismo en el Espíritu Santo. (Adoptada por el Presbiterio General en sesión el 9-11 de agosto de 2010). https://ag.org/es-ES/Beliefs/Position-Papers/Baptism-in-the-Holy-Spirit (Capturado Junio 1, 2021).

- Rivera, Franklin. Dones Complementarios (Romanos 12.1-8). https://sermons.faithlife.com/sermons/373983-dones-complementarios-(romanos-12.1-8) (Capturado Junio 1, 2021).

- Artemi, Eirini. (2018) El gran tratado de Basilio sobre el Espíritu Santo. (Vol. 21 pp. 7-24) Medievalia [en línea]. https://www.raco.cat/index.php/Medievalia/article/view/350969 (Capturado Junio 1, 2021).

- Diversidad de dones espirituales (1 Corintios 12:4-11). Walter Cuadra. https://www.mundobiblicoelestudiodesupalabra.com/2017/07/diversidad-de-dones-espiritual.html (Capturado Junio 1, 2021).

- ¿Cuándo recibimos el Espíritu Santo? CompellingTruth.org https://www.compellingtruth.org/Espanol/Recibir-al-Espiritu-Santo.html (Capturado Junio 1, 2021).

- El Espíritu Santo y la Santificación. ConocimientoBíblico.Com http://www.conocimientobiblico.com/el-esp-ritu-santo-y-la-santificaci-n2.html (Capturado Junio 1, 2021).

- Teología Bautista. (Noviembre 15, 2014). Doctrina del hombre (antropología). http://teologiabautista.blogspot.com/2014/11/doctrina-del-hombre-antropologia.html (Capturado Mayo 28, 2021).

- MacArthur, John; Mayhue, Richard. (Junio 19, 2018) Teología sistemática: Un estudio profundo de la doctrina bíblica. Editorial Portavoz.

- Woznicki, Chris. (Octubre 26, 2020) ¿Qué dice la Biblia sobre el alma? https://www.coalicionporelevangelio.org/articulo/que-dice-la-biblia-sobre-el-alma/ (Capturado Mayo 28, 2021).

- Cómo entender la 'imagen de Dios'. (Febrero 17, 2011) United Church of God. https://espanol.ucg.org/herramientas-de-estudio/folletos/quien-es-dios/como-entender-la-imagen-de-dios (Capturado Junio 1, 2021).

- MacArthur, John. (2011) La Evangelización. Cómo Compartir El Evangelio con

Fidelidad. Nashville, Tennessee, Estados Unidos de América. Grupo Nelson, Inc.

- Casas, David. Fuller, Russell. (Febrero 20, 2015) ¿Nuestro cuerpo está hecho a imagen de Dios? https://answersingenesis.org/es/biblia/nuestro-cuerpo-esta-hecho-imagen-de-dios/ (Capturado Junio 1, 2021).

- Padilla, Carlos. (2020) Hamartiología. ¿Qué es el pecado? https://www.jesucristo.net/hamartiologia-que-es-el-pecado/ (Capturado Junio 7, 2021).

- Deffinbaugh, Robert L. La Caída del Hombre Gen 3:1–24. https://bible.org/seriespage/la-ca%C3%ADda-del-hombre-gen-31%E2%80%9324 (Capturado Junio 7, 2021).

- Soteriología. Doctrina de salvación. http://www.knowingjesuschrist.com/languages/spanish-espanol/biblia-estudia-bible-studies/164-doctrinas-biblicas/321-soteriologia-doctrina-de-salvacion (Capturado Junio 7, 2021).

- Masters, Dr. Peter. La caída del hombre. Londres. Tabernáculo Metropolitano. https://www.metropolitantabernacle.org/Espanol/Articulos/La-Caida-de-Adan (Capturado Junio 7, 2021).

- Piper, John. (Agosto 19, 2001) Desiring God. https://www.desiringgod.org/messages/who-is-this-divided-man-part-5 (Capturado Junio 7, 2021).

- Deffinbaugh, Robert L. La Soberanía de Dios en la Salvación (Romanos 9:1-24) https://bible.org/seriespage/la-soberan%C3%AD-de-dios-en-la-salvaci%C3%B3n-romanos-91-24 (Capturado Junio 7, 2021).

- Cuadra, Walter. Soteriología: La Doctrina de la Salvación. https://www.mundobiblicoelestudiodesupalabra.com/2018/08/soteriologia-la-doctrina-de-la-salvacion.html?m=1 (Capturado Junio 7, 2021).

- Rosell, Miguel. Soteriología. Introducción A La Doctrina De La Salvación. https://fulgurando.blogspot.com/p/soteriologia.html (Capturado Junio 7, 2021).

- Barrios, Josué. (Enero 5, 2015) ¿Qué es la Soteriología y Por Qué es Importante Para Todos Los Cristianos? https://josuebarrios.com/soteriologia/ (Capturado Junio 7, 2021).

- Deem, Rich. La Justificación. https://www.godandscience.org/doctrine/justify-es.html (Capturado Junio 7, 2021).

- La Seguridad de la Salvación. (Adoptada por el Presbiterio General en sesión el 5-7

- de agosto de 2017). El Concilio General de las Asambleas de Dios. https://ag.org/es-ES/Beliefs/Position-Papers/Assurance-Of-Salvation (Capturado Junio 7, 2021).

- Piper, John. (Junio 23, 2002) Todas las cosas para bien, parte 3. Desiring God. https://www.desiringgod.org/messages/all-things-for-good-part-3?lang=es (Capturado Junio 7, 2021).

- Soteriología. La Doctrina de la Salvación. La Palabra de Dios https://lapalabradediosve.wordpress.com/doctrina-biblica/soteriologia/ (Capturado Junio 7, 2021).

- Soteriología. Doctrina de salvación. http://www.knowingjesuschrist.com/languages/spanish-espanol/biblia-estudia-bible-studies/164-doctrinas-biblicas/321-soteriologia-doctrina-de-salvacion (Capturado Junio 7, 2021).

- Cardoza, Angel. (Mayo 5, 2015) Martín Lutero y la Seguridad de la Salvación. https://evangelio.blog/2015/05/05/martn-lutero-y-la-seguridad-de-la-salvacin/ (Capturado Junio 7, 2021).

- Leighton, Matthew. (Julio 26, 2018) La justificación: ¿qué es y qué hace? https://www.coalicionporelevangelio.org/articulo/la-justificacion-que-es-y-que-hace/ (Capturado Junio 7, 2021).

- Esqueda, Octavio. (Septiembre 13, 2012) Jesús es nuestra esperanza. Biola University. https://www.biola.edu/blogs/good-book-blog/2012/jesus-es-nuestra-esperanza (Capturado Junio 7, 2021).

- Piper, John. (Marzo 9, 2008) Ninguno que es nacido de Dios practica el pecado. Desiring God. https://www.desiringgod.org/messages/no-one-born-of-god-makes-a-practice-of-sinning?lang=es (Capturado Junio 7, 2021).

- Macleod, Donald. (Abril 21, 2016) Adopción: Un nuevo padre y un nuevo corazón. https://www.coalicionporelevangelio.org/articulo/adopcion-un-nuevo-padre-y-un-nuevo-corazon/ (Capturado Junio 7, 2021).

- Piper, John. (Diciembre 9, 2001) Lo que significa cumplir la ley en Romanos 8:3-4. Desiring God. Doce Tesis. https://www.desiringgod.org/messages/what-does-it-mean-to-fulfill-the-law-in-romans-8-3-4?lang=es (Capturado Junio 7, 2021).

- El Cuerpo De Cristo. Casa de Adoración. https://www.casadeadoracion.us/single-post/2018/10/19/EL-CUERPO-DE-CRISTO (Capturado Junio 12, 2021).

- Guzik, David. (2016) 1 Corintios 12 – Diversidad y Unidad en Dones

- Espirituales. https://www.blueletterbible.org/Comm/guzik_david/spanish/StudyGuide_1Co/1Co_12.cfm (Capturado Junio 12, 2021).

- Ser Discípulos: Aprende A Defender Tu Fe. (4 de Septiembre de 2008) https://elforocofrade.es/index.php?threads/ser-disc%C3%8Dpulos-aprende-a-defender-tu-fe.2147/page-2 (Capturado Junio 12, 2021).

- La santa cena. El cristianismo primitivo. http://www.elcristianismoprimitivo.com/doct38.htm (Capturado Junio 12, 2021).

- El Bautismo Cristiano. Publications. A Ministry of COG7.org https://publications.cog7.org/tracts-books/tracts/biblical-studies/el-bautismo-cristiano/ (Capturado Junio 12, 2021).

- Espinoza, Alberto. A La Iglesia Que Está En Tu Casa. Faithlife Sermons. https://sermons.faithlife.com/sermons/569282-a-la-iglesia-que-esta-en-tu-casa (Capturado Junio 12, 2021).

- ¿Cuál es la importancia del bautismo cristiano? Got Questions. https://www.gotquestions.org/Espanol/Bautismo-cristiano.html (Capturado Junio 12, 2021).

- Cena del Señor. (Junio 27, 2015) Plenitud de Vida. https://plenituddevida.com.mx/cena-del-senor/ (Capturado Junio 12, 2021).

- ¿La Biblia enseña el bautismo del creyente o credobautismo? Got Questions. https://www.gotquestions.org/Espanol/bautismo-creyente.html Capturado Junio 12, 2021).

- Piper, John. (Octubre 1, 2000) Unidos a Cristo en la muerte y en la vida, parte 2. Desiring God. https://www.desiringgod.org/messages/united-with-christ-in-death-and-life-part-2?lang=es (Capturado Junio 12, 2021).

- MacArthur, John. (2006) Comentario MacArthur del Nuevo Testamento: Juan. Chicago, IL. Moody Publishers. (2011) Grand Rapids, Michigan. Editorial Portavoz.

- Los Apóstoles y Profetas. Adoptada por el Presbiterio General en sesión el 6 de agosto del 2001. Asambleas de Dios. https://ag.org/es-ES/Beliefs/Position-Papers/Apostles-and-Prophets (Capturado Junio 12, 2021).

- ¿Cuál es la diferencia entre la iglesia universal y la iglesia local? Got Questions. https://www.gotquestions.org/Espanol/iglesia-local-universal.html (Capturado Junio 12, 2021).

- Deffinbaugh, Robert L. (April 29, 2005) La Santidad de Dios. https://

- bible.org/seriespage/la-santidad-de-dios (Capturado Junio 12, 2021).

- El primer y el segundo Templo de Jerusalén. (Marzo 1, 2017) Ateneo Mercantil de Valencia. https://www.ateneovalencia.es/el-primer-y-el-segundo-templo-de-jerusalen/ (Capturado Junio 12, 2021).

- Sendek, Elizabeth de. Spencer, Aída Besançon. Gordon, A. J. (Agosto 1, 2017) El Ministerio de las Mujeres. https://www.cbeinternational.org/resource/article/el-ministerio-de-las-mujeres (Capturado Junio 12, 2021).

- Donde Se Reunió La Iglesia Primitiva. http://equipdisciples.org/Storying/Spanish/doc/CP12%20D%C3%93NDE%20SE%20REUNI%C3%93%20LA%20IGLESIA%20PRIMITIVA.htm (Capturado Junio 12, 2021).

- Elizondo, Emanuel. (Enero 26, 2021) Hoy no hay apóstoles. Coalición por el Evangelio. https://www.coalicionporelevangelio.org/articulo/hoy-no-hay-apostoles/ (Capturado Junio 12, 2021).

- Griffiths, Jonathan. El papel del anciano, obispo, y pastor. Coalición por el Evangelio. https://www.coalicionporelevangelio.org/ensayo/el-papel-del-anciano-obispo-y-pastor/ (Capturado Junio 12, 2021).

- Piper, John (Agosto 29, 1999) ¿Qué relación hay entre la circuncisión y el bautismo? https://www.desiringgod.org/messages/how-do-circumcision-and-baptism-correspond?lang=es (Capturado Junio 12, 2021).

- Martins, Steven. (Agosto 12, 2020) ¿Por qué creer en una tierra joven? Biblia y Teología. Coalición por el Evangelio. https://www.coalicionporelevangelio.org/articulo/por-que-creer-en-una-tierra-joven/ (Capturado Junio 13, 2021).

- Guzik, David. (2012) Génesis 1. El Reporte de la Creación de Dios. https://www.blueletterbible.org/Comm/guzik_david/spanish/StudyGuide_Gen/Gen_01.cfm (Capturado Junio 13, 2021).

- Donovan, Richard Niell. Génesis 1:1 – 2:4a Exégesis. Sermon Writer. https://sermonwriter.com/espanol-exegesis/genesis-11-24a/ (Capturado Junio 13, 2021).

- Cáceres, Román. (Marzo 1, 2020) LA CREACIÓN (1RA. PARTE) - Gen 1:1-2:3 https://www.jesucristorey.org/Mensajes/Visualizaci%C3%B3n-de-Mensaje/ArticleId/802/LA-CREACI-211-N-Gen-1-1-2-3 (Capturado Junio 13, 2021).

- La Doctrina De La Creación. (Adoptada por el Presbiterio General en sesión el 4-5 de Agosto de 2014) Asambleas de Dios. https://ag.org/es-ES/Beliefs/

Position-Papers/The-Doctrine-of-Creation (Capturado Junio 13, 2021).

- Lopez Ordoñez, Pr. Daniel. El Diseño De Dios Para La Iglesia Berea. Faithlife Sermons. https://sermons.faithlife.com/sermons/188395-el-diseno-de-dios-para-la-iglesia-berea (Capturado Junio 13, 2021).

- ¿Cómo podría haber luz en el primer día de la creación si el sol no fue creado hasta el cuarto día? Got Questions. https://www.gotquestions.org/Espanol/luz-primero-sol-cuarto.html (Capturado Junio 13, 2021).

- ¿Es Jesús el Creador? Got Questions. https://www.gotquestions.org/Espanol/Jesus-creador.html (Capturado Junio 13, 2021).

- Ham, Ken. (Julio 11, 2014) ¿Qué realmente sucedió con los dinosaurios? Answers in Genesis. https://answersingenesis.org/es/biblia/que-realmente-sucedio-los-dinosaurios/ (Capturado Junio 13, 2021).

- ¿Cómo puede el Dios de orden hacer una tierra desordenada y vacía? (Agosto 25, 2016) Esclavos de Cristo. https://esclavosdecristo.com/como-puede-el-dios-de-orden-hacer-una-tierra-desordenada-y-vacia/ (Capturado Junio 13, 2021).

- Piper, John. Todas las cosas fueron creadas por medio de Él y para Él. Traducción por Pilar Daza Pareja. Libros y Sermones Bíblicos. http://es.gospeltranslations.org/wiki/Todas_las_cosas_fueron_creadas_por_medio_de_%C3%89l_y_para_%C3%89l (Capturado Junio 13, 2021).

- ¿Qué es la teoría de Gap? ¿Sucedió algo entre Génesis 1:1 y 1:2? Got Questions. https://www.gotquestions.org/Espanol/teoria-del-gap.html (Capturado Junio 13, 2021).

- Sproul, R.C. Resplandeciente de Gloria. Ministerios Ligonier. https://es.ligonier.org/RTM/resplandeciente-de-gloria/ (Capturado Junio 13, 2021).

- Ham, Steve. (Enero 7, 2016) El mundo perdido de Adán y Eva: Una respuesta. https://answersingenesis.org/es/biblia/el-mundo-perdido-de-adan-y-eva-una-respuesta/ (Capturado Junio 13, 2021).

- Riddle, Mike. (Octubre 23, 2014) ¿La datación por carbono refuta a la Biblia? https://answersingenesis.org/es/ciencia/la-datacion-por-carbono-refuta-la-biblia/ (Capturado Junio 13, 2021).

- Garcia, Osvaldo. Jesús y el Arcángel Miguel. https://www.monografias.com/trabajos102/jesus-y-arcangel-miguel/jesus-

- y-arcangel-miguel.shtml (Capturado Junio 13, 2021).

- Hodge, Bodie. (Octubre 23, 2014) ¿Y qué hay de Satanás y el origen del mal? Answers in Genesis. https://answersingenesis.org/es/biblia/y-que-hay-de-satanas-y-el-origen-del-mal/ (Capturado Junio 13, 2021).

- Cuadra, Walter. Organización y Clasificación de los Ángeles. Mundo Bíblico. https://www.mundobiblicoelestudiodesupalabra.com/2015/03/organizacion-y-clasificacion-de-los-angeles.html (Capturado Junio 13, 2021).

- Deffinbaugh, Robert L. (Abril 29, 2005) La Invisibilidad de Dios. https://bible.org/seriespage/la-invisibilidad-de-dios-g%C3%A9nesis-3222-30-%C3%A9xodo-249-11-1%C2%AA-timoteo-117 (Capturado Junio 13, 2021).

- Carbajal, David. (Febrero 11, 2021) ¿Quién es el Ángel de Jehová? https://www.libroscristianosmx.com/blogs/respuestas-en-la-biblia/quien-es-el-angel-de-jehova (Capturado Junio 13, 2021).

- Guzik, David. (2020) Ezequiel 1. La visión de Ezequiel de Dios y su trono. The Enduring Word Comentario bíblico en Español. https://es.enduringword.com/comentario-biblico/ezequiel-1/ (Capturado Junio 13, 2021).

- Chafer, Lewis Sperry. Los Ángeles. Seminario Reina Valera. http://www.seminarioabierto.com/doctrina122.htm (Capturado Junio 13, 2021).

- Guzik, David. (2006) Génesis 16. Agar y el nacimiento de Ismael. https://www.blueletterbible.org/Comm/guzik_david/spanish/StudyGuide_Gen/Gen_16.cfm (Capturado Junio 13, 2021).

- ¿Si nadie ha visto a Dios, a quien vieron los Patriarcas y Profetas? (Agosto 24, 2014) Iglesia Cristiana Reformada Sana Doctrina. https://icrsd.wordpress.com/2014/08/24/si-nadie-ha-visto-a-dios-a-quien-vieron-los-patriarcas-y-profetas/ (Capturado Junio 13, 2021).

- Seiglie, Mario. (Abril 9, 2018) En un principio creó Dios los cielos… https://espanol.ucg.org/miembros/bajo-el-lente/002-genesis-11-en-un-principio-creo-dios-los-cielos (Capturado Junio 13, 2021).

- ¿Qué es tipología bíblica? Got Questions. https://www.gotquestions.org/Espanol/biblica-tipologia.html (Capturado Junio 13, 2021).

- Chafer, Lewis Sperry. Dios el Hijo: Su Preexistencia. Seminario Reina Valera. http://www.seminarioabierto.com/doctrina107.htm (Capturado Junio 13, 2021).

- Suazo, J.M. El Arcangel Miguel. Descubriendo las Verdades Bíblicas Eternas. http://defensabiblica.blogspot.com/p/el-arcangel-miguel.html?m=1 (Capturado Junio 13, 2021).

- Namnún, Jairo. (25 Mayo 25, 2015) Por qué prefiero no usar el nombre "Jehová" (y prefiero usar Señor). Biblia y Teología. Coalición por el Evangelio. https://www.coalicionporelevangelio.org/articulo/por-que-prefiero-no-usar-el-nombre-jehova/ (Capturado Junio 13, 2021).

- ¿Una tercera parte de los ángeles cayeron con Lucero? Got Questions. https://www.gotquestions.org/Espanol/una-tercera-angeles.html (Capturado Junio 13, 2021).

- ¿Qué dice la Biblia acerca del ángel Gabriel? Got Questions. https://www.gotquestions.org/Espanol/angel-Gabriel.html (Capturado Junio 13, 2021).

- MacArthur, John. (Febrero 1, 1976) Ángeles: El ejército invisible de Dios, 3ª Parte. Gracia a vosotros. https://www.gracia.org/library/sermons-library/GAV-1363/%C3%A1ngeles-el-ej%C3%A9rcito-invisible-de-dios-3%C2%AA-parte (Capturado Junio 13, 2021).

- ¿Rapto Antes De La Gran Tribulación? Las 10 Mentiras Del Rapto Pretribulacional De La Iglesia. https://postribulationem.wordpress.com/librados-de-la-gran-tribulacion/ (Capturado Junio 13, 2021).

- Cuadra, Walter. Las Señales de su Segunda Venida (Mateo 24:29-31). Mundo Bíblico. https://www.mundobiblicoelestudiodesupalabra.com/2020/09/senales-de-la-segunda-venida-Cristo.html (Capturado Junio 13, 2021).

- Robinson, Tom. (Agosto 30, 2020) ¿Por qué tiene que volver Jesucristo? https://espanol.ucg.org/las-buenas-noticias/por-que-tiene-que-volver-jesucristo (Capturado Junio 13, 2021).

- Cuadra, Walter. Las 70 Semanas de Daniel. Mundo Bíblico. https://www.mundobiblicoelestudiodesupalabra.com/2015/02/las-70-semanas-de-daniel.html?m=1 (Capturado Junio 13, 2021).

- Guzik, David. (2016) Apocalipsis 21. Un Cielo Nuevo, Una Tierra Nueva, y una Nueva Jerusalén. https://www.blueletterbible.org/Comm/guzik_david/spanish/StudyGuide_Rev/Rev_21.cfm (Capturado Junio 13, 2021).

- Más allá del Milenio. Las buenas noticias. https://espanol.ucg.org/herramientas-de-estudio/folletos/you-can-understand-bible-

- prophecy/mas-alla-del-milenio (Capturado Junio 13, 2021).

- Guzik, David. (2016) Apocalipsis 20. Satanás, el Pecado y la Muerte son Finalmente Eliminados. https://www.blueletterbible.org/Comm/guzik_david/spanish/StudyGuide_Rev/Rev_20.cfm (Capturado Junio 13, 2021).

- Marvenko, Pat. "Los mil años" de Apocalipsis. Comúnmente llamados, el milenio. http://www.editoriallapaz.org/apocalipsis_10_Tema1_Milenio.htm (Capturado Junio 13, 2021).

- Padilla, Carlos. (Julio 2008) Profecía De Las 70 Semanas De Daniel. https://www.jesucristo.net/70Daniel.htm (Capturado Junio 13, 2021).

- Victor, E.G (Julio 26, 2001) ¿Existe el infierno y el lago de fuego según la Biblia? https://www.iglesia.net/estudios-biblicos/apologetica/existe-el-infierno-y-el-lago-de-fuego-segun-la-biblia (Capturado Junio 13, 2021).

- Ice, Thomas. Mayo 13, 2020 El Siglo Presente y el Siglo Venidero. https://evangelio.blog/2020/05/13/el-siglo-presente-y-el-siglo-venidero/ (Capturado Junio 13, 2021).

- MacArthur, John. ¿Es inminente el regreso de Cristo? The Master's Seminary. https://tms.edu/es/blog/es-inminente-el-regreso-de-cristo/ (Capturado Junio 13, 2021).

- El Premilenialismo. Parte I. (Junio 24, 2008) Sujetos a la Roca. https://sujetosalaroca.org/2008/06/24/el-premilenialismo-parte-i/ (Capturado Junio 13, 2021).

- Los Cielos Nuevos y una Tierra Nueva Gloriosos. Asociación De los Estudiantes De la Biblia El Alba. http://www.dawnbible.com/es/2013/1306ib23.htm (Capturado Junio 13, 2021).

- ¿Resurrección o vida inmediatamente después de la muerte? Verdades Bíblicas. https://www.jba.gr/es/Resurreccion-o-vida-inmediatamente-despues-de-la-muerte.htm (Capturado Junio 13, 2021).

*Los libros y escritos que he consultado, por lo regular —aunque a veces opuestos entre sí en algunos puntos de vista doctrinales—, suelen estar en asuntos esenciales, dentro de las columnas de la ortodoxia, sin embargo, también he consultado y estudiado puntos de vista que se oponen a la sana enseñanza, algunos aún seculares, por lo que la lista anterior es publicada con el propósito de agradecer y dar crédito, pero no necesariamente significa un endorso o recomendación de todo.

Las citaciones en notas igualmente no significan endorso o recomendación. En estas, durante toda la serie, he usado fuentes cristianas, pero también seculares, incluyendo (pero no limitado a), diccionarios, enciclopedias, documentos históricos, libros y escritos de referencias, archivos de estudios científicos, filosóficos, de autores independientes o enlazados a universidades o instituciones. A veces cito material contrario a la buena enseñanza con el propósito de crítica apologética, contraste y para presentar opuestos. Nuestras convicciones son fuertes cuando podemos leer, debatir y retar la mala enseñanza. Sin embargo, nuevos estudiantes, creo deberán usar precaución si deciden revisar algunas de estas fuentes.

Serie de Libros / Manuales

Estos libros contienen todo el texto de *Teología Sistemática para Latinoamérica* además de ejercicios / cuestionarios y espacios para notas, para ser usados en estudios de grupos, clases de instituto bíblico, seminario o cualquier otro formato donde se equipen ministros y líderes para la obra de ministerio o creyentes en general que quieren crecer en el conocimiento de Dios.

Bibliología: La doctrina de la Palabra de Dios

Paterología: La doctrina de Dios Padre

Cristología: La doctrina de Cristo

Pneumatología: La doctrina del Espíritu Santo

Antropología: La doctrina del Hombre

Hamartiología: La doctrina del Pecado

Soteriología: La doctrina de la Redención

Eclesiología: La doctrina de la Iglesia

Origen: La doctrina de la Creación

Angelología: La doctrina de los Ángeles

Escatología: La doctrina del futuro

Cursos de teología

Teología al alcance de todos

La Teología (el estudio de Dios) debe ser estudiada no solo por el ministro ordenado o el aspirante al ministerio cristiano, sino por todo creyente.

Todos debemos conocer mejor a Dios, por lo tanto, hemos puesto estos cursos de teología sistemática al alcance de todos.

¿Cómo funciona?

Cada curso presenta lecciones en video y texto, el manual de curso, ejercicios y un examen final. Una vez completado, el estudiante recibe el Certificado de Completación de ese curso.

Todo dentro de una comunidad, donde usted puede hacer preguntas, compartir ideas y relacionarse con otros estudiantes.

Estos cursos son certificados por el *Instituto JA Pérez para Estudios Avanzados*™ bajo el consejo de la *Facultad de Teología Latinoamericana*. Nuestro programa de cursos responde a la necesidad de equipar creyentes, líderes, ministros continentales y aspirantes al ministerio con sólida enseñanza de manera que estos puedan influir a sus mundos con el mensaje de la buena noticia.

Más información en:
https://www.japerez.com/teologia

Dr. JA Pérez es escritor, misionero y precursor de movimientos de cosecha en América Latina.

Sus concentraciones masivas han atraido grandes multitudes durante años.

Con una trayectoria ministerial de más de cuatro décadas y varios libros publicados, sus esfuerzos hoy alcanzan a millones de vidas en todo el continente.

Su trabajo ha recibido menciones en cadenas internacionales como *CBN*, el *Club 700* y decenas de televisoras y periódicos en Centro y Sur América. En el año 2019 le fue otorgado el premio *John Wesley* (John Wesley Award) de la *Asociación Luis Palau* por su labor y liderazgo en el evangelismo mundial.

Ha equipado a miles de líderes y ministros para la obra del ministerio.

Él, su esposa y sus tres hijos viven en un suburbio de San Diego en California.

Sitio y redes sociales
japerez.com
youtube.com/@*por*JAPerez
facebook.com/*por*JAPerez

OTROS LIBROS POR JA PÉREZ

VIDA ABUNDANTE

Crecimiento espiritual | Teología | Principios de vida | Relaciones

Serie *Venciendo la ansiedad*

En esta serie comparto mis luchas, retos y estragos. También las verdades que me han llevado de la ansiedad a una vida de paz y contentamiento.

Profecía bíblica

Ficción

Finanzas personales

MINISTERIO | LIDERAZGO

Ministerio | Crecimiento de la iglesia | Evangelismo | Misiones
Discipulado | Estudio de grupos | Empresa

Evangelismo, discipulado y misiones

Desarrollo de proyectos

Desarrollo de líderes

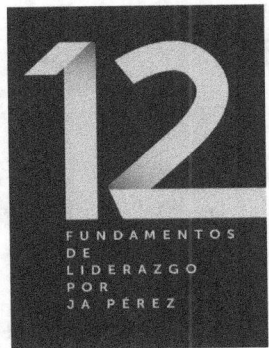

Inspiración y creatividad

Crecimiento de la iglesia

CLÁSICOS

Vida cristiana | Familia | Relaciones

ENGLISH
Collaboration

www.ingramcontent.com/pod-product-compliance
Lightning Source LLC
Chambersburg PA
CBHW052052300426
44117CB00013B/2091